21世纪法学系列教材配套辅导用书

刑事诉讼法练习题集

（第五版）

主　编　程荣斌　陶　杨
撰稿人　（以撰写章节先后为序）
刘计划　李　伟
陶　杨　李奋飞

中国人民大学出版社
· 北京 ·

编写说明

面对高等法学教育中的种种现象，我们感到困惑，也产生了很多的忧虑：十年前的时候，法学专业是所谓的“热门专业”之一，现在的热门专业排行榜早已不见了“法学”的踪影；法学本来是很“专业”的专业，但在目前法学专业毕业的学生求职的时候，很多用人单位感觉法学专业的学生似乎最没有专业；很多学生学了四年的法学专业，知道了很多法律上的专业名词，在被问到一个案子如何处理的时候，可以侃侃而谈、头头是道，满口专业词汇，甚至德国如何规定、美国有某个新鲜的理论，但是就是不知道中国怎么规定，这个发生在中国的案子究竟该如何解决，等等。这种现象似乎可以称为“专业教育的非专业化”。2005 年贺卫方教授在网上宣布停止招收研究生，就是针对现在考研过于注重公共课程、不注重学生对于专业的喜好这种现象而进行的挑战。法学教育中出现的这些现象，可能与整个大的教育背景有关。很多文科的学生进入大学后，“一半时间在学外语，一半时间在打游戏”。因为文科的期末考试都比较简单，学生混个学分顺利毕业是不成问题的，很多学生对专业的学习都是考试前一个月甚至一个星期前死记硬背对付考试，所以有人戏称，有些文科学生大学四年实际上是学了八个月甚至更少。我们在抨击应试教育而强调素质教育的时候，却把专业教育给“晾”了。这种“不专”的现象，已经引起了很多法学教育工作者和从业者的忧虑和不安，长此以往，不仅对我们的法学专业学生会造成不利影响，极而言之，可能对我国的法学教育造成戕害。因此，我们建议，法学专业的学生还是应该学好专业，把这个专业性很强的专业修炼成自己的看家本领，从而能够以专业而谋得生存、谋得尊重。

大学生也做练习？可能有人尤其是一些文科的学生会带着嘲讽的口吻反问。理工科的大学生在学习的过程中做练习、做实验，都是很平常的事情，但是在文科的学校、院系，做练习似乎成了稀奇的事情，有的大学生也因此感到了大学与中学的“根本不同”。但是，我们专门为法学专业的学生组织编写了这套“练习题集”，就是主张法学学生在平时学习的时候也应当同步进行练习自测。这个设想就是基于以上的疑惑和忧虑而来的。我们希望，通过同步练习，帮助和促使同学们切实地掌握本学科的知识，熟悉我国现行法的规定，并对一些学术前沿问题有所了解。说得大一点，我们要为法学教育的“专业教育”作出一点努力。

具体来说，这套书希望达到以下目的：

（1）帮助学生系统掌握本学科知识。修完一门课程，并不是拿到学分了事，要真正掌握本学科的一些“门道”，至少要完成入门的工夫吧。这套“练习题集”设计了“知识逻辑图”栏目，详细勾画了一章内容不同知识点之间的逻辑关系。设计了各种题型的自测题，突出了重点，提供了详细精辟的答案分析，不仅可以开阔学生的眼界，帮助同学们了解不同类型考题的不同形态，掌握其解题方法，而且可以培养和增强学生的适应能力。除了每章的自测题外，全书还专门设计了三套综合测试题，同学们可以在学完本门课程后自己测验一下学习的效果。

（2）帮助学生通过国家司法考试。法学专业的学生系统学习四年过后，通过国家司法考试应当是顺理成章和轻而易举的事情，事实上，情况不是这样，只能表明某些同学平时的专业学习还浮在表面。这套“练习题集”从历年国家司法考试（律师资格考试）的试题中精选了部分经典的试题，帮助学生了解司法考试的难度、角度和形式，并进行有针对性的学习和复习。

（3）帮助学生准备考研。一方面从一些法学名校（如中国人民大学、北京大学、中国政法大学等）历年考研试题中精选了部分试题；另一方面，这套书专门设计了一个“论述题与深度思考题”栏目，以拓展学生学术视野，对考研的同学掌握论述题的答题方法和技巧亦有较大帮助。

我们的思路可归纳为：通过似乎回到“应试教育”模式、进行同步练习这样一种“俗”的方式，来达到我们强化“专业教育”的大而不俗的目的。

这套“练习题集”是“新编 21 世纪法学系列教材”的配套辅导用书。不得不提的是，“新编 21 世纪法学系列教材”自出版以来，被全国众多法律院校师生选用，有的教材比如王利明教授的《民法》印销数量已经达到了 30 万册之巨，核心课的教材平均印销量也在 10 万册以上。10 万册书背后就是 10 万位甚至更多的读者。这么多读者的厚爱与支持，让我们感到责任重大。我们唯有不断提高服务来作为回报！“新编 21 世纪法学系列教材”目前已经有了核心课教材、核心课教学参考书、选修课教材、案例分析教材、双语教材等多个子系列，共一百多种，现在又增加了这套“练习题集”。这么多品种，目的就是一个：让使用我们教材的老师、同学有更多的选择，能够满足老师、同学们更多的需求。我们希望，这套大型的“新编 21 世纪法学系列教材”能够不断补充、完善，让使用这套教材的老师、同学们满意，也为我们国家的法学“专业教育”作出自己应有的努力！

编 者

2019 年 6 月

目　　录

第一章　概　论

知识逻辑图

- 概述
  - 刑事诉讼法
    - 刑事诉讼
    - 刑事诉讼阶段
    - 刑事诉讼法
    - 刑事诉讼与民事诉讼、行政诉讼的异同
    - 刑事诉讼法的性质
      - 基本法
      - 程序法
      - 阶级性
      - 社会共同性
  - 刑事诉讼法的法律渊源
    - 宪法
    - 刑事诉讼法典
    - 其他有关法律
    - 国际条约
  - 刑事诉讼法学
    - 研究对象
    - 研究方法
  - 刑事诉讼法学若干基本理念
    - 司法独立
    - 司法公正
    - 惩罚犯罪与保障人权相结合
    - 控审分离
    - 控辩平等
    - 诉讼效率

名词解释与概念比较

1. 诉讼与刑事诉讼（考研）
2. 刑事诉讼阶段（考研）
3. 刑事诉讼法
4. 刑事诉讼法学
5. 刑事诉讼结构（考研）
6. 刑事诉讼价值（考研）
7. 刑事诉讼效率（考研）
8. 控审分离
9. 控辩对等
10. 司法公正

选择题

（一）单项选择题

1. 狭义的刑事诉讼是指（　　）。

A. 侦查、起诉等活动

B. 检察机关提起公诉的活动

C. 公安机关对案件进行侦查的活动

D. 法院对刑事案件的审判活动

2. 我国刑事诉讼法在狭义上是指（　　）。

A. 1979 年制定的《中华人民共和国刑事诉讼法》

B. 2012 年、2018 年制定的《中华人民共和国刑事诉讼法》

C. 1979 年制定，2012 年、2018 年修正的《中华人民共和国刑事诉讼法》

D. 1979 年制定、2018 年修订的《中华人民共和国刑事诉讼法》

3. 下列关于刑事诉讼中程序公正含义的表述哪一项不正确？（　　）（司考）

A. 诉讼参与人对诉讼能充分有效地参与

B. 程序违法能得到救济

C. 刑事诉讼程序能得到遵守

D. 刑事诉讼判决结果符合事实真相

4. 在刑事司法实践中坚持不偏不倚、不枉不纵、秉公执法原则，反映了我国刑事诉讼“惩罚犯罪与保障人权并重”的理论观点。如果有观点认为“司法机关注重发现案件真相的立足点是防止无辜者被错误定罪”，该观点属于下列哪一种学说？（　　）（司考）

A. 正当程序主义

B. 形式真实发现主义

C. 积极实体真实主义

D. 消极实体真实主义

5. 关于刑事诉讼价值的理解，下列哪一选项是错误的？（　　）（司考）

A. 公正在刑事诉讼价值中居于核心的地位

B. 通过刑事程序规范国家刑事司法权的行使，是秩序价值的重要内容

C. 效益价值属刑事诉讼法的工具价值，而不属刑事诉讼法的独立价值

D. 适用强制措施遵循比例原则是公正价值的应有之义

6. 社会主义法治公平正义的实现，应当高度重视程序的约束作用，避免法治活动的任意性和随意化。据此，下列哪一说法是正确的？（　　）（司考）

A. 程序公正是实体公正的保障，只要程序公正就能实现实体公正

B. 刑事程序的公开与透明有助于发挥程序的约束作用

C. 为实现程序的约束作用，违反法定程序收集的证据均应予以排除

D. 对复杂程度不同的案件进行程序上的繁简分流会限制程序的约束作用

（二）多项选择题

1. 刑事诉讼、民事诉讼、行政诉讼的共同点有（　　）。

A. 有可以引起诉讼的某种事实存在

B. 有当事人，一般也会有其他诉讼参与人参加诉讼

C. 由国家司法机关主持并对案件作出处理

D. 依法进行

2. 刑事诉讼同民事诉讼、行政诉讼最主要、最明显的差别是（　　）。

A. 解决的实体问题不同

B. 依据的实体法不同

C. 采取的方式、方法不同

D. 采用的程序不同

3. 广义的刑事诉讼法包括（　　）。

A. 最高人民法院、最高人民检察院、公安部、国家安全部、司法部、全国人大常委会法制工作委员会《关于实施刑事诉讼法若干问题的规定》

B. 最高人民法院就刑事审判中涉及的刑事诉讼问题作的批复

C. 宪法中有关刑事诉讼的规定

D.《公安机关办理刑事案件程序规定》

4. 关于刑事诉讼的秩序价值的表述，下列哪些选项是正确的？（　　）（司考）

A. 通过惩罚犯罪维护社会秩序

B. 追究犯罪的活动必须是有序的

C. 刑事司法权的行使，必须受到刑事程序的规范

D. 效率越高，越有利于秩序的实现

5. 关于“宪法是静态的刑事诉讼法、刑事诉讼法是动态的宪法”，下列哪些选项是正确的？（　　）（司考）

A. 有关刑事诉讼的程序性条款，构成各国宪法中关于人权保障条款的核心

B. 刑事诉讼法关于强制措施的适用权限、条件、程序与辩护等规定，都直接体现了宪法关于公民人身、住宅、财产不受非法逮捕、搜查、扣押以及被告人有权获得辩护等规定的精神

C. 刑事诉讼法规范和限制了国家权力，保障了公民享有宪法规定的基本人权和自由

D. 宪法关于人权保障的条款，都要通过刑事诉讼法保证刑法的实施来实现

6. 刑事诉讼法的独立价值之一是具有影响刑事实体法实现的功能。下列哪些选项体现了这一功能？（ ）（司考）

A. 被告人与被害人达成刑事和解而被法院量刑时从轻处理

B. 因排除犯罪嫌疑人的口供，检察院作出证据不足不起诉的决定

C. 侦查机关对于已超过追诉期限的案件不予立案

D. 只有被告人一方上诉的案件，二审法院判决时不得对被告人判处重于原判的刑罚

（三）不定项选择题

1. 对刑事诉讼法的性质，应当理解为（ ）。（考研）

A. 关于诉讼形式的法律

B. 关于解决争讼过程中的各方权利义务的法律

C. 关于诉讼过程的法律

D. 帮助实现刑法的法律

E. 关于诉讼步骤的法律

2. 诉讼理论通说认为，狭义的刑事诉讼基本职能包括（ ）。（考研）

A. 侦查职能　　B. 控诉职能

C. 辩护职能　　D. 审判职能

E. 监督职能

3. 刑事诉讼法的法律渊源包括（ ）。

A.《宪法》

B.《中华人民共和国警察法》

C. 缔结或批准的国际条约

D. 最高人民法院《关于适用〈中华人民共和国刑事诉讼法〉的解释》

简答题

1. 简述刑事诉讼法的基本性质。

2. 在刑事诉讼中，如何处理惩罚与保护的关系？（考研）

3. 什么是禁止双重危险原则？（考研）

4. 怎样提高刑事诉讼效率？

论述题与深度思考题

1. 论实体公正与程序公正的关系。

2. 论控审分离原则。（考研）

3. 论控辩对等原则。

4. 从刑法和刑事诉讼法的关系看刑事诉讼法的价值。（考研）

5. 马克思曾指出：“……在刑事诉讼中，法官、原告和辩护人都集中在一个人身上。这种集中是同心理学的全部规律相矛盾的。”（《马克思恩格斯全集》，2 版，第 1 卷，133 页，北京，人民出版社，1995。）

问题：请运用所学过的刑事诉讼理论解析这句话。（考研）

参考答案

名词解释与概念比较

1. 诉讼是人类社会遏止和解决社会冲突的主要手段。在一般意义上，诉讼就是指讼争的一方即原告向法庭提出告诉或主张，由法庭通过审理来解决双方争讼的活动。由此可见，诉讼的构成必须具备被告、原告和法庭等基本条件。同时，诉讼又是阶级社会特有的现象。诉讼是国家活动的重要组成部分，是国家实施法律的一种活动，它与国家和法律制度密切相关。国家授权给一定的机关，通过诉讼，查明案件与纠纷的事实真相，应用法律，解决争端，以维护统治阶级的统治秩序及利益。在本质意义上，诉讼是统治阶级行使国家司法权的重要活动，是维护统治阶级政权的重要方式，具有鲜明的阶级性与国家强制性。诉讼一般分为刑事诉讼、民事诉讼和行政诉讼三种。刑事诉讼是指国家司法机关在当事人和其他诉讼参与人的参加下，依照法定的诉讼程序，处理刑

事案件的全部活动。刑事诉讼有广义与狭义之分。外国刑事诉讼理论中一般采用狭义的解释，中国刑事诉讼理论中则采用广义的解释。

2. 刑事诉讼阶段是指刑事诉讼过程中按顺序进行的相对独立而又互相联系的各个部分。刑事诉讼是一种程序性活动，必须按照法定的顺序、程序、步骤解决犯罪嫌疑人、被告人的刑事责任问题。这一过程包含着若干个相对独立而又相互联系的环节，这些不同的诉讼环节即刑事诉讼阶段。划分各个诉讼阶段的标准主要包括：参与诉讼活动的诉讼主体范围，诉讼主体实施诉讼行为的方式，诉讼主体之间诉讼法律关系的特征，特定诉讼活动的阶段性目标，以及标志着某一诉讼环节终止的诉讼法律文书。刑事诉讼阶段与各个具体的诉讼程序既有联系，又有区别。刑事诉讼阶段指的是在处理刑事案件的全部过程中为实现某项具体的直接的任务而进行诉讼活动的那部分具有相对独立性的过程。

3. 刑事诉讼法是国家的基本部门法之一，是国家的统治阶级按照自己的意志制定和认可的有关刑事诉讼程序的法律规范、司法解释及判例的总称。刑事诉讼法在外延上也有广义和狭义之分。狭义的刑事诉讼法仅指统一的刑事诉讼法典。在中国，广义的刑事诉讼法除了刑事诉讼法典之外，还包括下列内容：（1）单行的刑事诉讼法规、条例。这些单行的刑事诉讼法规、条例的共同特点是只对刑事诉讼中的某一个或某些专门问题进行规定，而不全面规定刑事诉讼中的所有问题。（2）其他法律、法规、条例中有关刑事诉讼程序的规范，如《宪法》《人民法院组织法》《人民检察院组织法》《律师法》中有关刑事诉讼活动的规定。这类刑事诉讼规范的特点是，不能形成一个完整的刑事诉讼规范体系，而只是散见于有关的法律、法规、条例中。（3）最高人民法院、最高人民检察院、公安部、司法部等对具体适用刑事诉讼法所作的解释、规定和批复等。

4. 刑事诉讼法学是研究刑事诉讼现象和刑事诉讼规律的部门法学，是中国法学体系中一个独立的分支学科，有其特定的研究对象。

5. 刑事诉讼结构是国家为实现一定的诉讼目的而设计的刑事诉讼中控诉、辩护、裁判三方的法律地位、相互关系及相应表现方式的格局。在现代刑事诉讼中，科学而公正的刑事诉讼结构应贯彻控审分离、控辩平等对抗、审判方居中裁判原则。

6. 刑事诉讼价值可以说是刑事诉讼目的的进一步展开，其实质是对刑事诉讼目的的评价。它解决的问题是检讨刑事诉讼实现目的的可能性的大小。它既要关注刑事诉讼在实现目的方面的积极作用，即所谓正价值，也要关注刑事诉讼在实现目的方面的消极作用，即所谓负价值。

7. 刑事诉讼效率即指在刑事诉讼中所投入的司法资源（包括人力、物力、设备等）与所取得的成果之比例。讲求诉讼效率就是要求以一定的司法资源投入换取尽可能多的诉讼成果，即降低诉讼成本，提高工作效率，加速诉讼运作，减少诉讼拖延和案件积压的现象。

8. 控审分离是现代刑事诉讼的重要原则和制度。控诉权与审判权实现彻底分离，是刑事诉讼内在规律的要求，是刑事诉讼民主化、科学化及文明进步的重要标志。这项原则的基本要求是控诉职能与审判职能分别由不同的主体承担，即法官不能同时兼任控诉人；未经起诉的事项，审判机关不得审判。

9. 控辩对等是现代刑事诉讼程序的核心机制，是“平等武装”理念的具体化，是司法公正的前提条件，是程序正义的基本含义。这项原则主要包括两个方面的内容：其一，控辩双方在诉讼中的法律地位完全平等。即控诉一方与被告人一方都是诉讼主体，法律地位完全平等，不应存在谁高于谁的问题。其二，法官在控辩双方的平等参与下，居中公断。

10. 所谓司法公正，是指国家司法机关依法进行司法活动，应当充分体现公平合理性，维护社会正义，真正做到有法必依、执法必严、违法必究，不折不扣地贯彻落实现行法所设定的内容和价值。司法公正包括实体公正和程序公正两个方面。

选择题

（一）单项选择题

1. D

刑事诉讼具有广义与狭义之分。广义的刑事诉讼是指法院的审判、公诉机关的起诉和侦查机关的侦查等一系列诉讼活动的总称；狭义的刑事诉讼仅指法院的审判活动，不包括审判前的立案侦查和审查起诉程序以及生效裁判的执行程序。

2. C

刑事诉讼法在外延上也有广义和狭义之分。狭义的刑事诉讼法仅指统一的刑事诉讼法典，在我国是指1979年7月1日第五届全国人民代表大会第二次会议通过、1996年3月17日第八届全国人民代表大会第四次会议修正、2012年3月14日第十一届全国人民代表大会第五次会议第二次修正、2018年10月26日第十三届全国人大常委会第六次会议第三次修正的《中华人民共和国刑事诉讼法》。而广义的刑事诉讼法的范围因各国的具体情况不同而有异。另外，2012年对《中华人民共和国刑事诉讼法》进行的是修正，而不是修订。

3. D

司法公正是维护社会正义的最后一道屏障，是体现社会正义的窗口，是司法机关的灵魂和生命线。其包括实体公正和程序公正两个方面：实体公正是结果的公正，指司法裁判应以客观存在的事实为依据，且适用法律正确。程序公正是指过程的公正，指诉讼参与人对诉讼能充分有效地参与，程序得到遵守，程序违法得到救济。根据上述分析可知，选项A、B、C是对程序公正含义的正确表述，而选项D是对实体公正的表述。因此，选项D符合题意，应当入选。

4. D

正当程序主义，是指刑事诉讼的目的不仅仅是发现实体真实，更重要的是以公平与合乎正义的程序来保护被告人的人权。而形式真实发现主义，是指刑事诉讼将真实设定为诉讼程序之外的客观实在，并谋求通过诉讼程序内的活动来接近它；强调在给定的程序范围内将以此认定的事实视作真实。所谓积极实体真实主义，是指凡是出现了犯罪，都应揭露犯罪、证实犯罪，追究犯罪人的刑事责任。而消极实体真实主义是指刑事诉讼应力求避免处罚无辜，即保障无辜的人不受刑事追究。可见，本题应该选D项。

5. C

刑事诉讼价值是指刑事诉讼立法及其实施对国家、社会及其一般成员具有的效用和意义。刑事诉讼价值包括秩序、公正、效益等诸项内容，公正处于核心地位，因此选项A正确。刑事诉讼价值包括两方面的内容：一是通过惩治犯罪，维护社会秩序；二是追究犯罪的活动是有序进行的。通过刑事程序规范国家刑事司法权的行使，是刑事诉讼秩序价值的第二个方面，因此选项B正确。刑事诉讼的秩序、公正、效益价值是通过刑事诉讼法的制定和实施来实现的：一方面，刑事诉讼法保证刑法的正确实施，实现秩序、公正、效益价值，这称为刑事诉讼法的工具价值；另一方面，刑事诉讼法的制定和适用本身也在实现着秩序、公正、效益价值，这称为刑事诉讼法的独立价值。因此选项C错误。公正价值体现在实体公正和程序公正两个方面。程序公正就要求程序本身符合某种标准的公正，比如强制措施的适用要适度，因此选项D正确。

6. B

选项A错误：程序公正是实体公正的保障，但程序公正并非实体公正的充分条件，实体公正的实现还有赖于其他方面要素的共同作用。选项B正确：刑事程序的公开与透明，是程序公正的体现，使刑事程序能够得到充分和完善的监督，使刑事诉讼程序依法进行，有助于发挥程序的约束作用，从而保障案件的公正处理。选项C错误：违反法定程序收集的证据将会损害程序公正，但是在刑事诉讼中，对于一些虽然违反法定程序收集得到的证据，若其违法性能够得到纠正，则也应当认可其证据效力，不能一味机械地强调程序公正而损害实体公正的实现。因此，对违反法定程序收集的证据并非一律排除。非法言词证据只要存在非法性并经依法确认即应一律予以排除，不但不能作为定案的依据，也不能作为批准逮捕和提起公诉的根据。对于非法取得的物证、书证等实物证据，只有在可能影响公正审判且无法补正或作出合理解释的情况下才予以排除。选项D错误：对复杂程度不同的案件进行程序上的繁简分流，正好有利于发挥程序的约束作用。对于案情简单的案件规定较为简易的程序，能够使司法资源达到最优利用，充分发挥程序的约束作用。

（二）多项选择题

1. ABCD

根据诉讼所要解决的实体问题的不同和诉讼形式的差异，诉讼一般分为刑事诉讼、民事诉讼和行政诉讼三种。这三种诉讼既有共同点，也存在重要差别。其共同点主要表现为：其一，诉讼之所以会发生，是因为存在可以通过诉讼加以解决的某种事实，反之，诉讼则不会发生。其二，诉讼必须有当事人的介入。一方当事人作为原告向国家的司法机关提出控告，另一方当事人作为被告受到国家司法机关的追究，诉讼方能成立。其三，诉讼必须在国家司法机关的主持下进行，没有国家司法机关的参与也就没有诉讼。其四，诉讼一般还需要有其他诉讼参与人参加，这是保障任何诉讼活动顺利进行的条件之一。其五，诉讼应当严格依照法律的规定进行。诉讼活动是一种法律行为，必须受到国家法律的约束和规范。这是诉讼活动的共同特点。所以本题应全选。

2. AB

刑事诉讼、民事诉讼和行政诉讼之间最明显、最主要的差别，在于这三种诉讼所要解决的实体问题和所依据的实体法律不同。刑事诉讼所要解决的实体问题是犯罪和刑罚问题，核心是被告人的刑事责任问题。民事诉讼和行政诉讼所要解决的问题则与此无关。刑事诉讼所依据的实体法是规定犯罪与刑罚的国家刑事法律，而民事诉讼与行政诉讼所依据的实体法则是规定财产关系、人身关系等方面内容的民事法律和调整行政关系的国家行政法律。所以本题选A、B两项。

3. ABCD

参见上文“名词解释与概念比较”部分广义刑事诉讼法的范畴。

4. ABC

刑事诉讼程序价值包括两方面的含义：第一是通过惩罚犯罪，维护社会秩序，即恢复被犯罪破坏的社会秩序以及预防社会秩序被犯罪破坏。第二是追究犯罪的活动是有序的。这不仅需要控制社会暴力冲突，还需要防止公权力被滥用而使社会成员遭受危害，所以国家刑事司法权的行使必须受到刑事程序的规范。因此本题正确答案是A、B、C三项。D项的错误在于，效率价值和秩序价值之间没有直接的必然联系。

5. ABC

选项A正确：刑事诉讼法在实现法治国家方面的作用集中体现在与宪法的关系之中，有关刑事诉讼的程序性条款在宪法条文中占有重要地位。这些体现法治主义的有关刑事诉讼的程序性条款，同时也构成了各国宪法或宪法性文件中关于人权保障条款的核心。选项B正确：刑事诉讼法在维护宪法制度方面发挥着重要的作用，各国刑事诉讼法律规范中有关强制措施的适用权限、条件、程序，羁押期限，辩护、侦查、审判的原则与程序等规定，都直接体现了宪法或宪法性文件关于公民人身、住宅、财产不受非法搜查、逮捕、扣押以及犯罪嫌疑人、被告人有权获得辩护等规定的精神。选项C正确：国家要确保宪法所保障的公民基本权利，非依法律规定不得侵犯。刑事诉讼直接涉及公民的基本权利，特别是人身自由，所以必须对国家在刑事诉讼中的权力予以限制。刑事诉讼法就是调整和平衡国家惩罚犯罪与保障公民人身自由等基本权利之相互关系的法律，从而承担防止司法权滥用而保障公民人身自由等基本权利的任务。选项D错误：《刑事诉讼法》第2条重申和强调了宪法规定的“尊重和保障人权”原则，是宪法尊重和保障人权原则的具体化。宪法的许多规定，一方面，要通过刑事诉讼法保证刑法的实施来实现；另一方面，要通过刑事诉讼法本身的实施来实现。另外，宪法还需要通过民事诉讼法、行政法与行政诉讼法等法律来保障“尊重和保障人权”的实现。

6. ABD

选项A当选：被告人与被害人达成刑事和解而被法院量刑时从轻处理，说明对同一案件，如果选择不同的刑事程序，适用刑事实体法的结果可能会不同。这体现了程序具有影响实体的独立价值。选项B当选：因排除犯罪嫌疑人的口供，检察院作出证据不足不起诉的决定，说明当出现了某些刑事诉讼法规定的情形时，就要结束适用刑事实体法的程序，而不能适用刑事实体法。这体现了程序具有影响实体的独立价值。选项C不当选：超过追诉期限而不予立案，是根据刑事实体法的规定不再追究刑事责任的情形，因此，刑事诉讼法作出相应的不立案处理，并没有体现出刑事诉讼法影响、制约刑事实体法的独立价值；相反，这恰恰体现了刑事诉讼法具有保障刑法正确适用的工具价值。选项D当选：只有被告人一方上诉的案件，二审法院判决时不得对被告人判处重于原判的刑罚。这说明对于同一案件，如果选择不同的刑事程序，适用刑事实体法的结果可能会不同，体现了程序具有影响实体的独立价值。

（三）不定项选择题

1. ABCDE

刑事诉讼法是程序法，是解决诉讼问题的法律，所以选项 A、B、C、E 当选。刑事诉讼法也是保证实体法——刑法贯彻实施的，所以选项 D 也正确。

2. BCD

刑事诉讼职能是指国家司法机关和诉讼参与人在刑事诉讼中所担负的职权、责任和应发挥的功能、作用。据学界通说，刑事诉讼职能指控诉职能、辩护职能、审判职能。

3. ABCD

刑事诉讼法的法律渊源包括：宪法；刑事诉讼法典；其他有关法律、法令，例如，《律师法》《法官法》《检察官法》《人民警察法》《人民法院组织法》《人民检察院组织法》，等等；司法解释；缔结或参加的国际条约。所以本题全选。

简答题

1.（1）刑事诉讼法是国家的一种基本法律。刑事诉讼法在国家的法律体系中占有重要的地位，属于基本法律的范畴。

（2）刑事诉讼法是程序法。根据法律的内容分类，国家的法律大体上可分为实体法与程序法两大类。刑事诉讼法是规定犯罪案件应当怎样处理、刑事诉讼应当怎样进行的法律，因而属于程序法。

（3）刑事诉讼法的阶级性。作为一种法律制度，刑事诉讼法在总体上是有阶级性的。从某种意义上讲，刑事诉讼是为惩罚犯罪服务的，而犯罪以不同的行为方式触犯了符合统治阶级利益的社会关系。也就是说，奴隶社会、封建社会、资本主义社会的犯罪，触犯了奴隶主、封建主、资本家所维护的社会关系；社会主义社会的犯罪，侵犯了社会主义社会的社会关系，侵犯了人民的利益。因此，以惩罚犯罪为直接目的的刑事诉讼从根本上说，是一种实行国家专政的活动，是维护统治阶级利益的手段，其阶级性是十分明显的。

（4）刑事诉讼法的社会共同性。在承认刑事诉讼法在整体上具有阶级性的同时，还应当看到刑事诉讼法的社会共同性。各国刑事诉讼法中都包含了一些基于刑事诉讼的客观规律而制定的内容。刑事诉讼的具体程序、制度和规则，均蕴含着某些具有客观规律性的内容。因为在追究犯罪、惩罚犯罪的活动中，如何准确地认定案件事实，正确地适用法律，就反映了认识规律的客观要求，当然也与科学技术、文明成果关系甚大。

2. 惩罚犯罪与保障人权是刑事诉讼目的不可分割的两个方面。片面强调任何一方面，都是违背刑事诉讼法的根本宗旨的。所谓惩罚犯罪，是指通过刑事诉讼程序，在准确、及时地查明案件事实真相的基础上，对构成犯罪的被告人公正适用刑法，以打击犯罪，实现国家刑罚权。所谓保障人权，是指通过刑事诉讼惩罚犯罪的过程，保障公民权利，特别是保障被告人、被害人及其他诉讼参与人的实体权利和程序性权利不受非法侵害。在刑事诉讼中保障人权，主要是指：其一，通过对犯罪人的及时惩处，保护一般公民的人身、财产等合法权益免受犯罪行为的侵犯；其二，在惩罚犯罪的同时保障无罪的人不受刑事追究；其三，保障包括犯罪嫌疑人、被告人、被害人在内的所有诉讼参与人的诉讼权利得到充分行使；其四，保障有罪的人受到公正的惩罚。

惩罚犯罪与保障人权之间的关系表现为既统一又对立。两者的统一性主要是指刑事诉讼的这两个直接目的共同处于刑事诉讼程序的统一体中，并贯穿始终，相互依存。一方面，正确惩罚犯罪与保障被害人权利、保障无罪的人不受刑事追究是统一的。同时，正确惩罚犯罪也不能脱离开程序性权利保障。如果在刑事诉讼中故意违反宪法和刑事诉讼法等法律规定的权利保障条款，不尊重诉讼参与人的诉讼权利，滥用司法权力，甚至直接或变相刑讯逼供、诱供等，大搞“宁枉毋纵”，势必会滋生大量冤假错案，国家法制就会遭到严重破坏，惩罚犯罪的目的也就难以实现。所以，惩罚犯罪绝不能忽视人权保障。另一方面，保障人权也不能完全脱离正确惩罚犯罪。刑事诉讼中的保障人权，指的是在惩罚犯罪过程中实现保障人权的目的。在某种意义上，惩罚犯罪的直接目的也是保障人权。犯罪是一种对国家和社会危害最大的违法行为，直接侵害公民的人身权利、财产权利和其他权利，危害国家安全、公共安全，破坏社会秩序。只有准确、及时、公正地打击犯罪，公民的基本权利才有可能得到有效保障。如果有罪不究、有罪不罚，保障人权也是一句空话。故保障人权的诉讼目的，往往是通过对犯罪行为的准确惩治而达到的。相对保障人权来说，惩罚犯罪具有工具性价值。现代刑事诉讼法存在的价值基础之一，就在于能够确保刑法的贯彻实施，以维护社会正义，实现保障人权的诉讼目的。当然，整个刑事诉讼的过程，一定是要在充分保障人权的基础上进行的。

在刑事诉讼中，不但应当保护被害人的合法权益，更要保障被告人及其他诉讼参与人的合法权益免受非法侵害。这是诉讼制度民主化的必然要求。由此可见，作为刑事诉讼目的，惩罚犯罪与保障人权应当是相互统一的。既不能只惩罚犯罪而不保障人权，也不能只强调保障人权而放弃惩罚犯罪的职责。两者和谐统一，正是现代刑事诉讼法内在精神的完美体现。但是，也不能否认，刑事诉讼目的中的惩罚犯罪与保障人权，也时常表现出对立性。通过刑事诉讼程序实现刑事诉讼惩罚犯罪与保障人权的有机统一，是刑事诉讼法所追求的理想状态。但理想并不等于现实。在刑事诉讼实际运作过程中，惩罚犯罪与保障人权往往难于协调而出现冲突，有些情况下甚至是相互对立的。这是追求惩罚犯罪与保障人权所体现出的不同诉讼价值观导致的。诉讼价值观，是诉讼目的赖以形成的内在根据。不同的诉讼价值观，对刑事诉讼目的的冲突会作出不同的权衡。例如，英美法系国家崇尚个人自由，强调人权至上，提倡个人权利应当超越国家利益，故在刑事诉讼中比较偏重人权保障，整个刑事诉讼程序都采当事人主义；当惩罚犯罪与保障人权不能兼顾时，往往选择保障人权。这就是英美法系国家刑事诉讼普遍确立“证据除外规则”的直接原因。而大陆法系国家比较注重国家和社会的总体利益，关注惩罚犯罪的诉讼效率，因而其刑事诉讼结构普遍采职权主义；当刑事诉讼的双重目的产生冲突的时候，惩罚犯罪往往成为社会的主导价值观。正是刑事诉讼目的的这种对立性，决定了刑事诉讼结构的多样性。当前，世界各国都普遍注重保障人权，使刑事诉讼法不断朝着更加民主、科学、文明的方向发展。

3. 禁止双重危险原则，即对被告人的同一行为，有罪或无罪的确定判决一旦作出，就产生了既判力，不得再次对同一行为予以审判或处罚。这一权利旨在维护法院裁判的严肃性、权威性和稳定性，防止被告人的权益因对其不利的刑事诉讼程序的反复启动而长期处于不稳定状态，避免被告人因此受到不公正的对待，这是民主法治社会普遍赋予被告人的一项权利。《公民权利和政治权利国际公约》第 14 条第 7 款规定：任何人已依一国的法律及刑事程序被最后定罪或宣告无罪者，不得就同一罪名再予审判或惩罚。

4. 在刑事诉讼领域，诉讼效率的实现，必须依靠诉讼程序运作具有经济合理性和相应措施来保障。无论是国家还是其他诉讼参与人，其能够投入诉讼中的人力、物力和财力都是有限的。刑事诉讼效率的目标，就是以尽量少的诉讼成本来完成刑事诉讼的任务，并实现刑事诉讼所追求的基本价值。在经济学领域中，一般认为，下列三种措施是提高经济效益的基本途径：其一，多投入多产出，以实现经济效益极大化；其二，通过减少成本，争取以最少的资源投入来实现经济效益的极大化；其三，投入的成本或资源不变，通过改进成本或资源的投入方式来达到经济效益极大化的目的。相对于资源有限的刑事诉讼来说，后两种措施比较符合经济合理性的客观要求，所以更具有参考价值。追求刑事诉讼效率的极大化，不能简单地照搬某种模式，而应当与每个国家的具体情况相结合。在一般情况下，刑事诉讼效率的提高，是通过科学地配置有限的司法资源及合理地设计刑事诉讼程序来实现的。第二次世界大战以后，世界各国刑事诉讼程序的一个显著变化，就是简易程序和其他速决程序的运用范围逐步扩大。如，英美法系国家普遍以“辩诉交易”的方式结案，从而大大提高了刑事司法系统处理案件的能力；而归属于大陆法系的法国、德国等，对轻微的刑事案件则采用处刑命令程序，在短时间内以非正规程序予以处理，同样节省了大量的人力、物力。这类速决程序正是人类社会努力探寻提高刑事诉讼效率的有益尝试。

论述题与深度思考题

1. 所谓实体公正，就是说司法活动就诉讼当事人的实体权利和义务关系所作出的裁决或处理是公正的。所谓程序公正，是指诉讼活动的过程对有关人员来说是公正的，换言之，诉讼参与人在诉讼过程中所受到的对待是公正的，所得到的权利主张机会是公正的。就司法系统而言，实体公正是指系统的最终“产品”公正，程序公正是指该产品的生产过程公正。

关于如何阐释实体公正与程序公正的关系，学者在理论上有不同的观点。有人认为，实体公正和程序公正是统一于司法公正的两个方面，二者是相辅相成的。也有人指出，实体公正和程序公正是司法公正的两个相互区别的价值标准，实体公正不等于程序公正，程序公正也不等于实体公正；坚持程序公正并不必然导致实体公正，获得实体公正也不必须遵循程序公正。还有人强调，实体公正和程序公正在许多情况下不仅是相互区别的，而且是相互对立、相互冲突的，追求实体公正就可能伤害程序公正，而坚持程序公正又可能牺牲实体公正。至于如何处理二者之间的关系，有的学者断言没有实体公正就没有程序公正；有的学者声称程序公正必须优先于实体公正；有的学者则高喊要统筹兼顾，要权衡利弊，要具体问题具体分析。

2. 控审分离是现代刑事诉讼的重要原则和制度。控诉权与审判权实现彻底分离，是刑事诉讼内在规律的要求，是刑事诉讼民主化、科学化及文明进步的重要标志。这项原则的基本要求是控诉职能与审判职能分别由不同的主体承担，即法官不能同时兼任控诉人；未经起诉的事项，审判机关不得审判。从认识论角度看，控审分离使通过审判这一再认识过程对侦查、起诉阶段形成的认识进行检验成为可能，有利于纠正认识中的错误，查明案件事实；从心理学的角度看，控审分离可以避免因一个主体兼具控诉、审判两种职能所导致的固执性及被追诉主体心理的不平衡，这种心理冲突与角色冲突妨碍司法公正。如封建社会的纠问式诉讼制度，采取控审不分、司法与行政不分的集权专制主义诉讼结构，法官既是审理者又行使控诉职能，同时还是行政长官，而被告人成为诉讼客体，只是刑讯逼供的对象，无任何诉讼权利可言。这种野蛮、黑暗的诉讼结构，由于完全违背了诉讼规律，因而必然会造成冤狱遍地，最终为控审分离的诉讼结构所取代。

在控审分离的条件下，控诉成为审判的前提，同时也限定了审判的内容；审判程序是控诉的继续，具有权威性作用和决定性影响。由此而产生了两项诉讼原则：一是不告不理，即刑事诉讼必须经公诉人或自诉人提起，法官不得不告而审；二是起诉与审判对象的同一性原则，即起诉是审判的前提，法院审判的范围要受到起诉的制约，审判对象与起诉对象要保持同一，法官一般不可脱离起诉之被告、起诉之事实，另审被告、另定事实。这两项诉讼原则都体现了控诉权和审判权必须由不同诉讼主体行使的职权原则。

3. 控辩对等是现代刑事诉讼程序的核心机制，是“平等武装”理念的具体化，是司法公正的前提条件，是程序正义的基本含义。这项原则主要包括两个方面的内容：其一，控辩双方在诉讼中的法律地位完全平等。控诉一方与辩护一方都是诉讼主体，法律地位完全平等，不应存在谁高于谁的问题；法官在控辩双方的平等参与下，居中公断，法官的职责之一就是在庭审中维护这种平等性的充分实现。只有控辩双方的法律地位完全平等，双方才能公正地进行对抗，法官才有可能保持中立，进而“兼听则明”，实现裁判的公正性。这是程序正义的基本要求。其二，控辩双方的诉讼权利相同或对应。诉讼权利相同是指控辩双方都享有同样的诉讼权利，如在庭审中，控辩双方都有提证权、质证权、上诉权等；对应的诉讼权利是指，一方享有一种诉讼权利，另一方则享有与之相对应的诉讼权利。在立法上一定要保持各方在诉讼权利总量上的对等性，如在公诉案件的庭审中，控方有权发表公诉词，辩护一方则有权发表辩护词；一方享有举证权，另一方则有权进行反驳；等等。因此，控辩是否对等已经成为衡量刑事诉讼程序是否具有公正性的基本标准。

4. 刑法规定了犯罪与刑罚的问题；刑事诉讼法则规定了追诉犯罪的程序、追诉机关、审判机关的权力范围、当事人与诉讼参与人的诉讼权利以及相互的法律关系。

刑法是实体法，刑事诉讼法是程序法。实体

法的实现取决于程序法的运行状况，而程序法本身具有独立的品格。刑事诉讼法规范涉及国家权力与个人权利的分配关系，直接关系到公民的自由、财产等各项权利的实现程度。伴随着诉讼民主化的发展历程，刑事诉讼程序发生的变化更大，承担不同诉讼职能的国家机关之间也存在职责分配的变化。刑事诉讼法所规定的程序内容是在不断的变化中走向程序正义，引导刑事程序法治的实现。我国刑事诉讼法的内容在科学化、民主化方面仍有待发展，以适应不断提升的人权保障的需要。

刑事诉讼法具有工具性价值，即保障刑法实现的功能。

刑事诉讼法又具有独立的价值，如人权保障功能、程序保障等。

5. 可运用控审分离的原理结合诉讼职能予以分析。(关于控审分离前面已述，此处不赘述。)

诉讼职能的承担是通过诉讼主体的诉讼行为来实现的，诉讼主体实施的行为不能与其所扮演的诉讼角色相冲突，因为：任何一个心理正常的人都不可能同时承担两项在性质、目标方面完全相反的诉讼职能，诉讼职能的集中或者角色的混淆会给人的心理带来一系列消极的影响。而且，假如裁判者与追诉者同为某一机构，即由某一机构同时扮演裁判者与追诉者的角色，那么刑事诉讼中被告人的命运将是十分危险的。

第二章　刑事诉讼法的历史发展

知识逻辑图

- 刑事诉讼法的历史发展
  - 外国刑事诉讼法的历史发展
    - 刑事诉讼法沿革
      - (1) 奴隶制刑事诉讼法
      - (2) 封建制刑事诉讼法
      - (3) 资本主义刑事诉讼法
  - 中国刑事诉讼法的历史发展
    - 古代刑事诉讼法
    - 清末民初刑事诉讼法
    - 国民党时期刑事诉讼法
    - 中华人民共和国刑事诉讼法
      - 新民主主义时期
      - 中华人民共和国成立初期
      - 《中华人民共和国刑事诉讼法》的制定
      - 《中华人民共和国刑事诉讼法》的修正
        - 1996 年第一次修正
        - 2012 年第二次修正
        - 2018 年第三次修正
  - 刑事诉讼模式的历史沿革
    - 弹劾式诉讼
    - 纠问式诉讼
    - 混合辩论式诉讼
      - 当事人主义
      - 职权主义
      - 混合主义
    - 当代中国刑事诉讼模式

名词解释与概念比较

1. 刑事诉讼模式
2. 弹劾式诉讼
3. 纠问式诉讼
4. 混合辩论式诉讼
5. 职权主义与当事人主义（考研）
6. 刑事诉讼的历史类型
7. 法定证据制度（考研）
8. 自由心证
9. 神示证据

选择题

（一）单项选择题

1. 我国刑事诉讼模式从表面特征来看，属于(　　)。

A. 当事人主义　　B. 职权主义

C. 混合辩论式　　D. 弹劾式

2. 弹劾式诉讼的最主要特点是(　　)。

A. 不告不理

B. 司法机关依职权主动追究犯罪

C. 以言词辩论的形式进行

D. 不以言词辩论的形式进行

3. 人类社会历史上最早出现的一种诉讼形式是（　　）。

A. 弹劾式　　B. 纠问式

C. 职权主义　　D. 混合辩论式

4. 以法官集审判、起诉和侦查于一身为特色的诉讼形式是（　　）。

A. 职权主义　　B. 弹劾式

C. 纠问式　　D. 混合辩论式

5. 资本主义社会目前普遍采用的刑事诉讼模式是（　　）。

A. 职权主义　　B. 弹劾式

C. 纠问式　　D. 混合辩论式

6. 欧洲中世纪实行的证据制度是（　　）。

A. 神示证据　　B. 法定证据

C. 物证主义　　D. 自由心证

7. 在刑事诉讼中，法官消极中立，通过当事人举证、辩论发现事实真相，并由当事人推动诉讼进程。这种诉讼构造属于下列哪一种类型？（　　）（司考）

A. 职权主义　　B. 当事人主义

C. 纠问主义　　D. 混合主义

8. 关于刑事诉讼构造，下列哪一选项是正确的？（　　）（司考）

A. 刑事诉讼价值观决定了刑事诉讼构造

B. 混合式诉讼构造是当事人主义吸收职权主义的因素形成的

C. 职权主义诉讼构造适合于实体真实的诉讼目的

D. 当事人主义诉讼构造与控制犯罪是矛盾的

9. 关于我国刑事诉讼构造，下列哪一选项是正确的？（　　）（司考）

A. 自诉案件审理程序适用当事人主义诉讼构造

B. 被告人认罪案件审理程序中不存在控辩对抗

C. 侦查程序已形成控辩审三方构造

D. 审查起诉程序中只存在控辩关系

（二）多项选择题

1. 纠问式诉讼的特点是（　　）。

A. 不告不理　　B. 秘密进行

C. 刑讯逼供　　D. 主动追究

2. 混合辩论式诉讼包含了（　　）诉讼形式的特点。

A. 弹劾式　　B. 纠问式

C. 职权主义　　D. 当事人主义

3. 古罗马的诉讼类型有（　　）。

A. 私诉　　B. 自诉

C. 公诉　　D. 官诉

（三）不定项选择题

1. 下列说法中正确的是（　　）。

A. 大陆法系主要是实行当事人主义诉讼模式

B. 纠问式诉讼中司法与行政往往是合一的

C. 混合辩论式诉讼在审判阶段基本上体现了纠问式诉讼的特点

D. 纠问式诉讼中被告人只是诉讼的客体

2. 纠问式诉讼模式反映在（　　）中。

A.《治罪法》

B.《加洛林纳刑法典》

C.《法兰索瓦一世令》

D. 英国君主专制时期的星座法院

3. 清末改制修法中有关刑事诉讼的法规有（　　）。

A.《大清刑事民事诉讼法》

B.《大理院审判编制法》

C.《大清刑事诉讼律》

D.《法院编制法》

简答题

1. 简述刑事诉讼历史类型的种类。

2. 简述混合辩论式诉讼的主要特征。

3. 当事人主义诉讼形式与职权主义诉讼形式有什么区别？

4. 简述日本混合辩论式诉讼的特点。

5. 简述中国古代刑事诉讼的特征。

6. 简述中华民国国民党统治时期刑事诉讼的特点。

7. 简述新中国刑事诉讼法的本质和主要特点。

论述题与深度思考题

1. “以两造禁民讼，入束矢于朝，然后听之；以两剂禁民狱，入钧金三日，乃至于朝，然后听之。”解析这里的诉讼制度。(考研)

2. 2018 年修正后的我国《刑事诉讼法》作了哪些改动?

参考答案

名词解释与概念比较

1. 刑事诉讼模式（又称诉讼结构、诉讼构造、诉讼形式）是指在刑事诉讼程序中，控诉、辩护和裁判三方的法律地位和相互关系。以诉讼由谁提起、当事人在诉讼中的地位和作用、法官在诉讼中的职能、案件审理的方式这些表面特征为标准，可对人类阶级社会中出现的刑事诉讼模式作一基本划分，即奴隶制社会的弹劾式诉讼（accusational system，又译为控告式诉讼）、封建社会的纠问式诉讼（inquisitional system，又译为审问式诉讼）、资本主义社会的混合辩论式诉讼。

2. 弹劾式诉讼，就是个人享有控告犯罪的绝对权利，国家审判机关不主动追究犯罪，而是以居中仲裁者的身份处理刑事案件。

3. 纠问式诉讼，是指国家司法机关对犯罪行为，不论是否有被害人控告，均依职权主动进行追究和审判的诉讼制度。在纠问式诉讼中，法院不再是中立的第三方，而成为对危害公共秩序和君主利益的犯罪行为负有责任的追究者。

4. 混合辩论式诉讼是在批判、继承弹劾式和纠问式诉讼的基础上产生的，是后两种诉讼模式的结合。当今资本主义国家如英美法系国家和大陆法系国家都采用这种诉讼模式，它们具有一些共同的特征。当然，由于地理位置、法律渊源和历史传统的差异，大陆法系国家和英美法系国家所实行的混合辩论式诉讼还是存在明显区别的。

5. 职权主义与当事人主义都属于混合辩论式诉讼。但当事人主义强调双方当事人在诉讼中的主体地位，双方当事人在诉讼中对抗争辩，法官只起居中公断的作用。对此用一句话概括就是“沉默的法官，争斗的当事人”。职权主义诉讼，又称非对抗式诉讼或审问式诉讼，比较注重发挥司法机关在刑事诉讼中的职权作用，特别强调法官在庭审中的主导地位。对此用一句话来概括就是“主动的法官，消极的当事人”。

6. 刑事诉讼的历史类型是以某种标准为依据对历史上存在过的和现代的刑事诉讼所作的划分或分类。

7. 法定证据制度，是中世纪欧洲各封建制国家所实行的一种证据制度。它是随着纠问式诉讼制度的出现而出现的。法定证据制度的主要内容为：一切证据证明力的大小，以及对它们的取舍和运用，均由法律加以具体规定，法官在审理案件时不得自由评断和取舍。

8. 自由心证又称“内心确信”，是指证据的证明力不由法律事先加以规定，而是由法官或陪审员依靠自己的“良知”去进行自由判断，判断过程中不受任何外界的影响的一种证据制度。法律不要求判断者说明理由和根据，所关心的仅仅是是否形成了内心确信。

9. 神示证据，是指古代法官根据神的启示、借助神的力量来判断是非曲直，确定诉讼争议。由于当时生产力发展水平极其落后，人对客观世界的认识能力极其有限，因而人们将神奉为生灵万象的创造者，认为神是自然界和人世间万事万物的主宰者，无所不知、无所不能，神的意志是公正和正义的象征，是判断是非、解决纷争的标准。对于诉讼中难以查明的事实或不易决断的争端，便以各种方式诉诸神，凭借神的力量来确定争议事项的真伪，判断诉讼双方的是非。

选择题

（一）单项选择题

1. C

我国 1979 年刑事诉讼法带有强烈的职权主义色彩，但经过 1996 年、2012 年、2018 年三次修正后刑事诉讼法吸收了很多当事人主义的内容，所以本题选 C 项。

2. A

弹劾式诉讼最主要的特点为不告不理。

3. A

弹劾式诉讼是人类历史上最早期的诉讼模式，古埃及、古巴比伦、古印度、古希腊、古罗马共和国时期以及英国的封建时期，基本上都实行这种诉讼模式。

4. C

在纠问式诉讼中，法官已不再是处于消极诉讼地位的仲裁者，而是集控诉与审判职能于一身，一旦发现刑事案件，不论是否有原告，法官都要依职权主动追究犯罪者的刑事责任。不过这种诉讼模式不是不承认个人的起诉权，只是不把个人的告诉作为进行审判的前提，也就是不实行“不告不理”的原则。如在公元9世纪欧洲的法兰克王国，王室法院和巡回法院的法官如果发现涉及王室利益的刑事案件，必须主动依职权讯问当事人和证人，查清事实，作为判决的根据。

5. D

混合辩论式诉讼是在批判、继承弹劾式和纠问式诉讼的基础上产生的，是后两种诉讼模式的结合。当今资本主义国家如英美法系国家和大陆法系国家都采用这种诉讼模式。

6. B

中世纪纠问式诉讼所实行的证据制度为法定证据制度。

7. B

当事人主义将开始和推动诉讼的主动权委于当事人，控诉、辩护双方当事人在诉讼中居于主导地位，适合于程序上保障人权的诉讼目的。当事人主义的审判模式，强调双方当事人在诉讼中的主体地位，使他们在诉讼中对抗、争辩，法官只起居中裁断的作用。故本题选B项。

8. C

选项A错误：刑事诉讼构造是指在刑事诉讼程序中，控诉、辩护、审判三方的法律地位及相互间的作用关系。立法者基于一定刑事诉讼目的的需要，设计适合于目的实现的诉讼构造；刑事诉讼目的的提出与实现，也必须以刑事诉讼构造本身所具有的功能为前提。选项A应表述为刑事诉讼目的决定了刑事诉讼构造。选项B错误：混合式诉讼构造是在批判、继承弹劾式和纠问式诉讼模式的基础上产生的，是职权主义吸收了当事人主义而形成的一种诉讼构造。选项C正确：当事人主义诉讼将开始和推动诉讼的主动权委于当事人，控诉、辩护双方当事人在诉讼中居于主导地位，适合于程序上保障人权的诉讼目的；而职权主义诉讼将诉讼的主动权委于国家专门机关，适合于实体真实的诉讼目的。选项D错误：当事人主义诉讼构造与控制犯罪并不是完全矛盾的，当事人主义诉讼构造更强调对人权的保障，并不会消除控制犯罪的目的。

9. D

选项A错误：在我国，虽然自诉案件开始的主动权在当事人手中，但是推动诉讼的主动权仍然属于国家专门机关，即自诉案件审理程序依然适用职权主义构造。选项B错误：被告人认罪并不会改变控诉、辩护、审判三方的基本格局，即被告人认罪案件审理程序中依旧存在控辩对抗。选项C错误：侦查是指公安机关、人民检察院等侦查机关在办理案件过程中，依照法律进行的专门调查工作和有关的强制措施，在侦查阶段，仅形成了侦查主体（控方）与犯罪嫌疑人（辩方）之间的对立关系，审判方尚未介入，因此，此阶段还没有形成控、辩、审三方构造。选项D正确：审查起诉是指人民检察院在提起公诉阶段，为了确定经侦查终结的刑事案件是否应当被提起公诉，而对侦查机关确认的犯罪事实和证据、犯罪性质和罪名进行审查核实，并作出处理决定的一项诉讼活动。在审查起诉阶段，犯罪嫌疑人及其法定代理人、辩护人可针对指控进行辩护。因为此阶段尚未进入审判程序，所以审判方在此阶段尚未介入，故审查起诉程序中只存在控辩关系。

（二）多项选择题

1. BCD

封建社会实行纠问式诉讼，这种诉讼模式的特点是实行“不告也理”制度，侦查和审判都秘密进行，法官集控、审职能于一身；被告人无任何诉讼权利，只是被刑讯的对象；法官依职权主动追究犯罪。所以选项A不选。

2. AB

混合辩论式诉讼模式，是在继承了弹劾式诉讼模式和纠问式诉讼模式的基础上产生的。

3. AC

古罗马最早的《十二铜表法》（公元前2世纪

至公元前1世纪）是罗马共和国时期最具代表性的法典，该法将罗马国家的诉讼分为“公诉”和“私诉”两种。“公诉”是对有关损害国家利益案件的审理；“私诉”是根据个人的申诉对损害私人利益案件进行的审理。这与罗马法学家将法律划分为“公法”和“私法”是相适应的。

（三）不定项选择题

1. BD

大陆法系实行职权主义诉讼模式，所以选项A错误；混合辩论式诉讼在审判阶段体现的是对抗制诉讼的特点，所以选项C错误。选项B、D都是正确的。

2. BCD

纠问式诉讼模式产生于罗马帝制时期，盛行于中世纪时期的欧洲大陆各国。典型反映这种诉讼模式的诉讼法典是德国1532年的《加洛林纳刑法典》和法国1539年的《法兰索瓦一世令》。另外，英国君主专制时期的星座法院也实行纠问主义。《治罪法》是日本明治维新时制定的刑事诉讼法。所以本题选B、C、D三项。

3. ABCD

《大清刑事民事诉讼法》于1906年由沈家本、伍廷芳等编成，共有5章、260条。《大理院审判编制法》颁布于1906年，共5节、45条，主要强调了司法独立原则和审判合议制，并模仿日本的立法例，将全国的法院体系划分为四级，实行四级三审制；同时对检察官的审判监督机制也作出了一些具体规定。1907年，沈家本编成了《法院编制法》，共16章、164条，这是中国历史上最早的系统的法院组织法。《大清刑事诉讼律》于1911年由沈家本、俞廉工拟订，共6编、515条。所以本题全选。

简答题

1. 刑事诉讼的历史类型可以分为奴隶社会、封建社会、资本主义社会、社会主义社会的刑事诉讼。

2. 混合辩论式诉讼的主要特征表现在以下几个方面：（1）司法独立。（2）控审职能分离，实行不告不理的诉讼原则。（3）赋予被告人包括辩护权在内的广泛的诉讼权利。（4）实行公开审判制度，确立直接言词原则。（5）奉行自由心证的证据制度。

3. 当事人主义诉讼与职权主义诉讼的区别为：（1）在侦查程序中，当事人主义强调对被告人权利的保护，赋予被告人及其辩护人与警察、检察官相抗衡的权利；而职权主义赋予侦查机关广泛的权利，被告人的权利受到一定程度的限制。（2）在起诉形式上，当事人主义赋予检察机关较大的自由裁量权，职权主义下检察机关在是否起诉上一般没有自由裁量权。（3）在案卷材料的移送上，当事人主义采起诉状一本主义，职权主义下移送全部卷宗。（4）当事人主义的对抗性主要体现在庭审，庭审以控辩双方的积极活动为核心；职权主义下法官是庭审的中心。

4. 日本的混合辩论式诉讼模式具有以下特点：（1）在侦查程序中，日本刑事诉讼法比较强调对被疑人权利的保护，但又与当事人主义下的做法不完全相同，具有三个特点：一是侦查机关对被疑人实施逮捕、羁押、搜查、扣押之前，必须取得法官的令状。二是确认被疑人有沉默权，讯问时检察官必须予以告知。三是确认被疑人的辩护人依赖权，并保证其在没有见证人的情况下与辩护人会见的权利，但对于指定的期日、场所及时间，侦查机关可视情况而定。（2）实行“起诉状一本主义”，赋予检察官一定限度的起诉裁量权。（3）在审判程序上，基本上实行对抗制方式。在庭审中一般不是由审判官主动调查证据，而是由双方当事人积极主动地进行举证和进行交叉询问。调查完毕后，双方再就事实及法律适用问题进行辩论。但是，审判长并不是消极被动的，他仍然掌握指挥权。

5. 中国古代刑事诉讼的特点为：（1）司法隶属行政，行政机关兼理司法。（2）刑事诉讼与民事诉讼没有实质性区别。（3）控诉和审判职能合一。（4）刑讯逼供合法化。（5）重视狱讼，并建立了多种监督程序。

6. 国民党统治时期的刑事诉讼程序和司法制度主要有以下特点：（1）标榜形式意义上的司法独立。（2）检察官、行政官吏均享有侦查权。（3）实行三级三审制，审判组织为独任制或合议制。（4）奉行大陆法系职权主义的庭审结构。（5）国民党直接参与刑事诉讼活动。

7. 新中国刑事诉讼法的本质是全国各族人民利益和意志的反映和体现。其特点有：（1）它是惩罚犯罪、保护人民、保障国家安全和社会安全、维护社会主义秩序的工具；（2）它从实际出发，实事求是，依靠群众，便利群众；（3）它贯穿社会主义民主精神，反映社会主义法治要求。

论述题与深度思考题

1.（1）反映了我国古代的诉讼模式，属于弹劾式；（2）实行不告不理；（3）当事人双方，无论是在刑事诉讼中还是在民事诉讼中，都要出庭，平等辩论；（4）法官要听审，进行言词审理。

2. 一是完善监察法与刑事诉讼法的衔接。

其一，调整人民检察院的侦查职权。将职务犯罪侦查权转隶于监察委员会，但同时保留检察机关部分侦查权，包括“人民检察院在对诉讼活动实行法律监督中发现的司法工作人员利用职权实施的非法拘禁、刑讯逼供、非法搜查等侵犯公民权利、损害司法公正的犯罪”的自行侦查权，以及“对于公安机关管辖的国家机关工作人员利用职权实施的重大犯罪案件”的机动侦查权。其二，明确监察调查与审查起诉的衔接，以及留置与刑事诉讼强制措施的衔接。赋予人民检察院审查起诉权、退回补充调查权与自行补充侦查权，同时明确留置案件应当先行拘留，留置自动解除，人民检察院应在法定期限内作出是否逮捕、取保候审或者监视居住的决定。其三，修改关于侦查期间辩护律师会见、指定居所监视居住、技术侦查措施等规定中有关贪污贿赂犯罪的内容以及“侦查”的定义。

二是建立刑事缺席审判制度。

其一，严格限定刑事缺席审判制度的适用范围，即：贪污贿赂犯罪案件；需要及时进行审判，经最高人民检察院核准的严重危害国家安全犯罪、恐怖活动犯罪案件；被告人在境外的案件；被告人患有严重疾病或死亡、符合法定条件的案件。其二，具体规定刑事缺席审判制度的适用程序，即由犯罪地、被告人离境前居住地或者最高人民法院指定的中级人民法院组成合议庭进行审理。审理之前，人民法院应当对起诉书是否具有明确的指控犯罪事实，以及案件是否符合缺席审判程序适用条件进行审查。人民法院送达传票和起诉书副本后，被告人未按要求到案的，应当开庭审理，依法作出判决，并对违法所得及其他涉案财产作出处理。其三，充分保障被告人的诉讼权利。对委托辩护、法律援助等作出规定，同时赋予被告人的近亲属上诉权以及罪犯异议权。其四，明确人民检察院抗诉权。对于缺席审判的判决，人民检察院认为确有错误的，应当向上一级人民法院提出抗诉。

三是完善认罪认罚从宽制度和增加速裁程序。

其一，明确刑事案件认罪认罚可以依法从宽处理的原则，即“犯罪嫌疑人、被告人自愿如实供述自己的罪行，对指控的犯罪事实没有异议，愿意接受处罚的，可以依法从宽处理”。其二，完善刑事案件认罪认罚从宽的程序规定，包括侦查机关告知诉讼权利和将认罪情况记录在案，人民检察院在审查起诉阶段就案件处理听取意见、犯罪嫌疑人签署认罪认罚具结书，人民检察院提出量刑建议和人民法院如何采纳量刑建议，人民法院审查认罪认罚的自愿性和具结书的真实性、合法性等。其三，增加速裁程序。即适用于基层人民法院管辖的可能判处三年有期徒刑以下刑罚，案件事实清楚，证据确实、充分，被告人认罪认罚并且同意适用程序的案件；同时明确了包括未成年人案件在内的几种不宜适用速裁程序的情形。其四，加强对当事人的权利保障。对诉讼权利告知、建立值班律师制度、明确将认罪认罚作为采取强制措施时判断社会危险性的考虑因素等作出规定。其五，明确了按照普通程序重新审理的情形，包括人民法院在审理过程中发现被告人的行为不构成犯罪或者不应当被追究刑事责任、被告人违背意愿认罪认罚、被告人否认指控的犯罪事实或者其他不宜适用速裁程序审理的。

第三章　刑事诉讼法的制定目的、根据和任务

知识逻辑图

- 刑事诉讼法的制定目的、根据和任务
  - 目的
    - 保障刑法实施
      - 直接目的
      - 广泛目的
    - 程序正义
  - 根据
    - 理论依据：宪法中建设有中国特色的社会主义理论
    - 重要依据：宪法中不断完善社会主义制度、发展社会主义民主、健全社会主义法制
    - 基本依据：宪法中的有关规定
  - 任务
    - 首要任务：保证准确、及时地惩罚犯罪
    - 重要任务
      - 保证无罪的人不受刑事追究，保护公民的合法权利
      - 教育公民自觉遵守法律，维护社会主义法制

名词解释与概念比较

刑事诉讼的目的

选择题

单项选择题

关于《刑事诉讼法》“尊重和保障人权，保护公民的人身权利、财产权利、民主权利和其他权利”的规定，下列哪一选项是正确的？（　）（司考）

A. 体现了以人为本、保障和维护公民基本权利和自由的理念

B. 体现了犯罪嫌疑人、被告人权利至上的理念

C. 体现了实体公正与程序公正并重的理念

D. 体现了公正优先、兼顾效率的理念

简答题

1. 制定刑事诉讼法的根据包括哪些方面的内容？
2. 简述我国刑事诉讼法的任务。

论述题与深度思考题

1. 论刑事诉讼的作用。
2. 试述宪法中的刑事诉讼条款。

参考答案

名词解释与概念比较

刑事诉讼的目的是指国家根据各种刑事诉讼主体的客观需要及对刑事诉讼价值的认知所预先设计的、希望通过刑事诉讼立法和司法而实现的理想的诉讼结果。

选择题

A

尊重和保障人权，保护公民的人身权利、财

产权利、民主权利和其他权利，保障社会主义建设事业的顺利进行，这是刑事诉讼法的任务之一，故A项正确。刑事诉讼法中尊重和保障人权的核心是尊重和保障犯罪嫌疑人、被告人的人权，但是并非犯罪嫌疑人、被告人权利至上，也并未体现实体公正与程序公正并重的理念，以及公正优先、兼顾效率的理念，故B、C、D三项错误。

简答题

1.（1）宪法中规定的建设有中国特色的社会主义理论，是制定刑事诉讼法的理论依据；（2）宪法中规定的不断完善社会主义各项制度、发展社会主义民主、健全社会主义法制，是完善刑事诉讼法的重要依据；（3）宪法中关于刑事诉讼的原则规定是制定刑事诉讼法的基本依据；（4）1999年3月通过的关于“中华人民共和国实行依法治国，建设社会主义法治国家”的宪法修正案，以及2004年3月通过的关于“国家尊重和保障人权”的宪法修正案，进一步促进了我国刑事诉讼法的变革和发展。

2.（1）保证准确、及时地惩罚犯罪，是刑事诉讼法的首要任务；（2）保证无罪的人不受刑事追究，保护公民的合法权利，是刑事诉讼法的第二项重要任务；（3）教育公民自觉遵守法律，维护社会主义法制，是刑事诉讼法的第三项重要任务。

论述题与深度思考题

1.（1）保障刑法正确实施的工具作用。

刑事诉讼法的目的，是指国家制定和实施刑事诉讼法的出发点和追求的结果。作为程序法的刑事诉讼法，首先应当具有确保作为实体法的刑法目标得以实现的工具性价值。所以，《刑事诉讼法》第1条就开宗明义地规定：“为了保证刑法的正确实施，惩罚犯罪，保护人民，保障国家安全和社会公共安全，维护社会主义社会秩序，根据宪法，制定本法。”这就是刑事诉讼法制定及实施的目的。刑事诉讼法规定其制定和实施的目的，为顺利完成刑事诉讼法的任务指明了方向，其意义是十分重大的。具体言之，刑事诉讼法的工具作用主要包括以下两个方面。

其一，保证刑法的正确实施，惩罚犯罪，保护人民，是刑事诉讼法的直接目的。刑法是规定什么行为构成犯罪和对犯罪如何运用刑罚进行惩罚的法律，它是实体法。但是，对犯罪行为进行追究，则要通过立案、侦查、起诉、审判和执行等一系列诉讼程序才能进行。刑事诉讼法正是规定处理刑事案件诉讼程序的法律，也就是程序法。刑法和刑事诉讼法之间是内容和形式的关系，二者互相联系、互相依存，缺一不可。如果没有刑法来规定什么行为构成犯罪、如何运用刑罚，定罪量刑就没有了标准；反之，如果没有刑事诉讼法来规定由谁负责追究犯罪及如何追究犯罪等内容，刑法关于定罪量刑的规定就成为一纸空文。因此，制定刑事诉讼法的直接目的就是保证刑法的正确实施，进而惩罚犯罪、保护人民。

其二，保障国家安全和社会公共安全、维护社会主义社会秩序，是刑事诉讼法的广泛目的。我国是人民民主专政的社会主义国家，广大人民掌握着国家政权，对极少数敌对分子实行专政。目前，我国还处于社会主义初级阶段，社会上还不可避免地存在着杀人、放火、爆炸、投毒、强奸、抢劫、盗窃等各种普通刑事犯罪活动，危害社会公共安全，破坏社会主义社会秩序。对这些犯罪必须予以严厉的法律制裁。刑事诉讼法是上层建筑的一个重要部分，是同犯罪作斗争的有力武器之一，肩负着追究犯罪、惩罚犯罪的重要使命。因此，刑事诉讼法就是要通过刑事诉讼惩罚犯罪分子，达到保障国家安全和社会公共安全、维护社会主义社会秩序的广泛目的。

（2）体现程序正义的独立作用。

在肯定刑事诉讼法的工具性价值的同时，还应当看到，国家制定刑事诉讼法的目的，并不仅仅是确保刑法正确实施的有效性，或者并不能仅仅将刑事诉讼法视为实施刑法的手段或工具，刑事诉讼法本身还具有独立的内在价值。刑事诉讼法的这种内在价值，并不完全是为了增强刑事诉讼法的工具性价值而存在的。刑事诉讼法本身所应当具有的这种独立的内在价值，通常被称为程序正义。

程序正义的独立作用主要体现在以下几个方面：其一，程序正义能够保障刑事诉讼中的利害关系人，特别是犯罪嫌疑人、被告人得到公正的对待，使其人格尊严得到尊重、合法权益得到维护、职能作用得到充分发挥。其二，程序正义能够以独立的方式保障裁判结果具有正当性。程序正义的这种独立方式，就是必须使刑事诉讼程序具有正当性，即刑事诉讼程序必须具有能够保证产生好的诉讼结果的内在优秀品格。其三，程序正义有利于保障诉讼当事人和社会公众接受或认可裁判的公正性，有助于保障整个刑事诉讼活动发挥最佳效果。

2. 宪法是国家的根本大法，其他法律是它的具体化，因此，宪法关于刑事诉讼的原则规定，是制定刑事诉讼法的基本依据。刑事诉讼法中从制定目的、任务、基本原则到诉讼制度的所有规定，都是宪法有关规定的具体化，它保证了宪法有关规定的具体实施。

(1)《宪法》第 33 条第 2 款规定，中华人民共和国公民在法律面前一律平等。《刑事诉讼法》第 6 条也规定，对于一切公民，在适用法律上一律平等，在法律面前，不允许有任何特权。

(2)《宪法》第 33 条第 3 款规定，国家尊重和保障人权。《刑事诉讼法》第 2 条规定，中华人民共和国刑事诉讼法的任务，是保证准确、及时地查明犯罪事实，正确应用法律，惩罚犯罪分子，保障无罪的人不受刑事追究，教育公民自觉遵守法律，积极同犯罪行为作斗争，维护社会主义法制，尊重和保障人权，保护公民的人身权利、财产权利、民主权利和其他权利，保障社会主义建设事业的顺利进行。

(3)《宪法》第 37 条规定：中华人民共和国公民的人身自由不受侵犯。任何公民，非经人民检察院批准或者决定或者人民法院决定，并由公安机关执行，不受逮捕。禁止非法拘禁和以其他方法非法剥夺或者限制公民的人身自由，禁止非法搜查公民的身体。《宪法》第 39 条规定，中华人民共和国公民的住宅不受侵犯。禁止非法搜查或者非法侵入公民的住宅。《刑事诉讼法》在强制措施和侦查两章中分别对公安、司法机关拘留、逮捕犯罪嫌疑人、被告人以及搜查作了具体规定。

(4)《宪法》第 38 条规定：中华人民共和国公民的人格尊严不受侵犯。禁止用任何方法对公民进行侮辱、诽谤和诬告陷害。《刑事诉讼法》第 14 条规定：诉讼参与人对于审判人员、检察人员和侦查人员侵犯公民诉讼权利和人身侮辱的行为，有权提出控告。

(5)《宪法》第 40 条规定：中华人民共和国公民的通信自由和通信秘密受法律的保护。除因国家安全或者追查刑事犯罪的需要，由公安机关或者检察机关依照法律规定的程序对通信进行检查外，任何组织和个人不得以任何理由侵犯公民的通信自由和通信秘密。《刑事诉讼法》第 141 条、第 143 条对此作了相应规定。

(6)《宪法》第 41 条规定：中华人民共和国公民对于任何国家机关和国家工作人员，有提出批评和建议的权利；对于任何国家机关和国家工作人员的违法失职行为，有向有关国家机关提出申诉、控告或者检举的权利，但是不得捏造或者歪曲事实进行诬告陷害。对于公民的申诉、控告或者检举，有关国家机关必须查清事实，负责处理，任何人不得压制和打击报复。由于国家机关和国家工作人员侵犯公民权利而受到损失的人，有依照法律规定取得赔偿的权利。《刑事诉讼法》在立案、审判监督程序中都有相应的具体规定。

(7)《宪法》第 130 条规定：人民法院审理案件，除法律规定的特别情况外，一律公开进行。被告人有权获得辩护。《宪法》第 128 条规定，中华人民共和国人民法院是国家的审判机关。《宪法》第 131 条规定，人民法院依照法律规定独立行使审判权，不受行政机关、社会团体和个人的干涉。这是《刑事诉讼法》规定的公开审判、被告人有权获得辩护、人民法院独立行使审判权原则的立法依据。

(8)《宪法》第 132 条规定：最高人民法院是最高审判机关。最高人民法院监督地方各级人民法院和专门人民法院的审判工作，上级人民法院监督下级人民法院的审判工作。《刑事诉讼法》据此确定人民法院行使审判权并对各级人民法院的案件管辖作出具体规定。

(9)《宪法》第 134 条规定，中华人民共和国人民检察院是国家的法律监督机关。《宪法》第 136 条规定，人民检察院依照法律规定独立行使检察权，不受行政机关、社会团体和个人的干涉。《宪法》第 137 条规定：最高人民检察院是最高检察机关。最高人民检察院领导地方各级人民检察院和专门人民检察院的工作，上级人民检察院领导下级人民检察院的工作。这些规定为《刑事诉讼法》确立人民检察院法律监督机关的诉讼地位、独立行使检察权和人民检察院系统的内部分工提供了依据。

（10）《宪法》第 139 条规定：各民族公民都有用本民族语言文字进行诉讼的权利。人民法院和人民检察院对于不通晓当地通用的语言文字的诉讼参与人，应当为他们翻译。在少数民族聚居或者多民族共同居住的地区，应当用当地通用的语言进行审理；起诉书、判决书、布告和其他文书应当根据实际需要使用当地通用的一种或几种文字。《刑事诉讼法》第 9 条对此作出了具体规定。

（11）《宪法》第 140 条规定，人民法院、人民检察院和公安机关办理刑事案件，应当分工负责、互相配合、互相制约，以保证准确有效地执行法律。《刑事诉讼法》第 7 条相应确立了公、检、法三机关“分工负责，互相配合，互相制约”的原则。

第四章　刑事诉讼中的专门机关和诉讼参与人

知识逻辑图

- 刑事诉讼中的专门机关和诉讼参与人
  - 专门机关
    - 人民法院
      - 性质：审判机关
      - 职权：审判
      - 组织体系
        - 最高人民法院
        - 高级人民法院
        - 中级人民法院
        - 基层人民法院
        - 专门法院
          - 海事法院
          - 铁路运输法院
          - 军事法院
          - 知识产权法院
          - 金融法院
      - 审判组织
        - 独任庭
        - 合议庭
        - 审判委员会
    - 人民检察院
      - 性质：法律监督机关
      - 职权：检察权
      - 组织体系
        - 最高人民检察院
        - 地方各级人民检察院
          - 省级
          - 地市级
          - 县级
        - 专门检察院：军事检察院（三级）
    - 公安机关
      - 性质：武装性质的国家治安行政力量和刑事司法力量
      - 职权：侦查
      - 组织体系
        - 公安部
        - 公安厅
        - 公安局（公安处）
    - 国家安全机关
    - 军队保卫部门和监狱
  - 诉讼参与人
    - 当事人
      - 被害人
      - 自诉人
      - 犯罪嫌疑人
      - 被告人
      - 附带民事诉讼原告、被告
    - 其他诉讼参与人
      - 法定代理人
      - 诉讼代理人
      - 辩护人
      - 证人
      - 鉴定人
      - 翻译人员

名词解释与概念比较

1. 独任庭
2. 合议庭
3. 审判委员会
4. 诉讼参与人
5. 当事人
6. 自诉人
7. 被害人
8. 犯罪嫌疑人、被告人（考研）
9. 附带民事诉讼的原告
10. 附带民事诉讼的被告
11. 法定代理人
12. 诉讼代理人
13. 证人
14. 鉴定人

选择题

（一）单项选择题

1. 人民检察院组织系统内部上、下级之间是（　　）。

A. 监督与被监督的关系
B. 领导与被领导的关系
C. 指导与被指导的关系
D. 协作关系

2. 人民检察院是代表国家行使（　　）的机关。

A. 对犯罪的追诉权　　B. 侦查权
C. 检察权　　D. 审判权

3.（　　）是地方各级人民法院体系中最高一级法院。

A. 最高人民法院　　B. 高级人民法院
C. 中级人民法院　　D. 基层人民法院

4. 狭义的司法机关是指（　　）。

A. 公安机关　　B. 人民检察院
C. 人民法院　　D. 监狱

5. 刑事诉讼程序意义上的被害人（　　）。

A. 是所有遭受犯罪行为直接侵害的人
B. 可以是自诉人
C. 仅仅指公诉案件中的被害人
D. 可以指附带民事诉讼的原告

6. 我国刑事诉讼中的被告人（　　）。

A. 只能是被人民检察院提起公诉的人
B. 是指在刑事诉讼过程中，被侦查机关、检察机关、审判机关追究刑事责任的人
C. 不能是已死亡的人
D. 不能提起反诉

7. 下列人员中，具有不可替代的特点的诉讼参与人是（　　）。

A. 证人　　B. 诉讼代理人
C. 鉴定人　　D. 翻译人员

8. 下列所述的各项诉讼权利中，所有的当事人都享有的权利是（　　）。

A. 提起上诉权　　B. 提起反诉权
C. 申请回避权　　D. 撤诉权

9. 关于被害人在法庭审理中的诉讼权利，下列哪一选项是错误的？（　　）（司考）

A. 有权委托诉讼代理人
B. 有权申请回避
C. 无权参与刑事部分的法庭调查和辩论，只能参加附带民事诉讼部分的审理活动
D. 对刑事判决部分不能提起上诉

10. 关于被害人在刑事诉讼中的权利，下列哪一选项是正确的？（　　）（司考）

A. 自公诉案件立案之日起有权委托诉讼代理人
B. 对因作证而支出的交通、住宿、就餐等费用，有权获得补助
C. 对法院作出的强制医疗决定不服的，可向作出决定的法院申请复议一次
D. 对检察院作出的附条件不起诉决定不服的，可向上一级检察院申诉

11. 关于我国人民陪审员制度与一些国家的陪审团制度存在的差异，下列哪一选项是正确的？（　　）（司考）

A. 人民陪审员制度目的在于协助法院完成审判任务，陪审团制度目的在于制约法官
B. 人民陪审员参加三人制合议庭审理案件与法官行使相同职权，陪审团与法官存在职权分工
C. 人民陪审员由所在单位推荐，陪审团从有选民资格的人员中聘任

D. 是否适用人民陪审员制度取决于当事人的意愿，陪审团适用于所有案件

12. 罗某作为人民陪审员参与D市中级法院的案件审理工作。关于罗某的下列哪一说法是正确的？（　　）（司考）

A. 担任人民陪审员，必须经D市人大常委会任命

B. 同法官享有同等权利，也能担任合议庭审判长

C. 可参与中级法院二审案件审理，并对事实认定、法律适用独立行使表决权

D. 可要求合议庭将案件提请院长决定是否提交审委会讨论决定

13. 关于监狱在刑事诉讼中的职权，下列哪一选项是正确的？（　　）（司考）

A. 监狱监管人员指使被监管人体罚虐待其他被监管人的犯罪，由监狱进行侦查

B. 罪犯在监狱内犯罪并被发现判决时所没有发现的罪行，应由监狱一并侦查

C. 被判处有期徒刑罪犯的暂予监外执行均应当由监狱提出书面意见，报省级以上监狱管理部门批准

D. 被判处有期徒刑罪犯的减刑应当由监狱提出建议书，并报法院审核裁定

（二）多项选择题

1. 人民检察院是我国（　　）。

A. 专门行使检察权的司法机关

B. 专门行使侦查权的机关

C. 专门的法律监督机关

D. 专门的国家公诉机关

2. 公安机关是（　　）。

A. 行政机关

B. 侦查机关

C. 刑事诉讼法律关系的主要主体

D. 垄断行使侦查权

3. 专门法院包括（　　）。

A. 军事法院　　B. 海事法院

C. 铁路运输法院　　D. 森林法院

4. 下列人员中，属于当事人的是（　　）。

A. 犯罪嫌疑人　　B. 自诉人

C. 公诉人　　D. 被害人

5. 直接遭受犯罪行为侵害的人，在刑事诉讼中可以是（　　）。

A. 自诉案件的自诉人

B. 附带民事诉讼的原告

C. 被害人

D. 公诉案件的证人

6. 犯罪嫌疑人享有的诉讼权利有（　　）。

A. 申请回避权

B. 聘请律师权

C. 进行无罪辩解的权利

D. 沉默权

7. 在下列人员中，不仅仅是自然人，还可以是单位的是（　　）。

A. 证人

B. 鉴定人

C. 被告人

D. 附带民事诉讼的原告

8. 在我国的刑事诉讼中，有权提起附带民事诉讼的诉讼参与人是（　　）。

A. 被害人　　B. 诉讼代理人

C. 自诉人　　D. 人民检察院

9. 张某以盗窃的手段获取了某公司的商业秘密，被控侵犯商业秘密罪。在本案诉讼中，被盗公司行使下列哪些诉讼权利于法有据？（　　）（司考）

A. 委托诉讼代理人参加诉讼

B. 以涉及商业秘密为由申请不公开审理

C. 不服检察机关的不起诉决定而向上一级检察机关提出申诉

D. 以审判人员违反规定会见当事人为由申请其回避

10. 被告人刘某，17岁，被判处有期徒刑3年，判决生效后刘某被送往当地监狱服刑。下列哪些人员有权对本案提出申诉？（　　）（司考）

A. 被害人温某

B. 刘某的父亲

C. 刘某的哥哥

D. 刘某的辩护人史某

11. 下列哪些人是承担控诉职能的诉讼参与人？（　　）（司考）

A. 公诉人　　B. 自诉人

C. 被害人　　D. 控方证人

12. 下列哪些人员不得担任人民陪审员？（　　）（司考）

A. 甲，司法行政机关工作人员

B. 乙，曾因盗窃受到刑事处罚

C. 丙，所学专业为法律专业但只具有大学专科文化程度

D. 丁，具有大学本科文化程度但所学专业为非法律专业

13. 下列关于人民陪审员的哪些表述是错误的？（　　）（司考）

A. 人民陪审员不得担任审判长

B. 人民陪审员有权参加法院所有的审判活动

C. 人民陪审员参加中级人民法院审判活动的，应当从本院的人民陪审员名单中随机抽取确定

D. 合议庭评议案件时，对于法律适用问题，人民陪审员应当接受法官的指导

14. 关于人民陪审员，下列哪些选项是正确的？（　　）（司考）

A. 各级法院审判第一审刑事案件，均可吸收人民陪审员作为合议庭成员参与审判

B. 一审刑事案件被告人有权申请由人民陪审员参加合议庭审判

C. 执业律师不得担任人民陪审员

D. 高级人民法院审判案件依法应当由人民陪审员参加合议庭审判的，在其所在城市的中级人民法院的人民陪审员名单中随机抽取

15. 关于公、检、法机关的组织体系及其在刑事诉讼中的职权，下列哪些选项是正确的？（　　）（司考）

A. 公安机关统一领导、分级管理，对超出自己管辖的地区发布通缉令，应报有权的上级公安机关发布

B. 基于检察一体化，检察院独立行使职权是指检察系统整体独立行使职权

C. 检察院上下级之间是领导关系，上级检察院认为下级检察院二审抗诉不当的，可直接向同级法院撤回抗诉

D. 法院上下级之间是监督指导关系，上级法院如认为下级法院审理更适宜，可将自己管辖的案件交由下级法院审理

16. 关于刑事诉讼当事人中的被害人的诉讼权利，下列哪些选项是正确的？（　　）（司考）

A. 撤回起诉、申请回避

B. 委托诉讼代理人、提起自诉

C. 申请复议、提起上诉

D. 申请抗诉、提出申诉

17. 某案件经中级法院一审判决后引起社会的广泛关注。为回应社会关注和保证办案质量，在案件由高级法院作出二审判决前，基于我国法院和检察院的组织体系与上下级关系，最高法院和最高检察院可采取下列哪些措施？（　　）（司考）

A. 最高法院可听取高级法院对该案的汇报并就如何审理提出意见

B. 最高法院可召开审判业务会议对该案的实体和程序问题进行讨论

C. 最高检察院可听取省检察院的汇报并对案件事实、证据进行审查

D. 最高检察院可决定检察机关在二审程序中如何发表意见

18. 在袁某涉嫌故意杀害范某的案件中，下列哪些人员属于诉讼参与人？（　　）（司考）

A. 侦查阶段为袁某提供少数民族语言翻译的翻译人员

B. 公安机关负责死因鉴定的法医

C. 就证据收集合法性出庭说明情况的侦查人员

D. 法庭调查阶段就范某死因鉴定意见出庭发表意见的有专门知识的人

19. 犯罪嫌疑人、被告人在刑事诉讼中享有的诉讼权利可分为防御性权利和救济性权利。下列哪些选项属于犯罪嫌疑人、被告人享有的救济性权利？（　　）（司考）

A. 侦查机关讯问时，犯罪嫌疑人有申辩自己无罪的权利

B. 对办案人员人身侮辱的行为，犯罪嫌疑人有提出控告的权利

C. 对办案机关应退还取保候审保证金而不退还的，犯罪嫌疑人有申诉的权利

D. 被告人认为一审判决量刑畸重，有提出上诉的权利

（三）不定项选择题

1. 下列人中属于当事人的有（　　）。

A. 公诉人　　B. 犯罪嫌疑人
C. 辩护人　　D. 被害人

2. 下列关于“诉讼主体”的说法中，正确的是(　　)。(考研)

A. 指所有刑事诉讼法上的当事人
B. 指被告人
C. 指自诉人
D. 指公、检、法机关
E. 指对诉讼的发生、发展和终结能产生实质性影响的机关或者个人

3. 在我国，承担刑事诉讼职能的专门机关主要有(　　)。(考研)

A. 公安机关　　B. 国家安全机关
C. 人民检察院　　D. 人民法院
E. 监狱

4. 在人民法院开庭审理案件的过程中，有权申请重新鉴定的人有(　　)。(考研)

A. 辩护人　　B. 诉讼代理人
C. 被告人　　D. 被害人

5. 对已经发生法律效力的判决、裁定，有权向人民法院或人民检察院提出申诉的人有(　　)。(考研)

A. 当事人
B. 当事人的法定代理人
C. 当事人的近亲属
D. 所在单位、团体的代表

6. 迅辉制药股份公司主要生产健骨消痛丸，公司法定代表人陆某指令保管员韩某采用不登记入库、销售人员打白条领取产品的方法销售，逃避缴税65万元。迅辉公司及陆某以逃税罪被起诉到法院。请回答下列(1)(2)(3)题。(司考)

(1) 可以作为迅辉公司单位犯罪的诉讼代表人的是：(　　)。

A. 公司法定代表人陆某
B. 被单位委托的职工王某
C. 保管员韩某
D. 公司副经理李某

(2) 对迅辉公司财产的处置，下列选项正确的是：(　　)。

A. 涉及违法所得及其孳息，尚未被追缴的，法院应当追缴
B. 涉及违法所得及其孳息，尚未被查封、扣押、冻结的，法院应当查封、扣押、冻结
C. 为了保证判决的执行，对迅辉公司财产，法院应当先行查封、扣押、冻结
D. 如果迅辉公司能够提供担保，对其财产也可以不采取查封、扣押、冻结

(3) 如迅辉公司在案件审理期间发生下列变故，法院的做法正确的是：(　　)。

A. 公司被撤销，不能免除单位和单位主管人员的刑事责任
B. 公司被注销，对单位不再追诉，对主管人员继续审理
C. 公司被合并，仍应将迅辉公司列为被告单位，并以其在新单位的财产范围承担责任
D. 公司被分立，应将分立后的单位列为被告单位，并以迅辉公司在新单位的财产范围承担责任

7. 甲、乙二人系药材公司仓库保管员，涉嫌5次共同盗窃其保管的名贵药材，涉案金额40余万元。一审开庭审理时，药材公司法定代表人丙参加庭审。经审理，法院认定了其中4起盗窃事实，另1起因证据不足未予认定，甲和乙以职务侵占罪分别被判处有期徒刑3年和1年。关于丙参与法庭审理，下列选项正确的是：(　　)。(司考)

A. 丙可委托诉讼代理人参加法庭审理
B. 公诉人讯问甲和乙后，丙可就犯罪事实向甲、乙发问
C. 丙可代表药材公司在附带民事诉讼中要求甲和乙赔偿被窃的药材损失
D. 丙反对适用简易程序的，应转为普通程序审理

简答题

1. 简述我国人民法院的组织体系。
2. 简述人民检察院的职权。
3. 简述我国刑事诉讼中侦查权的划分。(考研)
4. 简述我国刑事诉讼法规定的诉讼参与人的范围。

5. 我国刑事诉讼法中规定的当事人有什么特点？

6. 刑事诉讼被告人有哪些诉讼权利？（考研）

7. 被害人的诉讼权利有哪些？（考研）

8. 自诉人的诉讼权利有哪些？

9. 单位犯罪嫌疑人、被告人如何参与刑事诉讼？

10. 法定代理人与诉讼代理人有哪些区别？

论述题与深度思考题

1. 论审判委员会的存废。

2. 试述陪审制度。

3. 试述被害人在刑事诉讼中的地位。（考研）

参考答案

名词解释与概念比较

1. 独任庭是由审判员一人审判简易案件的组织形式。依照法律规定，独任庭审判的案件是：(1) 第一审的刑事自诉案件和其他轻微的刑事案件；(2) 基层人民法院和它派出的人民法庭审判的简单的民事案件和经济纠纷案件；(3) 适用特别程序审理的案件中，除选民资格案件或其他重大疑难案件由审判员组成合议庭审判外，其他案件由审判员一人独任审判。

2. 合议庭是指案件的审判由审判人员数人组成合议庭进行，是一种集体审判案件的制度。合议庭是人民法院审判案件的基本组织形式。由合议庭审判案件，有利于集思广益，避免审判人员的主观片面性，防止个人独断专行，对于保证人民法院客观公正地审判案件具有重要意义。

3. 审判委员会是人民法院内部设立的对审判工作实行集体领导的组织。根据《人民法院组织法》的规定，我国各级人民法院均设立审判委员会，审判委员会由法院院长、副院长和资深法官组成，参加审判委员会的成员称为审判委员会委员。审判委员会的任务是总结审判经验，讨论重大或者疑难案件，讨论其他有关审判工作的问题。从审判委员会讨论、决定重大、疑难案件这一点来说，它也是人民法院的一种审判组织。

4. 诉讼参与人是指在刑事诉讼中除司法人员以外的享有一定的诉讼权利、负有一定的诉讼义务的人。根据《刑事诉讼法》第 108 条的规定，诉讼参与人包括当事人、法定代理人、诉讼代理人、辩护人、证人、鉴定人和翻译人员。上述诉讼参与人通过行使诉讼权利、承担诉讼义务，对刑事诉讼的进程和结局发挥着不同程度的影响、作用，保证诉讼活动得以顺利进行。

5. 凡是与案件结局有着直接利害关系，对刑事诉讼进程发挥着较大影响作用的诉讼参与人，就是当事人。根据我国刑事诉讼法的规定，当事人包括：自诉人、被害人、犯罪嫌疑人、被告人、附带民事诉讼的原告和被告。

6. 自诉人，就是直接向人民法院提起自诉案件的当事人。

7. 刑事诉讼中的被害人是指其人身、财产及其他合法权益受到犯罪行为侵害的人。被害人可能因为参与刑事诉讼的方式不同而在刑事诉讼中担当不同的角色，如在自诉案件中，被害人担任自诉人的角色；在刑事附带民事诉讼中，他是附带民事诉讼的原告。本章所指的被害人仅限于公诉案件中的被害人。

8. 犯罪嫌疑人、被告人是指因涉嫌犯罪而受到刑事追究的人。根据《刑事诉讼法》的规定，在公诉案件中，受刑事追诉者在检察机关向人民法院提起公诉以前，被称为“犯罪嫌疑人”；在检察机关正式向人民法院提起公诉后，被称为“被告人”。换言之，以检察机关制作正式的起诉书并向人民法院提起公诉这一诉讼活动为分界线，在此以前受到刑事追诉的人被称为“犯罪嫌疑人”，在此以后受刑事追诉者被称为“被告人”。

9. 在刑事诉讼中，附带民事诉讼的原告是指在刑事诉讼中以自己的名义向司法机关提起附带民事诉讼的人。

10. 在刑事诉讼中，附带民事诉讼的被告是指在刑事诉讼中被起诉承担民事赔偿责任的人。

11. 法定代理人是指根据法律规定代理被代理人参加诉讼的人。在我国刑事诉讼中，并不是每一起案件中都存在法定代理人，只有当被代理人是无诉讼行为能力人或限制诉讼行为能力人时，才有可能出现法定代理人。

12. 诉讼代理人是指接受公诉案件的被害人以及其法定代理人或近亲属、自诉人及其法定代理人、附带民事诉讼的当事人及其法定代理人的委托而参加诉讼的人。

13. 证人是指除当事人以外了解案件情况并向司法机关作证的人。

14. 鉴定人是指受到司法机关的聘请或者指定后，凭借自己的专门知识和技能对案件事实中的某个专门性问题作出书面鉴定意见的诉讼参与人。

选择题

（一）单项选择题

1. B

《人民检察院组织法》第 9 条、第 10 条规定："最高人民检察院对全国人民代表大会及其常务委员会负责并报告工作。地方各级人民检察院对本级人民代表大会及其常务委员会负责并报告工作。""最高人民检察院领导地方各级人民检察院和专门人民检察院的工作，上级人民检察院领导下级人民检察院的工作。"可见检察院上下级之间是领导与被领导的关系。

2. C

人民检察院行使的是检察权。

3. B

我国审级制度实行四级两审制，地方法院有三级，地方法院最高级别为省级的高级人民法院。

4. C

狭义的司法机关是指人民法院。

5. B

刑事诉讼程序意义上的被害人是指公诉案件中的被害人和自诉人，所以本题选 B 项。C 项因说法绝对而错误。

6. C

在审判程序中，被自诉人提起诉讼的人也被称为被告人，所以选项 A 错误。在侦查程序中行为人被称为犯罪嫌疑人，所以选项 B 错误。《刑事诉讼法》第 213 条规定："自诉案件的被告人在诉讼过程中，可以对自诉人提起反诉。反诉适用自诉的规定。"所以选项 D 错误。故本题选 C 项。

7. A

证人以其耳闻目睹之事作证，故具有不可替代性。

8. C

《刑事诉讼法》第 29 条规定："审判人员、检察人员、侦查人员有下列情形之一的，应当自行回避，当事人及其法定代理人也有权要求他们回避……"所以本题选 C 项。

9. C

被害人作为刑事诉讼中的当事人，当然有权参与法庭调查和辩论，而不仅仅限于参与对附带民事诉讼部分的审理活动。但要注意的是，被害人不能提起上诉，而只能申请人民检察院抗诉。

10. D

选项 A 错误：《刑事诉讼法》第 46 条第 1 款规定：公诉案件的被害人及其法定代理人或者近亲属，附带民事诉讼的当事人及其法定代理人，自案件移送审查起诉之日起，有权委托诉讼代理人。自诉案件的自诉人及其法定代理人，附带民事诉讼的当事人及其法定代理人，有权随时委托诉讼代理人。因此，应为受害人自"案件移送审查起诉之日"起有权委托诉讼代理人。选项 B 错误：《刑事诉讼法》第 65 第 1 款规定：证人因履行作证义务而支出的交通、住宿、就餐等费用，应当给予补助。证人作证的补助列入司法机关业务经费，由同级政府财政予以保障。据此可知，获得补助是证人的权利。选项 C 错误：《刑事诉讼法》第 305 条第 2 款规定，被决定强制医疗的人、被害人及其法定代理人、近亲属对强制医疗决定不服的，可以向上一级人民法院申请复议。《最高人民法院关于适用〈中华人民共和国刑事诉讼法〉的解释》（以下简称《高法刑诉解释》）第 536 条规定，被决定强制医疗的人、被害人及其法定代理人、近亲属对强制医疗决定不服的，可以自收到决定书之日起 5 日内向上一级人民法院申请复议。复议期间不停止执行强制医疗的决定。选项 D 正确：《刑事诉讼法》第 282 条第 2 款规定，对附条件不起诉的决定，公安机关要求复议、提请复核或者被害人申诉的，适用本法第 179 条、第 180 条的规定。该法第 180 条规定：对于有被害人的案件，决定不起诉的，人民检察院应当将不起诉决定书送达被害人。被害人如果不服，可以自收到决定书后7日以内向上一级人民检察院申诉，请求提起公诉。人民检察院应当将复查决定告知被害人。对于人民检察院维持不起诉决定的，被害人可以向人民法院起诉。被害人也可以不经申诉，直接向人民法院起诉。人民法院受理案件后，人民检察院应当将有关案件材料移送人民法院。

11. B

我国人民陪审员制度的目的并不单纯是协助法院完成审判任务，也可以是对法院形成制约，因此A项错误。人民陪审员参加三人制合议庭审理案件，除不得担任审判长外，同法官享有同等权利；而陪审团负责定罪，法官负责量刑工作，故B项正确。《人民陪审员法》第9条规定："司法行政机关会同基层人民法院、公安机关，从辖区内的常住居民名单中随机抽选拟任命人民陪审员数五倍以上的人员作为人民陪审员候选人，对人民陪审员候选人进行资格审查，征求候选人意见。"第10条规定："司法行政机关会同基层人民法院，从通过资格审查的人民陪审员候选人名单中随机抽选确定人民陪审员人选，由基层人民法院院长提请同级人民代表大会常务委员会任命。"可见，人民陪审员不是由其所在单位和户籍所在地的基层组织向基层人民法院推荐，故C项错误。《人民陪审员法》第17条规定："第一审刑事案件被告人、民事案件原告或者被告、行政案件原告申请由人民陪审员参加合议庭审判的，人民法院可以决定由人民陪审员和法官组成合议庭审判。"可见，只有部分案件的一审适用人民陪审员制度，第二审案件就不适用人民陪审员制度，因此，是否适用该制度并非完全取决于当事人的意愿，而且，被害人也无权申请适用人民陪审员制度；而在西方，一旦案件选择以辩诉交易的方式加以解决，也不适用陪审团，因此D项错误。

12. D

《人民陪审员法》第8条规定："人民陪审员的名额，由基层人民法院根据审判案件的需要，提请同级人民代表大会常务委员会确定。"第11条规定："因审判活动需要，可以通过个人申请和所在单位、户籍所在地或者经常居住地的基层群众性自治组织、人民团体推荐的方式产生人民陪审员候选人，经司法行政机关会同基层人民法院、公安机关进行资格审查，确定人民陪审员人选，由基层人民法院院长提请同级人民代表大会常务委员会任命。"因此，罗某担任人民陪审员应由县一级的人民代表大会常务委员会认命，故选项A错误。《人民陪审员法》第2条规定："人民陪审员依照本法产生，依法参加人民法院的审判活动，除法律另有规定外，同法官有同等权利。"因此，选项B错误。《人民陪审员法》第15条规定："人民法院审判第一审刑事、民事、行政案件，有下列情形之一的，由人民陪审员和法官组成合议庭进行……"人民陪审员只能参与一审的审判活动，不能参与二审的审判活动，因此，选项C错误。《人民陪审员法》第23条规定："合议庭组成人员意见有重大分歧的，人民陪审员或者法官可以要求合议庭将案件提请院长决定是否提交审判委员会讨论决定。"因此，选项D正确。

13. D

监狱监管人员指使被监管人体罚虐待其他被监管人的犯罪，并非由罪犯实施，而是属于虐待被监管人案，依法应当由检察院立案侦查，监狱无权管辖，故选项A错误。罪犯在监狱内犯罪可以由监狱立案侦查，但是罪犯在监狱之外所犯的判决时没有发现的罪行，则不能由监狱并案侦查，而应当由有管辖权的公安机关或者检察院立案侦查，故选项B错误。一般而言，被判处有期徒刑的罪犯的暂予监外执行是由监狱提出书面意见，报省级以上监狱管理部门批准。但是如果有期徒刑余刑在3个月以下，刑罚由看守所代为执行的，此时暂予监外执行应由看守所提出书面意见，报设区的市一级以上的公安机关批准。故选项C错误。根据《最高人民法院关于减刑、假释案件审理程序的规定》，对被判处有期徒刑和被减为有期徒刑的罪犯的减刑、假释，由罪犯服刑地的中级人民法院在收到执行机关提出的减刑、假释建议书后1个月内作出裁定，案情复杂或者情况特殊的可以延长一个月。故选项D正确。

（二）多项选择题

1. ACD

侦查权不仅仅检察机关能行使，所以选项B不选。

2. ABC

除公安机关外，还有国家安全机关等行使侦

查权，所以选项D错误。

3. ABCD

4. ABD

公诉人不属于当事人。

5. ABC

直接遭受犯罪行为侵害的人，在刑事公诉案件中一般作为被害人，不再作为证人，因为证据种类中有一项为被害人陈述。

6. ABC

我国犯罪嫌疑人不具有沉默权，所以D项不选。

7. CD

证人是需要感知的，单位不能作为证人，所以选项A不选。鉴定是依据专门知识作出的，所以鉴定人不能是单位。有单位犯罪，就有单位被告，所以选项C当选。被害人有可能是单位，被害人能提起附带民事诉讼，所以选项D当选。

8. ACD

《刑事诉讼法》第101条规定：被害人由于被告人的犯罪行为而遭受物质损失的，在刑事诉讼过程中，有权提起附带民事诉讼。被害人死亡或者丧失行为能力的，被害人的法定代理人、近亲属有权提起附带民事诉讼。如果是国家财产、集体财产遭受损失的，人民检察院在提起公诉的时候，可以提起附带民事诉讼。所以本题选A、C、D三项。

9. ABCD

《刑事诉讼法》第46条规定：公诉案件的被害人及其法定代理人或者近亲属，附带民事诉讼的当事人及其法定代理人，自案件移送审查起诉之日起，有权委托诉讼代理人。自诉案件的自诉人及其法定代理人，附带民事诉讼的当事人及其法定代理人，有权随时委托诉讼代理人。人民检察院自收到移送审查起诉的案件材料之日起3日以内，应当告知被害人及其法定代理人或者其近亲属、附带民事诉讼的当事人及其法定代理人有权委托诉讼代理人。人民法院自受理自诉案件之日起3日以内，应当告知自诉人及其法定代理人、附带民事诉讼的当事人及其法定代理人有权委托诉讼代理人。

《高法刑诉解释》第186条规定：审判案件应当公开进行。案件涉及国家秘密或者个人隐私的，不公开审理；涉及商业秘密，当事人提出申请的，法庭可以决定不公开审理。不公开审理的案件，任何人不得旁听，但法律另有规定的除外。

《刑事诉讼法》第229条规定：被害人及其法定代理人不服地方各级人民法院第一审的判决的，自收到判决书后5日以内，有权请求人民检察院提出抗诉。人民检察院自收到被害人及其法定代理人的请求后5日以内，应当作出是否抗诉的决定并且答复请求人。

《刑事诉讼法》第30条规定：审判人员、检察人员、侦查人员不得接受当事人及其委托的人的请客送礼，不得违反规定会见当事人及其委托的人。审判人员、检察人员、侦查人员违反前款规定的，应当依法追究法律责任。当事人及其法定代理人有权要求他们回避。

根据以上规定，本题应全选。

10. ABC

《刑事诉讼法》第252条规定：当事人及其法定代理人、近亲属，对已经发生法律效力的判决、裁定，可以向人民法院或者人民检察院提出申诉，但是不能停止判决、裁定的执行。

《刑事诉讼法》第108条规定，本法下列用语的含意是：(1)“侦查”是指公安机关、人民检察院对于刑事案件，依照法律进行的收集证据、查明案情的工作和有关的强制性措施；(2)“当事人”是指被害人、自诉人、犯罪嫌疑人、被告人、附带民事诉讼的原告人和被告人；(3)“法定代理人”是指被代理人的父母、养父母、监护人和负有保护责任的机关、团体的代表；(4)“诉讼参与人”是指当事人、法定代理人、诉讼代理人、辩护人、证人、鉴定人和翻译人员；(5)“诉讼代理人”是指公诉案件的被害人及其法定代理人或者近亲属、自诉案件的自诉人及其法定代理人委托代为参加诉讼的人和附带民事诉讼的当事人及其法定代理人委托代为参加诉讼的人；(6)“近亲属”是指夫、妻、父、母、子、女、同胞兄弟姊妹。

由此可见，A、B、C三项是正确答案，其中被害人温某是当事人，而刘某的父亲是当事人的法定代理人，刘某的哥哥是当事人的近亲属。

11. BC

公诉人是承担控诉职能的专门机关，而非诉讼参与人。控方证人虽是诉讼参与人，但他并不承担控诉职能和辩护职能。

12. AB

《人民陪审员法》第 6 条规定，人民代表大会常务委员会的组成人员，监察委员会、人民法院、人民检察院、公安机关、国家安全机关、司法行政机关的工作人员和执业律师等人员，不得担任人民陪审员。第 7 条规定，因犯罪受过刑事处罚的或者被开除公职的不得担任人民陪审员。故不选 C、D 项。

13. BCD

根据《人民陪审员法》第 14 条的规定，人民陪审员和法官组成合议庭审判案件，由法官担任审判长，可以组成三人合议庭，也可以由法官三人与人民陪审员四人组成七人合议庭。因此，A 项为正确表述。根据该法第 15 条的规定，人民法院审判第一审刑事、民事、行政案件，有下列情形之一的，由人民陪审员和法官组成合议庭进行：(1) 涉及群体利益、公共利益的；(2) 人民群众广泛关注或者其他社会影响较大的；(3) 案情复杂或者有其他情形，需要由人民陪审员参加审判的。故 B 项表述错误。根据该法第 19 条的规定，中级人民法院、高级人民法院审判案件需要由人民陪审员参加合议庭审判的，在其辖区内的基层人民法院的人民陪审员名单中随机抽取确定。故 C 项表述错误。根据该法第 21 条的规定，人民陪审员参加三人合议庭审判案件，对事实认定、法律适用，独立发表意见，行使表决权。可见，D 项错误。故本题选 B、C、D 项。

14. BC

根据《刑事诉讼法》第 183 条的规定，基层人民法院、中级人民法院审判第一审案件，应当由审判员 3 人或者由审判员和人民陪审员共 3 人或者 7 人组成合议庭进行，但是基层人民法院适用简易程序、速裁程序的案件可以由审判员一人独任审判。高级人民法院审判第一审案件，应当由审判员 3 人至 7 人或者由审判员和人民陪审员共 3 人或者 7 人组成合议庭进行。最高人民法院审判第一审案件，应当由审判员 3 人至 7 人组成合议庭进行。人民法院审判上诉和抗诉案件，由审判员 3 人或者 5 人组成合议庭进行。可见，最高人民法院的一审案件，以及人民法院的上诉和抗诉案件，没有人民陪审员参与。故 A 项错误。根据《人民陪审员法》第 17 条的规定，第一审刑事案件被告人、民事案件原告或者被告、行政案件原告申请由人民陪审员参加合议庭审判的，人民法院可以决定由人民陪审员和法官组成合议庭审判。所以 B 项正确。根据该法第 6 条的规定，人民代表大会常务委员会的组成人员，监察委员会、人民法院、人民检察院、公安机关、国家安全机关、司法行政机关的工作人员和执业律师等人员，不得担任人民陪审员，故 C 项正确。根据该法第 19 条的规定，中级人民法院、高级人民法院审判案件需要由人民陪审员参加合议庭审判的，在其辖区内的基层人民法院的人民陪审员名单中随机抽取确定。所以 D 项错误。故本题选 B、C 项。

15. ABC

《刑事诉讼法》第 155 条规定：应当逮捕的犯罪嫌疑人如果在逃，公安机关可以发布通缉令，采取有效措施，追捕归案。各级公安机关在自己管辖的地区以内，可以直接发布通缉令；超出自己管辖的地区，应当报请有权决定的上级机关发布。因此，A 项正确。该法第 5 条规定：人民法院依照法律规定独立行使审判权，人民检察院依照法律规定独立行使检察权，不受行政机关、社会团体和个人的干涉。因此，B 项正确。该法第 232 条规定：上级人民检察院如果认为抗诉不当，可以向同级人民法院撤回抗诉，并且通知下级人民检察院。因此，C 项正确。该法第 24 条规定：上级人民法院在必要的时候，可以审判下级人民法院管辖的第一审刑事案件；下级人民法院认为案情重大、复杂需要由上级人民法院审判的第一审刑事案件，可以请求移送上一级人民法院审判。因此，D 项错误。所以，此题应选 A、B、C 三项。

16. BD

公诉案件由检察机关代表国家提起诉讼，因此，被害人无权申请撤诉。因此，A 项错误。《刑事诉讼法》第 229 条规定：被害人及其法定代理人不服地方各级人民法院第一审的判决的，自收到判决书后 5 日以内，有权请求人民检察院提出抗诉。人民检察院自收到被害人及其法定代理人的请求后 5 日以内，应当作出是否抗诉的决定并且答复请求人。第 252 条规定：当事人及其法定代理人、近亲属，对已经发生法律效力的判决、裁定，可以向人民法院或者人民检察院提出申诉，但是不能停止判决、裁定的执行。因此，C项错误、D项正确。诉讼代理人是指公诉案件的被害人及其法定代理人或者近亲属、自诉案件的自诉人及其法定代理人委托代为参加诉讼的人和附带民事诉讼的当事人及其法定代理人委托代为参加诉讼的人。因此，B项正确。故本题应选B、D项。

17. CD

人民法院的独立是单个法院的独立，人民法院上下级之间是监督与被监督的关系，各具体法院在具体案件的审判过程中独立行使审判权，包括上级人民法院在内的其他人民法院无权干涉，可知，在案件有高级人民法院作出二审判决前，最高人民法院不可进行干涉，故选项A、B错误。人民检察院上下级之间是领导与被领导的关系，上级人民检察院有权就具体案件对下级人民检察院作出命令、指示。最高人民检察院作为法律监督机关，可听取下级人民检察院的汇报并对案件事实、证据进行审查，并发表意见，故选项C、D正确。

18. AB

诉讼参与人包括当事人和其他参与人，其中当事人包括被害人、自诉人、犯罪嫌疑人、被告人、附带民事诉讼的原告和被告，其他参与人包括法定代理人、诉讼代理人、辩护人、证人、鉴定人和翻译人员。故选项A正确。公安机关负责死因鉴定的法医是鉴定人，故选项B正确。就证据收集合法性出庭说明情况的侦查人员并不是证人，而是国家专门机关工作人员，不属于诉讼参与人，故选项C错误。就范某死因鉴定意见出庭发表意见的有专门知识的人并不属于上述诉讼参与人的范畴，不属于刑事诉讼主体，故选项D错误。

19. BCD

犯罪嫌疑人、被告人所享有的救济性权利主要包括，(1) 申请复议权：对驳回申请回避的决定，有权申请复议。(2) 控告权：对审判人员、检察人员和侦查人员侵犯公民诉讼权利和人身侮辱的行为，有权提出控告。(3) 申请变更强制措施权。(4) 申诉权：一是对检察院作出的酌定不起诉决定，有权向人民检察院提出申诉；二是对已经发生法律效力的判决、裁定，有权向人民法院、人民检察院提出申诉。(5) 上诉权：对一审未生效的裁判有权向上一级法院上诉。选项B、C、D均属于救济性权利，当选。选项A属于防御性权利，不当选。

(三) 不定项选择题

1. BD

根据《刑事诉讼法》第108条的规定，本题选B、D。

2. ABCDE

凡具有独立诉讼地位并对刑事诉讼的产生、发展、结局有决定性作用的机关和个人，都是刑事诉讼主体，具体包括：公、检、法三机关，被告人、犯罪嫌疑人、自诉人、附带民事诉讼原告和被告。所以本题全选。

3. ABCDE

刑事诉讼职能有控诉、辩护、审判基本职能，侦查机关、检察机关行使控诉职能，人民法院行使审判职能，所以本题全选。

4. ABCD

《刑事诉讼法》第148条规定：侦查机关应当将用作证据的鉴定意见告知犯罪嫌疑人、被害人。如果犯罪嫌疑人、被害人提出申请，可以补充鉴定或者重新鉴定。第197条规定：法庭审理过程中，当事人和辩护人、诉讼代理人有权申请通知新的证人到庭，调取新的物证，申请重新鉴定或者勘验。公诉人、当事人和辩护人、诉讼代理人可以申请法庭通知有专门知识的人出庭，就鉴定人作出的鉴定意见提出意见。法庭对于上述申请，应当作出是否同意的决定。前述第2款规定的有专门知识的人出庭，适用鉴定人的有关规定。所以本题全选。

5. ABC

《刑事诉讼法》第252条规定：当事人及其法定代理人、近亲属，对已经发生法律效力的判决、裁定，可以向人民法院或者人民检察院提出申诉，但是不能停止判决、裁定的执行。所以本题选A、B、C三项。

6. (1) B

《高法刑诉解释》第279条规定："被告单位的诉讼代表人，应当是法定代表人或者主要负责人；法定代表人或者主要负责人被指控为单位犯罪直接负责的主管人员或者因客观原因无法出庭的，应当由被告单位委托其他负责人或者职工作为诉讼代表人。但是，有关人员被指控为单位犯罪的其他直接责任人员或者知道案件情况、负有作证义务的除外。”本题中，法定代表人陆某也被起诉，因此只能由被告单位委托的职工担任诉讼代表人，故选B项。

(2) ABD

《高法刑诉解释》第284条规定：“被告单位的违法所得及其孳息，尚未被依法追缴或者查封、扣押、冻结的，人民法院应当决定追缴或者查封、扣押、冻结。”故A、B项正确。该解释第285条规定：“为保证判决的执行，人民法院可以先行查封、扣押、冻结被告单位的财产，或者由被告单位提出担保。”可见，是“可以”而不是“应当”。故C项错误、D项正确。本题选A、B、D三项。

(3) BC

《高法刑诉解释》第287条规定：“审判期间，被告单位合并、分立的，应当将原单位列为被告单位，并注明合并、分立情况。对被告单位所判处的罚金以其在新单位的财产及收益为限。”故C项正确、D项错误。该解释第286条规定：“审判期间，被告单位被撤销、注销、吊销营业执照或者宣告破产的，对单位犯罪直接负责的主管人员和其他直接责任人员应当继续审理。”故B项正确、A项错误。本题选B、C项。

7. AB

单位被害人在刑事诉讼中的诉讼权利和诉讼义务，与自然人作为被害人时大体相同，可以委托诉讼代理人参加刑事诉讼。故选项A正确。法庭上，被害人可以向被告人发问，所以丙可以向甲和乙发问。故选项B正确。《高法刑诉解释》第139条规定，被告人非法占有、处置被害人财产的，应当依法予以追缴或者责令退赔，被害人提起附带民事诉讼的，人民法院不予受理。本案的盗窃行为属于非法占有、处置被害人财产的犯罪。因此丙不可以提起附带民事诉讼。故选项C错误。《刑事诉讼法》第214条规定，基层人民法院管辖的案件，符合下列条件的，可以适用简易程序审判：(1) 案件事实清楚，证据充分的；(2) 被告人承认自己所犯罪行，对指控的犯罪事实没有异议的；(3) 被告人对适用简易程序没有异议的。人民检察院在提起公诉的时候，可以建议人民法院适用简易程序。该法第215条规定，有下列情形之一的，不适用简易程序：(1) 被告人是盲、聋、哑人，或者是尚未完全丧失辨认或者控制自己行为能力的精神病人的；(2) 有重大社会影响的；(3) 共同犯罪案件中部分被告人不认罪或者对适用简易程序有异议的；(4) 其他不宜适用简易程序审理的。由此可知，丙反对适用简易程序并不属于上述禁止适用简易程序的情形。故选项D错误。

简答题

1. 根据《人民法院组织法》的规定，我国人民法院的组织体系包括地方各级人民法院、专门人民法院和最高人民法院。(1) 地方各级人民法院。地方各级人民法院包括基层人民法院、中级人民法院和高级人民法院。(2) 专门人民法院。我国目前建立的专门人民法院有军事法院、铁路运输法院和海事法院、知识产权法院、金融法院。其中海事法院、知识产权法院、金融法院不具有对刑事案件的管辖权。(3) 最高人民法院。最高人民法院是国家的最高审判机关，监督地方各级人民法院和专门人民法院的审判工作。

2. 根据《人民检察院组织法》和《刑事诉讼法》的规定，在刑事诉讼中，人民检察院行使的职权包括：(1) 侦查权。人民检察院依照法律规定对有关刑事案件行使侦查权。人民检察院在对诉讼活动实行法律监督中发现的，司法工作人员利用职权实施的非法拘禁、刑讯逼供、非法搜查等侵犯公民权利、损害司法公正的犯罪，可以由人民检察院立案侦查。对于公安机关管辖的国家机关工作人员利用职权实施的重大犯罪案件，需要由人民检察院直接受理的时候，经省级以上人民检察院决定，可以由人民检察院立案侦查。(2) 公诉权。人民检察院作为我国唯一的公诉机关，凡是需要提起公诉的案件一律由人民检察院审查决定。(3) 监督权。在刑事诉讼中，人民检察院依法有权对公安机关的立案和侦查活动、人民法院的审判活动以及对法院生效判决和裁定的执行活动等进行监督。

3. 根据《刑事诉讼法》的有关规定，刑事案件的侦查由公安机关进行，法律另有规定的除外。（1）人民检察院在对诉讼活动实行法律监督中发现的，司法工作人员利用职权实施的非法拘禁、刑讯逼供、非法搜查等侵犯公民权利、损害司法公正的犯罪，可以由人民检察院立案侦查。对于公安机关管辖的国家机关工作人员利用职权实施的重大犯罪案件，需要由人民检察院直接受理的时候，经省级以上人民检察院决定，可以由人民检察院立案侦查。（2）公安机关负责对一般刑事案件的侦查。（3）国家安全机关负责对危害国家安全案件的侦查。（4）军队保卫部门对军队内部发生的刑事案件行使侦查权。监狱对罪犯在监狱内犯罪的案件行使侦查权。（5）中国海警局履行海上维权执法职责，对海上发生的刑事案件行使侦查权。

4. 我国刑事诉讼法规定的诉讼参与人包括当事人、法定代理人、诉讼代理人、辩护人、证人、鉴定人和翻译人员。

5. 我国刑事诉讼法中规定的当事人具有以下特点：（1）在刑事诉讼中处于追诉或被追诉的地位，执行控诉或辩护职能。（2）同案件事实有直接、具体的切身利害关系，案件处理结果对他有直接影响。（3）属于诉讼参与人范畴，不包括司法机关。

6. 刑事诉讼法明确规定了被告人所享有的一系列诉讼权利，这些权利主要包括以下方面：（1）有权使用本民族的语言文字进行诉讼。（2）对于审判人员、检察人员、侦查人员侵犯其诉讼权利和人身侮辱的行为，有权提出控告。（3）对于审判人员、检察人员、侦查人员以及鉴定人员、翻译人员和书记员有应当回避的情形的，有权申请他们回避；对于驳回申请回避的决定，有权申请复议。（4）及时获知被指控的内容和理由，获知所享有的诉讼权利。（5）有权自行辩护或者在辩护人的帮助下进行辩护。在公诉案件中自案件移送审查起诉之日起，有权委托辩护人；在自诉案件中，有权随时委托辩护人。在法定条件下有权获得法律援助机构指定的辩护人的法律帮助；有权拒绝辩护人继续为其进行辩护，也有权另行委托辩护人辩护。（6）对于人民法院、人民检察院、公安机关采取侦查措施超过法定期限的，有权要求解除强制措施。（7）对于人民检察院的不起诉决定，有权向人民检察院提出申诉。（8）有权在开庭10日前收到起诉书副本。（9）有权参加法庭调查，就起诉书中指控的事实进行陈述，对证人、鉴定人发问，辨认、鉴别物证，听取未到庭的证人证言笔录、鉴定人的鉴定结论、勘验检查笔录和其他证据文书，并就上述书面证据发表意见；有权通知新的证人到庭、调取新的物证、申请重新鉴定或勘验；被告人有权向法庭作最后陈述。（10）自诉案件的被告人有权对自诉人提出反诉。（11）如不服地方各级人民法院的第一审判决和裁定，可以提起上诉。在只有被告人一方提起上诉的情形下，不得被加重刑罚。（12）对已经发生法律效力的判决或裁定认为确有错误的，可以提出申诉。

7. 被害人作为当事人在刑事诉讼中享有的一般诉讼权利有：（1）根据《刑事诉讼法》第9条的规定，有权使用本民族的语言文字进行诉讼。（2）根据《刑事诉讼法》第14条的规定，对于审判人员、检察人员、侦查人员侵犯其诉讼权利和人身侮辱的行为，有权提出控告。（3）根据《刑事诉讼法》第29条、第30条、第31条的规定，对于审判人员、检察人员、侦查人员以及鉴定人员、翻译人员和书记员有应当回避的情形的，有权申请他们回避；对于驳回回避申请的决定，有权申请复议一次。（4）根据《刑事诉讼法》第191条、第194条、第195条、第197条的规定，有权参加法庭调查，在法庭上就起诉书指控的犯罪进行陈述，可以向被告人发问；有权向证人质证；有权辨认、鉴别物证，听取书面证言及其他证据文书，并就上述证据向法庭陈述意见；有权申请新的证人到庭，调取新的物证，申请重新鉴定和勘验。（5）根据《刑事诉讼法》第198条的规定，有权参加法庭辩论，对证据和案件情况发表意见，并与公诉人、其他当事人、辩护人等互相辩论。（6）根据《刑事诉讼法》第253条的规定，有权对已经发生法律效力的判决、裁定，向人民法院或人民检察院提出申诉，人民法院认为其申诉符合《刑事诉讼法》第253条规定的5种情形之一的，应当重新审判等。

被害人享有的特别的诉讼权利有：（1）根据《刑事诉讼法》第46条的规定，有权自案件移送审查起诉之日起，委托诉讼代理人。法律还规定，人民检察院自收到移送审查起诉材料之日起 3 日内，应当告知被害人及其法定代理人、近亲属有权委托诉讼代理人。（2）根据《刑事诉讼法》第 110 条、第 112 条、第 113 条的规定，对于侵犯人身、财产权利的犯罪事实或者犯罪嫌疑人，被害人有权向公安机关、人民法院或人民检察院报案或者控告，要求有关机关立案；对于人民法院、人民检察院、公安机关不立案的决定，有权获知原因，并可申请复议；对于公安机关应当立案侦查而不立案侦查的，有权向人民检察院提出。（3）根据《刑事诉讼法》第 180 条的规定，对于人民检察院所作出的不起诉决定，有权获得不起诉决定书，并向上一级人民检察院申诉，要求提起公诉。（4）根据《刑事诉讼法》第 210 条的规定，对于被害人有证据证明对被告人侵犯自己人身、财产权利的行为应当依法追究刑事责任，而公安机关或人民检察院不予追究的案件，被害人有权向人民法院提起自诉。（5）根据《刑事诉讼法》第 229 条的规定，对地方各级人民法院第一审判决不服的，有权请求人民检察院抗诉；人民检察院在收到这一请求后 5 日内，应作出是否抗诉的决定并答复请求人。

8. 为了保证自诉人的合法权益，法律规定自诉人除了享有所有诉讼参与人共同享有的权利外，还享有下列各项权利：（1）提起刑事诉讼；（2）在提起刑事诉讼的同时提起附带民事诉讼；（3）申请审判人员、书记员、鉴定人和翻译人员回避；（4）出席法庭审判，参加法庭调查和辩论，申请人民法院调取新的证据、传唤新的证人、申请重新鉴定或勘验；（5）委托诉讼代理人参加诉讼；（6）在案件审理的过程中，请求调解或者与被告人自行和解；（7）在判决宣告以前撤诉；（8）阅读或听取审判笔录，并有权请求补充或更正；（9）如不服地方各级人民法院的第一审判决和裁定，可以提起上诉；（10）对已经发生法律效力的判决或裁定认为确有错误的，可以提出申诉。

9. 在单位犯罪的被追究对象中，有关单位的直接负责的主管人员和其他直接责任人员作为自然人参加刑事诉讼，其参与方式、诉讼权利和义务同普通刑事犯罪嫌疑人、被告人的相同。为解决单位如何参与刑事诉讼这一问题，《高法刑诉解释》专门对单位犯罪案件的审理程序作了原则规定。其第 279 条规定：被告单位的诉讼代表人，应当是法定代表人或者主要负责人；法定代表人或者主要负责人被指控为单位犯罪直接负责的主管人员或者因客观原因无法出庭的，应当由被告单位委托其他负责人或者职工作为诉讼代表人。但是，有关人员被指控为单位犯罪的其他直接责任人员或者知道案件情况、负有作证义务的除外。其第 280 条规定：开庭审理单位犯罪案件，应当通知被告单位的诉讼代表人出庭；没有诉讼代表人参与诉讼的，应当要求人民检察院确定。被告单位的诉讼代表人不出庭的，应当按照下列情形分别处理：（1）诉讼代表人系被告单位的法定代表人或者主要负责人，无正当理由拒不出庭的，可以拘传其到庭；因客观原因无法出庭，或者下落不明的，应当要求人民检察院另行确定诉讼代表人；（2）诉讼代表人系被告单位的其他人员的，应当要求人民检察院另行确定诉讼代表人出庭。其第 281 条规定：被告单位的诉讼代表人享有刑事诉讼法规定的有关被告人的诉讼权利。开庭时，诉讼代表人席位置于审判台前左侧，与辩护人席并列。其第 282 条规定：被告单位委托辩护人，参照适用本解释的有关规定。

10. 法定代理人与委托代理人的区别为：（1）在产生上，前者依据法律规定产生，后者依据委托产生。（2）在权限范围上，法定代理人享有被代理人的一些权利，委托代理人的权限限于委托人的授权。

论述题与深度思考题

1. （1）审判委员会的性质和职权。审判委员会是人民法院内部设立的对审判工作实行集体领导的组织。根据人民法院组织法的规定，我国各级人民法院均设立审判委员会，审判委员会由法院院长、庭长和资深审判员组成；参加审判委员会的成员称为审判委员会委员。审判委员会的任务是总结审判经验，讨论重大或者疑难案件，讨论其他有关审判工作的问题。

（2）审判委员会的优势。第一，审判委员会制度是中华人民共和国几十年来审判活动的总结和审判经验的结晶，是具有中国特色的审判制度，发扬了民主集中制。第二，审判委员会有利于督促法官提高审判能力。第三，审判委员会有利于为法官减压，维护司法独立。第四，审判委员会有利于总结审判经验。

(3) 审判委员会的缺陷。立法的粗疏；对程序规则的违反（有违审判公开、直接言词原则；不利于司法效率)。

(4) 审判委员会的改革和完善需要做到：第一，要进一步缩小审判委员会讨论案件的范围。第二，要严格执行审判委员会讨论个案的规程。第三，审判委员会应把主要精力放在审判经验的总结工作上。第四，审判委员会应设立专业化审理、研讨、咨询案件小组。第五，进一步强化合议庭和独任庭的作用。第六，完善案例制度，进而创建判例制度。

2. 陪审制度是由在公民中选举产生的人民陪审员参加合议庭，审理第一审案件的一种审判制度。陪审制度是在古代审判制度的基础上发展起来的具有民主性的一项司法制度。它起源于古代奴隶制国家的雅典与罗马时期，当时在雅典设置了公民陪审法庭。它既是当时司法民主的体现，也是维护国家民主制的重要保证。这项制度由于与封建社会所推行的纠问式诉讼相抵触，所以遭到了封建国家的遏制和摒弃。资产阶级革命胜利后，陪审制度被视为民主与人权的象征而得到了前所未有的重视。

当前西方国家的陪审制，从表现形式上看，大致分为陪审团制和参审制。前者主要为英美法系国家所采用；后者主要被大陆法系国家采用，我国也采用此种模式。陪审团制是指由陪审员组成的陪审团集体进行活动，通常在诉讼中只解决被告人被指控的事实是否成立的问题。而参审制是指陪审员个人参加到以法官为首的审判组织中进行活动，陪审员以审判组织成员的身份，与法官共同解决认定事实和适用法律的问题，并且与法官享有平等的表决权。

根据我国《刑事诉讼法》和《人民陪审员法》的规定，在我国，基层人民法院和中级人民法院审判第一审案件，应当由审判员 3 人或审判员和人民陪审员共 3 人或者 7 人组成合议庭进行，但是基层人民法院适用简易程序、速裁程序的案件可以由审判员一人独任审判。高级人民法院审判第一审案件，应当由审判员 3 人至 7 人或者由审判员和人民陪审员共 3 人或者 7 人组成合议庭进行。由此可见，在我国，人民陪审员能够参与审判的案件仅限于基层、中级和高级人民法院审判的第一审刑事案件。二审案件、上诉抗诉案件、死刑复核案件和最高人民法院审判的一审案件的合议庭只能由审判人员组成。《人民陪审员法》还就人民陪审员的产生和任免、适用陪审的案件，陪审员的资格和条件、任期以及陪审员的权利等作了明确的规定，其中第 16 条明确规定，人民法院审判下列第一审案件，由人民陪审员和法官组成 7 人合议庭进行：(1) 可能判处 10 年以上有期徒刑、无期徒刑、死刑，社会影响重大的刑事案件；(2) 根据《民事诉讼法》《行政诉讼法》提起的公益诉讼案件；(3) 涉及征地拆迁、生态环境保护、食品药品安全，社会影响重大的案件；(4) 其他社会影响重大的案件。

人民陪审员制度，是吸收人民群众参与国家管理的一种形式，也是人民法院审判工作依靠群众、联系群众的一种良好形式。具体来讲，设立人民陪审员制度具有以下几个方面的意义：第一，它是国家保障公民行使国家管理权和监督权的一种直接、有效的方式，有利于防止司法人员在审判过程中滥用权力；第二，刑事案件错综复杂，有些涉及专业技术方面的问题，在特定案件中邀请特约陪审员参加审判，有利于查明案情、正确适用法律；第三，人民陪审员来自群众，让人民陪审员参加审判，也有利于加强法制宣传教育，增强公民的法律意识，教育公民自觉守法，并勇于同犯罪分子作斗争。

3. 在我国的刑事诉讼构架中，被害人是当事人之一，属于诉讼主体。《刑事诉讼法》第 108 条第 2 项规定："当事人"是指被害人、自诉人、犯罪嫌疑人、被告人、附带民事诉讼的原告和被告。该规定将被害人排在当事人之首，以凸显其法律地位的重要。在刑事诉讼中，被害人是指其合法财产、人身权利、民主权利和其他权利遭受犯罪行为直接侵犯的人，其与案件的处理结果有直接的利害关系。我国《刑事诉讼法》将被害人列为当事人，让其作为诉讼主体参与刑事诉讼，是为了切实维护被害人的合法权益，也是现代人权主义和刑事司法公正的要求。但实际上现行法律对被害人的地位仅仅在法条中予以规定，不但没有赋予被害人与其法律地位相当的诉讼权利，反而要求被害人承担如实陈述案件事实的义务，否则，将追究相应的法律责任。也就是说，尽管刑事诉讼法规定被害人具有诉讼主体的法律地位，但由于关于被害人诉讼权利的法律规定缺乏连续性和完整性，所以被害人事实上并不享有与其他当事人同等的诉讼权利。而且在司法实践中检察机关在代表国家出面行使对被告人的控告、追诉权力时，往往将被害人视为诉讼客体，甚至作为指控犯罪的工具，而忽视了对其合法权益的充分保护。这具体表现在以下几点。

第一，在刑事诉讼中，国家追诉制度的确立和国家对控告权的行使，使刑事案件一旦进入诉讼程序，被害人即无权随意处分诉讼权利以实现自己的意志，而只能被动地等待和接受最终的裁判结果。实际上国家利益和被害人利益并不是完全一致的，而国家在行使诉权时更注重对国家利益的保护，往往忽略被害人的当事人身份及利益所在，基本上将其作为指控犯罪的证据来源，使其对于刑事诉讼的作用相当于证人。

第二，过分强调保护被告人的人权，造成对被害人合法权益的侵害。

第三，在现行的刑事诉讼制度下，被害人的民事赔偿权得不到有效保证。

第四，对于经被害人委托担任诉讼代理人的其他公民在刑事诉讼中的法律地位和权利义务，无明文规定。

第五，在我国的刑事诉讼中，公诉案件的被害人没有独立的上诉权。

现代刑事司法公正不仅体现在准确定性裁处被告人方面，更体现在对被害人及其亲属的有效抚慰和减少社会矛盾方面。有效保护刑事诉讼被害人的合法权益，才能真正实现当事人之间的实质正义。

第一，完善和修改刑事诉讼法，赋予被害人与其法律地位相当的诉讼权利。

第二，对被告人人权的保护要合法、适度，以不损害被害人的合法权益为基本前提。

第三，建立国家公益诉讼制度。

第四，建立被害人国家补偿制度。

第五章　刑事诉讼基本原则

知识逻辑图

- 刑事诉讼基本原则
  - 宪法规定的刑事诉讼原则
    - 依靠群众原则
      - (1) 相信群众，学会做群众工作
      - (2) 严格依法办事，在刑事诉讼中，坚持依靠群众与专门机关工作相结合
    - 独立行使审判权、检察权原则
      - (1) 人民法院、人民检察院依法独立行使审判权、检察权，不受行政机关、社会团体和个人的干涉
      - (2) 我国法律规定独立行使审判权、检察权的主体是人民法院、人民检察院
      - (3) 与西方国家的司法独立原则有区别
    - 对一切公民在适用法律上一律平等
      - (1) 平等适用，否定特权
      - (2) 同法律规定范围内区别对待并不矛盾
    - 审判公开原则
      - (1) 审理刑事案件和宣告判决，都公开进行
      - (2) 对群众公开，也对社会公开
    - 被告人有权获得辩护原则
      - (1) 犯罪嫌疑人、被告人对控诉进行申辩，通过提出相应事项和材料等手段，说明自己无罪、罪轻或应当从轻、减轻、免除处罚
      - (2) 人民法院及其他司法机关有义务保障犯罪嫌疑人和被告人行使辩护权
    - 有权使用民族语言文字进行诉讼的原则
      - (1) 各民族公民都有使用本民族语言、文字进行诉讼的权利
      - (2) 如果诉讼参与人不通晓当地的语言文字，司法机关有义务为其指定或聘请翻译人员
      - (3) 在民族聚居区，对案件的审理，应使用当地通用语言
    - 公、检、法三机关分工负责，互相配合、互相制约原则
      - (1) 各尽其职，各负其责
      - (2) 通力协作，互相支持
      - (3) 互为条件，互相制约
  - 刑事诉讼法规定的原则
    - 侦查权、检察权、审判权由专门机关依法行使
      - (1) 公、检、法三机关分别行使侦查权、检察权、审判权
      - (2) 其他任何机关、团体和个人，都无权行使侦查权、检察权和审判权
      - (3) 行使权力须遵从法定程序
    - 以事实为依据，以法律为准绳
    - 检察监督原则
      - (1) 对公安机关的侦查活动实行监督
      - (2) 对人民法院的审判实行监督
      - (3) 对执行活动实行法律监督
    - 未经人民法院依法判决，不得确定被告人有罪
      - (1) 只有人民法院才有确定被告人有罪的权力
      - (2) 在有罪判决、裁定生效前，不能把犯罪嫌疑人、被告人当罪犯看待
    - 保障诉讼参与人权利
    - 依照法定情形不予追究刑事责任
      - (1) 情节显著轻微，危害不大，不认为是犯罪的
      - (2) 犯罪已过追诉时效期限的
      - (3) 经特赦令免除刑罚的
      - (4) 依照刑法告诉才处理的犯罪，没有告诉或者撤诉的
      - (5) 犯罪嫌疑人、被告人死亡的
      - (6) 其他法律规定免予追究刑事责任的
    - 追究外国人刑事责任适用我国刑事诉讼法
      - (1) 按照我国刑事诉讼法，追究外国人犯罪的刑事责任
      - (2) 对于享有外交特权和豁免权的外国人犯罪，应当追究刑事责任的，通过外交途径解决

名词解释与概念比较

1. 刑事诉讼基本原则
2. 侦查权
3. 检察权
4. 审判权
5. 两审终审制
6. 审判公开原则
7. 程序法定原则
8. 正当程序原则
9. 无罪推定原则

选择题

（一）单项选择题

1. 刑事诉讼法规定的不公开审理的未成年人的犯罪案件中，被告人的年龄是指(　　)时的年龄。

A. 犯罪　　B. 审理
C. 采取强制措施　　D. 执行

2. 可以不公开审理的案件是(　　)。

A. 14 周岁以上不满 16 周岁的未成年人犯罪的案件
B. 16 周岁以上不满 18 周岁的未成年人犯罪的案件
C. 有关国家秘密或者个人隐私的案件
D. 当事人申请不公开审理的、涉及商业秘密的案件

3. 下列机关中有权对被告人行使定罪权的是(　　)。

A. 公安机关　　B. 人民检察院
C. 人民法院　　D. 司法行政机关

4. 有权对公安机关的侦查活动进行监督的是(　　)。

A. 司法行政机关　　B. 监察机关
C. 人民检察院　　D. 人民法院

5. 对不满 18 周岁的未成年人进行审判时，应当通知他的(　　)到场。

A. 法定代理人　　B. 诉讼代理人
C. 近亲属　　D. 家长

6. 某人民检察院立案侦查该市公安局局长利用职权非法拘禁他人，侦查中发现已过追诉时效，检察院应如何处理？(　　)

A. 不起诉　　B. 撤销案件
C. 宣告无罪　　D. 移送法院处理

7. 某法院审理张某贪污案，被告人张某在开庭前突发心脏病死亡。法院该如何处理？(　　)

A. 裁定撤销案件
B. 宣告被告人张某无罪
C. 裁定终止审理
D. 退回起诉的人民检察院处理

8. 检察院以涉嫌诈骗罪对甲提起公诉。经法院审理，法院认定，甲的行为属于刑法规定的“将代为保管的他人财物非法占为己有并拒不退还”的侵占行为。对于本案，检察院拒不撤回起诉时，法院的哪种处理方法是正确的？(　　)(司考)

A. 裁定驳回起诉
B. 裁定终止审理
C. 径行作出无罪判决
D. 以侵占罪作出有罪判决

9. 1996 年 11 月，某市发生一起故意杀人案。2017 年 3 月，当地公安机关根据案发时现场物证中提取的 DNA 抓获犯罪嫌疑人陆某。2017 年 7 月，最高检察院对陆某涉嫌故意杀人案核准追诉。在最高检察院核准前，关于本案的处理，下列哪一选项是正确的？(　　)(司考)

A. 不得侦查本案
B. 可对陆某先行拘留
C. 不得对陆某批准逮捕
D. 可对陆某提起公诉

（二）多项选择题

1. 刑事诉讼基本原则内容确定的法律依据有(　　)。

A. 宪法的有关规定
B. 人民法院组织法的有关规定
C. 人民检察院组织法的有关规定
D. 刑事诉讼法的有关规定

2. 在我国，有权行使侦查权的机关有(　　)。

A. 公安机关和国家安全机关
B. 军队保卫部门和监狱
C. 人民检察院
D. 人民法院

3. 检察权在刑事诉讼中的表现有(　　)。

A. 批准逮捕

B. 提起公诉

C. 对人民法院、公安机关的诉讼活动实行法律监督

D. 对部分刑事案件的立案侦查

4. 在刑事诉讼过程中，遇有法定不追究刑事责任的情形时，应当(　　)。

A. 撤销案件　　B. 不起诉

C. 宣告无罪　　D. 终止审理

5. 下列各项原则中不属于刑事诉讼基本原则的是(　　)。

A. 调解原则　　B. 两审终审制

C. 审判公开原则　　D. 处分原则

6. 法定不追究刑事责任的情形有(　　)。

A. 犯罪嫌疑人死亡的

B. 犯罪已过追诉时效的

C. 经特赦令免除刑罚的

D. 已构成犯罪，但情节轻微的

7. 关于依法不追究刑事责任的情形，下列哪些选项是正确的？(　　)(司考)

A. 犯罪嫌疑人甲和被害人乙在审查起诉阶段就赔偿达成协议，被害人乙要求不追究甲刑事责任

B. 甲侵占案，被害人乙没有起诉

C. 高某犯罪情节轻微，对社会危害不大

D. 犯罪嫌疑人白某在被抓获前自杀身亡

8. 关于刑事诉讼基本原则，下列哪些说法是正确的？(　　)(司考)

A. 体现刑事诉讼基本规律，有着深厚的法律理论基础和丰富的思想内涵

B. 既可由法律条文明确表述，也可体现于刑事诉讼法的指导思想、目的、任务、具体制度和程序之中

C. 既包括一般性原则，也包括独有原则

D. 与规定具体制度、程序的规范不同，基本原则不具有法律约束力，只具有倡导性、指引性

9. 关于有效辩护原则，下列哪些理解是正确的？(　　)(司考)

A. 有效辩护原则的确立有助于实现控辩平等对抗

B. 有效辩护是一项主要适用于审判阶段的原则，但侦查、审查起诉阶段对辩护人权利的保障是审判阶段实现有效辩护的前提

C. 根据有效辩护原则的要求，法庭审理过程中一般不应限制被告人及其辩护人发言的时间

D. 指派没有刑事辩护经验的律师为可能被判处无期徒刑、死刑的被告人提供法律援助，有违有效辩护原则

10. 社会主义法治的公平正义，要通过法治的一系列基本原则加以体现。“未经法院依法判决，对任何人都不得确定有罪”是《刑事诉讼法》确立的一项基本原则。关于这一原则，下列哪些说法是正确的？(　　)(司考)

A. 明确了定罪权的专属性，法院以外任何机关、团体和个人都无权行使这一权力

B. 确定被告人有罪需要严格依照法定程序进行

C. 表明我国刑事诉讼法已经全面认同和确立无罪推定原则

D. 按照该规定，可以得出疑罪从无的结论

11. 关于程序法定，下列哪些说法是正确的？(　　)(司考)

A. 程序法定要求法律预先规定刑事诉讼程序

B. 程序法定是大陆法系国家法定原则的重要内容之一

C. 英美国家实行判例制度而不实行程序法定

D. 以法律为准绳意味着我国实行程序法定

12. 关于保障诉讼参与人的诉讼权利原则，下列哪些选项是正确的？(　　)(司考)

A. 是对《宪法》和《刑事诉讼法》尊重和保障人权的具体化

B. 保障诉讼参与人的诉讼权利，核心在于保护犯罪嫌疑人、被告人的辩护权

C. 要求诉讼参与人在享有诉讼权利的同时，还应承担法律规定的诉讼义务

D. 保障受犯罪侵害的人的起诉权和上诉权，是这一原则的重要内容

13. 某市发生一起社会影响较大的绑架杀人案。在侦查阶段，因案情重大复杂，市检察院提前介入侦查工作。检察官在开展勘验、检查等侦查措施时在场，并就如何进一步收集、固定和完善证据以及适用法律向公安机关提出了意见，对

已发现的侦查活动中的违法行为提出了纠正意见。关于检察院提前介入侦查，下列哪些选项是正确的？（　　）（司考）

A. 侵犯了公安机关的侦查权，违反了侦查权、检察权、审判权由专门机关依法行使的原则

B. 体现了分工负责、互相配合、互相制约的原则

C. 体现了检察院依法对刑事诉讼实行法律监督的原则

D. 有助于严格遵守法律程序原则的实现

（三）不定项选择题

1. 某大学教授在讲授刑事诉讼法课时，让学生回答如何理解“人民法院依法独立行使审判权”原则，下列四个同学的回答中，正确的理解是（　　）。（司考）

A. 甲同学认为是指法官个人独立审判案件，不受任何他人影响

B. 乙同学认为是指合议庭独立审判案件，不受任何组织或个人的影响

C. 丙同学认为是指法院独立审判案件，不受行政机关、社会团体和个人的干涉

D. 丁同学认为是指法院依法独立审判案件，上级法院不能对下级法院正在审理的具体案件如何处理发布指示或命令

2. 在我国司法实践中，个别地区遇到特大案件时，常常在侦查阶段即要求人民法院介入，名曰公、检、法三机关联合办案。这种做法从法律上看（　　）。

A. 体现了我国司法机关与西方司法机关本质上的不同

B. 违背了法律规定的人民法院、人民检察院和公安机关进行刑事诉讼，应当分工负责的原则

C. 符合我国刑事诉讼法惩罚犯罪、保护人民、保障国家安全和社会公共安全、维护社会主义社会秩序的目的

D. 符合刑事诉讼法规定的人民法院、人民检察院和公安机关进行刑事诉讼，应当互相配合的原则

简答题

1. 简述刑事诉讼基本原则的意义。

2. 简述我国的独立行使审判权、检察权原则与资本主义国家的司法独立的区别。

3. 简述刑事诉讼法规定的不公开审理的案件。

4. 简述不追究刑事责任的情形。

5. 简述对有不追究刑事责任情形的案件的处理。

6. 简述依靠群众的原则。

论述题与深度思考题

1. 试论侦查权、检察权和审判权由专门机关行使的原则。

2. 论分工负责、互相配合、互相制约的原则。（考研）

3. 论独立行使审判权、检察权的原则。

4. 怎样理解《刑事诉讼法》第 12 条关于“未经人民法院依法判决，对任何人都不得确定有罪”的规定？（考研）

5. 论法律监督原则。

6. 试论有权获得辩护的原则。

7. 试述保障诉讼参与人诉讼权利的原则。

8. 论以事实为根据、以法律为准绳原则。

9. 论严格遵守法定程序的原则。（考研）

10. 论审判公开原则。

11. 论对一切公民在适用法律上一律平等的原则。

12. 无罪推定原则的产生与发展经过是什么？怎样保障该原则的实施？（考研）

参考答案

名词解释与概念比较

1. 刑事诉讼基本原则，是指法律所规定的进行刑事诉讼、处理刑事案件应当遵循的基本行为

准则。它贯穿于整个刑事诉讼过程或主要诉讼阶段，对刑事诉讼的进行有普遍指导意义。我国刑事诉讼的基本原则是公安机关、人民检察院和人民法院进行刑事诉讼必须遵循的基本行为准则。

2. 侦查权是收集证据，揭露和证实犯罪，查获犯罪嫌疑人，实施必要的强制性措施的权力。侦查活动的内容极为广泛，侦查（在这里是指侦破案件）、拘留、执行逮捕、预审是侦查活动的最主要和最集中的表现。

3. 检察权是指对法律的执行与遵守进行专门监督的权力。从理论上讲，检察权的内容极为广泛，它包括对刑事法律、民事法律、行政法律的执行与遵守实行监督。我国宪法、法律对检察权规定得最多、最详细的部分，是对刑事法律的执行与遵守进行的法律监督。

4. 审判权是指对案件进行审理并作出裁判的权力。审判权是一种最主要的司法权力，它决定着诉讼当事人的命运和诉讼的结局。根据《刑事诉讼法》第3条第1款的规定，审判权只能由人民法院行使。

5. 两审终审制，是指一个案件经过两级人民法院的审理即告结束的审判制度。也就是说，第一审人民法院审理宣判的判决、裁定，尚不能立即产生法律效力，而被允许在规定的时间内提出上诉或抗诉。经第二审人民法院审理后作出的判决、裁定，一经宣告，立即产生法律效力，但是也有例外情况。

6. 审判公开原则，是指人民法院审理刑事案件和宣告判决，都公开进行，允许公民到法庭旁听，允许新闻记者采访和报道，即把法庭审判的全部过程，除休庭评议案件外，都公之于众。

7. 程序法定原则，也称为法治国家程序原则、程序法制原则。其基本含义有二：一是指为惩罚犯罪、维护社会秩序，国家应建立有效的刑事司法系统和刑事诉讼程序。二是指国家刑事司法机关的职权及追究犯罪、惩罚犯罪的程序，都只能由作为国民代表集合体的立法机关所制定的法律来加以明确规定，刑事诉讼法没有明确赋予的职权，司法机关不得行使；司法机关也不得违背刑事诉讼法所明确设定的程序规则而任意决定诉讼的进程。

8. 正当程序是一个含义十分模糊的概念，最早见于英国的《大宪章》和《人身保护法》。美国将《权利法案》中的一系列保证刑事诉讼公正进行的规定，称为正当程序条款。《布莱克法律辞典》对正当程序的解释是："任何权益受到判决结果影响的当事人都有权获得法庭审判的机会，并且应被告知控诉的性质和理由……获得庭审的机会以及提出主张和辩护等体现在'程序性正当程序'之中。"正当程序原则要求不经正当程序，不得对公民实施逮捕、羁押等强制措施以及其他强制性侦查措施；没有经过法定的机关审理，不经法定的审理程序，不得剥夺公民的生命、自由或者对其科处其他刑罚。

9. 无罪推定原则，是指在刑事诉讼中任何被怀疑犯罪或者受到刑事指控的人在经司法程序最终确认有罪之前，在法律上应被推定或假定无罪，或者说不得被认定为有罪的人。

选择题

（一）单项选择题

1. B

《刑事诉讼法》第285条规定：审判的时候被告人不满18周岁的案件，不公开审理。但是，经未成年被告人及其法定代理人同意，未成年被告人所在学校和未成年人保护组织可以派代表到场。所以本题选B项。

2. D

《刑事诉讼法》第188条规定：人民法院审判第一审案件应当公开进行。但是有关国家秘密或者个人隐私的案件，不公开审理；涉及商业秘密的案件，当事人申请不公开审理的，可以不公开审理。不公开审理的案件，应当当庭宣布不公开审理的理由。第285条规定：审判的时候被告人不满18周岁的案件，不公开审理。所以本题选D项。

3. C

《刑事诉讼法》第12条规定："未经人民法院依法判决，对任何人都不得确定有罪。"即由人民法院行使定罪权。

4. C

只有检察机关对公安机关的侦查活动有监督权（参见《刑事诉讼法》第8条）。监察机关监督的是公安机关的行政活动，不是业务活动。

5. A

《刑事诉讼法》第 281 条规定：对于未成年人刑事案件，在讯问和审判的时候，应当通知未成年犯罪嫌疑人、被告人的法定代理人到场。

6. B

根据《刑事诉讼法》第 16 条的规定，有下列情形之一的，不追究刑事责任，已经追究的，应当撤销案件，或者不起诉，或者终止审理，或者宣告无罪：（1）情节显著轻微、危害不大，不认为是犯罪的；（2）犯罪已过追诉时效期限的；（3）经特赦令免除刑罚的；（4）依照《刑法》告诉才处理的犯罪，没有告诉或者撤回告诉的；（5）犯罪嫌疑人、被告人死亡的；（6）其他法律规定免予追究刑事责任的。本题中，案件已过追诉时效，但还处于侦查阶段，故应撤销案件。

7. C

根据《刑事诉讼法》第 16 条和《高法刑诉解释》第 241 条的规定，犯罪嫌疑人、被告人死亡的，应当裁定终止审理，但对于根据已查明的案件事实和认定的证据材料，能够确认被告人无罪的，应当判决宣告被告人无罪。

8. B

根据《刑事诉讼法》第 16 条的规定，侵占罪属于《刑法》规定的告诉才处理的犯罪，而本案没有告诉，因此，应当裁定终止审理。

9. B

本案系 1996 年 11 月发生的故意杀人案，直至 2017 年 3 月才发现犯罪嫌疑人，已过 20 年最长追诉期限，属于法定不追究刑事责任的情形。但是，《最高人民检察院关于办理核准追诉案件若干问题的规定》第 3 条规定："法定最高刑为无期徒刑、死刑的犯罪，已过 20 年追诉期限的，不再追诉。如果认为必须追诉的，须报请最高人民检察院核准。"该法第 4 条规定：须报请最高人民检察院核准追诉的案件在核准之前，侦查机关可以依法对犯罪嫌疑人采取强制措施。侦查机关报请核准追诉并提请逮捕犯罪嫌疑人，人民检察院经审查认为必须追诉而且符合法定代表条件的，可以依法批准逮捕，同时要求侦查机关在报请核准追诉期间不停止对案件的侦查。未经最高人民检察院核准，不得对案件提起公诉。因此选项 A、C、D 错误，选项 B 正确。

（二）多项选择题

1. ABCD

我国刑事诉讼的基本原则，是由《宪法》《刑事诉讼法》《人民法院组织法》《人民检察院组织法》等法律规定的。所以本题全选。

2. ABC

根据《刑事诉讼法》的有关规定，刑事案件的侦查由公安机关进行，法律另有规定的除外。（1）人民检察院在对诉讼活动实行法律监督中发现的司法工作人员利用职权实施的非法拘禁、刑讯逼供、非法搜查等侵犯公民权利、损害司法公正的犯罪，可以由人民检察院立案侦查。对于公安机关管辖的国家机关工作人员利用职权实施的重大犯罪案件，需要由人民检察院直接受理的时候，经省级以上人民检察院决定，可以由人民检察院立案侦查。（2）公安机关负责对一般刑事案件的侦查。（3）国家安全机关负责对危害国家安全案件的侦查。（4）军队保卫部门对军队内部发生的刑事案件行使侦查权。对罪犯在监狱内犯罪的案件由监狱进行侦查。（5）中国海警局履行海上维权执法职责，对海上发生的刑事案件行使侦查权。因此，A、B、C 三项正确。人民法院没有侦查权。

3. ABCD

根据《刑事诉讼法》第 3 条第 1 款的规定，对刑事案件的侦查、拘留、执行逮捕、预审，由公安机关负责。检察、批准逮捕、检察机关直接受理的案件的侦查、提起公诉、对诉讼活动进行法律监督，由人民检察院负责。审判由人民法院负责。除法律特别规定的以外，其他任何机关、团体和个人都无权行使这些权力。所以本题全选。

4. ABCD

参见《刑事诉讼法》第 16 条的规定。

5. AD

调解原则、处分原则属于民事诉讼的原则。

6. ABC

结合《刑事诉讼法》第 16 条的规定，可知选项 A、B、C 三项正确。

7. BD

根据《刑事诉讼法》第 16 条的规定，A 项不属于法定情形之一，而 C 项不符合"不认为是犯罪”这一条件。

8. ABC

刑事诉讼的基本原则，是指法律所规定的进行刑事诉讼、处理刑事案件应当遵循的基本行为准则。它贯穿于整个刑事诉讼过程或主要诉讼阶段，对刑事诉讼的进行有普遍指导意义。我国刑事诉讼的基本原则是公安机关、人民检察院和人民法院进行刑事诉讼必须遵循的基本行为准则。选项A正确：刑事诉讼的基本原则体现刑事诉讼活动的基本规律，有着深厚的法律理论基础和丰富的思想内涵。选项B正确：刑事诉讼的基本原则必须由法律明确规定。刑事诉讼基本原则可以由宪法或者宪法性文件、刑事诉讼法及其他法律、联合国文件、某些区域性组织的文件等明文规定，也可以体现于刑事诉讼法的指导思想、目的、任务、具体制度和程序之中。选项C正确：刑事诉讼法规定的基本原则包括两大类。一类是一般原则，即刑事诉讼和其他性质的诉讼必须共同遵守的原则，如以事实为根据、以法律为准绳原则。另一类是刑事诉讼所独有的基本原则，如侦查权、检察权、审判权由专门机关依法行使原则。选项D错误：刑事诉讼基本原则一般贯穿于刑事诉讼全过程或主要诉讼阶段，具有较普遍的指导意义。刑事诉讼法基本原则是规范和调整整个刑事诉讼程序的原则，适用于刑事诉讼的各个阶段或主要阶段，国家专门机关及其工作人员以及各诉讼参与人都应当遵守。

9. ACD

本题考查有效辩护原则。有效辩护原则，主要包括以下几层内容：一是犯罪嫌疑人、被告人作为刑事诉讼当事人在诉讼过程中应当享有充分的辩护权。二是应当允许犯罪嫌疑人、被告人聘请合格的能够有效履行辩护义务的辩护人为其辩护，包括审前的辩护和审判阶段的辩护，甚至还应当包括执行阶段提供的法律援助。三是国家应当保障犯罪嫌疑人、被告人自行充分行使辩护权，设立法律援助制度，确保犯罪嫌疑人、被告人获得律师的帮助。可见，有效辩护原则强调辩护不应当是形式意义上的，而应当是实质意义上的。有效辩护原则的确立有助于实现控辩平等对抗，故A项正确。有效辩护原则适用于整个刑事诉讼程序，并非只适用于审判阶段，故B项错误。有效辩护原则同时也是公、检、法等国家机关的义务，它们有义务保障有效辩护原则的实现，确保辩护人有效履行辩护职责，故C项正确。有效辩护原则要求国家设立法律援助制度并确保犯罪嫌疑人、被告人能够获得符合最低标准并具有实质意义的律师帮助，故D项正确。本题选A、C、D三项。

10. AB

《刑事诉讼法》第12条规定，“未经人民法院依法判决，对任何人不得确定有罪”。该原则确立了由法院统一行使定罪权，故A项正确。人民法院判决被告人有罪，必须严格按照法定程序，在保障被告人享有充分辩护权的基础上，依法组成审判庭进行公正公开的审理，故B项正确。我国只是一定程度上吸收了国外的无罪推定原则的精神，完全的无罪推定应该被解释为“未经依法确定有罪之前，应假定为无罪”，故C项错误。“未经法院依法判决，对任何人都不得确定有罪”主要确定的是法院的定罪权，从该规定不能得出疑罪从无的结论，故D项错误。

11. ABD

我国《刑事诉讼法》第3条第2款规定：人民法院、人民检察院和公安机关进行刑事诉讼，必须严格遵守本法和其他法律的有关规定。该条体现了刑事诉讼法的程序法定原则。刑事程序法定原则主要包括两层含义：第一层含义是以立法的形式建立结构完整、设置科学的刑事诉讼程序，即刑事诉讼程序应当由法律事先明确规定，因此D项表述正确。第二层含义是在司法实践中，司法机关进行刑事诉讼必须严格遵守法律程序，即刑事诉讼活动应当依据国家法律规定的刑事程序来进行。A项表述是程序法定原则的要求，正确。B项也正确。程序法定原则也是英美国家刑事司法活动遵守的原则之一。因此C项错误。

12. ABC

2004年，我国《宪法》修正时，第一次引入“国家尊重和保障人权”等规定。《刑事诉讼法》第2条明确规定了“尊重和保障人权”。《刑事诉讼法》第14条规定：“人民法院、人民检察院和公安机关应当保障犯罪嫌疑人、被告人和其他诉讼参与人依法享有的辩护权和其他诉讼权利。诉讼参与人对于审判人员、检察人员和侦查人员侵犯公民诉讼权利和人身侮辱的行为，有权提出控告。”可见该条文通过相对细化的规定对《宪法》

与《刑事诉讼法》中的人权条款进行了诠释，故选项A正确。诉讼权利，即诉讼参与人参加刑事诉讼活动所享有的合法权利。整个刑事诉讼活动的核心就是在国家专门机关和相关诉讼参与人的参与下，解决犯罪嫌疑人、被告人的刑事责任问题，从某种角度讲，犯罪嫌疑人，被告人是刑事诉讼活动的核心焦点，故选项B正确。权利和义务是相对的，诉讼参与人在享有诉讼权利的同时，还应当承担法律规定的诉讼义务，故选项C正确。在公诉案件中，被害人没有起诉权（除非公诉转自诉），也没有上诉权（但享有申请抗诉权），选项D的表述较为片面，故错误。

13. BCD

《刑事诉讼法》第87条规定，公安机关要求逮捕犯罪嫌疑人的时候，应当写出提请批准逮捕书，连同案卷材料、证据，一并移送同级人民检察院审查批准，必要的时候，人民检察院可以派人参加公安机关对于重大案件的讨论。此法条体现了检察院可以提前介入公安机关的侦查活动，是行使法律监督权的表现，也体现了分工负责、互相配合、互相制约的原则。因此A项错误，B、C、D项正确。

（三）不定项选择题

1. CD

《刑事诉讼法》第5条规定：人民法院依照法律规定独立行使审判权，人民检察院依照法律规定独立行使检察权，不受行政机关、社会团体和个人的干涉。这里要注意：（1）这一原则强调的是人民法院、人民检察院集体行使审判权和检察权，而不是法官、检察官个人独立。因此，A、B项错误。（2）人民法院的上下级之间是监督关系，而不是领导关系，故上级法院并不能直接指示下级法院如何办案。因此D项说法正确。C项是该条的原文，因此是正确的。

2. B

公、检、法三机关在办理刑事案件时，应当分工负责、互相独立，题目中的做法是违反刑事诉讼法的。

简答题

1. 刑事诉讼基本原则是我国刑事诉讼法最基本的内容，是我们自己的司法实践经验的总结和概括，因此，它对于集中体现我国刑事诉讼法的性质和主要特点，保障办案质量、实现刑事诉讼法的目的和任务，准确理解刑事诉讼法关于各项具体程序的规定，解决执行刑事诉讼法过程中遇到的具体的法律适用问题等，均具有重要的意义。

2. 我国的独立行使审判权、检察权原则，不同于资本主义国家的司法独立。资本主义国家的司法独立是资产阶级“三权分立”原则的组成部分，属于资本主义政治制度的重要内容。我国的审判权、检察权，同立法权、行政权并非鼎立关系；独立行使审判权、检察权原则也不是政治原则，而是一种工作原则，是指人民法院、人民检察院在依法独立行使审判权、检察权时，不受非法干涉。因此，必须明确，独立行使审判权、检察权，并非指审判、检察工作完全独立，不受任何领导、监督和制约。

3. 根据《刑事诉讼法》第188、285条的规定，下列三类案件不公开审理：（1）涉及国家秘密的案件；（2）有关公民个人隐私的案件；（3）审判时未满18周岁的未成年人犯罪的案件。另外，涉及商业秘密的案件，当事人申请不公开审理的，可以不公开审理。

4. 有下列情形之一的，不追究刑事责任，已经追究的，应当撤销案件，或者不起诉，或者终止审理，或者宣告无罪：（1）情节显著轻微，危害不大，不认为是犯罪的；（2）犯罪已过追诉时效期限的；（3）经特赦令免除刑罚的；（4）依照刑法告诉才处理的犯罪，没有告诉或者撤回告诉的；（5）犯罪嫌疑人、被告人死亡的；（6）其他法律规定免予追究刑事责任的。

5. 如果在刑事诉讼开始前，就已经发现有法定不追究刑事责任的某种情形的，则不能立案，也不应当立案。

对于在立案后的诉讼过程中发现有法定不追究刑事责任的某种情形的案件，应当采取措施终止诉讼。采取什么措施终止诉讼，应视处于什么诉讼阶段而定。

在侦查阶段，应当撤销案件。侦查阶段撤销案件，就是撤销原来的立案决定和对犯罪嫌疑人已经采取的强制措施，终止侦查程序。

在审查起诉阶段，对于公安机关移送起诉的案件，如果发现有法定不追究刑事责任的某种情形，人民检察院应当作出不起诉的决定，终止诉讼。

在审判阶段，对于情节显著轻微，危害不大，不认为是犯罪的，人民法院应当作出判决，宣告无罪；对于告诉才处理的案件，被害人撤回告诉的，可以裁定准许撤诉并结案；对于有其他法定不追究刑事责任情形的案件，应当根据不同情况，或者裁定终止审理，或者宣告无罪。

实行不追究刑事责任不能追诉的原则，其意义主要在于保障国家的追诉权能够得到统一、正确的行使，防止扩大追诉范围，保障依法不应当受到刑事追究的人不被追诉和判罪。

6. 依靠群众绝不是把案件交由群众去办，而是要求公、检、法三机关进行刑事诉讼，必须坚持群众路线，必须深入群众，向群众做调查，听取群众的意见和建议，接受群众的监督，取得群众的支持和帮助，并应采取适当的方式、方法扩大办案效果，反对“关门主义”和“神秘主义”。

首先，把依靠群众列为一项基本原则是由我们国家的性质决定的。依靠群众，实行群众路线，是包括刑事诉讼在内的各项工作都应当实行的根本工作路线、根本工作方法。

其次，依靠群众，是我们所坚持的唯物史观的必然要求和重要体现。依靠群众，实行群众路线，是我国公安、司法工作长期保持的优良传统。

再次，实行依靠群众原则，也是刑事诉讼活动本身的要求。因为公、检、法三机关进行刑事诉讼时，只有依靠群众，才能准确、及时地打击犯罪、惩罚犯罪，才能有效地防止发生错误。

最后实行依靠群众的原则，还可以使群众在参加刑事诉讼活动的过程中，受到教育、锻炼，取得经验、教训。这对于动员群众积极同违法犯罪行为作斗争，从根本上确立和保持良好的社会秩序，预防和减少犯罪等，均有重要作用。

论述题与深度思考题

1.《刑事诉讼法》第 3 条第 1 款规定：对刑事案件的侦查、拘留、执行逮捕、预审，由公安机关负责。检察、批准逮捕、检察机关直接受理的案件的侦查、提起公诉，由人民检察院负责。审判由人民法院负责。除法律特别规定的以外，其他任何机关、团体和个人都无权行使这些权力。这款规定以及该法第 4 条和第 308 条，是侦查权、检察权和审判权由专门机关行使原则的法律依据。

侦查权、检察权和审判权由专门机关行使的原则主要包括两方面的内容。

(1) 明确了公、检、法三机关在行使国家的侦查权、检察权、审判权方面的职责分工。

侦查权、检察机、审判权由专门机关行使的原则要求，公、检、法三机关进行刑事诉讼，应当根据法律规定的职责分工，各负其责、各司其职，在行使权力方面不能互相混淆，不能包办代替。

(2) 公、检、法三机关和法律特别规定的机关或部门以外的其他任何机关、团体和个人，都无权行使侦查权、检察权、审判权，如果行使，就是违法犯罪行为。

侦查权、检察权、审判权由专门机关行使，既是法律赋予它们的权力，也是法律要求它们应尽的职责和义务。

在刑事诉讼中实行侦查权、检察权、审判权由专门机关行使的原则的意义，主要在于维护正常的社会秩序，保障法律的统一和正确实施，保护公民的人身自由及其他合法权益免遭非法侵犯。

2. 分工负责、互相配合、互相制约原则的法律依据，是《宪法》第 140 条和《刑事诉讼法》第 7 条的规定，即人民法院、人民检察院和公安机关进行刑事诉讼，应当分工负责，互相配合，互相制约，以保证准确有效地执行法律。这是调整公、检、法三机关间之关系的一项基本原则。

所谓分工负责，就是要求公、检、法三机关依据法律规定的职权，各尽其职，各负其责，严格按照法律规定的职权分工进行刑事诉讼，不允许互相代替和超越职权，更不允许任何一个机关独自包办。所谓互相配合，就是要求公、检、法三机关通力协作、互相支持，互通情报，共同完成刑事诉讼法规定的任务。所谓互相制约，就是要求公、检、法三机关在刑事诉讼中，能互相约束，依据法律规定的职权对有关问题、有关决定，提出自己的主张和意见，防止可能出现的偏差和要求纠正已经出现的错误。

分工负责是互相配合、互相制约的基础和前提，互相配合、互相制约是分工负责的结果和必然要求。没有分工负责，就谈不上互相配合、互相制约；没有互相配合、互相制约，分工负责也势必失去其意义。而互相配合与互相制约之间则是辩证统一、相辅相成的关系，是制约中体现配合、配合中有制约的关系。

正确实行分工负责、互相配合、互相制约的原则，既可以充分发挥公、检、法三机关各自的职能，保证顺利完成惩罚犯罪和保护人民的共同任务；同时又可以防止任何一个机关武断专横和滥用职权，防止和减少错误，防止和减少冤假错案。

3. 独立行使审判权、检察权原则的法律依据是《宪法》《人民法院组织法》《人民检察院组织法》《刑事诉讼法》的有关规定。其具有如下含义和要求。

(1) 人民法院、人民检察院进行诉讼、处理案件，必须依法办事，除服从法律外，不服从任何机关、社会团体和个人有关处理具体案件的指示、命令。

(2) 任何行政机关、社会团体和个人都不得干涉人民法院、人民检察院的审判、检察工作。国家权力机关和也属于行政机关的公安机关，依法对人民法院、人民检察院的审判、检察工作实行制约，不属于干涉的范畴。

(3) 人民法院、人民检察院作为一个组织整体，集体对审判权、检察权的行使负责。独立行使审判权、检察权的主体是人民法院、人民检察院。

我国的独立行使审判权、检察权原则，不同于资本主义国家的司法独立。独立行使审判权、检察权，并非指审判、检察工作完全独立，不受任何领导、监督和制约。

实行独立行使审判权、检察权的原则，对于保障人民法院、人民检察院充分发挥其在加强法制方面的特有作用，对于防止和杜绝行政机关、社会团体和个人对审判、检察工作的干涉，以及树立和维护社会主义法制的威信等，都具有十分重要的意义。

4. 未经法院判决不得确定任何人有罪原则的法律依据，是《刑事诉讼法》第12条的规定，即未经人民法院依法判决，对任何人都不得确定有罪。

这项原则具有如下主要含义和要求。

(1) 只有法院有确定某人有罪或犯有某种罪行的权力。除法院外，其他任何机关、团体和个人都没有这种权力。它明确了人民法院的审判权不仅包括判处刑罚权，而且确定有罪权。因此，不仅是依法应当对被告人判处刑罚的案件，要一律交由人民法院审判，即使是只确定被告人有罪但免除刑罚的案件，也必须一律交由人民法院审判。

(2) 在人民法院的发生法律效力的判决宣告前，不能在法律上确定任何人有罪，或者说，不能在法律上将任何人作为有罪的人或罪犯对待。

(3) 人民法院的一切判决都必须是依法作出的。不管是有罪判决还是无罪判决，都必须严格遵守刑法、刑事诉讼法等有关法律的规定，必须符合有关法律规定的要求。

实行未经法院判决不得确定任何人有罪的原则，对于增强人们的法制观念，进一步完善法制，保障人民法院统一行使审判权，保障犯罪嫌疑人、被告人的合法权益免遭侵犯，以及促进文明司法、民主司法和防止有罪推定等，均有重要意义。

5.《刑事诉讼法》第8条规定：人民检察院依法对刑事诉讼实行法律监督。法律监督原则就是对这条规定的概括。

法律监督原则要求，人民检察院在刑事诉讼中，有权力也有义务对人民法院和公安机关等实施或不实施某种诉讼行为是否合法实行监督；同时要求人民检察院在实行法律监督时，必须严格遵守有关法律规定，必须严格依法实行监督。

人民检察院在刑事诉讼中依法实行法律监督的内容，主要有：(1) 对公安机关立案侦查的监督。如人民检察院认为公安机关对应当立案侦查的案件而不立案侦查的，或者被害人认为公安机关对应当立案侦查的案件而不立案侦查，向人民检察院提出的，人民检察院应当要求公安机关说明不立案的理由。人民检察院认为公安机关不立案理由不能成立的，应当通知公安机关立案，公安机关接到通知后应当立案。(2) 对人民法院审判的监督。人民检察院如发现人民法院审理案件违反法律规定的诉讼程序的，有权向人民法院提出纠正意见。(3) 对执行的监督。人民检察院对执行机关执行刑罚的活动是否合法实行监督，如果发现有违法的情况，应当通知执行机关纠正等。

人民检察院在刑事诉讼中依法实行法律监督的表现形式，主要是向有违法情况的机关提出纠正意见，有违法情况的机关接到纠正违法的意见后，应当立即纠正或者立即说明情况和理由。

实行法律监督原则，要注意与分工负责、互相配合、互相制约原则的区分，特别是与互相制约的区分。法律监督原则与互相制约的差异，主要表现为以下三个方面：（1）互相制约只存在于人民检察院与人民法院或公安机关，在处理同一案件的程序上相互联系和转换的过程中。而法律监督原则，存在于整个刑事诉讼过程中。（2）互相制约是双向的，即人民检察院应当而且能够制约人民法院或公安机关，公安机关或人民法院也应当和能够制约人民检察院。而法律监督原则却是单向的，即只有人民检察院对人民法院和公安机关的法律监督。反过来，人民法院和公安机关则不能对人民检察院也实行法律监督。（3）制约和监督的结果也往往不同。互相制约的结果往往取决于有最终决定权的一方，特别是在有争议的情况下，一般只能取决于有权作出最终决定的一方。监督则不然，监督的结果，一般是接受监督的一方根据人民检察院的意见进行纠正，或者说明情况和理由。

人民检察院在刑事诉讼中依法实行法律监督原则，对于保障人民法院和公安机关等严格按照有关法律规定进行刑事诉讼，保障诉讼参与人的诉讼权利，以及维护法律的尊严和权威等，均具有重要意义。

6. 有权获得辩护的原则，规定在《宪法》第130条和《刑事诉讼法》第11条中。有权获得辩护原则的基本内容，包括两个方面。

其一，犯罪嫌疑人、被告人在刑事诉讼中享有辩护权。辩护权是宪法和法律专门赋予犯罪嫌疑人、被告人的。辩护权是犯罪嫌疑人、被告人在刑事诉讼中依法享有的最重要的诉讼权利，他们享有的其他诉讼权利，都同辩护权密切相关。如果辩护权得不到保障，其他诉讼权利也不可能得到保障。

辩护权可以由犯罪嫌疑人、被告人自己行使，也可以由其依法委托的辩护人帮助共同行使。在侦查、起诉阶段，犯罪嫌疑人始终有权为自己辩护，自案件移送审查起诉之日起，还有权委托辩护人。在审判阶段，被告人除自己行使辩护权外，还有权依法获得辩护人的帮助，与辩护人一起共同行使辩护权。

其二，人民法院及公安、检察机关有义务保证犯罪嫌疑人、被告人行使辩护权。公安、检察机关保证犯罪嫌疑人、被告人行使辩护权，主要表现为：（1）在侦查、起诉阶段，应当允许犯罪嫌疑人、被告人进行申辩和解释，并应认真听取。（2）从传讯犯罪嫌疑人时起，就应当告知他享有辩护等诉讼权利。（3）自案件移送审查起诉之日起，人民检察院应当在法定期限内，告知犯罪嫌疑人有权委托辩护人。

人民法院在审判阶段保证被告人行使辩护权，主要表现为：（1）依法在开庭前将起诉书副本送达被告人，使被告人有足够时间准备辩护。（2）告知被告人享有辩护权，并应告知他可以委托辩护人出庭为其辩护。（3）依法应当为被告人指定辩护人时，必须依法指定。（4）认真听取和研究被告人及其辩护人的辩护，对其中正确部分应当予以采纳。

实行有权获得辩护原则的意义，主要在于保障犯罪嫌疑人、被告人的合法权益，体现社会主义刑事诉讼的公平、合理和民主精神。另外，也有助于公安、司法机关客观、全面地查明案件事实，正确适用法律，防止出现偏差和错误。

7.《刑事诉讼法》第14条规定：人民法院、人民检察院和公安机关应当保障犯罪嫌疑人、被告人和其他诉讼参与人依法享有的辩护权和其他诉讼权利。诉讼参与人对于审判人员、检察人员和侦查人员侵犯公民诉讼权利和人身侮辱的行为，有权提出控告。根据这条法律规定，保障诉讼参与人诉讼权利的原则应包括以下内容。

（1）人民法院、人民检察院和公安机关对所有诉讼参与人依法享有的各种诉讼权利，都应当予以保障。诉讼参与人依法都享有与其诉讼地位相应的诉讼权利，而这些权利能否顺利行使，关键在于公、检、法三机关能否予以保障。要保障诉讼参与人的诉讼权利，必须告知其权利，并为其行使权利创造条件。对诉讼参与人依法享有的诉讼权利，不能以任何借口加以限制、侵犯和剥夺。

（2）诉讼参与人有权对侵犯公民权利的行为提出控告，即对于侦查人员、检察人员、审判人员侵犯公民诉讼权利和人身侮辱的行为，有权提出控告。

实行保障诉讼参与人诉讼权利的原则，可以使所有参加刑事诉讼活动的公民的诉讼权利与人格尊严免受侵犯，也会有助于公、检、法三机关正确、文明地进行刑事诉讼，使诉讼活动能够严格地依法进行。

8.（1）以事实为根据是指司法机关在对刑事案件的实体性问题和程序问题作出决定时，必须以查证属实的证据和凭借这些证据认定的案件事实为基础；以法律为准绳是指必须以刑法和其他法律有关规定作为定罪量刑和处理案件的标准。

（2）以事实为根据、以法律为准绳二者是紧密联系、缺一不可的。事实是正确适用法律的基础，法律是根据事实作出正确裁判的依据，两者互为条件、相辅相成，不可忽视或偏废任何一个方面。

（3）意义：一是实现其他原则的条件。例如该原则否定了特权的存在，就容易做到一切公民在适用法律上一律平等。二是能够保证司法机关作出不枉不纵的裁判。三是使法律的权威真正树立起来。

9.《刑事诉讼法》第3条第2款规定：人民法院、人民检察院和公安机关进行刑事诉讼，必须严格遵守本法和其他法律的有关规定。严格遵守法定程序原则，就是对这款法律规定的概括。

严格遵守法定程序，就是要求公、检、法三机关，必须严格按照刑事诉讼法和其他法律中有关刑事诉讼主体的权利、义务以及进行刑事诉讼的顺序、步骤、方式、方法等规定，进行刑事诉讼，不得违反，否则就是违法。刑事诉讼法和其他法律中有关刑事诉讼程序的所有规定，都应得到严格遵守。进行刑事诉讼是否严格遵守法定程序，是一个国家是否真正实行法制的重要标志。实行法制不能没有程序，不能离开程序，否则，实行法制就没有保障。

严格遵守法定程序原则具有以下意义。首先，严格遵守法定程序能保障公、检、法三机关依法同犯罪作斗争，依法进行刑事诉讼。

其次，严格遵守法定程序、依法进行刑事诉讼，对于贯彻落实宪法的有关规定，具有十分重要的作用。

再次，只有严格遵守法定程序，才能保证准确、及时地查明案件事实，保障办案质量，保障顺利实现刑事诉讼的任务和目的。

最后，也只有严格遵守法定程序，才能充分体现出我国刑事诉讼的先进性和民主性。作为社会主义国家，我们进行刑事诉讼的方式、方法等，应该充分体现社会主义的文明，应该更科学、更合理，在打击犯罪和减少犯罪、预防犯罪，以及教育公民增强法制观念等方面，收到更大、更好的社会效果。

10. 审判公开原则的法律依据是《宪法》第130条中的规定和《刑事诉讼法》第11条中的规定。

审判公开的含义是：人民法院开庭审理案件的过程和判决的宣告都公开进行，允许公民旁听，允许新闻界依法公开采访、公开报道。法院开庭审判案件，除休庭评议这个程序是秘密进行的以外，其他审判程序均公开进行；不仅向当事人和其他诉讼参与人公开，而且向其他公民公开，向社会公开。

审判公开原则适用于绝大多数刑事案件，只是对于《刑事诉讼法》规定的少数案件，由于存在特殊情况，即由于牵涉国家秘密和妇女、未成年人的权益，如果公开审理，会损害国家利益或损害有关妇女和未成年人的权益，并会产生不良的社会影响和副作用，所以才不允许公开审理。

不公开审理，就是法院开庭审理案件的过程不向当事人及其他诉讼参与人以外的公民公开，不向社会公开，不允许新闻界采访、报道。不公开审理案件的判决，在宣告时必须公开进行。

根据《刑事诉讼法》第188、285条，下列三类案件不公开审理：（1）涉及国家秘密的案件；（2）有关公民个人隐私的案件；（3）审判时未满18周岁的未成年人犯罪的案件。另外，涉及商业秘密的案件，当事人申请不公开审理的，可以不公开审理。

对于依法应当公开审判的案件，人民法院在开庭审理前，必须在法律规定的期间，并采取可以使群众知道的适当方式、方法，向群众、社会公布将要审理的案件的案由、被告人的姓名及开庭的时间和地点，以便群众前来旁听。

对案件的审判公开进行，应当允许群众前来旁听，允许新闻界采访、报道，在保证审判能够顺利进行的前提下，为前来旁听者提供方便。

审判公开是我国审判制度的核心。实行审判

公开可以使法院的审判活动置于广大人民群众的直接监督之下。因此，实行审判公开原则具有十分重要的意义：首先，实行审判公开，可以带动合议、辩护、回避等各项制度的贯彻执行，使这些制度能真正发挥其应有的作用。其次，实行审判公开，有助于人民法院客观全面地查明案情和正确地处理案件，提高办案质量，防止和减少冤假错案。再次，实行审判公开，可以密切法院同群众的关系，增强审判人员的责任感，防止发生违法乱纪现象。最后，实行审判公开，可以充分发挥审判的教育作用，扩大办案的效果和影响，教育犯罪分子认罪服法，教育广大群众积极同犯罪作斗争，从而预防犯罪，减少犯罪。

11. 对一切公民在适用法律上一律平等的原则，是《刑事诉讼法》第 6 条中的规定（对于一切公民，在适用法律上一律平等，在法律面前，不允许有任何特权）的概括。

这项基本原则的含义是：对于国家的法律，人人都必须毫无例外地遵守；人人都必须毫无例外地依法办事；对任何人都不能歧视，同时禁止任何人谋求不遵守法律，甚至超越于法律之外，或者凌驾于法律之上的特权。

在刑事诉讼中贯彻这项原则，就是要求公、检、法三机关办理刑事案件，不受民族、种族、性别、职业、家庭出身、宗教信仰、教育程度、财产状况、居住期限等因素的影响，对一切公民的合法权益都依法给予保护，对一切公民的违法犯罪行为都依法予以追究。

对一切公民在适用法律上一律平等，同法律规定范围内的区别对待即法律本身规定或者要求的区别对待，并不矛盾，因为这种区别对待的根据和标准就是法律，是在依法办事，而非受地位、职权、家庭出身、财产状况等因素影响的结果。

实行这项原则，对于进一步激发广大人民群众的爱国热情，更广泛地调动人民群众建设社会主义的积极性，使广大群众更加拥护国家的各项法律制度、支持各项法律制度的贯彻执行等，均有重要意义；另外，实行这项原则也有利于反对和防止封建特权。

12. 无罪推定原则，是指在刑事诉讼中任何被怀疑犯罪或者受到刑事指控的人在经司法程序最终确认有罪之前，在法律上应被推定或假定无罪，或者说不得被认定为有罪的人。

无罪推定是资产阶级针对封建专制刑事诉讼的有罪推定提出来的。最早提出无罪推定思想和概念的是意大利著名法学家贝卡里亚。1764 年在其名著《论犯罪与刑罚》一书中，他指出：“在法官判决之前，一个人是不能被称为罪犯的，只要还不能断定他已经侵犯了给予他公共保护的契约，社会就不能取消对他的公共保护。”在立法形式上最早采用无罪推定的当属法国 1789 年的《人权宣言》，该宣言第 9 条规定：“对任何人，凡未宣告为有罪以前，皆应视为无罪。”此后，各国纷纷效仿法国，相继在宪法或法律中对无罪推定作出规定，使无罪推定成为刑事诉讼的一条重要原则、宪法性公民权利的重要组成部分。

1948 年 12 月，联合国大会通过的《世界人权宣言》首次对无罪推定原则作出规定：凡受刑事控告者，在未经获得辩护上所需的一切保证的公开审判而依法证实有罪之前，有权被视为无罪。此后，联合国大会通过的多个法律文件和国际性学术会议决议中又再次重申了无罪推定原则，如 1966 年 12 月的《公民权利和政治权利国际公约》、1994 年 9 月在巴西召开的世界刑法学协会第十五届代表大会通过的《关于刑事诉讼中的人权问题的决议》都再次确认了无罪推定原则。这些文件和决议使无罪推定原则成为世界范围内被广泛认可的刑事诉讼原则。尽管各国在法律上对无罪推定的表述不尽一致，但其基本思想是一致的，即任何人在被依法确定为有罪以前，应当被推定或者假定无罪。其核心意义在于保护被告人的合法权益。

无罪推定原则主要包含三层意思：第一，对任何人有罪决定的宣告，只能由法院确定，其他任何机关、个人、团体没有这个权力；第二，法院应当以证据证明被告人有罪，强调的是证据裁判主义；第三，在判决生效以前，被告人是无罪的，不能因为其被逮捕、被起诉、被审判而认为其有罪。在西方国家，从无罪推定中进一步引申出一些诉讼规则，如被告人不负举证责任、享有沉默权、疑罪从无等。

对无罪推定原则的保障：(1) 建立司法审查机制；(2) 完善辩护制度；(3) 完善错拘错捕的赔偿机制；(4) 加大宣传，营造融洽氛围。

第六章 管 辖

知识逻辑图

- 管辖
  - 确定管辖的原则
    - （1）依法管辖
    - （2）准确及时
    - （3）便利诉讼
    - （4）维护合法权益
    - （5）原则性与灵活性相合
  - 立案管辖
    - 公安机关：人民法院直接受理和人民检察院自行侦查刑事案件以外的案件
    - 人民检察院
      - （1）人民检察院在对诉讼活动实行法律监督中发现的司法工作人员利用职权实施的非法拘禁、刑讯逼供、非法搜查等侵犯公民权利、损害司法公正的犯罪，可以由人民检察院立案侦查。
      - （2）对于公安机关管辖的国家机关工作人员利用职权实施的重大犯罪案件，需要由人民检察院直接受理的时候，经省级以上人民检察院决定，可以由人民检察院立案侦查。
    - 人民法院
      - （1）告诉才处理的案件
      - （2）被害人有证据证明的轻微刑事案件
      - （3）公诉转自诉案件
  - 审判管辖
    - 级别管辖
      - 基层人民法院：第一审普通刑事案件
      - 中级人民法院
        - （1）危害国家安全案件、恐怖活动犯罪案件
        - （2）可能判处无期徒刑、死刑的普通刑事案件
      - 高级人民法院：全省性重大刑事案件
      - 最高人民法院：全国性重大刑事案件
    - 地区管辖
      - 犯罪地法院管辖：犯罪地法院为主，居住地法院为辅
      - 优先管辖：最初管辖法院管辖，必要时主要犯罪地法院管辖
      - 移送管辖
      - 指定管辖
        - （1）地区管辖不明的刑事案件
        - （2）原有管辖法院不宜或不能审判的刑事案件
      - 特殊情况的管辖
    - 专门管辖
      - 军事法院
      - 铁路运输法院

名词解释与概念比较

1. 刑事诉讼管辖（考研）
2. 刑事诉讼中的立案管辖与审判管辖（考研）
3. 级别管辖（考研）
4. 指定管辖（考研）
5. 移送管辖
6. 专门管辖
7. 地区管辖

一、选择题

（一）单项选择题

1. 关于地域管辖，下列说法中不正确的是（　）。

A. 由犯罪地的人民法院管辖

B. 可以由被告人居住地的人民法院审判

C. 必须由最初受理的人民法院管辖

D. 可以移送主要犯罪地的人民法院管辖

2. 几个同级人民法院都有权管辖的案件，由（　）人民法院审判。

A. 犯罪地的　　B. 最初受理的

C. 被告人居住地的　　D. 上一级

3. 罪犯在监狱内又犯新罪的，由（　）进行侦查。

A. 监狱　　B. 人民检察院

C. 人民法院　　D. 司法行政机关

4. 危害国家安全的案件由（　）人民法院管辖。

A. 基层　　B. 中级

C. 高级　　D. 最高

5. 某市政府机关职员张某，因涉嫌犯间谍罪被有关部门立案侦查，后被依法采取强制措施。下列哪一说法是正确的？（　）（司考）

A. 本案应由公安机关立案侦查

B. 本案应由人民检察院立案侦查

C. 对王某的取保候审应由国家安全机关执行

D. 对王某的取保候审应由公安机关执行

6. 甲和乙是盗窃案的共犯，被人民法院判处有期徒刑后在同一监狱服刑。二人在服刑期间脱逃至A市。甲在A市某宾馆吃饭时被抓获，押解回监狱后发现甲在A市还犯有盗窃罪；乙在A市抢劫时被当场抓获。对甲和乙所犯的新罪应当如何进行侦查？（　）（司考）

A. 二人均由监狱一并进行侦查

B. 二人均由A市公安局一并进行侦查

C. 甲之新罪由监狱进行侦查，乙之新罪由A市公安局进行侦查

D. 乙之新罪由监狱进行侦查，甲之新罪由A市公安局进行侦查

7. 根据我国刑事诉讼法的规定和有关的司法解释，下列哪个说法是正确的？（　）（司考）

A. 上级人民法院不能审判下级人民法院管辖的第一审刑事案件

B. 上级人民法院不能指定下级人民法院审判应由上级人民法院管辖的第一审刑事案件

C. 上级人民法院不能指定下级人民法院审判管辖不明的案件

D. 上级人民法院不能指定下级人民法院审判管辖明确的案件

8. 几个同级人民法院都有管辖权的案件，应由最初受理的人民法院审判。在必要的时候可以移送下列哪一法院审判？（　）（司考）

A. 犯罪地人民法院

B. 被告人居住地人民法院

C. 主要犯罪地人民法院

D. 被告人经常居住地人民法院

9. 张某系L市出租汽车公司司机，住该市河东区。2018年10月25日晚，香港居民孙某在河西区乘坐张某驾驶的出租车至该区天平大酒店，下车时将背包遗忘在车上，内有价值近4万元的笔记本电脑。孙下车后即意识到背包遗忘在车上，于是找到张某，向其索要。张某谎称并未见到背包，拒不交出。该案一审管辖法院应当是哪个法院？（　）（司考）

A. 河东区人民法院

B. 河西区人民法院

C. 市中级人民法院

D. 市中级人民法院指定的其他基层人民法院

10. 被告人张某系退伍军人，被告人赵某系现役军人。张某曾在服役期间伙同赵某犯有抢劫罪。关于该案的审判管辖，下列说法哪一个是正确的？（　）（司考）

A. 应当由军事法院一并管辖

B. 应当由地方人民法院一并管辖

C. 被告人张某由地方人民法院管辖，被告人赵某由军事法院管辖

D. 应当先由军事法院一并管辖，然后再把被告人张某移交地方人民法院管辖

11. 下列哪一种情形应当由军事法院管辖？（　）（司考）

A. 现役军人邝某涉嫌与某企业职工何某共同

窃取国家军事秘密

B. 发现现役军人石某入伍前犯有故意伤害罪未处理

C. 退役军人李某回到家乡后被发现曾在服役期间犯有盗窃罪未处理

D. 到部队看望朋友的张某在部队营区内盗窃

12. 王某担任甲省副省长期间受贿50多万元，有关法院指定乙省W市中级人民法院管辖。该项指定应当由下列哪一法院作出？（　　）（司考）

A. 甲省高级人民法院

B. 乙省高级人民法院

C. W市中级人民法院

D. 最高人民法院

13. 某市A区法院受理一起盗窃案件，因该案被告人与该法院院长具有亲属关系，市中级人民法院遂指定将该案移交B区法院审判。对于该案的全部案卷材料，A区法院应按下列哪一选项处理？（　　）（司考）

A. 应当退回A区检察院

B. 应当直接移交B区法院

C. 可以直接移交B区法院

D. 应当通过中级人民法院移交B区法院

14. 张某，甲市人，中国乙市远洋运输公司"黎明号"货轮船员。"黎明号"航行在公海时，张某因与另一船员李某发生口角将其打成重伤。货轮返回中国首泊丙市港口时，张某趁机潜逃，后在丁市被抓获。该案应当由下列哪一法院行使管辖权？（　　）（司考）

A. 甲市法院　　B. 乙市法院

C. 丙市法院　　D. 丁市法院

15. 国家机关工作人员高某与某军事部门有业务往来。一日，高某到该部门洽谈工作，趁有关人员临时离开将一部照相机窃走。该照相机中有涉及军事机密的照片。关于本案，负责立案侦查的是下列哪一机关？（　　）（司考）

A. 公安机关　　B. 检察机关

C. 国家安全机关　　D. 军队保卫部门

16. 下列哪一案件应由公安机关直接受理立案侦查？（　　）（司考）

A. 林业局副局长王某违法发放林木采伐许可证案

B. 吴某作为在任乡长破坏乡长选举案

C. 负有解救被拐卖儿童职责的李某利用职务阻碍解救案

D. 某地从事实验、保藏传染病菌种的钟某，违反国务院卫生行政部门的有关规定，造成传染病菌种扩散构成犯罪的案件

17. 齐某在A市B区利用网络捏造和散布虚假事实，宣称刘某系当地黑社会组织"大哥"，A市中级法院院长王某为其"保护伞"。刘某以齐某诽谤为由，向B区法院提起自诉。关于本案处理，下列哪一选项是正确的？（　　）（司考）

A. B区法院可以该案涉及王某为由裁定不予受理

B. B区法院受理该案后可请求上级法院指定管辖

C. B区法院受理该案后，王某应自行回避

D. 齐某可申请A市中级法院及其下辖的所有基层法院法官整体回避

18. 甲省A市副市长涉嫌受贿2 000万元，为保证诉讼顺利进行，拟指定甲省B市管辖。关于本案指定管辖，下列哪一选项是正确的？（　　）

A. 如指定B市中级法院审理，应由B市检察机关审查起诉

B. 甲省检察院可指定B市检察院审查起诉并指定B市中级法院审理

C. 可由最高检察院直接指定B市检察院审查起诉

D. 如甲省高级法院指定B市中级法院审理，A市中级法院应将案卷材料移送B市中级法院

（二）多项选择题

1. 划分立案管辖的依据，主要有（　　）。

A. 犯罪案件的性质

B. 犯罪案件的严重、复杂程度

C. 有利于准确及时地查明案情，同犯罪作斗争

D. 同公、检、法三机关在刑事诉讼中的具体任务和职责相适应

2. 中级人民法院管辖的案件是（　　）。

A. 危害国家安全案件

B. 可能判处无期徒刑、死刑的普通刑事案件

C. 外国人犯罪的案件

D. 可能判处15年以上有期徒刑的普通刑事案件

3.《刑事诉讼法》对审判级别管辖规定的特点有（ ）。

A. 案件的性质、刑期和社会影响相结合

B. 绝大多数案件的第一审由基层和中级人民法院负责

C. 只对中级人民法院管辖案件的规定比较具体

D. 结合了原则性和灵活性

4. 审判管辖包括（ ）。

A. 立案管辖　B. 级别管辖

C. 专门管辖　D. 地区管辖

5. 告诉才处理的案件包括（ ）。

A. 重婚案

B. 非法占有他人遗忘物、埋藏物案件

C. 未造成被害人重伤、死亡的虐待案

D. 轻伤害案

6. 下列第一审刑事案件，哪些应当由中级人民法院管辖？（ ）（司考）

A. 张某玩忽职守案

B. 陈某组织武装叛乱案

C. 钱某故意杀人案

D. 岳某抢夺某外国公民财物案

7. 甲非法拘禁乙于某市A区，后又用汽车经该市B区、C区，将乙转移到D区继续拘禁。对于甲所涉非法拘禁案，下列哪些法院依法享有管辖权？（ ）（司考）

A. A区法院　B. B区法院

C. C区法院　D. D区法院

8. 周某采用向计算机植入木马程序的方法窃取齐某的网络游戏账号、密码等信息，将窃取到的相关数据存放在其租用的服务器中，并利用这些数据将齐某游戏账户内的金币、点券等虚拟商品放在第三方网络交易平台上进行售卖，获利5 000元。下列哪些地区的法院对本案具有管辖权？（ ）（司考）

A. 周某计算机所在地

B. 齐某计算机所在地

C. 周某租用的服务器所在地

D. 经营该网络游戏的公司所在地

9. 某县抓获一抢劫团伙，其涉嫌多次入户抢劫。该县法院审理后认为，该团伙中只有主犯赵某可能被判处无期徒刑。关于该案的移送管辖，下列哪些选项是正确的？（ ）（司考）

A. 应当将赵某移送中级法院审理，其余被告人继续在县法院审理

B. 团伙中的未成年被告人应当一并移送中级法院审理

C. 中级法院审查后认为赵某不可能被判处无期徒刑，可不同意移送

D. 中级法院同意移送的，应当书面通知其同级检察院

10. 田某涉嫌挪用公款被立案侦查并逮捕，侦查过程中发现田某还涉嫌重婚。关于本案处理，下列哪些选项是正确的？（ ）（司考）

A. 如挪用公款与重婚互有牵连，监察机关可并案调查

B. 对田某的侦查羁押期限可自发现其涉嫌重婚之日起重新计算

C. 如检察院审查起诉后认为田某构成挪用公款而不构成重婚，应当对重婚罪作出不起诉决定

D. 如检察院只对田某以挪用公款罪提起公诉，重婚罪的被害人可向法院提起自诉

11. 下列哪些案件不应由人民检察院直接立案侦查？（ ）（司考）

A. 骗取出口退税案

B. 受贿案

C. 私分国有资产案

D. 徇私舞弊不征、少征税款案

（三）不定项选择题

1. 某市检察院以刘某犯有抢劫罪向市中级人民法院提起公诉，法院受理后认为该案不需要判处无期徒刑以上刑罚。对此案，该法院下列做法中正确的是（ ）。（司考）

A. 驳回检察院的起诉

B. 不再将案件交由下级法院审理

C. 继续审理本案

D. 向上级法院请示可否审理

2. 甲、乙（户籍地均为M省A市）共同运营一条登记注册于A市的远洋渔船。某次在公海捕鱼时，甲、乙二人共谋杀害了与他们素有嫌隙的水手丙。该船回国后首泊于M省B市港口以作休整，然后再航行至A市。从B市起航后，在途经M省

C市航行至A市过程中，甲因害怕乙投案自首一直将乙捆绑拘禁于船舱。该船于A市靠岸后案发。关于本案管辖，下列选项正确的是：（　）。（司考）

A. 故意杀人案和非法拘禁案应分别由中级法院和基层法院审理

B. A市和C市法院对非法拘禁案有管辖权

C. B市中级法院对故意杀人案有管辖权

D. A市中级法院对故意杀人案有管辖权

简答题

1. 简述管辖的意义。
2. 简述划分立案管辖的依据。
3. 简述级别管辖确立的依据和特点。
4. 简述中级人民法院管辖第一审刑事案件的范围。
5. 为什么以犯罪地作为划分地区管辖的依据？

论述题与深度思考题

1. 试述刑事诉讼中的立案管辖。（考研）
2. 刑事诉讼中能否设立管辖权异议制度？

参考答案

名词解释与概念比较

1. 刑事诉讼管辖，是指国家司法机关依法在受理刑事案件方面的职权范围上的分工。我国刑事诉讼管辖，是指人民法院、人民检察院和公安机关依照法律规定立案受理刑事案件以及人民法院系统内审判第一审刑事案件的分工制度。

2. 刑事诉讼中的立案管辖，在诉讼理论上又称职能管辖或部门管辖，是指人民法院、人民检察院和公安机关各自直接受理刑事案件的职权范围，也就是人民法院、人民检察院和公安机关之间，在直接受理刑事案件范围上的权限划分。立案管辖所要解决的是哪类刑事案件应当由公安、司法机关中的哪一个机关立案受理的问题。刑事诉讼中的审判管辖，是指人民法院审判第一审刑事案件的职权范围，包括各级人民法院之间、普通人民法院与专门人民法院之间，以及同级人民法院之间，在审判第一审刑事案件上的权限划分。从诉讼的角度讲，审判管辖所要解决的是某个刑事案件由哪个人民法院作为第一审法院进行审判的问题。

3. 级别管辖，是指各级人民法院审判第一审刑事案件的职权范围。级别管辖所解决的是各级人民法院之间，在审判第一审刑事案件上的权限分工问题。

4. 指定管辖，是指有些刑事案件的地区管辖是根据上级人民法院的指定而确定的，是相对法定管辖而言的。指定管辖一般适用于两类刑事案件：一类为地区管辖不明的刑事案件；另一类为由于各种原因，原来有管辖权的法院不适宜或者不能审判的刑事案件。

5. 移送管辖，是指人民法院受理案件后，发现本法院对该案无管辖权，依照法律规定将案件移送给有管辖权的人民法院审理。移送管辖就其实质而言，是对案件的移送，而不是对案件管辖权的移送。它是对管辖发生错误所采用的一种纠正措施。

6. 专门管辖，是指专门人民法院之间，以及专门人民法院与普通人民法院之间，对第一审刑事案件在受理范围上的分工，即进一步明确各专门人民法院审判刑事案件的职权范围。它解决的是哪些刑事案件应当由哪些专门人民法院审判的问题。

7. 地区管辖，是指同级人民法院之间，在审判第一审刑事案件上的权限划分。

选择题

（一）单项选择题

1. C

《刑事诉讼法》第25条规定：刑事案件由犯罪地的人民法院管辖。如果由被告人居住地的人民法院审判更为适宜的，可以由被告人居住地的人民法院管辖。第26条规定：几个同级人民法院都有权管辖的案件，由最初受理的人民法院审判。在必要的时候，可以移送主要犯罪地的人民法院审判。所以选项C错误，当选。

2. B

根据《刑事诉讼法》第26条，本题应选B项。

3. A

《刑事诉讼法》第308条规定：军队保卫部门对军队内部发生的刑事案件行使侦查权。中国海警局履行海上维权执法职责，对海上发生的刑事案件行使侦查权。对罪犯在监狱内犯罪的案件由监狱进行侦查。军队保卫部门、中国海警局、监狱办理刑事案件，适用本法的有关规定。所以本题选A项。

4. B

《刑事诉讼法》第21条规定：中级人民法院管辖下列第一审刑事案件：（1）危害国家安全、恐怖活动案件；（2）可能判处无期徒刑、死刑的案件。所以本题选B项。

5. C

《刑事诉讼法》第4条规定：国家安全机关依照法律规定，办理危害国家安全的刑事案件，行使与公安机关相同的职权。

《刑事诉讼法》第3条规定：对刑事案件的侦查、拘留、执行逮捕、预审，由公安机关负责。

《刑事诉讼法》第19条规定：刑事案件的侦查由公安机关进行，法律另有规定的除外。

《刑事诉讼法》第67条第2款规定：取保候审由公安机关执行。

间谍罪由国家安全机关立案侦查，此系刑事诉讼法之常识，故A、B项不具迷惑性。又依《刑事诉讼法》第4条、第67条之规定，可选定C项。

6. C

关于公安机关和监狱的侦查权的分工的规定，主要见于《刑事诉讼法》第19条第1款和《刑事诉讼法》第308条。而对于本题，简单适用此两条得不出答案。本题的特殊性在于：甲、乙都是在脱逃期间在外地犯罪。对此应由哪一个机关进行侦查，法律没有明确规定，只有参照关于法院管辖的规定。《高法刑诉解释》第11条第3款规定：罪犯在脱逃期间犯罪的，由服刑地的人民法院管辖。但是，在犯罪地抓获罪犯并发现其在脱逃期间犯罪的，由犯罪地的人民法院管辖。由此，甲因被押解回监狱，故其新罪应由监狱进行侦查。而乙因在犯罪地被捕获，故应当由犯罪地A市公安局侦查其新罪。

7. B

《刑事诉讼法》第24条规定：上级人民法院在必要的时候，可以审判下级人民法院管辖的第一审刑事案件；下级人民法院认为案情重大、复杂需要由上级人民法院审判的第一审刑事案件，可以请求移送上一级人民法院审判。所以选项A错误。

《刑事诉讼法》第27条规定：上级人民法院可以指定下级人民法院审判管辖不明的案件，也可以指定下级人民法院将案件移送其他人民法院审判。所以选项C错误。

《高法刑诉解释》第18条规定：上级人民法院在必要时，可以指定下级人民法院将其管辖的案件移送其他下级人民法院审判。所以选项D错误。

依上述规定，B项明显正确。

8. C

根据《刑事诉讼法》第26条，可知答案为C项。

9. B

《刑法》第270条规定：将代为保管的他人财物非法占为己有，数额较大，拒不退还的，处2年以下有期徒刑、拘役或者罚金；数额巨大或者有其他严重情节的，处2年以上5年以下有期徒刑，并处罚金。将他人的遗忘物或者埋藏物非法占为己有，数额较大，拒不交出的，依照前款的规定处罚。本条罪，告诉的才处理。

本题情形属于侵占罪，属于告诉才处理的案件，由人民法院直接受理。

《高法刑诉解释》第2条规定：犯罪地包括犯罪行为发生地和犯罪结果发生地。

本题中，整个犯罪行为和实际取得财产的地点都在河西区，所以应由河西区人民法院管辖。

10. C

《办理军队和地方互涉刑事案件规定》第4条规定：对军人的侦查、起诉、审判，由军队保卫部门、军事检察院、军事法院管辖。军队文职人员、非现役公勤人员、在编职工、由军队管理的离退休人员，以及执行军事任务的预备役人员和其他人员，按照军人确定管辖。对地方人员的侦查、起诉、审判，由地方公安机关、国家安全机关、人民检察院、人民法院管辖。列入中国人民武装警察部队序列的公安边防、消防、警卫部队人员，按照地方人员确定管辖。第 7 条规定：军人入伍前涉嫌犯罪需要依法追究刑事责任的，由地方公安机关、国家安全机关、人民检察院提供证据材料，送交军队军级以上单位保卫部门、军事检察院审查后，移交地方公安机关、国家安全机关、人民检察院处理。军人退出现役后，发现其在服役期内涉嫌犯罪的，由地方公安机关、国家安全机关、人民检察院处理；但涉嫌军人违反职责罪的，由军队保卫部门、军事检察院处理。

根据以上两条的规定，现役军人犯罪应当由军事法院管辖，但是退役军人在服役期内的犯罪（犯军人违反职责罪的除外）不属于军事法院管辖范围。因此，C 项是正确答案。

11. A

根据《办理军队和地方互涉刑事案件规定》第 4 条第 1 款的规定（略），选项 A 当选。前述规定第 5 条第 1 款规定：发生在营区的案件，由军队保卫部门或者军事检察院立案侦查；其中犯罪嫌疑人不明确且侵害非军事利益的，由军队保卫部门或者军事检察院与地方公安机关或者国家安全机关、人民检察院，按照管辖分工共同组织侦查，查明犯罪嫌疑人属于本规定第 4 条第 2 款规定管辖的，移交地方公安机关或者国家安全机关、人民检察院处理。另根据前述规定第 4 条第 2 款的规定（略），选项 D 不应选。根据前述规定第 7 条的规定（略），选项 B、C 不选。

12. D

《高法刑诉解释》第 18 条规定：上级人民法院在必要时，可以指定下级人民法院将其管辖的案件移送其他下级人民法院审判。这种指定管辖应当由甲省与乙省高级人民法院共同的上一级法院即最高人民法院进行指定。

13. A

根据《高法刑诉解释》第 19、20 条的规定，上级人民法院指定管辖的，应当将指定管辖决定书分别送达被指定管辖的人民法院和其他有关的人民法院。原受理案件的人民法院，在收到上级人民法院改变管辖决定书、同意移送决定书或者指定其他人民法院管辖决定书后，对于公诉案件，应当书面通知同级人民检察院，并将全部案卷材料退回，同时书面通知当事人；对于自诉案件，应当将全部案卷材料移送被指定管辖的人民法院，并书面通知当事人。

14. C

《高法刑诉解释》第 4 条规定，在中华人民共和国领域外的中国船舶内的犯罪，由该船舶最初停泊的中国口岸所在地的人民法院管辖。故只能由首泊港口所在地丙市的法院管辖。

15. D

《刑事诉讼法》第 308 条第 1 款规定：军队保卫部门对军队内部发生的刑事案件行使侦查权。所以本题选 D 项。

16. D

根据《监察法》第 11 条第 2 项的规定，A、C 项中，违法发放林木采伐许可证案以及阻碍解救被拐卖儿童案属于国家工作人员的渎职犯罪，依法由监察机关进行调查。B 项中破坏选举案属于国家机关工作人员利用职权实施的侵犯公民人身权利和民主权利的犯罪案件，也依法由监察机关调查。故排除 A、B、C 三项。D 项正确，由公安机关直接受理立案侦查。

17. B

根据《高法刑诉解释》第 1 条第 1 款、259 条、263 条第 2 款的规定，可知诽谤属于告诉才处理的自诉案件范围，刘某的起诉符合自诉条件，且本案涉及王某不是法院不予受理的理由，故选项 A 错误。根据《高法刑诉解释》第 16 条——“有管辖权的人民法院，因案件涉及本院院长需要回避等原因，不宜行使管辖权的，可以请求移送上一级人民法院管辖，上一级人民法院可以管辖，也可以指定与提出请求的人民法院同级的其他人民法院管辖”，选项 B 正确。自行回避是指审判人员、检察人员、侦查人员等在刑事诉讼中遇有法定回避情形时，主动要求退出诉讼活动的制度。王某是中级法院院长并未参与 B 区法院的审理活动，并不存在回避问题，故选项 C 错误。回避的对象只是与案件有利害关系的而且正在审理该案的审判人员，A 市中级法院及其下辖的所有基层法院法官如果不参与审理该案，也就不存在申请其回避的问题，故选项 D 错误。

18. C

甲省高级法院有权将案件由A市中级法院指定给B市中级法院管辖，但这里指定的是“审判管辖”，而非“立案、侦查和起诉管辖”；该副市长的受贿案，仍应当由甲省A市检察院审查起诉，故选项A错误。甲省检察院可指定B市检察院审查起诉，但是检察院不能领导法院，因此甲省检察院无权指定B市中级法院审理，故选项B错误。由于我国检察系统是上命下从的领导与被领导的行政管理体制，最高检察院作为最高司法机关，有权直接指定B市检察院起诉，故选项C正确。如甲省高级法院指定B市中级法院审理，A市中级法院应将案卷材料退回A市检察院，由A市检察院移送B市检察院，再由B市检察院向B市中级法院提起公诉，A市中级法院不可以将案卷材料直接移送B市中级法院，故选项D错误。

（二）多项选择题

1. ABCD

根据《刑事诉讼法》教材，易知本题全选。

2. AB

根据《刑事诉讼法》第21条可知，本题选AB两项。

3. ABCD

结合《刑事诉讼法》教材，可知本题全选。

4. BCD

立案管辖与审判管辖是并列的，是审判管辖的前提，故不选。

5. ABC

《高法刑诉解释》第1条规定：“人民法院直接受理的自诉案件包括：（一）告诉才处理的案件：1. 侮辱、诽谤案（刑法第二百四十六条规定的，但是严重危害社会秩序和国家利益的除外）；2. 暴力干涉婚姻自由案（刑法第二百五十七条第一款规定的）；3. 虐待案（刑法第二百六十条第一款规定的）；4. 侵占案（刑法第二百七十条规定的）……”所以本题选A、B、C三项。

6. BC

参见《刑事诉讼法》第21条的规定（略）。

B项中陈某组织武装叛乱案属于危害国家安全的犯罪，应由中级人民法院管辖。C项中钱某故意杀人案属于可能判处无期徒刑或死刑的案件，也应由中级人民法院管辖。A项中张某玩忽职守案的法定最高刑为7年有期徒刑，故该案不属于应当由中级人民法院管辖的案件。D项属于外国人被害的案件，而不是外国人犯罪的案件，因此不属于中级人民法院管辖的案件。D项属于该题的迷惑项。

7. ABCD

所谓的犯罪地是指犯罪行为发生地，但一般要对犯罪行为发生地进行广义的解释，包括犯罪预备地、行为实施地、结果地以及销赃地。本案中甲非法拘禁乙的行为经过了A、B、C、D四个区，所以四个选项都应选。

8. ABCD

《刑事诉讼法》第25条规定：“刑事案件由犯罪地的人民法院管辖。如果由被告人居住地的人民法院审判更为适宜的，可以由被告人居住地的人民法院管辖。”《高法刑诉解释》第2条第2款规定：“针对或者利用计算机网络实施的犯罪，犯罪地包括犯罪行为发生地的网站服务器所在地，网络接入地，网站建立者、管理者所在地，被侵害的计算机信息系统及其管理者所在地，被告人、被害人使用的计算机信息系统所在地，以及被害人财产遭受损失地。”故本题全选。

9. CD

选项A错误：《高法刑诉解释》第13条规定，一人犯数罪、共同犯罪和其他需要并案审理的案件，其中一人或者一罪属于上级人民法院管辖的，全案由上级人民法院管辖。该解释第15条第1款规定，基层人民法院对可能判处无期徒刑、死刑的第一审刑事案件，应当移送中级人民法院审判。选项B错误：《高法刑诉解释》第464条规定，对分案起诉至同一人民法院的未成年人与成年人共同犯罪的案件，可以由同一个审判组织审理；不宜由同一个审判组织审理的，可以分别由少年法庭、刑事审判庭审理。未成年人与成年人共同犯罪的案件，由不同人民法院或者不同审判组织分别审理的，有关人民法院或者审判组织应当互相了解共同犯罪被告人的审判情况，注意全案的量刑平衡。据此可知，对未成年被告人可分案处理，不予移送。选项C、D正确：《高法刑诉解释》第15条第3款规定：需要将案件移送中级人民法院审判的，应当在报请院长决定后，至迟于案件审理期限届满15日前书面请求移送。中级人民法院应当在接到申请后10日内作出决定。不同意移送的，应当下达不同意移送决定书，由请求移送的人民法院依法审判；同意移送的，应当下达同意移送决定书，并书面通知同级人民检察院。

10. AD

《人民检察院刑事诉讼规则（试行）》第12条第2款规定，对于一人犯数罪、共同犯罪、多个犯罪嫌疑人实施的犯罪相互关联，并案处理有利于查明案件事实和诉讼进行的，人民检察院可以对相关犯罪案件并案处理，可见如挪用公款与重婚或有牵连，检察院可并案侦查。故选项A正确。《刑事诉讼法》第160条规定，在侦查期间，发现犯罪嫌疑人另有重要罪行的，自发现之日起依照本法第156条的规定重新计算侦查羁押期限。《公安机关办理刑事案件程序规定》中规定，“另有重要罪行”是指与逮捕时的罪行不同种的重大犯罪以及同种犯罪并将影响罪名认定、量刑档次的重大犯罪，可见选项B中的重婚案不属于重大犯罪的范畴。故选项B错误。《人民检察院刑事诉讼规则（试行）》第402条规定：“公诉部门对于本院侦查部门移送审查起诉的案件，发现具有本规则第四百零一条第一款规定情形的，应当退回本院侦查部门，建议作出撤销案件的处理”。可见，如果挪用公款案与重婚案是由检察院并案侦查的，公诉部门应当将重婚案退回本院侦查部门，建议撤销案件。故选项C错误。《高法刑诉解释》第1条规定，人民法院直接受理的自诉案件包括：（1）告诉才处理的案件；（2）人民检察院没有提起公诉，被害人有证据证明的轻微刑事案件；（3）被害人有证据证明对被告人侵犯自己人身、财产权利的行为应当依法追究刑事责任，且有证据证明曾经提出控告，而公安机关或者人民检察院不予追究被告人刑事责任的案件。可见，重婚案属于第（2）类自诉案件，可以由被害人直接向法院起诉。故选项D正确。

11. ABCD

《刑事诉讼法》第19条规定：刑事案件的侦查由公安机关进行，法律另有规定的除外。人民检察院在对诉讼活动实行法律监督中发现的司法工作人员利用职权实施的非法拘禁、刑讯逼供、非法搜查等侵犯公民权利、损害司法公正的犯罪，可以由人民检察院立案侦查。对于公安机关管辖的国家机关工作人员利用职权实施的重大犯罪案件，需要由人民检察院直接受理的时候，经省级以上人民检察院决定，可以由人民检察院立案侦查。

《监察法》第11条第2项规定：监察委员会对涉嫌贪污贿赂、滥用职权、玩忽职守、权力寻租、利益输送、徇私舞弊以及浪费国家资财等职务违法和职务犯罪进行调查。本题中，B、C、D项分别属于贪污贿赂或者渎职犯罪，应该由监察机关调查，而A项属于涉税案件，应当由公安机关侦查。

（三）不定项选择题

1. BC

《高法刑诉解释》第12条规定：人民检察院认为可能判处无期徒刑、死刑而向中级人民法院提起公诉的案件，中级人民法院受理后，认为不需要判处无期徒刑、死刑的，应当依法审判，不再交基层人民法院审判。由此可选择B、C项。注意这里是“应当”，而非“可以”。

2. BC

《刑事诉讼法》第21条规定：“中级人民法院管辖下列第一审刑事案件：（一）危害国家安全、恐怖活动案件；（二）可能判处无期徒刑、死刑的案件。”《高法刑诉解释》第13条规定：一人犯数罪、共同犯罪和其他需要并案审理的案件，其中一人或者一罪属于上级人民法院管辖的，全案由上级人民法院管辖。甲故意杀人案，如果有可能被判处无期徒刑或者死刑，应当由中级法院管辖，因此其涉嫌的非法拘禁罪也应当由中级法院管辖。故选项A错误。《高法刑诉解释》第2条第1款规定：“犯罪地包括犯罪行为发生地和犯罪结果发生地。”本题的非法拘禁案中，在途经M省C市航行至A市过程中，甲因害怕乙投案自首，一直将乙捆绑拘禁于船舱，整个拘禁过程的犯罪行为地和结果地在A市和C市，所以A市和C市法院对非法拘禁案有管辖权。故选项B正确。《高法刑诉解释》第4条规定：“在中华人民共和国领域外的中国船舶内的犯罪，由该船舶最初停泊的中国口岸所在地的人民法院管辖。”甲、乙二人在远洋渔船上故意杀害丙后，该船回国后首泊于M省B市港口以作休整，即最初停泊的中国口岸所在地为B市，所以B市中级法院对故意杀人案有管辖权。

故选项C正确，选项D错误。

简答题

1. 管辖是刑事诉讼中的一项重要的诉讼制度，明确、合理地确定刑事案件的管辖，对于保证刑事诉讼活动的顺利进行以及刑事诉讼任务的实现，具有十分重要的意义。管辖的意义在于如下几个方面。

(1) 刑事案件管辖的规定，可以使公、检、法三机关明确各自受理刑事案件的权限和职责，这样既有利于它们依法行使自己的职权，防止在受理案件上互相争执或推诿；又有利于增强它们的责任感，充分发挥它们的积极、主动精神和职能作用，从而做到各司其职、各尽其责。

(2) 明确各司法机关的案件管辖范围，便于机关、团体、企事业单位和公民个人按照管辖范围向公、检、法三机关控告、检举犯罪。这不仅有利于单位和公民行使控告、检举的权利，充分发挥人民群众同犯罪作斗争的积极性，而且可以保证刑事诉讼活动及时、有效地进行。

(3) 正确、合理地确定刑事案件的管辖，有助于诉讼活动的顺利进行，保证案件得到正确、及时的处理。

2. 立案管辖的划分依据是：(1) 案件的性质和严重复杂程度；(2) 有利于准确、及时地查明案情，有利于同犯罪作斗争；(3) 同公、检、法三机关在刑事诉讼中的具体任务和职责相适应。

3. 级别管辖是指各级人民法院在审判第一审刑事案件上的权限划分。要考虑的因素有：(1) 案件的性质和影响；(2) 罪行的轻重和可能判处刑罚的轻重；(3) 案件涉及面的大小；(4) 不同级别法院的工作重点和工作量的大小。

我国刑事诉讼法对审判级别管辖的规定，体现了下述特点：既考虑了案件的性质，也考虑刑期和社会的影响；绝大多数案件的第一审由基层和中级人民法院审判，而且主要由基层人民法院审判；只对中级人民法院的第一审刑事案件作了比较具体的规定，而对其他法院的管辖的规定比较概括；结合了原则性和灵活性。

4. 中级人民法院管辖的第一审刑事案件包括：(1) 危害国家安全、恐怖活动案件；(2) 可能判处无期徒刑、死刑的案件。

5. 以犯罪地为主划分地区管辖主要因为：(1) 便于保护和勘验现场，便于搜集和查对核实证据，迅速查明案情，正确处理案件；(2) 便于当事人和其他诉讼参与人参加诉讼；(3) 便于犯罪地附近群众旁听，进行法制宣传教育，平息民愤；(4) 便于系统了解、分析、研究犯罪地所属地区的犯罪情况，从而加强防范和有效地同犯罪作斗争。

论述题与深度思考题

1. (1) 刑事诉讼中立案管辖的定义。(略)

(2) 立案管辖划分的依据。(略)

(3) 立案管辖的具体分布：公安机关；检察院；法院。(略)

(4) 第一，刑事诉讼法关于立案管辖的规定，明确划分了人民法院、人民检察院和公安机关各自直接受理刑事案件的职权范围，司法机关在办案工作中，必须严格执行；既不能越权受理不属于自己管辖的案件，也不能放弃职守把属于自己管辖的案件推出不管。对于违反立案管辖规定，人民检察院已经提起公诉，人民法院在审判阶段才发现的案件，人民法院应当建议人民检察院撤回起诉。人民法院不应当对违反管辖规定的案件开庭审判。但是，为了及时、有效地与犯罪作斗争，便利和保护人民群众行使控告、检举的权利，各司法机关对于控告、检举和犯罪人的自首，不管是否属于自己管辖，都应当接受，不得互相推诿。对于不属于自己管辖的，应当移送有管辖权的司法机关处理；对于不属于自己管辖而又必须采取紧急措施的，应当先采取紧急措施，然后再移送有管辖权的司法机关。属于自诉案件第二类的8项案件，被害人直接向人民法院起诉的，人民法院应当依法受理，对其中证据不足、可由公安机关受理的，或者认为对被告人可能判处3年有期徒刑以上刑罚的，应当移送公安机关立案侦查。被害人向公安机关控告的，公安机关应当受理。

第二，需要进行侦查的案件，如果一案涉及几个罪名，按立案管辖的规定，该由哪个机关管辖就由哪个机关管辖，先立案的机关发现案件应属其他机关管辖的，应依法移送有管辖权的机关。对此，有关司法机关必须相互配合，主动移交案件材料。

第三，公安机关或人民检察院在侦查过程中，如果发现被告人还犯有属于人民法院直接受理的罪行时，应分别情况进行处理。对于属于告诉才处理的案件，可以告知被害人向人民法院直接提起诉讼；对于属于人民法院可以受理的其他类型自诉案件，可以立案进行侦查，然后在人民检察院提起公诉时，随同公诉案件移送人民法院，由人民法院合并审理。侦查终结后不提起公诉的，应直接移送人民法院处理。

第四，人民法院在审理自诉案件过程中，如果发现被告人还犯有必须由人民检察院提起公诉的罪行时，应将新发现的罪行另案移送有管辖权的公安机关或者人民检察院处理。

第五，人民法院、人民检察院、公安机关、审计机关等国家机关在工作中发现公职人员涉嫌贪污贿赂、失职渎职等职务违法或者职务犯罪的问题线索，应当移送监察机关，由监察机关依法调查处置。被调查人既涉嫌严重职务违法或者职务犯罪，又涉嫌其他违法犯罪的，一般应当由监察机关为主调查，其他机关予以协助。

第六，涉税案件以及《刑法》分则第三章“破坏社会主义市场经济秩序罪”中规定的其他犯罪案件，伪证罪案件，拒不执行判决、裁定案件，《刑法》第163条第1款、第2款，第184条第1款规定的非国家工作人员受贿案件和第164条规定的对非国家工作人员行贿案件，由公安机关管辖。

2.（1）刑事诉讼要求司法机关必须严格按照刑事诉讼程序的规定管辖犯罪案件。一方面，有关法律、司法解释对刑事管辖权作了具体划分，赋予司法机关在刑事诉讼中管辖犯罪案件的具体权力，正是从积极的角度实现国家对犯罪进行程序性管辖。另一方面，建立刑事管辖权异议制度，赋予当事人提出异议的权利，可以在一定程度上纠正司法机关错误或不适当行使管辖权的行为，使司法机关的管辖权得以准确地确定和行使，保证刑事诉讼程序合理启动、规范运行。如果司法机关进行了错误的管辖，就必须承担程序性违法的不利后果。我国刑事诉讼中没有明确规定管辖权异议制度，需要对此予以完善。

（2）建立管辖权异议制度的必要性：是刑事诉讼程序法制原则的必然要求；是保障人权的有效手段；是犯罪嫌疑人、被告人充分行使辩护权的重要渠道；是犯罪嫌疑人、被告人诉讼主体身份强化的标志。

（3）第一，在何种管辖下可以提出管辖权异议。应根据我国刑事诉讼中管辖的种类来确定我国刑事诉讼管辖权异议的种类，即刑事管辖权的异议分为职能管辖权异议和审判管辖权异议。职能管辖权异议主要是对立案、侦查阶段司法机关错误或不适当管辖提出的异议。审判管辖权异议则包括一审中的级别、地区（优先移送）、指定和专门管辖权异议。

第二，提出管辖权异议的主体。提出管辖权异议的主体应该是当事人，即被害人、犯罪嫌疑人、被告人、自诉人。

第三，提出管辖权异议的期间。公诉案件中对职能管辖提出管辖权异议的期间应是在侦查终结前的任何阶段。公诉案件中对审判管辖提出管辖权异议应在一审法院法庭调查阶段开始之前。

第四，申请管辖权异议的理由。管辖权异议的具体理由如下：一是管辖错误。刑事诉讼中的管辖错误主要表现为职能管辖错误和审判管辖错误。二是管辖不适当，牵涉利益或偏见。

第五，管辖权异议的举证责任。当事人提出管辖权异议的，应当由当事人承担举证责任。

第六，管辖权异议的审查机关。职能管辖异议由审判法院审查，审判管辖异议由上一级法院审查。

第七章 回 避

知识逻辑图

- 回避
  - 回避的种类
    - （1）自行回避
    - （2）申请回避：当事人及其法定代理人
    - （3）指定回避：院长或审判委员会决定
  - 回避的理由
    - （1）是本案的当事人或者是当事人的近亲属的
    - （2）本人或他的近亲属和本案有利害关系的
    - （3）担任过本案的证人、鉴定人、勘验人、翻译人员、辩护人、诉讼代理人的
    - （4）与本案当事人有其他关系，可能影响公正处理案件的
    - （5）接受当事人及其委托的人请客送礼，或者违反规定会见当事人及其委托的人的
    - （6）参加过本案的其他诉讼阶段或诉讼程序的司法人员
    - （7）审判人员与本案的诉讼代理人、辩护人有夫妻、父母、子女或同胞兄弟姐妹关系
  - 适用人员
    - （1）审判人员
    - （2）检察人员
    - （3）侦查人员
    - （4）书记员
    - （5）翻译人员
    - （6）鉴定人
  - 提出：书面、口头，但应提供证明材料
  - 回避的审查决定
    - 侦查阶段相关人员，由公安机关负责人决定
    - 检察阶段相关人员，由检察院检察长决定
    - 审判阶段相关人员，由法院院长决定
    - 公安机关负责人、检察院检察长，由同级人民检察院检察委员会决定
    - 法院院长，由本院审判委员会决定
  - 形式：决定
  - 效力
    - （1）在作出决定前，应当暂停参与本案；但侦查人员不能停止对案件的侦查
    - （2）检察阶段取得证据的效力，由检察长或检察委员会决定
  - 救济
    - 主体：当事人及其法定代理人
    - 受理：原决定机关
    - 形式：复议
    - 次数：一次
    - 期限：收到“驳回申请回避决定书”后5日内；决定机关在3日内作出复议决定书并书面通知申请人

名词解释与概念比较

1. 刑事诉讼中的回避（考研）
2. 自行回避
3. 申请回避
4. 指令回避

选择题

（一）单项选择题

1. 下述哪种人员，不属于适用回避的人员？（　　）

A. 人民陪审员　　B. 证人
C. 翻译人员　　D. 鉴定人

2. 人民法院解决是否同意回避的方式是（　　）。

A. 判决　　B. 裁定
C. 决定　　D. 调解书

3. 下列哪种情形中，当事人的回避申请应被同意？（　　）

A. 某侦查人员曾被单位作出过纪律处分
B. 某侦查人员态度生硬、粗暴
C. 某侦查人员接受过另一当事人的吃请
D. 某侦查人员业务能力差

4. 在我国的刑事诉讼中，当事人对有关人员提出回避申请后，不能因此而暂停诉讼程序的是（　　）。

A. 侦查程序　　B. 起诉程序
C. 审判程序　　D. 执行程序

5. 依据有关规定，当事人申请审判人员回避的，（　　）。

A. 应当在开庭审理之前提出
B. 可以不提出理由
C. 可以口头方式提出
D. 应当以书面形式提出

6. 在开庭审理时，被告人申请公诉人回避，有权对该公诉人是否回避作出决定的是（　　）。

A. 合议庭
B. 合议庭的审判长
C. 人民法院院长或审判委员会
D. 人民检察院检察长或检察委员会

7. 当事人申请侦查人员回避被驳回时，可以（　　）。

A. 向作出决定的机关申请复议一次
B. 向作出决定的机关的上一级机关申请复议一次
C. 向人民检察院申请复议一次
D. 向人民法院申诉

8. 王某是某公安机关的法医。在一起刑事案件的法庭审理过程中，人民法院聘请王某任该案鉴定人。本案的被告人提出王某与本案有利害关系，申请回避。依照刑事诉讼法的有关规定，谁有权对王某是否回避作出决定？（　　）（司考）

A. 王某所在公安机关的负责人
B. 该人民法院院长
C. 本案的合议庭
D. 本案合议庭的审判长

9. 聋哑被告人张某开庭审理前要求其懂哑语的妹妹担任他的辩护人和翻译。对于张某的要求，法院应作出何种决定？（　　）（司考）

A. 准予担任辩护人
B. 不准担任辩护人
C. 准予担任翻译人员
D. 既准予担任翻译人员，也准予担任辩护人

10. 王某因涉嫌报复陷害罪被立案侦查后，发现负责该案的侦查人员刘某与自己是邻居，两家曾发生纠纷，遂请刘某回避。对于刘某的回避应当由谁决定？（　　）（司考）

A. 公安局长　　B. 检察长
C. 法院院长　　D. 检察委员会

11. 庭审过程中，被告人赵某指出，公诉人的书记员李某曾在侦查阶段担任鉴定人，并据此要求李某回避。对于赵某的回避申请，哪种做法正确？（　　）（司考）

A. 法庭应以不属于法定回避情形为由当庭驳回
B. 法庭应以符合法定情形为由当庭作出回避决定
C. 李某应否回避需提交法院院长决定
D. 李某应否回避需提交检察院检察长决定

12. 赵某涉嫌报复陷害罪被检察机关立案侦查，在侦查即将终结时，赵某得知负责办理该案

的侦查人员蔡某是被害人的胞兄，遂申请其回避。检察长经审查作出了蔡某回避的决定。对于蔡某在侦查阶段收集的证据，下列哪一选项是正确的？（　　）（司考）

A. 应当排除，不得用作认定案件事实的根据

B. 由检察机关侦查部门负责人根据情况决定

C. 由检察委员会或者检察长根据案件具体情况决定

D. 在审判时，由人民法院根据案件具体情况作出裁判

13. 法院审理过程中，被告人赵某在最后陈述时，以审判长数次打断其发言为理由申请更换审判长。对于这一申请，下列哪一说法是正确的？（　　）（司考）

A. 赵某的申请理由不符合法律规定，法院院长应当驳回申请

B. 赵某在法庭调查前没有申请回避，法院院长应当驳回申请

C. 如法院作出驳回申请的决定，赵某可以在决定作出后5日内向上级法院提出上诉

D. 如法院作出驳回申请的决定，赵某可以向上级法院申请复议一次

（二）多项选择题

1. 根据刑事诉讼法的规定，我国的刑事诉讼中的回避种类有（　　）。

A. 自行回避　　B. 无因回避

C. 指定回避　　D. 申请回避

2. 根据有关规定，回避制度同样适用于刑事诉讼中的下列人员（　　）。

A. 法庭书记员

B. 人民检察院的书记员

C. 鉴定人

D. 证人

3. 在人民法院中，有权对有关回避的申请作出决定的有（　　）。

A. 审判员　　B. 合议庭审判长

C. 人民法院院长　　D. 审判委员会

4. 下列人员中应当回避的有（　　）。

A. 侦查人员是本案当事人的近亲属的

B. 审判人员曾单独会见当事人委托的人的

C. 曾担任过本案证人诉讼代理人的审判人员

D. 检察人员是本案当事人的近亲属的

5. 有权申请回避的诉讼参与人是（　　）。

A. 侦查人员　　B. 审判人员

C. 法定代理人　　D. 当事人

6. 某诈骗案被告人甲17岁。在开庭审理过程中，甲的父亲乙提出申请，要求担任本案庭审记录工作的书记员丙回避，理由是听人说被害人的父亲丁在开庭前曾请丙出去吃过饭。关于本案中的回避，下列说法哪些是正确的？（　　）（司考）

A. 乙提出回避申请，应当经过甲同意

B. 乙提出回避申请时，应当提供相应的证明材料

C. 是否批准本案中的回避申请，由审判长决定

D. 是否批准本案中的回避申请，由法院院长决定

7. 根据刑事诉讼法的规定，下列有关回避决定的表述中哪些是正确的？（　　）（司考）

A. 公安机关侦查人员的回避由公安机关的负责人决定，在回避决定作出前被申请回避的人员应暂停参加对本案的侦查工作

B. 公安机关负责人和检察长的回避，由同级人民检察院检察委员会决定

C. 对书记员、翻译人员和鉴定人的回避，由审判长决定，对合议庭成员的回避，由院长或审判委员会决定

D. 对公诉人员提出申请回避的，人民法院应当通知指派该公诉人员出庭的人民检察院，由该院检察长或检察委员会决定

8. 下列主体中，有权申请符合法定回避条件的相关人员回避的有（　　）。

A. 当事人

B. 当事人的法定代理人及近亲属

C. 辩护人

D. 诉讼代理人

9. 某故意伤害案中，被告人甲刚满16周岁，其委托了一名律师乙作为辩护人；被害人丙（已满18周岁）委托他的一个朋友丁作为诉讼代理人。在法庭审判阶段，如果发现某法官担任过本案的证人，有权申请其回避的主体有（　　）。

A. 甲　　B. 乙

C. 丙的父亲　　D. 丁

10. 林某盗版销售著名作家黄某的小说涉嫌侵犯著作权罪，经一审和二审后，二审法院裁定撤销原判，发回原审法院重新审判。关于该案的回避，下列哪些选项是正确的？（　）（司考）

A. 一审法院审判委员会委员甲系林某辩护人妻子的弟弟，黄某的代理律师可申请其回避

B. 一审书记员乙系林某的表弟而未回避，二审法院可以此为由裁定发回原审法院重审

C. 一审合议庭审判长丙系黄某的忠实读者，应当回避

D. 丁系二审合议庭成员，如果林某对一审法院重新审判作出的裁判不服，再次上诉至二审法院，丁应当自行回避

11. 未成年人小付涉嫌故意伤害袁某，袁某向法院提起自诉。小付的父亲委托律师黄某担任辩护人，袁某委托其在法学院上学的儿子担任诉讼代理人。本案中，下列哪些人有权要求审判人员回避？（　）（司考）

A. 黄某　　B. 袁某

C. 袁某的儿子　　D. 小付的父亲

（三）不定项选择题

1. 某市检察院张某在办理一起受贿案件时，发现犯罪嫌疑人之一系其堂妹，故申请回避并经检察长同意。下列关于张某在申请回避前所取得的证据和进行的诉讼行为效力问题的表述，哪一项是正确的？（　）（司考）

A. 取得的证据和进行的诉讼行为均无效

B. 取得的证据和进行的诉讼行为均有效

C. 取得的证据有效，但进行的诉讼行为无效

D. 取得的证据和进行的诉讼行为是否有效，由检察委员会或检察长决定

2. 甲涉嫌刑讯逼供罪被立案侦查。甲以该案侦查人员王某与被害人存在近亲属关系为由，提出回避申请。对此，下列哪一选项是错误的？（　）（司考）

A. 王某可以口头提出自行回避的申请

B. 作出回避决定以前，王某不能停止案件的侦查工作

C. 王某的回避由公安机关负责人决定

D. 如甲的回避申请被驳回，甲有权申请复议一次

简答题

1. 简述回避的意义。
2. 简述回避的适用情形。（考研）
3. 回避适用于哪些人员？

论述题与深度思考题

论我国刑事诉讼回避制度的完善。

参考答案

名词解释与概念比较

1. 刑事诉讼中的回避，是指法律规定的与案件当事人或者案件有利害关系或其他关系的侦查人员、检察人员、审判人员及其他人员，为了避免可能影响公正处理案件的情况发生，不得参与办理该案件的一项诉讼制度。

2. 自行回避，是指侦查人员、检察人员、审判人员以及其他人员，在刑事诉讼进行的过程当中，遇有法律规定的应当回避的情形，认为自己不应当参与案件的处理时，自己主动提出回避。

3. 申请回避，是指案件的当事人及其法定代理人，认为处理案件的侦查人员、检察人员、审判人员以及其他人员具有法律规定的应当回避的情形时，有权向司法机关提出申请，要求他们回避。

4. 指令回避，是指应当回避的人员，本人没有自行回避，当事人和他们的法定代理人也没有申请其回避的，院长或者审判委员会应当决定其回避。

选择题

（一）单项选择题

1. B

《刑事诉讼法》第 32 条第 1 款规定：本章关于回避的规定适用于书记员、翻译人员和鉴定人。

证人具有不可替代性，所以不适用回避制度。

2. C

《刑事诉讼法》第 31 条第 1 款规定：审判人员、检察人员、侦查人员的回避，应当分别由院长、检察长、公安机关负责人决定；院长的回避，由本院审判委员会决定；检察长和公安机关负责人的回避，由同级人民检察院检察委员会决定。由此可知，是否同意回避使用决定的方式。

3. C

《刑事诉讼法》第 30 条规定：审判人员、检察人员、侦查人员不得接受当事人及其委托的人的请客送礼，不得违反规定会见当事人及其委托的人。审判人员、检察人员、侦查人员违反前款规定的，应当依法追究法律责任。当事人及其法定代理人有权要求他们回避。所以本题选 C 项。

4. A

《刑事诉讼法》第 31 条第 2 款规定：对侦查人员的回避作出决定前，侦查人员不能停止对案件的侦查。所以本题选 A 项。

5. C

《高法刑诉解释》第 27 条规定：审判人员自行申请回避，或者当事人及其法定代理人申请审判人员回避的，可以口头或者书面提出，并说明理由，由院长决定。院长自行申请回避，或者当事人及其法定代理人申请院长回避的，由审判委员会讨论决定。审判委员会讨论时，由副院长主持，院长不得参加。所以本题选 C 项。

6. D

根据《刑事诉讼法》第 31 条第 1 款的规定，本题选 D 项。

7. A

《公安机关办理刑事案件程序规定》第 35 条规定：当事人及其法定代理人对驳回申请回避的决定不服的，可以在收到驳回申请回避决定书后 5 日以内向作出决定的公安机关申请复议。公安机关应当在收到复议申请后 5 日以内作出复议决定并书面通知申请人。所以本题选 A 项。

8. B

参见《刑事诉讼法》第 31、32 条的规定（略）。

《高法刑诉解释》第 33 条规定：书记员、翻译人员和鉴定人适用审判人员回避的有关规定，其回避问题由院长决定。依此，本题答案为 B 项。

9. A

根据我国刑事诉讼法回避的相关规定，翻译人员属于回避人员的范围。

10. B

根据《刑事诉讼法》第 31 条的规定，本案中报复陷害罪由检察机关侦查，所以检察院侦查人员的回避就应当由检察长来决定。

11. D

根据《刑事诉讼法》第 29、32 条的规定，书记员担任过本案的证人、鉴定人、辩护人、诉讼代理人的应当回避。因此，A 项错误。而根据《高法刑诉解释》第 31 条的规定，当事人及其法定代理人申请出庭的检察人员回避的，人民法院应当决定休庭，并通知人民检察院。因此，选 D 项。

12. C

根据《人民检察院刑事诉讼规则（试行）》第 31 条的规定，因符合《刑事诉讼法》第 29 条或者第 30 条规定的情形之一而回避的检察人员，在回避决定作出以前所取得的证据和进行的诉讼行为是否有效，由检察委员会或者检察长根据案件具体情况决定。

13. A

《高法刑诉解释》第 30 条第 2 款规定：当事人及其法定代理人申请回避被驳回的，可以在接到决定时申请复议一次。不属于刑事诉讼法第 29 条、第 30 条规定情形的回避申请，由法庭当庭驳回，并不得申请复议。关于回避申请的提出时间，法律并未加以限制，故 B 项错误。对于回避决定，不可上诉，也不可以抗诉，故 C 项错误。本题中赵某的回避理由并非法定理由，因此应由法庭当庭驳回，并不得申请复议，故 D 项错误。但需要指出的是，A 项答案也不严谨，应由法庭当庭驳回，而非由法院院长当庭驳回。

（二）多项选择题

1. ACD

我国《刑事诉讼法》规定了自行回避和申请回避，《高法刑诉解释》规定了指定回避。我国没有无因回避。

2. ABC

参见本章单选题 1 的解析。

3. CD

根据《刑事诉讼法》第 31 条的规定，审判长在刑事诉讼中不决定回避。

4. ABCD

《刑事诉讼法》第 29 条规定：审判人员、检察人员、侦查人员有下列情形之一的，应当自行回避，当事人及其法定代理人也有权要求他们回避：（1）是本案的当事人或者是当事人的近亲属的；（2）本人或者他的近亲属和本案有利害关系的；（3）担任过本案的证人、鉴定人、辩护人、诉讼代理人的；（4）与本案当事人有其他关系，可能影响公正处理案件的。所以本题全选。

5. CD

根据《刑事诉讼法》第 29 条，易得知本题应选 C、D 两项。

6. BD

根据《刑事诉讼法》第 29 条的规定，乙是甲的法定代理人，具有独立的申请回避权，因此 A 项错误。

《高法刑诉解释》第 28 条规定：当事人及其法定代理人依照《刑事诉讼法》第 29 条和本解释第 24 条规定申请回避，应当提供证明材料。因此，B 项正确。

根据《刑事诉讼法》第 31 条、第 32 条，法庭书记员的回避，应由人民法院院长决定，而不应当由审判长决定，所以 D 项正确。

7. BD

参见《刑事诉讼法》第 31 条、第 32 条的规定。

另，《高法刑诉解释》第 31 条规定，当事人及其法定代理人申请出庭的检察人员回避的，人民法院应当决定休庭，并通知人民检察院。第 33 条规定，书记员、翻译人员和鉴定人适用审判人员回避的有关规定，其回避问题由院长决定。

依上述规定，A、C 项有误，B、D 项正确。

8. ACD

根据《刑事诉讼法》第 29 条的规定，A 项正确、B 项错误；根据该法第 32 条第 2 款的规定，辩护人、诉讼代理人可以依照本章的规定要求回避、申请复议，所以 C、D 两项当选。

9. ABD

根据《刑事诉讼法》第 29 条的规定，甲是当事人，而丙的父亲不是法定代理人，因为丙已满 18 周岁了，所以 A 项当选、C 项不当选。根据《刑事诉讼法》第 32 条第 2 款的规定，辩护人、诉讼代理人可以依照本章的规定要求回避、申请复议。乙是辩护人，丁是诉讼代理人，所以 B、D 项当选。

10. AB

选项 A 正确：《最高人民法院关于审判人员在诉讼活动中执行回避制度若干问题的规定》第 1 条规定，审判人员具有下列情形之一的，应当自行回避，当事人及其法定代理人有权以口头或者书面形式申请其回避：（1）是本案的当事人或者与当事人有近亲属关系的；（2）本人或者其近亲属与本案有利害关系的；（3）担任过本案的证人、翻译人员、鉴定人、勘验人、诉讼代理人、辩护人的；（4）与本案的诉讼代理人、辩护人有夫妻、父母、子女或者兄弟姐妹关系的；（5）与本案当事人之间存在其他利害关系，可能影响案件公正审理的。本规定所称近亲属，包括与审判人员有夫妻、直系血亲、三代以内旁系血亲及近姻亲关系的亲属。《高法刑诉解释》第 23 条也有同样的规定。选项 B 正确：《最高人民法院关于审判人员在诉讼活动中执行回避制度若干问题的规定》第 7 条规定，第二审人民法院认为第一审人民法院的审理有违反本规定第 1 条至第 3 条规定的，应当裁定撤销原判，发回原审人民法院重新审判。选项 C 错误：一审合议庭审判长丙是黄某的忠实读者，不会导致他在审理过程中偏向黄某一方，从而影响案件公正审判，故不属于“与本案当事人有其他关系，可能影响公正处理案件”的情况。选项 D 错误：《高法刑诉解释》第 25 条第 2 款规定，在一个审判程序中参与过本案审判工作的合议庭组成人员或者独任审判员，不得再参与本案其他程序的审判。但是，发回重新审判的案件，在第一审人民法院作出裁判后又进入第二审程序或者死刑复核程序的，原第二审程序或者死刑复核程序中的合议庭组成人员不受本款规定的限制。

11. ABCD

本题考查申请回避的主体。《刑事诉讼法》第 29 条规定：审判人员、检察人员、侦查人员有下列情形之一的，应当自行回避，当事人及其法定代理人也有权要求他们回避……第 32 条规定：本章关于回避的规定适用于书记员、翻译人员和鉴定人。辩护人、诉讼代理人可以依照本章的规定要求回避、申请复议。第 108 条规定：本法下列用语的含义是：(1)“侦查”是指公安机关、人民检察院对于刑事案件，依照法律进行的收集证据、查明案情的工作和有关的强制性措施；(2)“当事人”是指被害人、自诉人、犯罪嫌疑人、被告人、附带民事诉讼的原告人和被告人；(3)“法定代理人”是指被代理人的父母、养父母、监护人和负有保护责任的机关、团体的代表。因此，A、B、C、D 四项均正确。

(三) 不定项选择题

1. D

根据《人民检察院刑事诉讼规则（试行）》第 31 条的规定，因符合《刑事诉讼法》第 29 条或者第 30 条规定的情形之一而回避的检察人员，在回避决定作出以前所取得的证据和进行的诉讼行为是否有效，由检察委员会或者检察长根据案件具体情况决定。依该规定，很容易判定选项 D 符合题意，应当入选，其他三项排除。

2. C

根据《人民检察院刑事诉讼规则（试行）》第 8 条第 1 款的规定，人民检察院立案侦查刑讯逼供、报复陷害、非法搜查等侵犯公民人身权利的犯罪以及侵犯公民民主权利的犯罪案件。本案中，甲因涉嫌刑讯逼供罪被立案侦查，依法由检察院管辖。根据《人民检察院刑事诉讼规则（试行）》第 21 条的规定，检察人员自行回避的，可以口头或者书面提出，并说明理由；口头提出申请的，应当记录在案。所以，王某可以口头提出自行回避的申请。故选项 A 表述正确，依题意不当选。依据《刑事诉讼法》第 31 条第 2 款的规定，对侦查人员的回避作出决定前，侦查人员不能停止对案件的侦查，所以，作出回避决定前，王某不能停止案件的侦查工作。故选项 B 表述正确，依题意不当选。依据《刑事诉讼法》第 31 条第 1 款的规定，审判人员、检察人员、侦查人员的回避，应当分别由院长、检察长、公安机关负责人决定……由于本案由检察院立案侦查，故王某的回避应由检察长决定，公安机关负责人无权决定。所以，选项 C 表述错误，依题意当选。依据《刑事诉讼法》第 31 条第 3 款的规定，对驳回申请回避的决定，当事人及其法定代理人可以申请复议一次，所以，如甲的回避申请被驳回，甲有权申请复议一次。故选项 D 表述正确，依题意不当选。综上所述，C 项为本题正确答案。

简答题

1. 回避是一项重要的诉讼制度，也是一项比较古老的诉讼制度。早在古罗马时期和中世纪就已被人们接受的“自然正义”原则中有两项基本要求，其中一项是：任何人不得做自己案件的法官。这实际上就是回避制度基本精神的体现。回避制度已为当今世界各国所普遍采用，对刑事诉讼的进行具有重要的意义。

(1) 诉讼机制的内在要求。

诉讼是由第三方来处理纠纷解决机制，冲突双方作为“理性人”肯定希望自己的利益得到最大化，双方博弈的结果就是裁判必须中立，处于一种超然的地位。英国法谚云：“一个人不能在自己的案件中当法官，因为他不能既当法官又做当事人。”法官对案件事实的偏见和对当事人的偏见会妨碍法官平等地对待当事人各方，公平地处理纠纷。

(2) 程序公正的制度保障。

程序公正要求法官处于中立地位，中立性是现代程序的基本原则，是“程序的基础”。而程序中立的要求就是，任何人不得成为自己案件的法官。

(3) 方便和规范法官审判权的行使。

从某种角度看，国家的审判权在相当大的程度上是通过国家的具体组织机构——法院，依靠法官的个体行为来行使的。在实际运作中的国家审判权，有可能为具体操作者的个人意志所干扰，从而偏离正常的运行轨道：赋予法官的职权，在个人意志的错误支配下被用于谋取私利。一旦出现这种情形，国家权力的性质就将发生蜕变，成为为个人利益服务的工具。

(4) 有利于增加当事人对法院判决的认同感。

在现代法治社会，法院被认为是公民权利保护的最后一道防线，应该是最有权威、最具公信力的国家机关。法院的裁判应得到普遍的认同和尊重。可是如果法官与案件或当事人及其代理人有某种利益关联的话，即使法官真是大公无私的，人们也会揣测。但是有了回避制度，当事人有权申请自己认为不公正的法官回避，这在某种意义上赋予了当事人选择法官的权利，无疑会增强人们对法院裁判的认同感。

2. 回避适用于以下情形：

（1）回避的对象是本案的当事人或者与当事人有直系血亲、三代以内旁系血亲及姻亲关系。

（2）回避的对象本人或者其近亲属与本案有利害关系。

（3）回避的对象担任过本案的证人、鉴定人、勘验人、辩护人、诉讼代理人。

（4）回避的对象与本案的诉讼代理人、辩护人有夫妻、父母、子女或者同胞兄弟姐妹关系的。

（5）回避的对象本人与本案当事人之间存在其他利害关系，可能影响案件公正处理。

（6）侦查、检察人员接受当事人及其委托的人的请客送礼，违反规定会见当事人及其委托的人，有下列行为：1）未经批准，私下会见本案一方当事人及其代理人、辩护人；2）为本案当事人推荐、介绍代理人、辩护人，或者为律师、其他人员介绍办理该案件；3）接受本案当事人及其委托的人的财物、其他利益，或者要求当事人及其委托的人报销费用；4）接受本案当事人及其委托的人的宴请，或者参加由其支付费用的各项活动；5）向本案当事人及其委托的人借款、借用交通工具、通信工具或者其他物品，或者接受当事人及其委托的人在购买商品、装修住房以及其他方面给予的好处。

（7）在一个诉讼阶段或审判程序中参与过本案审判工作的审判人员，再次参与该案其他程序的审判。

（8）法官、检察官离任两年后，以律师身份担任诉讼代理人或者辩护人；离任后，担任原任职单位办理案件的诉讼代理人或者辩护人。

3. 回避适用于以下人员。（1）审判人员：包括承办本案的审判员、助理审判员、人民陪审员，也包括负责处理本案的人民法院院长、庭长。（2）检察人员：包括直接负责本案审查批捕、审查起诉的检察人员，也包括对本案有权参与讨论和作出处理决定的检察长和检察委员会成员。（3）侦查人员：包括负责本案侦查工作的公安人员和检察人员，领导和指挥该案的侦查工作，对该案有决定权的公安机关负责人或检察长，以及检察委员会成员。（4）书记员：包括在侦查、起诉、审判工作中担任记录工作的书记员。（5）翻译人员和鉴定人。（6）根据刑事诉讼法的规定，按照审判监督程序再审的案件，原合议庭成员也应是回避的对象。

论述题与深度思考题

回避制度在我国刑事诉讼法中是一项重要制度，根据其精神和要求，其应当贯穿于刑事诉讼程序的侦查、检察和审判的各个阶段与相关的程序中。

（1）回避的适用范围。

回避的适用范围就是回避对哪些人适用，即哪些人具备法定情形时可以被申请回避或应自行回避。我国回避的适用范围包括：公安机关负责人、侦查人员、检察人员、检察长、审判委员会委员、合议庭组成人员、独任审判员、人民陪审员、鉴定人、书记员、记录人、翻译人员、司法警察和具有特定情形的辩护人、诉讼代理人。

第一，关于侦检人员回避的问题。把侦检人员纳入回避的范围，是为了保障程序公正，准确、及时地打击犯罪，使无辜者不受刑事追究。但这样也有不当之处，理由如下：从防止错案、保障人权的角度，在侦检阶段适用回避制度不如完善被追诉人的辩护权，而且这些目标的实现应寄希望于审判的公正，如果审判都不公正，那么回避也起不了什么作用；公诉案件中的检察官，是代表国家对罪犯进行侦查、追诉的机关，不是不告不理的中立机关，而是和犯罪嫌疑人、被告人对立的一方，怎么能保证检察官没有利益和偏见呢？被追诉人面对强大的追诉机关，基本上是敢怒不敢言，所以侦检人员的回避难免流于形式。

第二，未对院长、庭长的回避问题作出规定。

第三，关于律师回避的问题。辩护人、诉讼代理人是诉讼参与人委托的人，是委托人利益的代表，所以，让他们回避是和回避制度的理念不相符的，故当时《最高人民法院关于审判人员在诉讼活动中执行回避制度若干问题的规定》一出台，即遭到律师界的猛烈抨击。试想，若一个离任的法官去他原来任职的法院办案，那么按照回避的原理，整个法院的人就要回避。这就在某种程度上剥夺了此法院的管辖权，需要变更管辖，从而对司法资源是一种巨大的浪费。因此，与其让法院回避，不如让律师回避。

(2) 回避的条件问题。

英美法系国家对陪审员的回避大多适用“无因回避”（peremptory challenge），申请回避时不必说明理由，而法、德、日等大陆法系国家一般推行“有因回避”（challenge for cause），申请时必须说明回避理由。

在我国，根据有关规定，回避的方式有三种：自行回避、申请回避和决定回避。但不论适用哪种回避，都要说明理由，即我国实行的是有因回避。《最高人民法院关于审判人员在诉讼活动中执行回避制度若干问题的规定》对于回避理由列举得很充分，但我国的回避理由是以“关系”为核心的，虽然比较全面，但仍不能概括法官应回避的全部情形，比如《法国刑事诉讼法典》第668条第9项规定的“审判官或其配偶与案件的一方当事人有严重的偏袒行为而可能影响审判的公正性的，审判官也应回避”，在美国刑事审判中，法官也会因“对被告人有个人偏见”而被申请回避。因此笔者建议将“法官对一方当事人有偏见或偏袒行为”作为回避的理由之一。

(3) 关于回避申请权。

回避申请权即哪些人有权申请回避的问题。我国法律规定只有当事人及其法定代理人、辩护人、诉讼代理人有权申请回避。

但对于公诉人是否可申请回避未提及。在具体案件的庭审过程中，公诉人与法官在利益追求方面并不一致。公诉人作为讼争一方，自然希望作为裁判者的法官能保持中立。当法官具备法定的回避情形，可能对公诉的成功带来不利影响时，公诉人必然具有强烈的要求其回避的愿望，因此应赋予公诉人申请回避权。另外，从控辩平衡的角度也应该赋予公诉人申请回避权。

(4) 关于回避的程序。

第一，当事人申请回避权的行使不便。《人民检察院刑事诉讼规则（试行）》解决了对检察人员中何人提出申请的问题，即检察人员在受理举报和办理案件过程中，发现应当回避的应自行回避，当事人及其法定代理人也有权要求其回避；但仍没有明确可以何时提出申请。至于公安部《公安机关办理刑事案件程序规定》中对公安机关侦查人员回避的规定只是照抄刑事诉讼法的规定，根本没有实质性内容。这样就导致刑事诉讼法明确规定了回避的对象有侦查和检察人员，而且赋予了当事人及其法定代理人申请回避的权利，但在现实中，因法条中缺乏相应的规定，直到人民法院开庭审理时，当事人及其法定代理人才被告知可以对上列人员申请回避。这不能不说是刑事诉讼法的一大缺陷。

第二，未对审判委员会的回避问题作出规定。一方面，进入审判委员会讨论的案件都是疑难、复杂、重大的案件，合议庭认为难以作出决定。这类案件本身比较重要，审判影响大。另一方面，审判委员会是本级审判环节中最权威的裁判机构，享有对案件的最高裁决权。《刑事诉讼法》第185条规定：“审判委员会的决定，合议庭应当执行。”但具体如何操作仍没有明确。由于某一具体案件不一定非经审判委员会讨论，即使需审判委员会讨论，法院开庭时也尚未明确宣布。因而，同样会导致因回避对象不明而未回避的情况。

第三，采用书面审的上级审程序中的回避制度落实问题。建议采书面审的上级法院在合议庭组成人员确定以后，应立即以书面形式告知当事人有申请回避的权利，并告知合议庭组成人员名单，以确保当事人申请回避权利的实现。

第四，执行人员的回避问题。《关于审判人员在诉讼活动中执行回避制度若干问题的规定》第14条明确规定，执行人员适用审判人员回避的有关规定。这就为执行人员的回避提供了依据。但在实践中由于在执行程序中没有具体确定执行人员对当事人的通知程序，而且许多情况下当事人双方也不对簿公堂，所以执行程序中，当事人提出回避的权利仍未得到保障。

第五，对申请回避处理的行政化色彩浓厚。当事人申请回避，即表明其对于法官能否公正审案产生了质疑，当事人和法官之间产生了冲突。对这种冲突怎能用行政的方式来解决呢？应该建立一种程序，让申请人和被申请人都有说话的机会。许多国家和地区一般都以合议的方式对此予以处理。建议对申请回避不能简单地用决定来处理，以申请复议去救济，而应以裁定作出，且允许当事人进行上诉。

第六，让本院审判委员会负责院长的回避、决定院长的回避，这也是不合回避的法理的。审判委员会成员一般是由本院院长提名，由同级人大任命的，故审判委员会成员与本院院长间有可能存在利益关联。建议，对院长的回避应由上级法院处理。

第八章　辩护与代理

知识逻辑图

- 辩护制度
  - 辩护制度相关概念
    - 辩护：刑事诉讼中犯罪嫌疑人、被告人及其辩护人针对控方的指控，提出有利于犯罪嫌疑人、被告人的事实和理由，以证明犯罪嫌疑人、被告人无罪、罪轻或应当减轻、免除处罚，维护犯罪嫌疑人、被告人合法权益的诉讼活动
    - 辩护权：犯罪嫌疑人、被告人专属的对指控进行反驳、申辩和解释的诉讼权利
    - 辩护制度：一国法律规定的对辩护相关制度的法律规范的总称
  - 辩护制度的意义
    - 确定被告人的诉讼主体地位，是诉讼民主化的体现
    - 能保障犯罪嫌疑人、被告人辩护权的实现
    - 确保刑事诉讼基本职能发挥作用，能使刑事诉讼目的顺利实现
  - 辩护制度的内容
    - 辩护的种类
      - 自行辩护
      - 委托辩护
      - 指定辩护
    - 辩护人的范围
      - 律师
      - 人民团体或者犯罪嫌疑人、被告人单位所推荐的人
      - 犯罪嫌疑人、被告人的监护人、亲友
    - 辩护人的责任和作用
      - 责任
        - 从实体上维护犯罪嫌疑人、被告人的合法权益
        - 从程序上维护犯罪嫌疑人、被告人的合法权益
        - 为犯罪嫌疑人、被告人提供其他法律帮助
      - 作用
        - 弥补自行辩护的缺陷，帮助其更好地行使辩护权
        - 协助司法机关全面了解案情，防止冤假错案的发生
        - 使审判活动更好地发挥宣传教育作用
    - 辩护人的诉讼地位
      - 是犯罪嫌疑人、被告人合法权益的维护者，而不是其所有利益的维护者，更不是其被法律限制或剥夺的权益的维护者
      - 是合法权益的专门维护者，协助进行辩护是辩护人在诉讼中的唯一职能
    - 辩护人的诉讼权利和义务
      - 权利
        - 职务保障权
        - 阅卷权
        - 会见通信权
        - 调查取证权
        - 获得开庭的权利
        - 参加法庭调查和法庭辩论的权利
        - 拒绝辩护权
        - 申请调取证据权
        - 申诉、控告权
        - 其他权利
      - 义务
        - 忠于职守
        - 保守秘密
        - 不得帮助犯罪嫌疑人、被告人隐藏、毁灭有罪、罪重的证据；不得伪造无罪、罪轻证据或帮助其串供；不得威胁、引诱证人改变真实证言或作伪证
        - 不得违反规定会见法官、检察官
        - 遵守诉讼纪律
        - 接受委托后应及时告知办理案件机关
        - 及时告知部分辩护证据

刑事代理制度
- 概念：代理人接受公诉案件的被害人及其法定代理人或近亲属、自诉案件的自诉人及其法定代理人、附带民事诉讼的当事人及其法定代理人的委托，以被代理人的名义参加诉讼，在授权范围内进行活动，由被代理人承担代理行为法律后果的一项法律制度
- 类型
  - 自诉案件中的代理
  - 公诉案件中被害人的代理
  - 附带民事诉讼中的代理

名词解释与概念比较

1. 辩护与辩论（考研）
2. 辩护权（考研）
3. 指定辩护（考研）
4. 辩护人
5. 刑事诉讼代理人（考研）

选择题

（一）单项选择题

1. 下列关于法定代理人的说法正确的是(　　)。

A. 法定代理人在刑事诉讼中有着辅助的诉讼地位

B. 法定代理人在刑事诉讼中有着独立的诉讼地位

C. 法定代理人在刑事诉讼中可以代行被代理人所有的诉讼权利和义务

D. 法定代理人的产生是基于被代理人的意思表示

2. 在某县人民法院审理甲抢劫案时，甲的辩护律师认为，侦查机关在侦查过程中收集的证明被告人罪轻的证据材料需要在法庭上出示。在此情况下，律师可以进行什么诉讼活动？(　　)（司考）

A. 申请人民法院向人民检察院调取该证据材料，并可以到人民法院查阅、摘抄、复制该证据材料

B. 申请人民法院向人民检察院调取该证据材料，但不得到人民法院查阅、摘抄、复制该证据材料

C. 申请人民检察院调取该证据材料

D. 申请公安机关提供该证据材料

3. 下列关于刑事诉讼中辩护人与诉讼代理人区别的表述，哪一项是正确的？(　　)

A. 介入诉讼的时间相同

B. 可以担任辩护人和诉讼代理人的人员范围不同

C. 是否出席法庭不同

D. 承担的刑事诉讼职能不同

4. 在下列哪种情形下，人民法院应当通知法律援助机构为被告人指定辩护人？(　　)（司考）

A. 在一起团伙盗窃案件中，被告人陈某、萧某委托了辩护人，而李某没有委托辩护人

B. 王某涉嫌故意杀人，审理时未满18周岁，没有委托辩护人

C. 张某涉嫌故意伤害，被人民检察院提起公诉，而人民法院认为起诉意见和移送的案件证据材料可能影响正确定罪量刑

D. 外国人约翰涉嫌诈骗，被人民检察院提起公诉时没有委托辩护人

5. 被告人张某（17岁），在开庭审理其盗窃摩托车一案中，因觉得辩护人王某未能很好地维护自己的权益，当庭拒绝王某为自己辩护。重新开庭后，张某又以未能很好地维护自己的权益为由，再次当庭拒绝重新委托的辩护人赵某为其辩护。问：合议庭应该如何处理？(　　)

A. 应当准许张某另行委托辩护人

B. 可以准许张某另行委托辩护人

C. 不准许张某另行委托辩护人

D. 可以准许张某拒绝重新委托的辩护人为其辩护，但不得再另行委托辩护人，张某可以自行辩护

6. 根据我国刑事诉讼法和有关司法解释的规定，下列说法中哪个是错误的？(　　)

A. 被告人没有委托辩护人并且是盲人的，人民法院应当通知法律援助机构为其指定辩护人

B. 被告人没有委托辩护人并且为人民检察院抗诉的案件，人民法院可以通知法律援助机构为其指定辩护人

C. 在共同犯罪案件中，被告人没有委托辩护人并且本人确无经济来源，其他被告人已委托辩护人的，人民法院应当通知法律援助机构为其指定辩护人

D. 被告人没有委托辩护人并且开庭审理时不满18周岁的，人民法院应当通知法律援助机构为其指定辩护人

7. 关于辩护人的说法中正确的是(　　)。

A. 辩护人是犯罪嫌疑人、被告人的代言人

B. 辩护人与公诉人诉讼地位平等

C. 犯罪嫌疑人黄某的妻子是外国人，所以他妻子不得担任他的辩护人

D. 辩护人的责任就是维护犯罪嫌疑人、被告人的权益

8. 我国刑事诉讼中的刑事辩护与刑事诉讼代理是两种不同的制度。关于它们之间的不同，下述各项说法中不正确的是(　　)。

A. 刑事辩护是针对公诉案件设立的，刑事诉讼代理是针对自诉案件而设立的制度

B. 辩护制度中有制度，而刑事诉讼代理则未规定指定代理制度

C. 辩护人与刑事诉讼代理人在刑事诉讼中享有不同的权利

D. 辩护人和刑事诉讼代理人在刑事诉讼中具有不同的诉讼地位

9. C市人民法院受理陈某盗窃案后，因陈某系未成年人，即通过法律援助中心指定律师高某作为陈某的辩护人。开庭审理时，陈某以刚刚知道自己的父亲与辩护人高某的姐姐在一个单位且向来关系不好为理由，拒绝高某继续为他辩护，同时提出不需要辩护人而由自己自行辩护。对此，C市人民法院应按下列哪个选项处理？(　　)(司考)

A. 应当准许，并记录在案

B. 准许陈某拒绝高某继续辩护，但要求陈某另行委托辩护人或者由法律援助机构另行为陈某指定辩护人

C. 通知陈某的近亲属，由其亲属决定是否需要辩护人辩护

D. 不准许陈某拒绝高某继续辩护

10. 辩护律师乙在办理甲涉嫌抢夺一案中，了解到甲实施抢夺时携带凶器，但办案机关并未掌握这一事实。对于该事实，乙应当如何处理？(　　)(司考)

A. 应当告知公安机关

B. 应当告知检察机关

C. 甲应当告知人民法院

D. 应当为被告人保守秘密

11. 张某今年25岁，在一家公司打工，因为盗窃而被推上了法院的刑事被告席。张某打算委托一人作为自己的辩护人。在他提出的下列人选中，人民法院可以准许的有(　　)。

A. 他的一位好友介绍的某外资公司的法律部负责人，美国人汤姆

B. 他在公安机关工作的表姨父

C. 他在人民法院工作的哥哥

D. 目睹了他盗窃行为的李某

12. 郭某涉嫌招摇撞骗罪。在检察机关审查起诉时，郭某希望委托辩护人。下列哪一人员可以被委托担任郭某的辩护人？(　　)(司考)

A. 郭某的爷爷，美籍华人

B. 郭某的儿子，16岁

C. 郭某的朋友甲，曾为郭某招摇撞骗伪造国家机关证件

D. 郭某的朋友乙，司法行政机关负责人

13. 刑事诉讼中的辩护人，或者是犯罪嫌疑人、被告人委托的，或者是由法律援助机构指定的。对于辩护人来说，他的辩护(　　)。

A. 应受委托他的犯罪嫌疑人、被告人要求的约束

B. 要受指定他的法律援助机构的意见的约束

C. 要受同是维护社会利益的公诉人的意见的约束

D. 依法独立自主地辩护，而不受委托人、人民法院、公诉机关的意见的约束

14. B市公安局刑警队的一名中队长因为涉嫌利用职权非法拘禁他人而被人民检察院立案侦查，侦查终结后，案件由人民检察院的侦查部门移送至本院的公诉部门审查起诉，继而向人民法院提起公诉。在本案中。这名中队长打算委托一名辩护人。问：他从什么时候起有这个权利？(　　)

A. 自案件进入人民检察院之日起

B. 自其被第一次讯问后或者采取强制措施之日起

C. 自案件由人民检察院的侦查部门移送至公诉部门之日起

D. 自案件起诉至人民法院之日起

15. 律师王某接受被告人刘某的委托担任其辩护人，在会见刘某过程中了解到刘某还犯有一起盗窃罪。对此，王某应当如何处理？（　　）

A. 可以向公安机关揭发刘某的这一罪行

B. 应当向公安机关揭发刘某的这一罪行

C. 可以说服刘某自首这一罪行

D. 应当帮助刘某隐瞒这一罪行

16. 在刑事诉讼中，犯罪嫌疑人、被告人除自己行使辩护权外，还可以委托他人作为自己的辩护人。依据我国的法律规定，一名犯罪嫌疑人或者被告人可以委托的辩护人的人数，应当是（　　）。

A. 只能是 1 名

B. 可以是 2 名

C. 可以是 3 名

D. 可以是 2 名或 3 名

17. 万某是一起抢劫案中的受害者，公安机关将本案侦查终结后，移送至人民检察院审查起诉。人民检察院经审查后，将案件起诉到了某人民法院。本案被告人秦某在公安机关侦查期间就聘请了律师。问：万某有权在何时聘请诉讼代理人？（　　）

A. 案件立案之日

B. 案件开始审查起诉之日

C. 案件移送至人民检察院审查起诉之日

D. 案件移送至人民法院审判之日

18. 被告人徐某因故意杀人行为而被公诉至人民法院。本案中，如果徐某有可能被人民法院判处死刑，而他在法庭审理时当庭拒绝辩护人为其辩护，要求另行委托辩护人并且合议庭同意了，在重新开庭后，徐某再次拒绝重新委托的辩护人的，则（　　）。

A. 人民法院应予准许

B. 人民法院应不予准许

C. 人民法院应予准许，但张某不得再另行委托辩护人，必须由法律援助机构再为其指定辩护人

D. 人民法院应予准许，但张某不得再另行委托辩护人，法律援助机构也不再另行为其指定辩护人

19. 李某致张某轻伤一案中，张某到县人民法院提出刑事自诉，要求追究李某伤害罪的刑事责任。本案中，李某有权委托辩护人的时间是（　　）。

A. 在法院受理案件之后

B. 在案件决定开庭之后

C. 在被采取强制措施之后

D. 随时

20. 根据我国刑事诉讼法，下列说法中正确的是（　　）。

A. 辩护人可直接向被害人收集证据

B. 辩护律师经被害人提供的证人同意，可以直接向他们收集证据

C. 辩护人在法庭审理中，有权申请新的证人出庭

D. 辩护律师有权查阅、摘抄、复制司法人员关于案件的讨论记录

21. 甲因涉嫌故意泄露国家秘密罪被立案侦查。羁押 1 个月后，被变更为监视居住。甲回家后，约请律师乙见面商谈聘请其担任自己律师的事宜。甲会见乙应否取得有关机关批准？（　　）（司考）

A. 须经侦查机关批准

B. 不必经侦查机关批准

C. 须经执行机关批准

D. 不必经执行机关批准

22. 根据《刑事诉讼法》的规定，下列何人有权委托诉讼代理人？（　　）（司考）

A. 涉嫌强奸罪被告人的父亲

B. 抢劫案被害人的胞妹

C. 伤害案中附带民事被告人的胞弟

D. 虐待案自诉人的胞妹

23. 在张某故意毁坏李某汽车案中，张某聘请赵律师为辩护人，李某聘请孙律师为诉讼代理人。关于该案辩护人和诉讼代理人，下列哪一选项是正确的？（　　）（司考）

A. 赵律师、孙律师均自案件移送审查起诉之日起方可接受委托担任辩护人、诉讼代理人

B. 赵律师、孙律师均有权申请该案的审判人员和公诉人员回避

C. 赵律师可在审判中向张某发问，孙律师无权向张某发问

D. 赵律师应以张某的意见作为辩护意见，孙律师应以李某的意见为代理意见

24. 关于诉讼代理人参加刑事诉讼，下列哪一说法是正确的？（　　）（司考）

A. 诉讼代理人的权限依据法律规定而设定

B. 除非法律有明文规定，诉讼代理人也享有被代理人享有的诉讼权利

C. 诉讼代理人应当承担被代理人依法负有的义务

D. 诉讼代理人的职责是帮助被代理人行使诉讼权利

25. 关于辩护律师在刑事诉讼中享有的权利和承担的义务，下列哪一说法是正确的？（　　）（司考）

A. 在侦查期间可以向犯罪嫌疑人核实证据

B. 会见在押的犯罪嫌疑人、被告人，可以了解案件有关情况

C. 收集到的有利于犯罪嫌疑人的证据，均应及时告知公安机关、检察院

D. 在执业活动中知悉犯罪嫌疑人、被告人曾经实施犯罪的，应及时告知司法机关

26. 鲁某与洪某共同犯罪，洪某在逃。沈律师为鲁某担任辩护人。案件判决生效三年后，洪某被抓获并被起诉。关于沈律师可否担任洪某辩护人，下列哪一说法是正确的？（　　）（司考）

A. 沈律师不得担任洪某辩护人

B. 如果洪某系法律援助对象，沈律师可以担任洪某辩护人

C. 如果被告人洪某同意，沈律师可以担任洪某辩护人

D. 如果公诉人未提出异议，沈律师可以担任洪某辩护人

27. 法官齐某从A县法院辞职后，在其妻洪某开办的律师事务所从业。关于齐某与洪某的辩护人资格，下列哪一选项是正确的？（　　）（司考）

A. 齐某不得担任A县法院审理案件的辩护人

B. 齐某和洪某不得分别担任同案犯罪嫌疑人的辩护人

C. 齐某和洪某不得同时担任同一犯罪嫌疑人的辩护人

D. 洪某可以律师身份担任A县法院审理案件的辩护人

28. 郭某涉嫌参加恐怖组织罪被逮捕，随后委托律师姜某担任辩护人。关于姜某履行辩护职责，下列哪一选项是正确的？（　　）（司考）

A. 姜某到看守所会见郭某时，可带1～2名律师助理协助会见

B. 看守所可对姜某与郭某的往来信件进行必要的检查，但不得截留、复制

C. 姜某申请法院收集、调取证据而法院不同意的，法院应书面说明不同意的理由

D. 法庭审理中姜某作无罪辩护的，也可当庭对郭某从轻量刑的问题发表辩护意见

29. 根据《刑事诉讼法》的规定，辩护律师收集到的下列哪一证据应及时告知公安机关、检察院？（　　）（司考）

A. 强奸案中被害人系精神病人的证据

B. 故意伤害案中犯罪嫌疑人系正当防卫的证据

C. 投放危险物质案中犯罪嫌疑人案发时在外地出差的证据

D. 制造毒品案中犯罪嫌疑人犯罪时刚满16周岁的证据

30. 成年人钱甲教唆未成年人小沈实施诈骗犯罪，钱甲委托其在邻市检察院担任检察官助理的哥哥钱乙担任辩护人，小沈由法律援助律师武某担任辩护人。关于本案处理，下列哪一选项是正确的？（　　）（司考）

A. 钱甲被拘留后，钱乙可为其申请取保候审

B. 本案移送审查起诉时，公安机关应将案件移送情况告知钱乙

C. 检察院讯问小沈时，武某可在场

D. 如检察院对钱甲和小沈分案起诉，法院可并案审理

31. 王某系聋哑人，因涉嫌盗窃罪被提起公诉。关于本案，下列哪一选项是正确的？（　　）（司考）

A. 讯问王某时，如有必要可通知通晓聋哑手势的人参加

B. 王某没有委托辩护人，应通知法律援助机构指派律师为其提供辩护

C. 辩护人经通知未到庭，经王某同意，法院决定开庭审理

D. 因事实清楚且王某认罪，实行独任审判

（二）多项选择题

1. 根据有关法律的规定，律师在什么时候可以接受刑事案件当事人的委托，以辩护人的身份参加刑事诉讼？（　　）（司考）

A. 犯罪嫌疑人被侦查机关第一次讯问之日

B. 犯罪嫌疑人被侦查机关采取强制措施之日

C. 公诉案件被移送人民检察院审查起诉之日

D. 公诉案件被人民检察院提起公诉之日

2. 甲（20岁）和乙（17岁）是盗窃案的同案被告人，现在押。甲聘请某律师为辩护人，乙的父亲（目前在国家机关任职）担任乙的辩护人。乙的父亲有权行使下列哪些诉讼权利？（　　）（司考）

A. 有权独立进行辩护

B. 有权依法定程序向证人或者其他单位和个人调查取证

C. 有权在第一审判决宣告后，不经乙同意，提出上诉

D. 同甲的辩护人一样，享有独立的同被告人会见和通信权

3. 被告人冉某因故意杀人罪被起诉。因为冉某符合法律援助的条件，法院通过法律援助中心给他指定了辩护律师，但冉某坚持要自己进行辩护。下列有关刑事诉讼中拒绝辩护的表述中正确的是(　　)。

A. 在刑事审判过程中，被告人可以拒绝辩护人为其辩护，这种拒绝一经提出，就应当生效

B. 被告人坚持自己行使辩护权，拒绝人民法院指定的辩护人为其辩护的，人民法院一般不予准许

C. 辩护律师接受委托之后，没有正当理由，不得拒绝辩护

D. 如果委托事项违法，委托人利用律师提供的服务从事违法活动或者委托人隐瞒事实的，律师有权拒绝辩护

4. 在刑事诉讼中，哪些人有权委托诉讼代理人？（　　）

A. 公诉案件的被害人及其法定代理人或者近亲属

B. 附带民事诉讼的当事人及其法定代理人

C. 自诉案件的自诉人及其法定代理人

D. 自诉案件的被告人及其法定代理人

5. 人民法院审理一起刑事案件，被告人可能被判处死刑，人民法院依法通过法律援助中心为其指定了辩护人，但是被告人拒绝法律援助中心指定的辩护人为其辩护。对此，下列哪些说法是正确的？（　　）（司考）

A. 人民法院不应当准许

B. 被告人无权拒绝人民法院为其指定的辩护人

C. 人民法院应当先审查，被告人有正当理由的应当准许

D. 人民法院准许后，被告人需另行委托辩护人或者人民法院应当为其另行指定辩护人

6. 王某故意伤害一案，下列哪些人不得作为其辩护人？（　　）（司考）

A. 王某的在公安局任科长的哥哥

B. 王某的在本市人大常委会任职的朋友

C. 被害人李某的债务人方某，现为律师

D. 王某的叔叔，外籍华人

7. 自人民检察院对案件审查起诉之日起，担任犯罪嫌疑人的辩护人的律师从事辩护活动可以享有哪些权利？（　　）

A. 查阅、摘抄、复制本案所指控的犯罪事实的材料

B. 同在押的犯罪嫌疑人会见和通信

C. 经证人同意向证人收集与本案有关的材料

D. 经人民检察院许可，并且经被害人同意，向被害人收集与本案有关的材料

8. 辩护律师在人民检察院对案件审查起诉期间(　　)。

A. 可以经人民检察院批准，同在押的犯罪嫌疑人会见

B. 可以不经人民检察院批准，同在押的犯罪嫌疑人会见

C. 可以经人民检察院批准，同在押的犯罪嫌疑人通信

D. 可以不经人民检察院批准，同在押的犯罪嫌疑人通信

9. 关于不得被委托担任辩护人的问题，最高人民法院对此有专门的规定，其中一项是“与本案审理结果有利害关系的人”。从司法实践中看，这类人员一般有（ ）。

A. 本案的证人

B. 本案被告人的父母

C. 本案附带民事诉讼的其他被告人

D. 本案中未被追究刑事责任的共同加害人

10. 下列各项所述的人员中，依法可以享有辩护权的诉讼参与人有（ ）。

A. 辩护人

B. 诉讼代理人

C. 附带民事诉讼被告人

D. 犯罪嫌疑人

11. 律师接受法律援助机构指定担任辩护人的情况主要是（ ）。

A. 被告人是聋哑人

B. 公诉人出庭支持公诉，但被告人没有委托辩护人

C. 被告人拒绝委托辩护人

D. 被告人是未成年人

12. 根据我国刑事诉讼法和律师法的有关规定，辩护人的责任是（ ）。

A. 维护委托人的所有权益

B. 提出证明委托人有罪、无罪或者罪重、罪轻的材料和意见

C. 根据事实和法律来维护委托人的权益

D. 使用尽可能多的方式、方法来维护委托人的合法利益

13. 马某被人民检察院指控犯有抢劫罪，同他一起被指控的还有谢某某。在人民法院受理案件后，马某的辩护律师黄某，提出要向被害人收集一些材料。身为某公司职员的谢某某的哥哥谢某，由于被谢某某委托为辩护人，因而以辩护人的身份提出要向被害人所提供的一名证人夏某收集一些材料。关于对上述情况的处理，下述说法中正确的是（ ）。

A. 黄某和谢某都无权直接向被害人或夏某收集与案件有关的材料

B. 谢某向夏某收集有关材料需经过夏某的同意，而黄某向被害人收集有关材料则不需被害人的同意

C. 黄某可以申请人民法院向被害人收集有关材料，而谢某则无权向人民法院提出类似的申请

D. 谢某向夏某收集有关材料要经过夏某的同意和人民法院的许可，而黄某向被害人收集有关材料也需要经过被害人的同意和人民法院的许可

14. 张某涉嫌故意杀人，李某为张某委托的辩护律师。在审查起诉阶段，李某可以查阅、摘抄、复制的材料可以是（ ）。

A. 关于张某故意杀人的证人证言

B. 检察院签发的对张某逮捕证

C. 检察院对张某的起诉意见书

D. 批准逮捕决定书

15. 张某 15 岁时强奸某人，在 4 年后案发被公安机关立案侦查。同他一起被立案侦查的还有其 21 岁的朋友王某。公安机关经过侦查查明王某并未参与强奸行为，只是经常和张某在一起厮混而已，因而决定撤销关于王某的案件部分。张某最终被起诉至人民法院。法院开庭审判了此案。对于此案，下述各项中说法正确的有（ ）。

A. 当张某未委托辩护人时，人民法院也可以不通知法律援助机构给其指定辩护人

B. 张某可以委托王某作为他的辩护人

C. 张某可以委托他的一位正在某人民法院做陪审员的堂兄作为辩护人

D. 张某可以委托在政府机关工作的朋友李某作为辩护人

16. 被告人高某有盗窃罪，可以担任他的辩护人的有（ ）。

A. 在司法局工作的叔叔

B. 在公安局工作的哥哥

C. 在法院工作的父亲

D. 在检察院工作的姐姐

17. 王律师的弟弟犯有贪污罪，王律师（ ）。

A. 可以律师身份接受委托，担任辩护人

B. 可以近亲属身份接受委托，担任辩护人

C. 不可以接受委托

D. 可以经被告同意后委托其他律师作辩护人

18. 贾某因涉嫌诈骗罪被某县公安机关依法拘

传。自被拘传之日起，贾某在侦查阶段享受下列哪些诉讼权利？（　　）

A. 自行辩护的权利

B. 聘请辩护律师提供法律咨询、代理申诉和控告

C. 委托律师以外的其他辩护人的权利

D. 对与本案无关的问题拒绝回答

19. 在刑事诉讼中，被告是（　　）而未委托辩护人的，人民法院应当通知法律援助机构为其指定辩护人。

A. 盲人　　B. 未成年人

C. 肢体残疾人　　D. 聋哑人

20. 关于律师担任刑事案件被告人的辩护人，下列哪些选项是正确的？（　　）（司考）

A. 辩护人不是被告人的代言人

B. 辩护人应当维护被告人的合法权益

C. 辩护人须按照被告人的要求作无罪辩护

D. 辩护人有权独立发表辩护意见

21. 甲因积怨将乙打成重伤，致乙丧失劳动能力。本案中，哪些人有权为乙委托诉讼代理人？（　　）（司考）

A. 乙的母亲　　B. 乙的祖父

C. 乙本人　　D. 乙的好友丙

22. 关于刑事诉讼法定代理人与诉讼代理人的区别，下列哪些选项是正确的？（　　）（司考）

A. 法定代理人基于法律规定或法定程序产生，诉讼代理人基于被代理人委托产生

B. 法定代理人的权利源于法律授权，诉讼代理人的权利源于委托协议授权

C. 法定代理人可以违背被代理人的意志进行诉讼活动，诉讼代理人的代理活动不得违背被代理人的意志

D. 法定代理人可以代替被代理人陈述案情，诉讼代理人不能代替被代理人陈述案情

23. 律师邹某受法律援助机构指派，担任未成年人陈某的辩护人。关于邹某的权利，下列哪些说法是正确的？（　　）（司考）

A. 可调查陈某的成长经历、犯罪原因、监护教育等情况，并提交给法院

B. 可反对法院对该案适用简易程序，法院因此只能采用普通程序审理

C. 可在陈某最后陈述后进行补充陈述

D. 可在有罪判决宣告后，受法庭邀请参与对陈某的法庭教育

（三）不定项选择题

1. 被告人张某因抢劫行为而被人民检察院依法起诉至人民法院，同案被告人还有张某的朋友秦某。如果张某聘请了辩护律师，则人民法院对于没有委托辩护人的秦某可以采取以下哪些做法？（　　）

A. 要求秦某委托辩护人

B. 必须通知法律援助机构为秦某指定辩护人

C. 通知法律援助机构为秦某指定辩护人，即使秦某本人并非经济困难

D. 只有当秦某经济困难而无力聘请辩护人时，才应通知法律援助机构为其指定辩护人

2. 法庭审理一起盗窃案。辩护律师出示、宣读了一份其本人在审查起诉阶段向证人王某调查的谈话笔录，证明盗窃案件发生时，被告人与证人王某在一起看电视，没有作案时间。公诉人对谈话笔录提出了质证意见。下列缺乏法律依据的质证意见是（　　）。（司考）

A. 此谈话笔录仅由辩护人与证人二人谈话形成，不合法

B. 此谈话笔录只有证人王某签字而没有按手印，无效

C. 此谈话笔录在王某家中形成，不合法

D. 辩护人找王某调查未经办案机关批准，不合法

3. 涉嫌抢劫罪的张某在审查起诉期间准备委托辩护人，下列人员中，谁可以接受委托做他的辩护人？（　　）（司考）

A. 张某的朋友徐某，因犯故意伤害罪被法院判处有期徒刑1年缓刑2年，正在缓刑考验期内

B. 张某的父亲，在本市法院任审判员

C. 张某的叔叔，已加入日本国籍

D. 张某的朋友王某，本市出租汽车驾驶员

4. 高某因与伊某的母亲有仇，故意致15岁的伊某重伤。在法院开庭审理该案件时，伊某的母亲请求法庭判决被告人赔偿伊某医疗费等人民币3 200元。请问：伊某的母亲处于何种诉讼地位？

( )(司考)

A. 诉讼参与人　　B. 法定代理人

C. 诉讼代理人　　D. 辩护人

5. 小强因故意伤害行为而被公安机关立案侦查。在公安机关侦查期间，小强委托了律师张某为其提供帮助，张某在接受委托后就向公安机关提出要会见小强。后来该案件被移送人民检察院审查起诉，其间，小强委托他的好朋友小童作为他的辩护人。小童是一所中学的政治老师，接受委托后，他向人民检察院提出要同小强会见并通信。关于小童提出的申请，下列说法中正确的是( )。

A. 人民检察院应当拒绝小童的申请

B. 人民检察院可以拒绝小童的申请

C. 人民检察院不能拒绝小童的申请

D. 人民检察院可以以案件事实不清、证据不足为由拒绝小童的申请

6. J市公安机关侦查人员舒某、刘某因在侦查一起团伙抢劫案的过程中，对犯罪嫌疑人董某刑讯逼供，直接导致董某死亡，被J市人民检察院依法逮捕。J市人民检察院在侦查该案期间，发现舒某、刘某还曾对证人高某使用暴力手段逼取证言，于是决定对两案合并侦查。侦查终结后，J市人民检察院依法向市人民法院提起公诉。经开庭申请，市人民法院一审以故意杀人罪判处舒某有期徒刑12年，以暴力取证罪判处舒某有期徒刑3年，决定执行有期徒刑13年；以故意杀人罪判处刘某有期徒刑5年，以暴力取证罪判处刘某有期徒刑2年，决定执行有期徒刑6年。一审判决宣告后，刘某不上诉，舒某以一审定性不准、量刑过重为理由提出上诉，市人民检察院以一审对舒某的量刑过轻为理由提出抗诉。如果舒某、刘某在审查起诉阶段聘请律师作为辩护人，受聘律师可以进行下列选项中的什么活动？( )(司考)

A. 会见在押的犯罪嫌疑人

B. 查阅、摘抄、复制本案的案卷材料

C. 经证人同意，向他们收集与本案有关的材料

D. 对人民检察院侵犯犯罪嫌疑人人身权利和人身侮辱的行为进行控告

7. 以下有关法律援助制度的说法或者做法中正确的是( )。

A. 2015年4月1日，公安局以甲犯故意伤害罪为由逮捕了甲，如果甲经济困难的话，则4月2日起甲可以向法律援助中心申请指派律师援助

B. 乙是17岁的未成年人，因犯故意杀人罪被检察院起诉到法院，法院审理时发现乙未委托辩护人，于是通知法律援助中心为其指定辩护人，则该地法律援助中心同意进行法律援助前必须对乙的经济状况进行审查，符合经济困难条件的才对其进行援助

C. 丙是广州人，2015年“五一”期间在佛山被一犯罪团伙抢去了身上用来治病的仅有的500元钱，而且身上还被砍了几刀。后来该犯罪团伙被抓获，被佛山市某人民检察院依法提起了公诉，法院依法受理了案件，则如果丙经济困难的话，可以向该法院所在地的法律援助机构申请指派援助律师作为其委托诉讼代理人

D. 丁是佛山人，2015年“五一”期间在广州天河区被人故意伤害造成轻伤，于是丁向天河区人民法院提起自诉，该法院依法受理了案件，则如果丁向天河区法律援助中心申请援助律师作为其委托代理人时，该援助中心必须按照其住所地佛山的经济困难标准来审查丁是否符合援助条件

简答题

1. 强制辩护的范围是什么？(考研)

2. 在刑事诉讼中，哪些人可以充当辩护人？哪些人不得充当辩护人？(考研)

3. 简述被告人自行辩护与辩护人辩护的不同。(考研)

案例分析题

1. 在一起放火案中，宏达服装厂的仓库被他人放火焚烧，直接经济损失达60万元。事后经查明，放火者是另一个服装厂的厂长。案件经公安机关侦查终结后，移送人民检察院审查起诉，宏

达服装厂提出要委托诉讼代理人，人民检察院回答说：公诉案件的被害人指的是自然人，不包括单位，因而法律上所说的“被害人及其法定代理人或者近亲属有权委托诉讼代理人”不能适用于宏达服装厂。如果宏达厂确实要委托诉讼代理人，也只能提起附带民事诉讼，以附带民事诉讼原告人的身份委托诉讼代理人，并且要在人民法院受理案件之后才能委托诉讼代理人。无奈，宏达服装厂只好提出了附带民事诉讼的请求，并在案件被起诉至人民法院后委托了一名在某监狱任职的人叶某作为诉讼代理人。在法院审判过程中，叶某去人民法院查阅、复制案件有关材料，了解案情，人民法院没有准许。叶某因此辞去了诉讼代理人的职务。宏达服装厂要求另行委托诉讼代理人，被人民法院告知：只能在法庭开庭审理之前委托诉讼代理人，现在已进入了法庭审理阶段，因而宏达服装厂不能再委托诉讼代理人了。人民法院最后作出了刑事附带民事判决。

问：（1）本案中，人民检察院拒绝宏达服装厂委托诉讼代理人的说法是否正确？

（2）本案中，人民法院是否有权不允许叶某查阅、复制有关材料？

（3）人民法院不允许宏达服装厂再次委托诉讼代理人的理由是否正确？

2. 张三（16岁）、李四（19岁）殴打王五致其重伤一案，经M市公安局侦查终结后，于2018年5月7日，移送人民检察院审查起诉。5月16日，某检察人员开始对此案进行审查，并同时通知犯罪嫌疑人张三有权委托辩护人辩护。张三系父母双亡的孤儿，寄居于二叔家。他认为自己已经给二叔带来不少麻烦，委托律师恐怕又要给二叔增添负担，而且二叔也不会为自己出这笔费用，因此没有委托律师。鉴于此，M市人民检察院便通知法律援助中心指定了一名负有法律援助义务的王律师为其辩护。在审查起诉过程中，王律师提出要复印公安局制作的起诉意见书。人民检察院以保守案情秘密为由予以拒绝。5月28日，该案由人民检察院提起公诉，移送M市人民法院。该法院决定于6月17日开庭审理，并于6月15日向辩护律师发出了开庭通知。王律师以法院通知开庭日过迟，并且未能得到起诉书的副本为由拒绝出庭辩护。经法院劝说无效，不得已，法律援助中心又重新指定了一名律师张某参加法庭辩护，并将开庭日期推迟至6月27日。开庭后，公诉人和律师进行了激烈辩论。6月29日，法院判决张三有期徒刑1年，缓期执行1年。判决确定后，张律师没有向法院询问有关结果，也没有问张三的意见（后判决书副本虽送达律师，但已超过上诉期）。

问：（1）人民检察院通知法律援助中心为张三指定辩护律师的做法是否正确？为什么？

（2）某检察人员于5月16日告知张三有权委托辩护人的行为存在什么缺陷？

（3）人民检察院能否拒绝辩护律师复印起诉意见书的请求？

（4）人民法院一直未给辩护律师发送起诉书副本，这种做法正确吗？

（5）王律师有权拒绝辩护吗？

（6）张律师在判决确定之后的做法是否正确？为什么？

3. 甲、乙、丙、丁、戊五人是同事。一日，甲得知某储蓄所的保卫工作非常松懈，就约乙、丙、丁、戊四人同去“弄点钱用”。戊说：“你们要弄你们弄。”甲说：“你不去，我们四人去。”四人在作案中，杀死两名储蓄所工作人员，杀伤一人，抢得现金23万多元，后被公安机关抓获归案，并立案侦查。

问：（1）乙要求委托余某、肖某、戊三人共同为自己辩护，因为三人都是乙的好朋友。余某，男，无固定职业，三年前因妨碍公务罪被判处有期徒刑3年。余某不服一审判决，上诉后二审法院维持一审判决。余某仍然不服，屡次申诉减免。经查，对余某的定罪量刑完全正确，但余某不思悔改，刑满刚释放，又到处告状，成了告状专业户。肖某，女，人称“肖铁嘴”，能说会道，但心术不正，一年前因煽动群众拒不缴纳税款，构成妨碍公务罪，被判处管制2年，至今尚未执行完毕。人民检察院认为，余某有前科劣迹，又喜欢胡搅蛮缠；肖某正在被执行刑罚；戊只能作证人，所以，不允许三人为乙辩护。请问：你对此有何看法？

（2）丙在公安机关第一次讯问时，就提出要委托其在法院工作的哥哥高某为自己辩护。公安机关认为，丙的案子将来要由高某所在的法院审判，高某在法院工作多年，各方面关系都比较熟，如果由高某担任丙的辩护人，将难免影响案件的公正处理，于是要求犯罪嫌疑人丙另行委托辩护人。请问：你对此有何看法？

（3）丁在检察院收到移送审查起诉的案件材料后的第5天被告知可以委托辩护人。丁委托律师雷某为自己辩护。雷某接受委托后即要求与丁会见和通信，并查阅、摘抄、复制本案的诉讼文书、证据、案卷材料和技术性鉴定材料。检察机关均未批准。检察机关的做法是否正确？为什么？

（4）检察院提起公诉以后，人民法院指定承担法律援助义务的律师赵某为甲辩护。甲认为自己死罪已定，便拒绝别人为自己辩护。人民法院认为此案影响很大，旁听群众很多，坚持为甲指派辩护人。人民法院的做法是否正确？

（5）律师赵某在被指定为甲的辩护律师后，径直向证人和被害人调查取证，证人和被害人不予合作，拒绝提供有关情况。问：赵某的做法是否正确？为顺利调查取证，赵某该采取哪些诉讼措施？

（6）假如乙、丙均要求委托律师高某作自己的辩护人，法院能否同时批准两人的要求？

论述题与深度思考题

论辩护人的诉讼地位和责任。（考研）

参考答案

名词解释与概念比较

1. 辩护是指刑事诉讼中的犯罪嫌疑人、被告人及其辩护人针对控诉方的指控，提出有利于犯罪嫌疑人、被告人的事实和理由，以证明犯罪嫌疑人、被告人无罪、罪轻或者应当减轻、免除处罚，维护犯罪嫌疑人、被告人合法权益的诉讼活动。而辩论是指在法庭审判阶段，就一些有争议的案件事实和法律问题控辩双方进行口头争议，目的是明确事实和正确适用法律。二者都可以是被告人为自己辩护的方式，都可以由自己和辩护人完成。但二者仍有以下不同：（1）时间不同，前者可以发生在刑事诉讼中的任何阶段，后者只能发生在审判阶段；（2）方式不同，前者可以是书面或口头的，后者只能是口头的；（3）主体不同，前者只能由辩方进行，后者可以由控辩双方进行。

2. 辩护权是法律赋予犯罪嫌疑人、被告人的一项专属诉讼权利，是犯罪嫌疑人、被告人针对指控进行反驳、申辩和解释，以维护自己合法权益的一种诉讼权利。辩护权在犯罪嫌疑人、被告人享有的各项诉讼权利中，居于核心地位。

3. 指定辩护是指对于没有委托辩护人的被告人，由法律援助机构在法律规定的某些情况下，为被告人指定承担法律援助义务的律师担任其辩护人，协助被告人进行辩护。

4. 辩护人是指在刑事诉讼中接受犯罪嫌疑人、被告人的委托或者受法律援助机构的指定，协助犯罪嫌疑人、被告人行使辩护权，依法维护犯罪嫌疑人、被告人合法权益的诉讼参与人。我国刑事诉讼法规定的辩护人范围主要是律师，人民团体或犯罪嫌疑人、被告人所在单位推荐的人，犯罪嫌疑人、被告人的监护人、亲友。

5. 刑事诉讼代理人是指接受公诉案件的被害人及其法定代理人或近亲属、自诉案件的自诉人及其法定代理人、附带民事诉讼的当事人及其法定代理人的委托，以被代理人的名义参加诉讼，在授权范围内进行活动的诉讼参与人，代理的后果由被代理人承担。

选择题

（一）单项选择题

1. B

法定代理人是基于法律规定而产生的，法定代理人在诉讼中是有着独立的诉讼地位的，故B项正确，当选。一般而言，法定代理人的诉讼行为，被视为被代理人的诉讼行为，与后者具有相同的法律效果，但是法定代理人不得为被代理人承担与其特定人身有关的诉讼义务，如不得代替被代理人进行供述、辩解等，因此应该排除C项。同时，法定代理权的产生是基于法律的规定，而不是基于被代理人的意思表示，故D项错误。

2. A

根据《刑事诉讼法》及其司法解释的规定，辩护律师自人民检察院对案件审查起诉之日起，可以查阅、摘抄、复制本案的案卷材料。其他辩护人经人民法院、人民检察院许可，也可以查阅、摘抄、复制上述材料。有权申请人民检察院、人民法院调取。所以，本题答案应选A项。

3. D

辩护人和诉讼代理人都是刑事诉讼中的重要参与人，二者有以下不同点。

一是承担的诉讼职能不同。辩护人的职能是维护犯罪嫌疑人、被告人的合法权益，而诉讼代理人的职能是维护公诉案件的被害人及其法定代理人或近亲属、自诉案件的自诉人及其法定代理人、附带民事诉讼的当事人及其法定代理人等被代理人的诉讼权益。二是产生的根据不同。刑事辩护人是基于委托或者法律援助机构的指定而参加诉讼的，诉讼代理人只能是基于委托和授权而参加诉讼的。三是诉讼地位不同。刑事辩护人有独立的诉讼地位，在诉讼中以自己的名义进行诉讼，不受犯罪嫌疑人、被告人意思表示的约束，而诉讼代理人并没有独立的诉讼地位，在诉讼中只能以被代理人的名义进行，并且受被代理人意思表示的约束。四是权限不同。刑事辩护人的权限由法律明确规定，享有会见、通信、阅卷、调查取证等广泛的诉讼权利，而诉讼代理人的权限由被代理人授予，不能超出被代理人授予的权限范围。五是介入的时间不同。辩护人是自侦查机关第一次讯问或者采取强制措施之日起即可介入，而诉讼代理人须到审查起诉阶段才可介入。

然而可以担任辩护人和诉讼代理人的人员范围相同，并且辩护人、诉讼代理人都可以出席法庭。因此排除后只能选D项。

4. B

我国《刑事诉讼法》第35条规定：犯罪嫌疑人、被告人因经济困难或者其他原因没有委托辩护人的，本人及其近亲属可以向法律援助机构提出申请。对符合法律援助条件的，法律援助机构应当指派律师为其提供辩护。犯罪嫌疑人、被告人是盲、聋、哑人，或者是尚未完全丧失辨认或者控制自己行为能力的精神病人，没有委托辩护人的，人民法院、人民检察院和公安机关应当通知法律援助机构指派律师为其提供辩护。犯罪嫌疑人、被告人可能被判处无期徒刑、死刑，没有委托辩护人的，人民法院、人民检察院和公安机关应当通知法律援助机构指派律师为其提供辩护。该法第278条规定，未成年犯罪嫌疑人、被告人没有委托辩护人的，人民法院、人民检察院、公安机关应当通知法律援助机构指派律师为其提供辩护。故选项B正确。

5. B

本案中被告人张某为未成年人，《刑事诉讼法》第278条规定，未成年犯罪嫌疑人、被告人没有委托辩护人的，人民法院、人民检察院、公安机关应当通知法律援助机构指派律师为其提供辩护。强制辩护制度是指被告人必须有辩护人为其进行辩护，法庭审判活动方为合法有效的制度。虽然张某对于自己委托的辩护人王某和赵某都拒绝其为自己辩护，但是因其属强制辩护对象，法庭应准予其另行委托或由法律援助机构为其指定辩护人。

6. C

本题中C项表述使用的用语为“人民法院应当通知法律援助机构为其指定辩护人”，而根据《高法刑诉解释》第43条的规定，这种情形仅属于人民法院可以通知法律援助机构为其指定辩护人的情形之一，而非应当通知。

7. B

根据控辩平衡理论，控辩双方诉讼地位理论上应是平等的，诉讼手段对等，因此B项正确。而辩护人在诉讼中有独立的地位，非代言人地位，故A项错误。我国律师法仅禁止外国人以律师身份担任辩护人，如其以亲友身份担任辩护人则是允许的，故C项错误。辩护人在诉讼中的责任是从实体上和程序上维护犯罪嫌疑人、被告人的合法权益，同时还可为其提供法律帮助，并非对犯罪嫌疑人、被告人所有的权益都要维护，因此D项说法太绝对，不妥，不选。

8. A

公诉案件的被害人及其法定代理人或者近亲属、自诉案件的自诉人及其法定代理人或者近亲属、附带民事诉讼的当事人及其法定代理人，在符合法定条件时都可以委托诉讼代理人，因此说刑事诉讼代理是针对自诉案件而设立的制度是不准确的。

9. B

本案中陈某为未成年人，《刑事诉讼法》第278条规定，未成年犯罪嫌疑人、被告人没有委托辩护人的，人民法院、人民检察院、公安机关应当通知法律援助机构指派律师为其提供辩护。虽陈某拒绝指定辩护，然而《高法刑诉解释》第45条规定：被告人拒绝法律援助机构指派的律师为其辩护，坚持自己行使辩护权的，人民法院应当准许。属于应当提供法律援助的情形，被告人拒绝指派的律师为其辩护的，人民法院应当查明原因。理由正当的，应当准许，但被告人须另行委托辩护人；被告人未另行委托辩护人的，人民法院应当在3日内书面通知法律援助机构另行指派律师为其提供辩护。故选B项。

10. D

《律师法》第38条规定：律师应当保守在执业活动中知悉的国家秘密、商业秘密，不得泄露当事人的隐私。律师对在执业活动中知悉的委托人和其他人不愿泄露的情况和信息，应当予以保密。但是，委托人或者其他人准备或者正在实施的危害国家安全、公共安全以及其他严重危害他人人身、财产安全的犯罪事实和信息除外。根据此条的规定，律师对于当事人有保守职业秘密的义务，因此，应选D项。

11. C

《高法刑诉解释》第35条规定，人民法院审判案件，应当充分保障被告人依法享有的辩护权利。被告人除自己行使辩护权以外，还可以委托辩护人辩护。下列人员不得担任辩护人：（1）正在被执行刑罚或者处于缓刑、假释考验期间的人；（2）依法被剥夺、限制人身自由的人；（3）无行为能力或者限制行为能力的人；（4）人民法院、人民检察院、公安机关、国家安全机关、监狱的现职人员；（5）人民陪审员；（6）与本案审理结果有利害关系的人；（7）外国人或者无国籍人。前款第4项至第7项规定的人员，如果是被告人的监护人、近亲属，由被告人委托担任辩护人的，可以准许。汤姆非为张某的近亲属或监护人，不属于辩护人范围；表姨父不属于张某的近亲属；李某是张某盗窃行为的证人，因作证优先而不能作为辩护人。故选C项。

12. D

根据《刑事诉讼法》第108条的规定，刑事诉讼中的“近亲属”是指夫、妻、父、母、子、女、同胞兄弟姊妹。郭某的爷爷不是郭某的近亲属，不能被委托担任辩护人。故A项错误。B项中郭某16岁的儿子属于限制行为能力人，依法不能担任辩护人。故B项错误。C项中甲属于与本案审理结果有利害关系的人，不能担任辩护人。故C项错误。D项中乙是司法行政机关负责人，不属于人民法院、人民检察院、公安机关、国家安全机关、监狱的现职人员，可以担任辩护人。故D项正确。

13. D

辩护人在刑事诉讼中的法律地位是独立的诉讼参与人，是犯罪嫌疑人、被告人合法权益的专门维护者；他既不受公诉人意见的左右，也不受犯罪嫌疑人、被告人无理要求的约束；既不能成为“第二公诉人”，也不是犯罪嫌疑人、被告人的代言人。故本题应选D项。

14. B

根据我国《刑事诉讼法》第34条的规定，犯罪嫌疑人自被侦查机关第一次讯问或者采取强制措施之日起，有权委托辩护人；在侦查期间，只能委托律师作为辩护人。被告人有权随时委托辩护人。可知本题应选B项。

15. C

辩护人的责任是根据事实和法律，提出证明犯罪嫌疑人、被告人无罪、罪轻或者减轻、免除其刑事责任的材料和意见，维护犯罪嫌疑人、被告人的合法权益，因此，辩护人只有辩护的责任，没有控诉的义务。本题中律师王某在履行职责过程中了解到委托人犯有尚未被公安、司法机关掌握的其他罪行，基于其辩护职责，他不应当向公安、司法机关告发这一罪行，但也不能帮助刘某隐瞒，而是可以说服其向公安、司法机关自首，以争取从轻处罚。

16. B

根据我国《刑事诉讼法》第33条的规定可知，犯罪嫌疑人、被告人最多可委托两名辩护人。

17. C

我国《刑事诉讼法》第46条规定：公诉案件

的被害人及其法定代理人或者近亲属，附带民事诉讼的当事人及其法定代理人，自案件移送审查起诉之日起，有权委托诉讼代理人。自诉案件的自诉人及其法定代理人，附带民事诉讼的当事人及其法定代理，有权随时委托诉讼代理人。由此可知，本题应选C项。

18. B

徐某可能被判处死刑，故他为我国《刑事诉讼法》第35条所规定的强制辩护对象。《高法刑诉解释》第45条规定：被告人拒绝法律援助机构指派的律师为其辩护，坚持自己行使辩护权的，人民法院应当准许。属于应当提供法律援助的情形，被告人拒绝指派的律师为其辩护的，人民法院应当查明原因。理由正当的，应当准许，但被告人须另行委托辩护人；被告人未另行委托辩护人的，人民法院应当在3日内书面通知法律援助机构另行指派律师为其提供辩护。根据《高法刑诉解释》第254条，被告人属于应当提供法律援助的情形，重新开庭后再次当庭拒绝辩护人辩护的，不予准许。

19. D

根据我国《刑事诉讼法》第34条的规定，应选D项。

20. C

我国《刑事诉讼法》第43条规定：辩护律师经证人或者其他有关单位和个人同意，可以向他们收集与本案有关的材料，也可以申请人民检察院、人民法院收集、调取证据，或者申请人民法院通知证人出庭作证。辩护律师经人民检察院或者人民法院许可，并且经被害人或者其近亲属、被害人提供的证人同意，可以向他们收集与本案有关的材料。由此，辩护人向被害人或者其近亲属、被害人提供的证人收集证据的前提是要经人民检察院或法院的许可，并经这些人同意。因此A、B项错误。而《刑事诉讼法》第40条规定，辩护律师自人民检察院对案件审查起诉之日起，可以查阅、摘抄、复制本案的案卷材料。其他辩护人经人民法院、人民检察院许可，也可以查阅、摘抄、复制上述材料。从以上可看出，辩护人可阅卷的范围不包括司法人员关于案件的讨论记录。故不选D项。

21. C

《刑事诉讼法》第77条第1款第2项规定，被监视居住的犯罪嫌疑人、被告人未经执行机关批准不得会见他人或者通信。因此，本案中，甲会见乙需经执行机关批准。

22. B

根据《刑事诉讼法》第46条的规定，可知本题选B项。

23. B

《刑事诉讼法》第34条第1款规定：犯罪嫌疑人自被侦查机关第一次讯问或者采取强制措施之日起，有权委托辩护人；在侦查期间，只能委托律师作为辩护人。被告人有权随时委托辩护人。该法第46条第1款规定：公诉案件的被害人及其法定代理人或者近亲属，附带民事诉讼的当事人及其法定代理人，自案件移送审查起诉之日起，有权委托诉讼代理人。自诉案件的自诉人及其法定代理人，附带民事诉讼的当事人及其法定代理人，有权随时委托诉讼代理人。可见二者的开始时间是不一样的。故选项A错误。《刑事诉讼法》第29条和第32条规定，审判人员、检察人员、侦查人员有下列情形之一的，应当自行回避，当事人及其法定代理人、辩护人、诉讼代理人也有权要求他们回避……由此可知，当事人及其法定代理人有权要求回避，辩护人、诉讼代理人也都有权申请回避。所以，选项B正确。根据《高法刑诉解释》第198条，经审判长准许，被害人及其法定代理人、诉讼代理人可以就公诉人讯问的犯罪事实补充发问。所以，诉讼代理人可以在控诉一方就某一具体问题讯问完后向被告人发问，本题中孙律师为诉讼代理人，有权向被告人张某发问。故选项C错误。《刑事诉讼法》第38条规定，辩护律师在侦查期间可以为犯罪嫌疑人提供法律帮助；代理申诉、控告；申请变更强制措施；向侦查机关了解犯罪嫌疑人涉嫌的罪名和案件有关情况，提出意见。《高法刑诉解释》第56条规定，诉讼代理人有权根据事实和法律，维护被害人、自诉人或者附带民事诉讼当事人的诉讼权利和其他合法权益。所以，辩护人或诉讼代理人提出辩护意见或代理意见是以事实和法律为依据，而不是以当事人的意见为依据。故选项D错误。

24. D

诉讼代理人参与刑事诉讼是基于被代理人的委托，在双方签订的委托协议的授权范围内进行代理，而不是依据法律的规定。故A项错误。诉讼代理人只能在被代理人的授权范围内进行诉讼活动，既不能超越代理范围，也不能违背被代理人的意志。可见，诉讼代理人是基于被代理人的意志进行代理活动的。故B项错误。诉讼代理人的责任是根据事实和法律，维护被害人、自诉人或者附带民事诉讼当事人的合法权益，故C项错误、D项正确。

25. B

依据《刑事诉讼法》第39条第4款的规定，辩护律师会见在押的犯罪嫌疑人、被告人，可以了解案件有关情况，提供法律咨询等；自案件移送审查起诉之日起，可以向犯罪嫌疑人、被告人核实有关证据。辩护律师会见犯罪嫌疑人、被告人时不被监听。所以，在侦查阶段，辩护律师无权向犯罪嫌疑人核实证据。故A项错误、B项正确。依据《刑事诉讼法》第42条的规定，辩护人收集的有关犯罪嫌疑人不在犯罪现场、未达到刑事责任年龄、属于依法不负刑事责任的精神病人的证据，应当及时告知公安机关、人民检察院。故C项错误。依据《刑事诉讼法》第48条的规定，辩护律师对于在执业活动中知悉的委托人的有关情况和信息，有权予以保密，但是，辩护律师在执业活动中知悉委托人或者其他人，准备或者正在实施危害国家安全、公共安全以及严重危害他人人身安全的犯罪的，应当及时告知司法机关。故D项错误。因此，本题的正确答案为B项。

26. A

《高法刑诉解释》第38条第2款规定："一名辩护人不得为两名以上的同案被告人，或者未同案处理但犯罪事实存在关联的被告人辩护。"故本题选A项。

27. D

《高法刑诉解释》第36条第2款规定："审判人员和人民法院其他工作人员从人民法院离任后，不得担任原任职法院所审理案件的辩护人，但作为被告人的监护人、近亲属进行辩护的除外。"故选项A错误。《高法刑诉解释》第38条第2款规定："一名辩护人不得为二名以上的同案被告人，或者未同案处理但犯罪事实存在关联的被告人辩护。"但并未规定两名辩护人不得分别担任同案犯罪嫌疑人的辩护人。故选项B错误。根据《刑事诉讼法》第33条可知，一名被告人可以委托1～2人作为辩护人，所以齐某和洪某可以同时担任同一犯罪嫌疑人的辩护人。故选项C错误。《高法刑诉解释》第36条第3款规定："审判人员和人民法院其他工作人员的配偶、子女或者父母不得担任其任职法院所审理案件的辩护人，但作为被告人的监护人、近亲属进行辩护的除外。"本案中虽然洪某是齐某的配偶，但齐某已经辞职，其身份已经不是法院工作人员，因此洪某可以律师身份担任A县法院审理案件的辩护人。故选项D正确。

28. D

《关于依法保障律师执业权利的规定》第7条第4款中规定，辩护律师可以带1名律师助理协助会见。因此选项A错误。《关于依法保障律师执业权利的规定》第13条规定："看守所应当及时传递辩护律师同犯罪嫌疑人、被告人的往来信件。看守所可以对信件进行必要的检查，但不得截留、复制、删改信件，不得向办案机关提供信件内容，但信件内容涉及危害国家安全、公共安全、严重危害他人人身安全以及涉嫌串供、毁灭证据等情形的除外。"可见，如果信件内容涉及危害国家安全、公共安全、严重危害他人人身安全，以及涉嫌串供、毁灭证据等情形，看守所可以截留、复制。故选项B错误。《关于依法保障律师执业权利的规定》第18条规定，辩护律师书面提出有关申请时，办案机关不同意的，应当书面说明理由；辩护律师口头提出申请的，办案机关可以口头答复。故选项C错误。《关于依法保障律师执业权利的规定》第35条规定："辩护律师作无罪辩护的，可以当庭就量刑问题发表辩护意见，也可以庭后提交量刑辩护意见。"故选项D正确。

29. C

《刑事诉讼法》第42条规定："辩护人收集的有关犯罪嫌疑人不在犯罪现场、未达到刑事责任年龄、属于依法不负刑事责任的精神病人的证据，应当及时告知公安机关、人民检察院。"选项A、B、D的情形均不属于《刑事诉讼法》第42条中规定的三种特殊情形，因此，选项A、B、D错误，选项C正确。

30. A

《刑事诉讼法》第97条规定，犯罪嫌疑人、被告人及其法定代理人、近亲属或者辩护人有权申请变更强制措施。钱乙作为钱甲的辩护人，有权为钱甲申请变更强制措施。故选项A正确。《刑事诉讼法》第162条规定，公安机关侦查终结的案件，应当做到犯罪事实清楚，证据确实、充分，并且写出起诉意见书，连同案卷材料、证据一并移送同级人民检察院审查决定；同时将案件移送情况告知犯罪嫌疑人及其辩护律师。钱乙属于非律师辩护人，故公安机关不必将案件移送情况告知钱乙。故选项B错误。《高法刑诉解释》第466条规定，人民法院审理未成年人刑事案件，在讯问和开庭时，应当通知未成年被告人的法定代理人到场，法定代理人无法通知、不能到场或者是共犯的，也可以通知未成年被告人的其他成年亲属，所在学校、单位、居住地的基层组织或者未成年人保护组织的代表到场，并将有关情况记录在案。该条并未规定辩护人的讯问在场权。故选项C错误。《高法刑诉解释》第464条规定，对分案起诉至同一人民法院的未成年人与成年人共同犯罪案件，可以由同一个审判组织审理；不宜由同一个审判组织审理的，可以分别由少年法庭、刑事审判庭审理。注意，由同一个审判组织审理并不等同于并案审理。基于对未成年人的特殊保护，审理未成年人案件与审理成年人案件在程序上有差别，应当分案处理。故选项D错误。

31. B

《公安机关办理刑事案件程序规定》第199条规定，讯问聋、哑的犯罪嫌疑人，应当有通晓聋哑手势的人参加。故选项A错误。《刑事诉讼法》第35条第2款规定："犯罪嫌疑人、被告人是盲、聋、哑人，或者是尚未完全丧失辨认或者控制自己行为能力的精神病人，没有委托辩护人的，人民法院、人民检察院和公安机关应当通知法律援助机构指派律师为其提供辩护。"故选项B正确。《高法刑诉解释》第188条第2款规定："辩护人经通知未到庭，被告人同意的，人民法院可以开庭审理，但被告人属于应当提供法律援助情形的除外。"王某系聋哑人，属于应当提供法律援助情形，故选项C错误。由《高法刑诉解释》第290条规定可知，被告人是盲聋、哑人的，不适用简易程序。而只有简易程序，才可能由审判员一人独任审理。因此选项D错误。

（二）多项选择题

1. AB

根据我国《刑事诉讼法》第34条的规定，犯罪嫌疑人自被侦查机关第一次讯问或者采取强制措施之日起，有权委托辩护人；在侦查期间，只能委托律师作为辩护人。被告人有权随时委托辩护人。

2. AC

根据我国刑事诉讼法，辩护人具有独立的诉讼地位，有权根据事实和法律，独立进行辩护。同时由于乙是未成年人，其父亲是他的法定代理人，所以其父亲有权在第一审判决宣告后，不经乙同意，提出上诉。但是，根据《刑事诉讼法》第39条、第43条的规定，律师以外的人担任辩护人，没有调查取证权，同被告人会见和通信权须经人民法院、人民检察院许可，才能行使。

3. CD

虽然《刑事诉讼法》第45条规定，在审判过程中，被告人可以拒绝辩护人继续为他辩护，也可以另行委托辩护人辩护，但根据《高法刑诉解释》第45条的规定，冉某为可能被判处死刑的人，其拒绝辩护需要有正当理由，法院才可准许，而非要求一提出就有效，故而A、B两项错误。而《律师法》第32条第2款规定：律师接受委托后，无正当理由的，不得拒绝辩护或者代理。但是，委托事项违法、委托人利用律师提供的服务从事违法活动或者委托人故意隐瞒与案件有关的重要事实的，律师有权拒绝辩护或者代理。可知C、D两项正确。

4. ABC

根据《刑事诉讼法》第46条的规定，公诉案件的被害人及其法定代理人或者近亲属，附带民事诉讼的当事人及其法定代理人，自案件移送审查起诉之日起，有权委托诉讼代理人。自诉案件的自诉人及其法定代理人，附带民事诉讼的当事人及其法定代理人，有权随时委托诉讼代理人。故选A、B、C三项。

5. CD

根据我国《刑事诉讼法》第35条第3款以及《高法刑诉解释》第45条、《律师法》第32条，应选C、D两项。

6. CD

根据《高法刑诉解释》第35条，只有该条中列出的人员才不得被委托担任辩护人。据此，王某的哥哥虽属于不许担任辩护人的现职人员，但由于是王某的近亲属，因而可以担任辩护人。据此，A项不选。王某在本市人大常委会任职的朋友不在禁止担任辩护人的人员之列，也可以担任辩护人。据此，B项亦不选。方某属于与本案有利害关系之人，不能担任辩护人；王某的叔叔属于外国人且不是王某的近亲属，也不能担任辩护人。因此，C、D项皆当选。

7. BCD

根据《刑事诉讼法》第39条、第40条和第43条的规定，本题B、C、D项均属辩护律师的职权范围。

8. BD

由《刑事诉讼法》第39条的规定可知B、D两项正确。这两项都是不需要检察院批准的律师权利。

9. CD

本案附带民事诉讼的其他被告人和本案中未被追究刑事责任的共同加害人，其与本案的审理结果有直接的利害关系，法庭对被告人的审理结果可能直接影响其自身利益；而本案被告人的父母是被告人的近亲属，是可以作辩护人的，应该排除；本案的证人是不能作辩护人的，但是其不能作辩护人的理由不是“与本案审理结果有利害关系”，而是有查明案件事实的需要。

10. AD

辩护权是犯罪嫌疑人、被告人和辩护人的权利，附带民事诉讼实质上是属于民事诉讼的，因此附带民事诉讼被告人是不具有辩护权的。诉讼代理人是指受公诉案件被害人及其法定代理人或近亲属，附带民事诉讼的当事人及其法定代理人，自诉案件的自诉人及法定代理人的委托，行使一定的诉讼权利，其也谈不上辩护权的问题。

11. AD

根据《刑事诉讼法》第35条、《高法刑诉解释》第472条的规定，A、D两项是属于指定辩护的情况，而B、C两项不在此范围。

12. CD

所谓维护犯罪嫌疑人、被告人的合法权益，并不是维护犯罪嫌疑人、被告人的所有利益，更不是维护依法予以限制或者剥夺的权益，因此应该排除A项。而根据《刑事诉讼法》第37条的规定，辩护人的责任是根据事实和法律，提出犯罪嫌疑人、被告人无罪、罪轻或者减轻、免除其刑事责任的材料和意见，维护犯罪嫌疑人、被告人的诉讼权利和其他合法权益。其中并不包括提出有罪或罪重的材料和意见。故排除B项。

13. AC

根据《刑事诉讼法》第43条的规定，辩护律师经证人或者其他有关单位和个人同意，可以向他们收集与本案有关的材料，也可以申请人民检察院、人民法院收集、调取证据，或者申请人民法院通知证人出庭作证。由此条可知，刑事诉讼法并未规定不具有律师身份的其他辩护人向被害人或被害人提供的证人收集与案件有关的材料，也未规定其能否向法院提出申请。而辩护律师收集此类材料的前提是经人民检察院或者人民法院许可，并且经被害人或者其近亲属、被害人提供的证人同意。因此应选A、C两项。

14. ABCD

根据《刑事诉讼法》第40条的规定，辩护律师自人民检察院对案件审查起诉之日起，可以查阅、摘抄、复制本案的案卷材料；其他辩护人经人民法院、人民检察院许可，也可以查阅、摘抄、复制上述材料。而本题中A、B、C、D四项属于证据及诉讼文书，都是在案卷材料的范围内。

15. ABD

参见《高法刑诉解释》第35条的规定（略）。题中王某虽开始受到怀疑，但后来已被撤案，不再属于与案件审查结果有利害关系的人；张某的堂兄则因不是近亲属而不能接受委托；李某可以接受委托。故C项错误，B、D项正确。《刑事诉讼法》第278条规定，未成年犯罪嫌疑人、被告人没有委托辩护人的，人民法院、人民检察院、公安机关应当通知法律援助机构指派律师为其提供辩护。同时根据《高法刑诉解释》第472条规定，对于未成年被告人的指定辩护的时间计算应以“审判时”为准，因而，张某虽犯罪时为未成年人，但开庭时已满18周岁，故不再属于强制辩护对象。故A项正确。本题应选A、B、D三项。

16. ABCD

根据《高法刑诉解释》第35条的规定，B、C、D三项都属于被告人的近亲属，虽在司法机关工作但可担任辩护人，而司法局的现职工作人员未在第35条的排除范围之内，故高某的叔叔虽不是近亲属但可以以亲友身份担任辩护人。

17. ABD

本题中王律师具有律师身份，可以作辩护律师，同时由于王律师是被告人的近亲属，又在刑事诉讼其他辩护人的范围内，故A、B、D三项都可选。

18. ABD

在刑事诉讼中，犯罪嫌疑人、被告人在整个诉讼过程中都享有自行辩护的权利，因此A项正确。同时根据《刑事诉讼法》第34条的规定，犯罪嫌疑人自被侦查机关第一次讯问或者采取强制措施之日起，有权委托辩护人；侦查期间，只能委托律师作为辩护人。故B项入选，C项排除。《刑事诉讼法》第120条规定：犯罪嫌疑人对侦查人员的提问，应当如实回答。但是对与本案无关的问题，有拒绝回答的权利。据此，D项入选。

19. ABD

《刑事诉讼法》第35条规定：犯罪嫌疑人、被告人因经济困难或者其他原因没有委托辩护人的，本人及其近亲属可以向法律援助机构提出申请。对符合法律援助条件的，法律援助机构应当指派律师为其提供辩护。犯罪嫌疑人、被告人是盲、聋、哑人，或者是尚未完全丧失辨认或者控制自己行为能力的精神病人，没有委托辩护人的，人民法院、人民检察院和公安机关应当通知法律援助机构指派律师为其提供辩护。犯罪嫌疑人、被告人可能被判处无期徒刑、死刑，没有委托辩护人的，人民法院、人民检察院和公安机关应当通知法律援助机构指派律师为其提供辩护。《高法刑诉解释》第472条规定，审判时不满18周岁的未成年被告人没有委托辩护人的，人民法院应当通知法律援助机构指派律师为其提供辩护。故本题应选A、B、D三项。

20. ABD

辩护人是独立的诉讼参与人，是被告人合法权益的专门维护者，以自己的名义独立地发表辩护意见，不是被告人的代言人。而且辩护人的责任是根据事实和法律，提出证明犯罪嫌疑人、被告人无罪、罪轻或者减轻、免除其刑事责任的材料和意见。所以被告人与辩护人意见不一致时，辩护人没有必须按照被告人要求作无罪辩护的义务。

21. AC

根据《刑事诉讼法》第46条的规定，公诉案件的被害人及其法定代理人或者近亲属，附带民事诉讼的当事人及其法定代理人，自案件移送审查起诉之日起，有权委托诉讼代理人。本案中，乙是本案的被害人，所以其本人、法定代理人和近亲属有权委托诉讼代理人；乙的母亲是近亲属，有权为乙委托诉讼代理人，而其祖父、好友都不是近亲属，无权为乙委托诉讼代理人。故本题选A、C项。

22. ABC

诉讼代理人与法定代理人不同：诉讼代理人参与刑事诉讼是基于被代理人的委托，在双方签订的委托协议授权范围内进行代理，而不是依据法律的规定。诉讼代理人只能在被代理人授权的范围内进行诉讼活动，既不得超越代理范围，也不能违背被代理人的意志。而法定代理人具有独立的法律地位，不受被代理人意志的约束，在行使代理权限时无须经过被代理人同意。故A、B、C三项说法正确。法定代理人享有广泛的与被代理人相同的诉讼权利，但法定代理人不能代替被代理人作陈述，也不能代替被代理人承担与人身自由相关联的义务，如服刑等，故D项错误。

23. ABD

根据《刑事诉讼法》第43条的规定，辩护律师经证人或者其他有关单位和个人同意，可以向他们收集与本案有关的材料，也可以申请人民检察院、人民法院收集、调取证据。因此，辩护律师有权调查陈某的人身情况交给法院并发表辩护意见。故选项A正确。根据《刑事诉讼法》的规定，辩护人没有权利提议适用简易程序，但辩护人对适用简易程序具有否决权，只要辩护人对起诉书指控的犯罪事实提出异议，简易程序就不能继续进行，法院应当终止简易程序，按普通程序审理，查明事实后作出判决。因此，选项B正确。最后陈述权的主体仅是被告人，具有不可替代性，不能由辩护人代为行使陈述权。这显然有别于其他的辩护权。同时，在最后陈述中，并不存在如其他辩护权中控辩双方直接意义上的对抗，在这一阶段中，只有被告人一人进行陈述，不存在控方的辩护，其意见可以充分提出。在审判未成年人刑事案件的时候，未成年被告人最后陈述后，其法定代理人还可以进行补充陈述，但辩护人不可以进行补充陈述。因此选项C错误。《高法刑诉解释》第485条规定：法庭辩论结束后，法庭可以根据案件情况，对未成年被告人进行教育；判决未成年被告人有罪的，宣判后，应当对未成年被告人进行教育。因此选项D正确。

（三）不定项选择题

1. C

根据《高法刑诉解释》第43条，共同犯罪案件中，其他被告人已委托辩护人的，人民法院可以通知法律援助机构指派律师为其提供辩护。由此看出为秦某指定辩护人并非必需的，法院可以有多种选择，而且如果法院决定通知法律援助机构指定辩护人，也不以秦某经济困难为条件。故不选B、D两项。

2. ABCD

根据我国《刑事诉讼法》第43条可知辩护律师具有一定的证据调查权，未要求经批准；而且法律并未对调查的地点、书面证言的形式作出要求。因此题中的四项都是没有法律依据的。

3. BD

根据《高法刑诉解释》第35条规定，A项徐某为被宣告缓刑和刑罚尚未执行完毕的人，不可以当辩护人；B项张某的父亲为其近亲属，是可以担任辩护人的；C项中张某的叔叔不是近亲属，不可以当辩护人；D项王某是一般的非律师，是可以担任辩护人的。

4. AB

本题中要区分选项中的四个概念：（1）法定代理人，是指被代理人的父母、养父母、监护人和负有保护责任的机关、团体的代表；（2）诉讼参与人，是指当事人、法定代理人、诉讼代理人、辩护人、证人、鉴定人和翻译人员；（3）诉讼代理人，是指公诉案件的被害人及其法定代理人或者近亲属、自诉案件的自诉人及其法定代理人委托代为参加诉讼的人和附带民事诉讼的当事人及其法定代理人委托代为参加诉讼的人；（4）辩护人，是帮助被告人行使辩护权的人。据此，伊某的母亲符合法定代理人与诉讼参与人的标准，而不属于诉讼代理人。明显也不是辩护人。故选A、B项。

5. B

根据《刑事诉讼法》第39条的规定，小童属于其他辩护人，只有经过人民检察院许可，才可同在押的犯罪嫌疑人会见和通信，而检察院并非必须批准其会见和通信的要求。

6. ABCD

根据我国《刑事诉讼法》第14条、第39条、第40条和第43条的规定，律师可以享有A、B、C、D项所述的权利。

7. A

根据《刑事诉讼法》第35条的规定，甲因经济困难可申请援助；乙是未成年人，不用进行经济调查，属于强制辩护对象；而丙与丁是被害人，不属于法律援助对象。故本题只选A项。

简答题

1. 我国《刑事诉讼法》第35条规定：犯罪嫌疑人、被告人因经济困难或者其他原因没有委托辩护人的，本人及其近亲属可以向法律援助机构提出申请。对符合法律援助条件的，法律援助机构应当指派律师为其提供辩护。犯罪嫌疑人、被告人是盲、聋、哑人，或者是尚未完全丧失辨认或者控制自己行为能力的精神病人，没有委托辩护人的，人民法院、人民检察院和公安机关应当通知法律援助机构指派律师为其提供辩护。犯罪嫌疑人、被告人可能被判处无期徒刑、死刑，以及是未成年人的，没有委托辩护人的，人民法院、人民检察院和公安机关应当通知法律援助机构指派律师为其提供辩护。

2. 根据我国《刑事诉讼法》第33条和《律师法》以及最高人民法院的司法解释，律师，人民团体或者犯罪嫌疑人、被告人所在单位推荐的人，犯罪嫌疑人、被告人的监护人、亲友，均可接受委托或法院指定担任辩护人。但下列人员不得在刑事诉讼中担任辩护人：（1）正在被执行刑罚或者处于缓刑、假释考验期间的人；（2）依法被剥夺、限制人身自由的人；（3）无行为能力或者限制行为能力的人；（4）人民法院、人民检察院、公安机关、国家安全机关、监狱的现职人员；（5）人民陪审员；（6）与本案审理结果有利害关系的人；（7）外国人或者无国籍人。其中后四项规定的人员，如果是被告人的近亲属或者监护人，由被告人委托担任辩护人的，人民法院可以准许。

3. 在刑事诉讼中的犯罪嫌疑人、被告人享有针对控方的指控的辩护权，然而这种辩护权又可具体分为自行辩护、指定辩护和委托辩护三种，其中指定辩护和委托辩护都是在犯罪嫌疑人、被告人自行行使辩护权的基础上，由他人代其行使辩护权，合称辩护人辩护。虽然自行辩护与辩护人辩护都是辩护权的具体表现，但是仍有以下几点不同：首先，主体不同。自行辩护是由犯罪嫌疑人、被告人自己行使辩护权，而辩护人辩护主要是犯罪嫌疑人、被告人以外的辩护人代其行使辩护权。其次，阶段不同。自行辩护贯穿于整个刑事诉讼，而辩护人辩护最早只能是第一次讯问或被采取强制措施之日，自诉案件中自诉人可随时委托辩护人，如果是指定辩护还需等到法庭审理阶段。最后，权利不同。被告人自行辩护的权利范围较宽，法律并未予以明确限制，而辩护人的权利受到法律的明确规定，一些情况下还受到严格限制。

案例分析题

1. (1) 人民检察院拒绝宏达服装厂委托诉讼代理人是不正确的。单位是能够成为被害人的，因为单位作为民事法律关系的主体，有一定的财产和经费，在侵犯财产等刑事案件中也可能遭受犯罪行为的直接侵害，从而成为被害人。单位被害人参加诉讼时，应由其法定代表人作为代表参加诉讼，根据刑事诉讼法的规定，法定代表人也可以委托诉讼代理人。

(2)《高法刑诉解释》第 57 条规定：律师担任诉讼代理人，需要收集、调取与本案有关的证据材料的，参照适用本解释第 51 条至第 53 条的规定。本案中，叶某不具有律师身份，故人民法院有权拒绝其查阅、复制有关材料的要求。

(3) 人民法院的做法是不正确的，我国法律只规定了委托诉讼代理人的开始时限，并未规定终止时限，这是因为审查起诉阶段没有委托诉讼代理人的，在案件一审或二审程序中，依然可以委托诉讼代理人参加诉讼。案件一经审理终结，诉讼代理人的代理活动即告终结。但是，被害人及其法定代理人、近亲属对生效裁判不服的，依然有权委托诉讼代理人参加诉讼。

2. (1) 人民检察院通知法律援助中心为张三指定辩护律师的做法有法律依据。《刑事诉讼法》第 278 条规定，未成年犯罪嫌疑人、被告人没有委托辩护人的，人民法院、人民检察院、公安机关应当通知法律援助机构指派律师为其提供辩护。本案中张三 16 岁，为未成年人，应当由法律援助中心指派律师提供辩护。

(2) 某检察人员于 5 月 16 日告知张三有权委托辩护人，这已经是收到审查起诉材料之日后的第 9 天，人民检察院应在自收到移送审查起诉的案件材料之日起 3 日以内告知犯罪嫌疑人有权委托辩护人。

(3) 人民检察院不能拒绝辩护律师复印起诉意见书的请求。刑事诉讼法赋予辩护律师的权利，不需要人民检察院同意即可行使，检察机关不能借口保密而阻止辩护律师复印公安机关的起诉意见书。

(4) 人民法院一直未给辩护律师发送起诉书副本，这种做法有违法律规定，不利于辩护人充分行使辩护权，是错误的。

(5) 王律师拒绝辩护的理由不当，不能拒绝。《律师法》第 32 条规定：律师接受委托后，无正当理由的，不得拒绝辩护或者代理，但委托事项违法，委托人利用律师提供的服务从事违法活动或者委托人隐瞒事实的，律师有权拒绝辩护或者代理。

(6) 张律师在判决确定之后的做法是不正确的。辩护律师在判决确定后有权得到判决书副本，这是帮助被告人行使上诉权的前提。本案中，张律师未主动咨询结果，致使被告人张三的上诉权无形中被剥夺，严重损害了当事人的合法权益，因而其做法是不正确的。

3. (1) 按《刑事诉讼法》第 33 条的规定，乙只能委托一至两人作为自己的辩护人，乙要求委托三人作为自己的辩护人，不符合法律的规定。而且正在被执行刑罚或者依法被剥夺、限制人身自由的人，不得担任辩护人，所以肖某不得担任辩护人。检察机关不允许肖某为乙辩护的做法符合法律的规定，是正确的。余某虽有前科但目前未被限制人身自由，可担任辩护人，故检察机关不允许其为乙辩护的理由不能成立。而戊由于证人优先原则，也不得作辩护人，故检察机关不同意乙委托戊作辩护人是正确的。

(2) 犯罪嫌疑人在侦查阶段只能委托律师为其提供法律咨询、代理申诉、控告。丙在公安机关第一次讯问时就要求委托辩护人不符合法律的规定。但是，丙可以要求委托其在法院工作的哥哥高某作辩护人，当然以亲友身份担任辩护人的司法工作人员不得参与办理此案。

(3) 人民检察院自收到移送审查起诉的案件材料之日起3日内，应当告知犯罪嫌疑人有权委托辩护人。本案中，检察院在收到移送审查起诉的案件材料后的第5天才告知犯罪嫌疑人可以委托辩护人，是错误的。辩护律师自人民检察院审查起诉之日起，可以同在押的犯罪嫌疑人会见和通信，也可以查阅、摘抄、复制本案的案卷材料，无须人民检察院许可。检察机关不批准于法无据。

(4) 甲可能被判处死刑，人民法院通知法律援助中心为其指定承担法律援助义务的律师进行辩护，是正确的。但辩护权是一项权利，犯罪嫌疑人、被告人可以放弃，人民法院不得强迫其接受。故法院强制被告人接受辩护人是错误的。

(5) 根据《刑事诉讼法》第43条的规定，辩护律师经证人或者其他有关单位和个人同意，可以向他们收集与本案有关的材料，也可以申请人民检察院、人民法院收集、调取证据，或者申请人民法院通知证人出庭作证。辩护律师经人民检察院或者人民法院许可，并且经被害人或者其近亲属、被害人提供的证人同意，可以向他们收集与本案有关的材料。甲的辩护律师赵某未经人民检察院或者人民法院许可，也未经被害人或者其近亲属、被害人提供的证人同意，直接向其取证是错误的。

(6) 根据《高法刑诉解释》第38条的规定，一名被告人可以委托一至二人作为辩护人。一名辩护人不得为两名以上的同案被告人，或者未同案处理但犯罪事实存在关联的被告人辩护。乙、丙为同一案件的共同被告，可能会存在利益冲突，同一律师不能同时作这两人的辩护人，故法院不应同时批准这两人的要求。

论述题与深度思考题

(1) 辩护人的诉讼地位。

辩护人在刑事诉讼中处于专门维护犯罪嫌疑人、被告人合法权益的地位：其一，辩护人是犯罪嫌疑人、被告人合法权益的维护者；其二，专门协助犯罪嫌疑、被告人进行辩护是辩护人在诉讼中的唯一职能。

辩护人并非犯罪嫌疑人、被告人的代言人，在诉讼中具有独立的诉讼地位。同时辩护人依法帮助犯罪嫌疑人、被告人行使辩护权，不受公诉人、审判人员以及其他人的干涉。要明确：其一，辩护人与犯罪嫌疑人、被告人的关系，不同于诉讼代理人与当事人之间的关系；其二，辩护与控诉是一对相对应的诉讼职能，这就决定了辩护人与公诉人的关系是对立统一的关系；其三，辩护人与审判人员的关系本质上是一种协作关系，在这一关系中，辩护人具有独立的地位。

(2) 辩护人的责任。

辩护人参加诉讼的目的就是帮助犯罪嫌疑人、被告人依法行使辩护权，维护犯罪嫌疑人、被告人的合法权益：第一，从实体上维护犯罪嫌疑人、被告人的合法权益；第二，从程序上维护犯罪嫌疑人、被告人的合法权益；第三，为犯罪嫌疑人、被告人提供其他法律帮助。

第九章　证据概述

知识逻辑图

- 证据概述
  - 刑事诉讼中的证据概念：可以用于证明案件事实的材料
  - 证据的意义
    - 证据是公安机关、人民检察院和人民法院进行立案、侦查、逮捕、起诉和审理，以及定罪判刑的依据，是公安、司法人员查明和认定案件事实的基础
    - 证据是揭露犯罪、证实犯罪的重要手段，是迫使犯罪分子认罪服法、接受改造的事实根据
    - 证据是保护公民的合法权益不受侵犯，防止冤假错案发生的重要保证
    - 证据于对群众进行法制教育也具有重要作用
  - 证据的特征
    - 证据的客观性：证据是在社会中实际发生，或者是实际存在的事实，而不是主观推测、主观想象或者人们捏造的东西
    - 证据的相关性：作为证据的事实，必须和刑事案件具有客观的、必然的联系，对查明刑事案件有意义
    - 证据的合法性：证据只能由审判人员、检察人员、侦查人员依照法律规定的诉讼程序，进行收集、固定、保全和审查认定
- 证据制度
  - 概念：刑事证据制度是指由国家法律规定或者确认的关于刑事诉讼中的证据、证据种类、证明对象、举证责任与证明责任、证明标准与证明要求，以及如何收集、审查判断证据，如何运用证据认定案情的一整套规则体系
  - 类型
    - 神示证据制度：指法官根据神的旨意来判断是非曲直的证据制度
    - 法定证据制度：也叫形式证据制度，是指各种证据有无证明力、证明力大小，以及能否采用，均由法律预先明文规定，法官按照法律的明文规定进行计算和评定，并据以认定案件事实，而不能根据自己的认识来判断证据和认定案件事实的证据制度
    - 自由心证证据制度：也叫内心确信制度，是指证据的取舍和证明力大小，以及对案件事实的认定，均由法官根据自己的良心、理性自由判断，形成确信的一种证据制度
- 证据的种类
  - 物证
    - 概念：能证明案件事实的一切物品和痕迹
    - 特点：以其外部形状、物质特性、存在的情形等来证明案件事实
    - 主要种类
      - 犯罪使用的工具
      - 犯罪遗留下来的物质痕迹
      - 犯罪行为侵犯的客体物
      - 犯罪现场留下的物品
      - 其他可以用来发现犯罪行为和查获犯罪分子的存在物
  - 书证
    - 概念：用文字、符号、图画等所表达的思想内容来证明案件事实的书面材料
    - 特点：以思想内容来证明案件事实
    - 主要种类：犯罪人伪造的证件、印章和证明材料，载有犯罪内容的标语、传单、信件、图画等

- 证据的种类
  - 证人证言
    - 概念：证人将自己所知道的有关案件的事实情况向公安、司法机关所作的陈述
    - 特点：限于证人了解的案件情况，不包括证人对案件事实、情节的分析、判断和发表的意见
    - 意义
      - 有利于公安、司法人员全面查明案件
      - 有利于进一步收集证据
      - 可以审查判断其他证据是否真实可靠
  - 被害人陈述
    - 概念：受犯罪行为直接侵害的人向公安机关、人民检察院或人民法院就其遭受犯罪行为侵害的事实和有关犯罪嫌疑人、被告人的情况所作的陈述
    - 特点
      - 主体是被害人
      - 具有陈述的积极主动性，较易收集
      - 易夸大犯罪事实和情节
    - 意义
      - 有利于侦查人员查获犯罪嫌疑人
      - 有利于公安、司法机关查明犯罪事实
  - 犯罪嫌疑人、被告人的供述与辩解
    - 概念：犯罪嫌疑人、被告人就有关案件情况向侦查人员、检察人员和审判人员所作的陈述，即通常所说的口供
    - 特点
      - 可能全面、直接地反映案件事实情况
      - 虚假的可能性较大，往往真假混杂
      - 具有双重的抗拒诉讼的性质
    - 内容
      - 承认自己犯罪事实的供述
      - 说明自己无罪或罪轻的辩解
      - 揭发举报他人犯罪行为的陈述，也叫攀供
  - 鉴定意见
    - 概念：鉴定人为解决案件中的某种专门性问题，运用自己的专门知识所进行的科学鉴别、检验活动
    - 特点
      - 鉴定人对与案件事实有关的专门性问题鉴别、判断后作出的结论
      - 公安、司法机关指派或聘请鉴定人而作出的书面意见
      - 鉴定意见的内容只是对案件中专门性问题的判断意见，而不是对事实作出的法律评价，且在案发后形成
    - 种类：法医鉴定、司法精神病鉴定、痕迹鉴定、化学鉴定、会计鉴定、文件书法鉴定及其他鉴定
  - 勘验、检查笔录
    - 概念：公安、司法人员对于同案件有关的场所、物品、人身、尸体进行勘验、检查所作的书面记录
    - 特点
      - 只是反映物证的一种方法
      - 形成于案件发生之后
      - 制作主体是公安、司法人员
      - 不具有分析、判断因素
    - 种类：现场勘验笔录、尸体检验笔录、物证检验笔录、人身检查笔录
  - 勘验、检查、辨认、侦查实验笔录
    - 辨认笔录
      - 概念：侦查机关为查明案情，让被害人、犯罪嫌疑人或证人对与犯罪有关的物品、文件、尸体、场所或者犯罪嫌疑人进行辨别和指认的过程及结果的客观记载
      - 种类
        - 按主体分
          - 证人的辨认笔录
          - 被害人的辨认笔录
          - 犯罪嫌疑人的辨认笔录
        - 按对象分
          - 对人的辨认笔录
          - 对物的辨认笔录
          - 对现场的辨认笔录
    - 侦查实验笔录：为验证在某种条件下某一事件或现象是否发生、发生过程及后果如何，在与案件相同的条件下实验性地重演该事件，对活动过程及结果作出的实况记录

- 证据的种类
  - 视听资料、电子数据
    - 视听资料
      - 概念：以录音、录像及其他设备所储存的声音、影像信息，证明案件事实情况的一种证据
      - 特点
        - 较强的客观性
        - 直观性
        - 动态性、连续性
    - 电子数据
      - 概念：在电子计算机和其他高科技设备中以电磁或光信号等物理方式存储于计算机系统内部及其他存储设备当中的指令和资料
      - 特点
        - 多媒体性
        - 隐蔽性
        - 高科技性
        - 易复制性
        - 易篡改性
- 证据分类
  - 原始证据与传来证据
  - 有罪证据与无罪证据
  - 言词证据与实物证据
  - 直接证据与间接证据

名词解释与概念比较

1. 传来证据与传闻证据（考研）
2. 鉴定意见与证人证言（考研）
3. 法定证据制度（考研）
4. 自由心证（考研）
5. 辩护证据（考研）
6. 证人与见证人（考研）
7. 勘验、检查笔录（考研）

选择题

（一）单项选择题

1. 在一起杀人未遂案件中，公安机关收集到了下列证据。其中，可能成为直接证据的是（　　）。（考研）

A. 杀人凶器　　B. 血迹

C. 指纹　　D. 被害人陈述

2. 公安机关在预审过程中，为了防止被告人翻供、狡辩，对审讯过程进行了全程摄像。后来被告人果然在审判中翻供，说当初在公安机关承认有罪，是因为审讯中被刑讯逼供而违心认罪。公安机关为反驳被告人而将审讯时的录像带交给了法庭。在这种情况下，该录像带是（　　）。（考研）

A. 物证　　B. 书证

C. 证人证言　　D. 视听资料

E. 被告人供述和辩解

3. 下列哪一种证据属于直接证据？（　　）（司考）

A. 韩某杀人案，证明被告人到过案发现场的证人证言

B. 马某盗窃案，被害人陈某关于犯罪给自己造成物质损害的陈述

C. 高某放火案，表明大火系因电器短路引起的录像

D. 吴某投毒案，证明被告人指纹与现场提取的指纹同一的鉴定意见

4. 侦查人员在杀人案件现场收集到一封信和一张字条，信的内容与案件无关，但根据通信对方的姓名和地址查出了犯罪分子。字条的内容也与案件无关，但根据笔迹鉴定找到了字条的书写人，从而发现了犯罪分子。对于本案中的信件和字条属于何种证据种类，下列表述中哪一项是正确的？（　　）（司考）

A. 信件是物证，字条是物证

B. 信件是物证，字条是书证

C. 信件是书证，字条是物证

D. 信件是书证，字条是书证

5. 被害人在临死前向抢救他的医生魏某讲述了遭受犯罪分子侵害的事实，在诉讼过程中医生魏某就该情况向司法机关作证。根据刑事诉讼证

据的分类理论，医生魏某的证言属于什么类型的证据？（ ）（司考）

A. 言词证据、原始证据、直接证据、有罪证据

B. 言词证据、传来证据、直接证据、有罪证据

C. 言词证据、原始证据、间接证据、无罪证据

D. 实物证据、传来证据、直接证据、有罪证据

6. 某地打击一涉黑犯罪团伙，但是当地一些群众因担心受到报复而不愿作证。在这种情况下，应由哪个机关负责证人的安全？（ ）

A. 公安机关

B. 检察机关

C. 人民法院

D. 以上三机关均有保障证人安全的义务

7. 在一起对弃尸的现场勘查中，侦查人员发现一封遗书。据记载的内容，侦查人员推断出死者的家庭与身份。同时，又根据笔迹鉴定，证实遗书确实是死者亲笔书写。据此，本案中的遗书在证据种类上应为哪种？（ ）

A. 书证

B. 物证

C. 既是物证，也是书证

D. 被害人陈述

8. 下列证据中，既属于直接证据又属于原始证据的是哪种？（ ）

A. 犯罪嫌疑人写的勒索信复印件

B. 侦查人员在现场提取的犯罪嫌疑人的指纹

C. 被害人关于刘某抢劫其钱财的陈述

D. 沾有血迹的杀人凶器

9. 徐某为某政府采购中心主任，在购买办公用品时，他将买电脑的单据 60 万改成 80 万元，又向他人要了其他的发票顶了账，事后，被审计局查出并移交监察机关审查。对本案中的证据说法正确的是（ ）。

A. 该主任买电脑的单据在本案中仅是书证

B. 该主任买电脑的单据在本案中仅是物证

C. 该主任买电脑的单据在本案中既是物证，也是书证

D. 单凭一张单据查明的事实和被告人的口供不能定罪

10. 某小区发生盗窃案，公安机关通过小区的闭路监视系统破获此案，收缴赃款、金饰、光盘等赃物若干。下列选项中哪一项为错误的？（ ）

A. 赃款、金饰等属于物证

B. 监视系统拍摄的资料属于视听资料

C. 光盘是物证

D. 光盘和监视系统拍摄的图像都是视听资料

11. 公安机关勘验杀人现场时，提取了插在被害人胸部上的一把匕首。从证据分类的角度看，该匕首属于下列哪种分类？（ ）（司考）

A. 原始证据、直接证据

B. 传来证据、间接证据

C. 实物证据、直接证据

D. 原始证据、间接证据

12. 某银行被盗，侦查机关将沈某确定为犯罪嫌疑人。在进行警犬辨认时，一“功勋警犬”在发案银行四处闻了闻后，猛地扑向沈某。随后，侦查人员又对沈某进行心理测试，测试结果显示，只要犯罪嫌疑人说没偷，测谎仪就显示其撒谎。关于可否作为认定案件事实的根据，下列哪一选项是正确的？（ ）（司考）

A. 警犬辨认和心理测试结论均可以

B. 警犬辨认可以，心理测试结论不可以

C. 警犬辨认不可以，心理测试结论可以

D. 警犬辨认和心理测试结论均不可以

13. 甲致乙重伤，收集到下列证据，其中既属于直接证据，又属于原始证据的是哪一项？（ ）（司考）

A. 有被害人血迹的匕首

B. 证人看到甲身上有血迹、从现场走出的证言

C. 匕首上留下的指印与甲的指纹同一的鉴定意见

D. 乙对甲伤害自己过程的陈述

14. 张某、李某共同抢劫被抓获。张某下列哪一陈述属于证人证言？（ ）（司考）

A. 我确实参加了抢劫银行

B. 李某逼我去抢的

C. 李某策划了整个抢劫，抢的钱他拿走了一大半

D. 李某在这次抢劫前还杀了赵某

15. 下列哪一选项体现直接言词原则的要求？（　　）（司考）

A. 法官亲自收集证据

B. 法官亲自在法庭上听取当事人、证人及其他诉讼参与人的口头陈述

C. 法庭审理尽可能不中断地进行

D. 法庭审理应当公开进行证据调查与辩论

16. 张某伪造、变造国家机关公文、证件、印章案的下列哪一证据既属于言词证据又属于间接证据？（　　）（司考）

A. 用于伪造、变造国家机关公文、证件、印章的设备、工具

B. 伪造、变造的国家机关公文、证件、印章

C. 张某关于实施伪造、变造行为的供述

D. 判别国家机关公文、证件、印章真伪的鉴定意见

17. 关于补强证据，下列哪一说法是正确的？（　　）（司考）

A. 应当具有证据能力

B. 可以和被补强证据来源相同

C. 对整个待证事实有证明作用

D. 应当是物证或者书证

18. 法院审理一起受贿案时，被告人石某称因侦查人员刑讯不得已承认犯罪事实，并讲述受到刑讯的具体时间。检察机关为证明侦查讯问程序合法，当庭播放了有关讯问的录音录像，并提交了书面说明。关于该录音录像的证据种类，下列哪一选项是正确的？（　　）（司考）

A. 犯罪嫌疑人供述和辩解

B. 视听资料

C. 书证

D. 物证

19. 下列哪一选项既属于原始证据，又属于间接证据？（　　）（司考）

A. 被告人丁某承认伤害被害人的供述

B. 证人王某陈述看到被告人丁某在案发现场擦拭手上血迹的证言

C. 证人李某陈述被害人向他讲过被告人丁某伤害她的经过

D. 被告人丁某精神病鉴定意见的抄本

20. 下列哪一选项表明我国基本确立了自白任意性规则？（　　）（司考）

A. 侦查人员在讯问犯罪嫌疑人的时候，可以对讯问过程进行录音或者录像

B. 不得强迫任何人证实自己有罪

C. 逮捕后应当立即将被逮捕人送交看守所羁押

D. 不得以连续拘传的方式变相拘禁犯罪嫌疑人、被告人

21. 关于证据的关联性，下列哪一选项是正确的？（　　）（司考）

A. 关联性仅指证据事实与案件事实之间具有因果关系

B. 具有关联性的证据即具有可采性

C. 证据与待证事实的关联度决定证据证明力的大小

D. 类似行为一般具有关联性

22. 下列哪一选项所列举的证据属于补强证据？（　　）（司考）

A. 证明讯问过程合法的同步录像材料

B. 证明获取被告人口供过程合法，经侦查人员签名并加盖公章的书面说明材料

C. 根据被告人供述提取到的隐蔽性极强并能与被告人供述和其他证据相印证的物证

D. 对与被告人有利害冲突的证人所作的不利被告人的证言的真实性进行佐证的书证

23. 关于鉴定人与鉴定意见，下列哪一选项是正确的？（　　）（司考）

A. 经法院通知，鉴定人无正当理由拒不出庭的，可由院长签发强制令强制其出庭

B. 鉴定人有正当理由无法出庭的，法院可中止审理，另行聘请鉴定人重新鉴定

C. 经辩护人申请而出庭的具有专门知识的人，可向鉴定人发问

D. 对鉴定意见的审查和认定，受到意见证据规则的规制

24. 关于证人证言与鉴定意见，下列哪一选项是正确的？（　　）（司考）

A. 证人证言只能由自然人提供，鉴定意见可由单位出具

B. 生理上、精神上有缺陷的人有时可以提供证人证言，但不能出具鉴定意见

C. 如控辩双方对证人证言和鉴定意见有异议的，相应证人和鉴定人均应出庭

D. 证人应出庭而不出庭的，其庭前证言仍可能作为证据；鉴定人应出庭而不出庭的，鉴定意见不得作为定案根据

25. 关于网络犯罪案件证据的收集与审查，下列哪一选项是正确的？(　　)（司考）

A. 询问异地证人、被害人的，应由办案地公安机关通过远程网络视频等方式进行

B. 收集、提取电子数据，能够获取原始存储介质的、应封存原始存储介质，并对相关活动录像

C. 远程提取电子数据的，应说明原因，并对相关活动录像

D. 对电子数据涉及的专门性问题难以确定的，可由公安部指定的机构出具检验报告

26. 甲涉嫌盗窃室友乙存放在储物柜中的笔记本电脑一台并转卖他人，但甲辩称该电脑系其本人所有，只是暂存于乙处。下列哪一选项既属于原始证据又属于直接证据？(　　)（司考）

A. 侦查人员在乙储物柜的把手上提取的甲的一枚指纹

B. 侦查人员在室友丙手机中直接提取的视频，内容为丙偶然拍下的甲打开储物柜取走电脑的过程

C. 室友丁的证言，内容是曾看到甲将一台相同的笔记本电脑交给乙保管

D. 甲转卖电脑时出具的现金收条

27. 下列哪一选项属于传闻证据？(　　)（司考）

A. 甲作为专家辅助人在法庭上就一起伤害案的鉴定意见提出的意见

B. 乙了解案件情况但因重病无法出庭，法官自行前往调查核实的证人证言

C. 丙作为技术人员“就证明讯问过程合法性的同步录音录像是否经过剪辑”在法庭上所作的说明

D. 丁曾路过发生杀人案的院子，其开庭审理时所作的“当时看到一个人从那里走出来，好像喝了许多酒”的证言

28. 公安机关发现一具被焚烧过的尸体，因所处偏僻且天气恶劣，无法找到见证人，于是对勘验过程进行了全程录像，并在笔录中注明原因。法庭审理时，辩护人以勘验时没有见证人在场为由，申请排除勘验现场收集的物证。关于本案证据，下列哪一选项是正确的？(　　)（司考）

A. 因违反取证程序的一般规定，应当排除

B. 应予以补正或者作出合理解释，否则予以排除

C. 不仅物证应当排除，对物证的鉴定意见等衍生证据也应排除

D. 有勘验过程全程录像并在笔录中已注明理由，不予排除

29. 下列哪一证据规则属于调整证据证明力的规则？(　　)（司考）

A. 传闻证据规则

B. 非法证据排除规则

C. 关联性规则

D. 意见证据规则

（二）多项选择题

1. 依照英美证据法中的传闻证据法则，应当排除的传闻证据有(　　)。（考研）

A. 传闻陈述　　B. 陈述笔录

C. 书面陈述　　D. 实物的照片

E. 书证的副本

2. 甲故意杀人案件中，公安机关在侦查过程中除了其他证据外，还收集到了下列材料。如果要认定甲犯有故意杀人罪，这些材料中哪些不具备证据的相关性特征？(　　)（司考）

A. 甲写给被害人的恐吓信

B. 甲在10年以前曾采用过与本案相同的手段实施过杀人行为（未遂，被判过刑）

C. 甲吃、喝、嫖、赌，道德品质败坏

D. 甲的情妇证明，在本案的作案时间中，甲曾与她一起在某电影院看电影，电影的名字是《泰坦尼克号》

3. 王红亲眼看见了三个盗窃犯实施盗窃及当场被公安机关抓获的过程。事后，侦查人员找到王红取证。对此，下列哪些说法是正确的？(　　)（司考）

A. 王红有义务作证

B. 王红有权要求对自己的姓名在整个刑事诉讼过程中保密

C. 王红有权要求公安、司法机关保障自己的人身安全

D. 王红有权要求公安、司法机关保障自己近亲属的安全

4. 童某涉嫌故意杀人案，有下列几种证据，其中属于书证的有哪些？（　　）（司考）

A. 精神病医院为其开具的精神病情况的诊断结论

B. 案发现场找到的童某写的一封尚未邮寄出去的家信，通过对信上的笔迹鉴定，找到了犯罪嫌疑人童某

C. 童某单位开具的关于童某一贯表现的证明

D. 被害人临死之前在地上写下的一组数字，通过数字查到了童某的门房号码

5. 李某在法庭上作证说，他曾听徐某讲述其如何杀害高某的经过。李某向法庭提供的证言，属于证据分类中哪些证据？（　　）（司考）

A. 传来证据　　B. 直接证据

C. 有罪证据　　D. 言词证据

6. 下列证据中，既属于直接证据又属于原始证据的有哪些？（　　）（司考）

A. 犯罪嫌疑人在侦查阶段向侦查人员所作的有关犯罪过程的供述

B. 侦查人员在现场提取的犯罪嫌疑人的指纹

C. 被害人关于刘某抢劫其钱财的陈述

D. 沾有血迹的杀人凶器

7. 某公安机关法医鉴定室的法医王某一天下班途中，亲眼看见了李某故意伤害案的经过。下列说法哪些是正确的？（　　）（司考）

A. 王某既不能作鉴定人，又不能作证人

B. 王某既可以作鉴定人，又可以作证人

C. 王某应当作证人，但不能作鉴定人

D. 王某是本案的诉讼参与人

8. 某县公安机关在侦破一起敲诈勒索案的过程中，依法收集到犯罪嫌疑人通过电话进行敲诈的录音磁带一盘。请问，该录音带属于下列选项所列证据种类和证据分类中的什么证据？（　　）（司考）

A. 犯罪嫌疑人、被告人供述和辩解

B. 视听资料

C. 直接证据

D. 间接证据

9. 某县山坡上发现一具男尸。县公安局侦查人员接到报案后赶赴现场进行了勘验和检查。勘验检查结束后，侦查人员制作了包括文字记载、绘制图片、照片等多种形式的勘验笔录。请问这些勘验笔录具有哪些作用？（　　）（司考）

A. 固定证据

B. 确定证据所表现的各种有关特征

C. 确定侦查方向

D. 鉴别其他证据

10. 下列哪些证据属于书证？（　　）（司考）

A. 某强奸案，在犯罪嫌疑人住处收集的笔记本，其中记载着其作案经过及对被害人的描述

B. 某贪污案，为查明账册涂改人而进行鉴定的笔迹

C. 某故意伤害案，证人书写的书面证词

D. 某走私淫秽物品案，犯罪嫌疑人非法携带的淫秽书刊

11. 在刑事诉讼中，下列哪些材料不得作为鉴定意见使用？（　　）（司考）

A. 材料甲，系被害人到医院就诊时医生出具的诊断证明

B. 材料乙，盖有某鉴定机构公章，但签名人系被撤销鉴定人登记的人员

C. 材料丙，由具有专门知识但因职务过失犯罪受过刑事处罚的张某作出

D. 材料丁，经依法登记的司法鉴定机构指定的鉴定人王某作出

12. 对鉴定人的描述正确的是（　　）。

A. 鉴定人必须要有专门的知识

B. 鉴定人必须和案件没有利害关系

C. 鉴定人经司法机关指派或聘请，才能对案件的专门问题进行鉴定

D. 鉴定人可以是自然人，也可以是单位；鉴定报告上必须有鉴定人所在鉴定机构或接受委托的鉴定机构的公章

13. 下列关于共同犯罪中的证据，说法错误的是（　　）。

A. 王某、李某二人合谋抢劫，王某被抓获后供述了李某和自己的犯罪事实，王某的供述属于犯罪嫌疑人、被告人供述或辩解

B. 王某、李某二人合谋抢劫，王某被抓获后供述了李某和自己的犯罪事实并交代李某还有盗窃的事实，王某的供述属犯罪嫌疑

人、被告人供述或辩解

C. 王某、李某二人合谋抢劫，王某被抓获后供述了李某和自己的犯罪事实并交代李某还有盗窃的事实，但王某没参与，王某的供述属犯罪嫌疑人、被告人供述或辩解

D. 王某、李某二人合谋抢劫，王某被抓获后供述了李某和自己的犯罪事实并交代自己还有其他的犯罪事实，王某的供述属犯罪嫌疑人、被告人供述或辩解

14. 张某在索取贿赂时，其言语被录音笔录了下来。关于该录音笔录的材料，下列说法中正确的是（ ）。

A. 是犯罪嫌疑人、被告人的供述或辩解

B. 是视听资料

C. 是直接证据

D. 是间接证据

15. 下列关于刑事诉讼中的鉴定活动的说法中不正确的是（ ）。

A. 鉴定人可以是单位

B. 鉴定人可以由当事人委托产生

C. 鉴定人可以不出庭接受控辩双方的质询

D. 鉴定意见应由法官审核是否能够作为定案的证据

16. 随着证据传抄、复制、转述的次数越多，传来证据失真的机会也越大，但它在刑事办案中也有着重要的作用，主要是（ ）。

A. 作为发现原始证据的线索

B. 用来检验审查原始证据是否真实

C. 确实无法取得原始证据时，可以用以证明案件的次要事实和情节

D. 用以强化原始证据的证明作用

17. 下列在办案过程中对待证人的做法中错误的是（ ）。

A. 在证人所在单位或住处询问证人前不出示司法机关的证明文件

B. 不为不通晓当地通用语言的证人提供翻译

C. 不为审判阶段的证人姓名保密

D. 开庭前一天通知证人出庭

18. 某伤害案，提取的血迹经 DNA 鉴定，系来自被害人身上的血。对于这一鉴定意见，侦查机关应当告知哪些诉讼参与人？（ ）（司考）

A. 犯罪嫌疑人

B. 被害人

C. 犯罪嫌疑人聘请的律师

D. 被害人的近亲属

19. 李某涉嫌故意杀人罪，法庭审理期间李某声称侦查人员曾对其实施刑讯逼供，李妻也提出其证言出自侦查人员的威胁、引诱、欺骗。经法院查明，上述情况属实。下列证据材料哪些不能作为定案的根据？（ ）（司考）

A. 李某的有罪供述

B. 根据李某的有罪供述找到的杀人凶器

C. 李妻的证言

D. 根据李妻的证言找到的李某转移被害人尸体时使用的布口袋

20. 下列哪些选项属于实物证据？（ ）（司考）

A. 杀人案中现场勘验笔录

B. 贪污案中证明贪污数额的账册

C. 强奸案中证明被害人精神状态的鉴定意见

D. 伤害案中证明伤害发生过程情况的监控录像

21. 关于证人与鉴定人的共同特征，下列哪些选项是正确的？（ ）（司考）

A. 是当事人以外的人

B. 与案件或案件当事人没有利害关系

C. 具有不可替代性

D. 有义务出席法庭接受控辩双方询问

22. 逮捕条件中“有证据证明有犯罪事实”是指同时具备下列哪些情形？（ ）（司考）

A. 有证据证明犯罪事实已经发生

B. 有证据证明的犯罪事实应当是主要犯罪事实

C. 有证据证明犯罪事实是犯罪嫌疑人实施的

D. 证明犯罪嫌疑人实施犯罪的证据已有查证属实的

23. 甲驾车将昏迷的乙送往医院，并垫付了医疗费用。随后赶来的乙的家属报警称甲驾车撞倒乙。急救中，乙曾短暂清醒并告诉医生自己系被车辆撞倒。医生将此话告知警察，并称从甲送乙入院时的神态看，甲应该就是肇事者。关于本案证据，下列哪些选项是正确的？（ ）（司考）

A. 甲垫付医疗费的行为与交通肇事不具有关联性

B. 乙告知医生“自己系被车辆撞倒”属于直接证据

C. 医生基于之前乙的陈述，告知警察乙系被车辆撞倒，属于传来证据

D. 医生认为甲是肇事者的证词属于符合一般生活经验的推断性证言，可作为定案依据

24. 辩护律师在庭审中对控方证据提出异议，主张这些证据不得作为定案依据。对下列哪些证据的异议，法院应当予以支持？（　）

A. 因证人拒不到庭而无法当庭询问的证人证言

B. 被告人提供了有关刑讯逼供的线索及材料，但公诉人不能证明讯问合法的被告人庭前供述

C. 市场监督管理部门关于查处被告人非法交易行为时的询问笔录

D. 侦查人员在办案场所以外的地点询问被害人所获得的被害人陈述

25. 甲涉嫌利用木马程序盗取Q币并转卖他人，公安机关搜查其住处时，发现一个U盘内存储了用于盗取账号密码的木马程序。关于该U盘的处理，下列哪些选项是正确的？（　）（司考）

A. 应扣押U盘并制作笔录

B. 检查U盘内的电子数据时，应将U盘拆分过程进行录像

C. 公安机关移送审查起诉时，对U盘内提取的木马程序，应附有该木马程序如何盗取账号密码的说明

D. 如U盘未予封存，且不能补正或作出合理解释的，U盘内提取的木马程序不得作为定案的根据

（三）不定项选择题

1. 不能作为证人的情形包括（　）。（考研）

A. 不能辨别是非

B. 不能正确表达

C. 与案件有利害关系

D. 是当事人的近亲属

2. 某市公安机关根据商场电子监视系统拍摄的图像资料破获一盗窃团伙，收缴赃款8万余元，并缴获金、银首饰及CD机、电视剧录像带等赃物。下列说法中正确的是（　）。（司考）

A. 现金、CD机、首饰属于物证

B. 电子监视系统拍摄的图像资料属于视听资料

C. 电视剧录像带属于视听资料

D. 监视系统拍摄的图像资料属于勘验笔录，电视剧录像带属于视听资料

3. 抢劫案件中，目击者是一个年仅8岁的儿童。这个儿童能否作为证人提供证言？（　）

A. 可以

B. 可以作为证人，但其证言在法律上的证明力小于其他证据

C. 该儿童不具有证人资格，因为年幼

D. 该儿童不具有证人资格，因为不具有正确感知、判断和表达的能力

4. 物证要发挥证明作用，一般来说都离不开（　）。（考研）

A. 存在状况　　B. 外部特征

C. 物质属性　　D. 鉴定

E. 辨认

5. 小明是一所大学的学生，21岁。某日他到某家录像厅看录像，发现这里竟然组织播放淫秽录像，于是小明将此事告诉了他的老师夏某。夏某就向公安机关报告了此事。公安机关经过审查后决定立案侦查此案。此后，小明又匿名向公安机关寄去了书面证明材料，陈述了自己的所见所闻。夏某也向公安机关写了一份书面材料，将小明告诉自己的情况提供给了公安局。公安局将录像厅的老板传唤至公安机关讯问。该老板许某承认了自己以营利为目的播放淫秽录像的事实。公安机关也从许某的录像厅里搜出多盘淫秽录像带。公安机关将许某的录像设备及录像带全部拍成照片以便移送人民检察院审查起诉。

（1）本案的证据中，属于证人证言这类证据的有（　）。

A. 小明报告给夏某的话

B. 夏某向公安机关提交的书面材料

C. 许某在公安机关的陈述

D. 小明匿名向公安机关寄去的书面材料

（2）本案中，公安机关从许某的录像厅里搜出的淫秽录像带属于（　）。

A. 物证

B. 视听资料

C. 犯罪嫌疑人供述

D. 书证

(3) 本案中，公安机关将许某的录像设备及录像带拍成了照片，这些照片是(　　)。

A. 物证　　B. 书证

C. 原始证据　　D. 传来证据

(4) 在本案的证据中，属于间接证据的有(　　)。

A. 夏某提供的书面材料

B. 许某在公安局的陈述

C. 搜出的淫秽录像带

D. 所拍的照片

(5) 在本案中，夏某根据小明的汇报而提交给公安机关的书面材料属于(　　)。

A. 直接证据　　B. 间接证据

C. 原始证据　　D. 传来证据

6. 赵某、石某抢劫杀害李某，被路过的王某、张某看见并报案。赵某、石某被抓获后，2名侦查人员负责组织辨认。回答下列 (1) (2) 题。(司考)

(1) 关于辨认的程序，下列选项中正确的是(　　)。

A. 在辨认尸体时，只将李某尸体与另一尸体作为辨认对象

B. 在2名侦查人员的主持下，将赵某混杂在9名具有类似特征的人员中，由王某、张某个别进行辨认

C. 在对石某进行辨认时，9名被辨认人员中的4名民警因紧急任务离开，在2名侦查人员的主持下，将石某混杂在5名人员中，由王某、张某个别进行辨认

D. 根据王某、张某的要求，辨认在不暴露他们身份的情况下进行

(2) 关于辨认笔录的审查与认定，下列选项中正确的是(　　)。

A. 如对尸体的辨认过程没有录像，则辨认结果不得作为定案证据

B. 如侦查人员组织辨认时没有见证人在场，则辨认结果不得作为定案的根据

C. 如在辨认前没有详细向辨认人询问被辨认对象的具体特征，则辨认结果不得作为定案证据

D. 如对赵某的辨认只有笔录，没有赵某的照片，无法获悉辨认真实情况的，也可补正或进行合理解释

7. 甲女与乙男在某社交软件互加好友，在手机网络聊天过程中，甲女多次向乙男发送暧昧言语和色情图片，表示可以提供有偿性服务。二人于酒店见面后因价钱谈不拢而争吵，乙男强行将甲女留在房间内，并采用胁迫手段与其发生性关系。后甲女向公安机关报案，乙男则辩称双方系自愿发生性关系。乙男提供了二人之前的网络聊天记录。关于这一网络聊天记录，下列选项中正确的是：(　　)。(司考)

A. 属电子数据的一种

B. 必须随原始的聊天时使用的手机移送才能作为定案的依据

C. 只有经甲女核实认可后才能作为定案的依据

D. 因不具有关联性而不得作为本案定罪量刑的依据

8. 甲、乙二人系药材公司仓库保管员，涉嫌5次共同盗窃其保管的名贵药材，涉案金额40余万元。一审开庭审理时，药材公司法定代表人丙参加庭审。经审理，法院认定了其中4起盗窃事实，对另1起因证据不足未予认定。甲和乙以职务侵占罪分别被判处有期徒刑3年和1年。关于本案证据，下列选项中正确的是：(　　)。(司考)

A. 侦查机关制作的失窃药材清单是书证

B. 为查实销赃情况而从通信公司调取的通话记录清单是书证

C. 甲将部分销赃所得10万元存入某银行的存折是物证

D. 因部分失窃药材不宜保存而在法庭上出示的药材照片是物证

9. 某小学发生一起猥亵儿童案件，三年级女生甲向校长许某报称被老师杨某猥亵。许某报案后，侦查人员通过询问许某了解了甲向其陈述的被杨某猥亵的经过。侦查人员还通过询问甲了解到，另外两名女生乙和丙也可能被杨某猥亵，乙曾和甲谈到被杨某猥亵的经过，甲曾目睹杨某在课间猥亵丙。讯问杨某时，杨某否认实施猥亵行为，并表示他曾举报许某贪污，许某报案是对他

的打击报复。关于本案证据，下列选项中正确的是：（　）。（司考）

A. 甲向公安机关反映的情况，既是被害人陈述，也是证人证言

B. 关于甲被猥亵的经过，许某的证言可作为甲陈述的补强证据

C. 关于乙被猥亵的经过，甲的证言属于传闻证据，不得作为定案的依据

D. 甲、乙、丙因年幼，其陈述或证言必须有其他证据印证才能采信

简答题

1. 如何理解证据的合法性？对于非法证据，我国刑事诉讼法律规范有哪些规定？（考研）

2. 简述刑事诉讼中的鉴定意见。（考研）

3. 简述证人证言的特点。（考研）

4. 间接证据在刑事诉讼法中有什么作用？（考研）

案例分析题

2018 年 11 月 17 日凌晨，在甲市郊区的公路上，发生了一起交通肇事案件。接到报案后，甲市公安局迅速组织侦查人员赶往事故现场。现场有被害人的尸体和被害人骑的自行车，自行车已被摔坏，在尸体旁边留有被害人的大摊血迹。在离尸体不远处有汽车紧急刹车留下的摩擦痕迹。在被害人手腕上，带着一块上海牌手表，手表已经被摔坏，时针指在 6 时 5 分。事故现场不远处有里程碑证明事故发生地距甲市 15 公里。侦查人员对现场进行了勘验，拍摄了一张现场全景照片。经法医对被害人进行鉴定，作出的结论是：被害人系男性，40 岁左右，身高 177cm，根据其伤势可判断，被害人系被汽车撞击而死。公安局遂立案侦查。在侦查过程中，经过大量的调查取证工作，有位妇女张某对侦查人员说，她丈夫曾告诉过她：交通事故发生时，他刚好路过离事故现场 10 米处，目击一辆解放牌大卡车撞倒被害人后，司机打开车门看了看，然后飞速逃离现场。他看到司机是市化工厂驾驶员杨某。甲市交通管理局来往车辆登记记录查明，6 时 5 分左右曾有两辆解放牌大卡车经过事故现场处。其中有一辆为甲市化工厂车辆。经侦查人员查看，该车上有一漆皮新脱落的痕迹。化工厂调度员证明司机杨某 17 日早晨驾车从乙市返回甲市，下车后神色慌张；出车登记表证明司机杨某 17 日 6 时 10 分回厂。侦查人员询问杨某与同车的陈某，两人均否认他们当天早上发生过交通事故。

请根据案情回答下列问题：

（1）本案侦查人员收集到的证据分别属于证据种类中的哪一种？

（2）本案侦查人员收集到的证据中属于直接证据的有哪些？属于传来证据的有哪些？

（3）本案侦查人员收集到的证据中属于无罪证据的有哪些？属于言词证据的有哪些？

论述题与深度思考题

1. 论述证人保护制度。（考研）

2. 论刑事诉讼中的证人出庭作证。（考研）

3. 关于共犯口供相互印证一致情况下的证明力，我国理论界和实务界有哪些观点？你赞同何种观点？（另一种出题方式为“试论同案犯罪嫌疑人、被告人口供的证据价值”。）（考研）

参考答案

名词解释与概念比较

1. 在西方国家，特别是在英美法系国家，其证据法强调以庭审为中心，非证人亲自在法庭上以口头方式作证，或者陈述内容非本人耳闻目睹，均为传闻证据，不包括实物证据，也不包括书面证言。而我国证据学上所说的传来证据，是以证据是否从第一来源直接获得为标准，包括转述证据或经转抄、复制的证据。在我国，在法庭上宣读的未出庭的证人的书面证言，仍为原始证据。

2.（1）鉴定意见是在诉讼活动中鉴定人运用科学技术或者专门知识，对诉讼所涉及的专门性

问题进行鉴别和判断后提供的参考性意见，而证人证言则是证人将自己所知道的有关案件的事实情况向公安、司法机关所作的陈述。(2) 鉴定意见是由具有专门知识的鉴定人作出的，是一种对专门问题的意见，而证人证言是由了解案件事实的人作出的事实陈述，不包括证人发表的个人意见。(3) 鉴定人可被替换和选择，而证人不可被替换和选择。(4) 鉴定意见的形式是书面的，而证人证言则既可是书面的，也可以是口头的。(5) 鉴定意见是案件发生后形成的，证人证言是证人对案件发生过程的陈述。

3. 法定证据制度，也叫形式证据制度，是指各种证据有无证明力、证明力大小如何，以及能否被采用，均由法律预先明文明规定，法官按照法律的明文规定进行计算和评定，并据以认定案件事实，而不能根据自己的认识来判断证据和认定案件事实的证据制度。这种制度主要盛行于欧洲 16 世纪至 18 世纪的封建君主专制国家的刑事诉讼中。

4. 自由心证是指证据的取舍和证明力大小，以及对案件事实的认定，均由法官根据自己的良心、理性自由作出判断，形成确信的一种证据制度。它是近代许多资产阶级国家实行的一种证据制度。

5. 辩护证据是根据证据的内容和作用划分的一种学理上的证据种类，是指反驳控诉，能够证明犯罪事实不存在，或者证明犯罪嫌疑人、被告人无罪、罪轻以及减轻他们的刑事责任的证据。辩护证据一般是由犯罪嫌疑人、被告人及其辩护人进行辩护时提出的，是人民法院制作无罪判决和减轻处罚的根据。

6. 证人是指了解案件有关情况，向公安、司法机关作出陈述的诉讼参与人。见证人是指与案件无关，而仅在勘验、检查、搜查、扣押和侦查实验等诉讼活动中，被公安、司法人员邀请在现场观察并为此作证的人。两者的区别在于：(1) 证人身份具有特殊性，不可代替，而见证人可以被选择和代替，但一旦被邀请到现场见证，则具有不可代替性。(2) 证人必须了解案件情况，而见证人没有此要求。

7. 勘验、检查笔录是指公安、司法人员对于同案件有关的场所、物品、人身、尸体进行勘验、检查所作的书面记录。勘验、检查笔录不仅包括勘验、检查过程中发现的与案件有关的一切的事实情况的文字记录，而且包括绘图、照片等附件。

选择题

（一）单项选择题

1. D

直接证据是指能够独立用来证明案件主要事实的证据，而杀人凶器、血迹、指纹都不能独立证明案件主要事实。故选 D 项。单凭被害人陈述就能对案件的主要事实有大致的了解。

2. E

审讯过程中使用录音、录像手段将被告人的供述固定下来，虽然再现了讯问时的情况，但主要是用犯罪嫌疑人的陈述来证明案件的真实情况，只不过是通过视听资料形式来表现的，其内容本质上仍是被告人的供述和辩解，故选 E 项。

3. C

A 项只能证明韩某到过案发现场并未直接证明韩某的杀人事实，故不是直接证据。只有指控犯罪嫌疑人、被告人实施犯罪行为的被害人陈述才是直接证据，所以 B 项不对。物质痕迹及其鉴定意见只能是间接证据，所以 D 项不对。C 项中作为视听资料的录像证据直接否定高某实施了犯罪行为，所以是直接证据。

4. C

该题中的字条的内容与案件无关，而是根据字条所作的笔迹鉴定证明了案件事实，即字条是通过外部特征发挥证明作用的，所以字条是物证。而信件的内容与案件无关，但通过其记载的内容查找到了对方的姓名和地址，起到了证明作用，故信件是书证。

5. B

本案中，医生魏某的证言是通过言语形式表达的，属于言词证据，所以首先把 D 项排除。它又能够直接证明案件的主要事实存在还是不存在，所以属于直接证据，这样就把 C 项排除。同时证言是不利于被告人、能证明他有罪的，所以它是有罪证据。由于该证言是转述别人的话，所以它是传来证据。因此本题答案为 B 项。

6. D

我国《刑事诉讼法》第 63 条规定：人民法

院、人民检察院和公安机关应当保障证人及其近亲属的安全。而证人的安全问题存在于诉讼各个阶段中，因此，公、检、法三机关均有保障证人安全的义务。

7. C

本案中遗书的内容和笔迹都对案件事实起到了一定的证明作用，因此，从属性上来讲，其既可作为物证，也可作为书证。

8. C

A 项不属于原始证据，也不属于直接证据；B 项不属于直接证据；D 项不属于直接证据。根据证据与主要案件事实关联性的强弱，可将证据划分为直接证据和间接证据。所谓主要案件事实，在刑事案件中就是证明行为要件的事实，如证明行为要件的被告人口供、被害人陈述、目击证人的证言、录像带等都是直接证据；不能证明行为要件的书证、物证、鉴定意见、勘验检查笔录等属于间接证据。

9. C

单据可以对徐某贪污的数目起到证明作用，是书证，而单据又可以其外部特征证明徐某对单据的涂改，故该单据又可作为物证。凭借这些证据及徐某的供述已经能达到证据确实、充分的标准，可以认定被告人有罪并处以刑罚。

10. D

本案中并未指明光盘在证明案件事实方面是以内容起作用的，而只是将其作为赃物，以外部特征证明案件事实，因此光盘应属物证。监视系统的录像是在犯罪过程中形成的影像资料，应为视听资料。

11. D

匕首是直接来源于案件事实的，所以是原始证据，同时，它不能单独说明案件的主要事实，故又属于间接证据。

12. D

《刑事诉讼法》第 50 条规定，证据有下列 8 种：(1) 物证；(2) 书证；(3) 证人证言；(4) 被害人陈述；(5) 犯罪嫌疑人、被告人供述和辩解；(6) 鉴定意见；(7) 勘验、检查、辨认、侦查实验等笔录；(8) 视听资料、电子数据。证据必须经过查证属实，才能作为定案的根据。也就是说，只有符合上面 8 种形式的证据才能作为定案的根据。警犬辨认和心理测试结论都不能归到上述 8 种证据中，故均不能作为定案的根据。

13. D

A 项中匕首不能单独说明案件的主要事实，故为间接证据。B 项中的证人证言也不能单独说明案件的主要事实，故为间接证据。C 项中的鉴定意见也是间接证据。D 项中乙的陈述为被害人陈述，是原始证据，同时也能单独地说明案件的主要事实，故为直接证据。

14. D

证人证言是指证人就其所了解的案件情况向公安、司法机关所作的陈述。A、B、C 三项属于犯罪嫌疑人、被告人的供述和辩解。D 项中，张某陈述的内容是李某单独实施的杀人行为，故属于证人证言。

15. B

直接言词原则，是指法官必须在法庭上亲自听取当事人、证人及其他诉讼参与人的口头陈述，案件事实和证据必须由控辩双方当庭口头提出并以口头辩论和质证的方式进行调查。直接言词原则包括直接原则和言词原则两项原则，B 项体现了直接言词原则的要求。A 项仅体现直接原则中的直接采证原则，不符合题意。C 项体现的是集中审理原则。D 项体现的是审判公开原则。

16. D

言词证据是指表现为人的陈述的证据。而凡是表现为物品、痕迹和其内容具有证据价值的书面文件，即以实物作为表现形式的证据，是实物证据。在法律规定的几种证据中，证人证言、被害人陈述，犯罪嫌疑人、被告人供述和辩解都是言词证据。间接证据是指不能单独、直接证明刑事案件的主要事实，需要与其他证据相结合才能证明的证据。直接证据是指能够单独、直接证明案件的主要事实的证据。选项 A 错误：用于伪造、变造国家公文、证件、印章的设备和工具属于物证，即实物证据；且该设备不能独立证明张某实施了犯罪行为，必须与其他证据相结合才能证明案件事实，故属于间接证据，选项 B 错误：伪造的国家机关公文、证件、印章也是实物证据、间接证据。选项 C 错误：张某关于实施伪造、变造行为的供述属于犯罪嫌疑人、被告人供述，属于言词证据。但张某的供述可以直接证明其是否实施了该犯罪行为，因此，该证据属于直接证据，而非间接证据。选项D正确：鉴定意见是公安、司法机关为了解决案件中某些专门性问题，指派或聘请具有这方面专门知识的人，进行鉴别和判断后，提出的结论性意见，故属于言词证据。该鉴定意见又因为不能直接证明行为人是否实施了伪造行为，故属于间接证据。

17. A

所谓“补强证据”，是指用以增强另一证据证明力的证据。一开始收集到的于对证实案情有重要意义的证据，称为“主证据”，而用以印证该证据真实性的其他证据，就称为“补强证据”。补强证据规则，是指为了防止误认事实或发生其他危险性，而在运用某些证明力显然薄弱的证据认定案情时，必须有其他证据补强其证明力，才能被法庭采信为定案根据的规则。一般来说，在刑事诉讼中需要补强的不仅包括被追诉人的供述，还包括证人证言、被害人陈述等特定证据。补强证据必须满足以下条件：(1) 补强证据必须具有证据能力。(2) 补强证据本身必须具有担保补强对象真实的能力。(3) 补强证据必须具有独立的来源。故本题A项正确，B、C、D三项错误。

18. B

视听资料，是指以录音、录像及其他设备所储存的声音、影像信息，来证明案件事实情况的一种证据。本题中，检察机关播放的录音录像是以音响、图像等动态的方式来证明案件事实的，故属于视听资料。

19. B

“被告人丁某承认伤害被害人的供述”是原始证据且是直接证据，不是间接证据，故选项A错误。“证人王某陈述看到被告人丁某在案发现场擦拭手上血迹的证言”既属于原始证据，又属于间接证据，故选项B正确。“证人李某陈述被害人向他讲过被告人丁某伤害她的经过”是传来证据和直接证据，故选项C错误。“被告人丁某精神病鉴定意见的抄本”是传来证据，而不是原始证据，故选项D错误。

20. B

自白任意规则，又称非任意自白排除规则，是指在刑事诉讼中，只有基于被追诉人自由意志而作出的自白（即承认有罪的供述），才具有可采性；违背当事人意愿或违反法定程序而强制作出的供述不是自白，而是逼供，不具有可采性，必须予以排除。《刑事诉讼法》第52条规定：审判人员、检察人员、侦查人员必须依照法定程序，收集能够证实犯罪嫌疑人、被告人有罪或者无罪、犯罪情节轻重的各种证据。严禁刑讯逼供和以威胁、引诱、欺骗以及其他非法方法收集证据，不得强迫任何人证实自己有罪。必须保证一切与案件有关或者了解案情的公民，有客观地、充分地提供证据的条件，除特殊情况外，可以吸收他们协助调查。此规定即表明我国基本确立了自白任意性规则。

21. C

选项A错误，选项C正确：关联性也称为相关性，是指证据必须与案件事实有客观联系，对证明刑事案件事实具有某种实际意义；反之，与本案无关的事实或材料，都不能成为刑事证据。(1) 关联性是证据的一种客观属性，不是办案人员主观想象或者强加的联系，而是根源于证据事实同案件事实之间的客观联系。(2) 证据与案件事实相关联的形式是多种多样、十分复杂的。其中最常见的是因果联系，即证据事实是犯罪的原因或结果事实；此外，是与犯罪相关的空间、时间、条件、方法、手段事实。它们或者反映犯罪的动机，或者反映犯罪的手段，或者反映犯罪过程和实施犯罪的环境、条件，或者反映犯罪后果，或者反映犯罪事实不存在或犯罪并非犯罪嫌疑人、被告人所为等。(3) 证据的关联性是证据证明力的原因。所谓证明力，是指证据所具有的对案件事实的证明作用，也就是证据对证明案件事实的价值。证据对案件事实有无证明力以及证明力的大小，取决于证据本身与案件事实有无联系以及联系的紧密、强弱程度。一般来说，如果证据与案件事实之间的联系紧密，则该证据的证明力较强，在诉讼中所起的作用也较大。选项A中，“仅指”表述绝对。选项B错误：证据要具有可采性，仅仅具备关联性是不够的，还需要具备合法性和客观性。选项D错误：类似行为是否具有关联性应当先判断该行为与待证事实之间是否具有联系。英美证据法一般认为，被告人在其他场合的某一行为与他在当前场合的类似行为通常没有关联性。

22. D

补强证据，是指用以增强另一证据证明力的证据。一开始收集到的对证实案件有重要意义的证据，称为“主证据”；而用以印证该证据真实性的其他证据，就称为“补强证据”。补强证据必须满足以下条件：(1) 补强证据必须具有证据能力；(2) 补强证据本身必须具有担保补强对象真实的能力；(3) 补强证据必须具有独立的来源，补强证据与补强对象之间不能重叠。选项A错误：同步录像是讯问过程的影像记载，和讯问过程属于同一来源，无法担保补强对象的真实性。选项B错误：侦查人员出具的说明材料不在《刑事诉讼法》规定的8种法定证据之列，故不具有证据能力。选项C错误：该项表述中所获取的证据源自被告人的供述，并不存在独立的来源。选项D正确：该书证的目的是增强与被告人有利害冲突的证人所作的不利于被告人的证言的真实性，它具有独立的来源，是法定证据种类中的一种，具有证据能力。

23. C

选项A、B错误：《高法刑诉解释》第86条规定：经人民法院通知，鉴定人拒不出庭作证的，鉴定意见不得作为定案的根据。鉴定人由于不能抗拒的原因或者有其他正当理由无法出庭的，人民法院可以根据情况决定延期审理或者重新鉴定。对没有正当理由拒不出庭作证的鉴定人，人民法院应当通报司法行政机关或者有关部门。选项C正确：《刑事诉讼法》第197条第2款规定，公诉人、当事人和辩护人、诉讼代理人可以申请法庭通知有专门知识的人出庭，就鉴定人作出的鉴定意见提出意见。向鉴定人发问是有专门知识的人就鉴定意见提出意见的重要方式，所以具有专门知识的人可以向鉴定人发问。选项D错误：意见证据规则，是指证人作证只能陈述自己体验的过去的事实，而不能将自己的判断意见和推测作为证言的内容。我国将证人和鉴定人予以区分。作为某一方面专家的鉴定人的意见可以作为诉讼中的证据，所以鉴定意见是一种独立的证据类型。因其具有的特殊性，在审查和认定鉴定意见时，不受意见证据规则的规制。

24. D

在刑事诉讼期间只能由自然人担任证人，鉴定人也只能由自然人担任，单位不能出具鉴定意见，所以选项A错误。《刑事诉讼法》第62条第2款规定：生理上、精神上有缺陷或者年幼，不能辨别是非、不能正确表达的人，不能作证人。所以生理、精神上有缺陷或者年幼但可以辨别是非、能够正确表达者是可以提供证人证言的。担任鉴定人需要满足具有鉴定资格和具有专门知识这两个条件。因此选项B错误。《刑事诉讼法》第192条第1款规定：“公诉人、当事人或者辩护人、诉讼代理人对证人证言有异议，且该证人证言对案件定罪量刑有重大影响、人民法院认为证人有必要出庭作证的，证人应当出庭作证。”只有同时满足有异议、有影响、有必要三个条件，证人才应当出庭作证。本题中仅有对证人证言有异议这一个条件，不符合证人应当出庭的情形。《刑事诉讼法》第192条第3款规定：“公诉人、当事人或者辩护人、诉讼代理人对鉴定意见有异议，人民法院认为鉴定人有必要出庭的，鉴定人应当出庭作证。经人民法院通知，鉴定人拒不出庭作证的，鉴定意见不得作为定案的根据。”只有同时满足有异议、有必要两个条件时，鉴定人才应当出庭。本题中只是有异议，不满足鉴定人必须出庭的条件，因此选项C错误。《高法刑诉解释》第78条第3款规定：“经人民法院通知，证人没有正当理由拒绝出庭或者出庭后拒绝作证，法庭对其证言的真实性无法确认的，该证人证言不得作为定案的根据。”只有证人不出庭，证人证言的真实性无法确认时，该证人证言才不得作为定案依据。也就是说，证人应当出庭而不出庭时，该证人证言仍有可能作为定案依据。而鉴定人应当出庭作证，经人民法院通知鉴定人拒不出庭作证的，鉴定意见不得作为定案的根据。因此选项D正确。

25. D

最高人民法院、最高人民检察院、公安部联合制定的《关于办理网络犯罪案件适用刑事诉讼程序若干问题的意见》第12条规定：“询（讯）问异地证人、被害人以及与案件有关联的犯罪嫌疑人的，可以由办案地公安机关通过远程网络视频等方式进行询（讯）问并制作笔录……”规定的是“可以”而不是“应当”，因此选项A错误。该意见第14条规定：“收集、提取电子数据，能够获取原始存储介质的，应当封存原始存储介质，并制作笔录……有条件的，侦查人员应当对相关活动进行录像。”也就是说，如果没有能够录像的条件，则可以不录像。因此选项 B 错误。该意见第 16 条规定：“……远程提取电子数据的，应当说明原因，有条件的，应当对相关活动进行录像……”也就是说，如果没有能够录像的条件，可以不录像。因此选项 C 错误。该意见第 18 条规定：对电子数据涉及的专门性问题难以确定的，由司法鉴定机构出具鉴定意见，或者由公安部指定的机构出具检验报告。因此选项 D 正确。

26. C

以证据的来源为标准，可以将证据分为原始证据与传来证据。原始证据是未经转述的证据，即第一手证据；传来证据是不直接来源于案件事实，经过复制或转述的证据，即第二手证据。以与案件主要犯罪事实的证明关系为标准可将证据分为直接证据与间接证据。直接证据是能够单独证明案件的主要事实的证据；间接证据是不能够单独证明案件的主要事实的证据。“在乙的储物柜上提取的甲的指纹”是直接来源于案件事实本身的，属于第一手证据，是原始证据，但该证据仅能够证明甲碰过乙的储物柜，并不能证明甲盗窃的事实，故该证据又是间接证据。因此选项 A 错误。“丙偶然拍下的甲打开储物柜取走电脑的过程的视频" 是原始证据，但是侦查人员从丙的手机中提取了该视频，说明该视频已经经过了复制，是传来证据；且丙的这个视频只能证明甲取走电脑的过程，并不能证明甲盗窃的事实，也是间接证据。因此选项 B 错误。“室友丁的证言，内容是曾看到甲将一台相同的笔记本电脑交给乙保管”这一证据是直接来源于案件事实本身的，是原始证据；丁的证言直接否定了案件事实的发生，是直接证据。因此选项 C 正确。“甲转卖电脑时出具的现金收条”这一证据来源于案件本身，是原始证据。该证据只能证明甲转卖电脑的事实，并不能证明甲盗窃的事实，是间接证据。因此选项 D 错误。

27. B

传闻证据包括书面传闻证据和言词传闻证据两种。书面传闻证据即亲身感受了案件事实的证人在庭审期间之外所作的书面证人证言，及公安、检察人员所作的（证人）询问笔录。言词传闻证据即证人并非就自己亲身感知的事实作证，而是向法庭转述他从别人那里听到的情况。传闻证据针对的主体是证人，因此选项 A、C 错误。乙了解案件事实，乙是本案的证人，而且其证言是在庭审之外被核实的，所以乙此时的证人证言系书面的证人证言，是传闻证据，因此选项 B 正确。丁是在庭审时作的证人证言，不属于传闻证据，因此选项 D 错误。

28. D

虽然物证的取得不符合法定程序，但是并非绝对将其排除，还可以进行补正或者作出合理解释，故选项 A 错误。《公安机关办理刑事案件程序规定》第 210 条规定：“公安机关对案件现场进行勘查不得少于二人。勘查现场时，应当邀请与案件无关的公民作为见证人。”本案中，因所处偏僻且天气恶劣，无法找到见证人，但侦查机关对勘验过程进行了全程录像，并在笔录中注明原因，足以证明勘验的合法性。因而通过勘验获取的物证合法，谈不上排除对物证的鉴定意见等衍生证据的排除问题。故选项 B、C 错误。有勘验过程全程录像并在笔录中已注明理由，说明该案在勘验中的违法瑕疵已经被补正或作出合理解释了，因此，对该证据不予以排除。故选项 D 正确。

29. C

关联性规则是指只有与案件事实有关的材料，才能被作为证据使用。也就是说，没有关联性的证据不具有可采性，但具有关联性的证据，未必都具有可采性。可采性是对证据能力，也就是证据资格的判断。而关联性规则要求证据材料对案件事实具有证明力。《高法刑诉解释》第 104 条第 2 款对此的表述很明确：对证据的证明力，应当根据具体情况，从证据与待证事实的关联程度、证据之间的联系等方面进行审查判断。故 C 项正确。A、B、D 各项所述规则都是对证据能力的规制。

（二）多项选择题

1. ABC

英美法上的“传闻证据”是指用来证明所述事实为真的庭外陈述。其外延较为广泛。除非法律另有规定，间接转述他人亲身感知经历的陈述以及代替亲自陈述的书面记录都应予以排除。但是传闻证据规则针对的主要是言词证据，故而物证和书证基本上不存在传闻排除的情况。

2. BC

本题中，对于要证明的甲具有故意杀人罪的构成要件事实，甲在10年以前曾采用过与本案相同的手段实施过杀人行为（未遂，被判过刑）以及甲吃、喝、嫖、赌，道德品质败坏，与待证事实没有联系，因此不具备证据的相关性特征。

3. ACD

我国《刑事诉讼法》第62条规定了凡是知道案件情况的人，都有作证的义务，故A项正确。而对证人姓名的保密义务一般只在侦查阶段存在，到了庭审阶段，一般需要当庭核实证人身份，很难再一味地保密，以利于控辩双方质证并利于辩护权之充分行使，故B项错误。同时根据《刑事诉讼法》第63条，人民法院、人民检察院和公安机关应当保障证人及其近亲属的安全，故C、D项正确。

4. ACD

A项为诊断结论，未提及是由有资质的鉴定机构作出的，因而不能称为鉴定意见，但可以以诊断内容证明案件事实，因此为书证。B项是通过字迹这一外部特征证明案件事实的，是物证。而C、D两项都是通过内容来证明事实的，为书证。

5. ABCD

李某的证言来自徐某的陈述，显然为传来证据，故A项正确。李某之证言的内容直接涉及徐某杀害高某的经过，既能证明犯罪事实发生本身，又能证明犯罪嫌疑人为谁，故为直接证据，B项正确。李某之证言能够证明犯罪事实肯定存在，故为有罪证据，C项正确。李某之证言以言语形式表现出来，故属于言词证据，D项正确。

6. AC

A项直接来源于案件事实，为原始证据，能够单独地直接证明案件主要事实，故A项是正确的。C项直接来源于案件事实，是原始证据，也能够单独地直接证明案件的主要事实，所以C项正确。其他两项都不能同时符合这些特征，因而是错误的。

7. CD

虽然王某具有鉴定人的资格，但是由于他了解案件经过，符合证人条件，同时由于证人的不可替代性，因而王某应当以证人身份作证，不得再担任鉴定人。

8. BC

犯罪嫌疑人、被告人的供述和辩解，必须形成于犯罪之后，而该磁带记录的是敲诈勒索的电话录音，是在犯罪过程中形成的，因此，A项错误。而该磁带是以录音设备储存的证明案件情况的材料，故B项正确。该磁带能直接证明案件的主要事实，故C项正确。

9. ABCD

勘验笔录属于刑事证据的一种，是办案人员对与犯罪有关的场所、物品、尸体等进行勘查、检验后所作的记录，其形式包括文字记载、绘制的图样、照片，复制的模型材料和录像等。其作用主要包括固定证据及其所表现的各种特征，发现、收集证据；确定侦查方向；揭露和证实犯罪人；鉴别其他证据等。据此，A、B、C、D四项皆入选。

10. AD

A项中记载着其作案经过及对被害人的描述的笔记本是以内容来证明相关案件事实，应为书证。B项是笔迹鉴定，应为物证。C项虽然为书面形式，但不过是以书面形式记载的证人证言。D项中淫秽书刊是以其内容来证明的，故为书证。

11. ABC

鉴定意见应由公安、司法机关指定或聘请的技术人员作出。A项中的诊断证明不是鉴定意见，B项中的签名人不具鉴定人资格，C项未说明是否经过聘请。

12. ABC

鉴定人必须是自然人，鉴定机构只起到了组织作用，不直接针对专门问题作鉴定，盖章只证明是由这个鉴定机构组织专家进行的，而且对这个专门问题进行鉴定的专家都有鉴定资格。另外鉴定人属回避对象的范围，不能与案件有利害关系。

13. BC

B、C两项中王某对于未参与实施的犯罪而言，并不是犯罪嫌疑人，而是证人，其提供的材料应为证人证言。

14. BC

录音笔所录取的是张某索取贿赂的犯罪事实，是以设备储存的录音来证明案件事实的，故应属视听资料；而且该录音又能单独证明张某犯罪的主要事实，故为直接证据。

15. ABD

鉴定人只能由自然人担任，单位只是组织者。同时刑事诉讼中的鉴定只能由公安、司法机关指派或聘请产生，不能由当事人委托产生。同时，《高法刑诉解释》第 202 条规定：公诉人可以提请审判长通知证人、鉴定人出庭作证，或者出示证据。被害人及其法定代理人、诉讼代理人，附带民事诉讼原告人及其诉讼代理人也可以提出申请。在控诉一方举证后，被告人及其法定代理人、辩护人可以提请审判长通知证人、鉴定人出庭作证，或者出示证据。该条表明，鉴定人出庭接受质证并非必须程序。鉴定意见并非最终意见，只有经法官审核后才能作为定案根据。

16. ABCD

一般来说原始证据比传来证据更为可靠，但也并不是说传来证据就完全不可靠。实际上，通过传来证据可以追根溯源、顺藤摸瓜去发现和收集原始证据，可以审查判断原始证据是否完整和确实，强化原始证据的证明力；特别是在没有原始证据的情况下，可以用以证明案件的次要事实和情节。

17. ABD

《刑事诉讼法》第 124 条规定：侦查人员询问证人，可以在现场进行，也可以到证人所在单位、住处或者证人提出的地点进行，在必要的时候，可以通知证人到人民检察院或者公安机关提供证言。在现场询问证人，应当出示工作证件，到证人所在单位、住处或者证人提出的地点询问证人，应当出示人民检察院或者公安机关的证明文件。询问证人应当个别进行。故 A 项错。《刑事诉讼法》第 9 条规定：各民族公民都有用本民族语言文字进行诉讼的权利。人民法院、人民检察院和公安机关对于不通晓当地通用的语言文字的诉讼参与人，应当为他们翻译。故 B 项错。证人要求对自己姓名保密的权利只在侦查阶段有效，而在审判阶段不得要求。故 C 项正确。《刑事诉讼法》第 187 条规定，通知证人出庭的通知书至迟在开庭 3 日前送达。故 D 项错。

18. AB

根据《刑事诉讼法》第 148 条的规定，侦查机关应当将用作证据的鉴定意见告知犯罪嫌疑人、被害人。如果犯罪嫌疑人、被害人提出申请，可以补充鉴定或者重新鉴定。

19. AC

根据《刑事诉讼法》第 52 条的规定，审判人员、检察人员、侦查人员必须依照法定程序，收集能够证实犯罪嫌疑人、被告人有罪或者无罪、犯罪情节轻重的各种证据。严禁刑讯逼供和以威胁、引诱、欺骗以及其他非法方法收集证据，不得强迫任何人证实自己有罪。必须保证一切与案件有关或者了解案情的公民，有客观地、充分地提供证据的条件，除特殊情况外，可以吸收他们协助调查。我国的证据排除规则具有两个特点：一是只排除言词证据，即证人证言、被害人陈述及犯罪嫌疑人、被告人供述，并且违法手段仅限于刑讯逼供或者威胁、引诱、欺骗等非法的方法。二是不排除用非法的方法取得的实物证据。综合以上分析，本题的正确答案是 A、C 两项。

20. ABD

实物证据是以各种物品的特性、存在的状态和变化以及各种物品之间的联系形成的证据，包括物证、书证、勘验检查笔录、视听资料。鉴定意见为言词证据，是以口头或书面陈述的形式提供的。

21. AD

证人与鉴定人都必须是当事人以外的人，故 A 项正确。鉴定人应当与案件当事人或者案件无利害关系，鉴定人如果与案件或当事人有利害关系的话，属于应当回避的情形，应当自行回避，不得参与该案件的诉讼活动；证人无此项要求。因此，B 项错误。证人必须是了解案件情况的人，因此其具有不可替代性，而鉴定人可以更换。因此，C 项错误。证人的诉讼义务之一为出席法庭审判并接受控辩双方的询问和质证；鉴定人的诉讼义务之一为在接到人民法院通知时，应当亲自出庭作证，说明作出鉴定意见的根据和理由，并接受公诉人、当事人和辩护人、诉讼代理人以及审判人员的发问、询问。故 D 项正确。

22. ACD

《公安机关办理刑事案件程序规定》第 130 条规定，有证据证明有犯罪事实，是指同时具备下列情形：（1）有证据证明发生了犯罪事实；（2）有证据证明该犯罪事实是犯罪嫌疑人实施的；（3）证明犯罪嫌疑人实施犯罪行为的证据已有查证属实的。

前款规定的“犯罪事实”既可以是单一犯罪行为的事实，也可以是数个犯罪行为中任何一个犯罪行为的事实。

23. AC

关联性指的是证据必须与案件事实有客观联系，对证明刑事案件事实具有某种实际意义。垫付医疗费与甲是否交通肇事没有任何联系，不具有关联性，故选项A正确。能够单独直接证明案件主要事实的证据是直接证据，不能单独直接证明刑事案件的主要事实，需要与其他证据相结合才能证明的证据是间接证据。乙只说了自己被车撞了，但没有交代清楚是什么人如何撞的自己，属于间接证据，故选项B错误。原始证据是指直接来源于案件事实的证据材料。凡不是直接来源于案件事实，而是从间接的来源获得的证据材料，称为传来证据。医生并没有目击肇事现场，医生的陈述是对乙的陈述的转述，属于传来证据，故选项C正确。《高法刑诉解释》第75条第2款规定：“证人的猜测性、评论性、推断性的证言，不得作为证据使用，但根据一般生活经验判断符合事实的除外。”医生的陈述明显属于一种猜测性、推断性证言，不属于符合生活经验的判断，不得作为定案根据，故选项D错误。

24. BC

《高法刑诉解释》第78条第3款规定：“经人民法院通知，证人没有正当理由拒绝出庭，或者出庭后拒绝作证，法庭对其证言的真实性无法确认的，该证人证言不得作为定案的根据。”故选项A不当选。《高法刑诉解释》第102条第1款规定：“经审理，确认或者不能排除存在刑事诉讼法第54条规定的以非法方法收集证据情形的，对有关证据应当排除。”故选项B当选。《高法刑诉解释》第65条第1款规定：“行政机关在行政执法和查办案件过程中收集的物证、书证、视听资料、电子数据等证据材料，在刑事诉讼中可以作为证据使用；经法庭查证属实，且收集程序符合有关法律、行政法规规定的，可以作为定案的根据。”故选项C当选。《公安机关办理刑事案件程序规定》第205条第1款规定：“询问证人、被害人，可以在现场进行，也可以到证人、被害人所在单位、住处或者证人、被害人提出的地点进行。在必要的时候，可以通知证人、被害人到公安机关提供证言。”故选项D不当选。

25. ABCD

根据《关于办理刑事案件收集提取和审查判断电子数据若干问题的规定》，收集、提取电子数据，能够扣押电子数据原始存储介质的，应当扣押、封存原始存储介质，并制作笔录，记录原始存储介质的封存状态。电子数据检查，应当对电子数据存储介质拆封过程进行录像，并将电子数据存储介质通过写保护设备接入检查设备进行检查；有条件的，应当制作电子数据备份，对备份进行检查；无法使用写保护设备且无法制作备份的，应当注明原因，并对相关活动进行录像。对侵入、非法控制计算机信息系统的程序、工具以及计算机病毒等无法直接展示的电子数据，应当附电子数据属性功能等情况的说明。电子数据的收集、提取程序有下列瑕疵，经补正或者作出合理解释的，可以采用；不能补正或者作出合理解释的，不得作为定案的根据：(1) 未以封存状态移送的；(2) 笔录或者清单上没有侦查人员、电子数据持有人（提供人）、见证人签名或者盖章的；(3) 对电子数据的名称、类别、格式等注明不清的；(4) 有其他瑕疵的。选项A、B、C、D均正确。

（三）不定项选择题

1. AB

根据《刑事诉讼法》第62条的规定，凡是知道案件情况的人，都有作证的义务；生理上、精神上有缺陷或者年幼，不能辨别是非、不能正确表达的人，不能作证人。可见，应选A、B两项。

2. AB

电视剧录像带很明显属于物证，所以C项不对。电子监视系统拍摄的图像资料属于视听资料，所以D项不对。

注意：勘验笔录的制作主体是侦查、检察、审判人员，而且是在案发后制作的，其作用是在于固定勘验检查的过程。而这里的图像资料是案发的时候就已经自动记录的，而且是商场的电子监视系统拍摄的，所以应是视听资料。

3. A

参见《刑事诉讼法》第62条的规定（略）。8岁的精神正常的儿童一样有感知和表达的能力，他的证言应该和他的年龄、知识水平相适应，在其年龄和知识水平范围内的证言当然具有证明的效力。这个证言的证明力也并不必然小于其他证据的证明力，证明力的大小要结合其他证据的情况进行比较后才能得出，其证明力可能会小于来自现场的物证的证明力，但可能会高于其他间接证据的证明力，因此，B、C、D三项都过于绝对，是错误的。

4. ABC

物证是以其外部形状、物质特性、存在的状况来证明案件事实的，因此其证明作用的发挥就是通过这些方面。

5. (1) B

证人证言是证人就自己所知道的案件情况向公安、司法机关所作的陈述，可以用书面的形式表达。小明报告给夏某的话不具有诉讼法上的意义；许某的陈述属犯罪嫌疑人的供述和辩解；小明匿名寄去的材料应为举报，只是立案的材料，还不能作为证据。

(2) B

本案中的淫秽录像带是以录像机这一高科技设备将录像的内容展示出来证明案件事实的，因此，应为视听资料。

(3) AD

将录像设备及录像带拍成照片是固定物证的一种形式，这依然属于物证；物证的复制品间接来源于案件事实，为传来证据。

(4) CD

搜出的淫秽录像带和所拍的照片都不能单独证明案件的主要犯罪事实，因此为间接证据。

(5) AD

小明的汇报经夏某传了一次，应为传来证据，但是仍能单独证明案件的主要犯罪事实，应为直接证据。

6. (1) ABD

选项A、B正确，选项C错误。《公安机关办理刑事案件程序规定》第250条规定：辨认应当在侦查人员的主持下进行。主持辨认的侦查人员不得少于2人。几名辨认人对同一辨认对象进行辨认时，应当由辨认人个别进行。《公安机关办理刑事案件程序规定》第251条规定：辨认时，应当将辨认对象混杂在特征相类似的其他对象中，不得给辨认人任何暗示。辨认犯罪嫌疑人时，被辨认的人数不得少于7人；对犯罪嫌疑人照片进行辨认的，不得少于10人的照片；辨认物品时，混杂的同类物品不得少于5件。对场所、尸体等特定辨认对象进行辨认，或者辨认人能够准确描述物品独有特征的，陪衬物不受数量的限制。选项A中，由于对尸体进行辨认，陪衬物不受数量限制，只将李某的尸体与另一尸体作为辨认对象的行为合法。选项B中，辨认犯罪嫌疑人赵某时，在2名侦查人员的主持下，被辨认的人数多于7人，且由王某、张某分别辨认，符合程序的规定。选项C中，被辨认对象少于7人，不符合法定人数要求。选项D正确：《公安机关办理刑事案件程序规定》第252条规定，对犯罪嫌疑人的辨认，辨认人不愿意公开进行时，可以在不暴露辨认人的情况下进行，并应当为其保守秘密。

(2) D

选项A错误：《公安机关办理刑事案件程序规定》第253条规定：对辨认经过和结果，应当制作辨认笔录，由侦查人员、辨认人、见证人签名。必要时，应当对辨认过程进行录音或者录像。据此可知，对辨认过程进行录像不是强制性规定，只是在必要时应当对辨认过程进行录像。选项A的说法于法无据。选项B、C错误，选项D正确：《关于办理死刑案件审查判断证据若干问题的规定》（以下简称《办理死刑案件证据规定》）第30条第1款规定，侦查机关组织的辨认，存在下列情形之一的，应当严格审查，不能确定其真实性的，辨认结果不能作为定案的根据：1）辨认不是在侦查人员主持下进行的；2）辨认前使辨认人见到辨认对象的；3）辨认人的辨认活动没有个别进行的；4）辨认对象没有混杂在具有类似特征的其他对象中，或者供辨认的对象数量不符合规定的；尸体、场所等特定辨认对象除外。5）辨认中给辨认人明显暗示或者明显有指认嫌疑的。第30条第2款规定，有下列情形之一的，通过有关办案人员的补正或者作出合理解释的，辨认结果可以作为证据使用：1）主持辨认的侦查人员少于2人的；2）没有向辨认人详细询问辨认对象的具体特征的；3）对辨认经过和结果没有制作专门的规范的辨认笔录，或者辨认笔录没有侦查人员、辨认人、见证人的签名或者盖章的；4）辨认记录过于简单，只有结果没有过程的；5）案卷中只有辨认笔录，没有被辨认对象的照片、录像等资料，无法获悉辨认的真实情况的。选项B不属于辨认结果不得作为定案证据的法定情形。选项C违反上述规定第2款第2项，若其通过有关办案人员的补正或者作出合理解释的，辨认结果可以作为证据使用。选项D对应上述规定第2款第5项，通过有关办案人员的补正或者作出合理解释的，辨认结果可以作为证据使用。

7. A

网络聊天记录是以数字化形式存储、处理、传输的，能够证明案件事实的数据，应当属于电子数据，故选项A正确。本案中手机作为网络聊天记录的原始存储介质，不一定必须随案移送，故选项B错误。证据必须经过查证属实，才能作为定案的根据，但是查证属实有很多种方法，不一定必须经过被害人核实，故选项C错误。网络聊天记录可以证明犯罪行为发生的起因，与犯罪具有关联性，故选项D错误。

8. BD

侦查机关制作的失窃药材清单是办案人员对与犯罪有关的物品进行检验之后所做的记录，属于勘验笔录，不属于书证，故选项A错误。为查实销赃情况而从通信公司调取的通话记录以其内容证明案件事实，属于书证，故选项B正确。销赃所得10万元存入某银行的存折是以其内容证明案件事实，属于书证，故选项C错误。物证是指证明案件真实情况的一切物品和痕迹。收集和调取的物证应当是原物，只有在原物不便搬运、不易保存或者依法应当由有关部门保管、处理或者依法应当返还时，才可以拍摄或者制作足以反映原物外形或者内容的照片、录像或者复制品，但如果是起到固定物证的作用则是物证。本案失窃药材属于物证，因不宜保存而拍摄后的药材照片依然是物证，故选项D正确。

9. A

A项正确，当选：甲陈述自己被害经过，所反映的情况是被害人陈述；反映所了解别人受害的情况，则是证人证言。B项错误，不可选：许某的证言不能作为补强证据，因为没有独立于甲的来源。C项错误，不可选：甲向公安机关陈述乙曾经说被猥亵及经过，属于传来证据，而不是传闻证据。D项错误，不可选：《高法刑诉解释》第109条规定，下列证据应当慎重使用，有其他证据印证的，可以采信：(1) 生理上、精神上有缺陷，对案件事实的认知和表达存在一定困难，但尚未丧失正确认知、表达能力的被害人、证人和被告人所作的陈述、证言和供述；(2) 与被告人有亲属关系或者其他密切关系的证人所作的有利被告人的证言，或者与被告人有利害冲突的证人所作的不利被告人的证言。甲、乙、丙分别是本案的受害人，被害人陈述并不属于上述应当补强的证据范围，因此，只是办案人在提取、收集时，注意根据她们未成年人心智特点，依法询问、固定、审查、判断。

简答题

1. 证据的合法性又叫证据的许可性。证据是证明案件事实的根据，所以，证据本身必须绝对真实可靠。合法性是指证据只能由审判人员、检察人员、侦查人员依照法律规定的诉讼程序，进行收集、固定、保全和审查认定。证据的合法性，是证据客观性和相关性的重要保证，也是证据具有法律效力的重要条件。为了确保证据具有客观性和相关性，刑事诉讼法对于收集证据、固定和保全证据、审查和判断证据、查证核实证据等，都规定了严格的程序和制度。法律规定只有公安、司法人员才有权收集、固定、保全和审查运用证据，并且经过查证属实以后，才能作为逮捕、起诉和判决的根据。因此，法律不允许公安、司法人员以刑讯逼供和以威胁、引诱、欺骗以及其他非法的方法收集证据。一切用违法方法收集的材料，都不能作为定案的根据。公安、司法人员只有依照法定程序来收集、审查和运用证据，才能具有法律效力。

合法性是刑事诉讼证据的一个重要特征。刑事诉讼法规定了证据的来源、收集证据和审查证据的程序，以保证诉讼证据的真实性，并使它具有法律上的稳定性。违反法律的有关规定收集和审查的一切材料，都不能作为刑事诉讼中的证据。为此，我国《刑事诉讼法》第52条规定：审判人员、检察人员、侦查人员必须依照法定程序，收集能够证实犯罪嫌疑人、被告人有罪或者无罪、犯罪情节轻重的各种证据。严禁刑讯逼供和以威胁、引诱、欺骗以及其他非法方法收集证据，不得强迫任何人证实自己有罪。必须保证一切与案件有关或者了解案情的公民，有客观地、充分地提供证据的条件，除特殊情况外，可以吸收他们协助调查。

2. 鉴定意见是指在诉讼活动中鉴定人运用科学技术或者专门知识，对诉讼所涉及的专门性问题进行鉴别和判断所提供的意见。鉴定意见作为一项法定证据，在案件审理的过程中具有很强的证明力，实际上也直接或间接地影响着对其他证据的判断。为此，鉴定意见应当以其公正性、科学性、中立性、权威性而成为公民合法权益的保护神，成为捍卫司法公正的“科学卫士”。鉴定意见主要有以下特点：（1）鉴定意见是鉴定人运用自己所掌握的专业知识和技能，对专门性问题进行鉴别和判断以后所作出的结论。因此，鉴定意见是一种有科学根据的意见。（2）鉴定意见的内容是在案件发生以后形成的，只能对案件有关专门性问题作出判断，而不是从法律上评价案件。（3）鉴定意见是采书面形式的结论，鉴定人应当根据法官的要求出庭作证，接受质证，以保证鉴定意见的公正性、科学性，避免暗箱操作带来的种种疑点和猜忌。

鉴定意见是一种法定的独立的诉讼证据，它和其他证据一样，必须经过公安、司法人员的审查判断，被确定真实、可靠后，才能作为证据使用。虽然鉴定意见大多数是有科学根据的，但由于鉴定人受到主、客观条件的影响，鉴定意见也可能发生差错，因而，必须经过审查判断才可作为定案的根据。

3. 刑事诉讼中的证人证言是指证人将自己所知道的有关案件的事实情况向公安、司法机关所作的陈述。作为刑事诉讼中一类重要的证据，证人证言有着其他种类的证据所不具有的一些特点：（1）它只是证人对案件有关情况的感知，而非推测或分析判断意见；（2）证人是当事人以外的第三人，与案件和案件处理结果没有切身利害关系，所以，一般来说，证人证言较犯罪嫌疑人、被告人供述和辩解或被害人的陈述更为客观，真实性与可靠性也较强；（3）它是证人对感知或传闻情况的反映，所以，不可避免地会受到证人的主观和客观条件的影响，即使善意证人也可能提供失真的证言；（4）证人证言的来源和证明的问题范围十分广泛，是刑事诉讼中常见的证据之一。

4. 虽然间接证据不能独立地直接证明案件的主要事实，只能证明案件事实的某种情况，证明和案件主要事实有关联的一些事实情节，必须与案内的其他证据结合起来，但是间接证据在刑事诉讼中仍有着重要作用：首先，间接证据是鉴别、印证、强化直接证据的重要手段，起着辅助证明作用。其次，间接证据也可以有独立证明作用。虽然它具有相互依赖性，但在缺乏直接证据的情况下，凭多个间接证据所形成的符合证明条件的证据锁链，也能证明案件事实。

案例分析题

（1）本案侦查人员收集到的证据中属于物证的有：解放牌大卡车漆皮脱落痕迹；被害人血迹；被害人尸体；被害人手上被摔坏的手表；被害人骑的被摔坏的自行车。

属于书证的有：时针指在6时5分的被害人手上被摔坏的手表；事故现场不远处的证明事故发生地距甲市15公里的里程碑；甲市交通管理局来往车辆登记记录；证明司机杨某17日6时10分回厂的出车登记表。

属于证人证言的有：妇女张某的证言；化工厂调度员证明司机杨某17日早晨驾车从乙市返回甲市，下车后神色慌张的证言；同车陈某的没有发生交通事故的证言。

司机杨某的没有发生交通事故的辩解是犯罪嫌疑人辩解。

法医对被害人进行鉴定所作出的结论属于鉴定意见。

侦查人员拍摄的现场全景照片是勘验、检查笔录。

（2）本案侦查人员收集到的证据中属于直接证据的有：妇女张某的证言；司机杨某的没有发生交通事故的辩解；同车陈某的没有发生交通事故的证言。属于传来证据的有：妇女张某的证言。

（3）本案侦查人员收集到的证据中属于无罪证据的有：司机杨某的没有发生交通事故的辩解；

同车陈某的没有发生交通事故的证言；时针指在6时5分的被害人手上被摔坏的手表、事故现场不远处的证明事故发生地距甲市15公里的里程碑和证明司机杨某17日6时10分回厂的出车登记表共同组成无罪证据。属于言词证据的有：妇女张某的证言；化工厂调度员证明司机杨某17日早晨驾车从乙市返回甲市，下车后神色慌张的证言；同车陈某的没有发生交通事故的证言；司机杨某的没有发生交通事故的辩解；法医对被害人进行鉴定所作出的结论。

论述题与深度思考题

1. 关于证人提供证言，世界各国的法律原则上都规定，证人要在法庭上以口头形式向法庭陈述，只有在例外情况下，法庭可以在开庭前对证人采证，或证人以书面形式向法庭提供证言。法律之所以这样要求，目的在于保证证人证言的真实、可靠性。

完善的证人保护制度是保证证人出庭的前提。立法与司法上对证人保护存在许多不完善之处，从而挫伤、影响了证人作证的积极性、主动性。完善的证人保护制度有利于直接、言词原则在现代庭审制度中充分贯彻，有利于调动证人作证的积极性、主动性。

但是证人不愿作证和拒不出庭作证是当前困扰我国司法实践的一大难题。许多案件在侦查阶段证人不愿作证的现象也相当普遍。究其原因是多方面的，但其中一个重要的原因是法律未能对证人出庭作证建立真正的保护机制，使证人产生厌讼、畏讼心理，不敢出庭或不愿出庭作证，从而导致控辩式诉讼模式流于形式。

目前，《刑事诉讼法》第63条规定：人民法院、人民检察院和公安机关应当保障证人及其近亲属的安全。对证人及其近亲属进行威胁、侮辱、殴打或者打击报复，构成犯罪的，依法追究刑事责任；尚不够刑事处罚的，依法给予治安管理处罚。《刑法》第308条规定：对证人进行打击报复的，处3年以下有期徒刑或者拘役；情节严重的，处3年以上7年以下有期徒刑。这是我国刑事诉讼法、刑法关于证人保护的最直接、明确的规定。这些规定，应当说对目前的证人保护起到了一定的作用，但是，我国的证人保护制度在立法和司法上还有许多不完善之处，主要表现在：(1) 法律对证人的保护措施规定笼统，缺乏可操作性。(2) 对于证人保护机关的职责法律规定不明。(3) 法律对证人保护缺乏预防性措施。

法律必须从明确证人保护对象的范围、明确各诉讼阶段的证人保护措施、明确相关机关的职责等多个方面来完善我国的证人保护制度。

2. 证人出庭作证，是指刑事诉讼证人在法院开庭审理案件过程中，出席法庭，当庭陈述和回答本人知道的案件事实。它是公民的一项法律义务，也是法庭查明案件的一种重要方式。刑事证人出庭作证，是刑事审判方式改革的重要内容。保证刑事证人出庭作证，是保证案件质量的手段。

证人制度的完善是2012年《刑事诉讼法》修改的重点，修改《刑事诉讼法》的决定中近九分之一的条文涉及证人制度。这凸显立法机关希望通过完善刑事证据制度、加强庭审对质，来提高办案质量，实现惩罚犯罪和保障人权的动态平衡，维护司法的公正和公信。例如《刑事诉讼法》第192条规定：公诉人、当事人或者辩护人、诉讼代理人对证人证言有异议，且该证人证言对案件定罪量刑有重大影响，人民法院认为证人有必要出庭作证的，证人应当出庭作证。2012年修改《刑事诉讼法》时针对司法实践中证人应当出庭而不出庭这一比较突出的现象，对证人出庭作证制度作出了较大的修改和补充，进一步完善了重要证人的出庭作证制度和强制证人出庭作证制度。其第193条规定：经人民法院通知，证人没有正当理由不出庭作证的，人民法院可以强制其到庭，但是被告人的配偶、父母、子女除外。证人没有正当理由拒绝出庭或者出庭后拒绝作证的，予以训诫，情节严重的，经院长批准，处以10日以下的拘留。被处罚人对拘留决定不服的，可以向上一级人民法院申请复议。复议期间不停止执行。这是关于强制证人出庭制度和对证人拒绝出庭作证的惩罚措施的规定。《刑事诉讼法》第65条规定：证人因履行作证义务而支出的交通、住宿、就餐等费用，应当给予补助。证人作证的补助列入司法机关业务经费，由同级政府财政予以保障。有工作单位的证人作证，所在单位不得克扣或者变相克扣其工资、奖金及其他福利待遇。《刑事诉讼法》对此问题加以明确规定，是对证人履行作证义务的一种保障。

证人不出庭作证的弊端有以下几方面：(1) 无法对证据进行质证，无法贯彻直接、言词原则。(2) 导致法庭交叉询问无法开展，使辩护制度名存实亡，审判方式改革的初衷也就难以达到。

3. 同案犯罪嫌疑人、被告人的口供又称攀供，是指在同一案件中，共同犯罪嫌疑人、被告人向公安、司法机关所作的供述和辩解，即在交代自己罪行的同时，又供述和检举其他同案犯罪嫌疑人、被告人的事实。我国现行立法对这一问题并无明文规定，司法实践中也做法各异，理论上对这一问题的认识主要有以下三种观点。

(1) 单一属性说。这种观点认为攀供仍是口供，不是证人证言。犯罪嫌疑人、被告人检举揭发同案其他犯罪嫌疑人、被告人的犯罪事实，仍属犯罪嫌疑人、被告人供述和辩解的一部分，不能用作证人证言。同案犯罪嫌疑人、被告人是案件的当事人，案件与他们有直接的利害关系，因此同案犯罪嫌疑人、被告人互相揭发、检举中往往真假难辨，出现互相包庇或互相推诿的可能性极大，比证言要复杂得多。把攀供视为证人证言，违背了口供补强规则，易造成冤假错案。

(2) 双重属性说。这种观点认为同案犯罪嫌疑人、被告人既是犯罪嫌疑人、被告人，又是证人，其口供既是犯罪嫌疑人、被告人供述又是证人证言。攀供的内容是检举揭发他人的犯罪事实，实际上也是向公安、司法机关陈述他所了解的案件事实，这与证人证言并无实质区别。虽同案犯罪嫌疑人、被告人之间往往有利害冲突，但证人有时也与案件当事人有利害关系，而法律并未禁止这类人作证。并且这并不违反口供补强规则，因为《刑事诉讼法》中所讲的“犯罪嫌疑人、被告人”是指单个的犯罪嫌疑人、被告人而非一个集合概念。“其他证据”当然包括同案其他犯罪嫌疑人、被告人的供述。

(3) 原则加例外说。这种观点主张原则上同案犯罪嫌疑人、被告人攀供的属性仍是犯罪嫌疑人、被告人口供，不能作为证人证言使用，但是在特殊情况下可以起到证人证言的作用。这些特殊情况具体来说包括：其一，实行非同一诉讼程序审理的共同犯罪案件先受审并结案的被告人的口供可以作为后审理案件中的证人证言，当两案中被告人供述一致，并排除串供的可能性时，可以作为定案的依据；其二，人民检察院对某一被告人作出不起诉决定后，该被告人的口供可以作为同案被告人的证人证言；其三，同案被告人揭发自己并未参加的其他同案犯的犯罪事实，由于并不涉及本案案情及共同被告人行为情节的轻重，因而如果查证属实，可以作为证据使用；其四，共同犯罪的基本事实已经查清，而对某些情节确无其他证据，这时可以根据同案被告人的一致供述认定。

第三种观点建立在同案被告人的口供与证人证言区分的基础上，但又考虑了具体的案件情况，比较符合实际，目前已得到大多数学者的认可。

第十章　证　明

知识逻辑图

- 证明
  - 证明概述
    - 概念：公安、司法机关在刑事诉讼中依照法定程序，运用证据来查明和确定案件事实的诉讼活动
    - 特征
      - 证明的任务是确定案件的真实情况
      - 证明具有职责性和义务性
      - 证明具有严格法律要求
      - 从内容上看，证明贯穿刑事诉讼全过程；从证明方法上看，证明是事实推断与逻辑推断相结合
  - 证明对象
    - 概念：需用证据加以证明的与案件有关的各种问题
    - 范围
      - 犯罪行为是否已发生
      - 犯罪行为实施者的情况及主观方面
      - 依法应从重或从轻、减轻以及免除刑事处罚的情节
      - 解决刑事诉讼程序问题需要证明的事实
      - 其他需运用证据加以证明的事实
  - 证明要求
    - 概念：法律规定的公安、司法人员运用证据证明案件事实要求达到的程度
    - 我国的证明要求：案件事实清楚，证据确实、充分
    - 疑案从无的原则
  - 证明责任与举证责任
    - 证明责任：公安、司法机关应承担收集证据、提供证据、证明案件事实的法律责任
    - 举证责任：控辩双方在向法院提出自己诉讼主张的同时，应承担提供证据加以证明的责任，使法官确信，其举出的证据事实能够证明其诉讼主张的确实性
- 证据的收集与运用
  - 收集证据的要求
    - 合法性
    - 及时性
    - 深入实际，采用专门手段和依靠群众相结合
    - 客观全面
    - 深入细致
  - 审查判断证据的要求
    - 审查来源是否可靠
    - 审查证据具体内容是否真实、证据和条件事实有无必然联系
    - 审查各证据间的关系
    - 审查证据是否充分
  - 运用证据认定案件的要求
    - 重证据，重调查研究，不轻信口供原则
    - 严禁刑讯逼供原则
    - 一切证据必须查明属实，才能作为定案根据
    - 案件事实情节清楚，并有相应证据予以证明
    - 必须忠实于事实真相原则

名词解释与概念比较

1. 证据能力与证明力（考研）
2. 证明责任、证明标准（考研）
3. 证据与证明（考研）

选择题

（一）单项选择题

1. 赵某是某国家机关工作人员，2013 年 9 月被人民检察院以巨额财产来源不明罪向人民法院提起公诉。在法庭审判过程中，赵某认为根据刑事诉讼中的证明责任的分配规则，其不需要证明自己巨额财产来源的合法性，相反，应当由公诉方证明巨额财产来源的非法性。赵某的主张是否正确？（　）

A. 正确，因为刑事诉讼中应当由控方承担证明被告人有罪的责任，而且其证明必须达到确实充分的程度

B. 正确，在刑事诉讼中被告人既不承担证明自己无罪的责任，也不承担证明自己有罪的责任

C. 错误，因为在巨额财产来源不明的案件中，控方不承担证明责任

D. 错误，在巨额财产来源不明的案件中，控方只需证明被告人的财产与合法收入之间存在较大差距，而不需要证明该财产差额来源的非法性，被告人如果不能证明其来源的合法性，则被判有罪

2. 冯某杀人一案经人民检察院提起公诉后，人民法院决定开庭审判。在法庭审理过程中，人民检察院向法庭出示了未到庭的鉴定人何某所作的意见，并且证人胡某也出庭作了证。人民法院在核实、分析各种证据并听取了冯某的辩护和最后陈述之后，最终对被告人冯某作出了有罪判决。试问：在本案中，对冯某犯罪事实负有证明责任的是谁？（　）

A. 冯某　　B. 何某

C. 胡某　　D. 人民检察院

3. 在张某故意杀人一案中，下列哪个事实不需要用证据来加以证明？（　）

A. 是否存在排除张某行为违法性的事实

B. 是否存在排除张某行为可罚性的事实

C. 行为和危害结果之间有无因果关系

D. 杀人工具的生产厂家和出厂日期

4. 在我国，根据刑事诉讼法的有关规定和司法实践以及诉讼理论，在一起绑架案中，公安机关决定对犯罪嫌疑人童某实施逮捕，于是向人民检察院提交了提请批准逮捕书。人民检察院最终批准了逮捕。在本案中，对逮捕童某的决定负有证明责任的有（　）。

A. 童某　　B. 公安机关

C. 人民检察院　　D. 本案的被害人

5. 下列关于证据的说法中正确的是（　）。

A. 证据之所以具有证明力，是因为证据的关联性

B. 说明某人有暴力倾向的材料与证明其实施了故意伤害行为的犯罪事实具有关联性

C. 在我国，以饥饿、不让睡觉的手段逼取的犯罪嫌疑人供述可以作为定案的根据

D. 在我国，非法取得的言词证据被予以排除的理由是这些证据不具有客观性

6. 下列案件中能够作出有罪认定的是哪一选项？（　）（司考）

A. 甲供认自己强奸了乙，乙否认，该案没有其他证据

B. 甲指认乙强奸了自己，乙坚决否认，该案没有其他证据

C. 某单位资金 30 万元去向不明，会计说局长用了，局长说会计用了，该案没有其他证据

D. 甲乙二人没有通谋，各自埋伏，几乎同时向丙开枪，后查明丙身中一弹，甲乙对各自犯罪行为供认不讳，但收集到的证据无法查明这一枪到底是谁打中的

7. 甲、乙两家曾因宅基地纠纷诉至法院，尽管有法院生效裁判，但甲、乙两家关于宅基地的争议未得到根本解决。一日，甲、乙因各自车辆谁先过桥引发争执，继而扭打。甲拿起车上的柴刀砍中乙颈部，乙当场死亡。对此，下列哪一选项是不需要用证据证明的免证事实？（　）（司考）

A. 甲的身份状况

B. 甲用柴刀砍乙颈部的时间、地点、手段、后果

C. 甲用柴刀砍乙颈部时精神失常

D. 法院就甲乙两家宅基地纠纷所作出的裁判事项

8. 关于证据的审查判断，下列哪一说法是正确的？（　　）（司考）

A. 被害人有生理缺陷，对案件事实的认知和表达存在一定困难，故其陈述在任何情况下都不得采信

B. 与被告人有利害冲突的证人提供的对被告人不利的证言，在任何情况下都不得采信

C. 公安机关制作的放火案的勘验、检查笔录没有见证人签名，一律不得采信

D. 搜查获得的杀人案凶器，未附搜查笔录，不能证明该凶器来源，一律不得采信

9. 关于辨认程序不符合有关规定，经补正或者作出合理解释后，辨认笔录可以作为证据使用的情形，下列哪一选项是正确的？（　　）（司考）

A. 辨认前使辨认人见到辨认对象的

B. 供辨认的对象数量不符合规定的

C. 案卷中只有辨认笔录，没有被辨认对象的照片、录像等资料，无法获悉辨认的真实情况的

D. 辨认活动没有个别进行的

10. 关于证人证言的收集程序和方式存在瑕疵，经补正或者作出合理解释后，可以作为证据使用的情形，下列哪一选项是正确的？（　　）（司考）

A. 询问证人时没有个别进行的

B. 询问笔录反映出在同一时间内，同一询问人员询问不同证人的

C. 询问聋哑人时应当提供翻译而未提供的

D. 没有经证人核对确认并签名（盖章）、捺指印的

11. 关于《刑事诉讼法》规定的证明责任分担，下列哪一选项是正确的？（　　）（司考）

A. 公诉案件中检察院负有证明被告人有罪的责任，证明被告人无罪的责任由被告方承担

B. 自诉案件的证明责任分配依据“谁主张，谁举证”的法则确定

C. 巨额财产来源不明案中，被告人承担说服责任

D. 非法持有枪支案中，被告人负有提出证据的责任

（二）多项选择题

1. 某市监察委员会接到举报后，对张某的受贿行为进行立案调查，经过调查和审查起诉后，发现指控其受贿罪的证据不足。但是张某拥有小别墅一栋、私家宝马车一部，另有近百万元银行存款，犯罪嫌疑很大。如果检察机关要追究张某的刑事责任，对张某提起公诉，需要证明下列哪些事项？（　　）（司考）

A. 张某是国家机关工作人员

B. 张某是国家工作人员

C. 张某的合法收入数、实际财产数以及二者之间的差距为 30 万元以上

D. 上述 C 项中所指差距部分的来源情况

2. 关于我国刑事诉讼中证明责任的分担，下列说法正确的是（　　）。（司考）

A. 犯罪嫌疑人应当如实回答侦查人员的提问，承担证明自己无罪的责任

B. 自诉人对其控诉承担提供证据予以证明的责任

C. 律师进行无罪辩护时必须承担提供证据证明其主张成立的责任

D. 在巨额财产来源不明案中，检察机关应当证明国家工作人员的财产明显超过合法收入且差额巨大这一事实的存在

3. 作为刑事诉讼证明对象的实体法事实具体是指（　　）。（考研）

A. 有关犯罪构成要件的事实

B. 有关回避的事实

C. 作为从重、从轻、减轻、免除刑事处罚理由的事实

D. 犯罪嫌疑人、被告人的个人情况

E. 犯罪嫌疑人、被告人犯罪后的表现

4. 2018 年 10 月 5 日国庆节放假期间，一名 17 岁的职业高中学生小刚潜入某单位办公室，窃得手提电话 3 部。在公安机关对此案进行侦查时，下列哪些内容属于刑事诉讼的证明对象？（　　）

A. 小刚盗窃的事实

B. 小刚的年龄

C. 2018年国庆节期间放长假的事实

D. 小刚犯罪后的表现

5. 检察院的起诉书称，郑某作案时已满18周岁，他以带孩子去划船为名，当船行至水库中央时，故意将刚满1周岁的女婴抛入水库，使其溺水而死。据此，本案公诉人在法庭审理时应主要证明哪些事实？（　　）（司考）

A. 郑某作案时已满18周岁

B. 郑某的行为系故意

C. 该女婴不会游泳

D. 该女婴已因溺水而死亡

6.《刑事诉讼法》规定，犯罪嫌疑人应当如实回答侦查人员有关本案的提问。该项规定意味着犯罪嫌疑人不享有沉默权。嫌疑人如果始终保持沉默将会产生什么样的后果？（　　）（司考）

A. 在对其定罪以后，可以作为从重处罚的根据

B. 可以将其沉默直接作为定罪的根据

C. 由于没有犯罪嫌疑人的供述故不能终结刑事侦查

D. 如果其他证据充分确定，足以认定被告人有罪，仍然可以侦查终结

7. 石某杀人后弃尸河中。在法庭审理中，对下列哪些事实不必提出证据证明？（　　）（司考）

A. 被弃尸的河流从案发村镇穿过的事实

B. 刑法关于杀人罪的法律规定

C. 检察机关和石某都没有异议的案件基本事实

D. 石某的精神状态

8. 关于刑事诉讼中的证明责任，下列哪些选项是正确的？（　　）（司考）

A. 总是与一定的积极诉讼主张相联系，否认一方不负证明责任

B. 总是与一定的不利诉讼后果相联系，受到不利裁判的不一定承担证明责任

C. 是提出证据责任与说服责任的统一，提出证据并非完全履行了证明责任

D. 是专属于控诉方独自承担的责任，具有一定的责任排他性

9. 关于非法证据的排除，下列哪些说法是正确的？（　　）（司考）

A. 非法证据排除的程序，可以根据当事人等申请而启动，也可以由法庭依职权启动

B. 申请排除以非法方法收集的证据的，应当提供相关线索或者材料

C. 检察院应当对证据收集的合法性加以证明

D. 只有确认存在《刑事诉讼法》第56条规定的以非法方法收集证据的情形时，才可以对有关证据予以排除

10. 在法庭审理过程中，被告人屠某、沈某和证人朱某提出在侦查期间遭到非法取证，要求确认其审前供述或证言不具备证据能力。下列哪些情形下应当根据法律规定排除上述证据？（　　）（司考）

A. 将屠某“大”字形吊铐在窗户的铁栏杆上，双脚离地

B. 对沈某进行引诱，说“讲了就可以回去”

C. 对沈某进行威胁，说“不讲就把你老婆一起抓进来”

D. 对朱某进行威胁，说“不配合我们的工作就把你关进来”

11. 下列哪些选项属于刑事诉讼中的证明对象？（　　）（司考）

A. 行贿案中，被告人知晓其谋取的系不正当利益的事实

B. 盗窃案中，被告人的亲友代为退赃的事实

C. 强奸案中，用于鉴定的体液检材是否被污染的事实

D. 侵占案中，自诉人申请期间恢复而提出的其突遭车祸的事实，且被告人和法官均无异议

12. 关于我国刑事诉讼的证明主体，下列哪些选项是正确的？（　　）（司考）

A. 故意毁坏财物案中的附带民事诉讼原告人是证明主体

B. 侵占案中提起反诉的被告人是证明主体

C. 妨害公务案中就执行职务时目击的犯罪情况出庭作证的警察是证明主体

D. 证明主体都是刑事诉讼主体

（三）不定项选择题

1. 指控王某犯有巨额财产来源不明罪，首先应当承担证明其财产或者支出明显超过合法收入且差额巨大的证明责任的，是下列选项中的哪些

机关或人员？（　　）（司考）

A. 人民检察院　　B. 举报人

C. 王某本人　　D. 王某的所在单位指控

2. 齐某在抢劫时被蔡某等人当场抓获，扭送到公安局。公安机关讯问齐某时，齐某指认参与抓获的蔡某曾强奸过妇女艾某。在公安机关对蔡某强奸案侦查的过程中，受害妇女艾某证实曾遭强奸，所描述的作案人的体貌特征与蔡某的相似，但因时隔一年，经辨认却又不能肯定作案人是蔡某。讯问蔡某时，蔡某不承认。后因侦查人员逼供，蔡某被迫承认，但所供述的内容与艾某所述作案过程在细节上多有不符。本案虽无其他证据，但检察院仍决定对蔡某提起公诉。问：本案有哪些证据材料？（　　）（司考）

A. 只有被告人口供和被害人陈述

B. 具有证人证言

C. 具有 A、B 所列证据材料

D. 并无任何证据材料

3. 法庭审理一起盗窃案。辩护律师出示、宣读了一份其本人在审查起诉阶段向证人王某调查的谈话笔录，证明盗窃案件发生时，被告人与证人王某在一起看电视，没有作案时间。公诉人对谈话笔录提出了质证意见。下列缺乏法律依据的质证意见是（　　）。（司考）

A. 此谈话笔录仅由辩护人与证人二人谈话形成，不合法

B. 此谈话笔录只有证人王某签字而没有按手印，无效

C. 此谈话笔录在王某家中形成，不合法

D. 辩护人找王某调查未经办案机关批准，不合法

简答题

1. 运用间接证据应遵守哪些规则？（考研）

2. 刑事诉讼中举证责任是如何承担的？（考研）

3. 简述刑事诉讼证明的概念。（考研）

4. 简述逮捕的证明要求与定罪的证明之间的区别。（考研）

5. 简述刑事证据的证据能力。（考研）

6. 我国刑事诉讼的证明要求是什么？你如何看待？（考研）

案例分析题

1. ××××年 7 月 12 日凌晨，在河北一所监狱职工宿舍内发生一起监狱干部夫妇二人被刺杀的案件。警方对现场实施了勘查。现场有大量的被害人的血迹，警方在现场发现一双不属于被害人的 41 码棕色皮凉鞋、一把带血的警用匕首和黑柄水果刀，警方在现场还提取了 5 根毛发。据被害人陈述，犯罪嫌疑人系穿着迷彩服的蒙面人，身材和走路的姿态像该监狱政治处干部李某某。警方对李某某采取了强制措施，在李某某家搜查到一件迷彩服和一双李某某穿过的 42 码皮鞋，还提取了李某某的血样送检。DNA 鉴定表明，在现场提取的毛发与李某某的血样一致；但物证检验表明，在李某某家搜查到的一件迷彩服上没有发现任何血迹。本案中，没有证据证实现场遗留的匕首和水果刀属于李某某所有；李某某的妻子证实，案发时李某某与自己在同一房间。经过讯问和刑讯逼供，犯罪嫌疑人李某某作出了有罪供述。在其供述中，李某某称将血衣藏在了案发现场的门外，而警方一直没有找到溅有血迹的迷彩服。一审法院认定被告人李某某犯故意杀人罪，并判处被告人李某某死刑。

问：(1) 本案中哪些证据材料属于间接证据、哪些属于直接证据？对此直接证据的证据资格有什么样的证据规则？本案是否应当采用这些直接证据材料？如果没有直接证据，本案依据间接证据是否可以认定被告人有罪并处以刑罚？

(2) 依据我国刑事诉讼法的规定，本案是否达到有罪判决的证明标准？本案应当如何处理？

2. 某人民法院对被告人张某涉嫌抢劫一案，经过认真审理，认定检察官指控被告人有罪的关键证据——证人证言、书证、物证等已达到确实、充分的程度。但是，被告人在整个审判过程中始终保持沉默。请问：人民法院能否对被告人张某定罪判刑？为什么？（考研）

3. 案情：东湖市花园小区发生一起入室抢劫杀人案，犯罪现场破坏严重，未发现有价值的痕迹物证。经查，李某有重大犯罪嫌疑，其曾因抢

劫被判有期徒刑12年，刚刚刑满释放，案发时小区保安见李某出入小区。李某被东湖市公安局立案侦查并被逮捕羁押。审讯期间，在保安的指认下，李某不得不承认其在小区他处入室盗窃3 000元，后经查证属实。但李某拒不承认抢劫杀人行为。审讯人员将李某提到公安局办案基地对其实施了捆绑、吊打、电击等行为，三天三夜不许吃饭，不许睡觉，只给少许水喝，并威胁不坦白交代抢劫杀人罪行、认罪态度不好法院会判死刑。最终，李某按审讯人员的意思交代了抢劫杀人的事实。在此期间，侦查人员还对李某的住处进行了搜查，提取并扣押了李某鞋子等物品，当场未出示搜查证。

东湖市人民检察院经审查起诉后，就案件向东湖市中级人民法院提起公诉。庭审中，应李某辩护人的申请，法庭启动了排除非法证据程序。

问：(1) 本案中哪些行为收集的证据属于非法证据？哪些非法证据应当予以排除？

(2) 本案中负有排除非法证据义务的机关有哪些？

(3) 针对检察院的指控，东湖市中级人民法院应当如何判决本案？

(4) 结合本案，简述非法证据排除规则的完善过程，阐明非法证据排除规则的诉讼价值。

(5) 结合本案，简要说明刑事诉讼法保障刑法实施的价值。

答题要求：(1) 根据法律、司法解释规定及刑事诉讼法理知识作答；

(2) 无本人观点或论述，照抄材料原文不得分；

(3) 观点明确，逻辑清晰，说理充分，文字通畅；

(4) 请按提问顺序逐一作答，总字数不得少于800字。

论述题与深度思考题

1. 试论非法证据排除原则。(考研)

2. 客观真实、法律真实及其与刑事诉讼证明标准的关系。(考研)

3. 我国《刑法》第395条规定，“国家工作人员的财产、支出明显超过合法收入，差额巨大的，可以责令该国家工作人员说明来源，不能说明来源的，差额部分以非法所得论”。请结合这一规定回答下列问题：

(1) 刑事诉讼中证明责任的一般分配原则是什么？

(2) 在“巨额财产来源不明”案件中，被告人应否承担证明责任？如果应当承担，被告人与公诉人是如何分担证明责任的？(考研)

4. 我国《刑事诉讼法》第50条规定，可以用于证明案件事实的材料，都是证据。证据包括：(1) 物证；(2) 书证；(3) 证人证言；(4) 被害人陈述；(5) 犯罪嫌疑人、被告人供述和辩解；(6) 鉴定意见；(7) 勘验、检查、辨认、侦查实验等笔录；(8) 视听资料、电子数据。证据必须经过查证属实，才能作为定案的根据。

请问：从理论上阐释，在刑事诉讼中证据材料是如何转化成定案根据的？(考研)

5. 案情：某日凌晨，A市某小区地下停车场发现一具男尸，经辨认，死者为刘某，永达房地产公司法定代表人。停车场录像显示一男子持刀杀死了被害人，但画面极为模糊。小区某保安向侦查人员证实其巡逻时看见形似刘四的人拿刀捅了被害人后逃走（开庭时该保安已辞职，无法联系）。侦查人员在现场提取了一只白手套、一把三棱刮刀（由于疏忽，提取时未附笔录）。侦查人员对现场提取的血迹进行了ABO血型鉴定，认定其中的血迹与犯罪嫌疑人刘四的血型一致。

刘四到案后经几次讯问均不认罪，后来交代了杀人的事实并承认系被他人雇佣而为。公安机关据此抓获了另外两名犯罪嫌疑人——康雍房地产公司开发商张文、张武兄弟。

侦查终结后，检察机关提起公诉，认定此案系因开发某地块利益之争，张文、张武雇用社会人员刘四杀害了被害人。

但在法庭上，张氏兄弟、刘四同时翻供，称侦查中受到严重刑讯，不得不按办案人员意思供认，但均未向法庭提供非法取证的证据或线索，未申请排除非法证据。

公诉人指控定罪的证据有：1) 小区录像；2) 小区保安的证言；3) 现场提取的白手套、三棱刮刀；4) ABO血型鉴定意见；5) 侦查预审中三被告人的有罪供述及其相互证明。三被告人对以上证据均提出异议，主张自己无罪。

问题：

（1）请根据《刑事诉讼法》及相关司法解释的规定，对以上证据分别进行简要分析，并作出是否有罪的结论。

（2）请结合本案，谈谈对《中共中央关于全面推进依法治国若干重大问题的决定》中关于“推进以审判为中心的诉讼制度改革，确保侦查、审查起诉的案件事实证据经得起法律的检验”这一部署的认识。

答题要求：

（1）无本人分析、照抄材料原文不得分；

（2）结论、观点正确，逻辑清晰，说理充分，文字通畅；

（3）请按问题顺序作答，总字数不得少于 800 字。

参考答案

名词解释与概念比较

1. 证据能力又称为证明能力、证据资格，是指在法律上允许证据资料作为证据的资格。证据能力主要与证据的合法性有关，涉及的是证据的可采性问题。证明力是指证据所具有的对案件事实的证明作用，也就是证据对证明案件事实的价值。证明力与证据的关联性关系比较紧密，如果证据与案件事实之间的联系紧密，那么该证据的证明力较强。刑事证据的证明力不同于证据能力，两者是既不相同又相互联系的刑事证据的两个基本特性。凡是可以被采纳的证据，即具有证据能力的证据，都必须具有关联性。但具有关联性的证据，则不一定都可以被采纳，仍有可能出于某种原因或由于某种特殊规则而被排除。同时，证据能力是从形式方面考察证据的资格，证明力则是从实质方面考察证据的价值有无及价值大小。

2. 证明责任是指公安、司法机关应当承担收集依据，提供证据，证明案件事实的法律责任。证明标准，又称为证明要求，是指法律规定的公安、司法人员运用证据证明案件事实要求达到的程度。证明标准与证明责任密切相关，在刑事诉讼中是否达到了证明标准，往往也是检验是否履行了证明责任的标准。证明标准要求承担证明责任的司法机关和个人应当依法提供证据来证明案件事实，否则就要承担不履行证明责任的法律后果。

3. 证据与证明两者相互联系，证据就是证明的依据，证明是运用证据说明待证事实的活动，是实现刑事诉讼证据价值的重要方法。离开证明活动，任何证据将毫无意义；没有证据，任何证明都无法实现。但是证据与证明毕竟不同：（1）证据是一种事实，证明是一种诉讼活动；（2）证据是静态的，证明是动态的。

选择题

（一）单项选择题

1. D

《刑法》第 395 条规定了巨额财产来源不明罪的特殊的证明责任，即要由国家工作人员承担说明不明巨额财产的来源的责任，而控方只需证明被告人的财产与合法收入之间存在较大差距即可。

2. D

公诉案件的证明责任一般情况下是由控方即人民检察院承担，被告人不需对自己的犯罪事实承担证明责任，因此选 D 项。

3. D

本题中杀人工具的生产厂家和出厂日期与张某杀人没有直接联系，不需要证明。

4. B

证明责任是指公安、司法机关应收集证据、提供证据证明案件事实的责任。对逮捕的申请是由公安机关进行的，因此对逮捕的证明责任是由公安机关承担的。

5. A

证据之所以具有证明力，是因为证据的关联性，而不是因为证据的客观性。具有客观性的事实材料如果与案件没有关联性，就没有证明力。所以选项 A 正确。证据理论一般认为，某个人的特定品格在证明该人在特定条件下实施了与此品格相一致的行为上，不具有关联性，因此选项 B 错误。理论上一般认为，“刑讯逼供或者威胁、引诱、欺骗等非法的方法”应当包括饥饿、不让睡觉等肉体痛苦的方法，所以选项C说用这种方式取得的供述可以作为定案根据是错误的。在我国排除非法取得的言词证据的理由不是这些证据不具有客观性，非法取得的证据也可能是真实的，但即使是真实的，也应当予以排除。所以，选项D也错误。

6. D

《刑事诉讼法》第55条规定：对一切案件的判处都要重证据，重调查研究，不轻信口供。只有被告人供述，没有其他证据的，不能认定被告人有罪和处以刑罚；没有被告人供述，证据确实、充分的，可以认定被告人有罪和处以刑罚。根据此规定，A项中不能作出有罪认定。而B项中仅有被害人陈述，没有其他证据，不能达到证据确实、充分的证明标准，还需要其他证据补强。C项中仅有两个犯罪嫌疑人之间的互相指责，无其他证据，不能形成一条证据锁链。D项中，虽然就收集到的证据而言无法查明是谁打中被害人，但至少现有的证据能证明甲、乙二人均有犯罪故意，都有犯罪行为，故能够对甲、乙二人作出有罪认定。

7. D

《高法刑诉解释》第64条规定：应当运用证据证明的案件事实包括：（1）被告人、被害人的身份；（2）被指控的犯罪是否存在；（3）被指控的犯罪是否为被告人所实施；（4）被告人有无刑事责任能力，有无罪过，实施犯罪的动机、目的；（5）实施犯罪的时间、地点、手段、后果以及案件起因等；（6）被告人在共同犯罪中的地位、作用；（7）被告人有无从重、从轻、减轻、免除处罚情节；（8）有关附带民事诉讼、涉案财物处理的事实；（9）有关管辖、回避、延期审理等的程序事实；（10）与定罪量刑有关的其他事实。认定被告人有罪和对被告人从重处罚，应当适用证据确实、充分的证明标准。《人民检察院刑事诉讼规则（试行）》第437条第2项规定，人民法院生效裁判所确认的并且未依审判监督程序重新审理的事实不必提出证据进行证明。故本题选D项。

8. D

《刑事诉讼法》第62条规定：凡是知道案件情况的人，都有作证的义务。生理上、精神上有缺陷或者年幼，不能辨别是非、不能正确表达的人，不能作证人。据此可知，虽然被害人有生理缺陷，但如果就其所认知和表达的事实而言，其具有认知和辨别能力，则其陈述就可以采信。所以A项错误。与被告人有利害冲突的人提供的对被告人不利的证言不能单独作为认定案件事实的证据，而非不能作为定案证据。故B项错误。《刑事诉讼法》第133条规定，勘验、检查的情况应当写成笔录，由参加勘验、检查的人和见证人签名或者盖章。由此可见，见证人可以签名也可以盖章，而不是必须签名。所以C项错误。《刑事诉讼法》第140条规定，搜查的情况应当写成笔录，由侦查人员和被搜查人或者他的家属、邻居或者其他见证人签名或者盖章。如果被搜查人或者他的家属在逃或者拒绝签名、盖章，应当在笔录上注明。据此可知，搜查必须制作搜查笔录，仅有凶器而没有搜查笔录，不能证明凶器的来源，一律不得采信。故D项正确。

9. C

依据《办理死刑案件证据规定》第30条的规定，侦查机关组织的辨认，存在下列情形之一的，应当严格审查，不能确定其真实性的，辨认结果不能作为定案的根据：（1）辨认不是在侦查人员主持下进行的。（2）辨认前使辨认人见到辨认对象的。（3）辨认人的辨认活动没有个别进行的。（4）辨认对象没有混杂在具有类似特征的其他对象中，或者供辨认的对象数量不符合规定的；尸体、场所等特定辨认对象除外。（5）辨认中给辨认人明显暗示或者明显有指认嫌疑的。有下列情形之一的，通过有关办案人员的补正或者作出合理解释的，辨认结果可以作为证据使用：（1）主持辨认的侦查人员少于二人的；（2）没有向辨认人详细询问辨认对象的具体特征的；（3）对辨认经过和结果没有制作专门的规范的辨认笔录，或者辨认笔录没有侦查人员、辨认人、见证人的签名或者盖章的；（4）辨认记录过于简单，只有结果没有过程的；（5）案卷中只有辨认笔录，没有被辨认对象的照片、录像等资料，无法获悉辨认的真实情况的。本题中A、B、D三项均属于不能作为定案根据的辨认笔录，而C项属于经补正或者作出合理解释后，可以作为证据使用的辨认笔录。故本题的正确答案为C项。

10. B

《办理死刑案件证据规定》第13条规定，具有下列情形之一的证人证言，不能作为定案的根据：（1）询问证人没有个别进行而取得的证言；（2）没有经证人核对确认并签名（盖章）、捺指印的书面证言；（3）询问聋哑人或者不通晓当地通用语言、文字的少数民族人员、外国人，应当提供翻译而未提供的。第14条规定，证人证言的收集程序和方式有下列瑕疵，通过有关办案人员的补正或者作出合理解释的，可以采用：（1）没有填写询问人、记录人、法定代理人姓名或者询问的起止时间、地点的；（2）询问证人的地点不符合规定的；（3）询问笔录没有记录告知证人应当如实提供证言和有意作伪证或者隐匿罪证要负法律责任内容的；（4）询问笔录反映出在同一时间段内，同一询问人员询问不同证人的。由上述法条可知，A、C、D三项的证人证言，均不能作为定案的根据；B项的证人证言，经补正或者作出合理解释后，可以作为证据使用。故本题选择B项。

11. D

选项A错在“证明被告人无罪的责任由被告方承担”，因为一般而言，证明责任就是由控诉方承担，否认者并不承担证明自己无罪的责任。在选项B中，自诉案件的证明责任分配不仅仅遵循“谁主张、谁举证”的法则，还遵循“否认者不负证明责任”的法则，比如被告人主张自己无罪，被告人对该消极主张就不承担证明责任，故选项B错误。在选项C、D中，在少数持有类的特定案件中，被告人也负有提出证据的责任，而非说服责任，故选项C错误，选项D正确。

（二）多项选择题

1. BC

证明对象是指需要用证据加以证明的、与刑事案件有关的各种问题。证明对象与证明责任有很紧密的关联。在一般情况下，刑事诉讼中应遵循控方举证证明犯罪嫌疑人、被告人有罪的原则，但刑法规定的巨额财产来源不明罪是一个典型的例外，要由犯罪嫌疑人、被告人承担说明超过合法收入的那部分财产的来源的责任，除此以外的其他的构成要件事实仍然由人民检察院承担举证责任。由此，本题不应选D项。而C项所述明显不属于来源情况，应由控方举证。刑法规定的巨额财产来源不明罪的犯罪主体是国家工作人员而非国家机关工作人员，因此B项应选。

2. BD

刑事诉讼法中证明责任的分担可以归纳为如下三点：（1）在自诉案件中，证明责任由自诉人承担；（2）在公诉案件中证明责任由公安机关、人民检察院承担；（3）犯罪嫌疑人、被告人一般情况下不承担证明自己无罪的责任，但在巨额财产来源不明犯罪以及某些持有型犯罪中，犯罪嫌疑人、被告人也应承担部分证明责任。

注意：犯罪嫌疑人、被告人及其辩护人为证明罪轻或者无罪，可以通过提供证据来举证，但是这是基于辩护权所进行的行为而不是证明责任的承担，权利是可以放弃的，但是从责任角度讲，如果不举证则有败诉的风险。所以A、C两项都错误。

3. ACDE

实体法事实是指对解决案件的实体处理即定罪量刑问题具有法律意义的事实，主要包括有关犯罪构成要件的事实、影响量刑轻重的事实、排除行为违法性和可罚性的事实、被告人的个人情况等。题中B项为程序法事实。

4. ABD

证明对象是要用证据加以证明的与案件有关的事实，根据《高法刑诉解释》第64条的规定，应当运用证据证明的案件事实包括：（1）被告人、被害人的身份；（2）被指控的犯罪是否存在；（3）被指控的犯罪是否为被告人所实施；（4）被告人有无刑事责任能力，有无罪过，实施犯罪的动机、目的；（5）实施犯罪的时间、地点、手段、后果以及案件起因等；（6）被告人在共同犯罪中的地位、作用；（7）被告人有无从重、从轻、减轻、免除处罚情节；（8）有关附带民事诉讼、涉案财物处理的事实；（9）有关管辖、回避、延期审理等的程序事实；（10）与定罪量刑有关的其他事实。由此可以看出，本题中C项与案件关联不大，不是证明对象。

5. ABD

根据《高法刑诉解释》第64条的规定可以推出，A项是犯罪主体的要件，B项是犯罪主观方面的要件，D项是犯罪的危害后果，属客观方面。

6. AD

我国《刑事诉讼法》第55条规定：对一切案

件的判处都要重证据，重调查研究，不轻信口供。只有被告人供述，没有其他证据的，不能认定被告人有罪和处以刑罚；没有被告人供述，证据确实、充分的，可以认定被告人有罪和处以刑罚。据此，B、C两项皆排除，D项入选。虽然法律规定了犯罪嫌疑人有如实回答的义务，但是并未规定保持沉默的法律后果。根据刑事诉讼法的规定不足以推出犯罪嫌疑人保持沉默就要遭受不利后果的结论，但是可认为其认罪态度不好，视为从重情节，仍可推出A项所述正确。

7. AB

河流从案发村镇穿过的事实与案情没有实质性关联，因此不属于证明对象的范围。刑法当中的规定属于法官职务上应当熟知的事实，属于免证事实。而C项中检察机关和石某均无异议的案件基本事实，仍然需要进行证明。石某的精神状态与定罪量刑相关，因此也是属于证明对象的范围。故本题选A、B项。

8. ABC

证明责任具有以下特点：(1) 证明责任总是与一定的积极诉讼主张相联系的，如果证明责任的一方没有履行证明责任，否认一方不负证明责任；(2) 证明责任是提供证据责任和说服责任的统一；(3) 证明责任总是和一定的不利诉讼后果相联系。根据上述证明责任的特点可知，A、B、C三项正确。

9. ABC

本题考查非法证据排除的程序。依据《刑事诉讼法》第58条的规定，法庭审理过程中，审判人员认为可能存在该法第56条规定的以非法方法收集证据情形的，应当对证据收集的合法性进行法庭调查。当事人及其辩护人、诉讼代理人有权申请人民法院对以非法方法收集的证据依法予以排除。申请排除以非法方法收集的证据的，应当提供相关线索或者材料。故A、B两项正确。依据《刑事诉讼法》第59条第1款的规定，在对证据收集的合法性进行法庭调查的过程中，人民检察院应当对证据收集的合法性加以证明。故C项正确。依据《刑事诉讼法》第60条的规定，对于经过法庭审理，确认或者不能排除存在该法第56条规定的以非法方法收集证据情形的，对有关证据应当予以排除。故D项错误。

10. AD

《刑事诉讼法》第56条第1款规定："采用刑讯逼供等非法方法收集的犯罪嫌疑人、被告人供述和采用暴力、威胁等非法方法收集的证人证言、被害人陈述，应当予以排除。"据此，对证人不可采用威胁手段，故D项排除。《高法刑诉解释》第95条规定："使用肉刑或者变相肉刑，或者采用其他使被告人在肉体上或者精神上遭受剧烈疼痛或者痛苦的方法，迫使被告人违背意愿供述的，应当认定为刑事诉讼法第54条规定的'刑讯逼供等非法方法'。"故A项必须排除。2012年《刑事诉讼法》将原来的威胁、引诱、欺骗用"等"字概括，意即以一般性的威胁、引诱和欺骗手段获取的证据不再排除，故B、C两项不排除。本题选A、D项。

11. AB

A项正确，当选：为谋取不正当利益，给予国家工作人员以财物的，构成行贿罪。行贿罪的构成要件中，主观方面要求存在谋取不正当利益的主观故意，所以，"被告人知晓其谋取不正当利益的事实"应是被证明的实体法事实，属于刑事诉讼中的证明对象。B项正确，当选：盗窃罪案发以后，被告人或其家人代为退赃的事实，是《高法刑诉解释》第225条规定的法庭审理过程中应当进行调查的、与量刑有关的事实，属于刑事诉讼中的证明对象。C项错误，不可选：在强奸犯罪案中，用于鉴定的体液检材是否被污染的事实属于证据事实，案件事实情况是证明对象，而证据事实是证明手段，证据事实不是证明对象。D项错误，不可选：对于侵占罪案，自诉人申请期间恢复而提出的其突遭车祸的属于程序法事实，但被告人和法官均无异议，属于在法庭审理中不存在异议的免证事实，不属于刑事诉讼的证明对象。

12. ABD

刑事证明的主体是专门机关和诉讼当事人，故A、B项正确。就目击的犯罪情况出庭作证的警察是证人，不是证明主体，故C项错误。刑事诉讼主体是所有参与刑事诉讼活动，在刑事诉讼中行使权利、承担义务的国家专门机关和诉讼参与人。所有的证明主体都是刑事诉讼主体，故D项正确。

(三) 不定项选择题

1. A

巨额财产来源不明案件的证明责任一般由被

告人承担，但是检察机关仍要承担证明被告人合法收入与其财产之间差额巨大的责任。

2. C

本题的案例中齐某作了被告人供述，被害人艾某也作了陈述，同时齐某指认蔡某的犯罪是以证人身份指认，故选C项。

3. ABCD

根据《刑事诉讼法》第43条的规定，该谈话笔录仅由辩护人与证人二人谈话形成、只有证人王某签字而其没有按手印、在王某家中形成等都是合法的；而且是辩护律师向一般的证人调查取证不需要办案机关批准。

简答题

1. 间接证据具有较强的依赖性、关联性和排他性，这就决定了在运用间接证据时，必须经过复杂的推理过程，需要具体分析和综合研究。具体来说应当遵循以下一些基本规则：（1）必须审查每个间接证据本身是否真实可靠。（2）必须审查间接证据与案件事实有无客观的内在联系，防止把那些与案件毫无关系的材料当作间接证据加以收集和使用。（3）必须审查各个间接证据之间是否互相衔接、协调一致，互相印证，形成一个完整的证据锁链。（4）必须审查间接证据有无反证的可能性。

2. 举证责任是指控辩双方在向法院提出自己的诉讼主张的同时，应当承担提供证据加以证明的责任，使法官确信其举出的证据事实能够证明其诉讼主张的确实性。对控辩双方来说，如果不能依法履行举证责任，就可能要承担败诉的法律后果；对法院来说，如果控方不能依法履行举证责任，则控方指控的犯罪事实不能成立。基于刑事诉讼的特殊性，在遵守“谁主张，谁举证”这一古老的举证责任分担原则的基础上，刑事诉讼中的举证责任也有其特殊性。具体而言，我国刑事诉讼中举证责任的分担情况如下：（1）刑事公诉案件中，公诉机关承担举证责任，是举证责任的主体。（2）在自诉案件中，被害人及其法定代理人、近亲属承担举证责任，是举证责任的主体。（3）在刑事附带民事诉讼中，附带民事诉讼原告人是举证责任的主体。（4）人民法院没有举证责任，也不是举证责任的主体。（5）除法律另有规定外，被告人不承担证明自己无罪的责任，不能成为举证责任的主体。

3. 刑事诉讼中的证明是指公安、司法机关在刑事诉讼中依照法定程序，运用证据来查明和确定案件事实的诉讼活动。刑事诉讼中的证明活动一般有狭义和广义两种：狭义的证明是指侦查人员、检察人员和审判人员依照法定程序收集证据，审查判断证据，运用证据来确定有无犯罪，是谁实施了犯罪，犯罪人的罪责轻重，以及其他有关事实的诉讼活动；广义上的证明是指包括公安、司法人员依法运用证据确定案件事实的诉讼活动以外，还包括当事人和其他诉讼参与人依法提供证据，运用证据证明自己的诉讼主张的活动。刑事诉讼中的证明主要有以下特征：（1）刑事诉讼证明的任务是确定案件的真实情况。（2）刑事诉讼证明的主体主要是人民法院、人民检察院和公安机关，即刑事证明具有职责性或义务性。（3）刑事诉讼证明必须依法进行，才具有诉讼上的有效性。（4）从刑事诉讼证明的内容上看，包括收集、审查和运用证据证明案件事实的全过程，即刑事证明贯穿于刑事诉讼的全过程；在证明方法上是事实推断与逻辑推断相结合。

4. 刑事诉讼中的证明要求，是指法律规定的司法人员运用证据证明案件事实要求达到的程度。我国法律明确规定证明要求是查明案件的真实情况，司法机关进行刑事诉讼，“必须以事实为根据”，“必须忠于事实真相”，“必须证明案件真实情况”。由此可见，案件事实清楚，证据确实、充分就是我国诉讼证明的要求。

但是在刑事诉讼的各个阶段对诉讼证明的要求是不同的。在逮捕犯罪嫌疑人时的诉讼证明要求是：有证据证明有犯罪事实，可能判处徒刑以上刑罚而有逮捕必要。而在法院作出判决阶段，则要求犯罪事实清楚，证据确实、充分。由此可见，逮捕的证明要求要比定罪的证明要求要低一些，相对于定罪的证明要求来说更易达到，随着对案件事实的认识的不断深化，才逐渐达到了定罪的证明要求。

5. 证据能力又称为证明能力、证据资格，是指证据资料在法律上被允许作为证据的资格。在英美法中对证据能力的规定主要体现在证据的可采性上。证据能力主要与证据的合法性有关，涉及的是证据的可采性问题，因此，它主要是一个法律问题，而不是一个事实问题。

由于事实的裁断者认定事实必须依据具有证据能力的证据，因而，证据能力是贯彻证据裁判原则需要解决的首要问题。大陆法系国家对证据能力的要求包括两方面：一是证据材料不被法律禁止，法律禁止采纳的证据不具有证据能力，不得作为证据调查的对象；二是证据应当经过法定的调查程序，证据必须在公开的法庭上出示，经过控辩双方的充分辩论。而英美法系国家主要通过一系列的可采性与排除规则如传闻规则、品格证据规则、任意自白规则等，来调整证据能力。

6. 我国刑事诉讼的证明要求总体上是查明案件的客观真实。这是由我国刑事诉讼的任务所决定的。而客观真实的实现，又必须以证据确实、充分为基本条件，离开了这一基本条件，就不可能达到客观真实，因此，我国刑事诉讼的证明必须做到案件事实清楚，证据确实、充分。所谓证据确实，是指所有证据都必须经过查证属实，真实可靠，确凿无疑，是真凭实据，具有真实性和证明力。所谓证据充分，是指案件的证明对象都有相应的证据证明其真实可靠，排除其他一切可能性。具体而言：（1）真实性，即据以定案的每一个证据都是已经查证属实的事实。（2）对应性，即案件事实的每一个方面都有相应的证据加以证明。（3）统一性。证据必须达到“三统一”，即证据自身统一、证据和证据统一、证据和案件统一。（4）唯一性。据以定案的证据要符合法律规定的要求，排除其他的可能性。

但是在各个诉讼阶段对诉讼证明的具体要求又是不同的。在立案阶段，诉讼证明的要求是：具有犯罪事实和需要追究刑事责任；在逮捕犯罪嫌疑人时的诉讼证明要求是：有证据证明有犯罪事实，可能判处徒刑以上刑罚而有逮捕必要的；对于采用拘留措施、申请回避等均有不同的证明要求；当侦查终结以后，不论是检察机关在提起公诉阶段，还是法院在作出判决阶段，都要求犯罪事实清楚，证据确实、充分。

案例分析题

1. （1）本案中被害人血迹、41码棕色皮凉鞋、警用匕首、黑柄水果刀、5根毛发、DNA鉴定、被害人陈述、李某某的妻子的证言等，都不能单独证明李某某实施了犯罪的主要案件事实，因而均应为间接证据。只有刑讯逼供得到的李某某的供述是直接证据，只有这一供述能够单独证明案件的主要事实。但是，这一供述是刑讯逼供得到的，根据《刑事诉讼法》和最高人民法院的司法解释的规定，这一有罪供述不得作为定案的根据，即应适用非法言词证据排除规则。依据本案的间接证据，并不能排除他人作案的可能性，不能形成李某某故意杀人的证据锁链，因此不能认定李某某的犯罪事实。

（2）依据我国刑事诉讼法规定的犯罪事实清楚，证据确实、充分的证明要求，本案的证据达不到这一要求，不能达到指控李某某犯罪的目的，因此根据证明责任分担的原理，应当由公诉方承担败诉的后果，即应宣布李某某无罪。

2. 本案中即使张某在整个审判过程中始终保持沉默，但由于检察官指控被告人有罪的关键证据——证人证言、书证、物证等已达到确实、充分的程度，因而可以根据刑事诉讼法的规定对张某定罪判刑。

我国《刑事诉讼法》第55条规定：对一切案件的判处都要重证据，重调查研究，不轻信口供。只有被告人供述，没有其他证据的，不能认定被告人有罪和处以刑罚；没有被告人供述，证据确实、充分的，可以认定被告人有罪和处以刑罚。证据确实、充分，应当符合以下条件：（1）定罪量刑的事实都有证据证明；（2）据以定案的证据均经法定程序查证属实；（3）综合全案证据，对所认定事实已排除合理怀疑。犯罪嫌疑人、被告人口供与其他证据的证明作用是不同的。只有口供不能定案，而要遵循口供补强规则，不能像封建社会的刑事诉讼那样，把口供看成是“最好的证据”，实行“无供不录案”“罪从供定”，而应该没有口供就不能定案，即使有了其他证据，如果没有口供也不能定案；相反，虽然没有其他证据，但是只要有了口供就可以定案。现代刑事诉讼制度虽然仍比较重视口供这一直接证据在案件的证明体系中的作用，但是并不将其作为唯一重要的证据。即使一个案件中没有口供和其他直接证据，只要间接证据能够构成完整的案件事实证明体系，达到犯罪事实清楚，证据确实、充分的证明要求，也可以认定案件事实。

3. 本题考查非法证据排除规则、证明标准、证据的运用规则、刑事诉讼法与刑法的关系。

（1）其一，“审讯人员将李某提到公安局办案基地对其实施了捆绑、吊打、电击等行为，三天三夜不许吃饭，不许睡觉，只给少许水喝，并威胁不坦白交代抢劫杀人罪行、认罪态度不好法院会判死刑。最终，李某按审讯人员的意思交代了抢劫杀人的事实。”这是侦查人员通过刑讯逼供等非法方法获取的李某的供述，依据《刑事诉讼法》第 56 条第 1 款的规定，属于非法证据，而且，依据该条款的规定，采用刑讯逼供等非法方法收集的犯罪嫌疑人、被告人供述，应当予以排除。

其二，“侦查人员还对李某的住处进行了搜查，提取并扣押了李某鞋子等物品，当场未出示搜查证”。侦查人员搜查并扣押的李某的鞋子等物品，属于物证。依据《刑事诉讼法》第 56 条的规定，收集物证、书证不符合法定程序，可能严重影响司法公正的，应当予以补正或者作出合理解释；不能补正或者作出合理解释的，属于非法证据，应对该证据予以排除。

（2）依据《刑事诉讼法》第 56 条第 2 款之规定，在侦查、审查起诉、审判时发现有应当排除的证据的，应当依法予以排除，不得作为起诉意见、起诉决定和判决的依据。由此可见，本案中负有排除非法证据义务的机关包括东湖市公安局、东湖市人民检察院和东湖市中级人民法院。

（3）就李某的盗窃罪而言，有保安的指认，而且有李某的供述，并经查证属实。因此，对李某的盗窃罪应作有罪判决。

至于李某的抢劫罪，只有通过刑讯逼供等非法方法收集的供述和违反法定程序收集的物证加以证明，未达到《刑事诉讼法》第 55 条第 2 款规定的给被告人定罪的“证据确实、充分”的三个要求，即：1）定罪量刑的事实都有证据证明；2）据以定案的证据均经法定程序查证属实；3）综合全案证据，对所认定事实已排除合理怀疑。因此，按照《刑事诉讼法》第 200 条的规定，应当作出证据不足、指控的犯罪不能成立的无罪判决。

（4）其一，非法证据排除规则，是指违反法定程序，以非法方法获取的证据，原则上不具有证据能力，不能为法庭采纳。这既包括非法言词证据的排除，也包括非法实物证据的排除。

在我国，为保证证据收集的合法性，刑事诉讼法及相关司法解释对于证据的收集、固定、保全、审查判断、查证核实等，都规定了严格的程序。

1996 年《刑事诉讼法》第 43 条规定，严禁刑讯逼供和以威胁、引诱、欺骗以及其他非法的方法收集证据。1998 年最高人民法院《关于执行〈中华人民共和国刑事诉讼法〉若干问题的解释》第 61 条规定，严禁以非法的方法收集证据。经查证确实属于采用刑讯逼供或者威胁、引诱、欺骗等非法的方法取得的证人证言、被害人陈述、被告人供述，不能作为定案的根据。1999 年最高人民检察院的《人民检察院刑事诉讼规则》第 265 条也规定，以刑讯逼供或者威胁、引诱、欺骗等非法的方法收集的犯罪嫌疑人供述、被害人陈述、证人证言，不能作为指控犯罪的根据。

2017 年发布的《关于办理刑事案件严格排除非法证据若干问题的规定》，对我国的非法证据排除规则作了明确具体的规定。一方面，明确了非法证据排除的范围。《关于办理刑事案件严格排除非法证据若干问题的规定》第 2 条规定，采取殴打、违法使用戒具等暴力方法或者变相肉刑的恶劣手段，使犯罪嫌疑人、被告人遭受难以忍受的痛苦而违背意愿作出的供述，应当予以排除。第 3 条规定，采用以暴力或者严重损害本人及其近亲属合法权益等进行威胁的方法，使犯罪嫌疑人、被告人遭受难以忍受的痛苦而违背意愿作出的供述，应当予以排除。第 4 条规定，采用非法拘禁等非法限制人身自由的方法收集的犯罪嫌疑人、被告人供述，应当予以排除。第 7 条规定，收集物证、书证不符合法定程序，可能严重影响司法公正的，应当予以补正或者作出合理解释；不能补正或者作出合理解释的，对有关证据应当予以排除。另一方面，明确了非法取得的被告人审判前供述的排除程序。

2018 年修正后的《刑事诉讼法》，吸收了《关于办理刑事案件严格排除非法证据若干问题的规定》的相关内容，在三个方面增加了非法证据排除规则的规定：第一，排除范围，即《刑事诉讼法》第 56 条的规定。第二，法庭调查，包括启动、证明、处理，即《刑事诉讼法》第 58、59、60 条的规定。第三，法律监督，即《刑事诉讼法》第 57 条的规定。

在本案中，排除刑讯逼供等非法方法收集的证据，是对 2017 年《关于办理刑事案件严格排除非法证据若干问题的规定》以及 2018 年《刑事诉讼法》关于非法证据排除规则的有效贯彻和落实。

其二，非法证据排除规则的诉讼价值主要体现在以下三个方面。

第一，非法证据排除规则有利于保障犯罪嫌疑人、被告人的人权，乃至每个公民的合法权益不受侵犯。非法证据排除规则对刑讯逼供等非法取证行为进行否定性评价，能够使非法取证一方承受不利的程序结果和实体结果，消除非法取证的心理动力，从而达到保障诉讼参与人各项权利、保障无辜的人不受追究的目的。在本案中，排除李某的供述等非法证据，有利于保障李某的人权，同时，警示公安、司法人员在以后的执法中应充分保障诉讼参与人的合法权益。

第二，非法证据排除规则有利于保障程序公正，保障诉讼程序独立价值的实现。非法证据排除规则有助于督促公、检、法三机关严格遵守刑事诉讼法的规定，通过程序性制裁来实现对程序公正的追求。在本案中，排除李某的供述等非法证据，彰显了程序的独立价值，维护了程序的公正性，是程序公正价值的重要体现。

第三，非法证据排除规则有利于规范司法行为，维护司法权威，彰显法治精神。司法行为是否合法、是否规范，是衡量司法文明程度和法治建设水平的重要标志，关系到司法权威的实现和确立。公安、司法机关若非法取证、带头违法，就会严重损害公安、司法机关的形象，损害法律权威，对整个社会的法律信仰和法治精神也造成巨大的破坏。在本案中，排除李某的供述等非法证据，有利于抑制刑讯逼供等非法取证行为，督促公安、司法机关及其工作人员树立惩罚与保护并重的司法理念，坚持规范、理性、文明执法。这对于树立我国司法的权威具有重要意义。

(5) 刑事诉讼法在保障刑法实施方面的价值有：第一，通过明确对刑事案件行使侦查权、起诉权、审判权的专门机关，为调查和明确案件事实、适用刑事实体法提供了组织上的保障。第二，刑事诉讼法通过明确行使侦查权、起诉权、审判权行使主体的权力与职责及诉讼参与人的权利与义务，为调查和明确案件事实及适用刑事实体法的活动提供了基本构架；同时，明确的活动方式和程序，也为刑事实体法适用的有序性提供了保障。第三，规定了收集证据的方法与运用证据的规则，既为获取证据、明确案件事实提供了手段，又为收集证据、运用证据提供了程序规范。第四，关于程序系统的设计，可以在相当程度上避免、减少案件实体上的误差。第五，针对不同案件或不同情况设计不同的具有针对性的程序，使案件处理简繁有别，保证处理案件的效率。

在本案中，刑事诉讼法通过规范证据的收集程序和运用规则，排除运用刑讯逼供等非法方法收集的证据，准确、及时地查明犯罪事实，正确应用法律，惩罚犯罪分子，保障无罪的人不受刑事追究，避免冤假错案的发生。同时，在本案中，通过行使侦查权、起诉权、审判权的专门机关相互之间的制约和监督机制，保证了刑法的正确实施，保证了惩罚犯罪和保障人权目标的实现，以有效的程序机制保障了刑法的实现。

论述题与深度思考题

1. 非法证据排除规则自 19 世纪末在美国产生以后，迅速由英美法系传入大陆法系，由西方国家传入东方国家。这一进程反映了各国刑事司法程序的理性化及人类对自身价值和尊严认识的提高。

我国现行的法律体系也开始对非法证据排除规则的内容有所体现。2018 年《刑事诉讼法》对非法证据排除作出了明确规定，即：采用刑讯逼供等非法方法收集的犯罪嫌疑人、被告人供述和采用暴力、威胁等非法方法收集的证人证言、被害人陈述，应当予以排除。收集物证、书证不符合法定程序，可能严重影响司法公正，不能补正或者作出合理解释的，对该证据应当予以排除。非法证据排除制度的确立对于健全我国刑事诉讼程序具有重要意义。作为这一规则的具体实施办法，最高人民法院的解释和最高人民检察院的规则都进一步明确，采取刑讯逼供或者以威胁、引诱、欺骗以及其他非法的方法收集的证据不得作为定案的根据。这标志着我国刑事司法活动的进一步文明化和科学化。

对非法证据的内涵有两种理解：广义的理解认为非法证据是指证据内容、证据形式、收集或提供证据的人员及程序、方法不符合法律规定的证据材料。狭义的理解认为非法证据是指办案人员违反法律规定的权限、程序或以其他不正当方法获得的证据。一般认为非法证据排除规则的“证据”特指狭义的理解，即非法证据排除规则的基本含义是指在刑事诉讼中，对违法取得的证据予以排除，不承认其证明能力。

但是关于非法证据的法律效力，在理论上和各国的司法实践中都存在着争议。一般而言，各国对于采用非法程序和手段所取得的言词证据都确认应当排除，而对于非法取得的实物证据在做法上有所不同，即是否承认“毒树之果”的法律效力。我国目前只确认了排除非法取得的言词证据，而对于是否排除非法取得的实物证据未作规定，在实务中一般承认其证据能力。针对非法证据的法律效力问题，理论上主要有三种学说：肯定说认为不应因手段非法而否认取得的证据的价值，但可以对非法取证行为视情节轻重追究责任；否定说认为凡是以违反诉讼程序的方法获得的证据，无论真实与否，都不具有法律效力，应完全排除，即绝对排除；折中说认为应对非法证据区别对待。现在许多国家通过价值权衡，多采用折中的办法对非法证据采用不同的做法。

2. 证明标准指的是在诉讼中对案件事实及其他待证事项的证明所需达到的尺度。它是为了解决承担证明责任的诉讼主体提出证据进行证明应达到何种程度方能确认待证事实的真伪，从而解除其证明责任的问题。一般认为，当前大陆法系国家的刑事证明标准是“内心确信”，而英美法系国家的刑事证明标准是“排除合理怀疑”。我国现行刑事诉讼规定了有罪判决的标准是“犯罪事实清楚，证据确实、充分”。这一点被学者普遍认同为我国诉讼制度上的证明标准。学者针对这一标准展开了激烈的讨论，提出了客观真实说、法律真实说、形式真实说、相对真实说等多种观点，这些观点都是围绕着我国应当建立什么样的证明标准展开的。

客观真实说认为诉讼证明的目的是查明案件事实真相，公安、司法人员在确认被告人有罪时，必须以符合客观事实的认识作为裁判的依据，只有当人们运用证据对案件事实的认识与客观的实际情况相符合时，证据才是真实的，否则就是虚假的。这一观点认为，刑事诉讼要解决的刑事责任问题，关系到犯罪嫌疑人、被告人的权利，因此应当强调“客观真实”的证明标准，以排除其他一切可能性，使查明的案件事实与客观发生的案件事实达到高度的一致性。

所谓法律真实是指在发现和认定案件事实的过程中，必须尊重体现一定价值的刑事程序的要求，在对案件事实的认识达到法律要求的标准时，即可定罪量刑，否则，应宣布被追诉人无罪。法律真实说从辩证唯物主义的认识论出发，认为：认识具有相对性与主观性，对案件事实的认识是一个回溯性的过程，由于各种主、客观条件的限制及诉讼制度的特点，证明的过程并不仅仅是一个认识的过程，其中还进行了价值权衡，因而，客观真实只能成为刑事案件证明的一个客观要求，绝不会成为个案的一个具体的证明标准。个案中的证明标准只是法律法规整理后的对该事实的认识。有学者甚至指出，我国证明的目的是客观真实，而证明的标准是法律真实。

客观真实观是对我国诉讼法学界影响深远的一种诉讼理论，而法律真实观作为一种新兴的理论，正处在发展完善中。但是两种理论只能作一种证明标准构建的指导思想，具体到个案来说，还需要更具体和更具操作性的证明标准。

3. (1) 可参照简答题第3题的答案进行论述。

(2) 巨额财产来源不明罪属于控方举证证明被告人犯罪事实的例外情况，控方仅需证明被告人的财产与合法收入之间存在较大差距，至于这种差距存在的合法性要由国家工作人员承担说明义务，即要由被告人承担证明不明巨额财产的来源的责任。当控方收集到足够证据，证明国家工作人员的财产和支出明显超出其合法收入且差额巨大时，举证责任即转移到被告人身上，如果不能说明，对差额部分以非法所得论。

4. 我国《刑事诉讼法》第50条的规定是立法对证据所下的定义，但是在理解刑事证据的概念时，需要注意不同的法律条文和不同的语境下“证据”一词的具体含义。有时，证据指的是证据材料，即有待查证属实的证据的原始素材。如该条中虽列举了八类证据，但这八类证据在经过审查判断之前都既可为真也可为假，只有经过诉讼证明过程，经过反复的去伪存真的审查判断，才能最终由证据材料转化为作为定案根据的证据。

案件发生后，证据材料即已客观存在，此时需要根据证据的相关性来判断哪些材料与案件事实具有实质上的关联，将能够作为证据使用，以此为根据排除那些不具相关性的证据材料，初步收集到与案件事实相关的证据材料。在收集到证据材料的基础上，公安、司法人员进行分析研究、审查判断、鉴别真伪，以确定各个证据有无证明力及证明力的大小，即对证据进行审查判断。审查是指查证核实证据的真实性，判断则指确定证据的证明力。此时还需要排除那些非法证据。审查判断时不仅需要对每个证据逐一进行审查核实，判断每个证据的证明力，还需要在此基础上把案内全部证据联系起来，进行综合分析，排除一切矛盾，找出内在联系，看是否能够得出唯一结论。其中最为关键的是在法庭审判阶段，由双方对证据公开质证和辩论，由法官根据法律作出判断，自主决定哪些证据可以采信，并据此定罪量刑。这样，证据材料通过法官的认证过程就被转化为定案的根据了。

5. (1) 本案中小区录像属于视听资料，因不清晰，加之小区保安的猜测性、推断性证言，所以，其证明力不足，不足以证明被害人为刘四所杀。现场提取的白手套、三棱刮刀是物证，但未附笔录，而《高法刑诉解释》第73条规定，在勘验、检查、搜查过程中提取、扣押的物证、书证，未附笔录或者清单，不能证明物证、书证来源的，不得作为定案的根据，故，如果此案侦查人员不能证明白手套、三棱刮刀来源的，则它们不得作为定案证据。ABO血型鉴定为种类物鉴定，血型鉴定意见不具有排他性，血型一致并不能证明是刘四杀死的被害人。虽刘四承认自己受人雇佣而杀人，但是该供述系刑讯逼供所致，且没有其他证据印证，亦不能据此断定刘四是凶手。(《刑事诉讼法》第55条规定：对一切案件的判处都要重证据，重调查研究，不轻信口供。只有被告人供述，没有其他证据的，不能认定被告人有罪和处以刑罚。) 张文、张武的有罪供述，系侦查过程中严重刑讯下作出的，虽他们未向法庭提供非法取证的证据或线索，未申请排除非法证据，但审判人员如认为可能存在《刑事诉讼法》第56条规定的以非法方法收集证据情形的，应当对证据收集的合法性进行法庭调查。如没有其他证据证明张文、张武、刘四共同犯罪，在作出非法证据认定、排除之前，不能得出张氏兄弟和刘四共同犯罪的结论。根据法律规定，对于非法言词证据，由于违反自愿性原则，应直接排除，不能作为定案的证据，人民检察院应当对该言词证据收集的合法性加以证明。《关于办理刑事案件严格排除非法证据若干问题的规定》明确了我国非法证据排除的证明标准——公诉人承担证明责任时适用"排除合理怀疑"，所以，人民检察院对没有刑讯逼供的证明责任要达到"排除合理怀疑"。否则要承担举证失败的法律后果。以上这些证据本身有瑕疵，不能形成完整的证据链，不能达到刑事诉讼法中要求的"证据确实、充分"[证据确实、充分，应当符合以下条件：1) 定罪量刑的事实都有证据证明；2) 据以定案的证据均经法定程序查证属实；3) 综合全案证据，对所认定事实已排除合理怀疑]。所以，综上所述，被告人张文、张武、刘四无罪。

(2) 党的十八届四中全会通过的《中共中央关于全面推进依法治国若干重大问题的决定》(以下简称《决定》) 提出："推进以审判为中心的诉讼制度改革，确保侦查、审查起诉的案件事实证据经得起法律的检验。"这是我们党从全面推进依法治国、加快建设社会主义法治国家、坚持严格司法、确保刑事司法公正的现实需要和长远考虑所作出的重大改革部署。深刻认识、正确理解、有效落实《决定》的部署，是当前和今后一个时期内必须认真解决好的一个重大理论问题和实践问题。

推进以审判为中心的诉讼制度改革，有利于破解当前制约刑事司法公正的突出问题。《决定》提出推进以审判为中心的诉讼制度改革，目的就是要切实发挥审判程序应有的制约、把关作用，形成一种倒逼机制，促使公、检、法三机关办案人员树立案件必须经得起法律检验、庭审检验的理念。

同时，推进以审判为中心的诉讼制度改革，

是遵循诉讼规律、司法规律、法治规律的必然要求。习近平总书记在2014年中央政法工作会议上明确指出："司法活动具有特殊的性质和规律，司法权是对案件事实和法律的判断权和裁决权。"在刑事诉讼中坚持以审判为中心，从根本上讲是由司法审判的最终裁判性质所决定的。强调以审判为中心，是因为侦查、审查起诉工作的实际成效，最终需要通过，也必须通过法庭审理来检验，法庭审理是确保案件公正处理的最终程序。坚持以审判为中心，并不取决于人为的好恶，也不涉及各专门机关地位高低、作用大小等问题，而是为了更好地落实公、检、法三机关分工负责、互相配合、互相制约的诉讼原则，更好地实现惩罚犯罪、保障人权的诉讼目的。

推进以审判为中心的诉讼制度改革，是要是加强人权司法保障的必由之路。只有实现以审判为中心，完善对限制人身自由司法措施和侦查手段的司法监督，实现审判程序影响前移，才能及时制止和纠正违法行为，从源头上防范刑讯逼供和非法取证。只有实现以审判为中心，切实让审判发挥作用、担起责任，才能有效落实罪刑法定、疑罪从无、非法证据排除等法律原则和制度，确保有罪的人受到应有制裁、无罪的人不受追究。

推进以审判为中心的诉讼制度改革，是要确保侦查、审查起诉的案件事实证据经得起法律的检验。从这个要求来看，以审判为中心就是以庭审作为整个诉讼的中心环节，侦查、审查起诉等审前程序都是开启审判程序的准备阶段，侦查、起诉活动都围绕审判中事实认定、法律适用的标准和要求而展开，法官直接听取控辩双方的意见，依据证据裁判规则作出裁判。

推进以审判为中心的诉讼制度改革，是一场事关司法方式改进、职权配置优化乃至诉讼程序重构的一场革命性变革。首先，要革新刑事司法理念，认识和把握现代司法规律；其次，要夯实侦查基础工作，弱化口供在案件侦查中的作用，加快实现从"由供到证"到"由证到供"的模式转变；再次，要进行公诉制度改革；又次，要实现实现庭审实质化，重视辩解辩护意见，健全非法证据排除制度，贯彻疑罪从无原则；最后，还应当营造良好社会氛围。

第十一章　强制措施

知识逻辑图

- 强制措施
  - 概念：公安、司法机关为保证刑事诉讼活动的顺利进行，防止犯罪嫌疑人、被告人等逃避或妨碍侦查、起诉和审判，依法对其适用的暂时限制或剥夺其人身自由的各种强制方法
  - 意义
    - 防止现行犯、犯罪嫌疑人、被告人逃避侦查、起诉和审判
    - 防止被告人、现行犯罪重大嫌疑人串供、隐匿或伪造证据
    - 防止继续作案、再犯新罪
    - 防止自杀、自残或其他意外事件
    - 震慑社会不稳定分子，预防犯罪
  - 类型
    - 拘传
      - 概念：对未被羁押的犯罪嫌疑人、被告人强制其到案接受讯问
      - 适用对象：未被羁押的嫌疑人、被告人
    - 取保候审
      - 概念：对未被羁押的犯罪嫌疑人、被告人，依法责令提供保证人或交纳保证金，并出具保证书，保证不逃避或妨碍侦查、起诉和审判，并随传随到的一种强制方法
      - 种类
        - 保证人担保
        - 保证金担保
      - 条件
        - 可能判处管制、拘役或独立适用附加刑的
        - 可能判处有期徒刑以上刑罚，采取取保候审不致发生社会危险性的
        - 患严重疾病、生活不能自理或怀孕、正在哺乳自己婴儿的妇女，采取取保候审不致发生社会危险性的
        - 被羁押但在法定期限内尚不能办结的
    - 监视居住
      - 概念：对未被羁押的犯罪嫌疑人、被告人，依法责令其不得擅自离开指定的住处或居所，并对其活动加以监视和控制的一种强制方法
      - 条件
        - 符合逮捕条件但有下列情形之一
          - 患有严重疾病、生活不能自理
          - 怀孕或正在哺乳自己婴儿的妇女
          - 系生活不能自理的人的唯一扶养人
          - 因案件特殊情况或办理案件需要，采取监视居住更适宜
          - 羁押期限届满，案件尚未办结
        - 符合取保候审条件，但犯罪嫌疑人、被告人不能提出保证人，也不交纳保证金
    - 拘留
      - 概念：公安机关、检察机关在法定紧急情况下，对现行犯或重大嫌疑分子采取的临时剥夺其人身自由的强制方法
      - 对象：现行犯或重大嫌疑分子
      - 条件（公安机关决定）
        - 正在预备犯罪、实行犯罪或犯罪后及时被发觉的
        - 被害人或者在场亲眼看见的人指认犯罪的
        - 在身边或住处发现有犯罪证据的
        - 犯罪后企图自杀、逃避或在逃的（检察机关决定）
        - 有毁灭、伪造证据或串供可能的（检察机关决定）
        - 不讲真实姓名、住址，身份不明的
        - 有流窜作案、多次作案、结伙作案重大嫌疑的

- 强制措施
  - 类型
    - 逮捕
      - 概念：为防止犯罪嫌疑人、被告人逃避侦查、起诉和审判，防止其发生社会危险性，依法采取的在一段时间内剥夺其人身自由，予以羁押的强制方法
      - 条件
        - 有证据证明存在犯罪事实
        - 可能判处徒刑以上刑罚
        - 采取取保候审不足以防止其发生社会危险性，而有逮捕必要
        - 有证据证明有犯罪事实，可能判处10年有期徒刑以上刑罚，或有证据证明有犯罪事实，可能判处徒刑以上刑罚，曾经故意犯罪或身份不明的
        - 被取保候审、监视居住的犯罪嫌疑人、被告人违反取保候审、监视居住规定，情节严重的

名词解释与概念比较

1. 刑事强制措施
2. 取保候审与保外就医
3. 拘留与逮捕
4. 取保候审与监视居住
5. 拘传和传唤
6. 刑事拘留与行政拘留

选择题

（一）单项选择题

1. 2018年7月4日，张某因盗窃罪被公安机关拘留。本案中，如果没有有碍侦查或者无法通知的情形，拘留后，把拘留的原因和羁押的处所通知被拘留人张某的家属或者他的所在单位的期限是(　　)。

A. 24小时以内　　B. 48小时以内
C. 3日以内　　D. 7日以内

2. 依照刑事诉讼法的规定，对于下列哪种情形的人，任何公民都可以立即将其扭送公安机关、人民检察院或者人民法院处理？(　　)(司考)

A. 有流窜作案嫌疑的人
B. 不讲真实姓名、住址，身份不明的人
C. 在身边或者住处发现犯罪证据的人
D. 正在实行犯罪或者犯罪后即时被发觉的人

3. 根据刑事诉讼法的原理和有关规定，逮捕应符合“有证据证明有犯罪事实”的法定证据条件。这一法定证据条件的完整、准确含义是指什么？(　　)(司考)

A. 有证据证明发生了犯罪事实且有证据证明犯罪事实系该犯罪嫌疑人实施
B. 证明犯罪嫌疑人实施犯罪行为的证据已经查证属实
C. 上述A、B两项条件至少应具备其中的一项
D. 上述A、B两项条件应同时具备

4. 南门县公安局在对陈某的盗窃案侦查终结时发现陈某另有杀人嫌疑，但此时对陈某的侦查羁押期限已届满。鉴于需对该杀人案进行侦查，公安局决定对陈某继续羁押，并重新计算侦查羁押期限。此时公安局应如何履行法律手续？(　　)(司考)

A. 报经人民检察院批准
B. 报人民检察院备案
C. 不必告知人民检察院
D. 报上级公安机关批准

5. 公安机关拘留犯罪嫌疑人后的第一次讯问，应当是在拘留后的(　　)。

A. 12小时内　　B. 48小时内
C. 24小时内　　D. 3日内

6. 下列情形中，不属于取保候审条件的是(　　)。

A. 被告人可能被判处管制的
B. 被告人可能被判处拘役的
C. 被告人可能被判单处罚金的
D. 被告人可能被并处没收财产的

7. 对流窜作案、多次作案、结伙作案的重大嫌疑分子，提请审查批准逮捕的时间可以延长至(　　)。

A. 14日　　B. 30日
C. 2个月　　D. 一个半月

8. 常某涉嫌投毒杀人被立案侦查。考虑到常某怀孕已近分娩，某县公安机关决定对其取保候审，责令其交纳保证金3 000元。婴儿出生1个月后，常某写下遗书，两次自杀未果，家人遂轮流

看护常某及其婴儿，以防意外。在此情况下，对常某应当采取什么强制措施？（　　）（司考）

A. 维持原取保候审决定

B. 将取保候审变更为监视居住

C. 增加取保候审保证金或者改为保证人担保

D. 依法提请人民检察院批准逮捕

9. 王某因涉嫌非法经营被公安、司法机关采取了取保候审。在此期间，下列不属于张某必须遵守的为（　　）。

A. 未经执行机关批准不得离开所居住的市、县

B. 不得以任何形式干扰证人作证

C. 不得毁灭、伪造证据或者串供

D. 未经执行机关批准不得离开住处；无固定住处的，未经批准不得离开指定的居所

10. 在审理徐某盗窃案过程中，法官认为对徐某不再需要羁押，监视居住即可。关于进行此行为的程序，下列说法中正确的是（　　）。

A. 应当将变更强制措施决定书送交检察机关，再交由公安机关执行

B. 应当将变更强制措施决定书送交检察机关执行

C. 应当将变更强制措施决定书送交公安机关执行

D. 人民法院应当立即自己执行

11. 下列关于司法拘留、行政拘留与刑事拘留的表述，哪一项是正确的？（　　）（司考）

A. 司法拘留是对妨害诉讼的强制措施，行政拘留是行政制裁方法，被司法拘留和行政拘留的人均羁押在行政拘留所；刑事拘留是一种强制措施，被刑事拘留的人羁押在看守所

B. 司法拘留、行政拘留、刑事拘留都是一种处罚手段

C. 司法拘留、行政拘留、刑事拘留都是一种强制措施

D. 司法拘留、行政拘留、刑事拘留均可由公安机关决定

12. 甲因涉嫌盗窃罪被逮捕。经其辩护人申请，公安机关同意对甲取保候审。公安机关应当如何办理变更手续？（　　）（司考）

A. 报请原批准机关审批

B. 报请原批准机关备案

C. 自主决定并通知原批准机关

D. 要求原批准机关撤销逮捕决定

13. 无国籍人吉姆涉嫌在甲市为外国情报机构窃取我国秘密，侦查机关报请检察机关批准逮捕吉姆。甲市检察院应当如何审查批捕？（　　）（司考）

A. 可以直接审查批准逮捕吉姆

B. 应当报请省检察院审查批准

C. 应当审查并提出意见后，层报最高人民检察院审查，最高人民检察院经征求外交部的意见后，决定批准逮捕

D. 应当层报最高人民检察院审查，最高人民检察院经审查认为不需要逮捕的，报经外交部备案后，作出不批准逮捕的决定

14. 在审判阶段，法院认为被告人甲有毁灭证据的可能，遂决定逮捕甲。关于该案逮捕程序，下列哪一选项是正确的？（　　）（司考）

A. 法院可以自行执行逮捕

B. 异地执行逮捕的，可以由当地公安机关负责执行

C. 执行逮捕后，应当由法院负责对甲进行讯问

D. 执行逮捕后，应当由公安机关负责通知被逮捕人的家属或所在单位

15. 关于法院可以决定对什么人采取拘传这一刑事强制措施，下列哪一选项是正确的？（　　）（司考）

A. 某公司涉嫌生产、销售伪劣产品罪，作为该公司诉讼代表人而拒不出庭的高某

B. 抢夺案中非在押的被告人陈某

C. 盗窃案中非在押的犯罪嫌疑人卢某

D. 贿赂案中拒不出庭的证人李某

16. 甲将我国潜艇的部署情况非法提供给一外国著名军事杂志。在审判过程中，法院决定对其取保候审。关于对甲取保候审的执行机关，下列哪一选项是正确的？（　　）（司考）

A. 法院　　B. 公安机关

C. 军队保卫部门　　D. 国家安全机关

17. 关于应当变更为取保候审、监视居住或解除强制措施，下列哪一选项是正确的？（　　）（司考）

A. 甲被逮捕后发现患有严重疾病

B. 乙被逮捕后经检查正在怀孕

C. 丙被逮捕后侦查羁押期限届满仍需继续查证

D. 丁被逮捕后一审法院判处有期徒刑1年，缓刑2年，判决尚未发生效力

18. 甲涉嫌黑社会性质组织犯罪，10月5日上午10时被刑事拘留。下列哪一处置是违法的？（　　）（司考）

A. 甲于当月6日上午10时前被送至看守所羁押

B. 甲涉嫌黑社会性质组织犯罪，因考虑通知家属有碍进一步侦查，决定暂不通知

C. 甲在当月6日被送至看守所之前，公安机关对其进行了讯问

D. 讯问后，发现甲依法需要逮捕，当月8日提请检察院审批

19. 关于取保候审的程序限制，下列哪一选项是正确的？（　　）（司考）

A. 保证金应当由决定机关统一收取，存入指定银行的专门账户

B. 对于可能判处徒刑以上刑罚的，不得采取取保候审措施

C. 对同一犯罪嫌疑人不得同时使用保证金担保和保证人担保两种方式

D. 对违反取保候审规定，需要予以逮捕的，不得对犯罪嫌疑人、被告人先行拘留

20. 未成年人郭某涉嫌犯罪被检察院批准逮捕。在审查起诉中，经羁押必要性审查，拟变更为取保候审并适用保证人保证。关于保证人，下列哪一选项是正确的？（　　）（司考）

A. 可由郭某的父亲担任保证人，并由其交纳1 000元保证金

B. 可要求郭某的父亲和母亲同时担任保证人

C. 如果保证人协助郭某逃匿，应当依法追究保证人的刑事责任，并要求其承担相应的民事连带赔偿责任

D. 保证人未履行保证义务应处罚款的，由检察院决定

21. 关于犯罪嫌疑人的审前羁押，下列哪一选项是错误的？（　　）（司考）

A. 基于强制措施适用的必要性原则，应当尽量减少审前羁押

B. 审前羁押是临时性的状态，可根据案件进展和犯罪嫌疑人的个人情况予以变更

C. 经羁押必要性审查认为不需要继续羁押的，检察院应及时释放或变更为其他非羁押强制措施

D. 案件不能在法定办案期限内办结的，应当解除羁押

22. 郭某涉嫌报复陷害申诉人蒋某，侦查机关因郭某可能毁灭证据将其拘留。在拘留期限即将届满时，因逮捕郭某的证据尚不充足，侦查机关责令其交纳2万元保证金取保候审。关于本案处理，下列哪一选项是正确的？（　　）（司考）

A. 取保候审由本案侦查机关执行

B. 如郭某表示无力全额交纳保证金，可降低保证金数额，同时责令其提出保证人

C. 可要求郭某在取保候审期间不得进入蒋某居住的小区

D. 应要求郭某在取保候审期间不得变更住址

23. 章某涉嫌故意伤害致人死亡，因犯罪后企图逃跑被公安机关先行拘留。关于本案程序，下列哪一选项是正确的？（　　）（司考）

A. 拘留章某时，必须出示拘留证

B. 拘留章某后，应在12小时内将其送看守所羁押

C. 拘留后对章某的所有讯问都必须在看守所内进行

D. 因怀疑章某携带管制刀具，拘留时公安机关无须搜查证即可搜查其身体

24. 甲与邻居乙发生冲突致乙轻伤。甲被刑事拘留期间，甲的父亲代为与乙达成和解，公安机关决定对甲取保候审。关于甲在取保候审期间应遵守的义务，下列哪一选项是正确的？（　　）（司考）

A. 将驾驶证件交执行机关保存

B. 不得与乙接触

C. 工作单位调动的，在24小时内报告执行机关

D. 未经公安机关批准，不得进入特定的娱乐场所

25. 甲乙二人涉嫌猥亵儿童，甲被批准逮捕，乙被取保候审。案件被起诉到法院后，乙被法院

决定逮捕。关于本案的羁押必要性审查，下列哪一选项是正确的？（　　）（司考）

A. 在审查起诉阶段对甲进行审查，由检察院公诉部门办理

B. 对甲可进行公开审查并听取被害儿童法定代理人的意见

C. 检察院可依职权对乙进行审查

D. 经审查发现乙系从犯、具有悔罪表现且可能宣告缓刑，不予羁押不致发生社会危险的，检察院应要求法院变更强制措施

26. 甲涉嫌盗窃罪被逮捕。在侦查阶段，甲父向检察院申请进行羁押必要性审查。关于羁押必要性审查的程序，下列哪一选项是正确的？（　　）（司考）

A. 由检察院侦查监督部门负责

B. 审查应不公开进行

C. 检察院可向公安机关了解本案侦查取证的进展情况

D. 如对甲父的申请决定不予立案的，应由检察长批准

（二）多项选择题

1. 刑事拘留与司法拘留的区别主要有（　　）。（考研）

A. 性质不同

B. 适用的对象不同

C. 有权使用的机关不同

D. 适用的目的不同

E. 羁押的期限不同

2. 有权采取刑事拘留措施的机关有（　　）。（考研）

A. 人民法院　　B. 人民检察院

C. 公安机关　　D. 司法局

E. 国家机关保卫处

3. 甲因抢劫被某县公安机关依法逮捕。在侦查期间，甲不讲真实姓名、住址，身份不明。对于该案件，公安机关应当如何处理？（　　）（司考）

A. 侦查羁押期间自查清甲真实身份之日起计算

B. 在查清甲真实身份以前，不允许其聘请律师为他提供法律帮助

C. 在查清甲真实身份以前，中止侦查活动

D. 如果犯罪事实清楚，证据确实、充分，可以按甲自报姓名移送县人民检察院审查起诉

4. 下列犯罪嫌疑人、被告人中，哪些不适用取保候审？（　　）（司考）

A. 甲在取保候审期间故意实施新的犯罪行为

B. 乙涉嫌抢夺他人数额较大的财物被拘留，需逮捕而证据尚不符合逮捕条件

C. 丙刑满释放后第二年又涉嫌重婚

D. 丁是持刀抢劫的被告人

5. 张某居住在A县，因涉嫌受贿在审查起诉阶段被检察机关决定取保候审。取保候审期间，张某应当遵守的义务有哪些？（　　）

A. 未经A县公安机关批准不得离开A县

B. 未经A县检察机关批准不得离开A县

C. 在传讯的时候及时到案

D. 未经A县公安机关批准不得会见他人

6. 刑事诉讼中为取保候审的犯罪嫌疑人提供担保的保证人，需具备相应条件。下列哪些属于保证人的条件？（　　）（司考）

A. 有固定住处和收入

B. 享有政治权利

C. 与本案无牵连

D. 有能力对被保释的犯罪嫌疑人起到管制、约束作用

7. 高某因涉嫌敲诈勒索被公安机关取保候审，高某在取保候审期间的下列哪些行为违反了法律规定的义务？（　　）

A. 未经批准与家人出省探亲，3日方返回

B. 请证人吃饭并要其多关照

C. 威胁被害人，并要求“私了”

D. 在传讯时由于交通事故未及时到案

8. 耿某涉嫌抢夺。公安机关认为耿某虽抢夺数额不大，但有可能被判处管制或拘役，而且其人身危险性还是比较大的。因此，公安机关对其可采用下列哪些措施？（　　）

A. 逮捕　　B. 拘留

C. 取保候审　　D. 监视居住

9. 公安机关侦查一起共同犯罪案件，对一犯罪嫌疑人实施了监视居住，对另一犯罪嫌疑人实行取保候审。对这两个犯罪嫌疑人而言，他们都

必须遵守的法定义务是（　　）。

A. 未经公安机关批准，不得离开住处

B. 未经公安机关批准，不得会见家属和律师之外的人

C. 在传讯的时候及时到案

D. 不得以任何形式干扰证人作证

10. 某公务员因长期为外国机构收集中国情报而被有关部门立案侦查，后来被采取了监视居住措施。下列说法中不正确的是（　　）。

A. 本案应由检察院立案侦查

B. 本案应由公安机关立案侦查

C. 对嫌疑人的监视居住应由国家安全机关执行

D. 对嫌疑人的监视居住应由公安机关执行

11. 被取保候审的犯罪嫌疑人，可以离开的处所包括（　　）。

A. 自己的住所

B. 自己居住的街道

C. 自己的工作单位

D. 自己居住的城市

12. 张某是一起抢劫案的犯罪嫌疑人。公安机关将案件移送到检察机关审查起诉后，人民检察院将其拘传到人民检察院接受了两天的询问。张某对此提出了申诉，认为检察院违法。对此，他提出的哪些理由是没有根据的？（　　）

A. 未经传唤，直接拘传

B. 应由公安机关决定

C. 应由公安机关执行

D. 时间延长到两天

13. 某市检察院在审查甲杀人案中，发现遗漏了依法应当移送审查起诉的同案犯罪嫌疑人乙。对此检察院应该如何处理？（　　）（司考）

A. 应当建议公安机关对乙提请批准逮捕

B. 应当建议公安机关对乙补充移送审查起诉

C. 如果符合逮捕条件，可以直接决定逮捕乙

D. 如果符合起诉条件，可以直接将甲与乙一并提起公诉

14. 对下列哪些重大犯罪嫌疑分子，公安机关可以执行先行拘留？（　　）

A. 为投毒而买毒药的甲

B. 在其住处发现被盗金项链的乙

C. 被举报挪用公款企图逃跑的丙

D. 不讲真实姓名、住址，身份不明的丁

15. 关于拘传，下列哪些说法是正确的？（　　）（司考）

A. 对在现场发现的犯罪嫌疑人，经出示工作证件可以口头拘传，并在笔录中注明

B. 拘传持续的时间不得超过 12 小时

C. 案情特别重大、复杂，需要采取拘留、逮捕措施的，拘传持续的时间不得超过 24 小时

D. 对于被拘传的犯罪嫌疑人，可以连续讯问 24 小时

16. 在符合逮捕条件时，对下列哪些人员可以适用监视居住措施？（　　）（司考）

A. 甲患有严重疾病，生活不能自理

B. 乙正在哺乳自己的婴儿

C. 丙系生活不能自理的人的唯一扶养人

D. 丁系聋哑人

17. 我国强制措施的适用应遵循变更性原则。下列哪些情形符合变更性原则的要求？（　　）（司考）

A. 拘传期间因在身边发现犯罪证据而直接予以拘留

B. 犯罪嫌疑人在取保候审期间被发现另有其他罪行，要求其相应地增加保证金的数额

C. 犯罪嫌疑人在取保候审期间违反规定后对其先行拘留

D. 犯罪嫌疑人被羁押的案件，不能在法律规定的侦查羁押期限内办结的，予以释放

18. 下列哪些情形，法院应当变更或解除强制措施？（　　）（司考）

A. 甲涉嫌绑架被逮捕，案件起诉至法院时发现怀有身孕

B. 乙涉嫌非法拘禁被逮捕，被法院判处有期徒刑 2 年，缓期 2 年执行，判决尚未发生法律效力

C. 丙涉嫌妨害公务被逮捕，在审理过程中突发严重疾病

D. 丁涉嫌故意伤害被逮捕，因对被害人伤情有异议而多次进行鉴定，致使该案无法在法律规定的一审期限内审结

19. 甲、乙涉嫌非法拘禁罪被取保候审。本案提起公诉后，法院认为对甲可继续适用取保候审，

乙因有伪造证据的行为而应予逮捕。对于法院适用强制措施，下列哪些选项是正确的？（ ）（司考）

A. 对甲可变更为保证人保证

B. 决定逮捕之前可先行拘留乙

C. 逮捕乙后应在 24 小时内讯问

D. 逮捕乙后，同级检察院可主动启动对乙的羁押必要性审查

（三）不定项选择题

1. 以下情形的人中，属于扭送对象的是（ ）。（考研）

A. 被害人或者亲眼看见的人指认他犯罪的

B. 正在实行犯罪或者犯罪后即时被发觉的

C. 在身边或者住处发现有犯罪证据的

D. 犯罪后企图自杀、逃跑或者在逃的

E. 有毁灭、伪造证据或者串供可能的

2. J 市公安机关侦查人员舒某、刘某因在侦查一起团伙抢劫案的过程中，对犯罪嫌疑人董某刑讯逼供，直接导致董某死亡，被 J 市人民检察院依法逮捕。J 市人民检察院在侦查期间，发现舒某、刘某还曾对证人高某使用暴力手段逼取证言。如何计算舒某的侦查羁押期限？（ ）（司考）

A. 只按照前一个罪计算侦查羁押期限

B. 自前一个罪的侦查羁押期限届满之日的第二日起计算新发现罪的侦查羁押期限

C. 按照数罪中最重的罪计算侦查羁押期限

D. 自发现对证人使用暴力手段逼取证言的犯罪之日起，重新计算侦查羁押期限

3. 张某涉嫌盗窃，被公安机关抓获。由于张某家庭生活困难且父母和妻子都无任何收入，公安机关决定对其取保候审，可以作为张某的保证人的是（ ）。

A. 张某的妻子

B. 张某已经成家立业的姐姐

C. 张某的父母

D. 张某在政府工作的朋友

4. 徐某涉嫌强奸，公安机关经审查后决定对该案侦查。本案侦查过程中，若公安机关需要讯问徐某，可采取下列哪些措施？（ ）

A. 传唤到徐某所在市县内的指定地点或到他的住处讯问

B. 上述传唤持续时间不得超过 12 小时

C. 如徐某已被拘留或逮捕，可以在看守所或公安机关的场所进行讯问

D. 拘传徐某到其所在的市县内的指定地点进行讯问

5. 在上题中，如果公安机关认为徐某符合逮捕条件而提请人民检察院批准逮捕，则检察机关下列哪些做法是错误的？（ ）

A. 检察机关认为本案已过追诉时效，作出不批捕的决定

B. 对徐某应予逮捕，但徐某被拘留后突患急性肝炎，检察机关作出批捕决定，同时决定保外就医

C. 检察机关认为本案不符合逮捕条件，但认为徐某符合取保候审的条件，作出不批捕的决定，同时要求公安机关取保候审

D. 由于公安机关一直没有查清徐某的身份与地址，检察机关作出不批捕的决定

6. 甲、乙、丙三人实施信用证诈骗。侦查过程中，某地级市公安机关向该市检察院提请批准逮捕甲、乙、丙三人。其中，甲系省、市两级人民代表大会代表；乙系自由职业者；丙系无国籍人士。在审查批捕过程中，检察院查明：乙已怀有两个月身孕。请回答（1）（2）题。（司考）

（1）在人民代表大会闭会期间，检察机关决定对甲批准逮捕。下列选项正确的是（ ）。

A. 只需报请省人民代表大会常务委员会许可

B. 应当在市人大常委会许可后，再报省人大常委会许可

C. 应当分别报请省市两级人民代表大会常务委员会许可

D. 等待人大常委会许可期间，应当先取保候审

（2）关于检察院对丙的审查批捕，下列选项正确的是（ ）。

A. 市检察院认为不需要逮捕的，可以自行作出决定

B. 市检察院认为需要逮捕的，报省检察院审查

C. 省检察院征求同级政府外事部门的意见后，决定批准逮捕

D. 省检察院批准逮捕的，应同时报最高人民

检察院备案

7. 甲、乙（户籍地均为M省A市）共同运营一条登记注册于A市的远洋渔船。某次在公海捕鱼时，甲乙二人共谋杀害了与他们素有嫌隙的水手丙。该船回国后首泊于M省B市港口以作休整，然后再航行至A市。从B市起航后，在途经M省C市航行至A市过程中，甲因害怕乙投案自首一直将乙捆绑拘禁于船舱。该船于A市靠岸后案发。

关于本案强制措施的适用，下列选项正确的是：（　）。（司考）

A. 拘留甲后，应在送看守所羁押后24小时以内通知甲的家属

B. 如有证据证明甲参与了故意杀害丙，应逮捕甲

C. 拘留乙后，应在24小时内进行讯问

D. 如乙因捆绑拘禁时间过长致身体极度虚弱而生活无法自理的，可在拘留后转为监视居住

简答题

1. 被逮捕的犯罪嫌疑人，有的不讲真实姓名。根据刑事诉讼法的规定，对这些人应当如何处理？（考研）

2. 被监视居住的犯罪嫌疑人、被告人应当遵守哪些规定？（考研）

3. 刑事强制措施与刑罚有什么不同？（考研）

论述题与深度思考题

1. “保释”一词目前在我国的刑事诉讼法学研究中大量使用，虽然它与中国的取保候审制度有相似之处，但在本质上有区别。有些学者误将其理解为与中国取保候审制度相似的国外制度，但是其实保释制度与取保候审制度二者之间还是有着相当大的区别的，取保候审制度也并非保释制度在中国的适用。请对保释制度与取保候审制度作一区分。

2. “羁押”一词在我国刑事诉讼法中反复出现，在理解上容易造成混淆。我国《刑事诉讼法》第156条规定：“对犯罪嫌疑人逮捕后的侦查羁押期限不得超过二个月。案情复杂、期限届满不能终结的案件，可以经上一级人民检察院批准延长一个月。”由此来看，在我国刑事诉讼中的羁押实际上特指逮捕之后的羁押。这就与国外法律上羁押一词的意思不完全相同，即国外的羁押与我国的拘留、逮捕制度并不完全相同。请思考羁押与拘留、逮捕这两种制度的区别。

参考答案

名词解释与概念比较

1. 刑事强制措施是指公安机关、人民检察院和人民法院为了保证刑事诉讼活动的顺利进行，防止犯罪嫌疑人、被告人等逃避或妨碍侦查、起诉和审判，依法对其适用的暂时限制或剥夺其人身自由的各种强制方法。

2. 取保候审是指人民法院、人民检察院和公安机关对未被羁押的犯罪嫌疑人、被告人依法责令其提供保证人或者交纳保证金，并出具保证书，保证不逃避或者妨碍侦查、起诉和审判，并随传随到的一种强制方法。保外就医是被判处有期徒刑或拘役的罪犯在有严重疾病的情况下需要就医，由省级人民政府指定的医院开具证明文件，通过审批程序准许其暂予监外执行。二者都是通过担保的方式使被保证人不被羁押的措施，但是二者有以下区别。

（1）性质不同。取保候审是刑事强制措施，而保外就医则是暂予监外执行的理由之一，是一种变通执行刑罚的方法，本质上仍是执行刑罚的措施。

（2）决定机关不同。取保候审可由公、检、法三机关决定，而保外就医由人民法院或监狱决定。

（3）期限不同。取保候审不得超过12个月，而保外就医的期限不确定，只要在刑期内，存在着保外就医的条件，经批准都可执行。

（4）保证方式不同。取保候审可以采用保证

人或交纳保证金两种方式，而保外就医一般是采用保证人方式，对交纳保证金的方式法律没有明确规定。

3. 拘留与逮捕同为刑事诉讼强制措施，都具有强制性、保障性的特点，而且两者还具有衔接性——公安机关采用拘留措施后必须在法定期限之内向人民检察院报捕。但两者也有一定区别。

(1) 严厉程度不同。逮捕是强制措施中最严厉的一种，而拘留的强制性要相对弱一些。

(2) 适用的机关不同。逮捕只能由人民检察院批准或决定和人民法院决定采用，公安机关执行，而拘留只能由公安机关、检察机关决定采用，公安机关执行。

(3) 适用的对象不同。拘留只能对现行犯或重大嫌疑分子在紧急情况下采用，而逮捕是在对有证据证明有犯罪事实，可能被判处有期徒刑以上刑罚的犯罪嫌疑人、被告人，采取取保候审、监视居住等方法，尚不足以防止发生社会危害，有逮捕必要时采用。

(4) 适用的程序不同。拘留的采用不需要经过其他机关的批准，而由公安机关、人民检察院自行决定采用；公安机关采用逮捕必须经过人民检察院批准。

(5) 羁押期限不同。拘留的羁押期限一般情况下为 10 天，最长不超过 37 天，而逮捕的羁押期限要长得多。

4. 取保候审是指人民法院、人民检察院和公安机关对未被羁押的犯罪嫌疑人、被告人依法责令其提供保证人或者交纳保证金，并出具保证书，保证不逃避或者妨碍侦查、起诉和审判，并随传随到的一种强制方法。监视居住是指人民法院、人民检察院和公安机关对未被羁押的犯罪嫌疑人、被告人依法责令其不得擅自离开指定住处或者居所，并对其活动加以监视和控制的一种强制方法。两者同为刑事诉讼强制措施，都具有强制性和保障性，适用的主体都为公、检、法三机关，适用的条件也基本相同，但二者存在以下区别。

(1) 取保候审分为“人保”和“财保”两种，而监视居住只有一种。

(2) 被取保候审人与被监视居住人在被采取措施期间所要履行的义务不同。

(3) 监视居住要限制被监视居住人的行动自由，不允许其擅自离开住处或指定的居所，而取保候审一般不限制人的行动自由。

(4) 期限不同。取保候审最长不超过 12 个月，而监视居住最长不得超过 6 个月。

5. 拘传是公、检、法机关对于未被羁押的犯罪嫌疑人、被告人强制其到指定地点接受讯问的一种强制措施。传唤是指公、检、法三机关用非强制方法让未被羁押的犯罪嫌疑人、被告人到指定地点接受讯问的一种调查方法。二者的差别为：(1) 对象不同，前者针对已经被羁押的犯罪嫌疑人、被告人，后者针对未被羁押的犯罪嫌疑人、被告人；(2) 方法不同，前者为强制方法，后者为非强制方法。传唤并非拘传的必经条件，是否要先经传唤才进行拘传，由公安、司法机关掌握。

6. 刑事拘留与行政拘留都是暂时剥夺被适用对象的人身自由并且都由公安机关执行，但二者之间是有重大区别的。

(1) 法律性质不同。刑事拘留是一种预防性措施，不具有惩罚功能，不是一种制裁手段；行政拘留的适用对象是对违反行政法律、法规者的一种制裁手段，具有惩罚性质。

(2) 适用对象不同。刑事拘留的适用对象是具有触犯刑律、需要追究刑事责任情形的现行犯或重大嫌疑分子；行政拘留的适用对象则是违反《治安管理处罚法》、依法应当受到行政处罚的人。

(3) 适用的目的不同。刑事拘留的目的在于保证刑事诉讼活动的顺利进行，防止犯罪嫌疑人、被告人实施妨碍侦查、起诉和审判进行的行为；而行政拘留的目的是教育和惩罚行政违法人员。

(4) 羁押的期限不同。一般刑事案件的拘留期限为 10 天，最长不得超过 14 天，对流窜作案、结伙作案和多次作案的重大嫌疑分子的拘留期限不超过 37 天；而行政拘留的期限一般为 10 天，加重处罚不超过 15 天。

选择题

(一) 单项选择题

1. A

我国《刑事诉讼法》第 85 条规定：公安机关拘留人的时候，必须出示拘留证。拘留后，应当立即将被拘留人送看守所羁押，至迟不得超过 24

小时。除无法通知或者涉嫌危害国家安全犯罪、恐怖活动犯罪通知可能有碍侦查的情形以外，应当在拘留后 24 小时以内，通知被拘留人的家属。有碍侦查的情形消失以后，应当立即通知被拘留人的家属。所以本题应选 A 项。

2. D

《刑事诉讼法》第 84 条规定：对于有下列情形的人，任何公民都可以立即扭送公安机关、人民检察院或者人民法院处理：(1) 正在实行犯罪或者在犯罪后即时被发觉的；(2) 通缉在案的；(3) 越狱逃跑的；(4) 正在被追捕的。题中，D 项符合，当选。

3. D

《公安机关办理刑事案件程序规定》第 130 条规定：有证据证明有犯罪事实，是指同时具备下列情形：(1) 有证据证明发生了犯罪事实；(2) 有证据证明该犯罪事实是犯罪嫌疑人实施的；(3) 证明犯罪嫌疑人实施犯罪行为的证据已有查证属实的。前款规定的"犯罪事实"既可以是单一犯罪行为的事实，也可以是数个犯罪行为中任何一个犯罪行为的事实。据此，选项 A、B 所列条件应当同时具备，故 D 项入选。

4. B

最高人民法院、最高人民检察院、公安部、国家安全部、司法部、全国人大常委会法制工作委员会《关于实施刑事诉讼法若干问题的规定》(以下简称《六机关规定》) 第 22 条规定："刑事诉讼法第一百五十八条第一款规定：'在侦查期间，发现犯罪嫌疑人另有重要罪行的，自发现之日起依照本法第一百五十四条的规定重新计算侦查羁押期限。'公安机关依照上述规定重新计算侦查羁押期限的，不需要经人民检察院批准，但应当报人民检察院备案，人民检察院可以进行监督。"四个选项中，只有 B 项符合该规定。

5. C

《刑事诉讼法》第 86 条规定：公安机关对被拘留的人，应当在拘留后的 24 小时以内进行讯问。

6. D

《刑事诉讼法》第 67 条规定：人民法院、人民检察院和公安机关对有下列情形之一的犯罪嫌疑人、被告人，可以取保候审：(1) 可能判处管制、拘役或者独立适用附加刑的；(2) 可能判处有期徒刑以上刑罚，采取取保候审不致发生社会危险性的；(3) 患有严重疾病、生活不能自理，怀孕或者正在哺乳自己婴儿的妇女，采取取保候审不致发生社会危险性的；(4) 羁押期限届满，案件尚未办结，需要采取取保候审的。取保候审由公安机关执行。该条中未包括可能并处财产刑的情况。

7. B

《刑事诉讼法》第 91 条规定：公安机关对被拘留的人，认为需要逮捕的，应当在拘留后的 3 日以内，提请人民检察院审查批准。在特殊情况下，提请审查批准的时间可以延长 1 日至 4 日。对于流窜作案、多次作案、结伙作案的重大嫌疑分子，提请审查批准的时间可以延长至 30 日。

8. D

《刑事诉讼法》第 81 条规定，对有证据证明有犯罪事实，可能判处徒刑以上刑罚的犯罪嫌疑人、被告人，采取取保候审尚不足以防止发生下列社会危险性的，应当予以逮捕：(1) 可能实施新的犯罪的；(2) 有危害国家安全、公共安全或者社会秩序的现实危险的；(3) 可能毁灭、伪造证据，干扰证人作证或者串供的；(4) 可能对被害人、举报人、控告人实施打击报复的；(5) 企图自杀或者逃跑的。本题中虽常某已分娩，但其屡次想自杀，具有危险性，故应当逮捕。

9. D

根据《刑事诉讼法》第 71 条的规定，被取保候审的犯罪嫌疑人、被告人应当遵守以下规定：(1) 未经执行机关批准不得离开所居住的市、县；(2) 住址、工作单位和联系方式发生变动的，在 24 小时以内向执行机关报告；(3) 在传讯的时候及时到案；(4) 不得以任何形式干扰证人作证；(5) 不得毁灭、伪造证据或者串供。人民法院、人民检察院和公安机关可以根据案件情况，责令被取保候审的犯罪嫌疑人、被告人遵守以下一项或者多项规定：(1) 不得进入特定的场所；(2) 不得与特定的人员会见或者通信；(3) 不得从事特定的活动；(4) 将护照等出入境证件、驾驶证件交执行机关保存。

10. C

《高法刑诉解释》第 135 条规定：人民法院决

定变更强制措施或者释放被告人的，应当立即将变更强制措施决定书或者释放通知书送交公安机关执行。因此，应选C项。

11. A

司法拘留、行政拘留都是一种制裁手段，而刑事拘留是一种诉讼上的保障措施，只有刑事拘留才是严格意义上的强制措施。故B、C项错误。司法拘留是在审判阶段使用的，只能由法院决定，故D项错误。

12. C

本案中甲涉嫌盗窃罪，公安机关有决定对其进行取保候审的权力，因此可以自主决定。但同时，《公安机关办理刑事案件程序规定》第155条规定：公安机关发现对犯罪嫌疑人采取强制措施不当的，应当及时撤销或者变更。犯罪嫌疑人在押的，应当及时释放。公安机关释放被逮捕的人或者变更逮捕措施的，应当通知批准逮捕的人民检察院。

13. C

《人民检察院刑事诉讼规则（试行）》第312条规定：外国人、无国籍人涉嫌危害国家安全犯罪的案件或者涉及国与国之间政治、外交关系的案件以及在适用法律上确有疑难的案件，认为需要逮捕犯罪嫌疑人的，按照《刑事诉讼法》第20条、第21条的规定，分别由基层人民检察院或者分、州、市人民检察院审查并提出意见，层报最高人民检察院审查。最高人民检察院经审查认为需要逮捕的，经征求外交部的意见后，作出批准逮捕的批复；经审查认为不需要逮捕的，作出不批准逮捕的批复。基层人民检察院或者分、州、市人民检察院根据最高人民检察院的批复，依法作出批准或者不批准逮捕的决定。层报过程中，上级人民检察院经审查认为不需要逮捕的，应当作出不批准逮捕的批复，报送的人民检察院根据批复依法作出不批准逮捕的决定。故本题应选C项。

14. C

《高法刑诉解释》第131条规定：人民法院作出逮捕决定后，应当将逮捕决定书等相关材料送交同级公安机关执行，并将逮捕决定书抄送人民检察院。逮捕被告人后，人民法院应当将逮捕的原因和羁押的处所，在24小时内通知其家属；确实无法通知的，应当记录在案。该解释第132条规定：人民法院对决定逮捕的被告人，应当在逮捕后24小时内讯问。发现不应当逮捕的，应当变更强制措施或者立即释放。因此，应当选C项。

15. B

根据《高法刑诉解释》第280条的规定，开庭审理单位犯罪案件，应当通知被告单位的诉讼代表人出庭；没有诉讼代表人参与诉讼的，应当要求人民检察院确定。被告单位的诉讼代表人不出庭的，应当按照下列情形分别处理：（1）诉讼代表人系被告单位的法定代表人或者主要负责人，无正当理由拒不出庭的，可以拘传其到庭；因客观原因无法出庭，或者下落不明的，应当要求人民检察院另行确定诉讼代表人。（2）诉讼代表人系被告单位的其他人员的，应当要求人民检察院另行确定诉讼代表人出庭。由此看来，似乎A项也是正确的，但是A项中的拘传是司法上的强制措施，而非刑事强制措施，故A项错误。拘传是一种针对未被羁押的犯罪嫌疑人、被告人实施的强制方法，因此，D项不正确。同时，到法院的审理阶段，法院才可决定进行拘传，C项中卢某作为犯罪嫌疑人还未被移送审查起诉，因此，法院无权决定拘传。

16. D

《刑事诉讼法》第4条规定：国家安全机关依照法律规定，办理危害国家安全的刑事案件，行使与公安机关相同的职权。本题中，因为甲将我国潜艇的部署情况非法提供给一外国著名军事杂志的行为危害到国家安全，所以应该由国家安全机关执行取保候审。本题正确答案为D项。

17. D

《高法刑诉解释》第133条规定，被逮捕的被告人具有下列情形之一的，人民法院可以变更强制措施：（1）患有严重疾病、生活不能自理的；（2）怀孕或者正在哺乳自己婴儿的；（3）系生活不能自理的人的唯一扶养人。第134条规定：第一审人民法院判决被告人无罪、不负刑事责任或者免除刑事处罚，被告人在押的，应当在宣判后立即释放。被逮捕的被告人具有下列情形之一的，人民法院应当变更强制措施或者予以释放：（1）第一审人民法院判处管制、宣告缓刑、单独适用附加刑，判决尚未发生法律效力的；（2）被告人被羁押的时间已到第一审人民法院对其判处的刑期期限的；（3）案件不能在法律规定的期限内审结的。第133条规定的情形发生时只是“可以”变更，第134条规定的情形发生时才是“应当”变更，所以本题应选D项。

18. B

《刑事诉讼法》第85条规定：公安机关拘留人的时候，必须出示拘留证。拘留后，应当立即将被拘留人送看守所羁押，至迟不得超过24小时。故A项的处置合法。《刑事诉讼法》第85条还规定：除无法通知或者涉嫌危害国家安全犯罪、恐怖活动犯罪通知可能有碍侦查的情形以外，应当在拘留后24小时以内，通知被拘留人的家属。有碍侦查的情形消失以后，应当立即通知被拘留人的家属。本题中涉及的犯罪是黑社会性质组织犯罪，只有无法通知的，才不通知被拘留人的家属。故B项的处置违法，当选。《刑事诉讼法》第86条规定：公安机关对被拘留的人，应当在拘留后的24小时以内进行讯问。《刑事诉讼法》第118条第2款规定，犯罪嫌疑人被送交看守所羁押以后，侦查人员对其进行讯问，应当在看守所内进行。故C项中，甲在当月6日被送至看守所之前，公安机关对其进行讯问，是合法的。《刑事诉讼法》第91条第1、2款规定：公安机关对被拘留的人，认为需要逮捕的，应当在拘留后的3日以内，提请人民检察院审查批准。在特殊情况下，提请审查批准的时间可以延长1日至4日。对于流窜作案、多次作案、结伙作案的重大嫌疑分子，提请审查批准的时间可以延长至30日。本题D项中，“当月8日提请检察院审批”未超过提请审查批捕的期限，是合法的。

19. C

《刑事诉讼法》第72条第2款规定：“提供保证金的人应当将保证金存入执行机关指定银行的专门账户。”可见，保证金不应由决定机关收取。故A项错误。《刑事诉讼法》第67条规定：“人民法院、人民检察院和公安机关对有下列情形之一的犯罪嫌疑人、被告人，可以取保候审：（一）可能判处管制、拘役或者独立适用附加刑的；（二）可能判处有期徒刑以上刑罚，采取取保候审不致发生社会危险性的；（三）患有严重疾病、生活不能自理，怀孕或者正在哺乳自己婴儿的妇女，采取取保候审不致发生社会危险性的；（四）羁押期限届满，案件尚未办结，需要采取取保候审的。”可见，可能判处徒刑以上刑罚，只要采取取保候审不致发生社会危险性，同样可以适用取保候审。因此，B项错误。《刑事诉讼法》第68条规定：“人民法院、人民检察院和公安机关决定对犯罪嫌疑人、被告人取保候审，应当责令犯罪嫌疑人、被告人提出保证人或者交纳保证金。”可见，保证人和保证金不可同时适用。故C项正确。《刑事诉讼法》第71条规定：“对违反取保候审规定，需要予以逮捕的，可以对犯罪嫌疑人、被告人先行拘留。”故D项错误。本题选C项。

20. B

选项A错误：《高法刑诉解释》第116条第2款规定，对被告人决定取保候审的，应当责令其提出保证人或者交纳保证金，不得同时使用保证人保证与保证金保证。选项B正确：《高法刑诉解释》第117条规定，对下列被告人决定取保候审的，可以责令其提出一至二名保证人：（1）无力交纳保证金的；（2）未成年或者已满75周岁的；（3）不宜收取保证金的其他被告人。选项C错误：《高法刑诉解释》第122条规定：根据案件事实和法律规定，认为已经构成犯罪的被告人在取保候审期间逃匿的，如果系保证人协助被告人逃匿，或者保证人明知被告人藏匿地点但拒绝向司法机关提供，对保证人应当依法追究刑事责任。选项D错误：《关于取保候审若干问题的规定》第6条规定：取保候审保证金由县级以上执行机关统一收取和管理。没收保证金的决定、退还保证金的决定、对保证人的罚款决定等，应当由县级以上执行机关作出。

21. C

选项A说法正确：适用强制措施应当遵循必要性原则和相当性原则。必要性原则是指只有在为保证刑事诉讼的顺利进行而有必要时方能采取，若无必要，不得随意适用强制措施。故基于强制措施适用的必要性原则，应当尽量减少审前羁押。选项B说法正确，选项C说法错误：强制措施是预防性措施，而不是惩罚性措施，即适用强制措施的目的是保证刑事诉讼的顺利进行，防止犯罪嫌疑人、被告人逃避侦查、起诉和审判，进行毁灭、伪造证据，继续犯罪等妨害刑事诉讼的行为。

《刑事诉讼法》第 95 条规定：犯罪嫌疑人、被告人被逮捕后，人民检察院仍应当对羁押的必要性进行审查。对不需要继续羁押的，应当建议予以释放或者变更强制措施。有关机关应当在 10 日以内将处理情况通知人民检察院。据此可知，检察院只有建议权，无权直接释放或变更。选项 D 说法正确：《刑事诉讼法》第 98 条规定，犯罪嫌疑人、被告人被羁押的案件，不能在本法规定的侦查羁押、审查起诉、一审、二审期限内办结的，对犯罪嫌疑人、被告人应当予以释放；需要继续查证、审理的，对犯罪嫌疑人、被告人可以取保候审或者监视居住。

22. C

《刑事诉讼法》第 67 条第 2 款规定："取保候审由公安机关执行。""郭某涉嫌报复陷害申诉人蒋某"涉及的罪名是报复陷害罪，该罪由检察院立案侦查，但取保候审的执行机关仍是公安机关，并非侦查机关。因此选项 A 错误。《人民检察院刑事诉讼规则（试行）》第 87 条规定："人民检察院决定对犯罪嫌疑人取保候审，应当责令犯罪嫌疑人提出保证人或者交纳保证金。对同一犯罪嫌疑人决定取保候审，不得同时使用保证人保证和保证金保证方式。"因此选项 B 错误。《刑事诉讼法》第 71 条第 2 款规定："人民法院、人民检察院和公安机关可以根据案件情况，责令被取保候审的犯罪嫌疑人、被告人遵守以下一项或者多项规定：（一）不得进入特定场所……"因此，"可要求郭某在取保候审期间不得进入蒋某居住的小区"的说法是正确的，即选项 C 正确。《刑事诉讼法》第 71 条第 1 款规定："被取保候审的犯罪嫌疑人、被告人应当遵守以下规定：……（二）住址、工作单位和联系方式发生变动的，在二十四小时以内向执行机关报告……"并非不允许犯罪嫌疑人变更住址，只是变更住址需要在 24 小时内向执行机关报告，因此选项 D 错误。

23. D

《公安机关办理刑事案件程序规定》第 121 条第 1 款规定："……执行拘留时，必须出示拘留证……"第 2 款规定："紧急情况下，对于符合本规定第一百二十条所列情形之一的，应当将犯罪嫌疑人带至公安机关后立即审查，办理法律手续。"该规定第 120 条规定："公安机关对于现行犯或者重大嫌疑分子，有下列情形之一的，可以先行拘留：……（四）犯罪后企图自杀、逃跑或者在逃的……"根据本题情形，拘留章某时如果情况紧急，可以不出示拘留证，因此选项 A 错误。《刑事诉讼法》第 85 条第 2 款规定："拘留后，应当立即将被拘留人送看守所羁押，至迟不得超过二十四小时……"可见，是 24 小时而非 12 小时。因此选项 B 错误。侦查阶段对章某的讯问应当在看守所内进行，审查起诉、审判阶段对章某的讯问没有此方面的规定，因此选项 C 错误。《刑事诉讼法》第 138 条第 1 款规定："进行搜查，必须向被搜查人出示搜查证。"第 2 款规定："在执行逮捕、拘留的时候，遇有紧急情况，不另用搜查证也可以进行搜查。"想要无证搜查需同时满足在执行逮捕、拘留的时候和紧急情况下两个条件，在拘留期间章某持管制刀具，也符合了紧急情况这一情形，所以可以对章某进行无证搜查。因此选项 D 正确。

24. C

《刑事诉讼法》第 71 条第 1 款和第 2 款规定：被取保候审的犯罪嫌疑人、被告人应当遵守以下规定：(1) 未经执行机关批准不得离开所居住的市、县；(2) 住址、工作单位和联系方式发生变动的，在 24 小时以内向执行机关报告；(3) 在传讯的时候及时到案；(4) 不得以任何形式干扰证人作证；(5) 不得毁灭、伪造证据或者串供。人民法院、人民检察院和公安机关可以根据案件情况，责令被取保候审的犯罪嫌疑人、被告人遵守以下一项或者多项规定：(1) 不得进入特定的场所；(2) 不得与特定的人员会见或者通信；(3) 不得从事特定的活动；(4) 将护照等出入境证件、驾驶证件交执行机关保存。本题所问"关于甲在取保候审期间应遵守的义务"指的是被取保候审人的法定义务，也就是上述《刑事诉讼法》第 71 条第 1 款的规定，而并不涉及被取保候审人的酌定义务，即上述《刑事诉讼法》第 71 条第 2 款的规定。A 项、B 项、D 项皆不可选，因这三项所述皆为被取保候审人的酌定义务。C 项所述为被取保候审人的法定义务，故当选。

25. C

根据《人民检察院办理羁押必要性审查案件规定（试行）》第 3 条的规定，羁押必要性审查案件由办案机关对应的同级人民检察院刑事执行检察部门统一办理，侦查监督、公诉、侦查、案件管理、检察技术等部门予以配合。可见羁押必要性审查现在统一由检察院刑事执行检察部门办理。所以，A项错误。根据该规定第14条第1款的规定，人民检察院可以对羁押必要性审查案件进行公开审查，但涉及国家秘密、商业秘密、个人隐私的案件除外。本案甲乙二人涉嫌猥亵儿童罪，属于涉及个人隐私的案件，不可进行公开审查。所以，B项错误。根据该规定第11条规定，刑事执行检察部门对本院批准逮捕和同级人民法院决定逮捕的犯罪嫌疑人、被告人，应当依职权对羁押必要性进行初审。乙在审判阶段被法院决定逮捕，人民检察院依职权对乙进行羁押的必要性审查。所以，C项正确。经审查发现乙系从犯、具有悔罪表现且可能宣告缓刑，不予羁押不致发生社会危险性的，人民检察院依据《人民检察院办理羁押必要性审查案件规定（试行）》第17条、第18条的规定，可以向办案机关提出释放或者变更强制措施的建议。D项中检察院应要求法院变更强制措施的表述不准确。

26. C

《人民检察院办理羁押必要性审查案件规定（试行）》第3条规定：羁押必要性审查案件由办案机关对应的同级人民检察院刑事执行检察部门统一办理，侦查监督、公诉、侦查、案件管理、检察技术等部门予以配合。故A选项错误。《人民检察院办理羁押必要性审查案件规定（试行）》第14条规定，人民检察院可以对羁押必要性审查案件进行公开审查。但是，涉及国家秘密、商业秘密、个人隐私的案件除外。故B项错误。《人民检察院办理羁押必要性审查案件规定（试行）》第13条：人民检察院进行羁押必要性审查，可以采取以下方式：（1）审查犯罪嫌疑人、被告人不需要继续羁押的理由和证明材料；（2）听取犯罪嫌疑人、被告人及其法定代理人、辩护人的意见；（3）听取被害人及其法定代理人、诉讼代理人的意见，了解是否达成和解协议；（4）听取现阶段办案机关的意见；（5）听取侦查监督部门或者公诉部门的意见；（6）调查核实犯罪嫌疑人、被告人的身体状况；（7）其他方式。因此，C项正确。《人民检察院办理羁押必要性审查案件规定（试行）》第12条第2款规定：对于无理由或者理由明显不成立的申请，或者经人民检察院审查后未提供新的证明材料或者没有新的理由而再次申请的，由检察官决定不予立案，并书面告知申请人。故D项错误。

（二）多项选择题

1. ABCDE

刑事拘留与司法拘留的区别如下：（1）性质不同。刑事拘留是刑事诉讼中的强制措施，而司法拘留是对妨碍诉讼活动顺利进行的人所施加的一种惩罚和制裁措施。（2）适用的对象不同。刑事拘留适用于具有触犯刑律、需要追究刑事责任情形的现行犯或重大嫌疑分子，而司法拘留适用于严重妨碍了诉讼进行的人，既可以是诉讼参与人，也可以是案外人。（3）有权适用的机关不同。刑事拘留由公安机关和人民检察院决定适用，而司法拘留由人民法院决定。（4）适用的目的不同。刑事拘留适用的目的是防止犯罪嫌疑人、被告人逃跑，妨碍诉讼活动的顺利进行；司法拘留适用的目的是对已经严重妨碍诉讼活动的行为人施以惩戒。（5）羁押的期限不同。刑事拘留最长可达37天，司法拘留则为15天，在拘留期间承认并改正错误的，还可由法院决定提前解除。（6）与判决结果的关系不同。刑事拘留的羁押期限可折抵刑期，而司法拘留与判决结果不发生关系。

2. BC

《刑事诉讼法》第82条规定，公安机关对符合法定情形的现行犯或者重大嫌疑分子可决定拘留；同时《六机关规定》第16条规定，拘留由公安机关执行。对于人民检察院直接受理的案件，人民检察院作出的拘留决定，应当送达公安机关执行，公安机关应当立即执行，人民检察院可以协助公安机关执行。而人民法院不可决定适用拘留。

3. AD

《刑事诉讼法》第160条明确规定：在侦查期间，发现犯罪嫌疑人另有重要罪行的，自发现之日起依照本法第156条的规定重新计算侦查羁押期限。犯罪嫌疑人不讲真实姓名、住址，身份不明的，应当对其身份进行调查，侦查羁押期限自查清其身份之日起计算，但是不得停止对其犯罪行为的侦查取证。对于犯罪事实清楚，证据确实、充分，确实无法查明其身份的，也可以按其自报的姓名起诉、审判。犯罪嫌疑人自第一次被讯问或第一次被采取强制措施之日起就可以请律师，所以答案B错误，正确说法为A、D两项。

4. AD

《刑事诉讼法》第67条规定，人民法院、人民检察院和公安机关对有下列情形之一的犯罪嫌疑人、被告人，可以取保候审：(1)可能判处管制、拘役或者独立适用附加刑的；(2)可能判处有期徒刑以上刑罚，采取取保候审不致发生社会危险性的；(3)患有严重疾病、生活不能自理，怀孕或者正在哺乳自己婴儿的妇女，采取取保候审不致发生社会危险性的；(4)羁押期限届满，案件尚未办结，需要采取取保候审的。取保候审由公安机关执行。可见B、C两项的情况可取保候审，而A、D两项的情况均可逮捕。

5. AC

《刑事诉讼法》第67条规定，取保候审的执行机关为公安机关，离开所居住市、县应经执行机关批准。据此，A、C两项入选。

6. ABCD

《刑事诉讼法》第69条规定，保证人必须符合下列条件：(1)与本案无牵连；(2)有能力履行保证义务；(3)享有政治权利，人身自由未受到限制；(4)有固定的住处和收入。据此，A、B、C、D四项皆入选。

7. ABC

根据《刑事诉讼法》第71条对被取保候审的犯罪嫌疑人、被告人规定的义务，A、B、C项中高某的行为都违反了法律，而D项为特殊情况，不构成违反义务。

8. CD

根据我国《刑事诉讼法》第67条关于取保候审的适用条件的规定、第74条关于监视居住的适用条件的规定、第81条关于逮捕的适用条件的规定、第82条关于拘留的适用条件的规定，可知应选C、D两项。

9. CD

通过比较《刑事诉讼法》第71条对被取保候审人的限定义务与第75条对被监视居住人的义务的规定可以发现，C、D两项是共同的。

10. ABD

本案涉及危害国家安全犯罪，应由国家安全机关侦查，而《刑事诉讼法》第4条规定，国家安全机关办理危害国家安全的刑事案件，行使与公安机关相同的职权，故国家安全机关有监视居住的执行权。

11. ABC

根据我国《刑事诉讼法》第71条的规定，被取保候审人未经执行机关批准不得离开所居住的市、县。故排除D项。

12. ABC

传唤并非拘传的前提条件，拘传持续时间一般不能超过12小时，案情特别重大、复杂，需要采取拘留、逮捕措施的，不得超过24小时，从被拘传者到案时开始计算。故D项错误。

13. BCD

《人民检察院刑事诉讼规则（试行）》第391条规定，人民检察院在办理公安机关移送起诉的案件中，发现遗漏罪行或者依法应当移送审查起诉同案犯罪嫌疑人的，应当要求公安机关补充移送审查起诉；对于犯罪事实清楚，证据确实、充分的，人民检察院也可以直接提起公诉。因此B、D两项正确。同时，在审查起诉阶段，检察院对符合逮捕条件的，可以决定逮捕。故C项正确。

14. ABCD

《刑事诉讼法》第82条规定，公安机关对于现行犯或者重大嫌疑分子，如果有下列情形之一的，可以先行拘留：(1)正在预备犯罪、实行犯罪或者在犯罪后即时被发觉的；(2)被害人或者在场亲眼看见的人指认他犯罪的；(3)在身边或者住处发现有犯罪证据的；(4)犯罪后企图自杀、逃跑或者在逃的；(5)有毁灭、伪造证据或者串供可能的；(6)不讲真实姓名、住址，身份不明的；(7)有流窜作案、多次作案、结伙作案重大嫌疑的。因此，对于A、B、C、D四项所述的情况均可进行拘留。

15. BC

依据《刑事诉讼法》第119条第1款的规定，对不需要逮捕、拘留的犯罪嫌疑人，可以传唤到犯罪嫌疑人所在市、县内的指定地点或者到他的住处进行讯问，但是应当出示人民检察院或者公安机关的证明文件；对在现场发现的犯罪嫌疑人，经出示工作证件，可以口头传唤，但应当在讯问笔录中注明。故A项的错误在于，不是“口头拘传”，是“口头传唤”。依据《刑事诉讼法》第 119 条第 2 款的规定，传唤、拘传持续的时间不得超过 12 小时；案情特别重大、复杂，需要采取拘留、逮捕措施的，传唤、拘传持续的时间不得超过 24 小时。故 B、C 两项正确。依据《刑事诉讼法》第 119 条第 3 款的规定，不得以连续传唤、拘传的形式变相拘禁犯罪嫌疑人。传唤、拘传犯罪嫌疑人，应当保证犯罪嫌疑人的饮食和必要的休息时间。故 D 项错误。

16. ABC

本题考查监视居住的适用条件。依据《刑事诉讼法》第 74 条第 1 款的规定，可知正确答案为 A、B、C 三项。

17. ACD

变更性原则是指强制措施的适用，需要随着诉讼的进展，犯罪嫌疑人、被告人及案件情况的变化而及时变更或解除。A 项正确，当选：拘传是强制措施，发现犯罪证据是案情变化，应将拘传变更为拘留。B 项错误，不可选：新发现罪行是并案处理的问题，不是本案案情变化。增加保证金数额，严格来说并非变更性原则的适用。C 项正确，当选：先取保候审，因犯罪嫌疑人违反规定的变化，所以强制措施应变更为更严厉的。D 项正确，当选：不能在侦查羁押期限内办结而予以释放即为解除强制措施，也属于变更性原则的适用。

18. BD

《高法刑诉解释》第 133 条规定，被逮捕的被告人具有下列情形之一的，人民法院可以变更强制措施：(1) 患有严重疾病、生活不能自理的；(2) 怀孕或者正在哺乳自己婴儿的；(3) 系生活不能自理的人的唯一扶养人。第 134 条第 2 款规定，被逮捕的被告人具有下列情形之一的，人民法院应当变更强制措施或者予以释放：(1) 第一审人民法院判处管制、宣告缓刑、单独适用附加刑，判决尚未发生法律效力的；(2) 被告人被羁押的时间已到第一审人民法院对其判处的刑期期限的；(3) 案件不能在法律规定的期限内审结的。A 项“起诉至法院时发现甲怀有身孕”和 C 项“被逮捕的丙的在审理过程中突发严重疾病”皆属于第 133 条规定的人民法院可以变更强制措施的情形，而不属于应当变更或解除强制措施的情形，故 A 项和 C 项皆不当选。B 项所述“乙被法院判处有期徒刑 2 年，缓期 2 年执行”，属于第 134 条第 2 款第 1 项规定的第一审人民法院判处管制、宣告缓刑、单独适用附加刑，判决尚未发生法律效力的情形，应当变更或解除强制措施。故 B 项当选。D 项所述“该案无法在法律规定的一审期限内审结”，属于第 134 条第 2 款第 3 项规定的案件不能在法律规定的期限内审结的情形，应当变更或解除强制措施。故 D 项当选。

19. ACD

《高法刑诉解释》第 127 条规定：人民检察院、公安机关已经对犯罪嫌疑人取保候审、监视居住，案件起诉至人民法院后，需要继续取保候审、监视居住或者变更强制措施的，人民法院应当在 7 日内作出决定，并通知人民检察院、公安机关。决定继续取保候审、监视居住的，应当重新办理手续，期限重新计算；继续使用保证金保证的，不再收取保证金。故法院重新办理取保候审，可以将保证金保证变更为保证人保证。故 A 项正确。法院没有拘留权，故 B 项错误。《刑事诉讼法》第 94 条规定：人民法院、人民检察院对于各自决定逮捕的人，公安机关对于经人民检察院批准逮捕的人，都必须在逮捕后的 24 小时以内进行讯问。故 C 项正确。《刑事诉讼法》第 95 条规定：犯罪嫌疑人、被告人被逮捕后，人民检察院仍应当对羁押的必要性进行审查。对不需要继续羁押的，应当建议予以释放或者变更强制措施。有关机关应当在 10 日以内将处理情况通知人民检察院。《人民检察院办理羁押必要性审查案件规定（试行）》第 3 条规定，羁押必要性审查案件由办案机关对应的同级人民检察院刑事执行检察部门统一办理，侦查监督、公诉、侦查、案件管理、检察技术等部门予以配合。所以逮捕乙后，同级检察院可以主动启动对乙的羁押必要性审查。故 D 项正确。

（三）不定项选择题

1. B

《刑事诉讼法》第 84 条规定，对于有下列情形的人，任何公民都可以立即扭送公安机关、人民检察院或者人民法院处理：(1) 正在实行犯罪或者在犯罪后即时被发觉的；(2) 通缉在案的；(3) 越狱逃跑的；(4) 正在被追捕的。题中只有 B

项符合条件。

2. D

《刑事诉讼法》第 160 条第 1 款规定：在侦查期间，发现犯罪嫌疑人另有重要罪行的，自发现之日起依照本法第 156 条的规定重新计算侦查羁押期限。据此，D 项当选。

3. BD

根据我国《刑事诉讼法》第 69 条规定，张某的妻子和父母因无收入不能做张某的保证人。

4. ABCD

根据《公安机关办理刑事案件程序规定》第 74、193、195 条的规定，可知 A、B、C、D 四项均为正确。

5. BCD

根据《人民检察院刑事诉讼规则（试行）》的规定，检察机关对公安机关报请批捕的案件只能作出批捕或不批捕的决定，故 B、C 两项错误。B 项中的保外就医是暂予监外执行的一个原因，是执行的变通。根据刑事诉讼法的规定，犯罪嫌疑人不讲真实姓名、住址，身份不明的，可以批准逮捕。故 D 项错误。

6. (1) C

《人民检察院刑事诉讼规则（试行）》第 146 条规定：人民检察院对担任本级人民代表大会代表的犯罪嫌疑人批准或者决定逮捕，应当报请本级人民代表大会主席团或者常务委员会许可。报请许可手续的办理由侦查机关负责。对担任上级人民代表大会代表的犯罪嫌疑人批准或者决定逮捕，应当层报该代表所属的人民代表大会同级的人民检察院报请许可。对担任下级人民代表大会代表的犯罪嫌疑人批准或者决定逮捕，可以直接报请该代表所属的人民代表大会主席团或者常务委员会许可，也可以委托该代表所属的人民代表大会同级的人民检察院报请许可；对担任乡、民族乡、镇的人民代表大会代表的犯罪嫌疑人批准或者决定逮捕，由县级人民检察院报告乡、民族乡、镇的人民代表大会。对担任两级以上的人民代表大会代表的犯罪嫌疑人批准或者决定逮捕，分别依照本条第 1、2、3 款的规定报请许可。对担任办案单位所在省、市、县（区）以外的其他地区人民代表大会代表的犯罪嫌疑人批准或者决定逮捕，应当委托该代表所属的人民代表大会同级的人民检察院报请许可；担任两级以上人民代表大会代表的，应当分别委托该代表所属的人民代表大会同级的人民检察院报请许可。因此，应当选 C 项。

(2) ABCD

丙是无国籍人，根据《人民检察院刑事诉讼规则（试行）》第 312 条的规定，外国人、无国籍人涉嫌危害国家安全犯罪的案件或者涉及国与国之间政治、外交关系的案件以及在适用法律上确有疑难的案件，认为需要逮捕犯罪嫌疑人的，按照《刑事诉讼法》第 20 条、第 21 条的规定，分别由基层人民检察院或者分、州、市人民检察院审查并提出意见，层报最高人民检察院审查。最高人民检察院经审查认为需要逮捕的，经征求外交部的意见后，作出批准逮捕的批复；经审查认为不需要逮捕的，作出不批准逮捕的批复。基层人民检察院或者分、州、市人民检察院根据最高人民检察院的批复，依法作出批准或者不批准逮捕的决定。层报过程中，上级人民检察院经审查认为不需要逮捕的，应当作出不批准逮捕的批复，报送的人民检察院根据批复依法作出不批准逮捕的决定。基层人民检察院或者分、州、市人民检察院经审查认为不需要逮捕的，可以直接依法作出不批准逮捕的决定。外国人、无国籍人涉嫌本条第 1 款规定以外的其他犯罪案件，决定批准逮捕的人民检察院应当在作出批准逮捕决定后 48 小时以内报上一级人民检察院备案，同时向同级人民政府外事部门通报。上一级人民检察院对备案材料经审查发现错误的，应当依法及时纠正。因此，本题四个选项均正确。

7. BCD

《刑事诉讼法》第 85 条第 2 款规定：拘留后，应当立即将被拘留人送看守所羁押，至迟不得超过 24 小时。除无法通知或者涉嫌危害国家安全犯罪、恐怖活动犯罪通知可能有碍侦查的情形以外，应当在拘留后 24 小时以内，通知被拘留人的家属。有碍侦查的情形消失以后，应当立即通知被拘留人的家属。故拘留甲后，应当在拘留后 24 小时以内，通知被拘留人的家属，而不是送看守所羁押后 24 小时以内通知家属。所以，A 项错误。《刑事诉讼法》第 81 条规定：对有证据证明有犯罪事实，可能判处 10 年有期徒刑以上刑罚的，或者有证据证明有犯罪事实，可能判处徒刑以上刑罚，曾经故意犯罪或者身份不明的，应当予以逮捕。故意杀人罪属于可能判处10年有期徒刑以上刑罚的犯罪，如有证据证明甲参与了故意杀害丙，应予以逮捕。故B项正确。《刑事诉讼法》第86条规定：公安机关对被拘留的人，应当在拘留后的24小时以内进行讯问。在发现不应当拘留的时候，必须立即释放，发给释放证明。C项中所述的“拘留乙后，应在24小时内进行讯问”，符合规定。故C项正确。《刑事诉讼法》第74条第1款规定，人民法院、人民检察院和公安机关对符合逮捕条件，有下列情形之一的犯罪嫌疑人、被告人，可以监视居住：（1）患有严重疾病、生活不能自理的……犯罪嫌疑人乙因生活无法自理的，在符合逮捕条件时，可以监视居住，程序上也可以由拘留转为监视居住。故D项正确。

简答题

1. 我国《刑事诉讼法》第160条规定：“在侦查期间，发现犯罪嫌疑人另有重要罪行的，自发现之日起依照本法第一百五十六条的规定重新计算侦查羁押期限。犯罪嫌疑人不讲真实姓名、住址，身份不明的，应当对其身份进行调查，侦查羁押期限自查清其身份之日起计算，但是不得停止对其犯罪行为的侦查取证。对于犯罪事实清楚，证据确实、充分，确实无法查明其身份的，也可以按其自报的姓名起诉、审判。”这里所称的侦查羁押期限指的是逮捕后的羁押期限。可见，即使犯罪嫌疑人不讲真实姓名，也可执行逮捕，而且羁押期限不确定，同时，侦查机关也可按其自报的姓名移送起诉。

2. 监视居住是对未被羁押的犯罪嫌疑人、被告人实施的一种强制措施，采取这种强制措施后有许多义务和条件需要被监视居住的犯罪嫌疑人、被告人遵守。根据《刑事诉讼法》第77条的规定，被监视居住的犯罪嫌疑人、被告人应当遵守以下规定：（1）未经执行机关批准不得离开执行监视居住的处所；（2）未经执行机关批准不得会见他人或者通信；（3）在传讯的时候及时到案；（4）不得以任何形式干扰证人作证；（5）不得毁灭、伪造证据或者串供；（6）将护照等出入境证件、身份证件、驾驶证件交执行机关保存。被监视居住的犯罪嫌疑人、被告人违反前述规定，情节严重的，可以予以逮捕；需要予以逮捕的，可以对犯罪嫌疑人、被告人先行拘留。

3. 刑事强制措施与刑罚都是对适用对象的人身自由进行一定程度的限制或剥夺，都是以国家的强制力为后盾的。但是它们仍有较大区别，不能混淆。

（1）法律性质与目的不同。刑事强制措施立足于防范，不具有惩罚或制裁功能，其目的只是保证刑事诉讼活动的顺利进行；而刑罚则具有明显的惩罚性质，其目的是惩罚、教育和改造犯罪分子，使之尽快回归社会。

（2）适用的对象不同。刑事强制措施适用的对象是现行犯、犯罪嫌疑人或者被告人，他们是可能实施了犯罪但并未被法院最终判定为有罪的人；而刑罚适用的对象是已经被法院判决为有罪的罪犯。

（3）适用的机关不同。有权适用刑事强制措施的机关是人民法院、人民检察院和公安机关；而刑罚只能由人民法院依法判处。

（4）稳定性不同。刑事强制措施具有相对的可变性，可视案情的变化而变更或撤销；而刑罚相对稳定，判决一经生效，非经审判监督程序改判或在执行中依法定程序，不得变更刑罚。

（5）适用的法律依据不同。刑事强制措施适用的法律依据是刑事诉讼法，属于程序法的范畴；而刑罚的适用依据是刑法，属于实体法范畴。

论述题与深度思考题

1. 现代的保释制度起源于英国，是指犯罪嫌疑人、被告人在被拘捕或羁押后在提供必要的担保后有权获得释放以待侦查和审判的制度。关于其理念基础一般认为是源于两个方面：其一是任何公民都享有人身自由权，其二是无罪推定原则。

我国刑事诉讼法确立了取保候审制度，并未表述为保释，但是二者在具体内容上有一定相似之处，如都是附一定条件的释放，都可以提供财产作为保证等。一些学者只看到这种表面上的相似之处而将二者等同起来，认为取保候审是保释制度在中国的具体适用。这种看法对保释制度有一定的误解，事实上保释制度与我国的取保候审制度有着本质上的区别。

第一，在价值取向上，保释是以保障嫌疑人、被告人的人身自由为主要价值取向的，体现的是当事人主义诉讼模式下控辩平衡原则；保释往往是被作为犯罪嫌疑人、被告人的一项权利规定下来的，而取保候审的价值取向是保障刑事诉讼的顺利进行，体现的是职权主义诉讼模式下追诉犯罪的要求；它并非犯罪嫌疑人、被告人的权利，而是公安、司法机关的一项职权。

第二，在适用范围上，保释的适用范围较广，如在英国，从理论上说，无论什么性质的案件都可适用保释，案件的性质及严重程度并不构成拒绝保释的唯一理由。当然也有部分国家对保释适用的案件范围予以限制，如美国就规定，对谋杀、恐怖、有组织犯罪、国际走私犯罪等不予保释，但总体上，其适用范围仍较广。而我国在《刑事诉讼法》第 67 条中规定了适用取保候审的条件，采取的是刑罚与社会危险性的双重标准，而《公安机关办理刑事案件程序规定》和《人民检察院刑事诉讼规则（试行）》又硬性增加了罪名标准。这大大缩小了取保候审适用的空间，造成了羁押的常态化。

第三，在适用程序上，保释的决定权一般只属于法官或警官，如果保释不被准予，要由法庭及时进行审理，作为控方的检察官或者警方须向法庭陈述不同意保释的理由。律师在保释中发挥的作用较大。取保候审则在不同诉讼阶段有不同的决定主体：在侦查阶段由侦查机关决定，在审查起诉阶段由检察院决定，在审判阶段由法院决定。我国刑事诉讼法没有规定对不予取保候审的司法听证制度和司法审查机制。律师在取保候审中难以发挥有一定影响力的作用。同时，西方的保释制度还规定了完备的对不予保释的救济程序，而对不予取保候审的决定，我国并无任何救济措施。

正是基于取保候审与保释之间的差距和取保候审在实施中存在的问题，许多学者都提出要借鉴保释制度对我国的取保候审制度进行权利化改造，对取保候审的适用范围、适用程序进行完善。

2. 羁押是对犯罪嫌疑人、被告人或者被判刑人的人身权利予以剥夺的刑事诉讼行为，可以分为未决羁押和已决羁押。其中，已决羁押是对生效监禁刑判决的执行，是对刑事实体法的执行行为。一般情况下所指称的羁押都是指未决羁押，即在生效判决作出之前，为保障刑事诉讼活动的顺利进行而剥夺犯罪嫌疑人、被告人的人身自由，以使其在刑事诉讼中始终在场的一项强制措施。

在我国，拘留是公安机关、检察机关在紧急情况下对现行犯或重大犯罪嫌疑人采取的暂时剥夺其人身自由的强制措施。逮捕是指检察机关、法院对有证据证明有犯罪事实、可能被判处有期徒刑以上刑罚，采取其他强制措施不足以防止发生社会危害性的嫌疑人，决定实施的剥夺其人身自由的强制措施。我国刑事诉讼法并未将羁押规定为一种独立的强制措施，而是将其依附于拘留和逮捕进行规定，从而使羁押成为拘留、逮捕之后的必然状态。虽然羁押与拘留、逮捕就剥夺人身自由这一点来说有相似之处，但是从以下两方面来看，它们仍有着区别。

首先，从语词构成来看，“羁押”是一个状态动词，主要指的是一种人身自由被剥夺的状态。而拘留、逮捕是一个行为动词，侧重指强制到案的动作行为。同时，拘留、逮捕往往可以作为一种收集口供与其他证据的侦查手段来运用，但不得为收集证据的目的而予以羁押。

其次，从当前世界上大多数国家的立法和理论学说来看，它们实行的是拘捕与羁押分立设置的体制，羁押作为一种长期性的强制处置措施，在适用条件和程序上均提出了比拘留、逮捕这些较短时间剥夺人身自由的措施更为严格的要求。这些国家一般将拘留、逮捕作为一种强制到案的行为，只能引起短时期的羁押，若需要进一步实施较长时间的羁押则须经过司法审查，由法官颁布令状予以许可，也就是将羁押作为一种强制。在这种体制下，拘捕往往是羁押的前置程序，而羁押只是拘捕之后程序的一种可能的走向。特别是在实行逮捕前置主义的国家和地区，审判前程序中的逮捕是羁押的必要程序，未经逮捕不得径行羁押。这种将拘捕与羁押分立设置的体制使得在拘捕之后，若要对犯罪嫌疑人、被告人采取进一步的剥夺人身自由的措施，必须经过法官的司法审查。这些国家一般规定，犯罪嫌疑人、被告人被拘捕后必须在尽量短的时间（一般为 24 小时或48小时内）内被带到法官或其他有权决定羁押的司法官员面前，由其审查逮捕是否合法和必要，以及是否有继续羁押的必要，作出对犯罪嫌疑人、被告人释放、保释或继续羁押等处理决定。同时，在一般情况下，在司法官员就羁押问题颁布令状之前，犯罪嫌疑人、被告人被羁押在警察控制下的羁押场所内，而在法官经过审查作出羁押决定之后，他们则被转到不由侦查机关控制的场所内。这种拘捕与羁押的分立体制使对羁押的司法审查能够实质化。

我国现行《刑事诉讼法》规定的强制措施有拘传、取保候审、监视居住、拘留和逮捕五种，羁押并非我国刑事诉讼法所明确规定的强制措施，刑事诉讼法把它作为拘留、逮捕的持续状态，也就是说，拘捕与羁押是合二为一的。羁押的适用条件与程序也依附于拘留、逮捕。特别是从侦查中羁押的适用条件上看，拘留、逮捕后羁押的适用条件与拘留、逮捕的条件相等同。在侦查后的审查起诉、审判等程序中，羁押更是无独立的适用条件，而是延续了逮捕的条件。有学者指出，真正与西方国家无证逮捕、紧急逮捕相类似的应当是《人民警察法》中规定的留置，而我国的刑事拘留相当于无证逮捕与羁押的总和，我国的逮捕相当于有证逮捕与羁押的总和。尽管我国《刑事诉讼法》中也多处出现“羁押”这一术语，如第156条规定，“对犯罪嫌疑人逮捕后的侦查羁押期限不得超过二个月。案情复杂、期限届满不能终结的案件，可以经上一级人民检察院批准延长一个月”，但是“羁押”术语的运用不能表明我国已将羁押作为独立的强制措施规定下来。如若结合上下文来看，不难发现，我国刑事诉讼法中所谓的“羁押”不过是附随于拘留与逮捕的一种状态，从而形成了拘捕与羁押一体化的结构。这种一体化的结构减少了对羁押的司法审查的机会，也使羁押替代性措施存在的空间大大缩小。这种一体化的结构极易使羁押沦为追诉的工具。

第十二章　刑事附带民事诉讼

知识逻辑图

- 刑事附带民事诉讼
  - 概念：人民法院、人民检察院、公安机关在刑事诉讼过程中，在依法追究被告人的刑事责任的同时，附带解决被告人的犯罪行为所造成的物质损失和赔偿问题而进行的诉讼活动
  - 特点
    - 解决的问题属民事诉讼范围
    - 适用法律具有复合性
    - 处理程序具有依附性
  - 成立条件
    - 刑事诉讼成立
    - 犯罪行为给被害人造成物质损失
    - 符合提起民事诉讼的条件
    - 在刑事诉讼过程中提起
  - 当事人
    - 原告
      - 因犯罪行为而遭受物质损失的被害公民和被害单位
      - 已死亡被害人的法定代理人、近亲属
      - 人民检察院
    - 被告
      - 刑事被告人及未被追究刑事责任的其他共同致害人
      - 未成年人、精神病人的法定代理人或监护人
      - 其他对被告人的犯罪行为依法应承担赔偿责任的单位和个人
  - 程序
    - 提起
      - 条件
        - 原告及法定代理人须符合条件
        - 有明确被告
        - 有请求赔偿的具体要求和事实依据
        - 属法院受理的范围
      - 时间
        - 起始时间：立案以后
        - 终结时间：一审判决宣告前
      - 方式：书面或口头
    - 审理
      - 一般原则：应同刑事案件一并审判，只有为防止刑事案件过分迟延审判，才可在刑事案件审判后，由同一审判组织继续审理附带民事诉讼
      - 可进行调解

名词解释与概念比较

1. 附带民事诉讼（考研）
2. 刑事附带民事诉讼的原告

选择题

（一）单项选择题

1. 钱某和赵某是邻居，因为两家的小孩在一

起玩耍产生矛盾，钱某闯入赵某家中，用拳头打击赵某的头部，致赵某颧骨骨折，右眼失明，经鉴定为重伤。在人民检察院向人民法院提起公诉后，赵某向人民法院提起附带民事诉讼，要求钱某赔偿医药费、误工费共计五千余元。对赵某的赔偿请求，审理的原则应当是（　　）。（考研）

A. 同刑事案件一并审判

B. 同刑事案件分别审判

C. 同刑事案件由同一审判组织先后审判

D. 同刑事案件同时由两个审判组织审判

2. 控辩双方对第一审刑事判决未提出抗诉或者上诉，但被告人对第一审刑事附带民事诉讼判决中的附带民事部分不服，提起上诉。第二审法院审查后，认为第一审民事部分判决正确，但刑事部分判决有错误。第二审法院应当如何处理？（　　）（司考）

A. 指令下级法院按审判监督程序再审刑事部分

B. 裁定将全案发回重审刑事部分

C. 按审判监督程序再审刑事部分，同附带民事部分一并审理，依法判决

D. 裁定将刑事部分发回重审

3. 下列哪些人不属于刑事附带民事诉讼中负有赔偿责任的人？（　　）（司考）

A. 没有被追究刑事责任的其他共同致害人

B. 审结前已死亡的被告人的遗产继承人

C. 刑事被告人的配偶或子女

D. 对被害人的物质损失依法应当承担赔偿责任的其他单位和个人

4. 某县检察院以抢劫罪对孙某提起公诉，被害人李某提起附带民事诉讼。下列哪一种说法是正确的？（　　）（司考）

A. 审判附带民事诉讼案件，应当适用民事诉讼法，不适用刑事诉讼法

B. 尽管在侦查阶段孙某、李某已就赔偿达成协议且孙某已给付，法院仍然可以受理李某提起的附带民事诉讼

C. 附带民事诉讼案件，由检察机关决定查封被告人的财产

D. 如果调解达成协议，不论是否当庭执行完毕，审判人员都必须制作调解书

5. 法院在审理一起强奸案的过程中，受害人提出了精神损害赔偿的诉讼请求。人民法院应当如何处理这一请求？（　　）

A. 不予受理　　B. 受理并作出判决

C. 进行调解　　D. 告知另行起诉

6. 人民法院审理附带民事诉讼案件时，下列对诉讼费的说法中正确的是（　　）。

A. 参照民事诉讼法的规定收取诉讼费

B. 按照民事诉讼法的规定收取诉讼费

C. 不收取诉讼费

D. 适当收取诉讼费

7. 关于附带民事诉讼案件诉讼程序中的保全措施，下列哪一说法是正确的？（　　）（司考）

A. 法院应当采取保全措施

B. 附带民事诉讼原告人和检察院都可以申请法院采取保全措施

C. 采取保全措施，不受《民事诉讼法》规定的限制

D. 财产保全的范围不限于犯罪嫌疑人、被告人的财产或与本案有关的财产

8. 王某被姜某打伤致残，在开庭审判前向法院提起附带民事诉讼，并提出财产保全的申请。法院对于该申请的处理，下列哪一选项是正确的？（　　）（司考）

A. 不予受理

B. 可以采取查封、扣押或者冻结被告人财产的措施

C. 只有在王某提供担保后，法院才予以财产保全

D. 移送财产所在地的法院采取保全措施

9. 韩某和苏某共同殴打他人，致被害人李某死亡、吴某轻伤，韩某还抢走吴某的手机。后韩某被抓获，苏某在逃。关于本案的附带民事诉讼，下列哪一选项是正确的？（　　）（司考）

A. 李某的父母和祖父母都有权提起附带民事诉讼

B. 韩某和苏某应一并列为附带民事诉讼的被告人

C. 吴某可通过附带民事诉讼要求韩某赔偿手机

D. 吴某在侦查阶段与韩某就民事赔偿达成调解协议并全部履行后又提起附带民事诉讼，法院不予受理

10. 甲系某地交通运输管理所工作人员，在巡查执法时致一辆出租车发生重大交通事故，司机乙重伤，乘客丙当场死亡，出租车严重受损。甲以滥用职权罪被提起公诉。关于本案处理，下列哪一选项是正确的？（　　）（司考）

A. 乙可成为附带民事诉讼原告人

B. 交通运输管理所可成为附带民事诉讼被告人

C. 丙的妻子提起附带民事诉讼的，法院应裁定不予受理

D. 乙和丙的近亲属可与甲达成刑事和解

（二）多项选择题

1. 甲、乙、丙三人共同伤害被害人，检察机关对甲和乙提起公诉，对丙作了不起诉处理。被害人欲提起附带民事诉讼。下列说法哪些是正确的？（　　）（司考）

A. 应将甲和乙作为共同被告

B. 应将甲、乙、丙作为共同被告

C. 既可以将甲和乙作为被告，也可以将甲、乙、丙作为被告

D. 由于只有丙有赔偿能力，可以只以丙为被告

2. 在我国刑事诉讼附带民事诉讼中，下列哪些人或单位是依法负有赔偿责任的人？（　　）（司考）

A. 没有被追究刑事责任的共同致害人

B. 死刑罪犯的遗产继承人

C. 应当对被告人的犯罪行为承担民事赔偿责任的个人

D. 应当对被告人的犯罪行为承担民事赔偿责任的单位

3. 在刑事附带民事诉讼案件中，只有附带民事诉讼的当事人就附带民事诉讼上诉时，该案件应当如何处理？（　　）（司考）

A. 二审案件只需审查附带民事诉讼

B. 在上诉期满后，第一审刑事部分判决生效

C. 如果第一审附带民事部分事实清楚，适用法律正确，刑事部分亦无不当，则应以刑事附带民事裁定维持原判，驳回上诉

D. 第一审刑事判决需要第二审判决或裁定作出之后，才能确定其效力

4. 依法可能成为附带民事诉讼原告人的有（　　）。

A. 人民检察院

B. 被害人的法定代理人

C. 保险公司

D. 被害人的委托代理人

5. 某刑事公诉并附带民事诉讼案件，一审过程中，法庭就附带民事诉讼部分进行了调解，双方经过协商，达成了一致协议，并当庭执行完毕。但后来因为被告人甲就刑事部分提出了上诉，被害人乙认为甲没有诚意，于是就附带民事诉讼部分也提出上诉，要求甲比原调解的赔偿数额再多赔偿 2 000 元。以下说法中正确的是（　　）。

A. 甲就刑事部分在上诉期内提出上诉是正当行使其上诉权，法院应当受理

B. 因附带民事诉讼部分一审中达成了一致协议并当庭执行完毕，所以对乙的上诉，法院不应当受理

C. 对附带民事部分，因为已经发生了法律效力，所以乙可以向法院提起再审

D. 对附带民事部分因未发生法律效力，所以乙可以提出上诉，法院应当受理

6. 在一起刑事附带民事诉讼中，当事人仅对民事部分提起了上诉。关于本案的处理，下列说法中正确的是（　　）。

A. 刑事部分上诉期满则发生法律效力

B. 二审法院只能审理民事部分

C. 第一审刑事判决需等到二审判决作出后，才能确定其效力

D. 二审法院应当对全案进行审查

7. 人民法院审理附带民事诉讼，下列说法中正确的是（　　）。

A. 所有的附带民事诉讼案件，人民法院可以调解

B. 附带民事诉讼案件应当与刑事案件一并审理

C. 附带民事诉讼案件可以在刑事案件审理以前进行审理

D. 附带民事诉讼案件可以在刑事案件审理之后进行审理

8. 张某因被李某打成轻伤而到法院提起刑事附带民事诉讼，在案件审理过程中，被告人李某

因意外事故不幸去世。受理该案的人民法院该如何处理？（　　）

A. 裁定终止审理，并告知自诉人张某对附带民事部分另行提起民事诉讼

B. 裁定终止审理，并根据已查明的案件事实，由李某的遗产继承人对张某负赔偿责任，对附带民事部分一并处理

C. 如果根据已查明的案件事实和认定的证据材料，能证明李某打伤张某纯属正当防卫，李某无罪的，应当判决李某无罪

D. 只是裁定终止审理，对附带民事部分不审理

9. 下列哪些案件法院审理时可以调解？（　　）（司考）

A.《刑法》规定告诉才处理的案件

B. 被害人有证据证明的轻微刑事案件

C. 检察院决定不起诉后被害人提起自诉的案件

D. 刑事诉讼中的附带民事诉讼案件

10. 关于附带民事诉讼，下列哪些选项是正确的？（　　）（司考）

A. 在侦查、审查起诉阶段，被害人提出赔偿要求经记录在案的，公安机关、检察院可以对民事赔偿部分进行调解

B. 在侦查、审查起诉阶段，经调解当事人达成协议并已给付，被害人又向法院提起附带民事诉讼的，法院不再受理

C. 法院审理刑事附带民事诉讼案件，可以进行调解

D. 附带民事诉讼经调解达成协议并当庭执行完毕的，无须制作调解书，也不需记入笔录

11. 甲因琐事与乙发生口角进而厮打，推搡之间，不慎致乙死亡。检察院以甲涉嫌过失致人死亡提起公诉，乙母丙向法院提起附带民事诉讼。关于本案处理，下列哪些选项是正确的？（　　）（司考）

A. 法院可对附带民事部分进行调解

B. 如甲与丙经法院调解达成协议，调解协议中约定的赔偿损失内容可分期履行

C. 如甲提出申请，法院可组织甲与丙协商以达成和解

D. 如甲与丙达成刑事和解，其约定的赔偿损失内容可分期履行

12. 甲、乙殴打丙，致丙长期昏迷，乙在案发后潜逃，检察院以故意伤害罪对甲提起公诉。关于本案，下列哪些选项是正确的？（　　）（司考）

A. 丙的妻子、儿子和弟弟都可成为附带民事诉讼原告

B. 甲、乙可作为附带民事诉讼共同被告，对故意伤害丙造成的物质损失承担连带赔偿责任

C. 丙因昏迷无法继续履行与某公司签订的合同造成的财产损失不属于附带民事诉讼的赔偿范围

D. 如甲的朋友愿意代为赔偿，法院应准许并可作为酌定量刑情节考虑

（三）不定项选择题

1. 关于附带民事诉讼，下列说法中正确的是（　　）。

A. 如果是国家财产、集体财产遭受损失的，人民检察院在提起公诉的时候，可以提起附带民事诉讼

B. 人民检察院在必要的时候，可以查封或者扣押被告人的财产

C. 附带民事诉讼案件应当同刑事案件一并审判

D. 附带民事诉讼只有为了防止刑事案件审判的过分迟延，不可以在刑事案件审判后，由同一审判组织继续审理附带民事诉讼

2. 王某为17岁的中学生，在一起抢劫案中被打成重伤。下列哪些人员无权提起附带民事诉讼？（　　）

A. 王某的父亲

B. 王某的姐姐

C. 为王某支付部分医疗费的李某

D. 王某的班主任

3. 关于可以提起附带民事诉讼的“物质损失”的解释，下列说法中正确的是（　　）。

A. 被害人因人身权利受到犯罪侵犯而遭受的物质损失

B. 被害人的财物因犯罪分子毁坏而遭受的物质损失

C. 被害人因犯罪行为已经遭受的实际损失和必然遭受的损失

D. 犯罪分子非法占有、处置被害人的财产而使其遭受的物质损失

4. 王某趁张某丈夫不在，将张某强奸。张某意欲自杀，其丈夫发现后及时抢救才脱离危险，共花去医疗、交通等费用约 5 万元。之后，公安机关将王某捉拿归案。人民检察院向人民法院提起公诉。

（1）对于本案，（　　）。

A. 张某应提起附带民事诉讼

B. 张某可以提起附带民事诉讼

C. 张某不能提起附带民事诉讼

D. 人民检察院不能提起附带民事诉讼

（2）本案中，如果王某在强奸过程中使用暴力致使张某的头部、胳膊及生殖器多处受伤，花去医疗费 1 万多元，而且这一事件使张某在家与公婆关系紧张，精神受到一定刺激，对此（　　）。

A. 张某可以提起附带民事诉讼，要求被告赔偿医疗费和精神损失费共 5 万元

B. 张某可以在公安机关侦查本案的时候就提出赔偿要求

C. 张某应在本案移送起诉至人民法院之前提出赔偿要求

D. 张某不能对精神损害部分提起附带民事诉讼

（3）本案中，如果张某被王某强奸致伤后花去大笔医疗费，张某提出附带民事诉讼被法院受理，则人民法院审理本案应适用下列哪些法律？（　　）

A. 刑法　　B. 刑事诉讼法

C. 民法总则　　D. 民事诉讼法

5. 张一、李二、王三因口角与赵四发生斗殴，赵四因伤势过重死亡。其中张一系未成年人，王三情节轻微未被起诉，李二在一审开庭前意外死亡。请回答（1）（2）题。（司考）

（1）本案依法负有民事赔偿责任的人是：（　　）。

A. 张一、李二

B. 张一父母、李二父母

C. 张一父母、王三

D. 张一父母、李二父母、王三

（2）在一审过程中，如果发生附带民事诉讼原、被告当事人不到庭情形，法院的下列做法中正确的是：（　　）。

A. 赵四父母经传唤，无正当理由不到庭，法庭应当择期审理

B. 赵四父母到庭后未经法庭许可中途退庭，法庭应当按撤诉处理

C. 王三经传唤，无正当理由不到庭，法庭应当采取强制手段强制其到庭

D. 李二父母未经法庭许可中途退庭，就附带民事诉讼部分，法庭应当缺席判决

简答题

1. 简述刑事附带民事诉讼的主体范围。（考研）

2. 怎样理解刑事附带民事诉讼的性质？刑事附带民事诉讼有何条件？（考研）

3. 简述刑事附带民事诉讼被告人的范围。

案例分析题

李某、郭某在一次公共汽车抢劫案中，打伤了刘某和谢某两人，打死了万某。在人民法院审理此案过程中，谢某和万某的儿子提起了附带民事诉讼，共要求赔偿损失约二十万元。人民法院为了保证民事判决能够顺利执行，依法查封和扣押了李某、郭某的部分财产。同时人民法院将刘某、谢某和万某的儿子列为附带民事诉讼的共同原告人开始审判。在审判过程中，发现附带民事诉讼部分比较复杂，人民法院考虑到审判人员的业务能力，为了保证案件的质量，于是将附带民事诉讼部分移交民事审判庭审判。

问：（1）刘某是否有权不提起附带民事诉讼？本案中人民法院是否有权将刘某列为附带民事诉讼的原告人？

（2）人民法院能否将刑事案件与附带民事诉讼部分分开审理？能否将附带民事诉讼部分移交民事审判庭？

（3）本案中，人民法院查封、扣押被告人的财产是否有法律依据？

论述题与深度思考题

试述刑事附带民事诉讼。（考研）

参考答案

名词解释与概念比较

1. 附带民事诉讼是指人民法院、人民检察院、公安机关在刑事诉讼过程中，在依法追究被告人刑事责任的同时，附带解决被告人的犯罪行为所造成的物质损失的赔偿问题而进行的诉讼活动。

2. 刑事附带民事诉讼的原告是指在刑事诉讼进行过程中，向人民法院提起附带民事诉讼，要求被告赔偿因其犯罪行为而遭受的物质损失的人，是附带民事诉讼的一方当事人。

选择题

1. A

我国《刑事诉讼法》第 104 条对附带民事诉讼的审判原则作了规定，即：附带民事诉讼应当同刑事案件一并审判，只有为了防止刑事案件审判的过分迟延，才可以在刑事案件审判后，由同一审判组织继续审理附带民事诉讼。因此，在本题中应选 A 项。

2. C

根据《高法刑诉解释》第 331 条的规定，第二审人民法院审理对附带民事部分提出上诉、刑事部分已经发生法律效力的案件，发现第一审判决、裁定中的刑事部分确有错误的，应当依照审判监督程序对刑事部分进行再审，并将附带民事部分与刑事部分一并审理。故选 C 项。

3. C

《高法刑诉解释》第 143 条规定，附带民事诉讼中依法负有赔偿责任的人包括：(1) 刑事被告人以及未被追究刑事责任的其他共同侵害人；(2) 刑事被告人的监护人；(3) 死刑罪犯的遗产继承人；(4) 共同犯罪案件中，案件审结前死亡的被告人的遗产继承人；(5) 对被害人的物质损失依法应当承担赔偿责任的其他单位和个人。附带民事诉讼被告人的亲友自愿代为赔偿的，应当准许。本题中只有 C 项不属于该解释规定的任何一项，故 C 项入选。

4. B

《高法刑诉解释》第 148 条规定，侦查、审查起诉期间，有权提起附带民事诉讼的人提出赔偿要求，经公安机关、人民检察院调解，当事人双方已经达成协议并全部履行，被害人或者其法定代理人、近亲属又提起附带民事诉讼的，人民法院不予受理，但有证据证明调解违反自愿、合法原则的除外。可见，审理附带民事诉讼的原则是先适用刑事诉讼法，刑事诉讼法没有规定的才适用民事诉讼法。所以 A 项错。根据《刑事诉讼法》第 102 条的规定，人民法院在必要的时候，可以采取保全措施，查封、扣押或者冻结被告人的财产；附带民事诉讼原告人或者人民检察院可以申请人民法院采取保全措施。人民法院采取保全措施，适用民事诉讼法的有关规定。所以 C 项错。根据《高法刑诉解释》第 153 条的规定，人民法院审理附带民事诉讼案件，可以根据自愿、合法的原则进行调解。经调解达成协议的，应当制作调解书；调解书经双方当事人签收后，即具有法律效力；调解达成协议并即时履行完毕的，可以不制作调解书，但应当制作笔录，经双方当事人、审判人员、书记员签名或者盖章后即发生法律效力。所以 D 项错。

5. A

我国刑事诉讼法规定，附带民事诉讼所处理的必须是犯罪行为所造成的直接物质损失，精神损害赔偿不包括在内，因此，对精神损害赔偿的诉讼请求，法院不应受理。

6. C

根据《高法刑诉解释》第 162 条的规定，人民法院审理附带民事诉讼案件，不收取诉讼费。所以选 C 项。

7. B

《刑事诉讼法》第 102 条规定，人民法院在必要的时候，可以采取保全措施，查封、扣押或者冻结被告人的财产；附带民事诉讼原告人或者人民检察院可以申请人民法院采取保全措施；人民法院采取保全措施，适用民事诉讼法的有关规定。

故A项的错误在于，不是“应当”，而是“可以”。B项表述正确。C项的错误在于，不是“不受《民事诉讼法》规定的限制”，而是要“适用民事诉讼法的有关规定”。《民事诉讼法》第102条规定，保全限于请求的范围，或者与本案有关的财物。故D项错误。

8. B

《高法刑诉解释》第152条规定：“人民法院对可能因被告人的行为或者其他原因，使附带民事判决难以执行的案件，根据附带民事诉讼原告人的申请，可以裁定采取保全措施，查封、扣押或者冻结被告人的财产。”可见，法院可以受理诉前财产保全。故A项错误；B项正确。《高法刑诉解释》第152条规定：“附带民事诉讼原告人未提出申请的，必要时，人民法院也可以采取保全措施。”可见，C项错误。《高法刑诉解释》第152条规定：“有权提起附带民事诉讼的人因情况紧急，不立即申请保全将会使其合法权益受到难以弥补的损害的，可以在提起附带民事诉讼前，向被保全财产所在地、被申请人居住地或者对案件有管辖权的人民法院申请采取保全措施。”故D项错误。故本题选B项。

9. D

选项A错误：《高法刑诉解释》第138条第1款规定，被害人因人身权利受到犯罪侵犯或者财物被犯罪分子毁坏而遭受物质损失的，有权在刑事诉讼过程中提起附带民事诉讼；被害人死亡或者丧失行为能力的，其法定代理人、近亲属有权提起附带民事诉讼。《刑事诉讼法》第108条规定，“近亲属”是指夫、妻、父、母、子、女、同胞兄弟姊妹。据此可知，其祖父母不属于近亲属范围，不可以作为原告。选项B错误：《高法刑诉解释》第146条规定，共同犯罪案件，同案犯在逃的，不应列为附带民事诉讼被告人。逃跑的同案犯到案后，被害人或者其法定代理人、近亲属可以对其提起附带民事诉讼，但已经从其他共同犯罪人处获得足额赔偿的除外。选项C错误：《高法刑诉解释》第139条规定：被告人非法占有、处置被害人财产的，应当依法予以追缴或者责令退赔。被害人提起附带民事诉讼的，人民法院不予受理。追缴、退赔的情况，可以作为量刑情节考虑。据此可知，对手机应当依法予以追缴或者责令退赔，不可以就手机提起附带民事诉讼。选项D正确：《高法刑诉解释》第148条规定，侦查、审查起诉期间，有权提起附带民事诉讼的人提出赔偿要求，经公安机关、人民检察院调解，当事人双方已经达成协议并全部履行，被害人或者其法定代理人、近亲属又提起附带民事诉讼的，人民法院不予受理，但有证据证明调解违反自愿、合法原则的除外。

10. C

A、B项错，不可选：根据《高法刑诉解释》第140条，国家机关工作人员在行使职权时，侵犯他人人身、财产权利构成犯罪，被害人或者其法定代理人、近亲属提起附带民事诉讼的，人民法院不予受理，但应当告知其可以依法申请国家赔偿。本题中甲是国家机关工作人员，其在行使职权过程中实施的犯罪，侵犯他人人身、财产权利的，被害人或者其法定代理人、近亲属提起附带民事诉讼的，人民法院不予受理。C项正确，当选：丙的妻子是在本案中死亡被害人的近亲属，虽有权提出附带民事诉讼，但丙的损害是作为国家机关工作人员的甲在行使职权过程中实施的犯罪造成的，故人民法院应不予受理。D项错误，不可选：《刑事诉讼法》第288条第1款第2项规定，下列公诉案件，犯罪嫌疑人、被告人真诚悔罪，通过向被害人赔偿损失、赔礼道歉等方式获得被害人谅解，被害人自愿和解的，双方当事人可以和解：（2）除渎职犯罪以外的可能判处7年有期徒刑以下刑罚的过失犯罪案件。本案所涉滥用职权罪是《刑法》总则第9章规定的渎职犯罪之一，不适用和解。

（二）多项选择题

1. CD

根据《高法刑诉解释》第143条的规定，附带民事诉讼中依法负有赔偿责任的人包括：（1）刑事被告人以及未被追究刑事责任的其他共同侵害人；（2）刑事被告人的监护人；（3）死刑罪犯的遗产继承人；（4）共同犯罪案件中，案件审结前死亡的被告人的遗产继承人；（5）对被害人的物质损失依法应当承担赔偿责任的其他单位和个人。附带民事诉讼被告人的亲友自愿代为赔偿的，应当准许。但是，被害人在提起附带民事诉讼时，可以对依法负有赔偿责任的人进行选择，是否向某一负有赔偿责任的人提出赔偿要求由被告人来决定。故选C、D两项。

2. ABCD

参见《高法刑诉解释》第143条规定（略）。选项A、B、C、D四项均入选。

3. BC

《高法刑诉解释》第313条规定：刑事附带民事诉讼案件，只有附带民事诉讼当事人及其法定代理人上诉的，第二审人民法院应当对全案进行审查。经审查，第一审判决的刑事部分并无不当的，第二审人民法院只需就附带民事部分作出处理；第一审判决的附带民事部分事实清楚，适用法律正确的，应当以刑事附带民事裁定维持原判，驳回上诉。据此，A项排除，C项当选。该解释第314条规定：刑事附带民事诉讼案件，只有附带民事诉讼当事人及其法定代理人上诉的，第一审刑事部分的判决在上诉期满后即发生法律效力。据此，B项亦当选。D项与B项冲突，B项既当选，D项自然不选。

4. AB

《高法刑诉解释》第138条规定：被害人因人身权利受到犯罪侵犯或者财物被犯罪分子毁坏而遭受物质损失的，有权在刑事诉讼过程中提起附带民事诉讼；被害人死亡或者丧失行为能力的，其法定代理人、近亲属有权提起附带民事诉讼。第142条规定：国家财产、集体财产遭受损失，受损失的单位未提起附带民事诉讼，人民检察院在提起公诉时提起附带民事诉讼的，人民法院应当受理。故A、B项正确。

5. ABC

上诉只能是针对尚未发生法律效力的一审判决、裁定在上诉期内提出，而该案附带民事部分已经发生了法律效力并执行完毕，所以A、B项对，D项错误。《高法刑诉解释》第153条规定，人民法院审理附带民事诉讼案件，可以根据自愿、合法的原则进行调解。经调解达成协议的，应当制作调解书。调解书经双方当事人签收后，即具有法律效力。调解达成协议并即时履行完毕的，可以不制作调解书，但应当制作笔录，经双方当事人、审判人员、书记员签名或者盖章后即发生法律效力。本案中附带民事诉讼部分的判决已经当庭执行完毕，因此，乙只能申请再审而不能上诉。故C项对。

6. AD

《高法刑诉解释》第314条规定：刑事附带民事诉讼案件，只有附带民事诉讼当事人及其法定代理人上诉的，第一审刑事部分的判决在上诉期满后即发生法律效力。第313条规定：刑事附带民事诉讼案件，只有附带民事诉讼当事人及其法定代理人上诉的，第二审人民法院应当对全案进行审查。经审查，第一审判决的刑事部分并无不当的，第二审人民法院只需就附带民事部分作出处理；第一审判决的附带民事部分事实清楚，适用法律正确的，应当以刑事附带民事裁定维持原判，驳回上诉。应选A、D两项。

7. BD

对人民检察院提起的附带民事诉讼案件，人民法院不得调解，故A项的说法太绝对。附带民事诉讼案件应与刑事案件一并审理，只有为了防止刑事案件审判的过分迟延，才可以在刑事案件审判后，由同一审判组织继续审理附带民事诉讼。因此，C项错误，B、D两项正确。

8. BC

根据《刑事诉讼法》第16条和《高法刑诉解释》第241条的规定，被告人死亡的，应当裁定终止审理；对于根据已查明的案件事实和认定的证据材料，能够确认被告人无罪的，应当判决宣告被告人无罪。因此，C项正确。另外，人民法院对刑事附带民事诉讼应一并处理，故A、D两项错误。根据《高法刑诉解释》第143条的规定，附带民事诉讼中依法负有赔偿责任的人包括案件审结前已死亡被告人的遗产继承人。故B项正确。

9. ABD

《刑事诉讼法》第103条规定，人民法院审理附带民事诉讼案件，可以进行调解，或者根据物质损失情况作出判决、裁定。所以选项D正确。根据《刑事诉讼法》第212条的规定，人民法院对自诉案件，可以进行调解；自诉人在宣告判决前，可以同被告人自行和解或者撤回自诉。本法第210条第三项规定的案件不适用调解。据此，可以选出A、B两项。

10. AC

根据《刑事诉讼法》第103条的规定，人民法院审理附带民事诉讼案件，可以进行调解，或者根据物质损失情况作出判决、裁定。故C项正确。

11. ABC

《刑事诉讼法》第103条规定：人民法院审理附带民事诉讼案件，可以进行调解，或者根据物质损失情况作出判决、裁定。因此，选项A正确。根据《刑事诉讼法》及最高人民法院的相关司法解释，刑事附带民事诉讼中达成调解协议的，可以分期履行。因此选项B正确。《高法刑诉解释》第496条第1款规定：对符合《刑事诉讼法》第288条规定的公诉案件，事实清楚、证据充分的，人民法院应当告知当事人可以自行和解；当事人提出申请的，人民法院可以主持双方当事人协商以达成和解。因此选项C正确。《人民检察院刑事诉讼规则（试行）》第517条规定：和解协议书约定的赔偿损失内容，应当在双方签署协议后立即履行，至迟在人民检察院作出从宽处理决定前履行。确实难以一次性履行的，在被害人同意并提供有效担保的情况下，也可以分期履行。《高法刑诉解释》第502条规定：和解协议约定的赔偿损失内容，被告人应当在协议签署后即时履行。和解协议已经全部履行，当事人反悔的，人民法院不予支持，但有证据证明和解违反自愿、合法原则的除外。因此选项D错误。

12. ACD

选项A正确：《刑事诉讼法》第101条规定，被害人由于被告人的犯罪行为而遭受物质损失的，在刑事诉讼过程中，有权提起附带民事诉讼。被害人死亡或者丧失行为能力的，被害人的法定代理人、近亲属有权提起附带民事诉讼。如果是国家财产、集体财产遭受损失的，人民检察院在提起公诉的时候，可以提起附带民事诉讼。可见，丙的妻子、儿子、弟弟属于被害人的近亲属，可以提起附带民事诉讼。B项错误：《高法刑诉解释》第146条规定：共同犯罪案件，同案犯在逃的，不应列为附带民事诉讼被告人。逃跑的同案犯到案后，被害人或者其法定代理人、近亲属可以对其提起附带民事诉讼，但已经从其他共同犯罪人处获得足额赔偿的除外。因乙在案发后潜逃，所以乙不应被列为附带民事诉讼被告人。C项正确：《高法刑诉解释》第138条第1款规定："被害人因人身权利受到犯罪侵犯或者财物被犯罪分子毁坏而遭受物质损失的，有权在刑事诉讼过程中提起附带民事诉讼；被害人死亡或者丧失行为能力的，其法定代理人、近亲属有权提起附带民事诉讼。"该解释第155条规定：对附带民事诉讼作出判决，应当根据犯罪行为造成的物质损失，结合案件具体情况，确定被告人应当赔偿的数额。犯罪行为造成被害人人身损害的，应当赔偿医疗费、护理费、交通费等为治疗和康复支付的合理费用，以及因误工减少的收入。造成被害人残疾的，还应当赔偿残疾生活辅助具费等费用；造成被害人死亡的，还应当赔偿丧葬费等费用。丙因昏迷无法继续履行与某公司签订的合同造成的财产损失不属于上述规定所规定的赔偿范围。D项正确：《高法刑诉解释》第143条第2款规定：附带民事诉讼被告人的亲友自愿代为赔偿的，应当准许。因此，甲的朋友愿意代为赔偿的，法院应当准许。《高法刑诉解释》第157条规定：审理刑事附带民事诉讼案件，人民法院应当结合被告人赔偿被害人物质损失的情况认定其悔罪表现，并在量刑时予以考虑。因此，法院应当将赔偿情况作为酌定量刑情节考虑。

（三）不定项选择题

1. ABC

我国《刑事诉讼法》第104条对附带民事诉讼的审判原则作了规定，即：附带民事诉讼应当同刑事案件一并审判，只有为了防止刑事案件审判的过分迟延，才可以在刑事案件审判后，由同一审判组织继续审理附带民事诉讼。因此，D项错误。其余选项正确。

2. D

有权提起附带民事诉讼的人，除了被害人本人以外，还包括被害人以外的因犯罪行为遭受物质损失的人；另外在被害人为限制行为能力人或者无行为能力人时，其法定代理人和近亲属也有权提起。本题中只有王某的班主任既非王某的法定代理人和近亲属，也没有遭受物质损失，故选D项。

3. ABC

《刑事诉讼法》第101条规定：被害人由于被告人的犯罪行为而遭受物质损失的，在刑事诉讼过程中，有权提起附带民事诉讼。被害人死亡或者丧失行为能力的，被害人的法定代理人、近亲属有权提起附带民事诉讼。如果是国家财产、集体财产遭受损失的，人民检察院在提起公诉的时候，可以提起附带民事诉讼。附带民事诉讼中的犯罪行为造成的损失指的是直接的物质损失，而D项不是直接损失，故不选。

4.（1）BD

刑事附带民事诉讼是被害人在由于被告人的犯罪行为而遭受物质损失的情况下提起的，是其权利，可以放弃，故选B。又因为本案并非国家或集体财产受到损失，所以检察院不能提起附带民事诉讼，D项正确。

（2）BD

侦查程序已经在立案之后，被害人等可以提起附带民事诉讼的要求。同时附带民事诉讼只能针对直接物质损失，而不能针对精神损失提起。因此，选B、D两项。

（3）ABCD

根据《高法刑诉解释》第163条的规定，人民法院审理附带民事诉讼案件，除刑法、刑事诉讼法以及刑事司法解释已有规定的以外，适用民事法律的有关规定。故本题应全选。

5.（1）D

《高法刑诉解释》第143条规定："附带民事诉讼中依法负有赔偿责任的人包括：（一）刑事被告人以及未被追究刑事责任的其他共同侵害人；（二）刑事被告人的监护人；（三）死刑罪犯的遗产继承人；（四）共同犯罪案件中，案件审结前死亡的被告人的遗产继承人；（五）对被害人的物质损失依法应当承担赔偿责任的其他单位和个人。附带民事诉讼被告人的亲友自愿代为赔偿的，应当准许。"本案中由于张一是未成年人，所以张一的监护人——其父母负有赔偿义务。由于李二在开庭前死亡，所以虽然其没有赔偿义务，但是其遗产继承人——李二的父母有赔偿义务。王三在本案中属于未被追究刑事责任的其他共同侵害人，所以也有赔偿义务。故本题应当选D项。

（2）B

《高法刑诉解释》第158条规定："附带民事诉讼原告人经传唤，无正当理由拒不到庭，或者未经法庭许可中途退庭的，应当按撤诉处理。刑事被告人以外的附带民事诉讼被告人经传唤，无正当理由拒不到庭，或者未经法庭许可中途退庭的，附带民事部分可以缺席判决。"结合上述法条的第1款，本案中赵四父母是原告，其"经传唤，无正当理由拒不到庭，或者未经法庭许可中途退庭"，都应当按照撤诉处理。故A项错误、B项正确。结合上述法条第2款的规定，本案中，王三属于"刑事被告人以外的附带民事诉讼被告人"，其经传唤，无正当理由拒不到庭，附带民事部分可以缺席判决。故C项错误。而D项中李二的父母不到庭，法庭不是"应当"而是"可以"缺席判决。故D项也不正确。本题答案为B项。

简答题

1. 刑事附带民事诉讼的主体范围就是指刑事附带民事诉讼的原告范围。根据我国《刑事诉讼法》和《高法刑诉解释》，附带民事诉讼的主体构成存在以下几种情形：（1）因犯罪行为而遭受物质损失的公民和被害单位有权提起附带民事诉讼；（2）在被害人已经死亡的情况下，被害人的近亲属可以代为提起附带民事诉讼；（3）在被害人是未成年人、精神病患者等无行为能力人或限制行为能力人的情况下，他们的法定代理人或者监护人可以代为提起附带民事诉讼；（4）在国家、集体的财产因被告人的犯罪行为而遭受损失的情况下，如果受损失的单位没有提起附带民事诉讼，则人民检察院在提起公诉的同时可以提起附带民事诉讼。

2. 附带民事诉讼就其解决问题的性质而言，是经济赔偿问题，与民事诉讼中的损害赔偿并无不同，属于民事诉讼的范围。但是同一般的民事诉讼相比，附带民事诉讼又有所不同，因为这种赔偿是由犯罪行为引起的，并且是在刑事诉讼的过程中提起的，由审判刑事案件的审判组织进行审理，所以它是刑事诉讼的一部分，是一种特殊的民事诉讼。

刑事附带民事诉讼的条件主要包括以下四个方面的内容：（1）刑事诉讼成立。附带民事诉讼是由刑事诉讼派生的，若刑事诉讼不成立，也就谈不上附带民事诉讼。（2）必须是犯罪行为给被害人造成了物质损失。（3）必须符合提起民事诉讼的条件，即附带民事诉讼的原告人必须是具有诉讼权利和诉讼能力的人，必须有明确的被告人和具体的诉讼请求，同时对被告人的加害事实所造成的物质损失要提出证据予以证明。（4）必须在刑事诉讼的过程中提起。

3. 刑事附带民事诉讼的被告人是附带民事诉讼中被起诉的一方当事人。根据《刑事诉讼法》以及《高法刑诉解释》的规定，附带民事诉讼的被告人包括以下几类：（1）刑事被告人以及没有被追究刑事责任的其他共同致害人。（2）未成年人、精神病人的法定代理人或者监护人。（3）其他对刑事被告人的犯罪行为依法应当承担赔偿责任的单位和个人。

案例分析题

（1）附带民事诉讼的提起是当事人的权利，可以放弃，故刘某有权不提起附带民事诉讼，人民法院无权将刘某列为附带民事诉讼的共同原告人。

（2）刑事案件与附带民事诉讼部分应当一并审理，只有为了防止刑事案件审判的过分迟延，才可以在刑事案件审判后，由同一审判组织继续审理附带民事诉讼，所以人民法院不能将附带民事诉讼部分移交民事审判庭。

（3）有法律依据。《高法刑诉解释》第 152 条规定：人民法院对可能因被告人的行为或者其他原因，使附带民事判决难以执行的案件，根据附带民事诉讼原告人的申请，可以裁定采取保全措施，查封、扣押或者冻结被告人的财产；附带民事诉讼原告人未提出申请的，必要时，人民法院也可以采取保全措施。

论述题与深度思考题

刑事附带民事诉讼是指人民法院、人民检察院、公安机关在刑事诉讼过程中，在依法追究被告人的刑事责任的同时，附带解决被告人的犯罪行为所造成的物质损失的赔偿问题而进行的诉讼活动。

刑事附带民事诉讼具有以下特点。

首先，附带民事诉讼所解决的问题是经济赔偿问题，与民事诉讼中的损害赔偿并无不同，属于民事诉讼的范围。但是同一般的民事诉讼相比，附带民事诉讼又有所不同，因为这种赔偿是由犯罪行为引起的，并且是在刑事诉讼的过程中提起的，由审判刑事案件的审判组织进行审理，所以它是刑事诉讼的一部分，是一种特殊的民事诉讼。

其次，附带民事诉讼所适用的法律具有复合性。由于附带民事诉讼所解决的是刑事犯罪行为所引起的民事赔偿责任的问题，所以所适用的法律具有复合性。从实体法上看，对损害事实的认定，既要遵循刑法关于具体案件犯罪构成的规定，还要受民事法律规范的调整；从程序法上看，除刑事诉讼法有特殊规定的以外，应当适用民事诉讼法的规定。因此，人民法院审判附带民事诉讼案件，除适用刑法、刑事诉讼法外，还应当适用民法通则、民事诉讼法的有关规定。

最后，附带民事诉讼的处理程序具有依附性。附带民事诉讼以刑事案件的成立为前提，必须在刑事诉讼的过程中提起；附带民事诉讼的判决不得同刑事部分的判决相抵触，附带民事诉讼的起诉时效、上诉期限、管辖法院等都取决于刑事案件。因此，附带民事诉讼在处理程序上是依附于刑事诉讼的，如果刑事诉讼不存在，附带民事诉讼就无从谈起。

刑事附带民事诉讼作为一项重要的诉讼制度，在刑事诉讼中具有重要意义，主要体现在以下几个方面。

（1）有利于维护被害人的经济利益。刑事犯罪往往给被害人造成经济损失，有的还是严重的经济损失。附带民事诉讼制度的设立，可以使被害人通过附带民事诉讼程序，得到物质损害赔偿。

（2）有利于打击和制裁犯罪。附带民事诉讼制度，从根本上否定了“打了不罚，罚了不打”的陈旧观念。它意味着给他人造成物质损害的犯罪分子不仅要承担刑事责任，还要承担民事责任。这对于有效地打击和制裁犯罪活动，教育和改造犯罪分子具有重要意义。

（3）有利于公、检、法三机关全面、正确地处理案件。附带民事诉讼制度的设立，要求公、检、法三机关在刑事诉讼的过程中，查明被告人的犯罪活动所造成的物质损害情况以及被告人对待其犯罪行为造成危害后果的态度，这些情况对于正确认定案件事实、判断被告人的认罪态度和悔罪表现，对于审判机关正确定罪量刑，具有重要的参考价值。

（4）有利于保证人民法院审判工作的统一性和严肃性。由于附带民事诉讼是由审理刑事案件的同一审判组织负责审理的，因而有利于保证对案件事实认识的统一性，避免因不同审判组织分别进行审判可能导致的对同一违法行为或者同一案件事实得出不同的结论，从而维护法院审判工作的严肃性。

（5）有利于节约诉讼成本、提高诉讼效率。在刑事诉讼的过程中附带解决被害人由于被告人的犯罪行为而遭受的物质损害的赔偿问题，对于司法机关来讲，避免了重复审理活动，节省了办案时间，节约了人力、物力和财力等诉讼资源；对当事人来说，在刑事诉讼中解决附带民事诉讼问题，可以使他们避免重复出庭、重复举证等活动，减轻了他们的诉累，因此，附带民事诉讼制度有利于提高诉讼效率。

第十三章　期间与送达

知识逻辑图

- 期间
  - 概念：公安、司法机关和诉讼参与人进行刑事诉讼，完成某些诉讼行为必须遵守的法定期限
  - 意义
    - 防止诉讼拖延，保障诉讼及时进行
    - 保障当事人等诉讼参与人的诉讼权利和合法权益
    - 保障及时惩罚犯罪
  - 计算
    - 单位：时、日、月
    - 起算：开始的时和日不计算在内
    - 届满：最后一日为节假日，以节假日后的第一日为届满，但在押期间不得顺延
    - 重新计算
      - 侦查发现另有重要罪行
      - 退回补充侦查
      - 改变管辖
      - 发回重审
- 送达
  - 概念：公安、司法机关按法律规定的方式和程序，将有关诉讼文书送交给诉讼参与人或公安、司法机关的诉讼活动
  - 特征
    - 公安、司法机关履行诉讼职责的活动
    - 送交的是公安、司法机关的诉讼文书
    - 须依法定方式和程序
    - 收件人为诉讼参与人或有关公安、司法机关
  - 送达方式
    - 直接送达
    - 间接送达
    - 留置送达
    - 委托送达
    - 邮寄送达
    - 转交送达

名词解释与概念比较

1. 期间和期日（考研）
2. 送达
3. 直接送达与间接送达
4. 留置送达
5. 委托送达与转交送达

选择题

(一) 单项选择题

1. 刑事诉讼活动中，下列时间属于期日的有(　　)。

A. 开庭审判日

B. 判决生效日

C. 上诉的起算日

D. 上诉状的交邮日

2. 某犯罪嫌疑人因涉嫌刑讯逼供罪被检察院拘传，时间是 2018 年 12 月 1 日上午 9 时 15 分。下列说法中正确的是（　　）。

A. 应从 9 点开始计算拘传时间

B. 应从 10 点开始计算拘传时间

C. 应从 10 点开始计算 24 小时

D. 应从 9 点开始计算拘传的时间 12 小时

3. 下列选项中哪一项不是我国刑事诉讼法所规定的期间的计算单位？（　　）

A. 年　　B. 月

C. 日　　D. 时

4. 下列选项中哪个不可能是送达的主体？（　　）

A. 公安机关　　B. 检察机关

C. 人民法院　　D. 被害人

5. 根据《刑事诉讼法》及有关司法解释的规定，下列哪一项办案期限是不能重新计算的？（　　）（司考）

A. 补充侦查完毕后的审查起诉期限

B. 发现犯罪嫌疑人另有重要罪行后的侦查羁押期限

C. 处理当事人回避申请后的法庭审理期限

D. 检察院补充侦查完毕移送法院继续审理的审理期限

6. 下列哪一段时间应计入一审案件审理期限？（　　）（司考）

A. 需要延长审理期限的案件，办理报请高级法院批准手续的时间

B. 当事人申请重新鉴定，经法院同意延期审理的时间

C. 检察院补充侦查完毕后重新移送法院的案件，法院收到案件之日以前补充侦查的时间

D. 法院改变管辖的案件，自改变管辖决定作出至改变后的法院收到案件之日的时间

7. 关于期间的计算，下列哪一说法是正确的（　　）（司考）

A. 因被告人脱逃而中止审理的期间，计入审理期限

B. 法院对提起公诉案件进行审查的期限，不计入审理期限

C. 被告人要求法院另行指定辩护律师，自合议庭同意而宣布延期审理之日起至第 10 日止准备辩护的时间，计入审理期限

D. 因当事人和辩护人申请调取新的证据而延期审理的时间，不计入审理期限

8. 关于刑期计算，下列哪一说法是不正确的？（　　）（司考）

A. 甲被判处拘役 6 个月，其被指定居所监视居住 154 天的期间折抵刑期 154 天

B. 乙通过贿赂手段被暂予监外执行，其在监外执行的 267 天不计入执行刑期

C. 丙在暂予监外执行期间脱逃，脱逃的 78 天不计入执行刑期

D. 丁被判处管制，其判决生效前被逮捕羁押 208 天的期间折抵刑期 416 天

9. 关于期间的计算，下列哪一选项是正确的？（　　）（司考）

A. 重新计算期限包括公、检、法的办案期限和当事人行使诉讼权利的期限两种情况

B. 上诉状或其他法律文书在期满前已交邮的不算过期，已交邮是指在期间届满前将上诉状或其他法律文书递交邮局或投入邮筒内

C. 法定期间不包括路途上的时间，比如有关诉讼文书材料在公、检、法之间传递的时间应当从法定期间内扣除

D. 犯罪嫌疑人、被告人在押的案件，在羁押场所以外对患有严重疾病的犯罪嫌疑人、被告人进行医治的时间，应当从法定羁押期间内扣除

10. 王某涉嫌在多个市县连续组织淫秽表演，2014 年 9 月 15 日被刑事拘留，随即聘请律师担任辩护人，10 月 17 日被检察院批准逮捕，12 月 5 日被移送检察院审查起诉。关于律师提请检察院进行羁押必要性审查，下列哪一选项是正确的？（　　）（司考）

A. 10 月 14 日提出申请，检察院应受理

B. 11 月 18 日提出申请，检察院应告知其先向侦查机关申请变更强制措施

C. 12 月 3 日提出申请，由检察院承担监所检察工作的部门负责审查

D. 12月10日提出申请，由检察院公诉部门负责审查

11. 关于办案期限重新计算的说法，下列哪一选项是正确的？（　）

A. 甲盗窃汽车案，在侦查过程中发现其还涉嫌盗窃一辆普通自行车，重新计算侦查羁押期限

B. 乙受贿案，检察院审查起诉时发现一笔受贿款项证据不足，退回补充调查后再次移送审查起诉时，重新计算审查起诉期限

C. 丙聚众斗殴案，在处理完丙提出的有关检察院书记员应当回避的申请后，重新计算一审审理期限

D. 丁贩卖毒品案，二审法院决定开庭审理并通知同级检察院阅卷，检察院阅卷结束后，重新计算二审审理期限

12. 卢某妨害公务案于2016年9月21日一审宣判，并当庭送达判决书。卢某于9月30日将上诉书交给看守所监管人员黄某，但黄某因忙于个人事务直至10月8日上班时才寄出，上诉书于10月10日寄到法院。关于一审判决生效，下列哪一选项是正确的？（　）（司考）

A. 一审判决于9月30日生效

B. 因黄某耽误上诉期间，卢某将上诉书交予黄某时，上诉期间中止

C. 因黄某过失耽误上诉期间，卢某可申请期间恢复

D. 上诉书寄到法院时一审判决尚未生效

（二）多项选择题

1. 下列期间中属于办案期间的有（　）。

A. 抗诉或上诉期限

B. 送达期限

C. 二审期限

D. 审查起诉期限

2. 关于期间和期日，下列说法中正确的是（　）。

A. 期日是公安、司法机关和诉讼参与人共同进行某项刑事诉讼活动的时间

B. 期间是指一定期限内的时间

C. 期日一般由法律规定，不得任意变更

D. 期日是一个特定的时间

3. 司法机关在向收件人送达有关诉讼文件时，如果收件人不在，则（　）。

A. 应当留置送达

B. 可以交给他的成年家属代收

C. 必须交给他的成年家属代收

D. 可以交给他的所在单位

4. 在下列何种情形下，经公诉人建议法庭延期审理的时间一次不得超过一个月？（　）（司考）

A. 发现事实不清、证据不足的

B. 发现遗漏罪行、遗漏同案犯罪嫌疑人，需要补充侦查或者补充提供证据的

C. 发现遗漏罪行或者遗漏同案犯罪嫌疑人，虽不需要补充侦查和补充提供证据，但需要提出追加或者变更起诉的

D. 需要通知开庭前未向人民法院提供名单的证人、鉴定人或者经人民法院通知而未到庭的证人出庭陈述的

5. 被告人徐某为未成年人，法院书记员到其住处送达起诉书副本，徐某及其父母拒绝签收。关于该书记员处理这一问题的做法，下列哪些选项是正确的？（　）（司考）

A. 邀请见证人到场

B. 在起诉书副本上注明拒收的事由和日期，该书记员和见证人签名或盖章

C. 采取拍照、录像等方式记录送达过程

D. 将起诉书副本留在徐某住处

（三）不定项选择题

1. 何某不服一审人民法院以故意伤害罪判处其12年有期徒刑的判决，但又因故耽误上诉期限。障碍消除后，何某申请继续进行应当在期满前完成的上诉活动，必须满足什么条件？（　）（司考）

A. 何某耽误期间是由于不能抗拒的原因或者有其他正当理由

B. 在障碍消除后5日内何某提出上诉

C. 继续应当在期满以前提出上诉的申请，需要由辩护人为其提出

D. 经人民法院查证属实，裁定允许

2. 下列关于期间的说法中正确的是（　）。

A. 在异地执行拘留时，返回途中所需的时间

不能计算在内，拘留后应在 12 小时内对被拘留人进行讯问

B. 节假日不应当计算在期间以内

C. 期间开始的时和日不计算在期间以内

D. 当事人的住处离法院较远，则他们为参加诉讼而花费在途中的时间，应当从法定期间内扣除

简答题

1. 期间及期间的意义是什么？
2. 什么叫期间的重新计算？请列举几类例子。
3. 送达的概念、特征与意义是什么？

案例分析题

李某因涉嫌犯罪被公安机关依法逮捕。公安机关在向李家送达逮捕通知书时，李某的父母拒绝在通知书上签字。公安机关只好将逮捕书又拿回了公安机关。最后，李某被一审判处有期徒刑 3 年。李某在同年 9 月 21 日收到判决书，他等到 10 月 3 日才提起上诉。人民法院以李某超过上诉期限为由不许其上诉。

问：本案中公安机关和人民法院有哪些违反法律的地方？

参考答案

名词解释与概念比较

1. 期间是指公安、司法机关和诉讼参与人进行刑事诉讼、完成某些诉讼行为所必须遵守的法定期限。期日是指公安、司法机关和诉讼参与人共同进行刑事诉讼活动的特定时间。二者同为诉讼中规范时间的重要概念，但两者有很大区别，主要为：（1）期间指一定期限内的时间，即始于某期日又止于某期日的一个时间段；期日是一个特定的单位时间，如某日、某时。（2）期间是公安、司法机关或诉讼参与人各自单独进行某项诉讼活动的时间；期日则是公安、司法机关和诉讼参与人共同进行某项刑事诉讼活动的时间。（3）期间一般由法律明确加以规定，不得任意变更；期日由公安、司法机关指定，遇有重大理由时可以变更或延后。（4）期间可以规定起、止时间，即始期和终期；期日只规定开始的时间，不规定终止的时间。

2. 刑事诉讼中的送达是指公安、司法机关依照法律规定的方式和程序，将有关诉讼文书送交给诉讼参与人或者公安、司法机关的诉讼活动。

3. 直接送达是指送达传票、通知书和其他诉讼文件应当直接交给收件人本人，收件人本人应当在送达回证上记明收到的日期，并且签名或者盖章。间接送达是指送达传票、通知书和其他诉讼文件时，如果本人不在，可以交给他的成年家属或者所在单位的负责人代收，代收人应当在送达回证上记明收到的日期，并且签名或盖章。

4. 留置送达是指送达传票、通知书和其他诉讼文件时，如果收件人本人或者代收人拒绝接收或者拒绝签名、盖章，则送达人可以邀请他的邻居或者其他见证人到场，说明情况，把文件留在他的住处，在送达回证上记明拒绝的事由、送达的日期，由送达人签名，即视为或者认为已经送达。留置送达与直接送达和间接送达产生同样的法律效力。

5. 委托送达是指直接送达诉讼文书有困难的，可以委托收件人所在地的公安、司法机关代为送达。委托送达应将委托函、委托送达的诉讼文书及送达回证，寄送给收件人所在地的公安、司法机关。转交送达是指对某些特殊的收件人，可以通过有关部门将诉讼文书转交给收件人。这里特殊的收件人主要包括军人、正在服刑的犯人、正在被采取强制性教育措施的人。代为转交的部门、单位收到诉讼文书后，应当立即交收件人签收，并将送达回证及时退回送达的公安、司法机关。

选择题

（一）单项选择题

1. A

期日是指公安、司法机关和诉讼参与人共同进行诉讼活动的特定时间。审判实务中常见的期

日有庭审日、调解日、宣判日、证据交换日等。本题中只有A项属于共同进行活动的一个特定时间。

2. B

刑事诉讼法规定，期间开始的时间不计算在内，本案应从10点开始计算，拘传的期间是12小时。

3. A

我国《刑事诉讼法》第105条规定：期间以时、日、月计算。故此题选A项。

4. D

送达是公安、司法机关的司法活动，被害人只能是被送达的主体，而不是送达的主体。

5. C

根据《刑事诉讼法》第204条的规定，C项中的"处理当事人回避申请后的法庭审理期限"并不能重新计算，只是在处理当事人的回避申请期间，法庭可以延期审理而已。

6. A

《刑事诉讼法》第208条规定：人民法院审理公诉案件，应当在受理后2个月以内宣判，至迟不得超过3个月。对于可能判处死刑的案件或者附带民事诉讼的案件，以及有本法第158条规定情形之一的，经上一级人民法院批准，可以延长3个月；因特殊情况还需要延长的，报请最高人民法院批准。人民法院改变管辖的案件，从改变后的人民法院收到案件之日起计算审理期限。人民检察院补充侦查的案件，补充侦查完毕移送人民法院后，人民法院重新计算审理期限。

7. D

刑事诉讼的期限不能随意确定，需要考虑以下因素：(1) 保证查明犯罪事实，正确处理案件；(2) 能够及时惩罚犯罪；(3) 保障公民依法行使诉讼权利；(4) 督促公安、司法机关提高办案效率。哪些计入、哪些不计入审理期限，有一个规律：由法院自身不能控制的外部因素所引起的，不计入审理期限，反之则计入。因此选项D正确。

8. A

《刑事诉讼法》第76条规定："指定居所监视居住的期限应当折抵刑期。被判处管制的，监视居住一日折抵刑期一日；被判处拘役、有期徒刑的，监视居住二日折抵刑期一日。"故A项错误。《刑事诉讼法》第268条第3款规定："不符合暂予监外执行条件的罪犯通过贿赂等非法手段被暂予监外执行的，在监外执行的期间不计入执行刑期。罪犯在暂予监外执行期间脱逃的，脱逃的期间不计入执行刑期。"故B、C项正确。根据刑法规定，羁押一日折抵管制二日。故D项正确。

9. C

选项A错误：重新计算期限，是指由于发生了法定的情况，原来已进行的期间归于无效，而从新发生情况之时起计算期间。这仅适用于公、检、法的办案期限，不适用于当事人行使诉讼权利的期限的情形。选项B错误：上诉状或者其他文件在期满前已经交邮的，不算过期。上诉状或其他文件是否在法定期限内交邮以当地邮局所盖邮戳为准，并非以"递交邮局或投入邮筒内"的时间为准。选项C正确：根据《刑事诉讼法》第105条第3款的规定，法定期间不包括路途上的时间。有关诉讼文书材料在公安、司法机关之间传递过程中的时间，也应当在法定期间内予以扣除。选项D错误：该项表述的期间若从法定羁押期间内予以扣除，则犯罪嫌疑人、被告人在之后量刑时折抵刑罚的期限便会减少，相比于暂予监外执行的保外就医期间计入服刑期限的规定，这对犯罪嫌疑人、被告人明显不公。

10. D

《刑事诉讼法》第95条规定："犯罪嫌疑人、被告人被逮捕后，人民检察院仍应当对羁押的必要性进行审查。对不需要继续羁押的，应当建议予以释放或者变更强制措施。有关机关应当在十日以内将处理情况通知人民检察院。"逮捕后才有必要对羁押的必要性进行审查，10月14日还处于刑事拘留阶段，刑事拘留阶段不进行羁押必要性的审查，这时向检察院提出申请，检察院是没有办法受理的，因此选项A错误。提出羁押的必要性审查申请与向侦查机关申请变更强制措施二者之间没有先后顺序，因此选项B错误。《人民检察院刑事诉讼规则（试行）》第617条规定："侦查阶段的羁押必要性审查由侦查监督部门负责；审判阶段的羁押必要性审查由公诉部门负责……"12月3日仍处在侦查阶段，侦查阶段的羁押必要性审查由检察院侦查监督部门负责，因此选项C错误。12月10日，案件仍在审查起诉阶段，该阶段的羁押必要性审查由检察院公诉部门负责，因此选项D正确。

11. B

《刑事诉讼法》第160条第1款规定："在侦查期间，发现犯罪嫌疑人另有重要罪行的，自发现之日起依照本法第一百五十六条的规定重新计算侦查羁押期限。"盗窃一辆普通自行车，不属于重大犯罪，因此选项A错误。《刑事诉讼法》第208条第3款规定："人民检察院补充侦查的案件，补充侦查完毕移送人民法院后，人民法院重新计算审理期限。"案件"退回补充调查后再次移送审查起诉时，重新计算审查起诉期限"这一说法正确。因此选项B正确。申请回避，导致审限中断的，需要计入审限，因此选项C错误。《刑事诉讼法》第235条规定："……第二审人民法院应当在决定开庭审理后及时通知人民检察院查阅案卷……人民检察院查阅案卷的时间不计入审理期限。"二审期间，人民检察院查阅卷宗的时间是不计入审限，而非重新计算审限，因此选项D错误。

12. D

根据《刑事诉讼法》第230条的规定，不服判决的上诉和抗诉的期限为10日，不服裁定的上诉和抗诉的期限为5日，从接到判决书、裁定书的第2日起算。卢某接到一审判决的日期是9月21日，因此卢某对一审裁判不服的上诉期限截止至10月1日。但是，10月1日为法定节假日，上诉期限应当顺延至下一个工作日，即10月8日。因此，一审裁判在9月30日并未生效。故选项A错误。上诉期间不会出现中止情形，故选项B错误。上诉书邮寄时仍在上诉期内，不存在耽误期限，也就不存在恢复上诉期一说，故选项C错误。《高法刑诉解释》第171条第2款规定，收件人正在服刑的，可以通过执行机关转交。这意味着卢某于9月30日将上诉书交给看守所监管人员，即为在法定期间提出上诉，便可启动二审，一审判决也就尚未发生法律效力。所以D项正确。

（二）多项选择题

1. CD

抗诉和上诉只是程序的启动，还未开始办案，所以不属于办案期间，而送达期限也并不是公安、司法机关办理案件的时间的主要组成部分。因此应选C、D两项。

2. ABD

期间一般由法律规定，不得任意变更，而期日是由公安、司法机关指定，在遇到重大理由时可以变更。故C项错误。

3. BD

间接送达是指送达传票、通知书和其他诉讼文件时，如果本人不在，可以交给他的成年家属或者所在单位的负责人代收，代收人应当在送达回证上记明收到的日期，并且签名或盖章。留置送达是指送达传票、通知书和其他诉讼文件时，如果收件人本人或者代收人拒绝接收或者拒绝签名、盖章的时候，送达人可以邀请他的邻居或者其他见证人到场，说明情况，把文件留在他的住处。本题符合间接送达的情形，故选B、D项。

4. ABCD

《人民检察院刑事诉讼规则（试行）》第455条规定，法庭审判过程中遇有下列情形之一的，公诉人可以建议法庭延期审理：(1) 发现事实不清、证据不足，或者遗漏罪行、遗漏同案犯罪嫌疑人，需要补充侦查或者补充提供证据的；(2) 被告人揭发他人犯罪行为或者提供重要线索，需要补充侦查进行查证的；(3) 发现遗漏罪行或者遗漏同案犯罪嫌疑人，虽不需要补充侦查和补充提供证据，但需要补充、追加或者变更起诉的；(4) 申请人民法院通知证人、鉴定人出庭作证或者有专门知识的人出庭提出意见的；(5) 需要调取新的证据，重新鉴定或者勘验的；(6) 公诉人出示、宣读开庭前移送人民法院的证据以外的证据，或者补充、变更起诉，需要给予被告人、辩护人必要时间进行辩护准备的；(7) 被告人、辩护人向法庭出示公诉人不掌握的与定罪量刑有关的证据，需要调查核实的；(8) 公诉人对证据收集的合法性进行证明，需要调查核实的。在人民法院开庭审理前发现具有上述情形之一的，人民检察院可以建议人民法院延期审理。该规则第456条规定，法庭宣布延期审理后，人民检察院应当在补充侦查的期限内提请人民法院恢复法庭审理或者撤回起诉。公诉人在法庭审理过程中建议延期审理的次数不得超过2次，每次不得超过1个月。根据上述规定可知，本题的正确答案是A、B、C、D四项。

5. ACD

《高法刑诉解释》第167条第3款规定："收

件人或者代收人拒绝签收的，送达人可以邀请见证人到场，说明情况，在送达回证上注明拒收的事由和日期，由送达人、见证人签名或者盖章，将诉讼文书留在收件人、代收人的住处或者单位；也可以把诉讼文书留在受送达人的住处，并采用拍照、录像等方式记录送达过程，即视为送达。”故本题答案为A、C、D三项。

（三）不定项选择题

1. ABD

参见我国《刑事诉讼法》第106条规定（略）。据此可直接推出A、B、D三项应选。

2. CD

《刑事诉讼法》第105条规定，法定期间不包括路途上的时间。因此，返途时间不应计算在内。但是要求在拘留后12小时内讯问，则与《刑事诉讼法》第86条规定的“公安机关对被拘留的人，应当在拘留后的二十四小时以内进行讯问”相违背，因此，A项错误。不能笼统地说节假日不应当计算在期间以内，为保证诉讼的顺利进行，期间中的节假日一般应当计算在期间以内，但有时期间的最后一日如果是节假日，则不计算在内，如上诉期间。故B项错误。

简答题

1. 刑事诉讼中的期间，是指公安、司法机关和诉讼参与人进行刑事诉讼、完成某些诉讼行为所必须遵守的法定期限。也就是说，公安、司法机关和诉讼参与人进行刑事诉讼有时间上的要求，必须在法律规定的时间内完成其诉讼活动。从刑事诉讼的目的和保障刑事诉讼的正当性进行来看，法律明确规定进行诉讼活动的具体期间有着非常重要的意义：第一，防止诉讼拖延，保障诉讼的及时进行；第二，保障当事人等诉讼参与人的诉讼权利和合法权益；第三，保障及时惩罚犯罪。

2. 期间的重新计算，是指由于出现了某种法定情形，已进行的期间归于无效，不再计入期间以内，而应当从法定情形出现之时起重新计算期间。重新计算期间的规定仅适用于公安、司法机关的办案期限。根据刑事诉讼法的规定，期间的重新计算包括如下情形：（1）在侦查期间，发现犯罪嫌疑人另有重要罪行的，自发现之日起依照《刑事诉讼法》第158条的规定重新计算羁押期限。（2）人民检察院审查起诉中退回公安机关补充侦查的案件，补充侦查完毕移送人民检察院后，人民检察院重新计算审查起诉期限。（3）人民检察院审查起诉的案件，如果改变管辖的，从改变后的人民检察院收到案件之日起计算审查起诉期限。（4）人民法院改变管辖的案件，从改变后的人民法院收到案件之日起计算审理期限。（5）人民检察院补充侦查的案件，补充侦查完毕移送人民法院后，人民法院重新计算审理期限。（6）第二审人民法院发回原审人民法院重新审判的案件，原审人民法院从收到发回的案件之日起，重新计算审理期限。

3. 刑事诉讼中的送达，是指公安、司法机关依照法律规定的方式和程序，将有关诉讼文书送交给诉讼参与人或者公安、司法机关的诉讼活动。

作为法律规定的一种诉讼活动，送达具有以下几个特征：（1）送达是公安、司法机关在诉讼中履行其职责而进行的诉讼活动，是公安、司法机关将有关诉讼文书送交给诉讼参与人。诉讼参与人将上诉书、答辩状等诉讼文书送交给公安、司法机关的行为，不属于送达。（2）送达所要送交的是公安、司法机关的诉讼文书。（3）送达必须依照法律规定的方式和程序进行。如果违反法律规定的方式和程序送达诉讼文书，将不产生法律效力。（4）送达的收件人是诉讼参与人或者有关的公安、司法机关。

案例分析题

本题中的错误主要有两点：

一是在送达逮捕通知书而李某父母不同意接收时，公安机关应采取留置送达的方式，而不是将其拿回公安机关。

二是李某在收到判决书后应于次日起10日内提起上诉。按正常时间计算，10月1日应为最后一日，但10月1日为法定节假日，故应将期间顺延。

第十四章 刑事诉讼的中止和终止

知识逻辑图

- 诉讼中止
  - 概念：因发生某种特殊情况或法定原因，而使诉讼无法或不宜进行时，由公安、司法机关决定暂时停止诉讼程序，待中止的条件消失后，再恢复进行诉讼的制度
  - 意义
    - 维护刑事诉讼的严肃性
    - 使公安、司法机关集中精力办理其他案件
    - 维护当事人的合法权益
  - 适用情形
    - 侦查工作已完成，但犯罪嫌疑人下落不明，又不够通缉条件
    - 侦查工作已完成，犯罪嫌疑人、被告人因患精神病或其他严重疾病，不能接受讯问和审判
    - 被告人患有严重疾病，无法出庭
    - 起诉到法院后脱逃，案件长时间无法继续审理
    - 审判时，自诉人患严重疾病，无法出庭，未委托诉讼代理人出庭
    - 由于不能抗拒的原因
- 诉讼终止
  - 概念：出现某种法定的特殊情况，刑事诉讼没有必要或不可能继续进行，从而由有关机关决定结束诉讼的制度
  - 意义
    - 维护法制的严肃性
    - 避免无效劳动，节省司法资源
    - 减少讼累
  - 适用情形
    - 情节显著轻微，危害不大，不认为是犯罪
    - 犯罪已过追诉时效
    - 经特赦令免除刑罚
    - 告诉才处理的案件，没有告诉或撤回告诉
    - 犯罪嫌疑人、被告人死亡
    - 其他法律规定免予追究刑事责任的

名词解释与概念比较

1. 刑事诉讼中止（考研）
2. 刑事诉讼终止

选择题

（一）单项选择题

1. 某法院决定开庭审理张某贪污案，被告人张某在开庭前突发心脏病死亡。该法院应当如何处理？（　　）（司考）

A. 裁定撤销案件

B. 宣告被告人张某无罪

C. 裁定终止审理

D. 退回起诉的人民检察院处理

2. P县人民法院对赵某巨额财产来源不明案进行法庭审理后，合议庭评议认为，根据已经查明的事实和认定的证据材料，能够确认赵某不构成犯罪，但在作出判决前，赵某因突发心脏病死亡。P县人民法院应如何处理？(　　)(司考)

A. 裁定终止审理

B. 判决宣告赵某无罪

C. 退回人民检察院处理

D. 裁定案件撤销

3. 金沙区法院在开庭审判徐某交通肇事案的过程中，徐某的辩护人请求通知新的证人到庭并请求重新勘验。依照法律规定，法庭正确的做法是什么？(　　)(司考)

A. 应当决定延期审理

B. 应当决定中止审理

C. 可以决定延期审理

D. 可以决定中止审理

4. 高某以诽谤罪将范某起诉至某县法院。县法院经审查认为，该案应属本院管辖，该案有明确的被告人、具体的诉讼请求和能证明被告人犯罪事实的证据，应予受理。但被告人范某目前下落不明。对此，法院应当如何处理？(　　)(司考)

A. 裁定中止审理

B. 说服自诉人撤回起诉或者裁定驳回起诉

C. 宣告范某犯有诽谤罪并处以刑罚

D. 将案件交公安机关查找范某下落

5. 某人民法院对被告人曹某等共同抢劫一案作出一审判决。曹某对犯罪事实供认不讳，仅以量刑过重为由提出上诉，其他被告人未提出上诉，人民检察院也未抗诉。二审法院经审理认为曹某构成犯罪，但曹某在二审作出裁判前因病死亡。二审法院应当如何处理该案件？(　　)(司考)

A. 裁定全案终止审理，原判决自行生效

B. 裁定对上诉终止审理，维持一审判决

C. 裁定撤销一审判决，发回原审法院重审

D. 宣布对曹某终止审理，对其他被告人仍应作出判决或裁定

6. 某市人民法院审理市人民检察院依照审判监督程序提出抗诉的案件时，原审被告人王某收到抗诉书后下落不明。该法院应当作出什么处理？(　　)(司考)

A. 驳回抗诉　　B. 中止审理

C. 终止审理　　D. 裁定维持原判

7. 在审理过程中，被告人趁上厕所之机逃跑，较长时间一直未被抓获。应当作出何种处理？(　　)(司考)

A. 延期审理的决定

B. 延期审理的裁定

C. 中止审理的决定

D. 中止审理的裁定

8. 被告人郑某在法庭审判期间死亡，同时根据已查明的案件事实和认定的证据材料，已能够确认郑某无罪。对此案人民法院应当作出何种处理决定？(　　)(司考)

A. 以判决宣告无罪

B. 以裁定终止审理

C. 以决定终止审理

D. 撤销案件

9. 某电子科技有限公司因涉嫌虚开增值税专用发票罪被提起公诉，公司董事长、总经理、会计等5人被认定为该单位犯罪的直接责任人员。在法院审理中，该公司被注销。关于法院的处理，下列哪一选项是正确的？(　　)(司考)

A. 继续审理

B. 终止审理

C. 终止审理，建议检察机关对公司董事长、总经理、会计等另行起诉

D. 退回检察机关，建议检察机关对公司董事长、总经理、会计等另行起诉

10. 检察院立案侦查甲刑讯逼供案。被害人的父亲要求甲赔偿丧葬费等经济损失。侦查中，甲因病猝死。对于此案，检察院下列哪一做法是正确的？(　　)(司考)

A. 移送法院以便审理附带民事诉讼部分

B. 撤销案件

C. 决定不起诉

D. 决定不起诉并对民事部分一并作出处理

11. 下列哪一选项属于刑事诉讼中适用中止审理的情形？(　　)(司考)

A. 由于申请回避而不能进行审判的

B. 需要重新鉴定的

C. 被告人患有严重疾病，长时间无法出庭的

D. 检察人员发现提起公诉的案件需要补充侦查，提出建议的

（二）多项选择题

1. 下列哪些选项属于法院应当终止审理的情形？（　　）（司考）

A. 张某涉嫌销售赃物一案，经审理认为情节显著轻微危害不大的

B. 赵某涉嫌抢劫一案，赵某在第一审开庭审理前发病猝死的

C. 李某以遭受遗弃为由提起自诉，法院审查后不予立案的

D. 王某以遭受虐待为由提起自诉，后又撤回自诉的

2. 被告人刘某在案件审理期间死亡，法院作出终止审理的裁定。其亲属坚称刘某清白，要求法院作出无罪判决。对于本案的处理，下列哪些选项是正确的？（　　）（司考）

A. 应当裁定终止审理

B. 根据已查明的案件事实和认定的证据，能够确认无罪的，应当判决宣告刘某无罪

C. 根据刘某亲属要求，应当撤销终止审理的裁定，改判无罪

D. 根据刘某亲属要求，应当以审判监督程序重新审理该案

（三）不定项选择题

李某（女）家住甲市，系该市某国有公司会计，涉嫌贪污公款 500 余万元，被甲市监察委员会调查，后由检察机关向甲市中级人民法院提起公诉，甲市中级人民法院受理该案后，李某脱逃，下落不明。关于李某脱逃后的诉讼程序，下列选项正确的是：（　　）。（司考）

A. 李某脱逃后，法院可中止审理

B. 在通缉李某一年不到案后，甲市检察院可向甲市中级法院提出没收李某违法所得的申请

C. 李某的近亲属只能在 6 个月的公告期内申请参加诉讼

D. 在审理没收违法所得的案件过程中，李某被抓捕归案的，法院应裁定终止审理

简答题

1. 在刑事诉讼过程中，人民法院、人民检察院、公安机关在哪些情况下应当终止诉讼的进程？在哪些情况下，它们应当分别作出哪几种决定？（考研）

2. 法律上设立诉讼中止制度的意义是什么？

参考答案

名词解释与概念比较

1. 刑事诉讼中止，是指在刑事诉讼过程中，因发生某种特殊情况或法定原因，而使诉讼无法进行或不宜进行，由公安、司法机关决定暂时停止诉讼程序，待中止的条件消失后，再恢复进行诉讼的制度。

2. 刑事诉讼终止，是指在刑事诉讼过程中，由于出现某种法定的特殊情况，刑事诉讼没有必要或者不可能继续进行，从而由有关机关决定结束诉讼的制度。

选择题

（一）单项选择题

1. C

根据《刑事诉讼法》第 16 条的规定，案件被告人是在法院受理后、决定开庭审理前死亡的，属于终止审理的情形，所以应选 C 项。

2. B

《高法刑诉解释》第 241 条第 9 项规定：被告人死亡的，应当裁定终止审理；根据已查明的案件事实和认定的证据，能够确认无罪的，应当判决宣告被告人无罪。故本题应选 B 项。

3. C

《刑事诉讼法》第 204 条规定，在法庭审判过程中，遇有下列情形之一，影响审判进行的，可以延期审理：（1）需要通知新的证人到庭、调取新的物证、重新鉴定或者勘验的；（2）检察人员

发现提起公诉的案件需要补充侦查，提出建议的；(3) 由于申请回避而不能进行审判的。据此，确定C项为正确答案。

4. B

《高法刑诉解释》第263条规定：对自诉案件，人民法院应当在15日内审查完毕。经审查，符合受理条件的，应当决定立案，并书面通知自诉人或者代为告诉人。具有下列情形之一的，应当说服自诉人撤回起诉；自诉人不撤回起诉的，裁定不予受理：(1) 不属于本解释第1条规定的案件的；(2) 缺乏罪证的；(3) 犯罪已过追诉时效期限的；(4) 被告人死亡的；(5) 被告人下落不明的；(6) 除因证据不足而撤诉的以外，自诉人撤诉后，就同一事实又告诉的；(7) 经人民法院调解结案后，自诉人反悔，就同一事实再行告诉的。据此，选择B项。

5. D

《高法刑诉解释》第312条规定：共同犯罪案件，上诉的被告人死亡，其他被告人未上诉的，第二审人民法院仍应对全案进行审查。经审查，死亡的被告人不构成犯罪的，应当宣告无罪；构成犯罪的，应当终止审理。对其他同案被告人仍应作出判决、裁定。所以本题答案为D项。

6. B

《高法刑诉解释》第275条规定：被告人在自诉案件审判期间下落不明的，人民法院应当裁定中止审理。被告人到案后，应当恢复审理，必要时应当对被告人依法采取强制措施。本题中抗诉后被告人王某下落不明即属此类情形，故应中止审理。

7. D

《刑事诉讼法》第206条规定，在审判过程中，有下列情形之一，致使案件在较长时间内无法继续审理的，可以中止审理：(1) 被告人患有严重疾病，无法出庭的；(2) 被告人脱逃的；(3) 自诉人患有严重疾病，无法出庭，未委托诉讼代理人出庭的；(4) 由于不能抗拒的原因。中止审理的原因消失后，应当恢复审理。中止审理的期间不计入审理期限。

8. A

根据我国《刑事诉讼法》第16条的规定，A项当选。

9. A

《高法刑诉解释》第286条规定：审判期间，被告单位被撤销、注销、吊销营业执照或者宣告破产的，对单位犯罪直接负责的主管人员和其他直接责任人员应当继续审理。因此，应选A项。

10. B

《人民检察院刑事诉讼规则（试行）》第290条规定，人民检察院在侦查过程中或者侦查终结后，发现具有下列情形之一的，侦查部门应当制作拟撤销案件意见书，报请检察长或者检察委员会决定：(1) 具有《刑事诉讼法》第16条规定情形之一的；(2) 没有犯罪事实的，或者依照刑法规定不负刑事责任或者不是犯罪的；(3) 虽有犯罪事实，但不是犯罪嫌疑人所为的。对于共同犯罪的案件，如有符合本条规定情形的犯罪嫌疑人，应当撤销对该犯罪嫌疑人的立案。参见《刑事诉讼法》第16条规定（略）。根据上述规定，犯罪嫌疑人死亡的，人民检察院应当撤销案件，所以B项正确。

11. C

参见《刑事诉讼法》第206条规定（略）。

（二）多项选择题

1. BD

参见《刑事诉讼法》第16条规定（略）。据此，A项应当宣判无罪，C项属于不立案不追究责任，只有B、D两项属于终止审理的情形，当选。

2. AB

《刑事诉讼法》第16条规定："有下列情形之一的，不追究刑事责任，已经追究的，应当撤销案件，或者不起诉，或者终止审理，或者宣告无罪：(一) 情节显著轻微、危害不大，不认为是犯罪的；(二) 犯罪已过追诉时效期限的；(三) 经特赦令免除刑罚的；(四) 依照刑法告诉才处理的犯罪，没有告诉或者撤回告诉的；(五) 犯罪嫌疑人、被告人死亡的；(六) 其他法律规定免予追究刑事责任的。"《高法刑诉解释》第241条规定："被告人死亡的，应当裁定终止审理；根据已查明的案件事实和认定的证据，能够确认无罪的，应当判决宣告被告人无罪。"故本题选A、B两项。

（三）不定项选择题

ABD

《刑事诉讼法》第206规定："在审判过程中，

有下列情形之一，致使案件在较长时间内无法继续审理的，可以中止审理：……（二）被告人脱逃的……”故选项A正确。《刑事诉讼法》第299条第1款规定：没收违法所得的申请，由犯罪地或者犯罪嫌疑人、被告人居住地的中级人民法院组成合议庭进行审理。故选项B正确。《高法刑诉解释》第513条规定：对申请没收的财产主张所有权的人，应当认定为《刑事诉讼法》第299条第2款规定的“其他利害关系人”。犯罪嫌疑人、被告人的近亲属和其他利害关系人申请参加诉讼的，应当在公告期间提出。犯罪嫌疑人、被告人的近亲属应当提供其与犯罪嫌疑人、被告人关系的证明材料，其他利害关系人应当提供申请没收的财产系其所有的证据材料。犯罪嫌疑人、被告人的近亲属和其他利害关系人在公告期满后申请参加诉讼，能够合理说明原因，并提供证明申请没收的财产系其所有的证据材料的，人民法院应当准许。因此，如果李某的近亲属能够合理说明原因，并提供证明申请没收的财产系其所有的证据材料的，人民法院应当准许参加诉讼。故选项C错误。《刑事诉讼法》第301条规定：在审理过程中，在逃的犯罪嫌疑人、被告人自动投案或者被抓获的，人民法院应当终止审理。故选项D正确。

简答题

1. 我国《刑事诉讼法》第16条规定，有下列情形之一的，不追究刑事责任，已经追究的，应当撤销案件，或者不起诉，或者终止审理，或者宣告无罪：(1) 情节显著轻微、危害不大，不认为是犯罪的；(2) 犯罪已过追诉时效期限的；(3) 经特赦令免除刑罚的；(4) 依照刑法告诉才处理的犯罪，没有告诉或者撤回告诉的；(5) 犯罪嫌疑人、被告人死亡的；(6) 其他法律规定免予追究刑事责任的。法律在此没有明确规定在何种情况下作出何种具体的处理。根据有关法理和司法实践，可以分为以下几种情况：第一，在立案阶段，应当作出不立案决定；第二，在侦查阶段，一律作出撤销案件决定；第三，在审查起诉阶段，一律作出不起诉决定；第四，在审判阶段，除第一项所列情形应当宣告无罪，第五项所列情形可能宣告无罪以外（如查明被告人确系无罪，应当以判决宣告)，均应当终止审理。

2. 法律上设立诉讼中止制度的意义在于：第一，可以维护刑事诉讼的严肃性，以法律认可的形式使无法进行下去的诉讼处于一个相对确定的状态。同时也表明暂时的停止不等于结束诉讼，公安、司法机关仍有权力也有义务对有罪的犯罪嫌疑人、被告人进行追究。第二，中止诉讼可以使公安、司法机关集中力量办理其他刑事案件。由于“案多人少”，我国的公安、司法队伍一直处在超负荷运转的状态，所以，将那些由于特殊原因暂时无法进行下去的案件停下来，有利于公安、司法机关集中力量办理其他案件。第三，中止诉讼有利于维护当事人的合法权益。我国刑事诉讼的目的是打击犯罪、保护人民，如果由于特殊的原因诉讼无法进行，但法律又不予以明确，势必使当事人的权益长期处在一种不稳定状态，不利于维护与案件结果有利害关系的犯罪嫌疑人、被告人以及被害人一方的合法权益。

第十五章 立 案

知识逻辑图

- 立案
  - 概念：公安、司法机关对报案、控告和举报及犯罪嫌疑人的自首材料进行审查，根据事实和法律决定是否作为刑事案件进行侦查或审判的诉讼程序
  - 意义
    - 保证及时、准确地同犯罪行为作斗争
    - 保障公民的合法权益不受非法侵犯
    - 为正确评价社会治安形势、预防和打击犯罪提供科学的决策依据
  - 材料来源
    - 公安机关或人民检察院发现的犯罪事实或犯罪嫌疑人
    - 单位、个人的报案、举报和控告
    - 犯罪人的自首
  - 条件
    - 有犯罪事实
    - 需要追究刑事责任
  - 程序
    - 对立案材料的接受
      - 不得推诿和拒绝
      - 不属自己管辖的，可先接受，再移送
      - 必须采取紧急措施的，应先采取紧急措施
    - 对立案材料的审查
    - 处理
      - 立案
      - 不立案
    - 检察机关对不立案的监督

名词解释与概念比较

1. 立案监督（考研）
2. 立案程序
3. 报案、举报和控告

选择题

（一）单项选择题

1. 某县公安机关收到孙某控告何某对其强奸的材料，经审查后认为何某没有强奸的犯罪事实。县公安机关应当如何处理？（　　）（司考）

A. 不予立案

B. 要求孙某撤回控告

C. 撤销案件

D. 侦查终结后移送检察院作不起诉决定

2. 决定立案必须具备的条件之一是（　　）。

A. 犯罪事实清楚

B. 正确确实

C. 认为有犯罪事实

D. 证据充分

3. D县公安机关接到有关陈某、刘某、卞某合伙拐卖妇女的报案，依法对报案材料进行立案前的审查。下列选项哪个是D县公安机关决定立案的条件？（　　）（司考）

A. 报案人提供了充分的证据

B. 有明确的犯罪嫌疑人

C. 案件事实已基本查清

D. 认为有犯罪事实需要追究刑事责任

4. 某地区发现了一具无头尸体，经初步确认，

属于他杀而非自杀。但公安机关因为没有任何其他线索，觉得案件的侦破工作可能会比较困难，所以迟迟不予立案。人民检察院对于该公安局的做法可以（　　）。

A. 要求公安机关将案件移交人民检察院立案侦查

B. 要求公安机关立即破案

C. 要求公安机关说明不立案的理由，认为理由不成立的，通知其立案

D. 要求公安机关说明不立案的理由，认为理由不成立的，建议其尽快立案

5. 王某发现一起盗窃案件的犯罪嫌疑人，他可以向下列哪个机关举报？（　　）

A. 公安机关

B. 检察院

C. 法院

D. 公安机关、检察院或法院

6. 张某被王某殴打致重伤，但是张某的母亲向公安机关报案后，公安机关却迟迟不予立案，张某于是向检察院申诉，检察院向公安机关发出“要求说明不立案理由通知书”。此时公安机关应当（　　）。

A. 在收到通知书后 3 日内书面答复检察院

B. 在收到通知书后 7 日内书面答复检察院

C. 在收到通知书后 10 日内书面答复检察院

D. 在收到通知书后 15 日内书面答复检察院

7. 甲的汽车被盗。第二日，甲发现乙开的是自己的汽车（虽然更换了汽车号牌仍可认出），遂前去拦车。在询问时，乙突然将车开走。甲追了一段路未追上，遂向公安机关陈述了这一事实，要求公安机关追究乙的法律责任。甲这一行为的法律性质是什么？（　　）（司考）

A. 报案　　B. 控告

C. 举报　　D. 扭送

8. 辛某到县公安机关报案称其被陈某强奸。公安机关传讯了陈某，陈某称他与辛某是恋爱关系。公安机关遂作出不立案决定，并向辛某送达了不立案通知书。辛某对不立案决定不服而采取的哪一项措施不符合法律规定？（　　）（司考）

A. 向该公安机关申请复议

B. 要求县检察院撤销该不立案决定

C. 请求该县检察院进行立案监督

D. 向该县法院提起自诉

9. 国家机关工作人员李某多次利用职务之便向境外间谍机构提供涉及国家机密的情报，同事赵某发现其行迹后决定写信揭发李某。关于赵某行为的性质，下列哪一选项是正确的？（　　）（司考）

A. 控告　　B. 告诉

C. 举报　　D. 报案

10. 卢某坠楼身亡，公安机关排除他杀，不予立案。但卢某的父母坚称他杀可能性大，应当立案，请求检察院监督。检察院的下列哪一做法是正确的？（　　）（司考）

A. 要求公安机关说明不立案理由

B. 拒绝受理并向卢某的父母解释不立案原因

C. 认为符合立案条件的，可以立案并交由公安机关侦查

D. 认为公安机关不立案理由不能成立的，应当建议公安机关立案

11. 甲公司以虚构工程及伪造文件的方式，骗取乙工程保证金 400 余万元。公安机关接到乙控告后，以尚无明确证据证明甲涉嫌犯罪为由不予立案。关于本案，下列哪一选项是正确的？（　　）（司考）

A. 乙应先申请公安机关复议，只有不服复议决定的才能请求检察院立案监督

B. 乙请求立案监督，检察院审查后认为公安机关应立案的，可通知公安机关立案

C. 公安机关接到检察院立案通知后仍不立案的，经省级检察院决定，检察院可自行立案侦查

D. 乙可直接向法院提起自诉

12. 环卫工人马某在垃圾桶内发现一名刚出生的婴儿后向公安机关报案，公安机关紧急将婴儿送医院成功抢救后未予立案。关于本案的立案程序，下列哪一选项是正确的？（　　）（司考）

A. 确定遗弃婴儿的原因后才能立案

B. 马某对公安机关不予立案的决定可申请复议

C. 了解婴儿被谁遗弃的知情人可向检察院控告

D. 检察院可向公安机关发出要求说明不立案理由通知书

13. 甲乙二人在餐厅吃饭时言语不合进而互相推搡，乙突然倒地死亡。县公安局以甲涉嫌过失致人死亡立案侦查。经鉴定乙系特殊体质，其死亡属意外事件，县公安局随即撤销案件。关于乙的近亲属的诉讼权利，下列哪一选项是正确的？（　　）（司考）

A. 就撤销案件向县公安局申请复议

B. 就撤销案件向县公安局的上一级公安局申请复核

C. 向检察院侦查监督部门申请立案监督

D. 直接向法院对甲提起刑事附带民事诉讼

（二）多项选择题

1. 某伤害案，由于犯罪嫌疑人系当地公安局局长的儿子，当地公安机关对被害人的报案作出了不立案的处理决定。被害人不服，向检察院提出，要求检察院对此进行监督。人民检察院应当如何处理？（　　）（司考）

A. 应该改变管辖，直接由检察院对此案进行立案侦查

B. 检察委员会可以作出决定，要求该局长回避

C. 可以直接书面通知公安机关立案

D. 可以要求公安机关说明不立案的理由，如果认为理由不能成立，可以书面通知公安机关立案

2. 被害人向检察院投诉，公安机关对于他遭受犯罪侵害的线索应当立案侦查而未立案侦查。检察院的下列哪些做法是正确的？（　　）（司考）

A. 公安机关尚未作出不立案决定的，移送公安机关处理

B. 不属于被投诉的公安机关管辖的，应当告知投诉人有管辖权的机关，并建议向该机关控告

C. 公安机关应当立案而作出不立案决定的，经检察长批准，应当要求公安机关书面说明不立案的理由

D. 认为犯罪情节显著轻微不需追究刑事责任的，应当要求公安机关向被害人说明不立案的理由

3. 公安机关获知有多年吸毒史的王某近期可能从事毒品制售活动，遂对其展开初步调查工作。关于这一阶段公安机关可以采取的措施，下列哪些选项是正确的？（　　）（司考）

A. 监听

B. 查询王某的银行存款

C. 询问王某

D. 通缉

（三）不定项选择题

1. 某公安机关接到群众报案，称邻居何某坠楼而死。公安机关立即派人到现场进行了现场勘验。如果此事要作为一起刑事案件立案的话，那么在立案阶段应当查明的事项是（　　）。（司考）

A. 何某死亡的准确时间

B. 何某是跳楼自杀还是他人谋杀

C. 如果是他人谋杀，犯罪嫌疑人是谁

D. 如果是他人谋杀，作案人的动机是什么

2. 李某与张某发生纠纷，而将张某打伤，被张某告到公安机关。本案中，公安机关在接待张某时，做法错误的有（　　）。

A. 要求张某必须写出详细的报案材料

B. 告知张某诬告需要承担法律责任

C. 告知张某向法院起诉

D. 应当保障张某的安全

3. 上题案件中，如果公安机关决定不立案，应当（　　）。

A. 在 3 日内通知张某

B. 在 10 日内通知张某

C. 在 15 日内通知张某

D. 在 30 日内通知张某

4. 上题案件中，如果区公安机关决定不立案，而区检察院认为应当立案的，下列做法中正确的是（　　）。

A. 区检察院应当向区公安机关发出“要求说明不立案通知书”

B. 区检察院向区公安机关发出“通知立案书”，同时将有关证明立案的材料转给公安机关

C. 区公安机关收到“要求说明不立案通知书”后 10 日内书面答复检察院

D. 区公安机关收到“通知立案书”后 15 日内决定立案

简答题

1. 简述刑事诉讼中的立案监督。(考研)
2. 立案的材料来源有哪些?
3. 简述立案程序的意义。

案例分析题

1. 江某系某市一无业游民。一日晚，江某酒后回家途中，看到胡某孤身一人行走，便上前挑衅，发生争执后，江某卡住胡某颈部，致其窒息。江某以为胡某已死，遂前往自己住处附近的区法院投案，称自己杀了人。区法院值班人员告诉江某，法院不受理杀人案，让他去公安局。江某在去公安局的路上，想到杀人要偿命，便乘出租车逃往外地。胡某醒后，敲开附近居民的门，居民立即向公安机关电话报警，公安局的值班人员问："人死了没有?"得知人没死后，值班人员便说："知道了，等到上班后处理。"后胡某多次向公安机关控告，公安机关答复说，只有抓到犯罪嫌疑人才能立案，遂决定不立案。胡某又告到检察院，检察院则建议公安机关立案，公安机关置之不理。胡某只好向法院起诉，法院又让胡某找公安机关。

问：本案中法院、公安机关、检察院进行的诉讼程序有何不当？请说明理由。

2. 张某为一中学生，在上学的路上被一男子强奸。到学校后她将此事向王老师哭诉，于是王老师就向公安机关报案，但是公安机关以王老师不是张某的监护人为由不予立案。无奈之下王老师告知张某父母，当张某父母报案时，公安机关要求编写详细的报案材料，然后才受理，但是之后公安机关迟迟不予立案。当检察院要求公安机关说明不立案的理由时，公安机关不予理睬。在这种情况下，检察院自己立案侦查。

请指出本案中公安、司法机关的错误。

论述题与深度思考题

目前诉讼法学界对我国刑事诉讼法所规定的立案阶段的情况进行了反思，结合当前的司法实践提出了要对立案阶段进行改革，甚至有些学者提出了要废除立案阶段。请谈谈你对立案程序的看法。

参考答案

名词解释与概念比较

1. 立案监督是指人民检察院认为公安机关对应当立案侦查的案件而不立案的，或者被害人认为公安机关对应当立案侦查的案件而不立案侦查，向人民检察院提出的，人民检察院应当要求公安机关说明不立案的理由。人民检察院认为公安机关不立案理由不能成立的，应当通知公安机关立案，公安机关接到通知后应当立案。

2. 刑事诉讼中的立案程序是指公安机关、人民检察院和人民法院对报案、控告、举报以及犯罪嫌疑人自首的材料进行审查，根据事实和法律，决定是否作为刑事案件进行侦查或者审判的诉讼程序。

3. 报案、举报和控告都是公安、司法机关决定是否立案的最主要、最普遍的材料来源。报案是指单位和个人以及被害人发现有犯罪事实发生，但尚不知犯罪嫌疑人为何人时，向公安、司法机关告发的行为。举报是指单位和个人出于公民责任感，对其发现的犯罪事实或犯罪嫌疑人向公安、司法机关进行告发、揭露的行为。但举报除能向公安、司法机关提供犯罪事实发生的情况外，通常还能提供谁为犯罪嫌疑人及犯罪嫌疑人的有关情况。并且，举报的案件事实及证据材料与报案相比较，也详细、具体得多。控告是指被害人就其人身权利、财产权利遭受不法侵害的事实及犯罪嫌疑人的有关情况，向公安、司法机关进行揭露和告发，要求依法追究其刑事责任的诉讼行为。

选择题

(一) 单项选择题

1. A

我国《刑事诉讼法》第 112 条规定，人民法院、人民检察院或者公安机关对于报案、控告、举报和自首的材料，应当按照管辖范围，迅速进行审查，认为有犯罪事实需要追究刑事责任的时候，应当立案。可知，立案要求“认为有犯罪事实”。本案中，审查后发现何某没有犯罪事实，不符合立案条件，同时由于本案还没有立案，故应不予立案。

2. C

参见我国《刑事诉讼法》第 112 条的规定（略）。

3. D

参见我国《刑事诉讼法》第 112 条的规定（略）。据此，“有犯罪事实需要追究刑事责任”是刑事诉讼中立案的条件。D项当选。

4. C

我国《刑事诉讼法》第 113 条规定：人民检察院认为公安机关对应当立案侦查的案件而不立案侦查的，或者被害人认为公安机关对应当立案侦查的案件而不立案侦查，向人民检察院提出的，人民检察院应当要求公安机关说明不立案的理由。人民检察院认为公安机关不立案理由不能成立的，应当通知公安机关立案，公安机关接到通知后应当立案。据此，应选C项。

5. D

我国《刑事诉讼法》第 110 条规定：任何单位和个人发现有犯罪事实或者犯罪嫌疑人，有权利也有义务向公安机关、人民检察院或者人民法院报案或者举报。

6. B

《六机关规定》第 18 条规定：公安机关收到人民检察院要求说明不立案理由通知书后，应当在7日内将说明情况书面答复人民检察院。

7. B

报案是指单位和个人在工作生活中发现犯罪事实，向公安、司法机关报告案件情况的行为；举报是指机关、团体、企事业单位或者公民向公安、司法机关揭露、报告犯罪事实和犯罪嫌疑人的行为；控告是指被害人向主管机关揭发犯罪嫌疑人及其犯罪事实，并要求依法处理的行为。控告和举报往往有明确的被控告人和被举报人，而报案往往不能明确指出犯罪嫌疑人是谁。本案中甲是被害人，甲到公安机关明确指控乙为犯罪嫌疑人，因此，甲的行为属于控告行为。

8. B

参见《刑事诉讼法》第 112 条、第 113 条的规定（略）。因此，B项不合法，C项合法。D项也符合《刑事诉讼法》第 180 条关于“公诉转自诉”的规定。

9. C

本题中赵某的行为，属于单位和个人对其发现的犯罪事实或者犯罪嫌疑人向公安机关、人民检察院和人民法院进行告发揭露的行为，即举报。

10. A

《刑事诉讼法》第 113 条规定：“人民检察院认为公安机关对应当立案侦查的案件而不立案侦查的，或者被害人认为公安机关对应当立案侦查的案件而不立案侦查，向人民检察院提出的，人民检察院应当要求公安机关说明不立案的理由。人民检察院认为公安机关不立案理由不能成立的，应当通知公安机关立案，公安机关接到通知后应当立案。”故本题选A项。

11. D

《刑事诉讼法》第 112 条规定；“人民法院、人民检察院或者公安机关对于报案、控告、举报和自首的材料，应当按照管辖范围，迅速进行审查，认为有犯罪事实需要追究刑事责任的时候，应当立案；认为没有犯罪事实，或者犯罪事实显著轻微，不需要追究刑事责任的时候，不予立案，并且将不立案的原因通知控告人。控告人如果不服，可以申请复议。”第113 条规定：“人民检察院认为公安机关对应当立案侦查的案件而不立案侦查的，或者被害人认为公安机关对应当立案侦查的案件而不立案侦查，向人民检察院提出的，人民检察院应当要求公安机关说明不立案的理由。人民检察院认为公安机关不立案理由不能成立的，应当通知公安机关立案，公安机关接到通知后应当立案。”本题中乙既是控告人又是被害人，因此，乙既可以选择申请复议，也可以选择向检察机关申请立案监督。故选项A错误。乙请求立案监督，检察院应当要求公安机关说明不立案的理由，检察院认为公安机关不立案理由不能成立的，才应当通知公安机关立案。因此选项B错误。公安机关接到检察院立案通知后仍不立案的，检察机关也不能自行立案侦查，因此选项C错误。《刑事诉讼法》第210条规定："自诉案件包括下列案件……（三）被害人有证据证明对被告人侵犯自己人身、财产权利的行为应当依法追究刑事责任，而公安机关或者人民检察院不予追究被告人刑事责任的案件。"此种情形属于公诉转自诉案件，因此选项D正确。

12. D

根据《刑事诉讼法》第112条中的规定，人民法院、人民检察院或者公安机关对于报案、控告、举报和自首的材料，应当按照管辖范围，迅速进行审查，认为有犯罪事实需要追究刑事责任的时候，应当立案。故此，公安机关接受举报、控告或发现案件事实时，要进行审查，有证据证明有犯罪事实，应当追究刑事责任时就应当立案，而不能等到犯罪主要事实查清楚了再立案。所以，A项错误。《刑事诉讼法》第112条规定，控告人如果对公安机关不立案不服，可以申请复议。控告是指被害人（包括自诉人和被害单位）就其人身权利、财产权利遭受不法侵害的事实及犯罪嫌疑人的有关情况，向公安司法机关揭露和告发，要求依法追究犯罪嫌疑人刑事责任的诉讼行为。本题中马某作为知情人向公安机关报案，公安机关不立案的原因不需通知报案人，报案人也没有申请复议的权利。故B项错误。《刑事诉讼法》第110条第1款、第2款规定，任何单位和个人发现有犯罪事实或者犯罪嫌疑人，有权利也有义务向公安机关、人民检察院或者人民法院报案或者举报。被害人对侵犯其人身、财产权利的犯罪事实或者犯罪嫌疑人，有权向公安机关、人民检察院或者人民法院报案或者控告。故此，知情人可向检察院报案或举报，而不是控告。故C项错误。根据《刑事诉讼法》第113条的规定，人民检察院认为公安机关对应当立案侦查的案件而不立案侦查的，或者被害人认为公安机关对应当立案侦查的案件而不立案侦查，向人民检察院提出的，人民检察院应当要求公安机关说明不立案的理由。人民检察院认为公安机关不立案理由不能成立的，应当通知公安机关立案，公安机关接到通知后应当立案。发现该立案不立案的情况，检察院有权要求公安机关说明不立案的理由。故此D项正确，当选。

13. D

《刑事诉讼法》第112条规定：人民法院、人民检察院或者公安机关对于报案、控告、举报和自首的材料，应当按照管辖范围，迅速进行审查，认为有犯罪事实需要追究刑事责任的时候，应当立案；认为没有犯罪事实，或者犯罪事实显著轻微，不需要追究刑事责任的时候，不予立案，并且将不立案的原因通知控告人。控告人如果不服，可以申请复议。乙的近亲属并不是控告人，不可以申请复议，无法律依据可向上一级公安机关申请复核。故A、B项错误。《刑事诉讼法》第113条规定，人民检察院认为公安机关对应当立案侦查的案件而不立案侦查的，或者被害人认为公安机关对应当立案侦查的案件而不立案侦查，向人民检察院提出的，人民检察院应当要求公安机关说明不立案的理由。人民检察院认为公安机关不立案理由不能成立的，应当通知公安机关立案，公安机关接到通知后应当立案。可见，被害人可以申请检察院进行立案监督，但本案中，侦查机关已经立案只是随后撤销案件。因此，对撤销案件对决定不能通过立案监督的方式得到救济。故C项错误。《高法刑诉解释》第1条规定：被害人有证据证明对被告人侵犯自己人身、财产权利的行为应当依法追究刑事责任，且有证据证明曾经提出控告，而公安机关或者人民检察院不予追究被告人刑事责任的案件，被害人可以向法院提起刑事自诉。在提起自诉的同时，可以提起附带民事诉讼。故D项所述正确。

（二）多项选择题

1. BD

依《刑事诉讼法》第113条，A、C项错误，D项正确。《刑事诉讼法》第31条规定，审判人员、检察人员、侦查人员的回避，应当分别由院长、检察长、公安机关负责人决定；院长的回避，由本院审判委员会决定；检察长和公安机关负责人的回避，由同级人民检察院检察委员会决定。故B项正确。

2. ABC

最高人民检察院、公安部《关于刑事立案监督有关问题的规定（试行）》第5条规定，人民检察院对于公安机关应当立案侦查而不立案侦查的线索进行审查后应当根据不同情况分别作出处理：(1) 没有犯罪事实发生，或者犯罪情节显著轻微不需要追究刑事责任，或者具有其他依法不追究刑事责任情形的，及时答复投诉人或者行政执法机关；（2）不属于被投诉的公安机关管辖的，应当将有管辖权的机关告知投诉人或者行政执法机关，并建议向该机关控告或者移送；（3）公安机关尚未作出不予立案决定的，移送公安机关处理；（4）有犯罪事实需要追究刑事责任，属于被投诉的公安机关管辖，且公安机关已作出不立案决定的，经检察长批准，应当要求公安机关书面说明不立案理由。因此正确答案是 A、B、C 三项。

3. BC

根据《公安机关办理刑事案件程序规定》第 171 条规定，对接受的案件，或者发现的犯罪线索，公安机关应当迅速进行审查。对于在审查中发现案件事实或者线索不明的，必要时，经办案部门负责人批准，可以进行初查。初查过程中，公安机关可以依照有关法律和规定采取询问、查询、勘验、鉴定和调取证据材料等不限制被调查对象人身、财产权利的措施。可见，B、C 项正确。在选项 A 中，监听会侵犯被调查对象的隐私权即人身权利，且带有强制性。在选项 D 中，通缉会侵犯被调查对象的名誉权、人身自由权等人身权利。故选项 A、D 错误。

（三）不定项选择题

1. B

根据《刑事诉讼法》第 112 条的规定，本案中，只需证明何某死亡是犯罪行为引起即可立案，至于具体行为如何发生、何时发生等情况，不需在立案时得到证明。故选 B 项。

2. AC

《刑事诉讼法》第 111 条中规定：报案、控告、举报可以用书面或者口头提出。接受口头报案、控告、举报的工作人员，应当写成笔录，经宣读无误后，由报案人、控告人、举报人签名或者盖章。接受控告、举报的工作人员，应当向控告人、举报人说明诬告应负的法律责任。故 A 项中让张某写详细的报案材料的做法错误，而 B 项正确。《刑事诉讼法》第 110 条第 3 款规定：公安机关、人民检察院或者人民法院对于报案、控告、举报，都应当接受。对于不属于自己管辖的，应当移送主管机关处理，并且通知报案人、控告人、举报人；对于不属于自己管辖而又必须采取紧急措施的，应当先采取紧急措施，然后移送主管机关。因此，公安机关对被害人的报案，即使不属于自己受理的范围，也应该先接受。故 C 项错误。同时，该法第 111 条第 3 款规定：公安机关、人民检察院或者人民法院应当保障报案人、控告人、举报人及其近亲属的安全。故 D 项正确。

3. A

《公安机关办理刑事案件程序规定》第 175 条规定，公安机关接受案件后，经审查，认为有犯罪事实需要追究刑事责任，且属于自己管辖的，经县级以上公安机关负责人批准，予以立案；认为没有犯罪事实，或者犯罪事实显著轻微不需要追究刑事责任，或者具有其他依法不追究刑事责任情形的，经县级以上公安机关负责人批准，不予立案。对有控告人的案件，决定不予立案的，公安机关应当制作不予立案通知书，并在 3 日以内送达控告人。故 A 项当选。

4. ABD

参见《六机关规定》第 18 条的规定。

简答题

1. 在刑事诉讼中人民检察院依法进行法律监督，包括对立案活动实行法律监督。《刑事诉讼法》第 113 条规定：人民检察院认为公安机关对应当立案侦查的案件而不立案侦查的，或者被害人认为公安机关对应当立案侦查的案件而不立案侦查，向人民检察院提出的，人民检察院应当要求公安机关说明不立案的理由。人民检察院认为公安机关不立案理由不能成立的，应当通知公安机关立案，公安机关接到通知后应当立案。该条规定的是人民检察院对公安机关的立案活动进行法律监督的重要方式。公安机关在收到人民检察院要求说明不立案理由通知书后 7 日内，应将说明情况答复人民检察院。人民检察院认为公安机关不立案理由不能成立，发出通知立案书时，应将有关证明应该立案的材料同时移送公安机关。公安机关在收到通知立案书后，应当在 15 日内决定立案，并将立案决定书送达人民检察院。人民检察院经过认真细致的审查，如果认为公安机关不立案的理由成立，案件确实不符合法律规定的立案条件，应当在 30 日内将不立案的理由和根据告知被害人。对公安机关、人民检察院认为不符合立案条件的刑事案件，被害人有证据证明对行为人侵犯自己人身、财产权利的行为应当追究刑事责任的，被害人可以向人民法院起诉，由人民法院决定是否作为自诉案件立案。

2. 立案程序作为刑事诉讼的开始程序，其启动必须具备说明犯罪事实和犯罪嫌疑人、被告人存在的事实材料，这些材料来源主要有以下几个方面：(1) 公安机关或者人民检察院发现的犯罪事实或者犯罪嫌疑人；(2) 单位、个人的报案、举报和控告；(3) 犯罪人的自首。

3. 立案程序作为刑事诉讼的开始和必经程序，是我国长期司法实践经验的总结。立案程序对于保证刑事诉讼的正确进行具有十分重要的意义。

(1) 立案程序能保证公安、司法机关及时、准确地同犯罪行为作斗争。

(2) 严格遵守立案程序有利于保障公民的合法权益不受非法侵犯。

(3) 严格遵守立案程序能够为正确评价社会治安形势、预防和打击犯罪提供科学的决策依据。

案例分析题

1. 本案中，法院的错误在于：(1) 法院值班人员不应当不接受江某的投案，让他去公安局。人民法院对自首应当接受。对于不属自己管辖的，移送有管辖权的机关。(2) 法院值班人员未对江某采取紧急措施，致其逃走的做法错误。法院应当先采取紧急措施，然后移送主管机关。(3) 法院不应当不接受胡某的起诉，让其找公安机关立案。被害人有证据证明对被告人侵犯自己人身权利的行为应依法追究刑事责任，而公安机关不予追究被告刑事责任的，被害人可以直接向人民法院起诉。

本案中，公安机关的错误在于：(1) 公安局的值班人员对报案电话处理错误。公安机关对报案应当立即接受。(2) 公安局不应以没能抓到犯罪嫌疑人为由决定不立案。对于有犯罪事实、需要追究刑事责任的，公安机关应当立案。

本案中，检察院的错误在于：检察院不应建议公安机关立案。检察院应当要求公安机关说明不立案的理由，认为理由不能成立的，应当要求公安机关立案。

2. 公安机关以王老师不是张某的监护人为由而不予受理的做法是错误的，任何人或单位都有权利或义务报案。

公安机关让张某的父母必须写详细的报案材料是错误的，报案可以采取口头形式。

人民检察院通知公安机关说明不立案的理由而公安机关不予理睬是错误的，公安机关应在7日内将理由书面答复检察院。

检察院自己立案侦查是错误的，检察院应行使立案监督权，通知公安机关立案。

论述题与深度思考题

在我国，刑事诉讼的启动是一个独立的诉讼阶段，即“立案”程序。这一点从立法体例上即可看出。我国刑事诉讼法将“立案”与“侦查”、“提起公诉”程序并列规定于《刑事诉讼法》的第二编，各自成章，并且规定：有关机关“对于报案、控告、举报和自首的材料……认为有犯罪事实需要追究刑事责任的时候，应当立案；认为没有犯罪事实，或者犯罪事实显著轻微，不需要追究刑事责任的时候，不予立案”；“公安机关对已经立案的刑事案件，应当进行侦查”。长期以来，我国理论界也是将立案作为独立的诉讼程序来阐释的。对公诉案件来说，只有在作出立案决定之后，才能启动刑事诉讼程序，才能实施侦查行为。这说明我国的立案程序独立于侦查程序，它们是两个并列的诉讼阶段。这种体制类似于俄罗斯的做法，而与其他大多数国家和地区将刑事诉讼程序的启动规定在侦查程序的做法截然不同。

我国《刑事诉讼法》将立案规定为一个独立的程序和阶段，使它与侦查程序分离开来的立法导致司法实践中出现了以下一些矛盾和问题。

其一，侦查机关立案不实，该立不立、不破不立。

其二，限制了侦查机关在决定立案前可以采取的工作手段和措施。

其三，影响侦查机关的快速应对和及时侦破案件。

大多数国家都只是规定在接到有关报案、举报等线索、材料后，就可以对犯罪进行侦查，不存在一个独立的立案阶段，开始侦查即为刑事诉讼的启动。支持我国设置单独的立案程序的最大理由，就是增加一道启动刑事诉讼的过滤网，防止案件随意进入刑事诉讼轨道而侵犯公民的合法权益。但是，在看到立案具有防止随意启动刑事诉讼、保护公民合法权益等积极意义的同时，也必须看到它同样具有阻碍侦查机关及时、有效地追究和惩罚犯罪的消极意义。如何协调二者之间的关系，使保护公民合法权益和及时、有效打击犯罪并举，正是我国刑事诉讼启动机制改革必须考虑的两个立足点。

对于立案程序成为独立阶段的内在的缺陷，可以借鉴其他一些国家和地区的做法，不设置独立的立案阶段，将某种事实的存在作为刑事诉讼启动的根据，如被害人或其他知情人的控告、报案以及有关机关自己发现了犯罪信息、案件线索等。一般情况下，负责侦查的机关只要通过某种渠道获悉有犯罪发生或者可能发生，在对此进行登记备案后，就可以开始侦查行为，不需要经过专门的立案阶段。

第十六章　侦　查

知识逻辑图

- 侦查
  - 概念：特定国家机关为证实犯罪和查获犯罪嫌疑人而依法采取的专门调查工作和有关的强制性措施
  - 侦查措施
    - 讯问犯罪嫌疑人
    - 询问证人、被害人
    - 勘验、检查
      - 现场勘验
      - 物证检验
      - 人身检查
      - 尸体检验
      - 侦查实验
    - 搜查
    - 扣押物证、书证
    - 鉴定
    - 技术侦查措施
      - 监听
      - 诱惑侦查
    - 控制下交付
    - 卧底侦查
    - 通缉
  - 移送起诉条件
    - 案件事实已查清
    - 证据确实、充分
    - 法律手续完备
  - 补充侦查
    - 审查批捕的补充侦查
    - 审查起诉阶段的补充侦查
    - 法庭审理阶段的补充侦查
  - 侦查监督
    - 对批捕的监督
    - 对审查起诉的监督
    - 对侦查活动的监督

名词解释与概念比较

1. 侦查终结（考研）
2. 补充侦查（考研）
3. 通缉（考研）
4. 沉默权（考研）
5. 侦查（考研）
6. 侦查实验（考研）

选择题

（一）单项选择题

1. 谢某因涉嫌抢夺，被公安机关立案侦查。在侦查过程中，谢某提出要聘请律师。对此，下述说法中正确的是(　　)。

A. 侦查阶段，谢某无权聘请律师

B. 谢某聘请律师要经过律师主管行政机关的

批准

C. 谢某聘请律师要经过公安机关的批准

D. 谢某不需经批准即有权聘请律师

2. 魏某，17岁，因涉嫌抢劫被公安机关拘留。在对魏某进行讯问时，下列说法正确的是(　　)。(考研)

A. 应当通知其法定代理人到场

B. 应当通知其委托的律师到场

C. 可以通知其法定代理人到场

D. 可以由侦查人员一人进行

3. 某市人民检察院在办理一起刑讯逼供案件过程中，决定逮捕犯罪嫌疑人高某。负责执行的公安人员执行逮捕时发现高某已经潜逃，该人民检察院决定通缉高某。该案中，有权发布通缉令的是哪个机关？(　　)(司考)

A. 市人民检察院　　B. 市人民法院

C. 市国家安全机关　　D. 市公安机关

4. 某市检察分院的侦查员李某，在办理自侦案件的过程中，认为本案中存在专门性问题，需要由本检察院的技术部门进行鉴定。下列什么人员或机构有权决定进行该项鉴定？(　　)(司考)

A. 侦查员李某

B. 市检察分院反贪局领导

C. 市检察分院检察长

D. 市检察分院检察委员会

5. 南门县公安局在对陈某的盗窃案侦查终结时发现陈某另有杀人嫌疑，但此时对陈某的侦查羁押期限已届满。鉴于需对该杀人案进行侦查，公安局决定对陈某继续羁押，并重新计算侦查羁押期限。此时公安局应如何履行法律手续？(　　)(司考)

A. 报经人民检察院批准

B. 报人民检察院备案

C. 不必告知人民检察院

D. 报上级公安机关批准

6. 侦查人员询问证人时，正确的做法是(　　)。

A. 侦查人员甲，询问前向证人介绍了基本案情，告知证人应当如实地提供证言

B. 侦查人员乙，对拒绝作证的证人进行了拘留，保证了及时收集证据

C. 侦查人员丙，询问17岁的证人许某时，通知其父到场

D. 侦查人员丁，同时询问了共同目击证人李某、杨某

7. 法律规定，公安机关经过侦查，对有证据证明有犯罪事实的案件，应当进行(　　)。

A. 预审　　B. 逮捕

C. 搜查　　D. 拘留

8. 某县法院在审理赵康抢劫案过程中，发现被告人赵康可能有立功的法定量刑情节，但检察院的起诉书及所移送的证据材料中却没有这方面的证据材料。此时，审理本案的合议庭应按下列哪种方法处理？(　　)

A. 可以建议检察院补充侦查

B. 应当建议检察院补充侦查

C. 可以通知人民检察院移送

D. 应当通知人民检察院移送

9. 在某县法院审理郑某盗窃案过程中，检察机关发现本案被告人郑某不仅有起诉书所指控的两起盗窃行为，而且涉嫌另两起盗窃案件。为此，检察机关要求延期审理，以便对此进行补充侦查。本案的补充侦查应以下列哪种方式进行？(　　)(司考)

A. 应交由公安机关进行侦查，必要时检察院可予以协助

B. 检察院应当自行侦查，必要时可要求公安机关协助

C. 应当由公安机关进行侦查，检察院不应协助

D. 检察院应自行侦查，公安机关不应协助

10. 刑事诉讼法规定，侦查人员在必要时，可以强制检查下述哪类人员的人身？(　　)

A. 任何与案件有关的人

B. 犯罪嫌疑人

C. 犯罪嫌疑人、被害人

D. 被害人

11. 犯罪嫌疑人刘某涉嫌抢劫罪被某县公安机关拘传。在公安机关对其进行第一次讯问后，刘某的妻子要求作为辩护人介入该案，会见在押的刘某。公安机关应当如何处理刘某妻子的请求？(　　)

A. 不予准许

B. 准许会见

C. 报同级检察机关批准

D. 由该县公安局局长决定

12. 犯罪嫌疑人张某涉嫌刑讯逼供罪被依法关押在看守所，检察官李某如果在提讯张某时需要张某出看守所辨认罪证，应当经过谁的批准？（　　）

A. 检察委员会　　B. 检察长

C. 公安局局长　　D. 看守所所长

13. 甲因琐事与乙发生争执，被乙打成轻伤。甲向法院提起自诉需要对伤情进行鉴定。对此，应当由下列哪类鉴定机构进行鉴定？（　　）（司考）

A. 公安机关设立的鉴定机构

B. 省级人民政府指定的医院

C. 司法行政部门设立的鉴定机构

D. 司法行政部门登记设立的鉴定机构

14. 甲公司向公安机关报案，称高某利用职务便利侵占本公司公款 320 万元。侦查机关在侦查中发现，高某有存款 380 万元、利用侵占的公款购买的汽车 1 辆和住房 1 套；还发现高某私藏军用子弹 120 发。公安机关对于上述财物、物品所作的下列哪种处理是错误的？（　　）（司考）

A. 扣押汽车 1 辆

B. 查封住房 1 套

C. 扣押子弹 120 发

D. 冻结存款 380 万元

15. 黄某住甲市 A 区，因涉嫌诈骗罪被甲市检察院批准逮捕。由于案情复杂，期限届满侦查不能终结，侦查机关报请有关检察机关批准延长一个月。其后，由于该案重大复杂，涉及面广，取证困难，侦查机关报请有关检察机关批准后，又延长了 2 个月。但是，延长 2 个月后，仍不能侦查终结，且根据已查明的犯罪事实，对黄某可能判处无期徒刑，侦查机关第三次报请检察机关批准再延长 2 个月。在报请延长手续问题上，下列哪一选项是错误的？（　　）（司考）

A. 第一次延长，须经甲市检察院批准

B. 第二次延长，须经甲市检察院的上一级检察院批准

C. 第二次延长，须经甲市所属的省检察院批准

D. 第三次延长，须经甲市所属的省检察院批准

16. 张某因涉嫌放火罪被批准逮捕。公安机关在侦查过程中，发现张某另有抢劫罪的重大嫌疑，决定依照刑事诉讼法的规定重新计算羁押期限。关于重新计算羁押期限，下列哪一选项是正确的？（　　）（司考）

A. 报同级检察院批准

B. 报同级检察院备案

C. 报上一级公安机关批准

D. 报上一级公安机关备案

17. 关于辨认规则，下列哪一说法是正确的？（　　）（司考）

A. 检察院侦查的案件，对犯罪嫌疑人辨认由侦查部门负责人决定

B. 为了辨认需要，可以让辨认人在辨认前见到被辨认对象

C. 有多个辨认人时，根据需要可以集体进行辨认

D. 为了进行辨认，必要时证人可以在场

18. 关于侦查中的检查与搜查，下列哪一说法是正确的？（　　）（司考）

A. 搜查的对象可以是活人的身体，检查只能对现场、物品、尸体进行

B. 搜查只能由侦查人员进行，检查可以由具有专门知识的人在侦查人员主持下进行

C. 搜查应当出示搜查证，检查不需要任何证件

D. 搜查和检查对任何对象都可以强制进行

19. 甲涉嫌刑讯逼供罪被立案侦查。甲以该案侦查人员王某与被害人存在近亲属关系为由，提出回避申请。对此，下列哪一选项是错误的？（　　）（司考）

A. 王某可以口头提出自行回避的申请

B. 作出回避决定以前，王某不能停止案件的侦查工作

C. 王某的回避由公安机关负责人决定

D. 如甲的回避申请被驳回，甲有权申请复议一次

20. 法院在审理案件过程中发现被告人可能有立功情节，而起诉书和移送的证据材料中没有此种材料，下列哪一处理是正确的？（　　）（司考）

A. 将全部案卷材料退回提起公诉的检察院

B. 建议提起公诉的检察院补充侦查

C. 建议公安机关补充侦查

D. 宣布休庭，进行庭外调查

21. 高某涉嫌抢劫犯罪，公安机关经二次补充侦查后将案件移送检察机关，检察机关审查发现高某可能还实施了另一起盗窃犯罪。检察机关关于此案的处理，下列哪一选项是正确的？（ ）（司考）

A. 再次退回公安机关补充侦查，并要求在一个月内补充侦查完毕

B. 要求公安机关收集并提供新发现的盗窃犯罪的证据材料

C. 对新发现的盗窃犯罪自行侦查，并要求公安机关提供协助

D. 将新发现的盗窃犯罪移送公安机关另行立案侦查，对已经查清的抢劫犯罪提起公诉

22. 在一起聚众斗殴案件发生时，证人甲、乙、丙、丁四人在现场目睹事实经过，侦查人员对上述四名证人进行询问。关于询问证人的程序和方式，下列哪一选项是错误的？（ ）（司考）

A. 在现场立即询问证人甲

B. 传唤证人乙到公安机关提供证言

C. 到证人丙租住的房屋询问证人丙

D. 到证人丁提出的其工作单位附近的快餐厅询问证人丁

23. 对侦查所实施的司法控制，包括对某些侦查行为进行事后审查。下列哪一选项是正确的？（ ）（司考）

A. 事后审查的对象主要包括逮捕、羁押、搜查等

B. 事后审查主要针对的是强行性侦查措施

C. 采取这类侦查行为不可以由侦查机关独立作出决定

D. 对于这类行为，公民认为侦查机关侵犯其合法权益的，可以寻求司法途径进行救济

24. 关于勘验、检查，下列哪一选项是正确的？（ ）（司考）

A. 为保证侦查活动的规范性与合法性，只有侦查人员可进行勘验、检查

B. 侦查人员进行勘验、检查，必须持有侦查机关的证明文件

C. 检查妇女的身体，应当由女工作人员或者女医师进行

D. 勘验、检查应当有见证人在场，勘验、检查笔录上没有见证人签名的，不得作为定案的根据

25. 某地发生一起以爆炸手段故意杀人致多人伤亡的案件。公安机关立案侦查后，王某被确定为犯罪嫌疑人。关于本案辨认，下列哪一选项是正确的？（ ）（司考）

A. 证人甲辨认制造爆炸物的工具时，混杂了另外4套同类工具

B. 证人乙辨认犯罪嫌疑人时未同步录音或录像，辨认笔录不得作为定案的依据

C. 证人丙辨认犯罪现场时没有见证人在场，辨认笔录不得作为定案的依据

D. 王某作为辨认人时，陪衬物不受数量的限制

26. 关于侦查辨认，下列哪一选项是正确的？（ ）（司考）

A. 强制猥亵案，让犯罪嫌疑人对被害人进行辨认

B. 盗窃案，让犯罪嫌疑人到现场辨认藏匿赃物的房屋

C. 故意伤害案，让犯罪嫌疑人和被害人一起对凶器进行辨认

D. 刑讯逼供案，让被害人在4张照片中辨认犯罪嫌疑人

（二）多项选择题

1. 甲因抢劫被某县公安机关依法逮捕。在侦查期间，甲不讲真实姓名、住址，身份不明。对于该案件，公安机关应当如何处理？（ ）（司考）

A. 侦查羁押期间自查清甲真实身份之日起计算

B. 在查清甲真实身份以前，不允许其聘请律师为他提供法律帮助

C. 在查清甲真实身份以前，中止侦查活动

D. 如果犯罪事实清楚，证据确实、充分，可以按甲自报姓名移送县人民检察院审查起诉

2. 某公安机关对涉嫌盗窃罪的钱某及其妻子范某执行拘留时搜查了他们的住处。在搜查时，因情况紧急未用搜查证，但钱某夫妇一直在场。由于没有女侦查人员在场，所以由男侦查人员对钱某、范某的身体进行了搜查。搜查结束时，侦查人员要求被搜查人在搜查笔录上签名时遭到拒绝，侦查人员就此结束搜查活动。该案搜查活动

哪些违反法律规定？（　　）（司考）

A. 在搜查时因情况紧急未用搜查证

B. 在搜查时钱某夫妇一直在场

C. 由男侦查人员对范某的身体进行了搜查

D. 侦查人员要求被搜查人在搜查笔录上签名遭拒绝后就此结束了搜查活动

3. 某伤害案中提取的血迹经 DNA 鉴定，系来自被害人身上的血。对于这一鉴定意见，侦查机关应当告知哪些诉讼参与人？（　　）（司考）

A. 犯罪嫌疑人

B. 被害人

C. 犯罪嫌疑人聘请的律师

D. 被害人的近亲属

4. 公安机关在侦查林某贩毒案时，对林某的住处进行了搜查，并对搜查过程中所获取的毒品及其他有关物品进行扣押。有关本案的扣押，下列说法哪些是正确的？（　　）（司考）

A. 进行扣押时，应当出示扣押证

B. 进行扣押时，不必出示扣押证

C. 扣押物品时应当制作扣押物品清单

D. 公安机关在侦查过程中，如果发现其中被扣押的某些物品与本案无关时，应当在 5 日以内返还物品持有人

5. 黄某和刘某是夫妻，其中刘某是哑巴，他们日常生活中用哑语进行交流。一天晚上，他们夫妻二人目睹了犯罪嫌疑人抢劫邻居的全过程。公安机关对他们进行询问。下列有关询问方式的说法中哪些是错误的？（　　）（司考）

A. 应当单独询问黄某

B. 应当单独询问刘某，但可以请黄某在现场对其哑语进行翻译

C. 应当单独询问刘某，但应当另请懂哑语的人在现场对其哑语进行翻译

D. 可以将黄某和刘某传唤到指定的某宾馆进行询问

6. 下列关于补充侦查的叙述哪些是正确的？（　　）（司考）

A. 人民检察院审查公安机关提请批准逮捕的案件，不适用补充侦查

B. 人民检察院审查起诉的案件中，对于需要补充侦查的，可以退回公安机关补充侦查，也可以自行侦查，必要时可要求公安机关协助

C. 在法庭审判过程中，检察人员发现提起公诉的案件需要补充侦查，在经合议庭同意延期审理后，应自行侦查，必要时可要求公安机关提供协助

D. 合议庭在案件审理过程中，发现被告可能有自首、立功等法定量刑情节，而起诉和移送的证据材料中没有这方面的证据材料的，应当建议人民检察院补充侦查

7. 贾某因涉嫌诈骗罪被 D 县公安机关依法拘传讯问。自被拘传之日起，贾某在侦查阶段享有下列哪些诉讼权利？（　　）（司考）

A. 自行辩护的权利

B. 聘请律师提供法律咨询、代理申诉和控告

C. 另行委托辩护人

D. 对与本案无关的问题拒绝回答

8. 在我国刑事诉讼中，哪些机关有权行使侦查权？（　　）（司考）

A. 公安机关　　　B. 国家安全机关

C. 人民检察院　　D. 人民法院

9.《刑事诉讼法》规定，犯罪嫌疑人应当如实回答侦查人员有关本案的提问。该项规定意味着犯罪嫌疑人不享有沉默权。犯罪嫌疑人如果始终保持沉默将会产生什么样的后果？（　　）（司考）

A. 在对其定罪以后，可以作为从重处罚的根据

B. 可以将其沉默直接作为定罪的根据

C. 由于没有犯罪嫌疑人的供述故不能终结刑事侦查

D. 如果其他证据充分确定，足以认定被告人有罪，仍然可以侦查终结

10. 下列关于侦查阶段犯罪嫌疑人聘请律师的表述哪些是错误的？（　　）（司考）

A. 李某抢劫案，因在押的犯罪嫌疑人李某没有提出具体人选，侦查机关对其聘请律师的要求不予转交

B. 高某伤害案，因案件事实尚未查清，侦查机关拒绝告诉受聘请的律师犯罪嫌疑人涉嫌的罪名

C. 石某贪污案，因调查过程需要保密，监察机关拒绝批准律师会见在押的石某

D. 陈某刑讯逼供案，为防止串供，会见时在场的侦查人员禁止陈某向律师讲述案件事实和情节

11. 在刑事诉讼中，下列哪些材料不得作为鉴定意见使用？（ ）（司考）

A. 材料甲，系被害人到医院就诊时医生出具的诊断证明

B. 材料乙，盖有某鉴定机构公章，但签名人系被撤销鉴定人登记的人员

C. 材料丙，由具有专门知识但因职务过失犯罪受过刑事处罚的张某作出

D. 材料丁，经依法登记的司法鉴定机构指定的鉴定人王某作出

12. 为确定强奸案被害人甲受到暴力伤害的情况，侦查人员拟对她进行人身检查。下列哪些选项是正确的？（ ）（司考）

A. 如果甲拒绝检查，可以对她进行强制检查

B. 如果甲拒绝检查，不得对她进行强制检查

C. 如果甲同意检查，可以由医师进行检查

D. 如果甲同意检查，可以由女工作人员进行检查

13. 黄某涉嫌走私被公安机关立案侦查并被逮捕。在本案的侦查阶段，犯罪嫌疑人黄某聘请的律师依法享有哪些权利？（ ）

A. 为黄某申请取保候审

B. 向公安机关了解黄某涉嫌的罪名

C. 申请有关侦查人员回避

D. 请求公安机关解除对黄某采取的超过法定期限的逮捕措施

14. 关于刑事诉讼中查封、扣押、冻结在案财物的处理，下列哪些选项是正确的？（ ）

A. 张三盗窃李四电视机一台，公安机关在侦查过程中将电视机发还李四

B. 王五被控贩卖毒品，作为证据使用的海洛因应当随案移送当庭出示质证

C. 马六被控受贿金条若干，未随案移送，判决生效后，根据法院通知该金条由查封、扣押的监察机关上缴国库

D. 牛七涉嫌受贿罪，在调查期间自杀身亡，监察机关应当通知金融机构将冻结的牛七的存款、汇款上缴国库

15. 关于技术侦查，下列哪些说法是正确的？（ ）（司考）

A. 适用于严重危害社会的犯罪案件

B. 必须在立案后实施

C. 公安机关和检察院都有权决定并实施

D. 获得的材料需要经过转化才能在法庭上使用

16. 公安机关抓获一起抢夺案犯罪嫌疑人黄某、王某。王某声称被错抓，公安机关决定组织对王某进行辨认。关于公安机关的做法，下列哪些选项是正确的？（ ）（司考）

A. 让 2 名被害人一同对王某进行辨认

B. 让黄某单独对王某进行辨认

C. 在辨认时没有安排见证人在场

D. 将王某混在其他 5 名被辨认人当中

17. 关于司法鉴定，下列哪些选项是正确的？（ ）（司考）

A. 某鉴定机构的三名鉴定人共同对某杀人案进行法医类鉴定，这三名鉴定人依照诉讼法律规定实行回避

B. 某鉴定机构的鉴定人钱某对某盗窃案进行了声像资料鉴定，该司法鉴定应由钱某负责

C. 当事人对鉴定人胡某的鉴定意见有异议，经法院通知，胡某应当出庭作证

D. 鉴定人刘某、廖某、徐某共同对被告人的精神状况进行了鉴定，刘某和廖某意见一致，但徐某有不同意见，应当按照刘某和廖某的意见作出结论

18. 关于检察院侦查监督，下列哪些选项是正确的？（ ）（司考）

A. 发现侦查人员杨某和耿某以欺骗的方法收集犯罪嫌疑人供述，立即提出纠正意见，同时要求侦查机关另行指派除杨某和耿某以外的侦查人员重新调查取证

B. 发现侦查人员伍某等人以引诱的方法收集犯罪嫌疑人供述，只能要求侦查机关重新取证，不能自行取证

C. 发现侦查人员邵某有刑讯逼供行为，且导致犯罪嫌疑人重伤，应当立案侦查

D. 甲县检察院可派员参加甲县公安局对重大案件的讨论，无权参与甲县公安局的其他侦查活动

19. 关于扣押物证、书证，下列哪些做法是正确的？（　　）（司考）

A. 侦查人员在搜查钱某住宅时，发现一份能够证明钱某无罪的证据，对此证据予以扣押

B. 在杜某故意杀人案中，侦查机关依法扣押杜某一些物品和文件。对与案件无关的物品和文件，侦查机关应当在5日内解除扣押、冻结，退还杜某

C. 公安机关在侦查刘某盗窃案中，可以依照规定查询、冻结刘某的存款、汇款

D. 在对周某盗窃罪审查起诉中，周某死亡，检察院决定将依法冻结的周某赃款的一部分上缴国库，其余部分返还给被害人

20. 法院审理郑某涉嫌滥用职权犯罪案件，在宣告判决前，检察院发现郑某和张某接受秦某巨款，涉嫌贿赂犯罪。对于新发现犯罪嫌疑人和遗漏罪行的处理，下列哪些做法是正确的？（　　）（司考）

A. 法院可以主动将张某、秦某追加为被告人一并审理

B. 检察院可以补充起诉郑某、张某和秦某的贿赂犯罪

C. 检察院可以将张某、秦某追加为被告人，要求法院一并审理

D. 检察院应当撤回起诉，将三名犯罪嫌疑人以两个罪名重新起诉

21. 检察机关审查批准逮捕，下列哪些情形存在时应当讯问犯罪嫌疑人？（　　）（司考）

A. 犯罪嫌疑人的供述前后反复且与其他证据矛盾

B. 犯罪嫌疑人要求向检察机关当面陈述

C. 侦查机关拘留犯罪嫌疑人36小时以后将其送交看守所羁押

D. 犯罪嫌疑人是聋哑人

22. 在侦查过程中，下列哪些行为违反我国刑事诉讼法的规定？（　　）（司考）

A. 侦查人员拒绝律师讯问时在场的要求

B. 公安机关变更逮捕措施，没有通知原批准的检察院

C. 公安机关认为检察院不批准逮捕的决定有错误，提出复议前继续拘留犯罪嫌疑人

D. 侦查机关未告知犯罪嫌疑人家属指定居所监视居住的理由和处所

23. 关于补充侦查，下列哪些选项是正确的？（　　）（司考）

A. 审查批捕阶段，只有不批准逮捕的，才能通知公安机关补充侦查

B. 审查起诉阶段的补充侦查以两次为限

C. 审判阶段检察院应自行侦查，不得退回公安机关补充侦查

D. 审判阶段法院不得建议检察院补充侦查

24. 关于讯问犯罪嫌疑人，下列哪些选项是正确的？（　　）（司考）

A. 在拘留犯罪嫌疑人之前，一律不得对其进行讯问

B. 在拘留犯罪嫌疑人之后，可在送看守所羁押前进行讯问

C. 犯罪嫌疑人被拘留送看守所之后，讯问应当在看守所内进行

D. 对于被指定居所监视居住的犯罪嫌疑人，应当在指定的居所进行讯问

25. 在对朱某危险驾驶案辩护的过程中，辩护律师查看了侦查机关录制的讯问同步录像。同步录像中的下列哪些行为违反法律规定？（　　）（司考）

A. 后续讯问的侦查人员与首次讯问的侦查人员完全不同

B. 朱某请求自行书写供述，侦查人员予以拒绝

C. 首次讯问时未告知朱某可聘请律师

D. 其中一次讯问持续了14个小时

（三）不定项选择题

1. 中国侦查程序的特点包括（　　）。（考研）

A. 是一种官方调查

B. 内容包括专门调查工作和有关的强制性措施

C. 人民法院在侦查活动中居于审查监督地位

D. 特殊情况下公民可以行使侦查权

E. 军队和监狱也有一定的侦查权

2. 律师介入侦查阶段的活动，享有下列哪些权利？（　　）（考研）

A. 单独会见嫌疑人

B. 代为申诉、控告

C. 申请取保候审
D. 了解嫌疑人涉嫌的罪名
E. 查阅案卷材料

3. 人民检察院侦查终结的案件，根据刑事诉讼法的有关规定和案件的不同情况，应当分别作出的决定是(　　)。(考研)

A. 建议给予党纪政纪处分的决定
B. 撤销案件的决定
C. 免除刑罚的决定
D. 不起诉的决定
E. 提起公诉的决定

4. 侦查措施是查明案件事实的手段，与公民的权利保障密切相关。请回答（1）到（3）题。(司考)

(1) 关于讯问犯罪嫌疑人的地点，下列选项正确的是(　　)。

A. 对不需要逮捕、拘留的犯罪嫌疑人，可以传唤到犯罪嫌疑人所在市、县的公安局进行讯问
B. 对不需要逮捕、拘留的犯罪嫌疑人，可以传唤到犯罪嫌疑人所在市、县的公司内进行讯问
C. 对于已经被逮捕羁押的犯罪嫌疑人，应当在看守所内进行讯问
D. 犯罪现场发现的犯罪嫌疑人，可以当场口头传唤，但须出示工作证并在讯问笔录中注明

(2) 关于询问被害人，下列选项正确的是(　　)。

A. 侦查人员可以在现场进行询问
B. 侦查人员可以在指定的地点进行询问
C. 侦查人员可以通知被害人到侦查机关接受询问
D. 询问笔录应当交被害人核对，如记载有遗漏或者差错，被害人可以提出补充或者改正

(3) 关于查封、扣押措施，下列选项正确的是(　　)。

A. 查封、扣押犯罪嫌疑人与案件有关的各种财物、文件只能在勘验、搜查中实施
B. 根据侦查犯罪的需要，可以依照规定扣押犯罪嫌疑人的存款、汇款、债券、股票、基金份额等财产
C. 侦查人员认为需要扣押犯罪嫌疑人的邮件、电报的时候，可通知邮电机关将有关的邮件、电报检交扣押
D. 对于查封、扣押的财物、文件、邮件、电报，经查明确实与案件无关的，应当在3日以内解除查封、扣押，予以退还

5. 鲁某与关某涉嫌贩卖冰毒500余克，B省A市中级法院开庭审理后，以鲁某犯贩卖毒品罪，判处死刑立即执行；关某犯贩卖毒品罪，判处死刑缓期二年执行。一审宣判后，关某以量刑过重为由向B省高级法院提起上诉，鲁某未上诉，检察院也未提起抗诉。(司考)

(1) 关于本案侦查，下列选项正确的是：(　　)。

A. 本案经批准可采用控制下交付的侦查措施
B. 对鲁某采取技术侦查的期限不得超过9个月
C. 侦查机关只有在对鲁某与关某立案后，才能派遣侦查人员隐匿身份实施侦查
D. 通过技术侦查措施收集到的证据材料可作为定案的依据，但须经法庭调查程序查证属实或由审判人员在庭外予以核实

(2) 如B省高级法院审理后认为，本案事实清楚、证据确实充分，对鲁某的量刑适当，但对关某应判处死刑缓期二年执行同时限制减刑，则对本案正确的做法是：(　　)。

A. 二审应开庭审理
B. 由于未提起抗诉，同级检察院可不派员出席法庭
C. 高级法院可将全案发回A市中级法院重新审判
D. 高级法院可维持对鲁某的判决，并改判关某死刑缓期2年执行同时限制减刑

(3) 如B省高级法院审理后认为，一审判决认定事实和适用法律正确、量刑适当，裁定驳回关某的上诉，维持原判，则对本案进行死刑复核的正确程序是：(　　)。

A. 对关某的死刑缓期二年执行判决，B省高级法院不再另行复核
B. 最高法院复核鲁某的死刑立即执行判决，应由审判员三人组成合议庭进行

C. 如鲁某在死刑复核阶段委托律师担任辩护人的，死刑复核合议庭应在办公场所当面听取律师意见

D. 最高法院裁定不予核准鲁某死刑的，可发回A市中级法院或B省高级法院重新审理

6. 甲、乙（户籍地均为M省A市）共同运营一条登记注册于A市的远洋渔船。某次在公海捕鱼时，甲乙二人共谋杀害了与他们素有嫌隙的水手丙。该船回国后首泊于M省B市港口以作休整，然后再航行至A市。从B市起航后，在途经M省C市航行至A市过程中，甲因害怕乙投案自首一直将乙捆绑拘禁于船舱。该船于A市靠岸后案发。本案公安机关开展侦查。关于侦查措施，下列选项正确的是：（　　）。（司考）

A. 讯问甲的过程应当同步录音或录像

B. 可在讯问乙的过程中一并收集乙作为非法拘禁案的被害人的陈述

C. 在该船只上进行犯罪现场勘查时，应邀请见证人在场

D. 可查封该船只进一步收集证据

7. 某小学发生一起猥亵儿童案件，三年级女生甲向校长许某报称被老师杨某猥亵。许某报案后，侦查人员通过询问许某了解了甲向其陈述的被杨某猥亵的经过。侦查人员还通过询问甲了解到，另外两名女生乙和丙也可能被杨某猥亵，乙曾和甲谈到被杨某猥亵的经过，甲曾目睹杨某在课间猥亵丙。讯问杨某时，杨某否认实施猥亵行为，并表示他曾举报许某贪污，许某报案是对他的打击报复。关于本案侦查措施，下列选项正确的是：（　　）（司考）

A. 经出示工作证件，侦查人员可在学校询问甲

B. 询问乙时，可由学校的其他老师在场并代行乙的诉讼权利

C. 可通过侦查实验确定甲能否在其所描述的时间、地点看到杨某猥亵丙

D. 搜查杨某在学校内的宿舍时，可由许某在场担任见证人

简答题

1. 我国侦查机关在讯问犯罪嫌疑人时应遵守哪些程序规则？（或简述讯问犯罪嫌疑人的程序。）（考研）

2. 简述补充侦查的概念及种类。（考研）

3. 简述刑事诉讼中的搜查程序。（考研）

4. 简述我国刑事诉讼中侦查权的划分。（考研）

案例分析题

1. 王明，国有宏源股份有限公司经理。2017年市人民检察院收到一封检举信，揭露该公司偷税1 000万元的事实。检察院经调查后，认为该公司确有偷税事实，依法应追究刑事责任，遂经检察长批准对该公司立案侦查。2017年7月2日检察院批准逮捕王明，并派检察院侦查人员将其逮捕。7月8日犯罪嫌疑人王明聘请的律师向检察院提出取保候审的申请，检察院提出需缴纳5万元保证金并提供保证人。7月9日律师向检察院缴纳了5万元的保证金并且提供了保证人，王明被取保候审。后经侦查发现，该公司自2014年到2017年间，共偷税漏税500万元，因此，检察院冻结了该公司账户，并将500万元作为税款上缴国库。该案于2018年8月1日向区人民法院提起公诉，经法庭审理，认为该公司的行为已构成逃税罪，判处被告人王明有期徒刑3年，缓刑3年，对该公司判处2 000万元的罚金。检察院认为一审法院对被告人王明量刑过轻，直接向二审法院提交抗诉状，提起抗诉。抗诉期满后，对该公司判处的罚金，一审法院即交付执行。二审法院经不开庭审理后，认为一审法院认定事实正确，但量刑过轻，遂裁定撤销原判，改处被告人王明有期徒刑7年。

问：该案中人民检察院有哪些程序不合法？

论述题与深度思考题

1. 论我国侦查程序的主要特点。（考研）

2. 为什么刑讯逼供在刑事诉讼实践中屡禁不止？结合有关规定分析原因，并给予评论。（考研）

3. 有关“沉默权”的问题引起诉讼法学界的

热烈讨论，请谈谈你对“沉默权”的见解。（考研）

4. 试析我国刑事诉讼法关于犯罪嫌疑人对侦查人员的提问应当如实回答的规定。（考研）

参考答案

名词解释与概念比较

1. 侦查终结是指侦查机关对于自己立案侦查的案件，经过一系列的侦查活动，根据已经查明的事实、证据和有关的法律规定，足以认定犯罪嫌疑人是否有罪和应否对其追究刑事责任而决定结束侦查，依法对案件作出处理或者提出处理意见的诉讼活动。

2. 补充侦查是指公安机关或者人民检察院依照法定程序，在原有侦查工作的基础上继续进行收集、补充证据的一种侦查活动。补充侦查不是每一个案件的必经程序，它是在原有侦查工作没有完成侦查任务的前提下就案件的情况、事实进行的侦查活动。

3. 通缉是公安机关通令缉拿依法应当逮捕而在逃的犯罪嫌疑人（包括已经被逮捕而在羁押期间逃跑的犯罪嫌疑人）的一种侦查措施。

4. 沉默权是指犯罪嫌疑人、被告人在整个刑事诉讼过程中对讯问官员的提问依法可以保持沉默或拒绝回答，且原则上不因此而受到不利的推断，讯问官员则有义务告知犯罪嫌疑人享有此项权利。以物理强制或者精神强制等方法侵害这一权利所获得的陈述，不得作为指控陈述人有罪的证据使用。

5. 侦查是指刑事诉讼中的侦查机关为了查明犯罪事实、抓获犯罪嫌疑人，依法进行的专门调查工作和采用有关强制性措施的活动，一般从立案开始，到对案件作出是否移送起诉的决定时止。

6. 侦查实验是为了确定案件中某些特定行为或者事件在某种情况下能否发生或者怎样发生，而按照原有情况和条件，将该行为或者事件加以重演或者进行试验的侦查活动。侦查实验的目的是证明某种行为的可能性，或者证明某种事件进程的可能性。

选择题

（一）单项选择题

1. D

我国《刑事诉讼法》第 34 条规定：犯罪嫌疑人自被侦查机关第一次讯问或者采取强制措施之日起，有权委托辩护人；在侦查期间，只能委托律师作为辩护人。被告人有权随时委托辩护人。本案是抢夺案件，不属于涉及国家秘密的案件，不需经公安机关批准。因此，D 项正确。

2. A

我国《刑事诉讼法》第 281 条规定：对于未成年人刑事案件，在讯问和审判的时候，应当通知未成年犯罪嫌疑人、被告人的法定代理人到场。

3. D

如果应当逮捕的犯罪嫌疑人在逃，公安机关可以发布通缉令。各级公安机关在自己管辖的地区以内，可以直接发布通缉令；超出自己管辖的地区的，应当报请有权决定的上级机关发布。《人民检察院刑事诉讼规则（试行）》第 268 条、第 269 条和第 270 条规定：人民检察院办理直接受理立案侦查的案件，应当逮捕的犯罪嫌疑人如果在逃，或者已被逮捕的犯罪嫌疑人脱逃的，经检察长批准，可以通缉。各级人民检察院需要在本辖区内通缉犯罪嫌疑人的，可以直接决定通缉；需要在本辖区外通缉犯罪嫌疑人的，由有决定权的上级人民检察院决定。人民检察院应当将通缉通知书和通缉对象的照片、身份、特征、案情简况送达公安机关，由公安机关发布通缉令，追捕归案。

4. C

《人民检察院刑事诉讼规则（试行）》第 248 条规定：鉴定由检察长批准，由人民检察院技术部门有鉴定资格的人员进行。必要的时候，也可以聘请其他有鉴定资格的人员进行，但是应当征得鉴定人所在单位的同意。因此，在检察院自侦案件的侦查过程中，只有检察长有权决定进行鉴定。据此，C 项为正确答案。

5. B

《六机关规定》第 22 条规定，《刑事诉讼法》第 160 条第 1 款规定：“在侦查期间，发现犯罪嫌疑人另有重要罪行的，自发现之日起依照本法第一百五十六条的规定重新计算侦查羁押期限。”公安机关依照上述规定重新计算侦查羁押期限的，不需要经人民检察院批准，但应当报人民检察院备案，人民检察院可以进行监督。故四个选项中，只有B项符合该规定。

6. C

《人民检察院刑事诉讼规则（试行）》第205条规定：询问证人，可以在现场进行，也可以到证人所在单位、住处或者证人提出的地点进行。必要时，也可以通知证人到人民检察院提供证言。到证人提出的地点进行询问的，应当在笔录中记明。询问证人应当个别进行。在现场询问证人，应当出示工作证件。到证人所在单位、住处或者证人提出的地点询问证人，应当出示人民检察院的证明文件。第206条规定，询问证人，应当问明证人的基本情况以及与当事人的关系，并且告知证人应当如实提供证据、证言和故意作伪证或者隐匿罪证应当承担的法律责任，但是不得向证人泄露案情，不得采用羁押、暴力、威胁、引诱、欺骗以及其他非法方法获取证言。《刑事诉讼法》第281条规定：对于未成年人刑事案件，在讯问和审判的时候，应当通知未成年犯罪嫌疑人、被告人的法定代理人到场。无法通知、法定代理人不能到场或者法定代理人是共犯的，也可以通知未成年犯罪嫌疑人、被告人的其他成年亲属，所在学校、单位、居住地基层组织或者未成年人保护组织的代表到场，并将有关情况记录在案。到场的法定代理人可以代为行使未成年犯罪嫌疑人、被告人的诉讼权利。询问未成年被害人、证人，适用上述规定。所以此题只选C项。

7. A

我国《刑事诉讼法》第116条规定：公安机关经过侦查，对有证据证明有犯罪事实的案件，应当进行预审，对收集、调取的证据材料予以核实。故本题选A项。

8. D

《高法刑诉解释》第226条规定：审判期间，合议庭发现被告人可能有自首、坦白、立功等法定量刑情节，而人民检察院移送的案卷中没有相关证据材料的，应当通知人民检察院移送。审判期间，被告人提出新的立功线索的，人民法院可以建议人民检察院补充侦查。根据法条，可直接选D项。

9. B

《人民检察院刑事诉讼规则（试行）》第457条第1款规定：在审判过程中，对于需要补充提供法庭审判所必需的证据或者补充侦查的，人民检察院应当自行收集证据和进行侦查，必要时可以要求侦查机关提供协助；也可以书面要求侦查机关补充提供证据。据此，B项当选。

10. B

《刑事诉讼法》第132条规定：为了确定被害人、犯罪嫌疑人的某些特征、伤害情况或者生理状态，可以对人身进行检查，可以提取指纹信息，采集血液、尿液等生物样本。犯罪嫌疑人如果拒绝检查，侦查人员认为必要的时候，可以强制检查。检查妇女的身体，应当由女工作人员或者医师进行。据此，对被害人不能作强制检查，但对犯罪嫌疑人可作强制人身检查。

11. A

我国《刑事诉讼法》第34条只规定了具有律师身份的人员才可介入侦查阶段，为犯罪嫌疑人提供法律帮助，会见犯罪嫌疑人。刘某的妻子不具有律师身份，没有会见权。故A项正确。

12. B

《人民检察院刑事诉讼规则（试行）》第196条规定：犯罪嫌疑人被送交看守所羁押后，检察人员对其进行讯问，应当填写提讯、提解证，在看守所讯问室进行。因侦查工作需要，需要提押犯罪嫌疑人出所辨认或者追缴犯罪有关财物的，经检察长批准，可以提押犯罪嫌疑人出所，并应当由2名以上司法警察押解。不得以讯问为目的将犯罪嫌疑人提押出所进行讯问。据此，应选B项。

13. D

根据全国人大常委会《关于司法鉴定管理问题的决定》第7条的规定，侦查机关根据侦查工作的需要设立的鉴定机构，不得面向社会接受委托从事司法鉴定业务。人民法院和司法行政部门不得设立鉴定机构。

14. D

《刑事诉讼法》第141条规定：在侦查活动中发现的可用以证明犯罪嫌疑人有罪或者无罪的各

种财物、文件，应当查封、扣押；与案件无关的财物、文件，不得查封、扣押。对查封、扣押的财物、文件，要妥善保管或者封存，不得使用、调换或者损毁。本案中 A、B、C 三项都是可以用以证明犯罪嫌疑人有罪的物品，应当扣押。D 项中的存款虽是高某的，但与案件无关，不应当冻结。

15. A

《刑事诉讼法》第 156 条规定：对犯罪嫌疑人逮捕后的侦查羁押期限不得超过 2 个月。案情复杂、期限届满不能终结的案件，可以经上一级人民检察院批准延长 1 个月。第 158 条规定：下列案件在本法第 158 条规定的期限届满不能侦查终结的，经省、自治区、直辖市人民检察院批准或者决定，可以延长 2 个月：(1) 交通十分不便的边远地区的重大复杂案件；(2) 重大的犯罪集团案件；(3) 流窜作案的重大复杂案件；(4) 犯罪涉及面广，取证困难的重大复杂案件。第 159 条规定：对犯罪嫌疑人可能判处 10 年有期徒刑以上刑罚，依照本法第 158 条规定延长期限届满，仍不能侦查终结的，经省、自治区、直辖市人民检察院批准或者决定，可以再延长 2 个月。据此，A 项中第一次延长是由于案情复杂，期限届满不能侦查终结，根据法律应经甲市的上一级检察院批准。

16. B

参见《六机关规定》第 22 条的规定（略)。因此，本题选 B 项。

17. D

《人民检察院刑事诉讼规则（试行)》第 257 条规定：为了查明案情，在必要的时候，检察人员可以让被害人、证人和犯罪嫌疑人对与犯罪有关的物品、文件、尸体或场所进行辨认；也可以让被害人、证人对犯罪嫌疑人进行辨认，或者让犯罪嫌疑人对其他犯罪嫌疑人进行辨认。对犯罪嫌疑人进行辨认，应当经检察长批准。故 A 项错误。《人民检察院刑事诉讼规则（试行)》第 258 条规定：辨认应当在检察人员的主持下进行，主持辨认的检察人员不得少于 2 人。在辨认前，应当向辨认人详细询问被辨认对象的具体特征，避免辨认人见到被辨认对象，并应当告知辨认人有意作虚假辨认应负的法律责任。故选项 B 错误。《公安机关办理刑事案件程序规定》第 250 条规定，几名辨认人对同一辨认对象进行辨认时，应当由辨认人个别进行。《人民检察院刑事诉讼规则（试行)》第 259 条规定，几名辨认人对同一被辨认对象进行辨认时，应当由每名辨认人单独进行。必要的时候，可以有见证人在场。据此，C 项错误，D 项正确。

18. B

《刑事诉讼法》第 136 条规定，为了收集犯罪证据、查获犯罪人，侦查人员可以对犯罪嫌疑人以及可能隐藏罪犯或者犯罪证据的人的身体、物品、住处和其他有关的地方进行搜查。《刑事诉讼法》第 132 条规定：为了确定被害人、犯罪嫌疑人的某些特征、伤害情况或者生理状态，可以对人身进行检查，可以提取指纹信息，采集血液、尿液等生物样本。犯罪嫌疑人如果拒绝检查，侦查人员认为必要的时候，可以强制检查。检查妇女的身体，应当由女工作人员或者医师进行。所以 B 项正确，A、D 两项错误。《人民检察院刑事诉讼规则（试行)》第 210 条规定，进行勘验、检查，应当持有检察长签发的勘查证。所以 C 项错误。

19. C

司法工作人员自行回避的，可以口头或者书面提出，因此选项 A 正确。《刑事诉讼法》第 31 条规定，审判人员、检察人员、侦查人员的回避，应当分别由院长、检察长、公安机关负责人决定；院长的回避，由本院审判委员会决定；检察长和公安机关负责人的回避，由同级人民检察院检察委员会决定。对侦查人员的回避作出决定前，侦查人员不能停止对案件的侦查。对驳回申请回避的决定，当事人及其法定代理人可以申请复议一次。因此 B、D 两项正确。C 项错误，是因为刑讯逼供罪由检察机关负责侦查，故王某应为检察机关侦查人员，其回避由检察长决定。

20. B

法院审理案件过程中如果发现被告人有立功情节，而起诉书和移送的证据中没有此种材料，应当建议检察院补充侦查，因此，A 项错误、B 项正确。法院不能直接建议公安机关补充侦查。因为公、检、法三机关分工合作、各司其职，并且证明责任应由检察机关承担。因此，C 项错误。

法院居中裁判，不告不理，不承担证明责任，因此一般不能进行庭外调查。因此，D项错误。

21. D

本题考查审查起诉中特殊情况的处理，是对法条的直接考查。《人民检察院刑事诉讼规则（试行）》第384条规定："人民检察院对已经退回侦查机关二次补充侦查的案件，在审查起诉中又发现新的犯罪事实的，应当移送侦查机关立案侦查；对已经查清的犯罪事实，应当依法提起公诉。"故本题选D项。

22. B

本题涉及询问证人的地点，考查法条为《刑事诉讼法》第124条："侦查人员询问证人，可以在现场进行，也可以到证人所在单位、住处或者证人提出的地点进行，在必要的时候，可以通知证人到人民检察院或者公安机关提供证言。在现场询问证人，应当出示工作证件，到证人所在单位、住处或者证人提出的地点询问证人，应当出示人民检察院或者公安机关的证明文件。"传唤证人的地点只能是现场、工作的单位、住处或证人提出的地点，而不能到公安机关或人民检察院，故B项错误。本题选B项。

23. D

接受事前审查的侦查行为主要有逮捕、羁押和搜查等强行性侦查错误，故A、B两项均错误。事后审查主要针对的是侦查机关可以独立作出决定的事项，一般此类行为被称为任意性侦查措施。故C项错误。本题正确答案为选项D。

24. B

选项A错误：《刑事诉讼法》第128条规定：侦查人员对于与犯罪有关的场所、物品、人身、尸体应当进行勘验或者检查。在必要的时候，可以指派或者聘请具有专门知识的人，在侦查人员的主持下进行勘验、检查。选项B正确：《刑事诉讼法》第130条规定，侦查人员执行勘验、检查，必须持有人民检察院或者公安机关的证明文件。对于检察院自侦案件，检察院是侦查机关；对于公安机关侦查的案件，公安机关是侦查机关。选项C错误：《刑事诉讼法》第132条规定，为了确定被害人、犯罪嫌疑人的某些特征、伤害情况或者生理状态，可以对人身进行检查，可以提取指纹信息，采集血液、尿液等生物样本。如果犯罪嫌疑人拒绝检查，侦查人员认为必要的时候，可以强制检查。检查妇女的身体，应当由女工作人员或者医师进行。注意：这里是"医师"而非"女医师"。选项D错误：《刑事诉讼法》第133条规定，勘验、检查的情况应当写成笔录，由参加勘验、检查的人和见证人签名或者盖章。《高法刑诉解释》第89条规定，勘验、检查笔录存在明显不符合法律、有关规定的情形，不能作出合理解释或者说明的，不得作为定案的根据。

25. A

《公安机关办理刑事案件程序规定》第251条第1款规定：辨认时，应当将辨认对象混杂在特征相类似的其他对象中，不得给辨认人任何暗示。辨认犯罪嫌疑人时，被辨认的人数不得少于7人；对犯罪嫌疑人照片进行辨认的，不得少于10人的照片；辨认物品时，混杂的同类物品不得少于5件。本案将制造爆炸物的工具混杂在另外4套同类工具中让证人甲辨认，符合上述规定。所以，A项正确。《公安机关办理刑事案件程序规定》第253条规定：对辨认经过和结果，应当制作辨认笔录，由侦查人员、辨认人、见证人签名。必要时，应当对辨认过程进行录音或者录像。公安机关认为必要的，才应当对辨认过程进行录音或者录像，本案未说明公安机关认为有录音或者录像的必要，因此，证人乙辨认犯罪嫌疑人时无须同步录音或录像。所以，B项错误。《人民检察院刑事诉讼规则（试行）》第259条规定：几名辨认人对同一被辨认对象进行辨认时，应当由每名辨认人单独进行。必要的时候，可以有见证人在场。根据上述规定，证人丙辨认犯罪现场时，公安机关认为有必要的，可以有见证人在场，而非必须要有见证人在场。因本案未说明公安机关认为有见证人在场的必要，因此，证人丙辨认犯罪现场时无须有见证人在场。所以，C项错误。辨认人的时候，被辨认的人数应当不少于7人，所以陪衬物不受数量限制的说法即D项是错误的。

26. B

辨认对象是与犯罪有关的物品、文件、场所或者犯罪嫌疑人，被害人并不属于辨认对象，所以选项A错误。藏匿赃物的房屋属于辨认对象，所以选项B正确。根据《公安机关办理刑事案件程序规定》第250条的规定，几名辨认人对同一辨认对象进行辨认时，应当由辨认人个别进行，所以选项C错误。《公安机关办理刑事案件程序规定》第251条规定：辨认时，应当将辨认对象混杂在特征相类似的其他对象中，不得给辨认人任何暗示。辨认犯罪嫌疑人时，被辨认的人数不得少于7人；对犯罪嫌疑人的照片进行辨认的，不得少于10人的照片；辨认物品时，混杂的同类物品不得少于5件。故选项D错误。

（二）多项选择题

1. AD

《刑事诉讼法》第160条明确规定，犯罪嫌疑人不讲真实姓名、住址，身份不明的，应当对其身份进行调查，侦查羁押期限自查清其身份之日起计算，但是不得停止对其犯罪行为的侦查取证。对于犯罪事实清楚，证据确实、充分，确实无法查明其身份的，也可以按其自报的姓名起诉、审判。犯罪嫌疑人自第一次被讯问或第一次被采取强制措施之日起就可以请律师。所以选项B、C错误。正确选项为A、D两项。

2. CD

《刑事诉讼法》第136条规定：为了收集犯罪证据、查获犯罪人，侦查人员可以对犯罪嫌疑人以及可能隐藏罪犯或者犯罪证据的人的身体、物品、住处和其他有关的地方进行搜查。第137条规定：任何单位和个人，有义务按照人民检察院和公安机关的要求，交出可以证明犯罪嫌疑人有罪或者无罪的物证、书证、视听资料等证据。第138条规定：进行搜查，必须向被搜查人出示搜查证。在执行逮捕、拘留的时候，遇有紧急情况，不另用搜查证也可以进行搜查。第139条规定：在搜查的时候，应当有被搜查人或者他的家属，邻居或者其他见证人在场。搜查妇女的身体，应当由女工作人员进行。第140条规定：搜查的情况应当写成笔录，由侦查人员和被搜查人或者他的家属，邻居或者其他见证人签名或者盖章。如果被搜查人或者他的家属在逃或者拒绝签名、盖章，应当在笔录上注明。从以上规定可以看出，本题中违法的活动为C、D两项。

3. AB

《刑事诉讼法》第148条明确规定，侦查机关应当将用作证据的鉴定意见告知犯罪嫌疑人、被害人。如果犯罪嫌疑人、被害人提出申请，可以补充鉴定或者重新鉴定。所以本题答案为A、B两项。

4. BC

根据《刑事诉讼法》第141条至第145条的规定，扣押的法定程序主要包括：扣押物证、书证通常是在勘验、搜查时进行的，一般不需出示单独的扣押证；对于扣押的物品和文件，应当会同在场见证人和被扣押物品持有人查点清楚，当场开列清单一式两份，由侦查人员、见证人和持有人签名或者盖章，一份交给持有人，另一份附卷备查；对于扣押的物品、文件，要妥善保管或者封存，不得使用或者损毁；对于扣押的物品、文件经查明确实与案件无关的，应当在3日以内解除扣押，退还原主。故选B、C两项。

5. BD

《刑事诉讼法》第124条规定：侦查人员询问证人，可以在现场进行，也可以到证人所在单位、住处或者证人提出的地点进行，在必要的时候，可以通知证人到人民检察院或者公安机关提供证言。在现场询问证人，应当出示工作证件，到证人所在单位、住处或者证人提出的地点询问证人，应当出示人民检察院或者公安机关的证明文件。询问证人应当个别进行。第121条规定，讯问聋、哑的犯罪嫌疑人，应当有通晓聋、哑手势的人参加，并且将这种情况记明笔录。故本题选B、D两项。

6. ABCD

《刑事诉讼法》第90条规定：人民检察院对于公安机关提请批准逮捕的案件进行审查后，应当根据情况分别作出批准逮捕或者不批准逮捕的决定。对于批准逮捕的决定，公安机关应当立即执行，并且将执行情况及时通知人民检察院。对于不批准逮捕的，人民检察院应当说明理由，需要补充侦查的，应当同时通知公安机关。据此，在审查批捕阶段，人民检察院不能作出补充侦查的决定。故选项A正确。《刑事诉讼法》第175条规定：人民检察院审查案件，对于需要补充侦查的，可以退回公安机关补充侦查，也可以自行侦查。故B选项正确。《高法刑诉解释》第226条规定：审判期间，合议庭发现被告人可能有自首、坦白、立功等法定量刑情节，而人民检察院移送的案卷中没有相关证据材料的，应当通知人民检察院移送。审判期间，被告人提出新的立功线索的，人民法院可以建议人民检察院补充侦查。据此，C、D两项正确。故本题所有选项当选。

7. ABD

在刑事诉讼中，犯罪嫌疑人、被告人在整个诉讼过程中都享有辩护权，享有自行辩护的权利，据此A项入选。根据《刑事诉讼法》第34条的规定，犯罪嫌疑人自被侦查机关第一次讯问或者采取强制措施之日起，有权委托辩护人；在侦查期间，只能委托律师作为辩护人。而被告人有权随时委托辩护人。据此，犯罪嫌疑人在侦查阶段无权委托辩护人，只能聘请律师为其提供法律咨询、代理申诉、控告。因此，B项入选，C项不入选。该法第120条规定：侦查人员在讯问犯罪嫌疑人的时候，应当首先讯问犯罪嫌疑人是否有犯罪行为，让他陈述有罪的情节或者无罪的辩解，然后向他提出问题。犯罪嫌疑人对侦查人员的提问，应当如实回答。但是对与本案无关的问题，有拒绝回答的权利。据此，D项入选。

8. ABC

《刑事诉讼法》第19条第1款规定：刑事案件的侦查由公安机关进行，法律另有规定的除外。据此，A项入选。《刑事诉讼法》第4条规定：国家安全机关按照法律规定，办理危害国家安全的刑事案件，行使与公安机关相同的职权。据此，B项入选。《刑事诉讼法》第19条第2款规定：人民检察院在对诉讼活动实行法律监督中发现的司法工作人员利用职权实施的非法拘禁、刑讯逼供、非法搜查等侵犯公民权利、损害司法公正的犯罪，可以由人民检察院立案侦查。对于公安机关管辖的国家机关工作人员利用职权实施的重大犯罪案件，需要由人民检察院直接受理的时候，经省级以上人民检察院决定，可以由人民检察院立案侦查。据此，C项入选。人民法院属于国家的审判机关，不履行侦查职能。据此，D项不选。

9. AD

《刑事诉讼法》第55条规定：对一切案件的判处都要重证据，重调查研究，不轻信口供。只有被告人供述，没有其他证据的，不能认定被告人有罪和处以刑罚；没有被告人供述，证据确实、充分的，可以认定被告人有罪和处以刑罚。据此，B、C两项皆排除，D项入选。《刑事诉讼法》第120条规定：犯罪嫌疑人对侦查人员的提问，应当如实回答。A项当选的理由可能有争议，但是依据我国现有的刑事诉讼活动过程中虽备受批判但还在适用的“坦白从宽，抗拒从严”的刑事政策，实践中是将犯罪嫌疑人的认罪态度作为酌定从重处罚与否的情节。

10. ABCD

《高法刑诉解释》第39条规定：被告人没有委托辩护人的，人民法院自受理案件之日起3日内，应当告知其有权委托辩护人；被告人因经济困难或者其他原因没有委托辩护人的，应当告知其可以申请法律援助；被告人属于应当提供法律援助情形的，应当告知其将依法通知法律援助机构指派律师为其提供辩护。故A项错误。《刑事诉讼法》第38条规定，辩护律师在侦查期间可以为犯罪嫌疑人提供法律帮助；代理申诉、控告；申请变更强制措施；向侦查机关了解犯罪嫌疑人涉嫌的罪名和案件有关情况，提出意见。可见，受托律师有权了解犯罪嫌疑人涉嫌的罪名。故B项错误。《刑事诉讼法》第39条规定：辩护律师可以同在押的犯罪嫌疑人、被告人会见和通信。其他辩护人经人民法院、人民检察院许可，也可以同在押的犯罪嫌疑人、被告人会见和通信。故C、D两项错误。

11. ABC

医院的诊断说明并不等同于鉴定意见，因此，A项应选。B项中，材料的作出人员无鉴定资格，该材料当然不能作为鉴定意见使用。全国人大常委会《关于司法鉴定管理问题的决定》第4条规定，因故意犯罪或者职务过失犯罪受过刑事处罚的人员，受过开除公职处分的人员，以及被撤销鉴定人登记的人员，不得从事司法鉴定业务。故而，C项不能使用。

12. BCD

参见《刑事诉讼法》第132条的规定（略）。

13. ABCD

根据《刑事诉讼法》第38条的规定，辩护律师在侦查期间可以为犯罪嫌疑人提供法律帮助；代理申诉、控告；申请变更强制措施；向侦查机关了解犯罪嫌疑人涉嫌的罪名和案件有关情况，提出意见。该法第32条规定：辩护人、诉讼代理人可以依照本章的规定要求回避、申请复议。因而本题选项应为A、B、C、D四项。

14. AC

《刑事诉讼法》第 245 条规定：公安机关、人民检察院和人民法院对查封、扣押、冻结的犯罪嫌疑人、被告人的财物及其孳息，应当妥善保管，以供核查，并制作清单，随案移送。任何单位和个人不得挪用或者自行处理。对被害人的合法财产，应当及时返还。对违禁品或者不宜长期保存的物品，应当依照国家有关规定处理。对作为证据使用的实物应当随案移送；对不宜移送的，应当将其清单、照片或者其他证明文件随案移送。A 项中的电视机是被害人的合法财产，应当及时返还，故 A 项正确。《高法刑诉解释》第 363 条规定，“对不宜移送的实物，应当根据情况，分别审查以下内容：……（三）枪支弹药、剧毒物品、易燃易爆物品以及其他违禁品、危险物品，查封、扣押机关根据有关规定处理后，是否随案移送原物照片和清单等。”故 B 项错误。《高法刑诉解释》第 366 条规定，查封、扣押、冻结的财物及其孳息，经审查，确属违法所得或者依法应当追缴的其他涉案财物的，应当判决返还被害人，或者没收上缴国库，但法律另有规定的除外。判决返还被害人的涉案财物，应当通知被害人认领；无人认领的，应当公告通知；公告满 3 个月无人认领的，应当上缴国库；上缴国库后有人认领，经查证属实的，应当申请退库予以返还；原物已经拍卖、变卖的，应当返还价款。因此，C 项正确，D 项错误。

15. AB

《刑事诉讼法》第 150 条规定：公安机关在立案后，对于危害国家安全犯罪、恐怖活动犯罪、黑社会性质的组织犯罪、重大毒品犯罪或者其他严重危害社会的犯罪案件，根据侦查犯罪的需要，经过严格的批准手续，可以采取技术侦查措施。人民检察院在立案后，对于利用职权实施的严重侵犯公民人身权利的重大犯罪案件，根据侦查犯罪的需要，经过严格的批准手续，可以采取技术侦查措施，按照规定交有关机关执行。故 A、B 两项正确，C 项错误。《刑事诉讼法》第 154 条规定：依照本节规定采取侦查措施收集的材料在刑事诉讼中可以作为证据使用。如果使用该证据可能危及有关人员的人身安全，或者可能产生其他严重后果的，应当采取不暴露有关人员身份、技术方法等保护措施，必要的时候，可以由审判人员在庭外对证据进行核实。故 D 项错误。

16. BC

《公安机关办理刑事案件程序规定》第 250 条规定，几名辨认人对同一辨认对象进行辨认时，应当由辨认人个别进行。故选项 A 错误，选项 B 正确。关于辨认时是否应当安排证人到场，《公安机关办理刑事案件程序规定》未作明文规定，因此，本案公安机关在辨认时没有安排见证人到场的做法并不违反法律规定，故选项 C 为应选项。《公安机关办理刑事案件程序规定》第 251 条规定：辨认时，应当将辨认对象混杂在特征相类似的其他对象中，不得给辨认人任何暗示。辨认犯罪嫌疑人时，被辨认的人数不得少于 7 人。据此，选项 D 错误。

17. ABC

《关于司法鉴定管理问题的决定》第 9 条第 3 款规定，鉴定人应当依照诉讼法律规定实行回避。因此 A 项正确。该决定第 10 条规定：司法鉴定实行鉴定人负责制度。鉴定人应当独立进行鉴定，对鉴定意见负责并在鉴定书上签名或者盖章。多人参加的鉴定，对鉴定意见有不同意见的，应当注明。故 B 项正确，D 项错误。《刑事诉讼法》第 192 条规定：公诉人、当事人或者辩护人、诉讼代理人对鉴定意见有异议，人民法院认为鉴定人有必要出庭的，鉴定人应当出庭作证。经人民法院通知，鉴定人拒不出庭作证的，鉴定意见不得作为定案的根据。故 C 项正确。

18. AC

《人民检察院刑事诉讼规则（试行）》第 379 条规定：人民检察院公诉部门在审查中发现侦查人员以非法方法收集犯罪嫌疑人供述、被害人陈述、证人证言等证据材料的，应当依法排除非法证据并提出纠正意见，同时可以要求侦查机关另行指派侦查人员重新调查取证，必要时人民检察院也可以自行调查取证。故 A 项正确。选项 B 中“只能要求侦查机关重新取证，不能自行取证”的说法错误，因为依据上述规定，在必要时检察院也可以自行调查取证。《人民检察院刑事诉讼规则（试行）》第 572 条规定：人民检察院侦查监督部门、公诉部门发现侦查人员在侦查活动中的违法行为情节严重，构成犯罪的，应当移送本院侦查部门审查，并报告检察长。侦查部门审查后应当提出是否立案侦查的意见，报请检察长决定。对于不属于本院管辖的，应当移送有管辖权的人民检察院或者其他机关处理。故选项C正确。《人民检察院刑事诉讼规则（试行）》第567条规定：人民检察院根据需要可以派员参加公安机关对于重大案件的讨论和其他侦查活动，发现违法行为，情节较轻的可以口头纠正，情节较重的应当报请检察长批准后，向公安机关发出纠正违法通知书。据此，选项D错误。

19. AC

《刑事诉讼法》第141条规定：在侦查活动中发现的可用以证明犯罪嫌疑人有罪或者无罪的各种财物、文件，应当查封、扣押；与案件无关的财物、文件，不得查封、扣押。对查封、扣押的财物、文件，要妥善保管或者封存，不得使用、调换或者损毁。故选项A正确。《刑事诉讼法》第145条规定：对查封、扣押的财物、文件、邮件、电报或者冻结的存款、汇款、债券、股票、基金份额等财产，经查明确实与案件无关的，应当在3日以内解除查封、扣押、冻结，予以退还。所以选项B错误。依据《刑事诉讼法》第144条的规定（略），选项C正确。《人民检察院刑事诉讼规则（试行）》第534条规定：在人民检察院审查起诉过程中，犯罪嫌疑人死亡，或者贪污贿赂犯罪、恐怖活动犯罪等重大犯罪案件的犯罪嫌疑人逃匿，在通缉一年后不能到案，依照刑法规定应当追缴其违法所得及其他涉案财产的，人民检察院可以直接提出没收违法所得的申请。人民法院在审理案件过程中，被告人死亡而裁定终止审理，或者被告人脱逃而裁定中止审理，人民检察院可以依法另行向人民法院提出没收违法所得的申请。《高法刑诉解释》第507条规定，依照刑法规定应当追缴违法所得及其他涉案财产，且符合下列情形之一的，人民检察院可以向人民法院提出没收违法所得的申请：（1）犯罪嫌疑人、被告人实施了贪污贿赂犯罪、恐怖活动犯罪等重大犯罪后逃匿，在通缉一年后不能到案的；（2）犯罪嫌疑人、被告人死亡的。因此，选项D错误。

20. BC

《高法刑诉解释》第243条规定："审判期间，人民法院发现新的事实，可能影响定罪的，可以建议人民检察院补充或者变更起诉；人民检察院不同意或者在七日内未回复意见的，人民法院应当就起诉指控的犯罪事实，依照本解释第二百四十一条的规定作出判决、裁定。"可见，法院只能建议检察院补充起诉，而不能主动追究遗漏罪行和遗漏被告人。故A项错误。《人民检察院刑事诉讼规则（试行）》第460条规定："在法庭审理过程中，人民法院建议人民检察院补充侦查、补充起诉、追加起诉或者变更起诉的，人民检察院应当审查有关理由，并作出是否补充侦查、补充起诉、追加起诉或者变更起诉的决定。人民检察院不同意的，可以要求人民法院就起诉指控的犯罪事实依法作出裁判。"该规则第458条规定："在人民法院宣告判决前，人民检察院发现被告人的真实身份或者犯罪事实与起诉书中叙述的身份或者指控犯罪事实不符的，或者事实、证据没有变化，但罪名、适用法律与起诉书不一致的，可以变更起诉；发现遗漏的同案犯罪嫌疑人或者罪行可以一并起诉和审理的，可以追加、补充起诉。"故B、C两项正确。该规则第459条规定："在人民法院宣告判决前，人民检察院发现具有下列情形之一的，可以撤回起诉：（一）不存在犯罪事实的；（二）犯罪事实并非被告人所为的；（三）情节显著轻微、危害不大，不认为是犯罪的；（四）证据不足或证据发生变化，不符合起诉条件的；（五）被告人因未达到刑事责任年龄，不负刑事责任的；（六）法律、司法解释发生变化导致不应当追究被告人刑事责任的；（七）其他不应当追究被告人刑事责任的。"显然，发现遗漏罪行和被告人，不属于撤回起诉的情形，故D项错误。

21. ABCD

《人民检察院刑事诉讼规则（试行）》第305条第1款规定："侦查监督部门办理审查逮捕案件，可以讯问犯罪嫌疑人；有下列情形之一的，应当讯问犯罪嫌疑人：（一）对是否符合逮捕条件有疑问的；（二）犯罪嫌疑人要求向检察人员当面陈述的；（三）侦查活动可能有重大违法行为的；（四）案情重大疑难复杂的；（五）犯罪嫌疑人系未成年人的；（六）犯罪嫌疑人是盲、聋、哑人或者是尚未完全丧失辨认或者控制自己行为能力的精神病人的。"故本题答案为A、B、C、D四项。

22. BC

我国尚未明确赋予律师讯问在场权，故A项中的做法并不违反法律规定，A项不选。《刑事诉讼法》第96条规定：“人民法院、人民检察院和公安机关如果发现对犯罪嫌疑人、被告人采取强制措施不当的，应当及时撤销或者变更。公安机关释放被逮捕的人或者变更逮捕措施的，应当通知原批准的人民检察院。”故B项当选。《刑事诉讼法》第92条规定：“公安机关对人民检察院不批准逮捕的决定，认为有错误的时候，可以要求复议，但是必须将被拘留的人立即释放。”故C项错误，当选。《人民检察院刑事诉讼规则（试行）》第114条规定：“对犯罪嫌疑人决定在指定的居所执行监视居住，除无法通知的以外，人民检察院应当在执行监视居住后二十四小时以内，将指定居所监视居住的原因通知被监视居住人的家属。无法通知的，应当向检察长报告，并将原因写明附卷。无法通知的情形消除后，应当立即通知其家属。”根据这一规定，原则上，侦查机关必须告知犯罪嫌疑人家属指定监视居住的原因，但可以不告知处所。故D项中未告知处所是正确的，没有违反法律规定，但我们认为选项D不够严谨。本题选B、C两项。

23. ABC

《刑事诉讼法》第175条规定：人民检察院审查案件，可以要求公安机关提供法庭审判所必需的证据材料；认为可能存在本法第56条规定的以非法方法收集证据情形的，可以要求其对证据收集的合法性作出说明。人民检察院审查案件，对于需要补充侦查的，可以退回公安机关补充侦查，也可以自行侦查。对于补充侦查的案件，应当在一个月以内补充侦查完毕。补充侦查以两次为限。因此B项正确。《刑事诉讼法》第205条规定：依照本法第204条第2项的规定延期审理的案件，人民检察院应当在1个月以内补充侦查完毕。因此C项正确。《高法刑诉解释》第226条规定：审判期间，合议庭发现被告人可能有自首、坦白、立功等法定量刑情节，而人民检察院移送的案卷中没有相关证据材料的，应当通知人民检察院移送。审判期间，被告人提出新的立功线索的，人民法院可以建议人民检察院补充侦查。因此D项错误。

24. BC

选项A错误：《刑事诉讼法》第119条第1款规定，对不需要逮捕、拘留的犯罪嫌疑人，可以传唤到犯罪嫌疑人所在市、县内的指定地点或者到他的住处进行讯问，但是应当出示人民检察院或者公安机关的证明文件。对在现场发现的犯罪嫌疑人，经出示工作证件，可以口头传唤，但应当在讯问笔录中注明。据此可知，拘留之前是可以讯问的。选项B、C正确：《刑事诉讼法》第85条第2款规定，拘留后，应当立即将被拘留人送看守所羁押，至迟不得超过24小时。该法第118条第2款规定，犯罪嫌疑人被送交看守所羁押以后，侦查人员对其进行讯问，应当在看守所内进行。据此可知，送看守所羁押前可以进行讯问，但送交之后，应当在看守所内进行讯问。选项D错误：《刑事诉讼法》第119条第1款规定，对不需要逮捕、拘留的犯罪嫌疑人，可以传唤到犯罪嫌疑人所在市、县内的指定地点或者到他的住处进行讯问，但是应当出示人民检察院或者公安机关的证明文件。据此可知，并未要求在指定的居所进行讯问。

25. BCD

《刑事诉讼法》并未要求讯问始终由相同的工作人员进行，故A项不违反规定，不当选。《刑事诉讼法》第122条规定，讯问笔录……犯罪嫌疑人请求自行书写供述的，应当准许。故B项违反程序法规定，当选。根据《刑事诉讼法》第34条第2款，侦查机关在第一次讯问犯罪嫌疑人或者对犯罪嫌疑人采取强制措施的时候，应当告知犯罪嫌疑人有权委托辩护人。侦查机关首次讯问时未告知朱某可聘请律师，有违程序规定，故C项违反程序规定，当选。D项当选。根据《刑事诉讼法》第119条第3款的规定，不得以连续传唤、拘传的形式变相拘禁犯罪嫌疑人。传唤、拘传犯罪嫌疑人，应当保证犯罪嫌疑人的饮食和必要的休息时间。故D项违反程序规定，当选。

（三）不定项选择题

1. ABE

我国的侦查是公安、司法机关的官方单向性的调查行为，是带有强制性的职权性行为，而犯罪嫌疑人事实上处于被追诉的地位，基本上没有实质性的对抗侦查的权利。同时《刑事诉讼法》第108条给侦查下的定义是“公安机关、人民检察院对于刑事案件，依照法律进行的收集证据、查明案情的工作和有关的强制性措施”。在该法第 308 条规定了军队保卫部门和监狱对一定范围内的案件的侦查权。因此，A、B、E 三项正确。公民可以进行证据调查，但是这种调查行为并非职权性的，也谈不上是侦查行为。人民法院事实上并未介入侦查程序，真正对侦查活动进行监督的是检察机关。故 C、D 两项错误。

2. ABCD

根据《刑事诉讼法》第 38 条的规定，辩护律师在侦查期间可以为犯罪嫌疑人提供法律帮助；代理申诉、控告；申请变更强制措施；向侦查机关了解犯罪嫌疑人涉嫌的罪名和案件有关情况，提出意见。《刑事诉讼法》第 40 条规定：辩护律师自人民检察院对案件审查起诉之日起，可以查阅、摘抄、复制本案的案卷材料。其他辩护人经人民法院、人民检察院许可，也可以查阅、摘抄、复制上述材料。也即律师在侦查阶段享有会见权、代为申诉、控告、申请取保候审、了解嫌疑人涉嫌的罪名等权利，但是查阅案卷是在移送审查起诉后律师才可享有的权利。故 E 项错误。

3. BDE

《人民检察院刑事诉讼规则（试行）》第 286 条规定：人民检察院经过侦查，认为犯罪事实清楚，证据确实、充分，依法应当追究刑事责任的案件，应当写出侦查终结报告，并且制作起诉意见书。对于犯罪情节轻微，依照刑法规定不需要判处刑罚或者免除刑罚的案件，应当写出侦查终结报告，并且制作不起诉意见书。侦查终结报告和起诉意见书或者不起诉意见书由侦查部门负责人审核，检察长批准。第 290 条规定，人民检察院在侦查过程中或者侦查终结后，发现具有下列情形之一的，侦查部门应当制作拟撤销案件意见书，报请检察长或者检察委员会决定：（1）具有《刑事诉讼法》第 16 条规定情形之一的；（2）没有犯罪事实的，或者依照刑法规定不负刑事责任或者不是犯罪的；（3）虽有犯罪事实，但不是犯罪嫌疑人所为的。对于共同犯罪的案件，如有符合本条规定情形的犯罪嫌疑人，应当撤销对该犯罪嫌疑人的立案。也即人民检察院对自侦的案件可基于不同情况作出撤销案件、不起诉和起诉的决定。但法律没有规定它可以作出建议给予处分和免除刑罚的决定。

4. （1）ABCD

《刑事诉讼法》第 119 条规定：对不需要逮捕、拘留的犯罪嫌疑人，可以传唤到犯罪嫌疑人所在市、县内的指定地点或者到他的住处进行讯问，但是应当出示人民检察院或者公安机关的证明文件。对在现场发现的犯罪嫌疑人，经出示工作证件，可以口头传唤，但应当在讯问笔录中注明。因此，A、B、D 三项正确。《刑事诉讼法》第 93 条第 2 款规定：逮捕后，应当立即将被逮捕人送看守所羁押。除无法通知的以外，应当在逮捕后 24 小时以内，通知被逮捕人的家属。故 C 项正确。

（2）ACD

《刑事诉讼法》第 127 条规定，询问被害人，适用本节（即“询问证人”一节）各条规定。由此可知，询问被害人和询问证人的规定相同。《刑事诉讼法》第 124 条第 1 款规定：侦查人员询问证人，可以在现场进行，也可以到证人所在单位、住处或者证人提出的地点进行，在必要的时候，可以通知证人到人民检察院或者公安机关提供证言。在现场询问证人，应当出示工作证件；到证人所在单位、住处或者证人提出的地点询问证人，应当出示人民检察院或者公安机关的证明文件。据此，A、C 两项正确，B 项错误。《刑事诉讼法》第 122 条规定：讯问笔录应当交犯罪嫌疑人核对，对于没有阅读能力的，应当向他宣读。如果记载有遗漏或者差错，犯罪嫌疑人可以提出补充或者改正。犯罪嫌疑人承认笔录没有错误后，应当签名或者盖章。侦查人员也应当在笔录上签名。犯罪嫌疑人请求自行书写供述的，应当准许。必要的时候，侦查人员也可以要求犯罪嫌疑人亲笔书写供词。《刑事诉讼法》第 126 条规定，本法第 122 条的规定，也适用于询问证人。因此，D 项正确。

（3）D

《刑事诉讼法》第 141 条第 1 款规定，在侦查活动中发现的可用以证明犯罪嫌疑人有罪或者无罪的各种财物、文件，应当查封、扣押；与案件无关的财物、文件，不得查封、扣押。所以选项 A 错误。《刑事诉讼法》第 144 条第 1 款规定：人民检察院、公安机关根据侦查犯罪的需要，可以依照规定查询、冻结犯罪嫌疑人的存款、汇款、债券、股票、基金份额等财产。有关单位和个人应当配合。所以B项错误。《刑事诉讼法》第143条第1款规定，侦查人员认为需要扣押犯罪嫌疑人的邮件、电报的时候，经公安机关或者人民检察院批准，即可通知邮电机关将有关的邮件、电报检交扣押。C项中缺少了经批准的限制条件，故错误。《刑事诉讼法》第145条规定，对查封、扣押的财物、文件、邮件、电报或者冻结的存款、汇款、债券、股票、基金份额等财产，经查明确实与案件无关的，应当在3日以内解除查封、扣押、冻结，予以退还。据此，D项正确。

5.（1）ACD

《刑事诉讼法》第153条规定：为了查明案情，在必要的时候，经公安机关负责人决定，可以由有关人员隐匿其身份实施侦查。但是，不得诱使他人犯罪，不得采用可能危害公共安全或者发生重大人身危险的方法。对涉及给付毒品等违禁品或者财物的犯罪活动，公安机关根据侦查犯罪的需要，可以依照规定实施控制下交付。本案涉及贩卖毒品罪，故选项A正确。《刑事诉讼法》第151条规定：批准决定应当根据侦查犯罪的需要，确定采取技术侦查措施的种类和适用对象。批准决定自签发之日起3个月以内有效。对于不需要继续采取技术侦查措施的，应当及时解除；对于复杂、疑难案件，期限届满仍有必要继续采取技术侦查措施的，经过批准，有效期可以延长，每次不得超过3个月。故选项B错误。先立案后侦查，侦查人员隐匿身份实施侦查发生在立案之后的侦查阶段，故选项C正确。《刑事诉讼法》第154条规定：依照本节规定采取侦查措施收集的材料在刑事诉讼中可以作为证据使用。如果使用该证据可能危及有关人员的人身安全，或者可能产生其他严重后果的，应当采取不暴露有关人员身份、技术方法等保护措施，必要的时候，可以由审判人员在庭外对证据进行核实。故选项D正确。

（2）A

《高法刑诉解释》第317条规定，下列案件，根据《刑事诉讼法》第234条第1款的规定，应当开庭审理：1）被告人、自诉人及其法定代理人对第一审认定的事实、证据提出异议，可能影响定罪量刑的上诉案件；2）被告人被判处死刑立即执行的上诉案件；3）人民检察院抗诉的案件；4）应当开庭审理的其他案件。被判处死刑立即执行的被告人没有上诉，同案的其他被告人上诉的案件，第二审人民法院应当开庭审理。被告人被判处死刑缓期执行的上诉案件，虽不属于第1款第1项规定的情形，有条件的，也应当开庭审理。在本案共同犯罪中鲁某被判处死刑立即执行未上诉，同案犯关某被判处“死缓”并上诉，故二审法院应当开庭审理。故A项正确。《高法刑诉解释》第321条规定：开庭审理上诉、抗诉的公诉案件，应当通知同级人民检察院派员出庭。抗诉案件，人民检察院接到开庭通知后不派员出庭，且未说明原因的，人民法院可以裁定按人民检察院撤回抗诉处理，并通知第一审人民法院和当事人。因此，二审开庭审理，同级人民检察院应派员出庭。故B项错误。《高法刑诉解释》第318条规定：对上诉、抗诉案件，第二审人民法院经审查，认为原判事实不清、证据不足，或者具有《刑事诉讼法》第238条规定的违反法定诉讼程序情形，需要发回重新审判的，可以不开庭审理。本案中二审事实清楚，证据确实充分，不可发回。故C项错误。对关某应判处死刑缓期2年执行同时限制减刑，违反上诉不加刑原则。故D项错误。

（3）ABCD

死刑复核程序应当开庭审理，但对死缓，由于由高院复核通常不再另行开庭复核，因此选项A是正确的。高级人民法院复核“死缓”，最高人民法院复核死刑立即执行，都应当由审判员三人组成合议庭进行，故选项B正确。《高法刑诉解释》第356条规定：死刑复核期间，辩护律师要求当面反映意见的，最高人民法院有关合议庭应当在办公场所听取其意见，并制作笔录；辩护律师提出书面意见的，应当附卷。故选项C正确。《高法刑诉解释》第353条规定：最高人民法院裁定不予核准死刑的，根据案件情况，可以发回第二审人民法院或者第一审人民法院重新审判。第一审人民法院重新审判的，应当开庭审理。第二审人民法院重新审判的，可以直接改判；必须通过开庭查清事实、核实证据或者纠正原审程序违法的，应当开庭审理。故选项D正确。

6. ACD

根据《刑事诉讼法》第 123 条规定，侦查人员在讯问犯罪嫌疑人的时候，可以对讯问过程进行录音或者录像；对于可能判处无期徒刑、死刑的案件或者其他重大犯罪案件，应当对讯问过程进行录音或者录像。录音或者录像应当全程进行，保持完整性。甲涉嫌故意杀人罪与非法拘禁罪，属于可能判处无期徒刑、死刑的重大犯罪案件，应当对讯问过程进行录音或者录像。所以，A 项正确。本案中，乙具有双重身份，即其既是故意杀人案中的犯罪嫌疑人，又是非法拘禁案中的被害人。诉讼中讯问和询问是不同的两种侦查行为，讯问的对象犯罪嫌疑人，询问对象是被害人，应该分开进行，所以不可以在讯问乙的过程中，一并收集乙作为非法拘禁案的被害人的陈述，故 B 项错误。根据《公安机关办理刑事案件程序规定》第 210 条规定，公安机关对案件现场进行勘查不得少于 2 人。勘查现场时，应当邀请与案件无关的公民作为见证人。所以，C 项正确。根据《刑事诉讼法》第 141 条第 1 款规定，在侦查活动中发现的可用以证明犯罪嫌疑人有罪或者无罪的各种财物、文件，应当查封、扣押。所以 D 项正确。

7. AC

甲是受害人。询问受害人适用询问证人的程序。《刑事诉讼法》第 124 条规定：侦查人员询问证人，可以在现场进行，也可以到证人所在单位、住处或者证人提出的地点进行，在必要的时候，可以通知证人到人民检察院或者公安机关提供证言。故 A 项正确。根据《刑事诉讼法》第 281 条的规定，对于未成年人刑事案件，询问未成年被害人、证人，应当通知其法定代理人到场。无法通知、法定代理人不能到场或法定代理人是共犯的，也可以通知未成年人的其他成年亲属，所在学校、单位、居住地基层组织或者未成年保护组织的代表到场。通知这些人同时到场，是为了维护未成年证人、被害人的权利，而不是代行未成年证人、被害人的诉讼权利。故 B 项错误。根据《刑事诉讼法》第 135 条的规定，为了查明案情，在必要的时候，经公安机关负责人批准，可以进行侦查实验。故 C 项正确。《公安机关办理刑事案件程序规定》第 210 条规定，公安机关对案件现场进行勘查不得少于 2 人。勘查现场时，应当邀请与案件无关的公民作为见证人。许某是本案的报案人，还有可能成为证人，与案件有关系，不宜作为见证人。故 D 项错误。

简答题

1. 侦查机关讯问犯罪嫌疑人时应遵守的程序有：(1) 只能由侦查人员进行；(2) 对未被羁押的犯罪嫌疑人、被告人可以到他所在县、市的指定地点或者其住所进行讯问，对于已经被羁押的，应当在 24 小时内进行讯问；(3) 应当先听其辩解后开始讯问，应当告知其应当如实回答侦查人员的提问，对共同犯罪人应当分别讯问；(4) 应当为语言沟通有障碍者请翻译；(5) 不能用刑讯逼供等非法方法进行讯问；(6) 应当保障其律师帮助权；(7) 应当按规定制作笔录；(8) 在讯问犯罪嫌疑人的时候，可以对讯问过程进行录音或者录像；对于可能判处无期徒刑、死刑的案件或者其他重大犯罪案件，应当对讯问过程进行全程录音或者录像。

2. 补充侦查是指公安机关或者人民检察院依照法定程序，在原有侦查工作的基础上继续进行收集补充证据的一种侦查活动。补充侦查是侦查工作的重要组成部分。补充侦查不是每一个案件的必经程序，它是在原有侦查工作没有完成侦查任务的前提下就案件的情况、事实进行的侦查活动。如果原有的侦查工作已经达到侦查的目的和要求，侦查任务已经完成，就不存在补充侦查的问题。

根据刑事诉讼法的规定，补充侦查有退回补充侦查和自行补充侦查两种形式。退回补充侦查是决定退回补充侦查的人民检察院将案件退回给原侦查机关或者部门进行的补充侦查。自行补充侦查是决定补充侦查的人民检察院不再将案件退回公安机关而由本院的侦查部门进行的补充侦查。

3. 搜查是侦查人员为了收集证据、查获犯罪嫌疑人，对可能隐藏罪犯或者犯罪证据的人的身体、物品、住处和其他有关的地方进行搜索检查的一种侦查活动。搜查的目的是收集犯罪证据，查获犯罪人。大多数情况下，侦查机关搜查的主要目的是收集证据，有时也可能是查找犯罪嫌疑人。对有关人员的身体或者有关的场所进行搜查，对于发现证据、弄清犯罪事实和查获犯罪嫌疑人有着非常重要的意义。

搜查直接关系到公民的人身自由和住宅不受侵犯的权利，因此，搜查必须严格依法定程序进行。

搜查只能由公安机关或人民检察院的侦查人员进行，其他任何机关、团体和个人都无权对公民的人身或者住宅进行搜查。同时，搜查作为一种侦查手段，其目的是发现和收集与犯罪有关的证据，查获隐藏的犯罪嫌疑人。因此，不能为了其他目的而滥用搜查措施。

侦查人员进行搜查，必须向被搜查人出示搜查证。搜查证分别由公安机关负责人或者检察长签发。只有在执行逮捕、拘留的时候，遇有紧急情况，不另用搜查证才可以进行搜查。在搜查时应有被搜查人或者他的家属、邻居或者其他见证人在场，以对搜查情况进行证明和监督搜查的依法进行。搜查妇女的身体，应由女工作人员进行。搜查的情况应写成笔录，由侦查人员和被搜查人或他的家属、邻居或其他见证人签名或盖章。如果被搜查人或他的家属在逃或拒绝签名、盖章，侦查人员应在笔录上注明。

4. 我国刑事诉讼中侦查权划分与立案管辖紧密相连，与公安机关和人民检察院的职能也是紧密关联的。根据我国刑事诉讼法及相关司法解释的规定，我国侦查权行使的主体主要是公安机关、检察机关职务犯罪侦查部门、国家安全机关、军队保卫部门、监狱内设的侦查机关等，具体划分如下。

检察机关中的职务犯罪侦查部门在对诉讼活动实行法律监督中发现的司法工作人员利用职权实施的非法拘禁、刑讯逼供、非法搜查等侵犯公民权利、损害司法公正的犯罪，可以由人民检察院立案侦查。对于公安机关管辖的国家机关工作人员利用职权实施的重大犯罪案件，需要由人民检察院直接受理的时候，经省级以上人民检察院决定，可以由人民检察院立案侦查。

国家安全机关主要侦查危害国家安全的刑事案件。

军队保卫部门对军队内部发生的刑事案件行使侦查权。

罪犯在监狱内犯罪的案件由监狱进行侦查。

其他大部分的案件由公安机关立案侦查。公安机关侦查刑事案件涉及人民检察院管辖的案件时，应当将案件移送人民检察院；人民检察院侦查案件涉及公安机关管辖的刑事案件，应当将属于公安机关管辖的刑事案件移送公安机关。在上述情况中，如果涉嫌主罪属于公安机关管辖，由公安机关为主进行侦查，人民检察院予以配合；如果涉嫌主罪属于人民检察院管辖，由人民检察院为主进行侦查，公安机关予以配合。

案例分析题

1. 该案中人民检察院不合法的程序有：(1) 人民检察院立案侦查国有宏源股份有限公司涉税一案不合法；(2) 人民检察院对犯罪嫌疑人应当是决定逮捕而不是批准逮捕；(3) 人民检察院直接派员执行逮捕不合法；(4) 检察院要求同时提供5万元保证金和保证人的行为违法；(5) 人民检察院收取保证金5万元的做法不合法；(6) 人民检察院在侦查阶段即将冻结的存款上缴国库的行为违法；(7) 人民检察院于2017年7月9日对王明取保候审，到2018年8月1日才向法院提起公诉的行为不合法；(8) 检察院没有经过原审人民法院直接向上一级人民法院提出抗诉的做法违法。

论述题与深度思考题

1. 我国侦查程序具有如下主要特点。

(1) 在侦查权的分配问题上，由检察机关和公安机关并行分担侦查权，同时实行的是警检分开，检察机关除了行使部分案件的侦查权以外还要承担公诉的职能，但是，侦查机关与起诉机关的关系并不紧密，检察机关对公安机关的侦查活动有监督职能。

(2) 在侦查实施方式上，既有强制性侦查又有任意性侦查，但是法律并未加以严格区分。除了逮捕有象征性的检察机关或法院授权外，其他侦查活动都无须司法授权，更无令状主义的做法。

(3) 对侦查活动缺乏司法控制，没有中立的第三方对侦查进行司法控制。西方国家无论是英美法系国家还是大陆法系国家，许多都设立了由法官对一些侦查活动进行控制的机制。

（4）我国审前拘留与羁押的状态不分离，即拘捕与羁押合一，在对犯罪嫌疑人实施拘留后即可自然引起羁押的状态，中间缺乏对羁押的条件和理由的审查机制。同时，我国刑事诉讼法中所指的羁押一般指的是逮捕后的羁押，期限较长。国外的做法一般是将拘留和逮捕作为一种短期的措施，而且在拘捕之后还需要司法审查是否具备继续羁押的理由，如不具有羁押理由则可作出保释或释放等处分。拘捕只能引起短暂的羁押，之后并不能直接引起羁押状态的延续。

（5）在侦查活动中犯罪嫌疑人事实上没有当事人地位，只是被追诉的对象，缺乏一些防御性的权利。

（6）侦查阶段律师辩护的范围很小，权限较少，而且在司法实践中律师权利往往不能顺畅地得到实现。

2. 刑讯逼供，是指公安、司法人员在办案中使用肉刑或者变相使用肉刑，对犯罪嫌疑人、被告人的身体进行折磨和摧残，以逼取口供的行为。刑讯逼供行为严重地侵犯了犯罪嫌疑人、被告人的人身权利和民主权利，或使其精神上感到痛苦而被迫作出某种供述，而且会造成被审讯对象重伤、死亡和冤假错案的发生。这严重损害了公安、司法机关的形象，破坏了社会稳定，造成了严重后果，所以是为我国法律所禁止的。我国《刑法》第247条专门规定了刑讯逼供的罪名，《刑事诉讼法》第52条也明确规定了严禁以刑讯逼供的非法手段收集证据。然而，在我国的司法实践中刑讯逼供现象仍时有发生。

刑讯逼供之所以成为一个“顽症”，屡禁不绝，有着主、客观方面的原因。从当前来看，产生刑讯逼供的主要原因是如下几种。

（1）思想根源和认识上的错误，封建特权思想的作祟。封建社会实行“罪从供定”“无供不录案”，把口供当作“证据之主”，在法律上明确规定了采取刑讯的办法逼取口供的制度。中华人民共和国成立后，尽管在法律上刑讯逼供被加以严禁，但是原有思想长期影响着人们的思维和生活。

（2）有罪推定思想的影响。封建社会实行纠问式诉讼，犯罪嫌疑人、被告人被先入为主地推定为有罪。这是刑讯逼供得以产生的思想根源，也是刑讯逼供至今仍然难以禁绝的主要原因。办案人员在收集不到其他证据可供查明案件真相的时候，往往凭着个人的认识和判断要求犯罪嫌疑人、被告人作出符合自己判断的供述。当不能如愿的时候，侦查人员就会认为犯罪嫌疑人、被告人“不老实”，并容易不由自主地进行程度不同的刑讯逼供。

（3）部分工作人员素质低下，法制观念淡薄，缺少应有的职业修养。一些基层的办案人员业务素质、专业技能和执法水平不能完全适应当前形势的需要和法制的要求，加上侦查机关内部的绩效考核机制存在缺陷，在破案率的压力下，难免产生不择手段获取口供的情况。

（4）司法投入的普遍不足，侦查技术水平的相对低下。国家能够给予公安、司法机关支配的资源相对有限，逼取犯罪嫌疑人、被告人口供与勘验、搜查、扣押、侦查实验等措施相比，成本和耗费相对较小。在国家司法投入普遍不足的情况下，侦查机关千方百计地逼取犯罪嫌疑人口供就不足为奇了。

（5）刑讯逼供处罚不力。虽然我国刑法已将刑讯逼供作为犯罪加以规定，但在司法实践中，对刑讯逼供的查处比较少，即使不得不进行查处，也往往是大事化小、小事化了。

（6）刑事诉讼制度的缺陷。这一方面的原因其实是最为重要的，主要包括以下几个方面。

第一，我国一直没有明确无罪推定的原则，目前的刑事诉讼法只确认了未经人民法院审判不得定罪原则，虽具有无罪推定的一些精神，但与真正的无罪推定还有一定差距。

第二，我国一直不承认犯罪嫌疑人、被告人享有沉默权，法律也没有明确规定，只规定了对与本案无关的问题犯罪嫌疑人有拒绝回答的权利，但这与沉默权的内涵差距甚大。《刑事诉讼法》在第52条中明确规定“不得强迫任何人证实自己有罪”，客观上对遏制刑讯逼供有较大的促进作用。

第三，我国法律中有关非法证据排除的规定还不够完善。目前刑事诉讼法规定，严禁刑讯逼供和以威胁、引诱、欺骗以及其他非法的方法收集证据；并且规定，对于言词证据，如果确定是非法取得的，应当予以排除，对于物证、书证，规定在不能补正或者解释的情况下也应排除。但是总体上我国非法证据排除规则适用的范围有限，对非法取得的实物证据不能适用。

第四，在我国侦押分离制度没有建立，犯罪嫌疑人在侦查阶段都处于侦查机关的完全控制之下，刑讯逼供的机会很多。

此外还有一些国外遏制刑讯逼供的先进经验在我国也未得到吸收，如对犯罪嫌疑人的定期人身检查等。

以上原因中既有主观方面的又有客观方面的，一直以来我们所强调的是主观上的原因，但是事实上客观上制度的缺失和不明朗才是刑讯逼供得不到有效遏制的最为重要的原因。只有建立完备的诉讼制度，确立遏制刑讯逼供的完整的机制，才可能使刑讯逼供的现象减少并消失。正确的道路应当是通过程序来遏制刑讯逼供。

3. 沉默权最早萌芽于13世纪的英国，后来在许多国家的刑事诉讼制度中得到确认，目前已经成为国际人权法确认的一项基本人权。在各国立法上沉默权的表现并不完全一致，这导致沉默权的内涵也不完全相同。一般认为沉默权有广义的沉默权和狭义的沉默权两种。广义的沉默权的享有主体并不限于被追诉人，案件的知情人在到法院作证以前都享有拒绝就案件陈述的权利。狭义的沉默权是指犯罪嫌疑人、被告人在整个刑事诉讼过程中对讯问官员的提问依法可以保持沉默或拒绝回答，且原则上不因此而受到不利的推断，讯问官员则有义务告知犯罪嫌疑人享有此项权利，以物理强制或者精神强制等方法侵害这一权利所获得的陈述，不得作为指控陈述人有罪的证据使用。可见，较为完整的沉默权要求：首先，供述必须基于供述人自愿，不得对供述人施加任何物理的或精神的强制；其次，不得从犯罪嫌疑人、被告人沉默或拒绝回答这一事实推导出不利于他的结论；再次，证明被控诉人有罪的责任在控诉一方，被控诉的人不负举证责任；最后，违反沉默权规则而实施的诉讼行为，应为无效。

从总体上看，沉默权制度的确立主要是基于程序正义的需要，其主要目的是通过正当程序来实现惩罚犯罪，实现追诉犯罪与保障犯罪嫌疑人、被告人人权的价值平衡。具体说来有以下几方面的积极效果：首先，沉默权增加了犯罪嫌疑人对抗侦查讯问的手段，有利于建立控辩双方平等对抗的刑事诉讼构造。其次，沉默权有利于贯彻无罪推定原则，没有无罪推定原则的保障，沉默权也只是空中楼阁，而沉默权是无罪推定原则逻辑上的必然要求，要贯彻无罪推定原则，就必须确认沉默权。再次，沉默权制度有助于弱化口供情结，对遏制刑讯逼供有积极的意义。最后，沉默权制度提升了被追诉方的诉讼主体地位，可以强化对侦查机关权力的制约。

目前随着司法实践与客观形势的变化，一些国家基于各种价值的考量也开始对沉默权作出限制，对沉默权规定了一些例外情况，可以根据犯罪嫌疑人的沉默作出对其不利的推论。

综上，沉默权的确立是人权保障发展的趋势，但沉默权并非一项孤立的制度，需要相关制度的配套，才能真正形成完善的沉默权制度体系，这些制度主要包括：无罪推定、辩护权及律师介入帮助的保障、权利告知制度、自白任意性规则、违反沉默权制度的程序性后果，等等。我国如果单单确立沉默权是达不到很好的效果的，还需要建立一系列的配套制度来保障沉默权制度的实施。

4. 我国《刑事诉讼法》第120条规定：侦查人员在讯问犯罪嫌疑人的时候，应当首先讯问犯罪嫌疑人是否有犯罪行为，让他陈述有罪的情节或者无罪的辩解，然后向他提出问题。犯罪嫌疑人对侦查人员的提问，应当如实回答。但是对与本案无关的问题，有拒绝回答的权利。此即设定了一个例外：对与本案无关的问题，有拒绝回答的权利。但是这种拒绝回答的权利没有程序方面的有效保障，使犯罪嫌疑人在讯问程序中几乎完全处于被动、受支配的地位。该条的规定实际上规定了犯罪嫌疑人的供述义务，即提供自己能提供的证据或者证据线索。这种规定体现了我国刑事诉讼注重发现案件的客观真实的特点。一般认为，犯罪嫌疑人有无犯罪，事实之经过如何，其本人最清楚。因此，犯罪嫌疑人如实陈述，对于查清案件事实，尤其是犯罪预备、犯罪过程中的细节、行为人的主观心理状态等不易为外界知晓的事实以及尚未被追诉、审判机关掌握的其他事实和证据，有着不可取代的作用。在法律中规定如实陈述的义务，体现了对犯罪嫌疑人供述在查明案件事实方面具有的证据价值的重视，体现了秩序、安全、控制犯罪至上的价值取向。

供述义务的规定与我国惩罚、改造犯罪嫌疑

人的刑事政策相贯通。自愿供述表明犯罪嫌疑人主观方面的悔改之意，也是教育、改造犯罪人的第一步。同时供述义务的规定体现了对诉讼效率的追求。犯罪嫌疑人如实陈述，对于破积案、查隐案、迅速推进诉讼进程意义重大，得到这样的证据远比单纯依靠收集口供以外的证据节省人力、物力和财力，其效果往往也颇佳。

但是这一规定也往往被认为与大多数国家所实行的沉默权制度相矛盾，这一规定使犯罪嫌疑人事实上承担了证明自己有罪的责任，并负担着为刑事追诉官员提供控诉证据的义务；同时，这一规定体现的是，犯罪嫌疑人是否如实回答的判断权在侦查人员手中，从而使犯罪嫌疑人陈述的自愿性难以得到保障。

从以上分析可以看出，虽然如实回答的义务可能使犯罪嫌疑人如实交代犯罪事实，有利于公安、司法机关及时、准确地查明案情，也有助于判明其认罪态度，最终使客观真实容易被发现，但是它与沉默权制度体现的对犯罪嫌疑人陈述自愿性的保障有着内在的矛盾，故而有一定的不合理性。

第十七章　起　诉

知识逻辑图

- 起诉
  - 公诉
    - 制度类型
      - 刑事公诉垄断主义：起诉权被国家垄断，排除自诉
      - 刑事公诉兼自诉：一般由代表国家的机关公诉，但允许少数轻微案件的自诉
    - 处理原则
      - 起诉法定主义：只要符合法定条件，公诉机关不享有自由裁量权，必须起诉
      - 起诉便宜主义：具备起诉条件，但是否起诉由公诉机关裁量
    - 审查起诉
      - 内容
        - 犯罪事实、情节是否清楚，证据是否确实、充分，犯罪性质和罪名的认定是否正确
        - 有无遗漏罪行和其他应追究刑事责任的人
        - 是否为不应追究刑事责任的情形
        - 有无附带民事诉讼
        - 侦查活动是否合法
      - 步骤要求
        - 案件与审判管辖相适应
        - 审阅案卷材料
        - 讯问犯罪嫌疑人
        - 听取被害人和犯罪嫌疑人、被害人的委托人的意见
        - 补充侦查
        - 作出决定
          - 提起公诉：公诉条件
            - 犯罪嫌疑人的犯罪事实已查清
            - 证据确实、充分
            - 依法应追究刑事责任
          - 不起诉
            - 种类
              - 法定不起诉：符合《刑事诉讼法》第 16 条不追究刑事责任情形之一的
              - 酌定不起诉：犯罪情节轻微，依刑法不需判处刑罚或免除刑罚
              - 存疑不起诉：经过补充侦查，仍然认为证据不足，不符合起诉条件
              - 附条件不起诉：对未成年人涉嫌侵犯人身权利、民主权利，侵犯财产，妨害社会管理秩序犯罪，可能判一年有期徒刑以下刑罚，符合起诉条件，但有悔改表现
            - 程序
              - 制作不起诉决定书
              - 宣布和送达
              - 解除扣押、冻结
              - 移送有关主管机关处理
              - 对公安机关的意见复议、复核
              - 对被害人、被不起诉人的申诉复查
  - 自诉
    - 范围
      - 告诉才处理的案件
      - 被害人有证据证明的轻微刑事案件
      - 被害人有证据证明对被告人侵犯自己人身、财产权利的行为应当依法追究刑事责任，而公安机关或检察机关不予追究被告人刑事责任的案件
    - 条件
      - 有适格的自诉人
      - 有明确的被告人和具体的诉讼请求
      - 属自诉案件范围
      - 被害人有证据证明
      - 属法院管辖

名词解释与概念比较

1. 起诉书一本主义（考研）
2. 私人起诉主义（考研）
3. 公诉与自诉（考研）
4. 不起诉（考研）
5. 酌定不起诉（考研）
6. 起诉法定主义与起诉便宜主义
7. 附条件不起诉

选择题

（一）单项选择题

1. 人民检察院公诉部门对于本院侦查部门移送审查起诉的案件，发现犯罪事实不是犯罪嫌疑人所为，应当如何处理？（　　）（司考）

A. 应当书面说明理由将案卷退回侦查部门，并建议侦查部门重新侦查

B. 应当退回侦查部门，建议撤销案件

C. 应当书面说明理由，将案件退回侦查部门处理

D. 应当退回侦查部门，建议补充侦查

2. 高某以诽谤罪将范某起诉至某县法院。县法院经审查认为，该案应属本院管辖，该案有明确的被告人、具体的诉讼请求和能证明被告人犯罪事实的证据，应予受理。但被告人范某目前下落不明。对此，法院应当如何处理？（　　）（司考）

A. 裁定中止审理

B. 说服自诉人撤回起诉或者裁定不予受理

C. 宣告范某犯有诽谤罪并处以刑罚

D. 将案件交公安机关查找范某下落

3. 下列情形中，不属于人民检察院审查起诉必经程序的是(　　)。

A. 讯问犯罪嫌疑人

B. 听取被害人意见

C. 听取侦查人员意见

D. 听取犯罪嫌疑人的委托人意见

4. 一刑事案件经过某县公安机关侦查终结后，被移送审查起诉。县检察机关经审查认为此案可能会判处无期徒刑或死刑，此案应由上级检察机关审查起诉。据此，县检察机关的下列做法，哪一项是对的？（　　）

A. 直接由本院移送到有管辖权的上级人民检察院

B. 将案件退回县公安机关，由县公安机关移送到市公安机关，再由市公安机关向市检察机关移送审查起诉

C. 仍决定由本院审查起诉

D. 以上说法都不对

5. 张某故意伤害案由公安机关侦查终结后移送人民检察院审查起诉。人民检察院审查后认为张某犯罪情节轻微，可以免除刑罚，决定不起诉。公安机关如果认为人民检察院的决定有错误，依法可以作出什么处理？（　　）

A. 请求人民法院审查人民检察院的决定

B. 请求上一级公安机关移送人民检察院审查起诉

C. 提请上一级人民检察院复议

D. 要求作出决定的人民检察院复议，意见不被接受时向上一级人民检察院提请复核

6. 刘某致王某和李某轻伤，王某将案件起诉到法院，李某接到法院通知后表示不想追究刘某的责任，没有参加诉讼。一审宣判后，李某反悔，就同一事实向法院提起自诉。该法院应当如何处理？（　　）（司考）

A. 受理李某的自诉

B. 在李某和刘某之间进行调解

C. 告知李某在当事人上诉时向第二审法院提出其主张

D. 不受理李某的自诉

7. 王华因涉嫌挪用资金罪被公安机关立案侦查，侦查终结后移送人民检察院审查起诉。人民检察院经审查后，认为犯罪嫌疑人王华没有犯罪行为，经检察委员会讨论，作出不起诉的决定。下列哪一表述是正确的？（　　）

A. 本案应由人民检察院立案侦查

B. 人民检察院应作出撤销案件的决定

C. 人民检察院作不起诉的决定是正确的，但不应由检察委员会讨论决定

D. 人民检察院应当写出书面理由，将案卷退回公安机关处理

8. 根据《刑事诉讼法》的规定，刑事自诉案件共有三类，其中一类即为被害人有证据证明的

轻微刑事案件。下列哪一选项不属于这类刑事自诉案件？（ ）（司考）

A. 故意伤害案（轻伤）

B. 妨害通信自由案

C. 拒不执行判决、裁定案

D. 国家机关工作人员非法剥夺公民宗教信仰自由案

9. 叶某涉嫌盗窃罪，甲市公安局侦查终结后移送该市检察院审查起诉。甲市检察院审查后，将该案交A区检察院审查起诉。A区检察院审查后认为需要退回公安机关补充侦查。A区检察院应当如何退回？（ ）（司考）

A. 应当退回甲市检察院

B. 应当退回甲市公安局

C. 可以退回甲市公安局

D. 应当通过甲市检察院退回甲市公安局

10. 检察院审查案件可以退回公安机关补充侦查。下列关于退回补充侦查的哪一表述是错误的？（ ）（司考）

A. 退回补充侦查应在一个月以内侦查完成

B. 退回补充侦查以两次为限

C. 审查起诉期间改变管辖的，改变管辖后退回补充侦查的次数不得超过两次

D. 审查起诉期间改变管辖的，改变管辖前后退回补充侦查的次数总共不得超过两次

11. 关于"告诉才处理"的案件与自诉案件，下列哪一选项是正确的？（ ）（司考）

A. 自诉案件是告诉才处理的案件

B. 告诉才处理的案件是自诉案件

C. 告诉才处理的案件与自诉案件，只是说法不同，含义相同

D. 告诉才处理的案件与自诉案件二者之间没有关系

12. 某看守所干警甲，因涉嫌虐待被监管人乙被立案侦查。在审查起诉期间，A地基层检察院认为甲情节显著轻微，不构成犯罪，遂作不起诉处理。关于该决定，下列哪一选项是正确的？（ ）（司考）

A. 公安机关有权申请复议复核

B. 甲有权向原决定检察院申诉

C. 乙有权向上一级检察院申诉

D. 申诉后，上级检察院维持不起诉决定的，乙可以向该地的中级法院提起自诉

13. 关于检察院审查起诉，下列哪一选项是正确的？（ ）（司考）

A. 认为需要对公安机关的勘验、检查进行复验、复查的，可以自行复验、复查

B. 发现侦查人员以非法方法收集证据的，应当自行调查取证

C. 对已经退回公安机关二次补充侦查的案件，在审查起诉中又发现新的犯罪事实的，应当将已侦查的案件和新发现的犯罪一并移送公安机关立案侦查

D. 共同犯罪中部分犯罪嫌疑人潜逃的，应当中止对全案的审查，待潜逃犯罪嫌疑人归案后重新开始审查起诉

14. 检察院在审查起诉时，下列哪一处理方式是正确的？（ ）（司考）

A. 审查公安机关移送起诉的投毒案，发现犯罪嫌疑人周某根本没有作案时间，遂书面说明理由将案卷退回公安机关并建议公安机关重新侦查

B. 审查吴某、郑某共同抢劫案的过程中，发现吴某在押但郑某潜逃，遂全案中止审查起诉

C. 甲县公安局将蔡某抢劫案移送甲县检察院审查起诉，甲县检察院审查认为蔡某可能会被判处死刑，遂将案件退回

D. 甲县检察院受理移送起诉的谭某诈骗案，认为应当由谭某居住地的乙县检察院起诉，遂将案卷材料移送乙县检察院审查起诉，但未通知甲县公安局

15. 被害人对于检察院作出不起诉决定不服而在7日内提出申诉时，下列哪一说法是正确的？（ ）（司考）

A. 由作出决定的检察院受理被害人的申诉

B. 由与作出决定的检察院相对应的法院受理被害人的申诉

C. 被害人提出申诉同时又向法院起诉的，法院应裁定驳回起诉

D. 被害人提出申诉后又撤回的，仍可向法院起诉

16. 关于附条件不起诉，下列哪一说法是错误的？（ ）（司考）

A. 只适用于未成年人案件

B. 应当征得公安机关、被害人的同意

C. 未成年犯罪嫌疑人及其法定代理人对附条件不起诉有异议的，应当起诉

D. 有悔罪表现时，才可以附条件不起诉

17. 社会主义法治要通过法治的一系列原则加以体现。具有法定情形不予追究刑事责任是《刑事诉讼法》确立的一项基本原则，下列哪一案件的处理体现了这一原则？（　）（司考）

A. 甲涉嫌盗窃，立案后发现涉案金额 400 余元，公安机关决定撤销案件

B. 乙涉嫌抢夺，检察院审查起诉后认为犯罪情节轻微，不需要判处刑罚，决定不起诉

C. 丙涉嫌诈骗，法院审理后认为其主观上不具有非法占有他人财物的目的，作出无罪判决

D. 丁涉嫌抢劫，检察院审查起诉后认为证据不足，决定不起诉

18. 只要有足够证据证明犯罪嫌疑人构成犯罪，检察机关就必须提起公诉。关于这一制度的法理基础，下列哪一选项是正确的？（　）（司考）

A. 起诉便宜主义

B. 起诉法定主义

C. 公诉垄断主义

D. 私人诉追主义

19. 检察院对孙某敲诈勒索案审查起诉后认为，作为此案关键证据的孙某口供系刑讯所获，依法应予排除。在排除该口供后，其他证据显然不足以支持起诉，因而作出不起诉决定。关于该案处理，下列哪一选项是错误的？（　）（司考）

A. 检察院的不起诉属于存疑不起诉

B. 检察院未经退回补充侦查即作出不起诉决定，违反《刑事诉讼法》的规定

C. 检察院排除刑讯获得的口供，体现了法律监督机关的属性

D. 检察院不起诉后，又发现新的证据，符合起诉条件时，可提起公诉

20. 甲、乙、丙、丁四人涉嫌多次结伙盗窃，公安机关侦查终结移送审查起诉后，甲突然死亡。检察院审查后发现，甲和乙共同盗窃 1 次，数额未达刑事立案标准；乙和丙共同盗窃 1 次，数额刚达刑事立案标准；甲、丙、丁三人共同盗窃 1 次，数额巨大，但经两次退回公安机关补充侦查后仍证据不足；乙对其参与的 2 次盗窃有自首情节。关于本案，下列哪一选项是正确的？（　）（司考）

A. 对甲可作出酌定不起诉决定

B. 对乙可作出法定不起诉决定

C. 对丙应作出证据不足不起诉决定

D. 对丁应作出证据不足不起诉决定

21. 关于我国刑事诉讼中起诉与审判的关系，下列哪一选项是正确的？（　）（司考）

A. 自诉人提起自诉后，在法院宣判前，可随时撤回自诉，法院应准许

B. 法院只能就起诉的罪名是否成立作出裁判

C. 在法庭审理过程中，法院可建议检察院补充、变更起诉

D. 对检察院提起公诉的案件，法院判决无罪后，检察院不能再次起诉

22. 甲、乙共同实施抢劫，该案经两次退回补充侦查后，检察院发现甲在两年前曾实施诈骗犯罪。关于本案，下列哪一选项是正确的？（　）（司考）

A. 应将全案退回公安机关依法处理

B. 对新发现的犯罪自行侦查，查清犯罪事实后一并提起公诉

C. 将新发现的犯罪移送公安机关侦查，待公安机关查明事实移送审查起诉后一并提起公诉

D. 将新发现的犯罪移送公安机关立案侦查，对已查清的犯罪事实提起公诉

23. 叶某涉嫌飞车抢夺行人财物被立案侦查。移送审查起诉后，检察院认为实施该抢夺行为的另有其人。关于本案处理，下列哪一选项是正确的？（　）（司考）

A. 检察院可将案卷材料退回公安机关并建议公安机关撤销案件

B. 在两次退回公安机关补充侦查后，检察院应作出证据不足不起诉的决定

C. 检察院作出不起诉决定后，被害人不服，向法院提起自诉，法院受理后，不起诉决定视为自动撤销

D. 如最高检察院认为对叶某的不起诉决定确

有错误的，可直接撤销不起诉决定

（二）多项选择题

1. 根据《刑事诉讼法》规定，人民检察院作出的不起诉决定共有四类，即法定不起诉、酌定不起诉、存疑不起诉、附条件不起诉。下列情况检察院均可以作出不起诉决定，其中哪些不属于法定不起诉的情况？（　　）（司考）

A. 聋、哑、盲人犯罪

B. 共同犯罪中的从犯

C. 犯罪情节轻微、依照刑法不需要判处刑罚

D. 犯罪嫌疑人自首后有重大立功表现

2. 甲系H县人民商场职工，因涉嫌盗窃犯罪被H县公安机关侦查终结移送县人民检察院审查起诉。H县人民检察院经审查认为甲的行为依照刑法规定不需要判处刑罚，于是决定不起诉。H县人民检察院应当如何宣布和送达不起诉决定书？（　　）（司考）

A. 不起诉决定书，应当公开宣布

B. 将不起诉决定书分别送达甲和H县人民商场

C. 将不起诉决定书送达H县公安机关

D. 将不起诉决定书送达该盗窃案的被害人

3. 在一起伤害案件中，被害人甲不服县人民检察院对犯罪嫌疑人乙作出的不起诉决定而向县人民法院提起诉讼。人民法院审查后认为该案缺乏罪证，经要求，自诉人未能提出补充证据。县人民法院可以作出哪些处理？（　　）（司考）

A. 说服自诉人撤诉

B. 裁定驳回自诉

C. 对甲和乙进行调解

D. 中止诉讼

4. 人民检察院审查案件时，必须查明的事项有（　　）。

A. 犯罪事实、情节是否清楚，证据是否确实、充分，犯罪性质和罪名的认定

B. 有无遗漏罪行和其他应当追究刑事责任的人

C. 是否属于不应追究刑事责任的

D. 侦查活动是否合法

5. 甲、乙、丙因涉嫌绑架犯罪被逮捕。该案经人民检察院审查起诉，检察院认为丙犯罪证据不足，不符合起诉条件，于是作出不起诉决定。该不起诉决定宣布后，发生哪些法律后果？（　　）（司考）

A. 不起诉决定书立即发生法律效力

B. 应当立即释放丙

C. 不得因该案件事实再次追究丙的刑事责任

D. 该案被害人可以在法定期间内向上一级人民检察院申诉

6. 李某非法经营案侦查终结后，移送检察机关审查起诉，检察机关审查后认为李某不构成犯罪。对本案的处理，下列说法中正确的是（　　）。

A. 检察院应当书面说明理由将案卷退回公安机关处理

B. 检察院应当建议公安机关重新侦查起诉

C. 如果犯罪嫌疑人已经被逮捕，应当撤销逮捕决定，通知公安机关立即释放

D. 检察机关应当自行补充侦查一次再作决定

7. 甲县公安机关在对张某（已批捕）抢夺一案侦查终结后移送检察机关审查起诉。经审查，检察机关发现张某并非作案人，而是抢夺时的一名旁观者，被害人李某指认错误。那么检察机关应如何处理此案？（　　）

A. 对张某作出不起诉的决定

B. 撤销案件

C. 将案卷退回县公安机关，并建议公安机关重新侦查

D. 撤销对张某的逮捕决定，通知公安机关立即释放

8. 甲涉嫌过失致人重伤。在审查起诉阶段，检察院认为证据不足，遂作出不起诉决定。如果被害人对不起诉决定不服，依法可以采取下列哪些诉讼行为？（　　）（司考）

A. 可以向上一级检察院提起申诉

B. 可以直接向法院起诉

C. 向法院起诉后，可以与被告人自行和解

D. 向法院起诉后，可以请求法院调解

9. 犯罪嫌疑人甲委托其弟乙作为自己的辩护人。在审查起诉阶段，乙享有哪些诉讼权利？（　　）（司考）

A. 甲被超期羁押时，有权要求解除强制措施

B. 申请检察人员回避

C. 向检察机关陈述辩护意见

D. 经被害人同意，向其收集与本案有关的材料

10. 人民检察院对公安机关移送审查起诉的下列案件，哪些可以作出酌定不起诉决定？（　　）（司考）

A. 犯罪嫌疑人甲，为犯罪准备工具、制造条件，犯罪情节轻微

B. 犯罪嫌疑人乙犯罪构成要件事实缺乏足够的证据予以证明

C. 犯罪嫌疑人丙又聋又哑，且犯罪情节轻微

D. 犯罪嫌疑人丁已死亡

11. 关于补充侦查，下列哪些选项是正确的？（　　）（司考）

A. 检察院审查公安机关报请批准逮捕的案件，发现证据不足的，可以决定退回补充侦查

B. 检察院在审查起诉时，认为事实不清、证据不足的，可以退回公安机关补充侦查

C. 法院对提起公诉的案件进行审查后，对主要事实不清、证据不足的，可退回检察院补充侦查

D. 合议庭在案件审理过程中，发现被告人可能有自首、立功等法定量刑情节，而起诉和移送的证据材料中没有这方面的证据材料的，可以建议检察院补充侦查

12. 对于犯罪情节轻微，且具有规定情形，依照《刑法》不需要判处刑罚或者免除刑罚的未成年犯罪嫌疑人，一般应当依法作出不起诉决定。下列哪些情形适用该规定？（　　）（司考）

A. 被胁迫参与犯罪的

B. 是又聋又哑的人的

C. 因紧急避险过当构成犯罪的

D. 有自首或者重大立功表现的

13. 关于我国刑事起诉制度，下列哪些选项是正确的？（　　）（司考）

A. 实行公诉为主、自诉为辅的犯罪追诉机制

B. 公诉为主表明公诉机关可主动干预自诉

C. 实行的起诉原则为起诉法定主义为主，兼采起诉便宜主义

D. 起诉法定为主要求凡构成犯罪的必须起诉

14. 检察机关对未成年人童某涉嫌犯罪的案件进行审查后决定附条件不起诉。在考验期间，下列哪些情况下可以对童某撤销不起诉的决定、提起公诉？（　　）（司考）

A. 根据新的证据确认童某更改过年龄，在实施涉嫌犯罪行为时已满18周岁的

B. 发现决定附条件不起诉以前还有其他犯罪需要追诉的

C. 违反考察机关有关附条件不起诉的监管规定，情节严重的

D. 违反治安管理规定，情节严重的

（三）不定项选择题

1. 人民检察院在对一起案件审查后，对犯罪嫌疑人作出了不起诉的决定。对此，被害人不服，则他可以（　　）。

A. 向作出不起诉决定的人民检察院申请复议

B. 向上一级人民检察院申诉

C. 直接向人民法院起诉

D. 向人民检察院进行申诉后，再向人民法院起诉

2. 人民检察院决定不起诉的案件，以下做法正确的有（　　）。

A. 人民检察院可以根据案件的不同情况，对被不起诉人予以训诫或者责令具结悔过、赔礼道歉、赔偿损失

B. 对被不起诉人需要给予行政处罚、行政处分的，人民检察院应当提出检察意见，连同不起诉决定书一并移送有关主管机关处理

C. 不起诉的决定应当公开宣布

D. 如果被不起诉人在押，必须经过复议期限、申诉期限方可释放

3. 犯罪嫌疑人涉嫌抢劫与故意杀人两罪，某县公安局在侦查终结移送该县检察院审查起诉后，检察院应当如何处理？（　　）

A. 对盗窃罪审查起诉，将故意杀人罪的案件材料移送至市检察院审查起诉

B. 将两罪均移送市检察院审查起诉

C. 两罪均由县检察院审查起诉

D. 报请市检察院决定

4. 某市检察院审理市公安局移送审查起诉的下列案件中，具有何种情形时应当作出不起诉决定？（　　）（司考）

A. 犯罪嫌疑人甲，犯罪已过追诉时效期限
B. 犯罪嫌疑人乙，为犯罪准备工具、制造条件
C. 犯罪嫌疑人丙已死亡
D. 犯罪嫌疑人丁为聋哑人

简答题

1. 简述不起诉的种类和条件。（考研）
2. 简述我国刑事诉讼法中不起诉案件应履行的法律手续。（考研）
3. 简述审查起诉阶段补充侦查适用的条件及期限。（考研）
4. 简述刑事诉讼中的不起诉制度。（考研）
5. 简述提起公诉的条件。（考研）
6. 简述不起诉的法律救济。（考研）

案例分析题

1. 2017 年 9 月，某县一居民郑某家中发生了一起盗窃案。公安局经立案侦查后认为李某有重大嫌疑。侦查终结后，公安局于 2017 年 10 月 31 日将案件移送至检察院审查起诉。县检察院接到公安局移送起诉的案件，对犯罪嫌疑人进行了讯问，认为证据不足，遂于 11 月 13 日退回公安局补充侦查。12 月 19 日，公安局补充侦查完毕，再次移送审查起诉。检察院经审查，认为证据仍然不足以证明李某实施了盗窃行为，于 2018 年 2 月 9 日作出证据不足不起诉的决定，公开宣布，并于 2 月 12 日将不起诉决定送达公安局、犯罪嫌疑人李某、被害人郑某。县公安局认为不起诉决定不当，继续羁押李某，向上一级检察院提请复议，上一级检察院维持了不起诉决定。郑某对不起诉决定不服，向人民法院提起诉讼，法院以未先行向检察机关申诉为由拒绝受理。

问：本案刑事诉讼程序有何不当之处？请说明理由。

2. 犯罪嫌疑人王某因涉嫌盗窃被公安机关移送检察机关审查起诉。在审查起诉过程中，犯罪嫌疑人王某的父母指控王某有虐待罪行。检察院经过审查，决定以两罪一并向人民法院提起公诉。请分析人民检察院的做法是否恰当。

论述题与深度思考题

1. 根据《刑事诉讼法》第 177 条第 2 款的规定，对于犯罪情节轻微，依照刑法不需要判处刑罚或者免除刑罚的，人民检察院可以作出不起诉决定。

请问：该款所说的不起诉的实质和法律后果是什么？法律为什么作此规定？（试析酌定不起诉的性质。）（考研）

2. 论侦查与起诉的关系。（考研）

3. 试论我国检察机关的起诉裁量权。（考研）

参考答案

名词解释与概念比较

1. 起诉书一本主义是指检察官在起诉时只将具有法定事项和格式的起诉书提交有管辖权的法院，而不得向法官移送除起诉书以外的与案件有关的任何其他材料，并力求避免控制任何一方同法官单独接触。实行这一制度的目的主要是防止法官形成庭前预断。

2. 私人起诉主义是与国家追诉主义相对应的一个概念，是指在犯罪发生后，一般由被害人及其近亲属或者其他的个人或团体以个人或团体的名义向审判机关提起诉讼而行使对犯罪的追诉权。

3. 公诉是指依法享有刑事起诉权的国家专门机关代表国家向法院提起诉讼，要求法院通过审判确定被告人犯有被指控的罪行并给予相应的刑事制裁的诉讼活动。自诉是指刑事被害人及其法定代理人、近亲属等，以个人的名义向法院起诉，要求保护被害人的合法权益，追究被告人的刑事责任的诉讼活动。从以上定义看，二者虽然都是引起法院审判的诉讼行为，但存在以下几点不同：一是名义不同，公诉是以国家名义提起诉讼，自诉是以个人名义诉讼；二是提起的主体不同，公诉由代表国家的公诉机关提起，自诉则可由刑事被害人及其法定代理人、近亲属等提起。二者是可以并存的，共同发挥追诉犯罪的作用。

4. 不起诉是指人民检察院对公安机关侦查终结移送起诉的案件或者对自行侦查终结的案件，经过审查后，认为犯罪嫌疑人具有《刑事诉讼法》第16条规定的不追究刑事责任情形，或者犯罪嫌疑人的犯罪情节轻微，依照刑法规定不需要判处刑罚或者免除刑罚，或者经过两次补充侦查的案件，仍然认为证据不足，不符合起诉条件，而作出的不将案件移送人民法院进行审判的决定。此外，还有针对未成年人犯罪的特殊类型不起诉。

5. 酌定不起诉，又称相对不起诉，是指人民检察院对于认为犯罪嫌疑人的犯罪情节轻微，依照刑法规定不需要判处刑罚或者免除刑罚的案件，可以作出不起诉决定。

6. 起诉法定主义是指只要被告人的行为符合法定起诉条件，公诉机关不享有自由裁量的权力，必须起诉，而不论具体情节；起诉便宜主义是指在被告人的行为具备起诉条件时，是否起诉，由检察官根据被告人及其行为的具体情况以及刑事政策等因素自由裁量。现代刑事诉讼普遍强调起诉法定主义与起诉便宜主义的二元并存、相互补充的起诉原则。

7. 附条件不起诉是指对于未成年人涉嫌侵犯人身权利、民主权利，侵犯财产、妨害社会管理秩序犯罪，可能判处一年有期徒刑以上刑罚，符合起诉条件，但有悔罪表现的，人民检察院可以作出附条件不起诉的决定。

选择题

（一）单项选择题

1. B

《人民检察院刑事诉讼规则（试行）》第402条规定：公诉部门对于本院侦查部门移送审查起诉的案件，发现具有本规则第401条第1款规定情形的，应当退回本院侦查部门，建议作出撤销案件的处理。据此，选B项。

2. B

《高法刑诉解释》第263条规定，具有下列情形之一的，应当说服自诉人撤回起诉；自诉人不撤回起诉的，裁定不予受理：（1）不属于本解释第1条规定的案件的；（2）缺乏罪证的；（3）犯罪已过追诉时效期限的；（4）被告人死亡的；（5）被告人下落不明的；（6）除因证据不足而撤诉的以外，自诉人撤诉后，就同一事实又告诉的；（7）经人民法院调解结案后，自诉人反悔，就同一事实再行告诉的。据此，应选B项。

3. C

《刑事诉讼法》第173规定：人民检察院审查案件，应当讯问犯罪嫌疑人，听取辩护人或者值班律师、被害人及其诉讼代理人的意见，并记录在案。辩护人或者值班律师、被害人及其诉讼代理人提出书面意见的，应当附卷。据此可知，不需要听取侦查人员的意见，故选C项。

4. A

《人民检察院刑事诉讼规则（试行）》第362条规定：各级人民检察院提起公诉，应当与人民法院审判管辖相适应。公诉部门收到移送审查起诉的案件后，经审查认为不属于本院管辖的，应当在5日以内经由案件管理部门移送有管辖权的人民检察院。认为属于上级人民法院管辖的第一审案件的，应当报送上一级人民检察院，同时通知移送审查起诉的公安机关；认为属于同级其他人民法院管辖的第一审案件的，应当移送有管辖权的人民检察院或者报送共同的上级人民检察院指定管辖，同时通知移送审查起诉的公安机关。据此，A项正确。

5. D

《刑事诉讼法》第179条规定：对于公安机关移送起诉的案件，人民检察院决定不起诉的，应当将不起诉决定书送达公安机关。公安机关认为不起诉的决定有错误的时候，可以要求复议，如果意见不被接受，可以向上一级人民检察院提请复核。本案中，张某故意伤害案由公安机关侦查终结后移送人民检察院审查起诉，人民检察院审查后认为张某犯罪情节轻微，可以免除刑罚，决定不起诉。公安机关如果认为人民检察院的决定有错误，可以要求作出决定的人民检察院复议；意见不被接受时可向上一级人民检察院提请复核，而不能直接向上一级检察院请求复议，必须按照法定程序进行。

6. D

自诉案件具有可分性的特征。所谓“可分性”，按照《高法刑诉解释》第266条的规定，是指自诉人明知有其他共同侵害人，但只对部分侵害人提出自诉的，人民法院应当受理，并告知其放弃告诉的法律后果；自诉人放弃告诉，判决宣告后又对其他共同侵害人就同一事实提出自诉的，人民法院不再受理。共同被害人中只有部分人告诉的，人民法院应当通知其他被害人参加诉讼，并告知其不参加诉讼的法律后果。被通知人接到通知后表示不参加诉讼或者不出庭的，即视为放弃告诉。第一审宣判后，被通知人就同一事实又提出自诉的，人民法院不予受理。但当事人另行提起民事诉讼的，不受该限制的约束。本案中，刘某致王某和李某轻伤，王某将案件起诉到法院，李某接到法院通知后表示不想追究刘某的责任，没有参加诉讼。一审宣判后，李某反悔，就同一事实向法院提起自诉的，该法院不应当受理。

7. D

本案王华涉嫌实施的挪用资金罪并不属于《刑事诉讼法》第19条规定的可以由检察院立案侦查的范围，因此，A项不正确。《人民检察院刑事诉讼规则（试行）》第401条规定：人民检察院对于公安机关移送审查起诉的案件，发现犯罪嫌疑人没有犯罪事实，或者符合《刑事诉讼法》第16条规定的情形之一的，经检察长或者检察委员会决定，应当作出不起诉决定。对于犯罪事实并非犯罪嫌疑人所为，需要重新侦查的，应当在作出不起诉决定后书面说明理由，将案卷材料退回公安机关并建议公安机关重新侦查。据此，可排除B项。同时，D项符合该规定，为正确答案。

8. C

《高法刑诉解释》第1条规定，人民检察院没有提起公诉，被害人有证据证明的轻微刑事案件是指：（1）故意伤害案（《刑法》第234条第1款规定的）；（2）非法侵入住宅案（《刑法》第245条规定的）；（3）侵犯通信自由案（《刑法》第252条规定的）；（4）重婚案（《刑法》第258条规定的）；（5）遗弃案（《刑法》第261条规定的）；（6）生产、销售伪劣商品案（《刑法》分则第三章第一节规定的，但是严重危害社会秩序和国家利益的除外）；（7）侵犯知识产权案（《刑法》分则第三章第七节规定的，但是严重危害社会秩序和国家利益的除外）；（8）属于《刑法》分则第四章、第五章规定的，对被告人可能判处3年有期徒刑以下刑罚的案件。四个选项中只有选项C不属于上述规定所列案件，故入选。

9. D

《人民检察院刑事诉讼规则（试行）》第385条规定：对于在审查起诉期间改变管辖的案件，改变后的人民检察院对于符合《刑事诉讼法》第175条第2款规定的案件，可以通过原受理案件的人民检察院退回原侦查的公安机关补充侦查，也可以自行侦查。改变管辖前后退回补充侦查的次数总共不得超过两次。因此，本题中，应通过原受理案件的人民检察院退回公安机关补充侦查。故D项正确。

10. C

《人民检察院刑事诉讼规则（试行）》第382条规定：对于退回公安机关补充侦查的案件，应当在一个月以内补充侦查完毕。补充侦查以二次为限。补充侦查完毕移送审查起诉后，人民检察院重新计算审查起诉期限。第385条规定，改变管辖前后退回补充侦查的次数总共不得超过两次。因此C项表述错误。

11. B

《刑事诉讼法》第210条规定，自诉案件包括下列案件：（1）告诉才处理的案件；（2）被害人有证据证明的轻微刑事案件；（3）被害人有证据证明对被告人侵犯自己人身、财产权利的行为应当依法追究刑事责任，而公安机关或者人民检察院不予追究被告人刑事责任的案件。因此，告诉才处理的案件仅仅是自诉案件范围中的一种。故B项正确。

12. C

本案为检察机关侦查的案件，因此，不会涉及公安机关的复议、复核问题，故A项错误。《刑事诉讼法》第180条规定：对于有被害人的案件，决定不起诉的，人民检察院应当将不起诉决定书送达被害人。被害人如果不服，可以自收到决定书后7日以内向上一级人民检察院申诉，请求提起公诉。人民检察院应当将复查决定告知被害人。对人民检察院维持不起诉决定的，被害人可以向人民法院起诉。据此，C项正确。D项中申诉后，上级检察院维持不起诉决定的，被害人应向基层法院提起诉讼，故D项错误。《刑事诉讼法》第181条规定：对于人民检察院依照本法第177条第2款规定作出的不起诉决定，被不起诉人如果不服，可以自收到决定书后7日以内向人民检察院申诉。人民检察院应当作出复查决定，通知被不起诉的人，同时抄送公安机关。也就是说，只有酌定不起诉时，被不起诉人不服才可申诉。本案中，甲的犯罪行为情节显著轻微，不构成犯罪，符合《刑事诉讼法》第16条规定的第1项，因此，这里的不起诉是法定不起诉，被不起诉人不能申诉。故B项错误。

13. A

根据《人民检察院刑事诉讼规则（试行）》第369条可知A项正确。该规则第379条规定：人民检察院公诉部门在审查中发现侦查人员以非法方法收集犯罪嫌疑人供述、被害人陈述、证人证言等证据材料的，应当依法排除非法证据并提出纠正意见，同时可以要求侦查机关另行指派侦查人员重新调查取证，必要时人民检察院也可以自行调查取证。据此可知B项错误。根据该规则第384条，人民检察院对已经退回侦查机关二次补充侦查的案件，在审查起诉中又发现新的犯罪事实的，应当移送侦查机关立案侦查；对已经查清的犯罪事实，应当依法提起公诉。可知C项错误。《刑事诉讼法》及《人民检察院刑事诉讼规则（试行）》虽均未对审查起诉的中止予以规定，但根据法理，共同犯罪中的部分犯罪嫌疑人在逃的，对在逃犯罪嫌疑人应中止审查，对其他犯罪嫌疑人的审查起诉照常进行。这是出于诉讼效率的要求。因而D项错误。

14. A

根据《人民检察院刑事诉讼规则（试行）》第380条的规定，人民检察院认为犯罪事实不清、证据不足或者遗漏罪行、遗漏同案犯罪嫌疑人等情形需要补充侦查的，应当提出具体的书面意见，连同案卷材料一并退回公安机关补充侦查。因而，A项正确。B项错误，理由同上题。根据《人民检察院刑事诉讼规则（试行）》第362条，认为属于上级人民法院管辖的第一审案件的，应当报送上一级人民检察院，同时通知移送审查起诉的公安机关；认为属于同级其他人民法院管辖的第一审案件的，应当移送有管辖权的人民检察院或者报送共同的上级人民检察院指定管辖，同时通知移送审查起诉的公安机关。据此可知C、D两项错误。

15. D

根据《人民检察院刑事诉讼规则（试行）》第417条，被害人不服不起诉决定的，在收到不起诉决定书后7日以内申诉的，由作出不起诉决定的人民检察院的上一级人民检察院刑事申诉检察部门立案复查；被害人向作出不起诉决定的人民检察院提出申诉的，作出决定的人民检察院应当将申诉材料连同案卷一并报送上一级人民检察院。据此可知A、B两项说法错误。根据该规则第420条的规定，人民检察院收到人民法院受理被害人对被不起诉人起诉的通知后，人民检察院应当终止复查，将作出不起诉决定所依据的有关案件材料移送人民法院。据此可知C项错误。根据《刑事诉讼法》第181条的规定，被害人不服不起诉的决定既可以申诉，也可以直接向法院起诉，申诉的撤回并不影响自诉的提起。

16. B

根据《刑事诉讼法》第282条的规定，A、C、D三项均正确。B项中人民检察院在作出附条件不起诉的决定前，应当听取公安机关、被害人的意见，而并非一定要征得其同意，故B项错误。

17. A

《刑事诉讼法》第16条规定，有下列情形之一的，不追究刑事责任，已经追究的，应当撤销案件，或者不起诉，或者终止审理，或者宣告无罪：（1）情节显著轻微、危害不大，不认为是犯罪的；（2）犯罪已过追诉时效期限的；（3）经特赦令免除刑罚的；（4）依照刑法告诉才处理的犯罪，没有告诉或者撤回告诉的；（5）犯罪嫌疑人、被告人死亡的；（6）其他法律规定免予追究刑事责任的。选项A正确：涉案金额未达到刑法要求的起刑点，不构成犯罪，属于法定不起诉的情形。选项B错误：在审查起诉环节，检察机关认为情节“显著轻微”，危害不大，根据刑法不认为是犯罪的，应当作出法定不起诉的处理；而如果检察机关认为犯罪情节“轻微”，依照刑法规定不需要判处刑罚或者免除刑罚的，可以作出酌定不起诉的处理。要注意二者在适用条件上的区别。选项C错误：作出无罪判决是通过开庭审理案件所作出的裁判，不属于《刑事诉讼法》第16条规定的6种不追究刑事责任的情形。选项D错误：检察院作出的存疑不起诉（证据不足的不起诉），是指在现阶段搜集到的证据不足以支持检察院对丁提起公诉，不是不对其追究刑事责任，而是在日后搜集到足以证明其有罪的证据仍可以提起公诉，不属于《刑事诉讼法》第 16 条规定的 6 种不追究刑事责任的情形。

18. B

本题考查的是刑事公诉的一般理论。所谓公诉垄断主义，是指刑事案件的起诉权被国家垄断，排除被害人自诉。所谓私人诉追主义，是指刑事案件一律由私人追诉。而起诉法定主义，是指只要被告人的行为符合法定起诉条件，公诉机关就必须起诉。起诉便宜主义，是指被告人的行为在具备起诉条件时，是否起诉，由检察机关根据被告人及其行为的具体情况，以及刑事政策等因素自由裁量。故本题选 B 项。

19. B

选项 A 说法正确：根据题干，“在排除该口供后，其他证据显然不足以支持起诉”，此时，犯罪嫌疑人的行为是否构成犯罪是存在疑问的，因此是存疑不起诉。选项 B 说法错误：《人民检察院刑事诉讼规则（试行）》第 67 条规定，人民检察院经审查发现存在《刑事诉讼法》第 56 条规定的非法取证行为，依法对该证据予以排除后，其他证据不能证明犯罪嫌疑人实施犯罪行为的，应当不批准或者决定逮捕，已经移送审查起诉的，可以将案件退回侦查机关补充侦查或者作出不起诉决定。选项 C 说法正确：人民检察院审查起诉的过程，也是对侦查工作进行法律监督的过程。检察院排除刑讯获得的口供，体现了检察院作为法律监督机关对侦查机关侦查活动的监督。选项 D 说法正确：《人民检察院刑事诉讼规则（试行）》第 405 条规定，人民检察院根据《刑事诉讼法》第 175 条第 4 款规定决定不起诉的，在发现新的证据，符合起诉条件时，可以提起公诉。

20. D

本题考查不起诉的情形。《刑事诉讼法》第 16 条规定：“有下列情形之一的，不追究刑事责任，已经追究的，应当撤销案件，或者不起诉，或者终止审理，或者宣告无罪：……（五）犯罪嫌疑人、被告人死亡的……”选项 A 中，甲在移送审查起诉后突然死亡，属于法定不起诉情形。故 A 项错误。乙和丙共同盗窃 1 次，但数额刚达立案标准，同时乙又具有自首情节，根据《人民检察院刑事诉讼规则（试行）》第 406 条的规定——“人民检察院对于犯罪情节轻微，依照刑法规定不需要判处刑罚或者免除刑罚的，经检察长或者检察委员会决定，可以作出不起诉决定”，乙属于酌定不起诉情形，故 B 项错误。《刑事诉讼法》第 175 条第 4 款规定：“对于二次补充侦查的案件，人民检察院仍然认为证据不足，不符合起诉条件的，应当作出不起诉的决定。”选项 C 中，丙已有 1 次共同犯罪达到刑事立案标准，又没有法定或酌定不起诉情形，应当起诉，故 C 项错误。D 项中，丁参与的盗窃案件经两次退回补充侦查后仍证据不足，符合“证据不足不起诉”的条件，故 D 项正确。

21. C

《高法刑诉解释》第 272 条规定：“判决宣告前，自诉案件的当事人可以自行和解，自诉人可以撤回自诉。人民法院经审查，认为和解、撤回自诉确属自愿的，应当裁定准许；认为系被强迫、威吓等，并非出于自愿的，不予准许。”对于自诉人的撤诉行为，法院应当审查其撤诉的自愿性，因此，选项 A 错误。如果检察院起诉的事实没有问题，只是起诉的罪名错误，法院是可以直接变更罪名的，因此，选项 B 错误。《高法刑诉解释》第 226 条第 2 款规定：审判期间，被告人提出新的立功线索的，人民法院可以建议人民检察院补充侦查。同时该解释第 243 条规定：审判期间，人民法院发现新的事实，可能影响定罪的，可以建议人民检察院补充或者变更起诉；人民检察院不同意或者在 7 日内未回复意见的，人民法院应当就起诉指控的犯罪事实，依照本解释第 241 条的规定作出判决、裁定。因此，选项 C 正确。人民法院判决无罪后，人民检察院又发现新的事实、新的证据的，是可以重新起诉的。因此，选项 D 错误。

22. D

《人民检察院刑事诉讼规则（试行）》第 384 条规定：人民检察院对已经退回侦查机关二次补充侦查的案件，在审查起诉中又发现新的犯罪事实的，应当移送侦查机关立案侦查；对已经查清的犯罪事实，应当依法提起公诉。根据上述规定，本案检察院正确的处理方式应该是，将新发现的犯罪移送公安机关立案侦查，对已查清的犯罪事实提起公诉。所以，D项正确，A、B、C项错误。

23. D

《人民检察院刑事诉讼规则（试行）》第401条第2款规定：对于犯罪事实并非犯罪嫌疑人所为，需要重新侦查的，应当在作出不起诉决定后书面说明理由，将案卷材料退回公安机关并建议公安机关重新侦查。故A项错误。根据《人民检察院刑事诉讼规则（试行）》第403条第1款的规定，人民检察院对于二次退回补充侦查的案件，仍然认为证据不足，不符合起诉条件的，经检察长或者检察委员会决定，应当作出不起诉决定。本案并非证据不足，而是认为实施该抢夺行为的另有其人，应当对叶某作出（法定）不起诉决定书后书面说明理由，将案卷材料退回公安机关并建议公安机关重新侦查。故选项B错误。《刑事诉讼法》第180条规定，对人民检察院维持不起诉决定的，被害人可以向人民法院起诉。被害人也可以不经申诉，直接向人民法院起诉。人民法院受理案件后，人民检察院应当将有关案件材料移送人民法院。可知，检察院作出不起诉决定后，被害人不服，向法院提起自诉，并不影响检察院不起诉决定的效力。故选项C错误。《人民检察院刑事诉讼规则（试行）》第425条规定：最高人民检察院对地方各级人民检察院的起诉、不起诉决定，上级人民检察院对下级人民检察院的起诉、不起诉决定，发现确有错误的，应当予以撤销或者指令下级人民检察院纠正。故选项D正确。

（二）多项选择题

1. ABCD

根据《刑事诉讼法》第177条的规定，法定不起诉是指犯罪嫌疑人没有犯罪事实或者有《刑事诉讼法》第16条规定的不追究刑事责任的6种情形之一的。本题中A、B、C、D四项皆不属于法定不起诉。

2. ABCD

《刑事诉讼法》第178条规定：不起诉的决定，应当公开宣布，并且将不起诉决定书送达被不起诉人和他的所在单位。如果被不起诉人在押，应当立即释放。第179条规定：对于公安机关移送起诉的案件，人民检察院决定不起诉的，应当将不起诉决定书送达公安机关。第180条规定：对于有被害人的案件，决定不起诉的，人民检察院应当将不起诉决定书送达被害人。据以上规定，本题各项均入选。

3. AB

《刑事诉讼法》第211条规定，人民法院对自诉案件进行审查后，按照下列情形分别处理：(1) 犯罪事实清楚，有足够证据的案件，应当开庭审判；(2) 缺乏罪证的自诉案件，如果自诉人提不出补充证据，应当说服自诉人撤回自诉，或者裁定驳回。据此，本题选A、B两项。

4. ABCD

《人民检察院刑事诉讼规则（试行）》第363条规定，人民检察院审查移送起诉的案件，应当查明：(1) 犯罪嫌疑人身份状况是否清楚，包括姓名、性别、国籍、出生年月日、职业和单位等；单位犯罪的，单位的相关情况是否清楚。(2) 犯罪事实、情节是否清楚；实施犯罪的时间、地点、手段、犯罪事实、危害后果是否明确。(3) 认定犯罪性质和罪名的意见是否正确；有无法定的从重、从轻、减轻或者免除处罚的情节及酌定从重、从轻情节；共同犯罪案件的犯罪嫌疑人在犯罪活动中的责任的认定是否恰当。(4) 证明犯罪事实的证据材料包括采取技术侦查措施的决定书及证据材料是否随案移送；证明相关财产系违法所得的证据材料是否随案移送；不宜移送的证据的清单、复制件、照片或者其他证明文件是否随案移送。(5) 证据是否确实、充分，是否依法收集，有无应当排除非法证据的情形。(6) 侦查的各种法律手续和诉讼文书是否完备。(7) 有无遗漏罪行和其他应当追究刑事责任的人。(8) 是否属于不应当追究刑事责任的。(9) 有无附带民事诉讼；对于国家财产、集体财产遭受损失的，是否需要由人民检察院提起附带民事诉讼。(10) 采取的强制措施是否适当，对于已经逮捕的犯罪嫌疑人，有无继续羁押的必要。(11) 侦查活动是否合法。(12) 涉案款物是否查封、扣押、冻结并妥善保管，清单是否齐备；对被害人合法财产的返还和对违禁品或者不宜长期保存的物品的处理是否妥当，移送的证明文件是否完备。据以上规定，A、B、C、D四项都应入选。

5. ABD

根据《刑事诉讼法》第178条，A、B两项入选。根据《刑事诉讼法》第 180 条，D 项当选。《人民检察院刑事诉讼规则（试行）》第 405 条规定：人民检察院根据《刑事诉讼法》第 175 条第 4 款规定决定不起诉的，在发现新的证据，符合起诉条件时，可以提起公诉。据此，排除 C 项。

6. AC

根据《人民检察院刑事诉讼规则（试行）》第 401 条，应选 A、C 两项。

7. ACD

根据《人民检察院刑事诉讼规则（试行）》第 401 条，应遵循“谁立案，谁撤案”的原则，检察机关对公安机关侦查终结的案件没有撤案的权力，只能退回公安机关处理。本题应选 A、C、D 两项。

8. ABC

根据《刑事诉讼法》第 180 条的规定，可知 A、B 两项正确。同时，根据《刑事诉讼法》第 212 条的相关规定，对于“公诉转自诉”的案件不适用调解，但法律并未禁止和解。

9. ABC

《刑事诉讼法》第 99 条规定，犯罪嫌疑人、被告人及其法定代理人、近亲属或者辩护人对于人民法院、人民检察院或者公安机关采取强制措施法定期限届满的，有权要求解除强制措施。因此，A 项正确。《人民检察院刑事诉讼规则（试行）》第 33 条规定，辩护人、诉讼代理人可以依照刑事诉讼法及本规则关于回避的规定要求回避、申请复议。从该条可以看出，辩护人可以申请回避。因此，B 项表述正确。此外，犯罪嫌疑人可以委托辩护人进行辩护，当然可以由辩护人向检察机关陈述辩护意见。《刑事诉讼法》第 43 条仅规定了辩护律师经人民检察院或者人民法院许可，并且经被害人或者其近亲属、被害人提供的证人同意，可以向他们收集与本案有关的材料，没有规定其他辩护人可以向被害人收集证据。因此，D 项错误。

10. AC

根据《刑法》第 19 条和第 22 条的规定，A、C 两种情况属于可以免除刑罚的情形，可以适用酌定不起诉。B 项中只能作出证据不足不起诉决定，D 项中应当作出法定不起诉的处理。

11. BD

根据《刑事诉讼法》第 90 条的规定，人民检察院对于公安机关提请批准逮捕的案件进行审查后，应当根据情况分别作出批准逮捕或者不批准逮捕的决定。对于不批准逮捕的，人民检察院应当说明理由，需要补充侦查的，应当同时通知公安机关。事实上，审查批捕阶段不能直接退回补充侦查。因此，A 项错误。《刑事诉讼法》第 175 条规定，人民检察院审查案件，对于需要补充侦查的，可以退回公安机关补充侦查，也可以自行侦查。故而，B 项正确。《高法刑诉解释》第 223 条规定，审判期间，公诉人发现案件需要补充侦查，提出延期审理建议的，合议庭应当同意。但是建议延期审理的次数不得超过两次。言下之意，法院没有主动将案件退回检察院补充侦查的权力。因此，C 项错误。前述解释第 226 条规定：合议庭在案件审理过程中，发现被告人可能有自首、坦白、立功等法定量刑情节，而起诉和移送的证据材料中没有这方面的证据材料的，应当通知人民检察院移送。审判期间，被告人提出新的立功线索的，人民法院可以建议人民检察院补充侦查。因此，D 项正确。

12. ABCD

《人民检察院办理未成年人刑事案件的规定》第 26 条规定，对于犯罪情节轻微，并具有下列情形之一，依照刑法规定不需要判处刑罚或者免除刑罚的未成年犯罪嫌疑人，一般应当依法作出不起诉决定：（1）被胁迫参与犯罪的；（2）犯罪预备、中止、未遂的；（3）在共同犯罪中起次要或者辅助作用的；（4）是又聋又哑的人或者盲人的；（5）因防卫过当或者紧急避险过当构成犯罪的；（6）有自首或者立功表现的；（7）其他依照刑法规定不需要判处刑罚或者免除刑罚的情形。由此，本题四个选项均为正确选项。

13. AC

选项 A 正确：我国刑事诉讼实行以公诉为主、自诉为辅的犯罪追诉机制，即在对刑事犯罪实行国家追诉的同时，兼采被害人追诉主义。选项 B 错误：我国刑事诉讼实行以公诉为主、自诉为辅的犯罪追诉机制，并不表明公诉机关可主动干预自诉。选项 C 正确、选项 D 错误：我国以起诉法定主义为主，兼采起诉便宜主义，检察官的起诉裁量权受到严格限制，但并非说检察官的起诉裁量权受到了剥夺，检察院还是有一定的起诉裁量权的。所以对于构成犯罪的是否起诉，检察院在法定的裁量权范围内可以酌定不起诉，不是凡是构成犯罪的必须起诉。

14. ABCD

本题考查法条《刑事诉讼法》第284条。该条规定："被附条件不起诉的未成年犯罪嫌疑人，在考验期内有下列情形之一的，人民检察院应当撤销附条件不起诉的决定，提起公诉：（一）实施新的犯罪或者发现决定附条件不起诉以前还有其他犯罪需要追诉的；（二）违反治安管理规定或者考察机关有关附条件不起诉的监督管理规定，情节严重的。"故B、C、D三项正确。至于A项，因为附条件不起诉本身是针对未成年犯罪嫌疑人而言的，如果有证据证明其不是未成年人，当然不能适用附条件不起诉，故A项当选。

（三）不定项选择题

1. BCD

《人民检察院刑事诉讼规则（试行）》第413条规定：不起诉决定书应当送达被害人或者其近亲属及其诉讼代理人、被不起诉人及其辩护人以及被不起诉人的所在单位。送达时，应当告知被害人或者其近亲属及其诉讼代理人，如果对不起诉决定不服，可以自收到不起诉决定书后7日以内向上一级人民检察院申诉，也可以不经申诉，直接向人民法院起诉。据此可知B、C、D三项正确。

2. ABC

《人民检察院刑事诉讼规则（试行）》第409条规定：人民检察院决定不起诉的案件，可以根据案件的不同情况，对被不起诉人予以训诫或者责令具结悔过、赔礼道歉、赔偿损失。对被不起诉人需要给予行政处罚、行政处分的，人民检察院应当提出检察意见，连同不起诉决定书一并移送有关主管机关处理。故A、B项正确。同时，根据《刑事诉讼法》第178条的规定，C项正确，D项错误。

3. B

《人民检察院刑事诉讼规则（试行）》第362条第4款规定：一人犯数罪，共同犯罪和其他需要并案审理的案件，只要其中一人或一罪属于上级人民检察院管辖的，全案由上级人民检察院审查起诉。据此，本案中杀人案应由上级人民检察院审查，故全案移送上级人民检察院。故B项当选。

4. AC

A、C两项为法定不起诉情形，B、D两项属于酌定不起诉情形，但酌定不起诉仅仅是"可以"作出不起诉决定，而并非"应当"作出不起诉决定。

简答题

1. 根据我国刑事诉讼法的规定，不起诉可以分为法定不起诉、酌定不起诉、存疑不起诉和附条件不起诉四类。

(1) 法定不起诉，又称绝对不起诉，是指犯罪嫌疑人具有《刑事诉讼法》第16条规定的不追究刑事责任情形之一的，人民检察院应当作出的不起诉决定，没有自由裁量的余地。其具体条件是符合下列六种情形之一：情节显著轻微、危害不大，不认为是犯罪的；犯罪已过追诉时效期限的；经特赦令免除刑罚的；依照刑法告诉才处理的犯罪，没有告诉或者撤回告诉的；犯罪嫌疑人、被告人死亡的；其他法律规定免予追究刑事责任的。

(2) 酌定不起诉，又称相对不起诉，是指人民检察院认为犯罪嫌疑人的犯罪情节轻微，依照刑法规定不需要判处刑罚或者免除刑罚的案件，可以作出的不起诉决定。酌定不起诉必须同时具备两个条件：一是犯罪嫌疑人实施的行为触犯了刑律，符合犯罪构成的要件，已经构成犯罪；二是犯罪行为情节轻微，依照刑法规定不需要判处刑罚或免除刑罚。

(3) 存疑不起诉，又称证据不足不起诉，是指检察机关对于经过补充侦查的案件，仍然认为证据不足，不符合起诉条件的，可以作出不起诉决定。其前提条件是经过补充侦查这一程序，并且仍然达不到起诉的证明要求。

(4) 附条件不起诉，是指对于未成年人涉嫌侵犯人身权利、民主权利，侵犯财产，妨害社会管理秩序犯罪，可能判处1年有期徒刑以下刑罚，符合起诉条件，但有悔罪表现的，人民检察院可以作出的附条件不起诉的决定。

2. 不起诉决定一经作出，即具有法律效力，为了保证不起诉决定的质量，及时发现和纠正可能发生的差错，我国刑事诉讼法规定了不起诉的具体程序：(1) 制作不起诉决定书。(2) 不起诉决定书应当公开宣布，同时应将不起诉决定书分别送达被不起诉人和他的所在单位。对公安机关移送审查起诉的案件，应将不起诉决定书送达公安机关；对有被害人的案件，应将不起诉决定书送达被害人。(3) 解除扣押、冻结。(4) 对不起诉人需要给予行政处罚、行政处分的，人民检察院应提出检察意见，连同不起诉决定书一并移送有关主管机关处理。(5) 对公安机关的意见进行复议、复核。(6) 对被害人、被不起诉人的申诉进行复查。

3. 根据我国《刑事诉讼法》及《人民检察院刑事诉讼规则（试行）》的规定，审查起诉阶段的补充侦查的条件有以下几方面。

(1) 人民检察院公诉部门在审查中发现侦查人员以非法方法收集犯罪嫌疑人供述、被害人陈述、证人证言的，应当提出纠正意见，同时应当要求侦查机关另行指派侦查人员重新调查取证，必要时人民检察院也可以自行调查取证。

侦查机关未另行指派侦查人员重新调查取证的，可以依法退回侦查机关补充侦查。

(2) 人民检察院认为犯罪事实不清、证据不足或者遗漏罪行、遗漏同案犯罪嫌疑人等情形，认为需要补充侦查的，应当提出具体的书面意见，连同案卷材料一并退回公安机关补充侦查；人民检察院也可以自行侦查，必要时可以要求公安机关提供协助。

(3) 人民检察院公诉部门对本院侦查部门移送审查起诉的案件审查后，认为犯罪事实不清、证据不足或者遗漏罪行、遗漏同案犯罪嫌疑人等情形，认为需要补充侦查的，应当向侦查部门提出补充侦查的书面意见，连同案卷材料一并退回侦查部门补充侦查。

对于退回公安机关补充侦查的案件，应当在1个月以内补充侦查完毕。补充侦查以二次为限。补充侦查完毕移送审查起诉后，人民检察院重新计算审查起诉期限。

4. 不起诉是指人民检察院对公安机关侦查终结移送审查起诉的案件或者对自行侦查终结的案件，经过审查后，认为犯罪嫌疑人具有《刑事诉讼法》第16条规定的不追究刑事责任情形，或者犯罪嫌疑人的犯罪情节轻微，依照刑法规定不需要判处刑罚或者免除刑罚，或者经过两次补充侦查的案件，仍然认为证据不足，不符合起诉条件，而作出的不将案件移送人民法院进行审判的决定，以及针对未成年犯罪嫌疑人的特殊类型不起诉。具体可以分为法定不起诉、酌定不起诉、存疑不起诉、附条件不起诉四类。不起诉是人民检察院审查案件的结果之一，具有终止诉讼的法律效力。

5. 根据我国刑事诉讼法的规定，人民检察院提起公诉时，必须具备以下条件：(1) 犯罪嫌疑人的犯罪事实已经查清；(2) 证据确实、充分；(3) 依法应当追究刑事责任。

总之，对犯罪嫌疑人决定提起公诉，必须同时具备上述三项条件，缺少上述三项条件中的任何一项，都不能对犯罪嫌疑人提起公诉。

6. 现行刑事诉讼法规定的不起诉救济的途径有：(1) 被害人的自我救济；(2) 被不起诉人的自我救济；(3) 公安机关的监督制约；(4) 检察机关内部的监督制约；(5) 审判机关的监督制约。

案例分析题

1. 县检察院接到公安局移送起诉的案件，不应仅讯问嫌疑人，还应听取被害人和犯罪嫌疑人、被害人委托的人的意见。

县公安局自11月12日接到案件，至12月19日才补充侦查完毕，超过了法定期限，因补充侦查的期限是1个月。

县检察院自2017年12月19日接到公安局补充侦查完毕再次移送的案件，2018年2月9日才作出不起诉决定，审查起诉超过法定期限，因审查起诉的期限是1个月，重大、复杂的案件，可以延长半个月。

县公安局认为不起诉决定不当，不应继续羁押犯罪嫌疑人。检察院作出不起诉决定的，公安机关对在押的被不起诉人应当立即释放。

县公安局认为不起诉决定不当，不应向上级检察院提请复议。公安机关认为不起诉决定不当，可以要求作出决定的检察院复议；如果意见不被接受，可向上一级检察院提请复核（参见《刑事诉讼法》第179条的规定）。

人民法院不应以未先行向检察机关申诉为由拒绝受理被害人陈某的起诉。被害人不服不起诉决定的，可以不经申诉，直接向法院起诉（参见《刑事诉讼法》第180条的规定）。

2. 人民检察院的做法违反了刑事诉讼法的规定。

我国刑事诉讼法规定自诉案件由人民法院直接受理，而本案中王某父母告发的虐待罪属于自诉案件的范围，而不属于检察机关审查起诉案件的范围。自诉案件与公诉案件性质不同，不能与公诉案件一并提起公诉。二者不仅立案管辖不同，而且案件的提起和审理程序也不同。因此，对于王某的盗窃罪，应由检察机关依法提起公诉；而对于虐待案，应由王某的父母直接向人民法院提起诉讼。

论述题与深度思考题

1. 该条规定了酌定不起诉制度，这一制度的是起诉便宜主义最为典型的表现形式和内容，也是起诉裁量权行使的结果。酌定不起诉的前提条件是犯罪嫌疑人实施的行为触犯了刑律，符合犯罪构成的要件，已经构成犯罪，同时犯罪行为情节轻微，依照刑法规定不需要判处刑罚或免除刑罚。我国刑事诉讼法确立检察机关在一定条件下对案件作出酌定不起诉的权力，其实质是赋予检察机关在法定范围内的不起诉裁量权，是检察机关在拥有诉权的情况下对案件进行权衡后认为舍弃诉权更为适宜时作出的不起诉决定。

作出酌定不起诉决定一般斟酌的要素有：（1）犯罪人的个人情况，包括性格、年龄和境遇等，个人的恶性、改造的难易、身体对刑罚的承受能力，提起公诉对犯罪嫌疑人的职业、工作单位和家庭可能带来的影响等。（2）犯罪事实方面的情况，即犯罪的轻重与情节。（3）犯罪后的情况，如作案后是否有逃跑、隐藏或者毁灭证据的行为，有无悔改表现等。

酌定不起诉的决定具有终止诉讼程序继续进行的程序性效力，是在具备起诉条件的情况下，基于各种合理的考虑，对公诉权放弃的结果。这种不起诉决定并不具有实体上认定犯罪事实成立的法律效果，而只产生程序意义上的法律后果。作出不起诉决定仅标志着刑事诉讼程序的终止，包括以下几方面：其一，在酌定不起诉后，人民检察院应当同时对侦查中扣押、冻结的财物解除扣押、冻结；其二，如果对犯罪嫌疑人采取了强制措施的，强制措施应当立即解除；其三，不起诉决定作出后，如果被害人或公安机关没有向上一级检察院申诉或复核，或申诉、复核后检察机关依然维持不起诉决定的，则本案的公诉程序相对终止，除非发现新的证据，人民检察院不得再行提起公诉。不起诉决定一经宣布，即发生法律效力，非经法定程序并经人民检察院决定，不得撤销或变更。

法律规定酌定不起诉制度是在人类对刑事诉讼价值的追求日趋多元化的背景下形成的，是刑罚观从有罪必罚的报应刑向同预防主义的刑罚思想及非刑罚化政策紧密相连的目的刑转变的客观要求。具体说来，规定酌定不起诉制度主要是基于以下几方面的考虑。

第一，有利于区别犯罪及犯罪行为人的不同情况，给予更加适当的处理，教育改造犯罪行为人，使之复归社会。

第二，瓦解共同犯罪中的行为人，使案件侦查得以顺利进行。

第三，是诉讼资源的有限性和诉讼效率的要求，节约诉讼成本的投入。凡是具备起诉条件的都必须起诉，势必会影响刑事诉讼的总体效率，造成司法资源的浪费。

第四，如果达到犯罪标准就起诉，而不问轻重，会造成短期自由刑适用增多，会影响被判刑人的正常生活，还容易造成犯人之间的交叉感染，成为危害社会的潜在因素。

2. 侦查与起诉的关系，简称侦诉关系，有的又称之为警检（侦检）关系。侦诉关系是一对重要的基本的刑事诉讼关系，直接影响到诉讼结构的优化和诉讼目的的实现，定位准确对于诉讼机制的协调运作具有重要意义。因此，不管是大陆法系国家还是英美法系国家，对此都十分重视。从各国关于侦诉关系的规定来看，虽然它们对侦诉关系密切程度的具体要求不同，但不可否认的是，强调侦诉关系的紧密性是各国的共识。

在侦诉关系的具体模式上，目前世界上主要存在着两种。

大陆法系国家普遍实行侦诉合一的关系模式。所谓侦诉合一，并不是强调检察机关和警察机关在组织上的合二为一，而是指检察机关集侦查权和控诉权于一身，检察机关是法定的侦查权主体、形式上的侦查主体，而警察机关作为实质的侦查机关，仅是为帮助检察机关行使侦查权而设的辅助机关，警察机关的任务就是协助检察机关侦查犯罪或受检察机关的指挥、命令侦查犯罪。在侦查程序中，承担控诉职能的检察机关是主导和中心。检察机关不仅可以自行侦查，而且可以命令和指挥警察机关侦查犯罪。其建立以下列观念为前提：一是基于国家追诉主义传统，认为检察机关与警察机关都是国家或政府的代表，因此两者具有同质性和同构性，存在着统一的基础；二是认为侦查权与控诉权在本质上具有同质性，侦查权是基于更好地行使控诉权的需要而产生的，是为控诉权服务的，侦查不过是控诉的准备阶段，因此，侦查权、控诉权应当合一。检察机关既然承担着控诉职能，当然也就应当行使侦查权。警察机关仅仅是一个为辅助检察机关行使侦查权而设的二线机关。由此形成了侦诉合一的诉讼结构。

与大陆法系国家不同，英美法系国家在观念上并不将检察机关视为国家或政府之代表，而是将其视为民众的诉讼代理人，因此，在观念上认为检察机关与作为政府代表的警察机关具有不同的性质，两者不存在合一的基础。据此，在英美法系国家，侦查犯罪被认为是警察机关的职权，检察机关一般不直接行使侦查权，侦查权与控诉权相对独立，警察机关与检察机关也相对独立，由此形成了一种侦诉独立的关系模式。但是在这种模式下，检察官也可以对警察的侦查发挥一定的影响、作用，可以向其提供意见。

不论是大陆法系国家的侦诉合一模式还是英美法系国家的侦诉分立模式，其实质都是一种以侦查职能与控诉职能的合一为基础的关系模式。这是因为控诉职能与侦查职能之间本来就存在着天然的亲和性，在诉讼主义的前提下，侦查的根本目的就是为控诉做准备，失去控诉这一指导和方向，侦查就失去了其存在的价值和意义。

长期以来，我国以分工负责、互相配合、互相制约作为调整我国侦诉关系的指导性准则。在配合制约原则的指导和关照下，我国目前形成了一种以侦诉分立、制约为特征的侦诉关系模式。这一关系模式的构建依赖两个理论支点：一是侦查机关与起诉机关分立，即公安机关与检察机关在法律地位上是平等的，不存在主从关系，两者是分工负责的关系，侦查权由公安机关实施，起诉权由检察机关行使；二是侦查机关与起诉机关相互制约，即在侦诉分立的基础上进一步强调公安机关与检察机关的双向制约，不仅检察机关有权制约公安机关，公安机关也可以反向制约。

3. 检察机关的起诉裁量权是检察机关履行公诉职能的一种权力，是法律赋予检察机关在审查起诉时灵活处理某些案件的决定权，检察机关据此权力对某些犯罪嫌疑人决定是否提起公诉。公诉检察官在法律规定的范围内，可以根据案件具体情况，本着公平、正义的理念，或提起公诉或不提起公诉，即对此可自由裁量。起诉裁量权产生的基础是起诉便宜主义的存在。在我国刑事诉讼中，案件侦查终结后由人民检察院确定是否需要提起公诉。这个过程是一个去伪存真的过程，检察机关在这一过程中需要对案件事实、证据和适用法律进行审查判断并作出相应的处置决定。这种决定分为起诉决定和不起诉决定，即这种裁量权是在法律上对案件起诉与否的选择权，其基本内容是在提起公诉与不起诉之间进行选择，既可以表现为提起公诉，也可以表现为不起诉。

起诉裁量权的前提是案件已经具备提起公诉的法定起诉条件，但是存在着起诉与否的选择可能。在此应当注意的是法定不起诉与存疑不起诉这两种制度，由于二者都是法律所规定的不符合起诉的条件，因而它们并不存在行使起诉裁量权的问题，事实上只有酌定不起诉才存在行使起诉裁量权的问题。

我国检察机关的起诉裁量权行使的前提条件是：第一，符合法定的起诉条件；第二，犯罪情节轻微；第三，依照刑法规定不需要判处刑罚或免除刑罚。其裁量的依据是具体案情和犯罪嫌疑人的悔罪表现。

赋予检察机关以一定的起诉裁量权，有利于实现刑事诉讼的目的，缓和或者化解矛盾纠纷；有利于犯罪人的改造和悔过自新，重返社会；也有利于节约诉讼资源，促进诉讼效率。但是如果对起诉裁量权失去制约，也可能违反司法公正的原则，激化甚至产生新的社会矛盾，因此，同时必须注意建立有效的对起诉裁量权的监督制约机制。

第十八章　第一审程序

知识逻辑图

- 第一审程序
  - 庭前审查程序
    - 庭前审查的内容
    - 庭审审查的方法
    - 庭前审查后的处理决定
  - 开庭前的准备程序
    - 组成合议庭
    - 送达起诉书副本
    - 召开庭前会议
    - 通知开庭和传唤当事人
    - 先期公告
    - 拟定法庭审理提纲
  - 法庭审判程序
    - 庭审预备
    - 宣布开庭
    - 法庭调查
    - 法庭辩论
    - 被告人最后陈述
    - 评议与审判
  - 法庭审理中断制度
    - 延期审理
    - 中止审理
    - 终止审理
  - 简易程序
    - 简易程序的条件
    - 简易程序的特点
      - 只适用于一审程序
      - 只适用于基层法院
      - 必须事实清楚、证据充分
      - 被告人认罪
      - 被告人对简易程序无异议
      - 简单审理程序
    - 简易程序转化为普通程序
    - 简易程序适用范围
      - (1) 案件事实清楚，证据充分
      - (2) 被告人承认自己所犯罪行，对指控的犯罪事实无异议
      - (3) 被告人对适用简易程序无异议
  - 速裁程序
    - 适用条件
      - 可能判处三年有期徒刑以下刑罚
      - 案件事实清楚，证据确实、充分
      - 被告人认罪认罚
      - 被告人同意适用速裁程序
    - 特殊规定
      - 不受送达期限限制
      - 独任审判
      - 一般不进行法庭调查和法庭辩论
      - 最后陈述
      - 当庭宣判——审理期限短
  - 自诉案件审理程序的特点
    - 和解
    - 调解
    - 反诉
  - 判决、裁定、决定
    - 判决、裁定、决定的适用情形
    - 判决、裁定、决定的区别

名词解释与概念比较

1. 审判组织
2. 自诉案件
3. 延期审理和中止审理
4. 判决、裁定和决定

选择题

（一）单项选择题

1. 根据有关刑事诉讼法律规定，合议庭对复杂、重大等案件，可以提请院长决定将案件提交审判委员会讨论。合议庭提请院长将案件提交审判委员会讨论的时间应是以下哪个阶段？（　　）

A. 合议庭开庭审理之前

B. 合议庭开庭审理之后、进行评议之前

C. 合议庭开庭审理并经评议之后

D. 合议庭开庭审理之前，院长认为应当提交审判委员会讨论的时候

2. 桥西区法院在开庭审判许某交通肇事案的过程中，许某的辩护人请求通知新的证人到庭并请求重新勘验。依照法律规定，法庭正确的做法是什么？（　　）

A. 应当决定延期审理

B. 应当决定中止审理

C. 可以决定延期审理

D. 可以决定中止审理

3. 某县人民法院审理一起盗窃案时，发现被告人还有诈骗的犯罪事实没有被起诉。对此，该人民法院应当采取下列哪种处理方式？（　　）

A. 直接就盗窃案进行审理，并作出判决

B. 将盗窃案和诈骗案一并审理，并作出判决

C. 建议检察院补充起诉

D. 退回检察院补充侦查

4. 在某县人民法院审判胥某抢劫案的过程中，县人民检察院以有新证据证明胥某的行为不构成抢劫罪为由，向县人民法院提出撤回起诉。法院接到检察院撤回起诉的要求时，合议庭已经进行了评议，但尚未宣告判决。县人民法院对人民检察院撤回起诉的要求应当如何处理？（　　）（司考）

A. 作出准予撤回起诉的裁定

B. 作出不准撤回起诉的裁定

C. 可以先审查撤诉理由，再作出是否准予撤回起诉的裁定

D. 应当先审查撤诉理由，再作出是否准予撤回起诉的裁定

5. 下列说法不正确的是（　　）。

A. 合议庭评议时，应当秘密评议

B. 宣告判决，一律公开

C. 当庭宣告判决的，应当在10日以内将判决书送达当事人、法定代理人、诉讼代理人、提起公诉的人民检察院、辩护人和被告人的近亲属

D. 定期宣告判决的，应当在判决宣告后立即将判决书送达当事人、法定代理人、诉讼代理人、提起公诉的人民检察院、辩护人和被告人的近亲属

6. 甲在旁听其弟故意伤害一案中，违反法庭秩序，当庭侮辱作证的证人。依照《刑事诉讼法》的规定，审判长有权对甲予以何种处理？（　　）（司考）

A. 警告制止，如不听制止，可以强行带出法庭

B. 罚款1 000元或者拘留10日

C. 罚款1 500元或者拘留15日

D. 罚款2 000元或者拘留15日

7. 人民法院在审判张某强奸一案时，依照有关规定进行了不公开开庭审理。在审判过程中，可以进入法庭的是（　　）。

A. 被告人的辩护人

B. 被告人的近亲属

C. 新闻记者

D. 与审理该案无关的该院刑庭庭长

8. 某县人民法院在审理一起诈骗案时，因公诉人发现案件需要补充侦查，合议庭曾两次决定延期审理。县人民法院第二次恢复法庭审理后，公诉人又提出案件需要进一步补充侦查。合议庭应当作出何种处理？（　　）

A. 同意延期审理

B. 不同意延期审理

C. 根据案件复杂情况，决定是否延期审理

D. 报本院审判委员会决定是否延期审理

9. 刘某，17岁，系某聋哑学校的职工，因涉嫌盗窃罪被检察院提起公诉。刘某的辩护人高某认为刘某并非该案的犯罪人。县人民法院经审查，决定按照普通程序审理该案。下列哪一项是法院决定按照普通程序审理该案的依据？（　　）（司考）

A. 刘某系未成年人

B. 刘某系某聋哑学校职工

C. 辩护人高某认为刘某无罪

D. 检察院没有建议适用简易程序

10. 人民法院在对符合适用简易程序的公诉案件进行简易程序审理过程中，查明公诉案件被告人的行为不构成犯罪。这时人民法院该怎么做？（　　）

A. 终止审理，宣布被告人无罪

B. 中止审理，并按照公诉案件的第一审普通程序重新审理

C. A或B两种做法都可以

D. 征询人民检察院的意见

11. 在审理自诉案件中，自诉人胡二经两次依法传唤，无正当理由拒不到庭。法院应如何处理？（　　）（司考）

A. 依法拘传自诉人

B. 开庭审理，缺席判决

C. 延期审理

D. 按自诉人撤回起诉处理

12. 孙某以张某构成诽谤罪向某县人民法院提起自诉。县人民法院受理本案后，决定对本案适用普通程序进行审理。在张某未被羁押的情况下，该法院立案后应在下列哪个时间内宣判？（　　）

A. 一个月　　B. 一个半月

C. 三个月　　D. 六个月

13. 自诉案件一般应由犯罪行为的被害人提起，但在一些特殊情况下，非本人也可以提出。下列由被害人以外的人提起诉讼不合法的是（　　）。

A. 被害人是未成年人，其法定代理人代为提起

B. 被害人不愿告诉的，他的近亲属代为告诉

C. 被害人是精神病人的，其法定代理人代为告诉

D. 属于刑法规定告诉才处理的案件，被害人由于不具有行为能力而无法告诉的，他的近亲属代为告诉

14. 赵某与罗某系邻居，两人常因日常小事纠纷不断。某日，两人又起纠纷，争吵中罗某抄起木棍，打在赵某头上，致使其严重脑震荡、左耳失聪。赵某因此受重伤而向公安机关报案。公安机关认为本案系邻里纠纷，以民事调解为宜，不予立案。赵某即将本案诉至人民法院。下列选项中，哪一项不属于人民法院在决定是否立案之前应审查的内容？（　　）

A. 本院是否有管辖权

B. 自诉人是否有证明被告人犯罪事实的证据

C. 被告人是否下落不明

D. 被告人是否会提起反诉

15. 下列事项中，应适用裁定的是哪项？（　　）（司考）

A. 宣告被告人无罪

B. 对审判人员的回避申请

C. 对违反法庭秩序人员实施的罚款、拘留

D. 二审人民法院撤销一审人民法院事实不清、证据不足的判决

16. 最高人民法院《关于人民法院合议庭工作的若干规定》规定，合议庭组成人员确定后，除因回避或者其他特殊情况，不能继续参加案件的审理外，不得在案件审理过程中更换。这一规定体现的是下列哪一项审判原则？（　　）（司考）

A. 公开审判原则　　B. 言词审理原则

C. 集中审理原则　　D. 辩论原则

17. 在一起自诉案件中，自诉人因对法院审理不满，未经法庭许可而中途退庭。对此，法庭应如何处理？（　　）（司考）

A. 追究自诉人法律责任，处以1 000元以下罚款

B. 拘传自诉人到庭

C. 按撤诉处理

D. 宣告被告人无罪

18. 我国刑事诉讼法中规定了延期审理这种制度。在下述四个选项中，对延期审理的理解正确的是（　　）。（司考）

A. 延期审理是依法将审理时间推迟

B. 延期审理是依法暂时停止整个诉讼的活动

C. 延期审理是依法终止诉讼程序

D. 延期审理是合议庭在法庭审理过程中，宣布暂时休庭，退庭评议

19. 法庭在审理被告人甲入室盗窃案的过程中发现，甲在实施犯罪过程中，为逃避抓捕曾以暴力伤害被害人。关于法院的做法，下列哪一选项是正确的？（　　）（司考）

A. 建议检察机关补充侦查

B. 建议检察机关变更起诉

C. 建议检察机关撤回起诉

D. 应当自行补充侦查

20. 张某以侮辱罪对王某提起自诉。一审中，经调解双方达成协议。但在送达调解书时，张某反悔，拒绝签收。关于本案，下列哪一选项是正确的？（　　）（司考）

A. 调解协议一经达成，即发生法律效力

B. 调解书经审判人员和书记员署名，并加盖法院印章后，即发生法律效力

C. 无论当事人是否签收，调解书一经送达，即发生法律效力

D. 本案中调解书并未生效，人民法院应当进行判决

21. 关于刑事判决与裁定的区别，下列哪一选项是正确的？（　　）（司考）

A. 判决解决案件的实体问题，裁定解决案件的程序问题

B. 一案中只能有一个判决，裁定可以有若干个

C. 判决只能以书面的形式表现，裁定只以口头作出

D. 不服判决与不服裁定的上诉、抗诉期限不同

22. 甲在犯罪时不满 18 周岁，开庭审理时已满 18 周岁。法庭应如何确定审理的形式？（　　）（司考）

A. 应当公开审理

B. 应当不公开审理

C. 可以不公开审理

D. 可以公开审理

23. 法院对公诉案件进行审查后，应当根据不同情况作出处理。据此，下列哪一选项是正确的？（　　）（司考）

A. 对于不属于本院管辖的，应当通知检察院撤回起诉

B. 对于被告人不在案的，应当决定退回检察院

C. 法院裁定准许撤诉的案件，没有新的事实、证据，检察院重新起诉的，应当裁定驳回起诉

D. 法院作出了证据不足、指控的犯罪不能成立的无罪判决的案件，检察院依据新的事实、证据材料重新起诉的，法院应当根据禁止重复追诉原则不予受理

24. 关于适用简易程序审理刑事案件，下列哪一选项是正确的？（　　）（司考）

A. 被告人可以不出庭

B. 可以由人民陪审员独任审判

C. 检察院应当派员出庭

D. 可以不受刑事诉讼法关于听取被告人最后陈述规定的限制

25. 关于两审终审制度，下列哪一选项是正确的？（　　）

A. 一个案件只有经过两级法院审理裁判才能生效

B. 经过两级法院审判所作的裁判都是生效裁判

C. 一个案件经过两级法院审判后对所作的裁判不能上诉

D. 一个案件经过两级法院审判后当事人就不能对判决、裁定提出异议

26. 关于自诉案件的程序，下列哪一选项是正确的？（　　）（司考）

A. 不论被告人是否被羁押，自诉案件与普通公诉案件的审理期限都相同

B. 不论在第一审程序还是第二审程序中，在宣告判决前，当事人都可和解

C. 不论当事人在第一审还是第二审审理中提出的反诉，法院都应当受理

D. 在第二审程序中调解结案的，应当裁定撤销第一审裁判

27. 开庭审判过程中，一名陪审员离开法庭处理个人事务，辩护律师提出异议并要求休庭，审判长予以拒绝，四十分钟后陪审员返回法庭继续参与审理。陪审员长时间离开法庭的行为违背下列哪一审判原则？（　　）（司考）

A. 职权主义原则

B. 证据裁判规则

C. 直接言词原则

D. 集中审理原则

28. 在法庭审判中，被告人翻供，否认犯罪，并当庭拒绝律师为其进行有罪辩护。合议庭对此问题的处理，下列哪一选项是正确的？（　　）（司考）

A. 被告人有权拒绝辩护人辩护，合议庭应当准许

B. 辩护律师独立辩护，不受当事人意思表示的约束，合议庭不应当准许拒绝辩护

C. 属于应当提供法律援助的情形的，合议庭不应当准许拒绝辩护

D. 有多名被告人的案件，部分被告人拒绝辩护人辩护的，合议庭不应当准许

29. 检察院以抢夺罪向法院提起公诉，法院经审理后查明被告人构成抢劫罪。关于法院的做法，下列哪一选项是正确的？（　　）（司考）

A. 应当建议检察院改变起诉罪名，不能直接以抢劫罪定罪

B. 可以直接以抢劫罪定罪，不必建议检察院改变起诉罪名

C. 只能判决无罪，检察院应以抢劫罪另行起诉

D. 应当驳回起诉，检察院应以抢劫罪另行起诉

30. 法院就被告人"钱某"盗窃案作出一审判决，判决生效后检察院发现"钱某"并不姓钱，于是在确认其真实身份后向法院提出其冒用他人身份，但该案认定事实和适用法律正确。关于法院对此案的处理，下列哪一选项是正确的？（　　）（司考）

A. 可以建议检察院提出抗诉，通过审判监督程序加以改判

B. 可以自行启动审判监督程序加以改判

C. 可以撤销原判并建议检察机关重新起诉

D. 可以用裁定对判决书加以更正

31. 刑事审判具有亲历性特征。下列哪一选项不符合亲历性要求？（　　）（司考）

A. 证人因路途遥远无法出庭，采用远程作证方式在庭审过程中作证

B. 首次开庭并对出庭证人的证言质证后，某合议庭成员因病无法参与审理，由另一人民陪审员担任合议庭成员继续审理并作出判决

C. 某案件独任审判员在公诉人和辩护人共同参与下对部分证据进行庭外调查核实

D. 第二审法院对决定不开庭审理的案件，通过讯问被告人，听取被害人、辩护人和诉讼代理人的意见进行审理

32. 某国有银行涉嫌违法发放贷款造成重大损失，该行行长因系直接负责的主管人员也被追究刑事责任，信贷科科长齐某因较为熟悉银行贷款业务被确定为单位的诉讼代表人。关于本案审理程序，下列哪一选项是正确的？（　　）（司考）

A. 如该案在开庭审理前召开庭前会议，应通知齐某参加

B. 齐某无正当理由拒不出庭的，可拘传其到庭

C. 齐某可当庭拒绝银行委托的辩护律师为该行辩护

D. 齐某没有最后陈述的权利

33. 黄某倒卖文物案于 2014 年 5 月 28 日一审终结。6 月 9 日（星期一），法庭宣判黄某犯倒卖文物罪、判处有期徒刑 4 年并立即送达了判决书。黄某当即提起上诉，但于 6 月 13 日经法院准许撤回上诉。检察院以量刑畸轻为由于 6 月 12 日提起抗诉，上级检察院认为抗诉不当，于 6 月 17 日向同级法院撤回了抗诉。关于一审判决生效的时间，下列哪一选项是正确的？（　　）（司考）

A. 6 月 9 日　　B. 6 月 17 日

C. 6 月 19 日　　D. 6 月 20 日

34.《中共中央关于全面深化改革若干重大问题的决定》提出"让审理者裁判、由裁判者负责"。结合刑事诉讼基本原理，关于这一表述的理解，下列哪一选项是正确的？（　　）（司考）

A. 体现了我国刑事诉讼职能的进一步细化与完善

B. 体现了刑事诉讼直接原则的要求

C. 体现了刑事审判的程序性特征

D. 体现了刑事审判控辩式庭审方式改革的方向

35. 下列哪一选项属于两审终审制的例外？（　　）（司考）

A. 自诉案件的刑事调解书经双方当事人签收

后，即具有法律效力，不得上诉

B. 地方各级法院的第一审判决，法定期限内没有上诉、抗诉，期满即发生法律效力

C. 在法定刑以下判处刑罚的判决，报请最高法院核准后生效

D. 法院可通过再审，撤销或者改变已生效的二审判决

36. 法院在审理胡某持有毒品案时发现，胡某不仅持有毒品数量较大，而且向他人出售毒品，构成贩卖毒品罪。关于本案，下列哪一选项是正确的？（　　）（司考）

A. 如胡某承认出售毒品，法院可直接改判

B. 法院可在听取控辩双方意见基础上直接改判

C. 法院可建议检察院补充或者变更起诉

D. 法院可建议检察院退回补充侦查

37. 在一审法院审理中出现下列哪一特殊情形时，应以判决的形式作出裁判？（　　）（司考）

A. 经审理发现犯罪已过追诉时效且不是必须追诉的

B. 自诉人未经法庭准许中途退庭的

C. 经审理发现被告人系精神病人，在不能控制自己行为时造成危害结果的

D. 被告人在审理过程中死亡，根据已查明的案件事实和认定的证据，尚不能确认其无罪的

38. 甲犯抢夺罪，法院经审查决定适用简易程序审理。关于本案，下列哪一选项是正确的？（　　）（司考）

A. 适用简易程序必须由检察院提出建议

B. 如被告人已提交承认指控犯罪事实的书面材料，则无须再当庭询问其对指控的意见

C. 不需要调查证据，直接围绕罪名确定和量刑问题进行审理

D. 如无特殊情况，应当庭宣判

39. 下列哪一案件可适用简易程序审理？（　　）（司考）

A. 甲为境外非法提供国家秘密案，情节较轻，可能判处3年以下有期徒刑

B. 乙抢劫案，可能判处10年以上有期徒刑，检察院未建议适用简易程序

C. 丙传播淫秽物品案，经审查认为，情节显著轻微，可能不构成犯罪

D. 丁暴力取证案，可能被判处拘役，丁的辩护人作无罪辩护

40. 下列关于刑事速裁程序的说法，表述正确的是：（　　）

A. 刑事速裁程序可在中级法院适用

B. 刑事速裁程序可适用于二审程序

C. 适用刑事速裁程序必须征得被告人同意

D. 适用刑事速裁程序无须经过最后陈述阶段

（二）多项选择题

1. 诉讼文书一般由首部、正文（事实与理由部分）、尾部组成，下列哪些选项属于法院刑事判决书中的理由部分？（　　）（司考）

A. 辩护人的辩护意见

B. 经法庭审理查明的事实和据以定案的证据

C. 依法确定首要分子、主犯、从犯的罪名

D. 对控辩双方适用法律方面的意见是否采纳的理由分析

2. 关于对法庭审理中违反法庭秩序的人员可采取的措施，下列哪些选项是正确的？（　　）

A. 警告制止

B. 强行带出法庭

C. 处以1 000元以下罚款

D. 处以10日以下拘留

3. 关于证人出庭作证，下列哪些说法是正确的？（　　）（司考）

A. 需要出庭作证的警察就其执行职务时目击的犯罪情况出庭作证，适用证人作证的规定

B. 警察就其非执行职务时目击的犯罪情况出庭作证，不适用证人作证的规定

C. 对了解案件情况的人，确有必要时，可以强制到庭作证

D. 证人没有正当理由拒绝出庭作证的，只有情节严重，才可以处以拘留，且拘留不可以超过10日

4. 某市人民法院受理了该市人民检察院提起公诉的被告人张某盗窃案，在庭前审查阶段，下列哪些事项不属于审查的内容？（　　）（司考）

A. 本案是否属于本院管辖

B. 本案的犯罪事实是否清楚，证据是否充

分、确实

C. 被告人的行为是否构成犯罪

D. 是否移送证明指控犯罪事实的证据材料

5. 刘某因生活琐事与邻居邓某争吵，邓某不堪刘某辱骂，击打刘某面部，致刘某鼻骨等部位受伤。刘某向人民法院提起自诉，要求追究邓某的刑事责任。在该案审理过程中，邓某对刘某以侮辱、诽谤罪提起反诉。下列哪些说法是正确的？(　　)(司考)

A. 人民法院在审理过程中可以就两个诉讼在刘某与邓某之间进行调解

B. 刘某可在判决宣布之前要求撤回自诉，根据法定情形，人民法院可以不予准许

C. 如果刘某撤回起诉，人民法院应终止审理邓某的反诉

D. 如果刘某撤回起诉，人民法院应当继续审理邓某的反诉

6. 宋大妈有一个独生儿子宋某，宋某结婚后不仅不善待老人，而且与妻子田某经常以打骂、冻饿等方式对待宋大妈。宋大妈在忍无可忍之下向人民法院递交了刑事自诉状，控告田某的虐待行为。人民法院对自诉状进行审查后(　　)。

A. 应当告知宋大妈追加起诉儿子宋某的虐待行为

B. 应当依法受理此案

C. 应当追加宋某为此案的被告人

D. 应当视宋大妈对宋某放弃了诉讼权利

7. 人民法院在受理某泄露国家机密案后，决定不公开审理。下列说法中正确的有哪些？(　　)(司考)

A. 应当在开庭审判3日以前公告不公开审理的理由

B. 应当在开庭审理时宣布不公开审理的理由

C. 应当公开宣告判决

D. 不应当公开宣告判决

8.《刑事诉讼法》规定，证人应当出庭作证。证人到庭后，审判人员应当做的工作包括下列哪些内容？(　　)(司考)

A. 证人作证前应当核实证人的身份

B. 证人作证前应当核实证人与被告人的关系

C. 证人作证前应告知有有关作证的权利义务和法律责任

D. 证人作证前，应让其在如实作证的保证书上签名

9. 下列哪些情形下人民法院应当作出裁定？(　　)(司考)

A. 准许自诉人撤回自诉

B. 驳回当事人对审判人员提出的回避申请

C. 起诉书送达被告人后的第五天因被告人自杀而终止审理

D. 二审法院经审理认为对被告人量刑过重而改变刑罚

10. 下列关于合议庭评议笔录的哪些表述是正确的？(　　)(司考)

A. 合议庭意见有分歧的，应当按多数人的意见作出决定并写入笔录

B. 合议庭意见有分歧的，少数人的意见可以不写入笔录

C. 持少数意见的合议庭成员，也应当在评议笔录上签名

D. 合议庭的书记员，应当在评议笔录上签名

11. 某县法院在对杨某绑架案进行庭前审查中，发现下列哪些情形时，应当将案件退回检察机关？(　　)(司考)

A. 杨某在绑架的过程中杀害了人质

B. 杨某在审查起诉期间从看守所逃脱

C. 检察机关移送起诉材料未附证据目录

D. 检察机关移送起诉材料欠缺已经委托辩护人的住址、通讯处

12. 关于自诉案件的审理，下列哪些做法是正确的？(　　)(司考)

A. 甲、乙系一起伤害案件的自诉人，案件审理中甲撤回起诉，法院继续案件审理

B. 某伤害案，因检察院作出不起诉决定，被害人提起自诉，审理中自诉人与被告人和解而撤回自诉，法院经审查准许

C. 某遗弃案，被告人在第二审程序中提出反诉，法院予以受理并与原自诉合并审理

D. 某侵犯知识产权案，第二审中当事人和解，法院裁定准许撤回自诉并撤销一审判决

13. 在法庭审理中，控方向法庭出示被告人实施抢劫时所持的匕首。关于就该匕首应当履行的法庭调查程序，下列哪些选项是正确的？(　　)(司考)

A. 让被害人辨认
B. 让被告人辨认
C. 听取辩护人意见
D. 听取诉讼代理人意见

14. 下列哪些情形下，合议庭成员不承担责任？（　）（司考）

A. 发现了新的无罪证据，合议庭作出的判决被改判的
B. 合议庭认为审前供述虽非自愿，但能够与其他证据相印证，因此予以采纳，该供述后来被上级法院排除后而改判的
C. 辩护方提出被告人不在犯罪现场的线索和证据材料，合议庭不予调查，作出有罪判决而被改判无罪的
D. 合议庭对某一事实的认定以生效的民事判决为依据，后来该民事判决被撤销，导致刑事判决发回重审的

15. 某地法院审理齐某组织、领导、参加黑社会性质组织罪，关于对作证人员的保护，下列哪些选项是正确的？（　）（司考）

A. 可指派专人对被害人甲的人身和住宅进行保护
B. 证人乙可申请不公开真实姓名、住址等个人信息
C. 法院通知侦查人员丙出庭说明讯问的合法性，为防止黑社会组织报复，对其采取不向被告人暴露外貌、真实声音的措施
D. 为保护警方卧底丁的人身安全，丁可不出庭作证，由审判人员在庭外核实丁的证言

16. 关于庭前会议，下列哪些选项是正确的？（　）（司考）

A. 被告人有参加庭前会议的权利
B. 被害人提起附带民事诉讼的，审判人员可在庭前会议中进行调解
C. 辩护人申请排除非法证据的，可在庭前会议中就是否排除作出决定
D. 控辩双方可在庭前会议中就出庭作证的证人名单进行讨论

17. 方某涉嫌在公众场合侮辱高某和任某，高某向法院提起自诉。关于本案的审理，下列哪些选项是正确的？（　）（司考）

A. 如果任某担心影响不好不愿起诉，任某的父亲可代为起诉
B. 法院通知任某参加诉讼并告知其不参加的法律后果，任某仍未到庭，视为放弃告诉，该案宣判后，任某不得再行自诉
C. 方某的弟弟系该案关键目击证人，经法院通知其无正当理由不出庭作证的，法院可强制其到庭
D. 本案应当适用简易程序审理

18. 关于简易程序，下列哪些选项是正确的？（　）（司考）

A. 甲涉嫌持枪抢劫，法院决定适用简易程序，并由两名审判员和一名人民陪审员组成合议庭进行审理
B. 乙涉嫌盗窃，未满16周岁，法院只有在征得乙的法定代理人和辩护人同意后，才能适用简易程序
C. 丙涉嫌诈骗并对罪行供认不讳，但辩护人为其作无罪辩护，法院决定适用简易程序
D. 丁涉嫌故意伤害，经审理认为可能不构成犯罪，遂转为普通程序审理

19. 高某利用职务便利多次收受贿赂，还雇凶将举报他的下属王某打成重伤。关于本案庭前会议，下列哪些选项是正确的？（　）（司考）

A. 高某可就案件管辖提出异议
B. 王某提起附带民事诉讼的，可调解
C. 高某提出其口供系刑讯所得，法官可在审查讯问同步录像的基础上决定是否排除口供
D. 庭前会议上出示过的证据，庭审时举证、质证可简化

20.《关于推进以审判为中心的刑事诉讼制度改革的意见》第13条要求完善法庭辩论规则，确保控辩意见发表在法庭。法庭应当充分听取控辩双方意见，依法保障被告人及其辩护人的辩论辩护权。关于这一规定的理解，下列哪些选项是正确的？（　）（司考）

A. 符合我国刑事审判模式逐步弱化职权主义色彩的发展方向
B. 确保控辩意见发表在法庭，核心在于保障被告人和辩护人能充分发表意见
C. 体现了刑事审判的公开性
D. 被告人认罪的案件的法庭辩论，主要围绕

量刑进行

21. 下列关于刑事速裁程序的提法错误的有（　）。

A. 只要被告人认罪认罚，刑事速裁程序可适用于被告可能判处三年有期徒刑以上刑罚的案件

B. 刑事速裁程序可以视案情当庭宣判，也可以不当庭宣判

C. 刑事速裁程序不能采用合议庭形式审理

D. 刑事速裁程序可以不进行法庭调查和法庭辩论

（三）不定项选择题

1. 下列案件中应当由审判员三人组成合议庭进行审理的有（　）。

A. 高级人民法院复核死刑缓期执行的案件

B. 最高人民法院复核死刑案件

C. 最高人民法院审判第一审案件

D. 中级人民法院审判第一审案件

2. 张小软故意伤害一案在某县人民法院依法公开审理。宣告判决前，县人民检察院要求撤回起诉，人民法院作出准许撤诉的裁定后，人民检察院又对该案重新起诉。那么，什么情况下人民法院应当受理？（　）

A. 依据新的事实重新起诉

B. 提出新的证据材料重新起诉

C. 对同一事实以新的罪名重新起诉

D. 依据新的法律规定重新起诉

3. 在某案的法庭审判过程中，被告人的母亲张某对公诉人不满，冲进审判区，出言辱骂，并将一茶杯向公诉人掷去，严重扰乱了法庭秩序。对张某这一行为的下列处理办法中正确的是（　）。（司考）

A. 合议庭当庭以藐视法庭罪判处其有期徒刑1年

B. 审判长决定将其强行带出法庭

C. 审判长决定处1 000元以下罚款

D. 经院长批准，处15日以下拘留

4. 在某自诉案件的审理程序中，法庭主持双方当事人对一刑事自诉案件进行了调解，双方协商一致达成协议，但当法院向自诉人送达调解书时，自诉人发现调解书中的内容发生了不利于己的重大变化。该自诉人下列何种做法是正确的？（　）（司考）

A. 接受调解书，然后提出上诉

B. 接受调解书，然后重新起诉

C. 拒绝在送达回执上签字

D. 要求法院判决

5. 曲某因涉嫌爆炸罪被检察机关提起公诉。某市中级人民法院经审理认为，曲某的犯罪行为虽然使公私财物遭受了重大损失，也没有法定减轻处罚情节，但根据案件特殊情况，可以在法定刑以下判处刑罚，于是判处曲某有期徒刑8年。曲某在法定期间内没有提出上诉，检察机关也没有提出抗诉。该案在程序上应当如何处理？（　）

A. 在上诉、抗诉期满后3日内报请上一级人民法院复核

B. 如果上一级人民法院同意原判，应当逐级报请最高人民法院核准

C. 如果上一级人民法院不同意在法定刑以下判处刑罚，应在改判后逐级报请最高人民法院核准

D. 最高人民法院予以核准的，应当作出核准裁定书

6. 甲女与乙男在某社交软件互加好友。在手机网络聊天过程中，甲女多次向乙男发送暧昧言语和色情图片，表示可以提供有偿性服务。二人于酒店内见面后因价钱谈不拢而争吵，乙男强行将甲女留在房间内，并采用胁迫手段与其发生性关系。后甲女向公安机关报案，乙男则辩称双方系自愿发生性关系。本案后起诉至法院，关于本案审理程序，下列选项正确的是：（　）。（司考）

A. 应当不公开审理

B. 甲女因出庭作证而支出的交通、住宿的费用，法院应给予补助

C. 甲女可向法院提起附带民事诉讼要求乙男赔偿因受侵害而支出的医疗费

D. 公诉人讯问乙男后，甲女可就强奸的犯罪事实向乙男发问

简答题

1. 简述合议庭的组成及活动原则。

2. 第一审人民法院决定开庭后，应当进行哪些准备工作？

3. 自诉案件的第一审程序的特点是什么？（考研）

4. 简述简易程序的适用范围。（考研）

5. 简述人民法院对公诉案件审查后的处理。（考研）

6. 简述我国刑事速裁程序适用的条件。

案例分析题

1. 王某向国外间谍机关提供我国的机密情报，给国家造成重大损失。此案经丁市丁区公安机关立案侦查终结，由丁区人民检察院向丁区人民法院提起公诉。该区法院经审理认定本案犯罪事实清楚，证据确实充分，依法判决王某犯间谍罪，判处有期徒刑15年，剥夺政治权利3年。王某对一审判决不服，向丁市中级人民法院提出上诉。二审法院审理后，认为一审法院认定事实清楚、定罪正确，但量刑畸轻，遂改判王某死刑。经报请省高级人民法院核准后，将王某执行死刑。

请指出本案诉讼程序方面存在哪些错误，并扼要说明理由。（考研）

2. 2018年8月月初，王某辞去公职，应聘来到某中外合资企业总经理办公室任文秘职务。由于具有大学本科学历，不仅精通两门外语，而且能熟练操作计算机，加上年轻漂亮，尚为单身，王某深得一些男同事的喜爱，尤其受到总经理的器重。王某工作不到两个月时间，即因工作需要陪同总经理去美国、中国香港各一次。这引起了同事刘某的不满。刘某认为如果没有王某，这些机会本应属于自己，故在工作上开始与王某发生摩擦，进而发生争吵。10月下旬，刘某因琐事又与王某发生争执，王某无心吵架，随即到总经理处作了汇报。总经理将刘某叫去进行了批评，刘某亦表示改正，不再在工作中刁难王某。但下班后，刘某却将王某拦在大街上，并大骂王某是“专门勾引领导的狐狸精”等，引来围观群众近百人。王某开始一直沉默不语，后实在不堪侮辱即抓住刘某的衣服向后猛推，致刘某和其自行车一齐摔倒。刘某受轻伤，在治疗中花去医疗费用两百余元。王某的精神也受到严重刺激，卧床休息一周多。后刘某以故意伤害罪提起诉讼。人民法院受理了此案。诉讼中，刘某委托律师甲为诉讼代理人，王某委托律师乙为自己的辩护人，得到人民法院的准许。人民法院于受理案件后第十天开庭审判。在法庭调查中，本案被告人王某以侮辱罪对自诉人刘某提起反诉，并提出刘某对自己的侮辱行为造成了对自己身心和名誉的极大损害，要求法庭判决刘某赔偿名誉损失费。法庭辩论结束后，合议庭进行了调解，但调解无效。合议庭经合议后作出了判决。

问：

（1）刘某以故意伤害罪提起诉讼，人民法院在受理本案之后，是否可以先行进行调解？

（2）本案被告人王某可否以侮辱罪对自诉人刘某提起反诉？

（3）如果本案自诉人刘某与被告人王某在法庭外自愿达成和解协议，刘某向人民法院申请撤诉，人民法院应当如何处理？

论述题与深度思考题

1. 试述我国现行审判方式的主要特点与不足。

2. 试述我国陪审制度的特点。（考研）

参考答案

名词解释与概念比较

1. 审判组织，是指人民法院依法行使国家审判权，对刑事案件进行审理和裁判的组织形式。审判组织是人民法院内部对具体案件行使审判职能的组织。我国人民法院审判案件的组织形式有三种，即独任制、合议制和审判委员会。

2. 自诉是相对于公诉而言的。刑事自诉案件，是指被害人或其法定代理人、近亲属为追究被告人的刑事责任，直接向人民法院提起诉讼，由人民法院受理的刑事案件。根据《刑事诉讼法》第210条的规定，自诉案件包括下列三类案件：（1）告诉才处理的案件；（2）被害人有证据证明的轻微刑事案件；（3）被害人有证据证明对被告人侵犯自己人身权、财产权利的行为应当依法追究刑事责任，而公安机关或者人民检察院不予追究刑事责任的案件。

3. 延期审理，是指案件因故不能按原定开庭时间审理，或者在法庭审理过程中，遇有足以影响审判继续进行的情况，合议庭决定延期审理，待影响审理进行的原因消失后，再行开庭审理。根据《刑事诉讼法》第204条的规定，延期审理有以下三种情况：需要通知新的证人到庭，调取新的物证，重新鉴定或者勘验的；检察人员发现提起公诉的案件需要补充侦查，提出建议的；由于申请回避而不能进行审判的。

中止审理是指发生某种特定情况，影响案件正常审理而人民法院决定停止诉讼活动，待该项原因消失后，再行恢复审理。《刑事诉讼法》第206条规定，在审判过程中，有下列情形之一，致使案件在较长时间内无法继续审理的，可以中止审理：（1）被告人患有严重疾病，无法出庭的；（2）被告人脱逃的；（3）自诉人患有严重疾病，无法出庭，未委托诉讼代理人出庭的；（4）由于不能抗拒的原因。中止审理的原因消失后，应当恢复审理。中止审理的期间不计入审理期限。

4. 判决是指人民法院经过审理，对案件的实体问题即定罪量刑问题所作的处理决定。裁定是指人民法院为解决诉讼程序问题和部分实体问题所作的决定。决定是指人民法院在审判过程中为了解决诉讼程序中的某些问题而作出的一种处理方式。关于判决、裁定与决定的区别，可参见下表：

	判决	裁定	决定
适用对象	实体问题	重大的程序问题和部分实体问题（如减刑、假释）	相对次要的程序问题
适用阶段	审判阶段	起诉（自诉）、审判、执行阶段	立案、侦查、审查起诉、审判、执行阶段
适用机关	人民法院	人民法院	侦查、检察、审判、执行机关
表现形式	书面	书面、口头	书面、口头
排他性	只有一个生效判决	可能存在多个生效裁定	可能存在多个生效决定
法律效力	可上诉、抗诉	可上诉、抗诉（撤销缓刑、假释的裁定除外）	立即生效（但对于绝大多数回避的决定可以申请复议一次）

续前表

选择题

（一）单项选择题

1. C

《刑事诉讼法》第185条规定：合议庭开庭审理并且评议后，应当作出判决。对于疑难、复杂、重大的案件，合议庭认为难以作出决定的，由合议庭提请院长决定提交审判委员会讨论决定。审判委员会的决定，合议庭应当执行。因此，C项正确，当选。

2. C

《刑事诉讼法》第197条规定：法庭审理过程中，当事人和辩护人、诉讼代理人有权申请通知新的证人到庭，调取新的物证，申请重新鉴定或者勘验。法庭对于上述申请，应当作出是否同意的决定。《刑事诉讼法》第204条规定，在法庭审判过程中，遇有下列情形之一，影响审判进行的，可以延期审理：（1）需要通知新的证人到庭，调取新的物证，重新鉴定或者勘验的；（2）检察人员发现提起公诉的案件需要补充侦查，提出建议的；（3）由于当事人申请回避而不能进行审判的。因此，C项正确，当选。

3. C

《高法刑诉解释》第243条规定，审判期间，人民法院发现新的事实，可能影响定罪的，可以建议人民检察院补充或者变更起诉；人民检察院不同意或者在7日内未回复意见的，人民法院应当就起诉指控的犯罪事实，依照本解释第241条的规定作出判决、裁定。因此，C项为正确选项。

4. D

《高法刑诉解释》第242条规定：在宣告判决前，人民检察院要求撤回起诉的，人民法院应当审查人民检察院撤回起诉的理由，并作出是否准许的裁定。因此，D项正确，当选。

5. C

《刑事诉讼法》第200条规定："在被告人最后陈述后，审判长宣布休庭，合议庭进行评议……"因此评议是秘密进行的，没有当事人在场。故A项正确。《刑事诉讼法》第202条规定：宣告判决，一律公开进行。当庭宣告判决的，应当在5日以内将判决书送达当事人和提起公诉的人民检察院；定期宣告判决的，应当在宣告后立即将判决书送达当事人和提起公诉的人民检察院。故B、D项正确，C项错误。

6. A

本题考查了对于违反法庭秩序的行为如何处理即给予何种强制措施的问题。关于在法庭审理过程中，诉讼参与人或者旁听人员违反法庭秩序的处理方法，《刑事诉讼法》第199条作出了明确的规定。同时注意，给予罚款或者拘留的决定必须违反法庭秩序的行为情节严重，而且由法院院长批准决定。本题所问的是"审判长有权处理的"，而且没有说明甲的违法行为是否属于情节严重，所以最佳答案应为选项A。还应注意的是，给予罚款的最高限度是1 000元，拘留不得超过15日，故选项C、D首先予以排除。虽然选项B符合这一条件，但给予罚款或者拘留的决定必须是违反法庭秩序的行为情节严重，而且由法院院长决定，所以选项A最符合题意。

7. A

《高法刑诉解释》第186条规定：不公开审理的案件，任何人不得旁听，但法律另有规定的除外。所以，被告人的近亲属、新闻记者、与审理该案无关的该院刑庭庭长都不得进入法庭，只有被告人的辩护人可以进入法庭。因此正确选项是A项。

8. B

《高法刑诉解释》第223条规定：审判期间，公诉人发现案件需要补充侦查，建议延期审理的，合议庭应当同意。但建议延期审理不得超过两次。因此，县人民法院在第二次恢复法庭审理后，公诉人又提出案件需要进一步补充侦查的情况下，应当不同意延期审理。故B项为正确答案。

9. C

《刑事诉讼法》第215条规定，有下列情形之一的，不适用简易程序：（1）被告人是盲、聋、哑人，或者是尚未完全丧失辨认或者控制自己行为能力的精神病人的；（2）有重大社会影响的；（3）共同犯罪案件中部分被告人不认罪或者对适用简易程序有异议的；（4）其他不宜适用简易程序审理的。《高法刑诉解释》第290条规定，具有下列情形之一的，不适用简易程序：（1）被告人是盲、聋、哑人；（2）被告人是尚未完全丧失辨认或者控制自己行为能力的精神病人；（3）有重大社会影响的；（4）共同犯罪案件中部分被告人不认罪或者对适用简易程序有异议的；（5）辩护人作无罪辩护的；（6）被告人认罪但经审查认为可能不构成犯罪的；（7）不宜适用简易程序审理的其他情形。题中刘某虽系某聋哑学校的职工，却不一定就是聋哑人，因此正确答案是选项C。

10. B

《高法刑诉解释》第298条规定，适用简易程序审理案件，在法庭审理过程中，有下列情形之一的，应当转为普通程序审理：（1）被告人的行为可能不构成犯罪的；（2）被告人可能不负刑事责任的；（3）被告人当庭对起诉指控的犯罪事实予以否认的；（4）案件事实不清、证据不足的；（5）不应当或者不宜适用简易程序的其他情形。转为普通程序审理的案件，审理期限应当从决定转为普通程序之日起计算。因此，只有B项是正确答案。

11. D

《高法刑诉解释》第274条规定：自诉人经两次传唤，无正当理由拒不到庭，或者未经法庭准许中途退庭的，人民法院应当裁定按撤诉处理。部分自诉人撤诉或者被裁定按撤诉处理的，不影响案件的继续审理。据此，可以直接选出选项D。

12. D

《刑事诉讼法》第212条规定：人民法院审理自诉案件的期限，被告人被羁押的，适用本法第208条第1款、第2款的规定；未被羁押的，应当在受理后6个月以内宣判。本案属于被告人未被羁押的自诉案件，因此D项为正确答案。

13. B

《高法刑诉解释》第260条规定：本解释第1条规定的案件，如果被害人死亡、丧失行为能力或者因受强制、威吓等无法告诉，或者是限制行为能力人以及因年老、患病、盲、聋、哑等不能亲自告诉，其法定代理人、近亲属告诉或者代为告诉的，人民法院应当依法受理。被害人的法定代理人、近亲属告诉或者代为告诉的，应当提供与被害人关系的证明和被害人不能亲自告诉的原因的证明。据此可知只有B项不符合此规定。

14. D

《高法刑诉解释》第259条规定，人民法院受理的自诉案件必须符合下列条件：（1）属于《刑事诉讼法》第210条、本解释第1条规定的案件；（2）属于本院管辖；（3）被害人告诉；（4）有明确的被告人、具体的诉讼请求和证明被告人犯罪事实的证据。第263条规定：对自诉案件，人民法院应当在15日内审查完毕。经审查，符合受理条件的，应当决定立案，并书面通知自诉人或者代为告诉人。具有下列情形之一的，应当说服自诉人撤回起诉，自诉人不撤回起诉的，裁定不予受理：（1）不属于本解释第1条规定的案件的；（2）缺乏罪证的；（3）犯罪已过追诉时效期限的；（4）被告人死亡的；（5）被告人下落不明的；（6）除因证据不足而撤诉的以外，自诉人撤诉后，就同一事实又告诉的；（7）经人民法院调解结案后，自诉人反悔，就同一事实再行告诉的。因此只有D项是不需要审查的。

15. D

关于判决、裁定、决定适用的范围，诉讼法中都有严格的要求，不能混淆。一般说来，判决仅适用于就案件的实体问题所作的决定，解决的是案件的实体事项；裁定是对有关诉讼程序和部分实体问题所作的一种处理决定；决定仅适用于解决诉讼程序问题且立即生效，不得上诉或抗诉。《刑事诉讼法》第236条规定，第二审人民法院对不服第一审判决的上诉、抗诉案件，经过审理后，应当按照下列情形分别处理：（1）原判决认定事实和适用法律正确、量刑适当的，应当裁定驳回上诉或者抗诉，维持原判；（2）原判决认定事实没有错误，但适用法律有错误，或者量刑不当的，应当改判；（3）原判决事实不清楚或者证据不足的，可以在查清事实后改判；也可以裁定撤销原判，发回原审人民法院重新审判。原审人民法院对于依照前款第3项规定发回重新审判的案件作出判决后，被告人提出上诉或者人民检察院提出抗诉的，第二审人民法院应当依法作出判决或者裁定，不得再发回原审人民法院重新审判。因此，选项D为正确答案。

16. C

公开审判原则是涉及庭审公开的问题，言词审理涉及案件审理的方式问题，辩论原则涉及的是陈述自己主张、维护自己权益的问题。三者均与合议庭的组成无实质性的关联。集中审理原则，是指法院开庭审理案件，应当在不更换审判人员的条件下连续进行，不得中断审理的诉讼原则。因此，本题应选C项。

17. C

《刑事诉讼法》第211条规定，自诉人经两次依法传唤，无正当理由拒不到庭的，或者未经法庭许可中途退庭的，按撤诉处理。因此，选C项。

18. A

延期审理，是指人民法院在开庭审判刑事案件过程中，由于出现了法律规定的情形，由检察人员或有关诉讼参与人提出建议或申请，法庭（含合议庭和独任审判员）同意或决定休庭而对该案延期开庭审理的一种诉讼活动。《刑事诉讼法》第204条规定，在法庭审判过程中，遇有下列情形之一，影响审判进行的，可以延期审理：（1）需要通知新的证人到庭，调取新的物证，重新鉴定或者勘验的；（2）检察人员发现提起公诉的案件需要补充侦查，提出建议的；（3）由于申请回避而不能进行审判的。延期审理不是终止审理，故C项错误；延期审理期间，诉讼活动并不停止，不同于中止审理，故B项错误；延期审理不适用于休庭，故D项错误。因此，A项正确。

19. B

《高法刑诉解释》第243条规定：审判期间，人民法院发现新的事实，可能影响定罪的，可以建议人民检察院补充或者变更起诉；人民检察院不同意或者在7日内未回复意见的，人民法院应当就起诉指控的犯罪事实，依照本解释第241条的规定作出判决、裁定。在本案中，由于被告人在盗窃中使用了暴力手段，案件的性质发生了变化，而并非遗漏了案件事实，因而，此时可以建议变更起诉。B项当选。

20. D

《高法刑诉解释》第271条规定：人民法院审

理自诉案件，可以在查明事实、分清是非的基础上，根据自愿、合法的原则进行调解。调解达成协议的，应当制作刑事调解书，由审判人员和书记员署名，并加盖人民法院印章。调解书经双方当事人签收后，即具有法律效力。调解没有达成协议，或者调解书签收前当事人反悔的，应当及时作出判决。因此，D项正确。

21. D

选项A错误：判决解决案件的实体问题；裁定既解决案件的实体问题，又解决案件的程序问题。选项B错误：一个案件可能出现两个判决，但是最终发生法律效力并被执行的判决只有一个；发生法律效力并被执行的裁定可以有若干个。选项C错误：裁定既可以用书面形式也可以用口头形式。选项D正确：不服判决与不服裁定的上诉、抗诉期限是不同的，不服判决的上诉、抗诉期是10日，不服裁定的上诉、抗诉期是5日。

22. A

《刑事诉讼法》第285条规定：审判的时候被告人不满18周岁的案件，不公开审理。但是，经未成年被告人及其法定代理人同意，未成年被告人所在学校和未成年人保护组织可以派代表到场。故本题选A项。

23. B

《高法刑诉解释》第181条规定，人民法院对提起公诉的案件审查后，应当按照下列情形分别处理：（1）属于告诉才处理的案件，应当退回人民检察院，并告知被害人有权提起自诉；（2）不属于本院管辖或者被告人不在案的，应当退回人民检察院；（3）不符合前条第2项至第8项规定之一，需要补充材料的，应当通知人民检察院在3日内补送；（4）依照《刑事诉讼法》第200条第3项规定宣告被告人无罪后，人民检察院根据新的事实、证据重新起诉的，应当依法受理；（5）依照本解释第242条规定裁定准许撤诉的案件，没有新的事实、证据，重新起诉的，应当退回人民检察院；（6）符合《刑事诉讼法》第16条第2项至第（1）项规定情形的，应当裁定终止审理或者退回人民检察院；（7）被告人真实身份不明，但符合《刑事诉讼法》第160条第2款规定的，应当依法受理。对公诉案件是否受理，应当在7日内审查完毕。据此，应当选B项。

24. C

适用简易程序审理过程中，被告人必须出庭，因此，A项错误。独任审判人员不能由人民陪审员担任，因此B项错误。《刑事诉讼法》第216条规定，适用简易程序审理公诉案件，人民检察院应当派员出席法庭。因此，C项正确。《刑事诉讼法》第219条规定，在判决宣告前应当听取被告人的最后陈述意见。因此，D项错误。

25. C

本题考查两审终审制。两审终审制，是指一个案件至多经过两级人民法院审判即告终结的制度，对于第二审人民法院作出的终审判决、裁定，当事人等不得再提出上诉，人民检察院不得按照上诉审程序提出抗诉。故C项说法正确。

26. B

选项A错误、选项B正确：《刑事诉讼法》第212条规定：人民法院对自诉案件，可以进行调解；自诉人在宣告判决前，可以同被告人自行和解或者撤回自诉。本法第210第3项规定的案件不适用调解。人民法院审理自诉案件的期限，被告人被羁押的，适用本法第208条第1款、第2款的规定；未被羁押的，应当在受理后6个月以内宣判。选项A的错误在于：人民法院审理自诉案件的期限，被告人被羁押的，与普通公诉案件的审理期限相同；未被羁押的，审限为6个月。选项B正确在于：不论是在一审程序中还是在二审程序中，在判决宣告前，当事人都可以进行和解。选项C错误：《高法刑诉解释》第334条规定，第二审期间，自诉案件的当事人提出反诉的，应当告知其另行起诉。选项D错误：《高法刑诉解释》第333条规定：对第二审自诉案件，必要时可以调解，当事人也可以自行和解。调解结案的，应当制作调解书，第一审判决、裁定视为自动撤销；当事人自行和解的，应当裁定准许撤回自诉，并撤销第一审判决、裁定。

27. D

集中审理原则，又称不中断审理原则，是指“法院开庭审理案件，应在不更换审判人员的条件下连续进行，不得中断审理的诉讼原则”。该原则要求法庭对每个刑事案件的审理，除了必要的休息时间外，原则上应当是不中断地连续进行。换言之，法庭审理案件时从开庭到判决应当尽可能地一气呵成，不应中断。故本题选D项。

28. A

《高法刑诉解释》第254条规定："被告人当庭拒绝辩护人辩护，要求另行委托辩护人或者指派律师的，合议庭应当准许。被告人拒绝辩护人辩护后，没有辩护人的，应当宣布休庭；仍有辩护人的，庭审可以继续进行。有多名被告人的案件，部分被告人拒绝辩护人辩护后，没有辩护人的，根据案件情况，可以对该被告人另案处理，对其他被告人的庭审继续进行。"故A项正确，B、D两项均错误。该解释第254条还规定："重新开庭后，被告人再次当庭拒绝辩护人辩护的，可以准许，但被告人不得再次另行委托辩护人或者要求另行指派律师，由其自行辩护。被告人属于应当提供法律援助的情形，重新开庭后再次当庭拒绝辩护人辩护的，不予准许。"故C项错误，合议庭可以准许拒绝辩护，只要其再自行委托，或法院为其提供法律援助辩护。故本题选择A项。

29. B

《高法刑诉解释》第241条规定："起诉指控的事实清楚，证据确实、充分，指控的罪名与审理认定的罪名不一致的，应当按照审理认定的罪名作出有罪判决。"故本题选B项。

30. D

《高法刑诉解释》第390条规定："原判决、裁定认定被告人姓名等身份信息有误，但认定事实和适用法律正确、量刑适当的，作出生效判决、裁定的人民法院可以通过裁定对有关信息予以更正。"故本题选D项。

31. B

审判的亲历性，是指案件的裁判者必须自始至终参与审理，审查所有证据，对案件作出判决须以充分听取控辩双方的意见为前提。选项A符合亲历性要求：《高法刑诉解释》第206条规定，证人具有下列情形之一，无法出庭作证的，人民法院可以准许其不出庭：(1) 在庭审期间身患严重疾病或者行动极为不便的；(2) 居所远离开庭地点且交通极为不便的；(3) 身处国外短期无法回国的；(4) 有其他客观原因，确实无法出庭的。具有前款规定情形的，可以通过视频等方式作证。选项B不符合亲历性要求：刑事审判的亲历性特征体现的是集中审理原则。根据集中审理原则，在法庭审判中，法庭成员（包括法官和陪审员）必须始终在场参加审理。对于法庭成员因故不能继续参加审理的，应由始终在场的候补法官、候补陪审员替换之。如果没有足够的法官、陪审员可以替换，则应重新审判。若合议庭成员因病不能参加审理，应该由始终在场的候补陪审员参加审理，而不是由任意的陪审员继续审理。选项C符合亲历性要求：《刑事诉讼法》第196条第1款规定，法庭审理过程中，合议庭对证据有疑问的，可以宣布休庭，对证据进行调查核实。《高法刑诉解释》第66条第1款规定：人民法院依照《刑事诉讼法》第196条的规定调查核实证据，必要时，可以通知检察人员、辩护人、自诉人及其法定代理人到场。上述人员未到场的，应当记录在案。选项D符合亲历性要求：《高法刑诉解释》第324条规定，第二审案件依法不开庭审理的，应当讯问被告人，听取其他当事人、辩护人、诉讼代理人的意见。合议庭全体成员应当阅卷，必要时应当提交书面阅卷意见。

32. C

《高法刑诉解释》第183条第2款规定："召开庭前会议，根据案件情况，可以通知被告人参加。"齐某作为银行的诉讼代表人，享有银行作为被告的诉讼权利，故是"可以"而非"应当"通知齐某参加诉讼，因此，A项错误。拘传只能适用于犯罪嫌疑人、被告人，而齐某是被告银行的诉讼代表人，不能对其适用拘传。因此，B项错误。齐某作为被告银行的诉讼代表人，享有被告人在刑事诉讼中的权利，因此，C项正确。齐某应有代表银行作最后陈述的权利，故D项错误。

33. C

《刑事诉讼法》第230条规定："不服判决的上诉和抗诉的期限为十日，不服裁定的上诉和抗诉的期限为五日，从接到判决书、裁定书的第二日起算。"故上诉期、抗诉期为6月10日到6月19日，黄某撤回上诉、检察院撤回抗诉均是在上诉、抗诉期内。《高法刑诉解释》第308条规定：在上诉、抗诉期满前撤回上诉、抗诉的，第一审判决、裁定在上诉、抗诉期满之日起生效。据此，本题中一审判决生效的时间应当为6月19日，C项当选。

34. B

"让审理者裁判，由裁判者负责"是基本司法规律，也是我国新一轮司法体制改革目标实现的重要途径和原判规定认识的回归。“让审理者裁判”的重大意义就在于打破过去司法权力运行的“行政化”“层级化”不良状况，改变“审者不判、判者不审”“审与判分离”的突出问题，实现“审与判相统一、相一致”，裁判者必须是审理者，必须要有亲历性。同时“让审理者裁判”，也明确无误地要求还权给审理者，让审理者来裁判，也让审理者有权裁判，让审理者独立、负责任、充分地行使裁判权。A项错误，不可选：刑事诉讼各种职能中，控诉、辩护、审判是三种基本诉讼职能。可见，刑事诉讼职能强调控、辩、审三方之间的关系，而题目中主要提到法官的作用。B项正确：刑事诉讼直接原则包括直接审理原则和直接采证原则，直接审理原则是指法官必须与诉讼当事人和诉讼参与人直接接触；直接采证原则是指法官直接审查案件事实材料和证据。而“让审理者裁判、由裁判者负责”的内容之一，就是要确保案件的裁判是由真正参与案件审理的法官作出，要求法官必须亲历法庭审理，直接与诉讼参与人接触。这也是直接原则的要求。C项错误：刑事审判的程序性特征是指审判活动应当严格遵循法定的程序，否则，可能导致审判活动无效并需要重新进行的法律后果。“让审理者裁判、由裁判者负责”，并不涉及审判活动中的程序问题，无法体现刑事审判的程序性特征。D项错误：控辩式庭审是一种审判模式，要求法官居于中立且被动的裁判者地位，强调控辩双方在法庭审理中的主导作用。这和“让审理者裁判、由裁判者负责”没有直接关联。

35. C

两审终审制是我国的基本审判制度。该制度规定：一个案件至多经过两级人民法院审判即告终结，所作判决即为生效判决的审判制度。我国两审终审制度的例外有三：一是最高院作为第一审案件的审判法院，所作判决即为终审判决；二是判处死刑的案件，二审判决依然不能发生法律效力的情况；三是各级地方法院在法定刑以下量刑的，都必须经最高院核准才能生效。根据这些法律规定，只有C项正确。

36. C

A项、B项皆错误，不可选：基于控审分离的原理，检察院未对胡某的贩卖毒品的行为起诉，法院不能直接对该贩卖毒品的犯罪行为作出判决。C项正确，当选：《高法刑诉解释》第243条规定：审判期间，人民法院发现新的事实，可能影响定罪的，可以建议人民检察院补充或者变更起诉；人民检察院不同意或者在7日内未回复意见的，人民法院应当就起诉指控的犯罪事实作出判决、裁定。本题中，法院在审理时发现胡某还有向他人出售毒品，可能涉嫌贩卖毒品罪的新犯罪事实，可能影响定罪，法院可建议检察院补充侦查或者变更起诉。D项错误，不可选：《高法刑诉解释》第226条第2款规定：审判期间，被告人提出新的立功线索的，人民法院可以建议人民检察院补充侦查。本题中，法院在审理时发现胡某还有向他人出售毒品，可能涉嫌贩卖毒品罪的新犯罪事实，可能影响定罪，故法院可建议检察院补充或者变更起诉，而不是建议检察院退回补充侦查。

37. C

《高法刑诉解释》第241条规定，对第一审公诉案件，人民法院审理后，应当按照下列情形分别作出判决、裁定：（1）起诉指控的事实清楚，证据确实、充分，依据法律认定指控被告人的罪名成立的，应当作出有罪判决；（2）起诉指控的事实清楚，证据确实、充分，指控的罪名与审理认定的罪名不一致的，应当按照审理认定的罪名作出有罪判决；（3）案件事实清楚，证据确实、充分，依据法律认定被告人无罪的，应当判决宣告被告人无罪；（4）证据不足，不能认定被告人有罪的，应当以证据不足、指控的犯罪不能成立，判决宣告被告人无罪；（5）案件部分事实清楚，证据确实、充分的，应当作出有罪或者无罪的判决；对事实不清、证据不足部分，不予认定；（6）被告人因不满16周岁，不予刑事处罚的，应当判决宣告被告人不负刑事责任；（7）被告人是精神病人，在不能辨认或者不能控制自己行为时造成危害结果，不予刑事处罚的，应当判决宣告被告人不负刑事责任；（8）犯罪已过追诉时效期限且不是必须追诉，或者经特赦令免除刑罚的，应当裁定终止审理；（9）被告人死亡的，应当裁定终止审理；根据已查明的案件事实和认定的证据，能够确认无罪的，应当判决宣告被告人无罪。具有前款第2项规定情形的，人民法院应当在判决前听取控辩双方的意见，保障被告人、辩护人充分行使辩护权。必要时，可以重新开庭，组织控辩双方围绕被告人的行为构成何罪进行辩论。据此可知，A、B、D项错误，C项正确。

38. D

A项错误，不可选：《刑事诉讼法》第214条规定，基层人民法院管辖的案件，符合下列条件的，可以适用简易程序审判：(1) 案件事实清楚、证据充分的；(2) 被告人承认自己所犯罪行，对指控的犯罪事实没有异议的；(3) 被告人对适用简易程序没有异议的。人民检察院在提起公诉的时候，可以建议人民法院适用简易程序。检察院在提起公诉的时候，可以提出适用简易程序的建议，但是否适用简易程序，由法院依法决定。B项错误，不可选：《高法刑诉解释》第294条规定：适用简易程序审理案件，审判长或者独任审判员应当当庭询问被告人对指控的犯罪事实的意见，告知被告人适用简易程序审理的法律规定，确认被告人是否同意适用简易程序。由此可知，即使适用简易程序审理案件，也应当庭询问被告人对指控的犯罪事实的意见。C项错误，不可选：《高法刑诉解释》第295条第1款规定，适用简易程序审理案件，可以对庭审作如下简化：(1) 公诉人可以摘要宣读起诉书；(2) 公诉人、辩护人、审判人员对被告人的讯问、发问可以简化或者省略；(3) 对控辩双方无异议的证据，可以仅就证据的名称及所证明的事项作出说明；对控辩双方有异议，或者法庭认为有必要调查核实的证据，应当出示，并进行质证；(4) 控辩双方对与定罪量刑有关的事实、证据没有异议的，法庭审理可以直接围绕罪名确定和量刑问题进行。可见，只有控辩双方对与定罪量刑的事实、证据没有异议时，法庭审理才可以直接围绕罪名确定和量刑问题进行，但若控辩双方对证据有异议，则即使适用简易程序审理，法庭也应当调查核实证据。C项所述以偏概全。D项错误，不可选：《高法刑诉解释》第297条规定，适用简易程序审理案件，一般应当当庭宣判。

39. B

《刑事诉讼法》第214条规定，基层人民法院管辖的案件，符合下列条件的，可以适用简易程序审判：(1) 案件事实清楚、证据充分的；(2) 被告人承认自己所犯罪行，对指控的犯罪事实没有异议的；(3) 被告人对适用简易程序没有异议的。《高法刑诉解释》第290条规定，具有下列情形之一的，不适用简易程序：(1) 被告人是盲、聋、哑人；(2) 被告人是尚未完全丧失辨认或者控制自己行为能力的精神病人；(3) 有重大社会影响的；(4) 共同犯罪案件中部分被告人不认罪或者对适用简易程序有异议的；(5) 辩护人作无罪辩护的；(6) 被告人认罪但经审查认为可能不构成犯罪的；(7) 不宜适用简易程序审理的其他情形。A项中所涉犯罪属危害国家安全的犯罪，依法由中级人民法院管辖的案件；而简易程序只能适用于基层人民法院管辖的案件，故A项不可选。C项中法院经审查认为可能不构成犯罪，哪怕被告人认罪，也不能适用简易程序审，故C项不可选。D项中丁的辩护人作无罪辩护时，依法不能适用简易程序，故D项不可选。本题应选B项。

40. C

根据《刑事诉讼法》第222条至第226条的规定可知，刑事速裁程序仅适用于基层法院审理的一审案件，且必须有被告人最后陈述阶段，且刑事速裁程序以被告人认罪认罚为前提，被告人应同意适用刑事速裁程序才可启动。故选C项。

（二）多项选择题

1. CD

刑事判决书的正文包括事实、理由和判决结果。选项A中辩护人的辩护意见属于事实部分。选项B中经法庭审理查明的事实和据以定案的证据、法院确认的犯罪事实，也属于事实部分的内容。法院刑事判决书中的理由部分包括：(1) 确定罪名；(2) 确认量刑情节；(3) 对公诉机关指控的罪名成立的，应当表示肯定；不构成犯罪或者指控的罪名不当的，应当有理有据地作出分析认定；对于辩解、辩护的主要理由，应当据理表明是否予以采纳；(4) 确认辩解、辩护的理由是否被采纳；(5) 写明判决的法律依据。可见选项C、D均属于理由部分的内容。

2. ABCD

参见《刑事诉讼法》第199条的规定（略）。

3. ACD

《刑事诉讼法》第192条第2款规定：人民警察就其执行职务时目击的犯罪情况作为证人出庭

作证，适用前款规定。该法第 193 条规定：经人民法院通知，证人没有正当理由不出庭作证的，人民法院可以强制其到庭，但是被告人的配偶、父母、子女除外。证人没有正当理由拒绝出庭或者出庭后拒绝作证的，予以训诫，情节严重的，经院长批准，处以 10 日以下的拘留。被处罚人对拘留决定不服的，可以向上一级人民法院申请复议。复议期间不停止执行。因此，A、C、D 三项均正确。

4. BC

《刑事诉讼法》第 186 条规定：人民法院对提起公诉的案件进行审查后，对于起诉书中有明确的指控犯罪事实的，应当决定开庭审判。另外，《高法刑诉解释》第 180 条对庭前审查的主要内容作了更加具体的规定，即人民法院对人民检察院提起的公诉案件，应当在收到起诉书（一式 8 份，每增加一名被告人，增加起诉书 5 份）和案卷、证据后，即指定审判员审查以下内容：（1）是否属于本院管辖。（2）起诉书是否写明被告人的身份，是否受过或者正在接受刑事处罚，被采取强制措施的种类、羁押地点，犯罪的时间、地点、手段、后果，以及其他可能影响定罪量刑的情节。（3）是否移送证明指控犯罪事实的证据材料，包括采取技术侦查措施的批准决定和所收集的证据材料。（4）是否查封、扣押、冻结被告人的违法所得或者其他涉案财物，并附证明相关财物依法应当追缴的证据材料。（5）是否列明被害人的姓名、住址、联系方式；是否附有证人、鉴定人名单；是否申请法庭通知证人、鉴定人、有专门知识的人出庭，并列明有关人员的姓名、性别、年龄、职业、住址、联系方式；是否附有需要保护的证人、鉴定人、被害人名单。（6）当事人已委托辩护人、诉讼代理人，或者已接受法律援助的，是否列明辩护人、诉讼代理人的姓名、住址、联系方式。（7）是否提起附带民事诉讼；提起附带民事诉讼的，是否列明附带民事诉讼当事人的姓名、住址、联系方式，是否附有相关证据材料。（8）侦查、审查起诉程序的各种法律手续和诉讼文书是否齐全。（9）有无《刑事诉讼法》第 16 条第 2 项至第 6 项规定的不追究刑事责任的情形。综上，A、D 项属于应当审查的内容，不应选。

5. AD

《刑事诉讼法》第 212 条规定：人民法院对自诉案件，可以进行调解；自诉人在宣告判决前，可以同被告人自行和解或者撤回自诉。本法第 210 条第 3 项规定的案件不适用调解。按照《刑法诉讼法》第 210 条的规定，自诉案件包括下列案件：（1）告诉才处理的案件；（2）被害人有证据证明的轻微刑事案件；（3）被害人有证据证明对被告人侵犯自己人身、财产权利的行为应当依法追究刑事责任，而公安机关或者人民检察院不予追究被告人刑事责任的案件。因此 A 项正确，B 项不正确。《高法刑诉解释》第 277 条第 2 款规定：反诉案件适用自诉案件的规定，应当与自诉案件一并审理。自诉人撤诉的，不影响反诉案件的继续审理。所以 C 项不正确，D 项正确。

6. BD

《高法刑诉解释》第 266 条规定：自诉人明知有其他共同侵害人，但只对部分侵害人提起自诉的，人民法院应当受理，并告知其放弃告诉的法律后果；自诉人放弃告诉，判决宣告后又对其他共同侵害人就同一事实提起自诉的，人民法院不予受理。共同被害人中只有部分人告诉的，人民法院应当通知其他被害人参加诉讼，并告知其不参加诉讼的法律后果。被通知人接到通知后表示不参加诉讼或者不出庭的，视为放弃告诉。第一审宣判后，被通知人就同一事实又提起自诉的，人民法院不予受理。但是，当事人另行提起民事诉讼的，不受本解释限制。因此，B、D 项正确。

7. BC

《刑事诉讼法》第 187 条规定：人民法院决定开庭审判后，应当确定合议庭的组成人员，将人民检察院的起诉书副本至迟在开庭 10 日以前送达被告人及其辩护人。在开庭以前，审判人员可以召集公诉人、当事人和辩护人、诉讼代理人，对回避、出庭证人名单、非法证据排除等与审判相关的问题，了解情况，听取意见。人民法院确定开庭日期后，应当将开庭的时间、地点通知人民检察院，传唤当事人，通知辩护人、诉讼代理人、证人、鉴定人和翻译人员，传票和通知书至迟在开庭 3 日以前送达。公开审判的案件，应当在开庭 3 日以前先期公布案由、被告人姓名、开庭时间和地点。上述活动情形应当写入笔录，由审判人员和书记员签名。所以，A 项不正确。根据《刑事诉讼法》第 188 条的规定，对于不公开审理的案件，应当当庭宣布不公开审理的理由。所以，B项正确。《刑事诉讼法》第202条第1款规定：宣告判决，一律公开进行。所以，C项正确，D项不正确。

8. ABCD

关于证人出庭作证的问题，《高法刑诉解释》第211条规定：证人到庭后，审判人员应当先核实证人的身份、与当事人以及本案的关系，并告知其有关作证的权利义务和法律责任。证人作证前，应当在如实提供证言的保证书上签名。本题考查证人出庭作证方面的手续问题，考查得比较细，但也属于直接反映法条内容的题型。值得注意的是，《刑事诉讼法》的规定仅有C项的内容，但本题要求的是多项选择，所以应当依据《高法刑诉解释》的规定作出选择。A、B、C、D项当选。

9. AC

裁定主要适用于程序问题和部分实体性问题。本题中，A、C两项属于程序性事项，应用裁定。B项应用决定，D项应用判决。

10. AC

根据《刑事诉讼法》第184条的规定，合议庭进行评议的时候，如果存在意见分歧，应当按多数人的意见作出决定，但是少数人的意见应当写入笔录；评议笔录由合议庭的组成人员签名。因此，应当选A、C两项。

11. AB

根据《高法刑诉解释》第181条的规定，人民法院在对案件进行庭前审查后，发现不属于本院管辖或者被告人不在案的，应当退回人民检察院。在本案中，杨某在绑架过程中杀害了人质，可能会被判处死刑，这样就不能由县法院管辖，而应由中级法院管辖。所以A项不属于本院管辖的情况。B项则属于被告人不在案的情形。

12. ABD

A项中甲、乙两人是共同被害人，二人对于是否提起自诉均有自主权，因此，甲撤回自诉，并不影响法院对乙所提起的自诉案件继续审理。所以，A项正确。《高法刑诉解释》第272条规定：判决宣告前，自诉案件的当事人可以自行和解，自诉人可以撤回自诉。人民法院经审查，认为和解、撤回自诉确属自愿的，应当裁定准许；认为系被强迫、威吓等，并非出于自愿的，不予准许。因此，B项正确。《高法刑诉解释》第334条规定：第二审期间，自诉案件的当事人提出反诉的，应当告知其另行起诉。因此，C项错误。该解释第333条规定：对第二审自诉案件，必要时可以进行调解，当事人也可以自行和解。调解结案的，应当制作调解书，第一审判决、裁定视为自动撤销；当事人自行和解的，应当裁定准许撤回自诉，并撤销第一审判决、裁定。因此，D项正确。

13. ABCD

《刑事诉讼法》第195条规定：公诉人、辩护人应当向法庭出示物证，让当事人辨认，对未到庭的证人的证言笔录、鉴定人的鉴定意见、勘验笔录和其他作为证据的文书，应当当庭宣读。审判人员应当听取公诉人、当事人和辩护人、诉讼代理人的意见。这里的“让当事人辨认”包括了让被害人辨认和让被告人辨认两个方面。因此，本题四个选项均正确。

14. ABD

2010年2月1日起施行的《最高人民法院关于进一步加强合议庭职责的若干规定》第10条规定：“合议庭组成人员存在违法审判行为的，应当按照《人民法院审判人员违法审判责任追究办法(试行)》等规定追究相应责任。合议庭审理案件有下列情形之一的，合议庭成员不承担责任：(一)因对法律理解和认识上的偏差而导致案件被改判或者发回重审的；(二)因对案件事实和证据认识上的偏差而导致案件被改判或者发回重审的；(三)因新的证据而导致案件被改判或者发回重审的；(四)因法律修订或者政策调整而导致案件被改判或者发回重审的；(五)因裁判所依据的其他法律文书被撤销或变更而导致案件被改判或者发回重审的；(六)其他依法履行审判职责不应当承担责任的情形。”根据第3项，A项情形下合议庭不承担责任；根据第2项，B项情形下合议庭不承担责任；根据第5项，D项情形下合议庭不承担责任。本题应选A、B、D三项。

15. ABD

选项A、B正确，选项C错误：《刑事诉讼法》第64条第1款规定，对于危害国家安全犯罪、恐怖活动犯罪、黑社会性质的组织犯罪、毒品犯罪等案件，证人、鉴定人、被害人因在诉讼中作证，本人或者其近亲属的人身安全面临危险的，人民法院、人民检察院和公安机关应当采取以下一项或者多项保护措施：（1）不公开真实姓名、住址和工作单位等个人信息；（2）采取不暴露外貌、真实声音等出庭作证措施；（3）禁止特定的人员接触证人、鉴定人、被害人及其近亲属；（4）对人身和住宅采取专门性保护措施；（5）其他必要的保护措施。据此可知，丙是侦查人员而非条文中的“证人、鉴定人、被害人”，因此不属于证人保护对象。选项D正确：《刑事诉讼法》第154条规定，依照本节规定采取侦查措施收集的材料在刑事诉讼中可以作为证据使用。如果使用该证据可能危及有关人员的人身安全，或者可能产生其他严重后果的，应当采取不暴露有关人员身份、技术方法等保护措施，必要的时候，可以由审判人员在庭外对证据进行核实。

16. BD

选项A错误：《高法刑诉解释》第183条第2款规定，召开庭前会议，根据案件情况，可以通知被告人参加。据此可知，只能根据具体案件情况通知被告人参加庭前会议，被告人并没有主动参加庭前会议的权利。选项B正确：《高法刑诉解释》第184条第3款规定，被害人或者其法定代理人、近亲属提起附带民事诉讼的，可以调解。选项C错误，选项D正确：根据《高法刑诉解释》第184条第1款第5、6项的规定，召开庭前会议，审判人员可以就“是否对出庭证人、鉴定人、有专门知识的人的名单有异议、是否申请排除非法证据”向控辩双方了解情况、听取意见。但“就是否排除作出决定”应在正式审理阶段作出。

17. BC

选项A错误：《高法刑诉解释》第260条第1款规定，本解释第1条规定的案件，如果被害人死亡、丧失行为能力或者因受强制、威吓等无法告诉，或者是限制行为能力人以及因年老、患病、盲、聋、哑等不能亲自告诉，其法定代理人、近亲属告诉或者代为告诉的，人民法院应当依法受理。据此可知，“担心影响不好”不是可代为起诉的理由。选项B正确：《高法刑诉解释》第266条第2款规定：共同被害人中只有部分人告诉的，人民法院应当通知其他被害人参加诉讼，并告知其不参加诉讼的法律后果。被通知人接到通知后表示不参加诉讼或者不出庭的，视为放弃告诉。第一审宣判后，被通知人就同一事实又提起自诉的，人民法院不予受理。但是，当事人另行提起民事诉讼的，不受本解释限制。选项C正确：《刑事诉讼法》第193条第1款规定，经人民法院通知，证人没有正当理由不出庭作证的，人民法院可以强制其到庭，但是被告人的配偶、父母、子女除外。本题中，方某的弟弟不属于强制出庭排除范围，因此没有正当理由不出庭作证，可以强制其到庭。选项D错误：《高法刑诉解释》第270条规定：自诉案件，符合简易程序适用条件的，可以适用简易程序审理。不适用简易程序审理的自诉案件，参照适用公诉案件第一审普通程序的有关规定。据此可知，必须满足简易程序的适用条件才能适用简易程序审理，本题没有说明具体情形，不能确定是否符合简易程序的适用条件。

18. ABD

选项A正确：《刑事诉讼法》第216条第1款规定，适用简易程序审理案件，对可能判处3年有期徒刑以下刑罚的，可以组成合议庭进行审判，也可以由审判员一人独任审判；对可能判处的有期徒刑超过3年的，应当组成合议庭进行审判。本题中，甲涉嫌持枪抢劫，可能判处10年以上有期徒刑、无期徒刑或者死刑，因此，应当组成合议庭进行审判。《刑事诉讼法》第183条第1款规定，基层人民法院、中级人民法院审判第一审案件，应当由审判员3人或者由审判员和人民陪审员共3人或者7人组成合议庭进行，但是基层人民法院适用简易程序、速裁程序的案件可以由审判员一人独任审判。因此，由两名审判员、一名陪审员组成合议庭的做法是合法的。选项B正确：《高法刑诉解释》第474条规定，对未成年人刑事案件，人民法院决定适用简易程序审理的，应当征求未成年被告人及其法定代理人、辩护人的意见。上述人员提出异议的，不适用简易程序。选项C错误：《高法刑诉解释》第290条规定，具有下列情形之一的，不适用简易程序：（1）被告人是盲、聋、哑人；（2）被告人是尚未完全丧失辨认或者控制自己行为能力的精神病人；（3）有重大社会影响的；（4）共同犯罪案件中部分被告人不认罪或者对适用简易程序有异议的；（5）辩护人作无罪辩护的；（6）被告人认罪但经审查认为可能不构成犯罪的；（7）不宜适用简易程序审理的其他情形。选项D正确：《高法刑诉解释》第298条第1款规定，适用简易程序审理案件，在法庭审理过程中，有下列情形之一的，应当转为普通程序审理：（1）被告人的行为可能不构成犯罪的；（2）被告人可能不负刑事责任的；（3）被告人当庭对起诉指控的犯罪事实予以否认的；（4）案件事实不清、证据不足的；（5）不应当或者不宜适用简易程序的其他情形。

19. AB

庭前会议是指在开庭以前，审判人员可以召集公诉人、当事人和辩护人、诉讼代理人，对回避、出庭证人名单、非法证据排除等与审判相关的问题，了解情况，听取意见。《高法刑诉解释》第184条规定："召开庭前会议，审判人员可以就下列问题向控辩双方了解情况，听取意见：（1）是否对案件管辖有异议……"因此，A项正确。王某作为被害人是刑事诉讼过程中的当事人，可以参加庭前会议对附带民事诉讼提出意见和建议，人民法院也可以进行调解。因此，B项正确。《刑事诉讼法》第58条规定：法庭审理过程中，审判人员认为可能存在本法第56条规定的以非法方法收集证据情形的，应当对证据收集的合法性进行法庭调查。庭前会议主要解决的是审判相关的问题，该问题是程序性的问题，而不是案件的实质审查，也不是对证据的质证。因此庭前会议对非法证据只能调查，排除必须是在庭审阶段。因此，C项错误。会议主要解决的是了解情况、听取意见，为庭审的顺利进行打下基础，而不是查明控辩双方对实体问题争议的焦点。对于出示的证据不能在庭审阶段简化，因此，D项错误。

20. ABD

我国原有刑事诉讼模式是超职权主义特点的诉讼模式。以审判为中心的刑事诉讼制度改革要求，完善法庭辩论规则，确保控、辩意见发表在法庭，一是有利于强化当事人主体地位，充分发挥辩护方在庭审中的职能作用；二是通过促进法庭控、辩积极对抗，让法官居中裁判，逐步弱化法官的积极主动调查权，从而弱化原有的强职权主义色彩；三是平衡控、辩对抗关系，保证庭审实质化，而不是走过场，充分发挥审判在犯罪事实的认定和刑事责任确定上的程序中心作用。A项和B项所述符合以审判为中心的刑事诉讼制度改革的理解与要求。C项不可选，该表述与题干给出的主旨不符。D项正确，被告人自愿认罪的法律后果是，法庭审理主要围绕量刑和其他有争议的问题进行。

21. AB

根据《刑事诉讼法》第222条至第226条的规定可知，刑事速裁程序仅适用于可能判处三年有期徒刑以下刑罚的案件，且必须当庭宣判，只能采用独任制审理，一般不进行法庭调查和法庭辩论。故选A、B项。

（三）不定项选择题

1. AB

《刑事诉讼法》第183条规定：基层人民法院、中级人民法院审判第一审案件，应当由审判员3人或者由审判员和人民陪审员共3人或者7人组成合议庭进行，但是基层人民法院适用简易程序、速裁程序的案件可以由审判员一人独任审判。高级人民法院、最高人民法院审判第一审案件，应当由审判员3人至7人或者由审判员和人民陪审员共3人至7人组成合议庭进行。该法第249条规定：最高人民法院复核死刑案件，高级人民法院复核死刑缓期执行的案件，应当由审判员3人组成合议庭进行。因此，正确选项是A、B。

2. AB

本题考查的是人民检察院撤回起诉后的重新起诉问题。《人民检察院刑事诉讼规则（试行）》第459条第3款规定：对于撤回起诉的案件，没有新的事实或者新的证据，人民检察院不得再行起诉。根据该条可以推出人民检察院在有新的事实、新的证据材料的情况下可以重新起诉，人民法院也应当受理。故A、B项为正确答案。另外，根据《高法刑诉解释》第181条的规定，案件经审查后，对于"依照本解释第二百四十二条规定裁定准许撤诉的案件，没有新的事实、证据，重新起诉的，应当退回人民检察院"。所以，C、D项均是错误的。

3. BD

A项显然是不正确的：法庭没有直接宣判权，这是不告不理原则所决定的。《刑事诉讼法》第199条规定：在法庭审判过程中，如果诉讼参与人或者旁听人员违反法庭秩序，审判长应当警告制止。对不听制止的，可以强行带出法庭；情节严重的，处以1 000元以下的罚款或者15日以下的拘留。罚款、拘留必须经院长批准。被处罚人对罚款、拘留的决定不服的，可以向上一级人民法院申请复议。复议期间不停止执行。对聚众哄闹、冲击法庭或者侮辱、诽谤、威胁、殴打司法工作人员或者诉讼参与人，严重扰乱法庭秩序，构成犯罪的，依法追究刑事责任。据此可以直接选出B、D项，而C项是不正确的。

4. CD

A项显然是错误的：按照《刑事诉讼法》第227条的规定，上诉的对象仅限于判决和裁定，对于调解，自诉人是不能提起上诉的。B项显然也是错误的：接受调解书后，调解即发生法律效力，自诉人是不能重新起诉的。《高法刑诉解释》第271条规定：人民法院审理自诉案件，可以在查明事实、分清是非的基础上，根据自愿、合法的原则进行调解。调解达成协议的，应当制作刑事调解书，由审判人员和书记员署名，并加盖人民法院印章。调解书经双方当事人签收后，即具有法律效力。调解没有达成协议，或者调解书签收前当事人反悔的，应当及时作出判决。据此可以直接选出C、D项。

5. ABD

本题意在考查在法定刑以下判处刑罚的核准程序。《高法刑诉解释》第336条规定，报请最高人民法院核准在法定刑以下判处刑罚的案件，应当按下列情形分别处理：(1) 被告人未提出上诉、人民检察院未提出抗诉的，在上诉、抗诉期满后3日内报请上一级人民法院复核。上一级人民法院同意原判的，应当书面层报最高人民法院核准；上一级人民法院不同意原判的，应当裁定发回重新审判或者改变管辖，按照第一审程序重新审理。原判是由基层人民法院作出的，高级人民法院可以指定中级人民法院按照第一审程序重新审理。(2) 被告人上诉或者人民检察院抗诉的，应当依照第二审程序审理。第二审维持原判，或者改判后仍在法定刑以下处以刑罚的，应当依照前项规定报请最高人民法院核准。据此，可以直接选出正确答案A、B、D项。C项之所以不正确，是因为如果上一级人民法院不同意在法定刑以下判处刑罚，在改判后不需要报请最高人民法院核准。只有改判后仍判决在法定刑以下处以刑罚的，才需要按照规定的程序逐级报请最高人民法院核准。

6. ACD

《刑事诉讼法》第188条第1款规定：人民法院审判第一审案件应当公开进行。但是有关国家秘密或者个人隐私的案件，不公开审理；涉及商业秘密的案件，当事人申请不公开审理的，可以不公开审理。本案涉及甲的个人隐私，应当不公开审理，故A项正确。《刑事诉讼法》第65条第1款规定：证人因履行作证义务而支出的交通、住宿、就餐等费用，应当给予补助。证人作证的补助列入司法机关业务经费，由同级政府财政予以保障。可见，法律仅对证人出庭作证的费用补助作了规定，未规定对被害人出庭作证支出的必要费用进行补助，故B项错误。《刑事诉讼法》第101条第1款规定：被害人由于被告人的犯罪行为而遭受物质损失的，在刑事诉讼过程中，有权提起附带民事诉讼。故C项正确。《高法刑诉解释》第198条规定：在审判长主持下，公诉人可以就起诉书指控的犯罪事实讯问被告人。经审判长准许，被害人及其法定代理人、诉讼代理人可以就公诉人讯问的犯罪事实补充发问；附带民事诉讼原告人及其法定代理人、诉讼代理人可以就附带民事部分的事实向被告人发问；被告人的法定代理人、辩护人，附带民事诉讼被告人及其法定代理人、诉讼代理人可以在控诉一方就某一问题讯问完毕后向被告人发问。由此可知，公诉人讯问乙男后，甲女可就强奸的犯罪事实向乙男发问。故D项正确。

简答题

1. (1) 合议庭的组成：合议庭的组成人数应当是单数，又因审理案件的人民法院的级别和不同的审判程序而有所区别：基层人民法院、中级人民法院审判第一审案件，由审判员3人或者由审判员和人民陪审员共3人或者7人组成合议庭进行，但是基层人民法院适用简易程序、速裁程序的案件可以由审判员一人独任审判。高级人民法院第一审案件，由审判员3人至7人或者由审判员和人民陪审员共3人或者7人组成合议庭进行。最高人民法院审判第一审案件，由审判员3

人至7人组成合议庭进行。人民法院审判第二审案件的合议庭，应由审判员3人或者5人组成。最高人民法院和高级人民法院复核死刑案件（包括死刑缓期2年执行）的合议庭，应由审判员3人组成。第二审人民法院发回重新审判的案件，以及人民法院按照审判监督程序重新审判的案件，应当另行组成合议庭进行。

（2）合议庭的活动原则：开庭审理和评议案件必须由同一合议庭进行；合议庭成员权力平等（陪审员不能担任审判长）；少数服从多数；审判长最后发表评议意见；少数人的意见应记录在案；开庭审理并且评议后作出判决。

2.（1）确定合议庭的组成人员。

（2）至迟在开庭10日以前向被告人送达起诉书副本。对于被告人未委托辩护人的，同时告知其可以委托辩护人，或者在必要的时候为其指定辩护人。

（3）通知被告人、辩护人于开庭5日前提供出庭作证的身份、住址、通讯处明确的证人、鉴定人名单，及不出庭作证的证人、鉴定人名单，以及拟当庭宣读、出示的证据复印件、照片。

（4）将开庭的时间、地点在开庭3日以前通知人民检察院。

（5）传唤当事人，通知辩护人、诉讼代理人、证人、鉴定人和翻译人员，传票和通知书至迟在开庭3日以前送达。

（6）公开审判的案件，应当在开庭3日前向社会公布开庭时间、地点及其他有关信息。

3.（1）可以独任审判。对于自诉案件可以适用简易程序，由审判员一人独任审判。

（2）可以调解。人民法院对于告诉才处理的案件和被害人有证据证明的轻微刑事案件，可以在查明事实、分清是非的基础上进行调解。但是对于被害人有证据证明对被告人侵犯自己人身、财产权利的行为应当依法追究刑事责任，而公安机关或者人民检察院不予追究，被害人依法向人民法院提起自诉的案件，不适用调解。

（3）可以和解与撤诉。自诉人在宣告判决前，可以同被告人自行和解或者撤回起诉。自诉人经两次依法传唤，无正当理由拒不到庭的，或者未经法庭准许中途退庭的，人民法院应当决定按自诉人撤诉处理。

（4）可以反诉。对于告诉才处理的案件和被害人有证据证明的轻微刑事案件，被告人或者其法定代理人在诉讼过程中，可以对自诉人提起反诉。但是，对于被害人有证据证明对被告人侵犯自己人身、财产权利的行为应当依法追究刑事责任，而公安机关或者人民检察院不予追究，被害人依法向人民法院提起自诉的案件，不能提起反诉。

（5）可以与公诉案件一并审判。被告人实施的两个以上的犯罪行为，分别属于公诉案件和自诉案件的，人民法院可以在审理公诉案件时，对自诉案件一并审理。

4. 基层人民法院管辖的案件，符合下列条件的，可以适用简易程序审判：（1）案件事实清楚、证据充分的；（2）被告人承认自己所犯罪行，对指控的犯罪事实没有异议的；（3）被告人对适用简易程序没有异议的。

有下列情形之一的，不适用简易程序：（1）被告人是盲、聋、哑人，或者是尚未完全丧失辨认或者控制自己行为能力的精神病人的；（2）有重大社会影响的；（3）共同犯罪案件中部分被告人不认罪或者对适用简易程序有异议的；（4）其他不宜适用简易程序审理的。

5.（1）属于告诉才处理的案件，应当退回人民检察院，并告知被害人有权提起自诉；

（2）不属于本院管辖或者被告人不在案的，应当退回人民检察院；

（3）不符合《高法刑诉解释》第180条第（2）项至第（8）项规定之一，需要补充材料的，应当通知人民检察院在3日内补送；

（4）依照《刑事诉讼法》第200条第（3）项宣告被告人无罪后，人民检察院根据新的事实、证据重新起诉的，应当依法受理；

（5）依照《高法刑诉解释》第242条裁定准许撤诉的案件，没有新的事实、证据，重新起诉的，应当退回人民检察院；

（6）符合《刑事诉讼法》第16条第（2）项至第（6）项规定情形的，应当裁定终止审理或者退回人民检察院；

（7）被告人真实身份不明，但符合《刑事诉讼法》第160条第2款规定的，应当依法受理。

6. 基层人民法院管辖的案件，符合下列条件的，可以适用速裁程序。

（1）可能判处三年有期徒刑以下刑罚。

（2）案件事实清楚，证据确实、充分。

（3）被告人认罪认罚。

（4）被告人同意适用速裁程序。

案例分析题

1.（1）此案由丁市丁区公安机关立案侦查是错误的。该案属于危害国家安全的犯罪，应由国家安全机关立案侦查。

（2）丁区人民检察院向丁区人民法院提起公诉是错误的。该案属于危害国家安全的犯罪，至少应由上一级人民检察院向市中级人民法院提起公诉。

（3）丁区人民法院审理本案是错误的。该案属于危害国家安全的案件，至少应由中级人民法院管辖。人民法院应当将此案退回人民检察院。

（4）二审法院审理后改判王某死刑是错误的。在仅有被告人提起上诉的情况下，二审法院加重被告人的刑罚违反了上诉不加刑原则。

（5）省高级人民法院对王某的死刑判决予以核准是错误的，应由最高人民法院予以核准。

2.（1）可以。人民法院审理自诉案件，可以进行调解。

（2）被告人王某可以以侮辱罪对自诉人刘某提起反诉。

（3）人民法院应当对刘某撤回自诉予以认真审查，经人民法院审查确属自愿的，应当准许；经审查认为刘某撤诉系被强迫、威吓等，不是出于自愿的，人民法院应当不予准许。

论述题与深度思考题

1.（1）我国现行审判方式具有如下主要特点。

第一，开庭前对公诉案件只做程序性审查。《刑事诉讼法》第186条规定：人民法院对提起公诉的案件进行审查后，对于起诉书中有明确的指控犯罪事实的，应当决定开庭审判。无疑，起诉案件符合人民法院受理案件的管辖范围，是首要的条件。符合上列基本条件，人民法院就应当决定开庭审判。至于被告人的行为是否确实构成犯罪、构成何罪，这时法官并无确定的责任。

第二，法庭调查的顺序和方式以及询问证人的方式标志着中国审判程序正在走向对抗制。过去，审判长在法庭调查等一系列环节上都占据着主导和控制地位：哪些证据需要纳入法庭调查的范围，要由审判长在开庭前确定，控辩双方尤其是辩护方无法施加影响；法庭调查证据的顺序由审判长独自决定；对所有证据的提出和展示都由审判长按照事先确定的调查提纲主动进行；讯问被告人，询问证人、被害人和鉴定人，以及出示物证和书证等活动都由审判长首先进行，控辩双方只能在其后被允许提出和发表意见。这种法官主宰的证据调查方式，极易使审判丧失基于判决之职务而必须与检察机关的侦查所保持的必要距离。1996年《刑事诉讼法》的修改在一定程度上引入了类似对抗制的证据调查方式，以控辩双方举证为主代替了法官包办证据调查，避免了法官与被追诉方的激烈对抗，这显然有利于法官中立性的实现。与此相适应，交叉询问规则也在中国得到一定程度的采纳。这种由控辩双方主导进行的“交叉询问”，是由提请传唤的一方向证人、鉴定人和勘验检查笔录制作人作第一次发问；接下来，由对方进行发问。

第三，中国的法官在法庭审判过程中仍然具有较强的主导地位。法官在很大程度上仍然享有主导审判、指挥和控制庭审过程的特别权力。不仅如此，在法庭审判过程中，合议庭还可以对存疑证据进行调查核实。2018年《刑事诉讼法》第196条规定：法庭审理过程中，合议庭对证据有疑问的，可以宣布休庭，对证据进行调查核实。

（2）我国现行审判方式具有如下不足。

从现行审判方式的特点来看，一种吸收了对抗式程序的因素而同时又保留了职权主义特征的审判方式在我国已经初步形成。但是，这一新的审判程序在实施中存在明显的不足。

第一，辩护人尤其是辩护律师的出庭率较低。由于新的审判程序将证据的出示、举证和质证等调查环节从法官转由控辩双方进行主导和控制，所以新程序的正常运行对辩护人参与的依赖性大大增加。没有辩护人的帮助，被告人将会处于比在旧的审判方式下更为不利的境地。但是，目前全国各级法院开庭审理的案件中，被告人有辩护人帮助的案件尚达不到40%。

第二，在那些有辩护人参与的案件中，由于辩护人的辩护活动受到的较大的限制，加之辩护人的水平参差不齐，辩护难以有效地发挥其固有的作用，显然也会影响现行审判方式的正常运转。

第三，证人和鉴定人出庭作证的比率极低，使审判方式改革失去实际的效果和意义。由于缺乏全国统一的司法统计数字，我们无法确切知道证人、鉴定人出庭作证的准确比例。不过，按照有关学者的观点，证人出庭作证的比率通常不会超过5%。在一些极端的个案中，上百个证人中甚至没有一个证人出庭。证人、鉴定人不出庭作证对新的审判程序的实施无疑产生了十分不利的影响。因为，目前作为程序最为关键的组成部分，由控辩双方主导进行的交叉询问必须建立在证人、鉴定人当庭接受询问和质证的基础上。如果证人、鉴定人不出庭，不仅会带来控辩双方在出示证据方面的随意性，也将使法官面临无法查明证据真伪的危险。

第四，审判委员会仍然保留了对大量案件进行讨论和作出决定的权力，合议庭在这些案件中仍然没有实质上的裁判权，“审理与裁判相分离”的现象仍然存在。

第五，法庭在审理结束后很少进行当庭宣判，大量案件都是在休庭一段时间后进行“定期宣判”。这往往导致合议庭难以从法庭审理的过程本身形成裁判结论，法外因素对裁判的干预和影响由此发生。

第六，由于被告人在审判前阶段的地位较为低下，尤其是负有“如实陈述”的义务，大量被告人在审判前都作出了有罪供述，这种供述又可以直接成为法庭据以定案的根据，因而导致其地位的“诉讼客体化”。

第七，其他影响审判程序实施的问题：法院的判决书仍然过于简单，未能充分阐明裁判的理由和根据。这尽管不是审判方式改革所带来的问题，却直接导致裁判者在制作裁判结论方面的随意化和随机化，影响审理过程的公正性和裁判结果的合理性。另外，检察机关在法庭上仍然处于法律监督者的地位，这与程序所暗含的“控辩双方平等对抗”的理念不相适应。

2. 中华人民共和国成立后，我国的陪审制度在1951年中央人民政府委员会颁布的《中华人民共和国人民法院暂行组织条例》第6条得到确认。当时的人民陪审员主要是法院根据案件性质从有关方面或团体邀请的临时性代表。1954年，我国第一部宪法把人民陪审员参与案件审判工作的做法规定为宪法原则。同年颁布的《人民法院组织法》则明确规定了适用人民陪审的案件范围，即在一审刑事案件和民事案件的审判中都应实行人民陪审员制度，但是简单的民事案件、轻微的刑事案件和法律另有规定的案件除外。在现行1982年《宪法》中，没有对人民陪审员制度作出规定。1983年通过的全国人大常委会《关于修改〈中华人民共和国人民法院组织法〉的决定》规定，人民法院一审合议庭可以由审判员和陪审员共同组成，也可以完全由审判员组成。依据《人民法院组织法》的规定，陪审员由选举产生，并享有与法官同等的权利。这一规定虽然没有宪法上的直接依据，但宪法关于“一切权力属于人民”的规定，仍然说明人民陪审员制度符合主权在民的理念。近几年来，全国法院为完善人民陪审员制度，进行了积极探索，一些地方已经注意到依法规范人民陪审员工作的重要性，相继制定了一些地方性规定。

总体上看，我国的陪审制度具有以下几个特点。

(1) 陪审范围的宽泛性。一方面，从法院组织法、民事诉讼法、刑事诉讼法及行政诉讼法的规定来看，除少数刑事自诉案件外的案件，均可以采取人民陪审制度；另一方面，人民陪审员在审判中行使职权的范围涵盖了事实审与法律审的全过程，人民陪审员不仅参加法庭审理的全过程，而且在庭审后的法庭评审中，与法官具有同样的职权。然而，没有程序法上的实施细则对以上所赋予人民陪审员的宽泛的职权予以规范，使其很难真正发挥作用。

(2) 陪审员对职业法官的依附性。我国实行的人民陪审制采取的是大陆法系的参审制形式，并且要求陪审员具有相当的法律知识。这与英美法系在陪审制中要求陪审人员只对案件的事实进行认定有着本质的差异。由于我国人民陪审员很难满足参审中职权的职业化要求，因而他们在陪审中更多地依赖法官的判断。

(3) 陪审员的相对稳定性。陪审员的选任方式主要有两种：一种是选民选举或有关单位推荐产生，另一种是法院直接聘任。相关法规并未对这两种选任方式作出具体规范，对陪审员的选任资格的规定亦过于笼统，因此，陪审员的选任极不规范。陪审员的任期一般为5年，并可以连任，这就使陪审员的资格相对稳定；在司法实践中，陪审员与法官组成合议庭的搭配又相对稳定，这又使陪审员实际参加审判工作的概率相差很大。陪审员选任的不规范与参审的相对固定，影响了他们对审判监督的力度。

(4) 陪审适用的随意性。由于陪审只是法院在一审中可以选用的方式，而不再是一审应遵循的原则，并且，法律也没有规定选择陪审与否的标准，所以，法院在确定一审的审判法庭组织形式时是否采用陪审方式以及如何确定陪审员，都具有明显的任意性。

(5) 陪审制的不完善性。由于缺乏具体的诉讼程序和配套的法律制度，因而“陪审员在履行陪审职权时与审判员具有相同的职权”无法实现；此外，审判委员会对合议庭评议的最终决定权又使有陪审员参加审判的合议庭所独立形成的判决意见并不具有决定意义，因而人民陪审制度只是流于形式。

第十九章　第二审程序

知识逻辑图

- 第二审程序
  - 第二审程序的启动（上诉和抗诉）
    - 主体
    - 理由
    - 方式
    - 期限
    - 上诉、抗诉后的撤回
    - 附带民事上诉的特殊情况
  - 第二审程序的两个原则
    - 全面审查原则
    - 上诉不加刑原则
      - 适用上诉不加刑原则的具体情形
      - 不受上诉不加刑原则限制的情形
  - 第二审的审理方式
    - 应当开庭审理的情形
    - 不开庭审理的条件
  - 第二审的裁判方式
    - 维持原判
      - 适用的文书
      - 适用的情形
    - 改判
      - 应当改判
      - 可以改判
    - 撤销原判、发回重审
      - 应当发回
      - 可以发回

名词解释与概念比较

1. 上诉
2. 第二审程序
3. 二审程序的抗诉
4. 两审终审制

选择题

(一) 单项选择题

1. 叶某因挪用资金罪被判处有期徒刑一年，缓刑两年。判决宣告时叶某表示不上诉。其被解除羁押后经向他人咨询，认为自己不构成犯罪，于是又想提出上诉。下列哪一项是正确的？（　　）（司考）

A. 叶某已明确表示不上诉，因此，不能再提起上诉

B. 需经法院同意，叶某才能上诉

C. 在上诉期满前，叶某有权提出上诉

D. 叶某有权提出上诉，但是只能以书面形式提出

2. 上诉权是一项重要的诉讼权利。根据《刑事诉讼法》的规定，在下列各项中，哪个选项是无权提起上诉的人？（　　）

A. 被害人

B. 自诉人的法定代理人

C. 被告人的辩护人

D. 被告人的近亲属

3. 在下列表述中，哪个选项符合《刑事诉讼法》的有关规定？（　　）

A. 被告人不服地方各级人民法院第一审的判决、裁定，只能用书状向上一级人民法院

上诉

B. 被告人不服地方各级人民法院第一审的判决、裁定，不能口头向上一级人民法院上诉

C. 被害人的近亲属，不经被害人的同意，可以提起上诉

D. 附带民事诉讼的当事人和他们的法定代理人，可以对地方各级人民法院第一审的判决、裁定中的附带民事诉讼部分，提起上诉

4. 被告人丁某于2018年10月1日接到一审法院的判决书，其上诉期届满的日期为（　　）。

A. 2018年10月6日

B. 2018年10月5日

C. 2018年10月10日

D. 2018年10月11日

5. 以下哪个人民检察院无权按照第二审程序提出抗诉？（　　）

A. 县人民检察院

B. 省人民检察院市分院

C. 省人民检察院

D. 最高人民检察院

6. 根据《刑事诉讼法》的有关规定，在下列各项中，说法不正确的是（　　）。

A. 地方各级人民检察院对同级人民法院第一审判决、裁定的抗诉，应当通过原审人民法院提出抗诉书

B. 人民检察院提出抗诉的案件或者第二审人民法院开庭审理的公诉案件，同级人民检察院都应当派员出庭

C. 被告人、自诉人、附带民事诉讼的原告人和被告人应当直接向第二审人民法院提出上诉

D. 第二审人民法院发回原审人民法院重新审判的案件，原审人民法院从收到发回的案件之日起，重新计算审理期限

7. 原审人民法院审理发回重审的案件应遵循的程序是（　　）。

A. 第二审程序　　B. 审判监督程序

C. 第一审程序　　D. 简易程序

8. 根据《刑事诉讼法》的规定，在下列各案中，哪个上诉案件可以加重被告人的刑罚？（　　）

A. 被告人和自诉人均上诉的案件

B. 只有被告人的辩护人上诉的案件

C. 只有被告人上诉的案件

D. 只有被告人的近亲属上诉的案件

9. 以下关于二审审理程序不正确的说法有（　　）。

A. 第二审人民法院开庭审理上诉，可以到案件发生地进行

B. 第二审人民法院开庭审理上诉，可以到原审人民法院所在地进行

C. 第二审人民法院开庭审理抗诉案件，必须在本院进行

D. 第二审人民法院开庭审理抗诉案件，可以到原审人民法院所在地进行

10. 关于刑事诉讼中的反诉，下列说法不正确的是哪些？（　　）

A. 反诉只在自诉案件中才可能存在

B. 在第二审案件附带民事部分审理中，第一审民事被告人提出反诉的，第二审人民法院可以根据当事人自愿的原则就此反诉进行调解

C. 反诉的内容必须是与本案有关的行为

D. 在第二审案件附带民事部分审理中，二审法院对第一审民事被告人在二审中提出的反诉调解不成的，应当径行裁判

11. 某人民法院对被告人曹某等共同抢劫一案作出一审判决。曹某对犯罪事实供认不讳，仅以量刑过重为由提出上诉，其他被告人未提出上诉，人民检察院也未抗诉。二审法院经审理认为曹某构成犯罪，但曹某在二审作出裁判前因病死亡。二审法院应当如何处理该案件？（　　）

A. 裁定全案终止审理，原判决自行生效

B. 裁定对上诉终止审理，维持一审判决

C. 裁定撤销一审判决，发回原审法院重审

D. 宣布对曹某终止审理，对其他被告人仍应作出判决或裁定

12. 控辩双方对第一审刑事判决未提出抗诉或者上诉，但被告人对第一审刑事附带民事诉讼判决中的附带民事部分不服，提起上诉。第二审法院审查后，认为第一审民事部分判决正确，但刑事部分判决有错误。第二审法院应当如何处理？

(　　)(司考)

A. 指令下级法院按审判监督程序再审刑事部分

B. 裁定将全案发回重审刑事部分

C. 按审判监督程序再审刑事部分，同附带民事部分一并审理，依法判决

D. 裁定将刑事部分发回重审

13. 乙市M区人民法院对孙某犯盗窃罪和抢劫罪作出判决后，人民检察院不抗诉，但孙某不服，提起上诉。市中级人民法院经审理后认为，一审判决事实清楚，证据确实、充分，但量刑不当。一审对孙某犯盗窃罪和抢劫罪分别判处2年和9年有期徒刑，决定执行的刑期为10年，而两罪准确量刑应分别为5年和7年。二审法院应如何处理？(　　)(司考)

A. 直接改判两罪刑罚分别为5年和7年有期徒刑，并在7年以上12年以下决定应当执行的刑期

B. 直接改判两罪刑罚分别为5年和7年有期徒刑，并决定应当执行的刑期为10年

C. 维持一审判决

D. 维持一审判处的2年有期徒刑，将一审判处的9年有期徒刑改为7年，并在7年以上9年以下决定应当执行的刑期

14. 在第二审案件的裁判中，下列哪一种表述不违反上诉不加刑原则？(　　)(司考)

A. 第一审刑事附带民事诉讼判决后，被告人的父亲经被告人同意提出上诉，被害人对附带民事部分也提出上诉，法院第二审判决对被告人加刑

B. 被告人上诉的案件，第二审判决在不改变刑期的情况下，将抢夺罪改为抢劫罪

C. 被告人上诉的案件，第二审法院审理后，认为第一审判决认定犯罪事实和适用法律没有错误，但量刑偏轻，遂撤销原判，发回原审法院重审，原审法院重审后对被告人加刑

D. 第一审判处被告人盗窃罪和故意伤害罪，被告人提出上诉，第二审法院认为第一审判决对盗窃罪量刑偏轻，而对故意伤害罪量刑偏重，故在数罪并罚执行刑期不变的情况下，增加盗窃罪的刑期，减少故意伤害罪的刑期

15. 某县人民法院一审以抢夺罪判处高某有期徒刑3年。一审宣判后高某向市中级人民法院提出上诉，县人民检察院未提出抗诉。市中级人民法院经审理，认为原判认定事实清楚，证据充分，但罪名认定不当，量刑过轻，高某的行为构成抢劫罪，应判处有期徒刑6年。市人民法院应当作出何种处理？(　　)

A. 将抢夺罪改判为抢劫罪，将原判刑期改为6年

B. 在维持原判罪名的情况下将原判刑期改为6年

C. 在不加重原判刑罚的情况下将罪名改为抢劫罪

D. 维持原判

16. 我国二审法院在审理上诉、抗诉案件中，可以不开庭审理的是下列哪类案件？(　　)

A. 被告人、自诉人及其法定代理人对第一审认定的事实、证据提出异议，可能影响定罪量刑的上诉案件

B. 被告人被判处死刑的上诉案件

C. 人民检察院抗诉的案件

D. 原审法院审理案件中存在违反法定诉讼程序的情形

17. 人民法院作出的判决生效以后，对已扣押的赃款赃物及其孳息，除依法返还被害人以外，应当(　　)。

A. 收归人民法院所有

B. 一律没收、上缴国库

C. 返还被告人

D. 对赃款赃物一律没收，孳息返还被告人

18. 不服地方各级法院第一审未生效判决时，哪类人有权请求检察院提起抗诉？(　　)(司考)

A. 被害人及其近亲属

B. 被害人及其诉讼代理人

C. 被害人及其法定代理人

D. 被害人以及附带民事诉讼原告人

19. 某市中级人民法院对张三(21岁)被控强奸一案进行了公开审理，判处张三死刑立即执行。张三认为量刑过重，提出上诉。二审法院的哪种做法是正确的？(　　)(司考)

A. 应当公开开庭审理

B. 可以不开庭审理

C. 应当裁定撤销原判、发回重审

D. 应当提审

20. 甲、乙涉嫌共同抢夺。经审理，一审法院判处甲有期徒刑3年、乙有期徒刑2年。检察院以对甲量刑过轻为由提起抗诉。甲、乙均没有上诉。关于本案二审程序，下列哪一选项是正确的？（　　）（司考）

A. 二审法院仅就甲的量刑问题进行审查

B. 二审法院可以不开庭审理

C. 乙可以参加法庭调查

D. 如果改判，二审法院可以加重乙的刑罚

21. 甲、乙、丙三人共同实施故意杀人，一审法院判处甲死刑立即执行、乙无期徒刑、丙有期徒刑10年。丙以量刑过重为由上诉，甲和乙未上诉，检察院未抗诉。关于本案的第二审程序，下列哪一选项是正确的？（　　）（司考）

A. 可不开庭审理

B. 认为没有必要的，甲可不再到庭

C. 由于乙没有上诉，其不得另行委托辩护人为其辩护

D. 审理后认为原判事实不清且对丙的量刑过轻，发回一审法院重审，一审法院重审后可加重丙的刑罚

22. 龚某因生产不符合安全标准的食品罪被一审法院判处有期徒刑5年，并被禁止在刑罚执行完毕之日起3年内从事食品加工行业。龚某以量刑畸重为由上诉，检察院未抗诉。关于本案二审，下列哪一选项是正确的？（　　）（司考）

A. 应开庭审理

B. 可维持有期徒刑5年的判决，并将职业禁止的期限变更为4年

C. 如认为原判认定罪名不当，二审法院可在维持原判刑罚不变的情况下改判为生产有害食品罪

D. 发回重审后，如检察院变更起诉罪名为生产有害食品罪，一审法院可改判并加重龚某的刑罚

（二）多项选择题

1. 张某、王某、李某共同诈骗一案，由A县公安机关立案、侦查终结后，由A县人民检察院向县人民法院提起公诉。一审人民法院经过审理，以诈骗罪判处张某有期徒刑8年，王某有期徒刑5年，李某有期徒刑2年，缓刑2年。一审宣判后，张某向市中级人民法院提起上诉，王某、李某表示不上诉。于是，一审人民法院在判决书送达给三被告人的次日，将被告人王某、李某交付执行，送张某到市中级人民法院进行二审。市中级人民法院经审理认为，一审人民法院认定事实正确，但量刑畸轻。二审人民法院经不开庭审理后，认为一审人民法院适用法律不当，裁定撤销原判，将案件发回一审人民法院重审。在本案中，有哪些做法是违法的？（　　）

A. 一审人民法院在判决书送达给三被告人的次日，将被告人王某、李某交付执行

B. 一审人民法院只将张某送市中级人民法院进行二审

C. 二审人民法院将案件发回一审人民法院重审

D. 二审人民法院不开庭审理本案

2. 在第一审人民法院所作的判决、裁定和决定中，当事人可以提出上诉的有（　　）。

A. 第一审人民法院对案件的判决

B. 第一审人民法院驳回自诉的裁定

C. 第一审人民法院作出的延期审理决定

D. 第一审人民法院驳回当事人回避申请的决定

3. 根据《刑事诉讼法》的有关规定，下列哪些人具有独立的上诉权？（　　）

A. 被告人、自诉人

B. 被告人、自诉人的法定代理人

C. 被告人的配偶

D. 被告人的辩护人

4. 地方各级人民检察院认为本级人民法院第一审未生效的判决、裁定确有错误的时候，应当如何处理？（　　）

A. 应当通过本级人民法院提出抗诉书

B. 应当向上一级人民法院提出抗诉

C. 应当提请上一级人民检察院提出抗诉

D. 应当经上一级人民检察院同意后提出抗诉

5. 某市中级人民法院对夏某、宋某、杨某故意杀人一案作出一审判决后，夏某不服，提出上诉；宋某、杨某未上诉。二审人民法院在审理过

程中，被告人夏某因病死亡。对此，二审人民法院应当如何处理？（　）

A. 如果夏某构成犯罪，就应当对其宣布终止审理

B. 如果夏某不构成犯罪，就应当对其宣告无罪

C. 对被告人宋某、杨某作出判决或裁定

D. 对此案裁定终止审理

6. 董某因强奸罪被Z县人民法院判处有期徒刑8年。判决宣告后，董某以量刑过重为理由提出上诉，但在上诉期满后又要求撤回上诉。对于董某撤回上诉，二审人民法院应当如何处理？（　　）（司考）

A. 允许董某撤回上诉

B. 对上诉案件进行审查，如果原判认定事实和适用法律正确，量刑适当，应当裁定准许董某撤回上诉

C. 对上诉案件进行审查，如果原判认定事实不清，证据不足或者适用法律错误、量刑不当，应当不允许撤回上诉

D. 如果原判认定事实不清、证据不足或者适用法律错误，量刑不当而不允许撤回上诉的，应当按照上诉程序进行审理

7. 在刑事附带民事诉讼案件中，只有附带民事诉讼的当事人就附带民事诉讼上诉时，该案件应当如何处理？（　　）（司考）

A. 二审案件只需审查附带民事诉讼

B. 在上诉期满后，第一审刑事部分判决生效

C. 如果第一审附带民事部分事实清楚，适用法律正确，刑事部分亦无不当，则应以刑事附带民事裁定维持原判，驳回上诉

D. 第一审刑事判决需要等二审判决或裁定作出之后，才能确定其效力

8. 被告人李阳，因故意杀人罪、间谍罪被中级人民法院一审判处死刑缓期2年执行。在上诉期间内，人民检察院认为人民法院的量刑不当，依法提起抗诉。二审法院不开庭审理后，认为一审法院认定事实没有错误，量刑过轻，依法撤销原判，改判为死刑立即执行，并核准执行死刑立即执行。该案中哪些做法是违法的？（　　）（司考）

A. 二审法院改判被告人死刑立即执行

B. 二审法院核准执行死刑

C. 二审法院没有发回重审

D. 二审法院不开庭审理本案

9. 第二审人民法院对上诉、抗诉案件审理后，按照不同情形应当如何作出处理？（　　）

A. 原判决认定事实没有错误，但适用法律有错误，或者量刑不当的，应当改判

B. 原判决事实不清楚或者证据不足的，可以在查清事实后改判

C. 原判决事实不清楚或者证据不足的，可以裁定撤销原判，发回原审人民法院重新审判

D. 第一审人民法院的审理违反法律规定的诉讼程序，应当裁定撤销原判，发回原审人民法院重新审理

10. 甲与乙婚后6年，乙又与另一男子相爱，并通过熟人办理了结婚登记手续。甲得知后将乙起诉至法院，乙被法院以重婚罪判处有期徒刑1年。对本案第一审判决，哪些人享有独立上诉权？（　　）（司考）

A. 甲　　　　B. 乙

C. 甲、乙的父母　　　　D. 乙的辩护人

11. 第二审法院遇有下列哪些情形应当依法裁定撤销原判、发回重审？（　　）（司考）

A. 应当公开审理而没有公开审理的

B. 被告人未在庭审笔录上签名的

C. 人民陪审员独任审判案件的

D. 庭审中没有听取被告人最后陈述，可能影响公正审判的

12. 甲杀人案的犯罪手段残忍，影响恶劣，第一审法院为防止被害人家属和旁听群众在法庭上过于激愤影响顺利审判，决定作为特例不公开审理。经审理，第一审法院判处甲死刑立即执行，甲上诉。对于本案，第二审法院下列哪些做法是正确的？（　　）（司考）

A. 组成合议庭

B. 把案件作为第一审案件审理

C. 审理后改判

D. 撤销原判，发回重审

13. 某基层法院就郭某敲诈勒索案一审适用简易程序，判处郭某有期徒刑4年。对于一审中的下列哪些情形，二审法院应以程序违法为由，撤

销原判发回重审？（　　）（司考）

A. 未在开庭 10 日前向郭某送达起诉书副本

B. 由一名审判员独任审理

C. 公诉人没有对被告人进行发问

D. 应公开审理但未公开审理

（三）不定项选择题

1. 一起共同抢劫案件，被告人张某被判处有期徒刑 5 年，被告人王某被判处有期徒刑 1 年。在一审宣判后，张某当即表示上诉，王某则表示不上诉，人民检察院没有抗诉。请根据案情回答（1）～（3）题。（司考）

（1）关于本案被告人的上诉问题，下列哪些说法是正确的？（　　）

A. 因王某已表示不上诉，因此，在第一审判决书送达后，人民法院即可将其交付执行

B. 在上诉期限内，被告人王某仍然可以提起上诉

C. 在上诉期限内，被告人张某有权撤回上诉

D. 在上诉期满后，被告人张某便无权撤回其上诉

（2）在本案中，由于被告人张某提起了上诉，第二审程序便正式启动了。在第二审的审理中，下列哪些说法是正确的？（　　）

A. 没有提起上诉的被告人王某有权委托辩护人

B. 提起上诉的被告人张某有权委托辩护人

C. 被告人王某可以参加第二审的法庭调查

D. 被告人王某应当参加第二审的法庭辩论

（3）在本案中，由于被告人张某提出上诉，而被告人王某没有提出上诉，下列哪些说法是正确的？（　　）

A. 原审人民法院应当只将张某的上诉状和有关王某的案卷、证据移送上一级人民法院

B. 原审人民法院应当将有关张某、王某的全部案卷、证据移送上一级人民法院

C. 第二审人民法院应当对全案进行审查，不受上诉范围的限制

D. 第二审人民法院发现对王某判处的刑罚有错误，需要加重刑罚的，应当按照审判监督程序进行再审

2. 在一审程序中有下列何种情形，二审人民法院应该撤销原判，发回原审法院重新审判？（　　）

A. 对不复杂的共同犯罪案件适用简易程序审理的

B. 适用简易程序审理的公诉案件，检察人员没有出庭的

C. 一审合议庭的书记员应回避而未回避的

D. 适用简易程序审理的自诉案件，开庭审理中被告人委托的辩护人没有出庭的

3. 法院对一起共同犯罪案件审理后分别判处甲死缓、乙无期徒刑。甲没有提出上诉，乙以量刑过重为由提出上诉，同时检察院针对甲的死缓判决以量刑不当为由提起抗诉。下列关于第二审程序的何种表述是错误的？（　　）（司考）

A. 二审法院可以不开庭审理

B. 二审法院应当开庭审理

C. 因上诉和抗诉都不是针对原审事实认定，二审法院对本案不能以事实不清为由撤销原判，发回重审

D. 因本案存在抗诉，二审法院不受上诉不加刑原则的限制

4. 鲁某与关某涉嫌贩卖冰毒 500 余克，B 省 A 市中级人民法院开庭审理后，以鲁某犯贩卖毒品罪判处死刑立即执行，以关某犯贩卖毒品罪判处死刑缓期 2 年执行。一审宣判后，关某以量刑过重为由向 B 省高级人民法院提起上诉，鲁某未上诉，检察院也未提起抗诉。如 B 省高级人民法院审理后认为，本案事实清楚、证据确实充分，对鲁某的量刑适当，但对关某应判处死刑缓期 2 年执行同时限制减刑，则对本案正确的做法是：（　　）。（司考）

A. 二审应开庭审理

B. 由于未提起抗诉，同级检察院可不派员出席法庭

C. 高级法院可将全案发回 A 市中级法院重新审判

D. 高级法院可维持对鲁某的判决，并改判关某死刑缓期 2 年执行同时限制减刑

5. 甲、乙二人系药材公司仓库保管员，涉嫌 5 次共同盗窃其保管的名贵药材，涉案金额 40 余万元。一审开庭审理时，药材公司法定代表人丙参加庭审。经审理，法院认定了其中 4 起盗窃事实，另 1 起因证据不足未予认定，甲和乙以职务

侵占罪分别被判处有期徒刑 3 年和 1 年。一审判决作出后，乙以量刑过重为由提出上诉，甲未上诉，检察院未抗诉。关于本案二审程序，下列选项正确的是：（ ）。(司考)

A. 二审法院受理案件后应通知同级检察院查阅案卷

B. 二审法院可审理并认定一审法院未予认定的 1 起盗窃事实

C. 二审法院审理后认为乙符合适用缓刑的条件，将乙改判为有期徒刑 2 年，缓刑 2 年

D. 二审期间，甲可另行委托辩护人为其辩护

简答题

1. 简述第二审审判方式。(考研)

2. 引起二审程序的上诉和抗诉有什么区别？(考研)

3. 简述第二审人民法院对上诉、抗诉案件经审查和审理后，可以作出的判决、裁定及其适用条件。(考研)

4. 简述上诉不加刑原则的意义。

案例分析题

1. 李某因故意杀人被某市中级人民法院一审判处无期徒刑。宣判后，市人民检察院认为该判决对李某量刑畸轻，直接向二审法院提交抗诉状，提起抗诉。二审法院经过不开庭审理，认为原判决认定事实没有错误，但适用法律不当，遂判决撤销原判，将案件发回一审法院重审。一审法院由原合议庭成员对案件重新审理后，改判李某有期徒刑 6 年，并宣布改判后的判决为终审判决，被告人不得上诉。

问：根据刑事诉讼法的规定，此案在处理上存在哪些错误？请简要说明理由。

2. 张某、王某、李某因犯诈骗罪分别被某县人民法院判处有期徒刑 8 年、7 年、5 年。一审宣判后，张某向市中级人民法院提出上诉，王某、李某表示不上诉。于是，一审法院在判决书送达三被告人的次日，将被告王某、李某交付执行，张某由市中级人民法院进行二审。在二审审理期间，上诉人张某因心脏病突发死亡，同时根据已查明的案件事实和认定的证据材料，已能够确认张某无罪。在此种情况下，市中级人民法院只好对全案宣告终止审理。

问：根据刑事诉讼法的规定，此案在处理上存在哪些诉讼程序上的错误？请简要说明理由。

3. 张某因抢劫罪被某区人民法院判处有期徒刑 8 年。宣判后张某不服，以自己有法定从轻情节、原审法院量刑过重为由提出上诉。市中级人民法院对此案进行二审。

请问：(1) 中级人民法院在审理该上诉案件时，合议庭应当如何组成？

(2) 中级人民法院审理该案的方式有哪些？

(3) 二审法院的审理是否应当限于对法律适用的审查？是否需要审查原审确定的事实和所根据的证据？

(4) 如果二审法院发现一审法院违反回避制度，是否应当发回重审？

(5) 如果二审法院经审理后认为原判量刑过轻，能否改判张某更重的刑罚？为什么？

4. 张某与王某因口角发生扭打，张某将王某打成重伤。检察院以故意伤害罪向法院提起公诉，被害人王某同时向法院提起附带民事诉讼。

问：

(1) 如果一审宣判后，张某对刑事部分不服而提出上诉，王某对民事部分不服而提出上诉，第二审法院在审理中发现本案的刑事部分和附带民事部分认定事实都没有错误，但适用法律有错误，应当如何处理？

(2) 如果一审宣判后，检察院对本案刑事部分提起了抗诉，对本案的附带民事部分没有上诉。第二审法院在审理中发现本案民事部分有错误，第二审法院对民事部分应如何处理？

(3) 如果一审宣判后，本案的刑事部分既没有上诉也没有抗诉，王某对本案附带民事部分提起了上诉，在刑事部分已经发生法律效力的情况下，第二审法院在审理中发现本案的刑事部分有错误，第二审法院应如何处理？

(4) 如果一审宣判后，王某对附带民事部分判决上诉时增加了独立的诉讼请求，张某在二审中也对民事部分提出了反诉，第二审法院应当如何处理？

（5）如果在一审程序中，法院审查王某提起的附带民事诉讼请求后，认为不符合提起附带民事诉讼的条件，法院应当如何处理？

（6）如果法院受理了附带民事诉讼，根据我国《刑事诉讼法》及司法解释的相关规定，对一审过程中附带民事诉讼的调解，法院应当如何处理？

5. 甲、乙共同将丙杀害。一审程序中，在公诉人对被告人甲、乙同时进行讯问后，经审判长许可，丙的父亲丁以附带民事诉讼原告的身份，就犯罪及财产损失事实向甲、乙发问。丙所居住社区的物业管理人员戊旁听了案件审理，并应控方要求就丙的被害情况向法庭作证，先后回答了辩护人、公诉人及审判长的发问。庭审中合议庭对戊的证言及其他证据发现疑问，遂宣布休庭，就被害人死亡时间及原因进一步调查核实。法庭调查中，公诉人发现被告人乙尚有遗漏的犯罪事实，当庭提出要求撤回起诉，法庭审查后作出同意撤回起诉的决定。重新起诉后，甲、乙均被判处死刑并分别赔偿原告损失 10 万元。宣判后乙提出上诉，二审法院仅就乙的犯罪部分进行了审查，认为原判决认定事实和适用法律正确，量刑适当，维持了原判，并上报最高人民法院核准。

问：请指出以上案例中在程序方面的不当之处，并简要分析原因。

6. 某市公安局于 2018 年 1 月 4 日对刘某（男，24 岁）、张某（男，21 岁）持刀抢劫致人重伤一案立案侦查。经侦查查明，刘某、张某实施抢劫犯罪事实清楚，依法应当追究刑事责任。刘某、张某抢劫案于 2018 年 3 月 30 日侦查终结，移送市人民检察院审查起诉。市人民检察院审查后，认为该案部分事实、证据尚需补充侦查，遂退回市公安局补充侦查。公安局补充侦查完毕，再次移送市人民检察院。市人民检察院认为事实清楚、证据充分，遂向市人民法院提起公诉。

法院审理过程中，被告人刘某当庭拒绝法院为其指定的辩护人为其辩护，要求自行委托辩护人；张某拒绝其自行委托的辩护人为其辩护，要求法院为其另指定一辩护人。合议庭经研究，同意二被告请求，并宣布延期审理。重新开庭后，张某在最后陈述中提出，其参与抢劫是因刘某胁迫，由于害怕刘某报复，以前一直不敢说，并提出了可以证明被胁迫参与抢劫的证人的姓名，希望法院从轻判处。

法庭审理后认为，被告人张某、刘某构成抢劫罪，后果严重。根据刑法有关规定，判处刘某死刑，缓期 2 年执行；判处张某有期徒刑 10 年。一审判决后，刘某不服，以量刑过重为由向上一级法院提出上诉；张某未上诉，市人民检察院亦未抗诉。

问：

（1）检察院在审查起诉期间退回补充侦查的案件，公安机关应在多长时间内补充侦查完毕？

（2）检察院在审查起诉期间认为案件需补充侦查时，可否不退回补充侦查，而由检察院自行侦查？

（3）重新开庭后，如果刘某再次拒绝自行委托的辩护人为其辩护，合议庭应当如何处理？

（4）重新开庭后，如果张某又提出拒绝法院为其指定的辩护人为其辩护，合议庭应如何处理？

（5）对于张某在最后陈述中提出其受胁迫的事实，合议庭应如何处理？

（6）刘某直接向二审法院提起上诉，二审法院应如何处理？

（7）假如刘某在上诉期内撤回上诉，一审判决从何时生效？

（8）假如本案受害人对一审判决不服，应在多长时间内请求人民检察院提出抗诉？人民检察院应如何处理？

7. 顾某（中国籍）常年居住于 M 国，以丰厚报酬诱使徐某（另案处理）两次回国携带毒品甲基苯丙胺进行贩卖。2018 年 3 月 15 日 15 时，徐某在 B 市某郊区交易时被公安人员当场抓获。侦查中徐某供出了顾某。我方公安机关组成工作组按照与该国司法协助协定赴该国侦查取证，由 M 国警方抓获了顾某，对其进行了讯问取证和住处搜查，并将顾某及相关证据移交中方。检察院以走私、贩卖毒品罪对顾某提起公诉。鉴于被告人顾某不认罪并声称受到刑讯逼供，要求排除非法证据，一审法院召开了庭前会议，通过听取控辩双方的意见及调查证据材料，审判人员认定非法取证不成立。开庭审理后，一审法院认定被告人两次分别贩卖一包甲基苯丙胺和另一包重 76 克的甲基苯丙胺，遂判处其有期徒刑 6 年 6 个月。顾某不服，提出上诉，二审法院以事实不清为由，发回重审。原审法院重审期间，检察院将一包甲基苯丙胺的重量明确为 23 克并作出了补充起诉。据此原审法院以被告人两次分别贩卖 23 克、76 克甲基苯丙胺改判顾某有期徒刑 7 年 6 个月。被告人不服判决，再次上诉到二审法院。

问：

(1) M 国警方移交的证据能否作为认定被告人有罪的证据？对控辩双方提供的境外证据，法院应当如何处理？

(2) 本案一审法院庭前会议对非法证据的处理是否正确？为什么？

(3) 发回原审法院重审后，检察院对一包重量为 23 克的甲基苯丙胺的补充起诉是否正确？为什么？

(4) 发回重审后，原审法院的改判加刑行为是否违背上诉不加刑原则？为什么？

(5) 此案再次上诉后，二审法院在审理程序上应如何处理？

论述题与深度思考题

1. 我国《刑事诉讼法》第 238 条规定，第二审人民法院发现第一审人民法院的审理有下列违反法律规定的诉讼程序的情形之一的，应当裁定撤销原判，发回原审人民法院重新审判：(1) 违反本法有关公开审判的规定的；(2) 违反回避制度的；(3) 剥夺或者限制了当事人的法定诉讼权利，可能影响公正审判的；(4) 审判组织的组成不合法的；(5) 其他违反法律规定的诉讼程序，可能影响公正审判的。

请结合这一条文，回答下列问题：

(1) 你对第一审人民法院违反法律程序的法律后果是如何理解的？

(2) 本条的规定对于维护程序法的尊严有何意义？

2. 试论二审程序中的全面审查原则。

参考答案

名词解释与概念比较

1. 上诉，是指当事人及其法定代理人等不服地方各级人民法院的第一审判决或裁定，在法定期限内，依照法定程序向上一级人民法院提起诉讼，请求对案件进行重新审判的诉讼行为。

2. 第二审程序又称上诉审程序，是指第二审人民法院根据上诉、抗诉，对第一审人民法院尚未生效的判决或裁定认定的事实和适用的法律进行重新审判的方式、方法等的总称。

3. 二审程序的抗诉，是指地方各级人民检察院认为本级人民法院的一审判决或裁定确有错误时，在法定期限内，提请上一级人民法院对案件进行重新审判的诉讼活动。

4.《刑事诉讼法》第 10 条规定："人民法院审判案件，实行两审终审制。"所谓两审终审制，是指一起案件经过两级人民法院审判即告终结的制度，对于第二审人民法院作出的终审判决、裁定，当事人等不得再提起上诉，人民检察院不得按照上诉审程序提出抗诉。

选择题

(一) 单项选择题

1. C

《刑事诉讼法》第 227 条规定：被告人、自诉人和他们的法定代理人，不服地方各级人民法院第一审的判决、裁定，有权用书状或者口头向上一级人民法院上诉……对被告人的上诉权，不得以任何借口加以剥夺。《高法刑诉解释》第 299 条第 2 款规定：被告人、自诉人、附带民事诉讼的当事人和他们的法定代理人是否提出上诉，以其在上诉期满前最后一次的意思表示为准。由此可知，A、B 项是错误的。《刑事诉讼法》第 227 条规定：被告人的辩护人和近亲属，经被告人同意，可以提出上诉。所以，D 项也是错误的。C 项正确。

2. A

根据《刑事诉讼法》第 227 条可知，B、C、D 三项正确。《刑事诉讼法》第 229 条规定：被害人及其法定代理人不服地方各级人民法院第一审的判决的，自收到判决书后 5 日以内，有权请求人民检察院提出抗诉。人民检察院自收到被害人及其法定代理人的请求后 5 日以内，应当作出是否抗诉的决定并且答复请求人。可见被害人没有上诉权，应选A项。

3. D

根据《刑事诉讼法》第227条可知，只有D项的表述符合法律的规定。因此，D项正确。

4. D

《刑事诉讼法》第230条规定：不服判决的上诉和抗诉的期限为10日，不服裁定的上诉和抗诉的期限为5日，从接到判决书、裁定书的第2日起算。该法第105条规定：期间以时、日、月计算。期间开始的时和日不计算在期间以内；法定期间不包括路途上的时间。上诉状或者其他文件在期满前已经交邮的，不算过期。期间的最后一日为节假日的，以节假日后的第一日为期满日期。但犯罪嫌疑人、被告人或者罪犯的在押期间，应当至期满之日为止，不得因节假日而延长。因此，D项正确。

5. D

《刑事诉讼法》第228条规定：地方各级人民检察院认为本级人民法院第一审的判决、裁定确有错误的时候，应当向上一级人民法院提出抗诉。因为最高人民检察院没有上一级人民法院，因此，最高人民检察院没有二审抗诉权，D项为正确答案。

6. C

《刑事诉讼法》第232条规定：地方各级人民检察院对同级人民法院第一审判决、裁定的抗诉，应当通过原审人民法院提出抗诉书，并且将抗诉书抄送上一级人民检察院。原审人民法院应当将抗诉书连同案卷、证据移送上一级人民法院，并且将抗诉书副本送交当事人。上级人民检察院如果认为抗诉不当，可以向同级人民法院撤回抗诉，并且通知下级人民检察院。第235条规定：人民检察院提出抗诉的案件或者第二审人民法院开庭审理的公诉案件，同级人民检察院都应当派员出庭。第二审人民法院应当在决定开庭审理后及时通知人民检察院查阅案卷。因此，A项和B项正确。《刑事诉讼法》第231条规定：被告人、自诉人、附带民事诉讼的原告人和被告人通过原审人民法院提出上诉的，原审人民法院应当在3日以内将上诉状连同案卷、证据移送上一级人民法院，同时将上诉状副本送交同级人民检察院和对方当事人。被告人、自诉人、附带民事诉讼的原告人和被告人直接向第二审人民法院提出上诉的，第二审人民法院应当在3日以内将上诉状交原审人民法院送交同级人民检察院和对方当事人。所以C项不正确。《刑事诉讼法》第241条规定：第二审人民法院发回原审人民法院重新审判的案件，原审人民法院从收到发回的案件之日起，重新计算审理期限。所以D项正确。因此，本题正确答案是C项。

7. C

本题考查的是重审。《刑事诉讼法》第239条规定：原审人民法院对于发回重新审判的案件，应当另行组成合议庭，依照第一审程序进行审判。对于重新审判后的判决，依照本法第227条、第228条、第229条的规定可以上诉、抗诉。因此，本题正确答案是C项。

8. A

《刑事诉讼法》第237条规定：第二审人民法院审理被告人或者他的法定代理人、辩护人、近亲属上诉的案件，不得加重被告人的刑罚。人民检察院提出抗诉或者自诉人提出上诉的，不受前款规定的限制。由此B、C、D项均受上诉不加刑的限制，只有A项不受此限，应选A项。

9. C

本题考查的是二审开庭的地点。《刑事诉讼法》第234条规定：第二审人民法院开庭审理上诉、抗诉案件，可以到案件发生地或者原审人民法院所在地进行。因此，A、B、D项符合法律规定，只有C项不正确。

10. D

《高法刑诉解释》第277条规定：告诉才处理和被害人有证据证明的轻微刑事案件的被告人或者其法定代理人在诉讼过程中，可以对自诉人提起反诉。反诉必须符合下列条件：(1) 反诉的对象必须是本案自诉人；(2) 反诉的内容必须是与本案有关的行为……因此，A项和C项正确。《高法刑诉解释》第332条规定：第二审期间，第一审附带民事诉讼原告人增加独立的诉讼请求或者第一审附带民事诉讼被告人提出反诉的，第二审人民法院可以根据自愿、合法的原则进行调解；调解不成的，告知当事人另行起诉。因此，B项是正确的，D项是不正确的。

11. D

《高法刑诉解释》第312条规定：共同犯罪案

件，如果提出上诉的被告人死亡，其他被告人没有提出上诉，第二审人民法院仍应当对全案进行审查。死亡的被告人不构成犯罪的，应当宣告无罪；审查后认为构成犯罪的，应当宣布终止审理。对其他同案被告人仍应当作出判决或者裁定。因此，D项为正确答案。

12. C

《高法刑诉解释》第331条规定：第二审人民法院审理对附带民事部分提出上诉、刑事部分已经发生法律效力的案件，发现第一审判决、裁定中的刑事部分确有错误的，应当依照审判监督程序对刑事部分进行再审，并将附带民事部分与刑事部分一并审理。因此，C项正确。

13. D

本题中，在一审作出判决后，人民检察院没有抗诉，被告人孙某提出了上诉，根据《刑事诉讼法》第237条的规定，第二审人民法院在审判该案时要受上诉不加刑原则的限制。本案属于一人犯数罪，被第一审法院数罪并罚，该如何适用上诉不加刑原则的问题。《高法刑诉解释》第325条第1款第3项规定：原判对被告人实行数罪并罚的，不得加重决定执行的刑罚，也不能加重数罪中某罪的刑罚。A、B项中都将原判2年的刑罚改判为5年，应首先排除。C、D项的区别在于应否将9年有期徒刑改判为7年。根据《刑事诉讼法》第236条第1款第2项的规定，如果第二审人民法院认为第一审的判决认定事实没有错误，但适用法律有错误，或者量刑不当的，应当改判，除非直接改判违反了上诉不加刑原则的限制。在本题中，被告人犯抢劫罪应被判处7年而被判处了9年，第二审法院改判不违反上诉不加刑原则的限制，对此应予以改判。故D项正确。

14. B

《高法刑诉解释》第325条规定，第二审人民法院审理被告人或者其法定代理人、辩护人、近亲属提出上诉的案件，不得加重被告人的刑罚，并应当执行下列具体规定：(1) 同案审理的案件，只有部分被告人上诉的，既不得加重上诉人的刑罚，也不得加重其他同案被告人的刑罚；(2) 原判事实清楚，证据确实、充分，只是认定的罪名不当的，可以改变罪名，但不得加重刑罚；(3) 原判对被告人实行数罪并罚的，不得加重决定执行的刑罚，也不得加重数罪中某罪的刑罚；(4) 原判对被告人宣告缓刑的，不得撤销缓刑或者延长缓刑考验期；(5) 原判没有宣告禁止令的，不得增加宣告；原判宣告禁止令的，不得增加内容、延长期限；(6) 原判对被告人判处死刑缓期执行没有限制减刑的，不得限制减刑；(7) 原判事实清楚，证据确实、充分，但判处的刑罚畸轻、应当适用附加刑而没有适用的，不得直接加重刑罚、适用附加刑，也不得以事实不清、证据不足为由发回第一审人民法院重新审判。必须依法改判的，应当在第二审判决、裁定生效后，依照审判监督程序重新审判。人民检察院抗诉或者自诉人上诉的案件，不受前款规定的限制。因此，B项当选。

15. C

依据《高法刑诉解释》第325条第1款第2项的规定（略），C项正确。

16. D

《刑事诉讼法》第234条第1款规定，第二审人民法院对于下列案件，应当组成合议庭，开庭审理：(1) 被告人、自诉人及其法定代理人对第一审认定的事实、证据提出异议，可能影响定罪量刑的上诉案件；(2) 被告人被判处死刑的上诉案件；(3) 人民检察院抗诉的案件；(4) 其他应当开庭审理的案件。《高法刑诉解释》第318条规定：对上诉、抗诉案件，第二审人民法院经审查，认为原判事实不清、证据不足，或者具有《刑事诉讼法》第238条规定的违反法定诉讼程序情形，需要发回重新审判的，可以不开庭审理。故本题应选D项。

17. B

《刑事诉讼法》第245条规定：公安机关、人民检察院和人民法院对查封、扣押、冻结的犯罪嫌疑人、被告人的财物及其孳息，应当妥善保管，以供核查，并制作清单，随案移送。任何单位和个人不得挪用或者自行处理。对被害人的合法财产，应当及时返还。对违禁品或者不宜长期保存的物品，应当依照国家有关规定处理。对作为证据使用的实物应当随案移送，对不宜移送的，应当将其清单、照片或者其他证明文件随案移送。人民法院作出的判决生效以后……对查封、扣押、冻结的赃款赃物及其孳息，除依法返还被害人的以外，一律上缴国库……据此，只有B项正确。

18. C

《刑事诉讼法》第229条规定，被害人及其法定代理人不服地方各级人民法院第一审的判决的，自收到判决书后5日以内，有权请求人民检察院提出抗诉。因此，本题应选C项。

19. C

强奸案涉及个人隐私，因此，不应当公开审理。参见《刑事诉讼法》第234条的规定（略）。同时，根据《刑事诉讼法》第238条的规定，违反公开审判规定的，应当裁定撤销原判、发回重审。强奸案不应当公开审理，因此，本案一审时违反了公开审理的规定，应当发回重审。C项当选。

20. C

依据《高法刑诉解释》第323条第2款的规定（略），C项正确。另外，二审采取全面审查原则，故A项错误。本案是检察院抗诉的，应当开庭审理，故B项错误。D项违反了上述解释第326条的规定，共同犯罪案件中，人民检察院只对部分被告人的判决提出抗诉的，第二审人民法院对其他第一审被告人不得加重刑罚。

21. B

选项A错误：《高法刑诉解释》第317条第2款规定，被判处死刑立即执行的被告人没有上诉，同案的其他被告人上诉的案件，第二审人民法院应当开庭审理。选项B正确：《高法刑诉解释》第323条第1款第3项规定，对同案审理案件中未上诉的被告人，未被申请出庭或者人民法院认为没有必要到庭的，可以不再传唤到庭。选项C错误：《高法刑诉解释》第316条第2款规定，共同犯罪案件，只有部分被告人提出上诉，或者自诉人只对部分被告人的判决提出上诉，或者人民检察院只对部分被告人的判决提出抗诉的，其他同案被告人也可以委托辩护人辩护。选项D错误：《高法刑诉解释》第327条规定，被告人或者其法定代理人、辩护人、近亲属提出上诉的案件，第二审人民法院发回重新审判后，除有新的犯罪事实，人民检察院补充起诉的以外，原审人民法院不得加重被告人的刑罚。

22. C

《刑事诉讼法》第234条第1款规定，第二审人民法院对于下列案件，应当组成合议庭，开庭审理：（1）被告人、自诉人及其法定代理人对第一审认定的事实、证据提出异议，可能影响定罪量刑的上诉案件；（2）被告人被判处死刑的上诉案件；（3）人民检察院抗诉的案件；（4）其他应当开庭审理的案件。可见，本案不属于法律规定应当开庭审理的情况，当然，也“可以”开庭审理。故A项错误。《高法刑诉解释》第325条第1款第2、5项规定，审理被告人或者其法定代理人、辩护人、近亲属提出上诉的案件，不得加重被告人的刑罚，并应当执行下列规定：……（2）原判事实清楚，证据确实、充分，只是认定的罪名不当的，可以改变罪名，但不得加重刑罚……（5）原判没有宣告禁止令的，不得增加宣告；原判宣告禁止令的，不得增加内容、延长期限。因此，根据上诉不加刑原则，二审判决不可以延长职业禁止期限。故B项错误。二审法院如认为原判认定罪名不当，可以在不加重刑罚的基础上改变罪名，故C项正确。《刑事诉讼法》第237条规定：第二审人民法院审理被告人或者他的法定代理人、辩护人、近亲属上诉的案件，不得加重被告人的刑罚。第二审人民法院发回原审人民法院重新审判的案件，除有新的犯罪事实，人民检察院补充起诉的以外，原审人民法院也不得加重被告人的刑罚。人民检察院提出抗诉或者自诉人提出上诉的，不受前款规定的限制。由此可知，检察院补充起诉不受上诉不加刑原则的限制，但改变起诉罪名不等同于补充起诉，其仍受上诉不加刑原则的限制，因此一审法院不可以加重龚某的刑罚。故D项错误。

（二）多项选择题

1. ABC

一审法院在判决书送达三被告人的次日，就将王某、李某交付执行不合法。根据《刑事诉讼法》第227条和第230条的规定，虽然王某、李某在宣判后表示不上诉，但在判决送达之日起10日内，他们仍享有上诉的权利，人民检察院也可能在此期间提起抗诉，这时的一审判决还是没有确定和未生效的判决，不得交付执行，因此，A项中的做法违法，当选。一审法院仅将张某移送市中级人民法院进行二审不合法。根据《刑事诉讼法》第233条第2款的规定，共同犯罪案件，只有部分被告人上诉的，应将全案移送二审法院，由二审法院对全案进行审查，一并处理。所以，一审法院应该将李某和王某也移送市中级人民法院进行二审。因此，B 项中的做法违法，当选。二审法院以适用法律不当为由将案件发回重审，违反《刑事诉讼法》第 236 条第 1 款第 2 项的规定——“原判决认定事实没有错误，但适用法律有错误，或者量刑不当的，应当改判”。所以，应当依法直接改判。因此，C 项中的做法也违法，当选。

2. AB

依据《刑事诉讼法》第 227 条的规定，当事人只能对第一审的判决和裁定提出上诉，对决定和调解不能上诉。故本题应选 A 项和 B 项。

3. AB

上诉权人一般是指享有独立上诉权者。关于享有上诉权人的范围，《刑事诉讼法》第 227 条有明确的规定，即被告人、自诉人和他们的法定代理人、附带民事诉讼的当事人和他们的法定代理人（但仅限于可以对地方人民法院第一审判决、裁定中的附带民事诉讼部分提出上诉）。《刑事诉讼法》第 227 条同时规定，被告人的辩护人和近亲属，经被告人同意，可以提出上诉。也就是说，被告人的近亲属、辩护人本人并没有独立的上诉权，他们的上诉权依赖被告人的授权。所以 C、D 项应予以排除，A、B 项当选。

4. AB

《刑事诉讼法》第 228 条规定：地方各级人民检察院认为本级人民法院第一审的判决、裁定确有错误的时候，应当向上一级人民法院提出抗诉。由此，A 项正确，C 项不正确。根据《刑事诉讼法》第 232 条的规定，B 项正确，D 项不正确。本题应选 A、B 项。

5. ABC

根据《高法刑诉解释》第 312 条的规定，A、B、C 项正确，D 项不正确。

6. BCD

本题考查的是有上诉权的当事人在上诉期满后要求撤回上诉的处理。《高法刑诉解释》第 305 条规定：上诉人在上诉期满后要求撤回上诉的，第二审人民法院应当审查。经审查，认为原判认定事实和适用法律正确，量刑适当的，应当裁定准许撤回上诉；认为原判事实不清、证据不足或者将无罪判为有罪、轻罪重判等的，应当不予准许，继续按照上诉案件审理。据此，可以直接选出 B、C、D 项。

7. BC

根据《刑事诉讼法》第 233 条以及《高法刑诉解释》第 313 条的规定，审理附带民事诉讼的上诉、抗诉案件，应当对全案进行审查。如果第一审判决的刑事部分并无不当，第二审人民法院只需就附带民事诉讼部分作出处理。如果第一审判决附带民事部分事实清楚、适用法律正确的，应当以刑事附带民事裁定维持原判，驳回上诉、抗诉。因此，A 项显然错误，C 项则是正确的。《高法刑诉解释》第 314 条规定：附带民事诉讼案件，只有附带民事诉讼的当事人及其法定代理人提出上诉的，第一审刑事部分的判决，在上诉期满后即发生法律效力。应当送监执行的第一审刑事被告人是第二审附带民事诉讼被告人的，在第二审附带民事诉讼案件审结前，可以暂缓送监执行。因此，B 项正确，D 项则是错误的。

8. BD

本题考查的是第二审的处理方式、第二审的审理方式以及死刑复核程序的特别规定。根据《刑事诉讼法》第 236 条的规定，对于人民检察院提出抗诉的案件，经第二审人民法院审查后，认为原判决认定事实没有错误，但适用法律有错误，或者量刑不当的，应当改判；认为原判决事实不清或者证据不足的，可以在查清事实后改判，也可以裁定撤销原判，发回重审。在本题中，人民检察院对第一审判决提起了抗诉，而且第二审人民法院经审理后，认为一审法院认定的事实没有错误，只是量刑过轻，因此，第二审人民法院不能将案件发回重新审判，而是应当改判，在改判为死刑立即执行后，应当报请最高人民法院核准。所以，尽管题目中没有指明被告人被判处死刑是因为间谍罪还是故意杀人罪，但都必须由最高人民法院核准。故 A、C 项符合程序规定而 B 项不符合程序规定。根据《刑事诉讼法》第 234 条的规定，对人民检察院抗诉的案件，第二审人民法院应当开庭审理。本案的第二审法院不开庭审理错误。故 D 项当选。

9. ABCD

《刑事诉讼法》第 236 条规定，第二审人民法院对不服第一审判决的上诉、抗诉案件，经过审理后，应当按照下列情形分别处理：（1）原判决认定事实和适用法律正确、量刑适当的，应当裁定驳回上诉或者抗诉，维持原判；（2）原判决认定事实没有错误，但适用法律有错误，或者量刑不当的，应当改判；（3）原判决事实不清楚或者证据不足的，可以在查清事实后改判，也可以裁定撤销原判，发回原审人民法院重新审判。《刑事诉讼法》第 238 条规定，第二审人民法院发现第一审人民法院的审理有下列违反法律规定的诉讼程序的情形之一的，应当裁定撤销原判，发回原审人民法院重新审判：（1）违反本法有关公开审判的规定的；（2）违反回避制度的；（3）剥夺或者限制了当事人的法定诉讼权利，可能影响公正审判的；（4）审判组织的组成不合法的；（5）其他违反法律规定的诉讼程序，可能影响公正审判的。因此 A、B、C、D 项皆入选。

10. AB

参见《刑事诉讼法》第 227 条的规定（略）。本案为自诉案件，甲、乙显然是独立的上诉人，甲、乙的父母以及乙的辩护人并非独立的上诉主体。本题应选 A、B 项。

11. ACD

根据《刑事诉讼法》第 238 条之规定，本题应选 A、C、D 三项。

12. AD

本案对普通刑事案件不公开审理，违反了《刑事诉讼法》第 188 条规定的公开审理原则。因此，二审法院应当依据《刑事诉讼法》第 238 条的规定，撤销原判，发回重审。故 D 项正确，C 项错误。《刑事诉讼法》第 234 条规定，第二审人民法院对被告人被判处死刑的上诉案件，应当组成合议庭，开庭审理。因此 A 项正确。另外，二审程序有自己的特点和程序，并非就是把案件作为一审案件进行审理，因此 B 项错误。

13. BD

A 项不当选：《刑事诉讼法》第 219 条规定：适用简易程序审理案件，不受本章第一节关于送达期限、讯问被告人、询问证人、鉴定人、出示证据、法庭辩论程序规定的限制。但在判决宣告前应当听取被告人的最后陈述意见。本案中，该基层法院适用了简易程序审理本案，因此向被告人送达起诉书副本不受开庭前 10 日这一时间限制，程序未违法。B 项当选：《高法刑诉解释》第 296 条规定：适用简易程序独任审判过程中，发现对被告人可能判处的有期徒刑超过 3 年的，应当转由合议庭审理。本案中，对郭某的审理虽然适用简易程序，但郭某被判处有期徒刑 4 年，应当由合议庭审理，B 项中所说由一名审判员独任审理违反了法定程序。C 项不当选：《高法刑诉解释》第 295 条第 1 款规定，适用简易程序审理案件，可以对庭审作如下简化：（1）公诉人可以摘要宣读起诉书；（2）公诉人、辩护人、审判人员对被告人的讯问、发问可以简化或者省略；（3）对控辩双方无异议的证据，可以仅就证据的名称及所证明的事项作出说明；对控辩双方有异议，或者法庭认为有必要调查核实的证据，应当出示，并进行质证；（4）控辩双方对与定罪量刑有关的事实、证据没有异议的，法庭审理可以直接围绕罪名确定和量刑问题进行。C 项所述属于上述第 2 项的规定，并未违反法定程序。D 项当选：《刑事诉讼法》第 238 条规定，若第二审人民法院发现第一审人民法院的审理违反本法有关公开审判的规定的，应当裁定撤销原判，发回原审人民法院重新审判。D 项中应当公开审理而未公开审理，属于程序严重违法，应当发回重审。

（三）不定项选择题

1.（1）BC

《高法刑诉解释》第 299 条第 2 款规定，被告人、自诉人、附带民事诉讼的当事人及其法定代理人是否提出上诉，以其在上诉期满前最后一次的意思表示为准。因此，虽然在一审宣判后王某表示不上诉，但其仍然有权在上诉期满前提起上诉，人民法院不能在第一审判决书送达后即将其交付执行。该解释第 304 条规定，上诉人在上诉期限内要求撤回上诉的，人民法院应当准许。第 305 条规定：上诉人在上诉期满后要求撤回上诉的，应当由第二审人民法院进行审查。如果认为原判决认定事实和适用法律正确，量刑适当，应当裁定准许撤回上诉。因此，B、C 项正确。

（2）ABC

共同犯罪案件，如果只有部分被告人提出了上诉或者只有部分被告人的判决部分被人民检察院提起抗诉，在第二审程序中，对各被告人是否有权委托辩护人以及参加法庭审理的问题，《高法刑诉解释》第316条、第323条第2款分别作出了规定。由此可知A、B、C项正确，D项错误。

(3) BCD

《刑事诉讼法》第233条规定：第二审人民法院应当就第一审判决认定的事实和适用法律进行全面审查，不受上诉或者抗诉范围的限制。共同犯罪的案件只有部分被告人上诉的，应当对全案进行审查，一并处理。《高法刑诉解释》第309条第1款规定，第二审人民法院对第一审人民法院移送的上诉、抗诉案卷、证据，应当审查是否包括下列内容：1）移送上诉、抗诉案件函；2）上诉状或者抗诉书；3）第一审判决书或者裁定书8份（每增加一名被告人增加1份）及其电子文本；4）全部案卷材料和证据，包括案件审理报告和其他应当移送的材料。另外，本案中人民检察院没有提起抗诉，根据《刑事诉讼法》第237条、《高法刑诉解释》第325条第1款第1项、第7项的规定，第二审人民法院审理被告人或者其法定代理人、辩护人、近亲属提出上诉的案件，不得加重被告人的刑罚。共同犯罪案件，只有部分被告人提出上诉的，既不能加重提出上诉的被告人的刑罚，也不能加重其他同案被告人的刑罚；对事实清楚、证据充分，但判处的刑罚畸轻，或者应当适用附加刑而没有适用的案件，不得撤销第一审判决，直接加重被告人的刑罚或者适用附加刑，也不得以事实不清或者证据不足发回第一审人民法院重新审理。必须依法改判的，应当在第二审判决、裁定生效后，按照审判监督程序重新审判。因此，A项错误，B、C、D项正确。

2. BCD

根据《刑事诉讼法》第238条，显然可以直接确定C项正确，当选。《高法刑诉解释》第290条规定，具有下列情形之一的，不适用简易程序：(1) 被告人是盲、聋、哑人；(2) 被告人是尚未完全丧失辨认或者控制自己行为能力的精神病人；(3) 有重大社会影响的；(4) 共同犯罪案件中部分被告人不认罪或者对适用简易程序有异议的；(5) 辩护人作无罪辩护的；(6) 被告人认罪但经审查认为可能不构成犯罪的；(7) 不宜适用简易程序审理的其他情形。因此，对不复杂的共同犯罪案件适用简易程序审理，并不违反法律规定的诉讼程序。故A项不当选。《刑事诉讼法》第216条规定，适用简易程序审理公诉案件，人民检察院应当派员出席法庭。因此，适用简易程序审理的公诉案件，检察人员没有出庭是违法的。故B项当选。《高法刑诉解释》第293条规定，适用简易程序审理案件，被告人有辩护人的，应当通知其出庭。故D项当选。

3. AC

根据《刑事诉讼法》第234条，本案的二审应当开庭，故A项的说法错误。我国的二审奉行全面审理原则，虽然上诉和抗诉并不针对原审的事实认定，但是二审法院可以对原审事实进行审查，如发现事实不清、证据不足的，可以撤销原判，发回重审。因此，C项错误。《高法刑诉解释》第326条规定：人民检察院只对部分被告人的判决提出抗诉，或者自诉人只对部分被告人的判决提出上诉的，第二审人民法院不得对其他同案被告人加重刑罚。因此，本题的D项并不准确，只能说是检察院针对甲的死缓判决以量刑不当为由提起抗诉，故对甲的审理不受上诉不加刑原则的限制，而对乙的审理仍然受到上诉不加刑原则的限制。

4. A

《高法刑诉解释》第317条规定，下列案件，根据《刑事诉讼法》第234第1款的规定，应当开庭审理：(1) 被告人、自诉人及其法定代理人对第一审认定的事实、证据提出异议，可能影响定罪量刑的上诉案件；(2) 被告人被判处死刑立即执行的上诉案件；(3) 人民检察院抗诉的案件；(4) 应当开庭审理的其他案件。被判处死刑立即执行的被告人没有上诉，同案的其他被告人上诉的案件，第二审人民法院应当开庭审理。被告人被判处死刑缓期执行的上诉案件，虽不属于第1款第1项规定的情形，有条件的，也应当开庭审理。在本案共同犯罪中鲁某被判处死刑立即执行未上诉，同案犯关某被判处“死缓”并上诉，故二审法院应当开庭审理。故A项正确。《高法刑诉解释》第321条规定：开庭审理上诉、抗诉的公诉案件，应当通知同级人民检察院派员出庭。抗诉案件，人民检察院接到开庭通知后不派员出庭，且未说明原因的，人民法院可以裁定按人民检察院撤回抗诉处理，并通知第一审人民法院和当事人。因此，二审开庭审理，同级人民检察院应派员出庭。故B项错误。《高法刑诉解释》第318条规定：对上诉、抗诉案件，第二审人民法院经审查，认为原判事实不清、证据不足，或者具有《刑事诉讼法》第238条规定的违反法定诉讼程序情形，需要发回重新审判的，可以不开庭审理。本案中二审事实清楚，证据确实充分，不可发回，故C项错误。对关某判处死刑缓期2年执行同时限制减刑，违反上诉不加刑原则，故D项错误。

5. D

《刑事诉讼法》第235条规定：人民检察院提出抗诉的案件或者第二审人民法院开庭审理的公诉案件，同级人民检察院都应当派员出席法庭。第二审人民法院应当在决定开庭审理后及时通知人民检察院查阅案卷。人民检察院应当在一个月以内查阅完毕。人民检察院查阅案卷的时间不计入审理期限。A项认为“审法院受理案件后应通知同级检察院查阅案卷”显然错误，不可选。B项错误，不可选：《刑事诉讼法》第237条规定：第二审人民法院审理被告人或者他的法定代理人、辩护人、近亲属上诉的案件，不得加重被告人的刑罚。第二审人民法院发回原审人民法院重新审判的案件，除有新的犯罪事实，人民检察院补充起诉的以外，原审人民法院也不得加重被告人的刑罚。本案检察机关没有抗诉，受上诉不加原则的限制，第二审人民法院不能审理并认定一审法院未予认定的1起盗窃事实而加重被告人刑罚。C项错误，不可选：检察机关没抗诉的二审应当适用上诉不加刑原则。本案一审法院以乙犯职务侵占罪判处有期徒刑1年，如二审将乙改判为有期徒刑2年，缓刑2年，尽管适用缓刑而减缓执行刑，但刑期从1年加重到了2年，有违上诉不加刑原则。D项正确，当选：《高法刑诉解释》第316条规定，第二审期间，被告人除自行辩护外，还可以继续委托第一审辩护人或者另行委托辩护人辩护。故甲可另行委托辩护人辩护。

简答题

1. 我国《刑事诉讼法》第234条规定，第二审人民法院对于下列案件，应当组成合议庭，开庭审理：（1）被告人、自诉人及其法定代理人对第一审认定的事实、证据提出异议，可能影响定罪量刑的上诉案件；（2）被告人被判处死刑的上诉案件；（3）人民检察院抗诉的案件；（4）其他应当开庭审理的案件。第二审人民法院决定不开庭审理的，应当讯问被告人，听取其他当事人、辩护人、诉讼代理人的意见。第二审人民法院开庭审理上诉、抗诉案件，可以到案件发生地或者原审人民法院所在地进行。根据《高法刑诉解释》第317条第1款的规定，被判处死刑的上诉案件，是指被判处死刑立即执行的案件。对于一审判处死刑缓期2年执行的上诉案件，该条第3款规定：被告人被判处死刑缓期执行的上诉案件，虽不属于第1款第1项规定的情形，有条件的，也应当开庭审理。该解释第318条规定：对上诉、抗诉案件，第二审人民法院经审查，认为原判事实不清、证据不足，或者具有《刑事诉讼法》第238条规定的违反法定诉讼程序情形，需要发回重新审判的，可以不开庭审理。《高法刑诉解释》第324条规定：第二审案件依法不开庭审理的，应当讯问被告人，听取其他当事人、辩护人、诉讼代理人的意见。合议庭全体成员应当阅卷，必要时应当提交书面阅卷意见。

这些条款表明，我国第二审程序的审判方式有以下两种。

（1）开庭审理，是指二审人民法院在合议庭的主持下，由检察人员和诉讼参与人参加，通过法庭调查和辩论、评议、宣判的方式审理案件。适用开庭审理的案件主要有四类。

（2）调查讯问式的审理，即第二审人民法院对上诉案件，在审查案件书面材料的基础上，讯问被告人，听取其他当事人、辩护人、诉讼代理人的意见，对案件事实和证据进行必要的调查核对，在查明事实、核实证据后，经合议庭评议，进行裁决，不再开庭审判的一种审理方式。此种审理方式适用范围较广，只要不属于法定的开庭审理情形，都可以采用调查讯问的审理方式。

2.（1）主体不同。有权上诉的主体包括：刑事被告人、自诉人及其法定代理人；附带民事诉讼的当事人及其法定代理人。有权提起二审抗诉的主体仅限于地方各级人民检察院，最高人民检察院不能按照第二审程序对最高人民法院第一审的判决、裁定提出抗诉。

（2）理由不同。上诉不需要任何理由，只要不服就可以上诉。抗诉必须是人民检察院认为原裁判确有错误才可以提起。

（3）提起方式不同。上诉，既可以采用书状形式，也可以采用口头形式。抗诉，不能采用口头形式，应当提交抗诉书。

（4）上诉、抗诉的途径不同。上诉的途径是：既可以通过原审人民法院提出，也可以直接向第二审人民法院提出。抗诉的途径是：通过原审人民法院提出抗诉书，并且将抗诉书抄送上一级人民检察院。不能直接向第二审人民法院提出抗诉。

3.（1）维持原判。维持原判一律使用裁定。维持原判适用于两种情况：一种是一审裁判没有任何错误，二审当然维持原判；另一种是一审量刑过轻，但受上诉不加刑原则的限制，维持原判。

（2）凡是撤销原判、发回重审的，一律使用裁定。第一，应当撤销原判、发回重审的情形包括：违反刑事诉讼法有关公开审判的规定的；违反回避制度的；剥夺或者限制了当事人的法定诉讼权利，可能影响公正审判的；审判组织的组成不合法的；其他违反法律规定的诉讼程序，可能影响公正审判的。第二，可以撤销原判、发回重审的情形：原判决事实不清楚或者证据不足的，可以裁定撤销原判，发回原审人民法院重新审判。

（3）改判。凡是改判一律使用判决。第一，原判决认定事实没有错误，但适用法律有错误，或者量刑不当的，应当改判。第二，原判决事实不清楚或者证据不足的，可以在查清事实后改判。

4. 上诉不加刑原则，是指第二审人民法院审判只有被告人一方提出上诉的案件，不得加重被告人的刑罚的原则。实行这项原则，对于保护被告人的上诉权、保障两审终审制的贯彻实施等均具有重要的意义。

（1）上诉不加刑原则有利于保障被告人依法行使上诉权。被告人的上诉权是辩护权的重要体现。实行上诉不加刑原则，可以使被告人解除上诉会加重刑罚的思想顾虑，在不服一审判决、裁定时，敢于提出上诉，使其按照自己的意志依法行使法律赋予的权利。

（2）上诉不加刑原则有利于维护上诉制度，保证人民法院正确行使审判权。上诉不加刑原则可以消除被告人的顾虑，使其大胆申述上诉理由，保证上诉制度的切实执行。这样就有利于二审法院全面审查一审判决是否存在错误，维持正确的判决，纠正错误的判决，保证国家审判权的正确行使。

（3）上诉不加刑原则有利于促使人民检察院履行审判监督职责。实行这一原则，就要求人民检察院要认真履行审判监督、依法抗诉的职责。

案例分析题

1.（1）人民检察院直接向上一级人民法院提交抗诉书错误。人民检察院应当通过原审人民法院提交抗诉书。参见《刑事诉讼法》第 232 条（略）。

（2）第二审人民法院不开庭审理此案错误。对于人民检察院抗诉的案件，第二审人民法院都应当开庭审理。参见《刑事诉讼法》第 234 条（略）。

（3）二审法院在原判决认定事实没有错误但适用法律不当的情况下，将案件发回一审法院重审是错误的，应当直接改判。参见《刑事诉讼法》第 236 条（略）。

（4）第二审人民法院用判决撤销原判、发回重审是错误的，应当使用裁定。参见《刑事诉讼法》第 236 条（略）。

（5）一审法院由原合议庭重审此案是错误的，应当另行组成合议庭进行审理。参见《刑事诉讼法》第 239 条（略）。

（6）原审法院宣布经重审后对李某作出的判决为终审判决且不得上诉是错误的，违反了《刑事诉讼法》第 239 条的规定。原审法院应按一审程序进行重审，对于重新审判后的判决，依照该法第 227 条、第 228 条、第 229 条的规定，可以上诉、抗诉。

2.（1）一审法院在判决书送达三被告人的次日，就将王某、李某交付执行不合法。根据《刑事诉讼法》第 227 条和第 230 条的规定，虽然王某、李某在宣判后表示不上诉，但他们在判决书送达之日起 10 日内仍享有上诉的权利，人民检察院也可能在此期间提起抗诉，这时的一审判决还是没有确定和未生效的判决，不得交付执行。

（2）一审法院仅将张某移送市中级人民法院

进行二审不合法。根据《刑事诉讼法》第 233 条第 2 款的规定，共同犯罪案件，只有部分被告人上诉的，应将全案移送二审法院，由二审法院对全案进行审查，一并处理。所以，一审法院应该将李某和王某也移送市中级人民法院进行二审。

(3) 二审法院对全案终止审理是错误的，应当以判决的方式宣告张某无罪，并对王某、李某继续审理。共同犯罪案件，如果提出上诉的被告人死亡，其他被告人没有提出上诉，第二审人民法院仍应当对全案进行审查。死亡的被告人不构成犯罪的，应当宣告其无罪；经审查后认为构成犯罪的，应当宣布终止审理。对其他同案被告人仍应当作出判决或者裁定。

3. (1) 中级人民法院在审理该上诉案件时，应当由 3 名或 5 名审判员组成合议庭。

(2) 中级人民法院审理该案的方式有两种：开庭审理、调查讯问式审理。

(3) 二审法院的审理不应当仅限于对法律适用的审查，还需要审查原审法院确定的事实和所依据的证据。

(4) 应当裁定发回重审。

(5) 如果二审法院经审理后认为原判量刑过轻，不能改判张某更重的刑罚，因为只有被告人张某上诉。此时应受上诉不加刑原则的限制，不得加重被告人的刑罚。

4. (1) 第二审法院应当在二审判决中一并改判。

(2) 第二审法院应当对民事部分按审判监督程序予以纠正。

(3) 第二审法院应当对刑事部分按照审判监督程序进行再审，并将附带民事诉讼部分与刑事部分一并审理。

(4) 第二审法院可以根据当事人自愿的原则就新增加的诉讼请求或者反诉进行调解，调解不成的，告知当事人另行起诉。

(5) 人民法院经审查认为不符合提起附带民事诉讼条件的，应当裁定驳回起诉。

(6) 调解应当在自愿、合法的基础上进行，经调解达成协议的，审判人员应当及时制作调解书，调解书经双方当事人签收后即发生法律效力。调解达成协议并当庭执行完毕的，可以不制作调解书，但应记入笔录，经双方当事人、审判人员、书记员签名或盖章即发生法律效力。经调解无法达成协议或者调解书签收前当事人反悔的，附带民事诉讼应当同刑事诉讼一并判决。

5. 本案例在程序上有以下一些不当之处：(1) 公诉人对被告人甲、乙同时进行讯问违反了分别进行讯问的原则。(2) 附带民事诉讼原告不能就有关犯罪事实向被告人发问。(3) 戊作为证人不能旁听案件的审理。(4) 戊为控方证人，控辩双方向其发问的顺序错误，应当先由要求传唤的一方进行发问。(5) 公诉人在庭审中发现有漏罪的，只能追加起诉，不能撤回起诉。变更、追加、撤回起诉应当报经检察长或检察委员会决定，并以书面方式向人民法院提出，公诉人不能当庭径行决定。(6) 法院对检察机关撤回起诉的要求应以裁定而不能以决定的方式作出处理。(7) 审理部分被告人上诉的案件，应当对全案进行审查，包括甲、乙的罪行及附带民事诉讼部分。

6. (1) 1 个月。

(2) 可以。

(3) 不予准许。因被告人犯罪行为严重，有可能被判处死刑。

(4) 可以准许。但被告人不得再另行委托辩护人，人民法院也不再另行指定辩护律师，被告人可以自行辩护。

(5) 应当恢复法庭调查。

(6) 在 3 日内将上诉状交原审法院送交同级人民检察院。

(7) 自上诉期满之日起生效。

(8) 应自收到判决书后 5 日内请求人民检察院提出抗诉。人民检察院自收到请求后 5 日内，应当作出是否抗诉的决定并答复请求人。

7. (1) M 国警方移交的证据可以作为认定被告人有罪的证据。我国刑事诉讼法规定我国司法机关可以进行刑事司法协助，警方赴 M 国请求该国警方抓捕、取证属于司法协助的范围，我国法院对境外证据认可其证据效力，本案司法协助程序符合规范，符合办理刑事案件程序规定。

人民法院对来自境外的证据材料，应当对材料来源、提供人、提供时间以及提取人、提取时间等进行审查。经审查，能够证明案件事实符合《刑事诉讼法》规定的，可以作为证据使用。但提供人或者我国与有关国家签订的双边条约对材料的使用范围有明确限制的除外；材料来源不明或者真实性无法确认的，不得作为定案的证据。

(2) 不正确。按照《刑事诉讼法》的规定，庭前会议就非法证据等问题只是了解情况，听取意见，不能作出决定。

(3) 不正确。本案第二审法院基于原审法院认定的一包甲基苯丙胺数量不明，以事实不清为由发回重审，重审中，检察机关明确其重量为 23 克，这只是补充说明，不是补充起诉。补充起诉是在法院宣告判决前检察机关发现有遗漏的同案犯罪嫌疑人或者罪行可以一并起诉和审理的。

(4) 违反上诉不加刑原则。第二审人民法院发回原审人民法院重新审理的案件，除有新的犯罪事实，人民检察院补充起诉的以外，原审人民法院不得加重被告人的刑罚。本案补充说明一包甲基苯丙胺的重量为 23 克，这是原有的指控内容，不是新增加的犯罪事实。

(5) 1) 组成合议庭不开庭审理，但应当讯问被告人，听取辩护人、诉讼代理人意见。2) 鉴于本案系发回重审后的上诉审，第二审法院不得以事实不清为由再发回原审法院重新审理。3) 如果认为原判认定事实清楚和适用法律正确、量刑适当，应当裁定驳回上诉、维持原判；如果认为原判适用法律有错误或量刑不当，应当改判，但受上诉不加刑原则的限制。4) 第二审人民法院应当在两个月以内审结。

论述题与深度思考题

1. (1) 一部法律如果要在现实中得到实施，就必须建立专门的法律责任制度，以便使违反该法律规定的人受到相应的法律制裁，从而承受各种不利的法律后果。因此，刑法在确立了犯罪构成要件之后，还要规定犯罪者所要承担的刑事责任及所要承受的刑罚种类和幅度；行政法在对各种行政违法行为作出规定之后，也要建立行政处罚制度；民法在确立了侵权、违约行为的构成要素之后，还要确定专门的民事法律责任。可以说，几乎在任何一部实体法中，法律制裁制度都是不可或缺的组成部分。很显然，实体法所确立的法律责任几乎无一例外地具有“实体性制裁”的性质。这些制裁措施不仅适用于单纯的实体性违法行为，而且适用于程序性违法行为。例如，警察在刑事侦查中采取了刑讯逼供行为，造成犯罪嫌疑人人身伤亡后果的，就可能构成刑讯逼供罪，其因此受到刑事处罚。如果对没有犯罪事实的嫌疑人采取刑事拘留、逮捕措施，公安机关、检察机关可能要承担国家赔偿责任，从而给予受到错误拘留、错误逮捕的人以经济赔偿。而警察如果在法定羁押期限已经届满的情况下，继续对犯罪嫌疑人实施“超期羁押”措施，也可能会受到行政纪律处分。尽管这些违法行为发生在刑事诉讼过程之中，属于违反法律程序的行为，但由于它们已经触犯了不同的实体法，构成一种特殊的实体性违法，因而会带来实体意义上的法律责任。但是，如果一项发生在刑事诉讼过程中的程序性违法行为，并没有达到实体性违法的程度，也无法导致实体性法律制裁结果的发生，那么，它要不要在诉讼程序的层面上受到制裁呢？换言之，如果警察、检察官或者法官在刑事诉讼中违反了法律程序，他们会不会因此而承担程序意义上的法律责任呢？针对这一问题，西方国家建立了专门的程序性制裁制度，使那些违反法定诉讼程序的警察、检察官和法官都要承担相应的法律后果。例如，英美法建立了非法证据排除规则、撤销起诉制度以及推翻原审有罪裁决制度，使警察违法所得的证据不具有可采性，检控方以侵犯公民权利的方式提起的指控被法院宣告无效，初审法院在侵犯被告人宪法权利的情况下作出的有罪裁决被上诉法院推翻。又如，大陆法系国家大都确立了诉讼行为的无效制度，使警察、检察官甚至司法官员所实施的违反法律程序的行为，经过利害关系人的申请或者法院依据职权的主动审查，都可以被宣告为无效行为，从而不产生任何法律效果。

1996 年，中国《刑事诉讼法》首次确立了针对程序性违法行为的程序性制裁措施，即第二审法院对于第一审法院“违反法律规定的诉讼程序”

的审判行为，应当以撤销原判、发回重审的方式加以制裁。这就意味着，第二审法院对第一审法院的程序性违法行为可以实施程序性制裁，而不必考虑这种违法行为是否达到“影响正确判决”的程度。例如，第一审法院如果违反了回避制度，法官应当回避而没有回避，并作为合议庭成员参与了案件审判过程的，那么，这一程序性违法行为无论是否可能导致一审判决的错误，都足以构成第二审法院撤销原判的充足理由。很显然，这是针对第一审法院在审判过程中存在的程序性违法所确立的程序性制裁措施。应当说，在过去根本没有任何程序性制裁制度的背景下，这种以一审法院违反法律程序、影响公正审判为根据确立撤销原判后果的规定，确实具有里程碑的意义。

（2）“无制裁则无法律规则”。这是一个得到人类社会普遍承认的法律常识。如果我们对以下命题——“法律的生命在于实施”——没有任何异议的话，那么，制裁违法者的理由就容易得到解释了。事实上，任何法律制度的建立都不能只是用来展览和宣示某种价值选择或行为倾向，而是为人们的行为确立可操作的法律规范。同时，法律规则如果只是一些有关权利、义务或禁令的宣言，就不可能得到实施。中国古人言“徒法不足以自行”，强调的就是法律以外的因素对于法律实施的重要作用。然而，如果法律规则本身根本不包含任何制裁性要素，违法者不会因其违法行为而承受任何不利的法律后果，那么，法律之外的因素再完备，法律实施的环境再优良，该法律规则也仍然无法实施。在法理学中，法律规范按其内容构成的性质，可以有“授权性规范”“义务性规范”“禁止性规范”这三种基本的分类。但无论何种法律规范，传统上都具有所谓的“假定—处分—制裁”这一逻辑结构。当然，这一逻辑结构也可以被概括为“行为模式—法律后果”这一双重构造。其中的“制裁”，是指那些侵犯他人权利、不履行法定义务或者违反法定禁令的人所应承受的消极性法律后果。如果法律规范中缺少以上这些“制裁”要素，则该规范最多只能算作一种“宣言”或者“口号”，而不具备法律实施的基本前提和条件。1996年《刑事诉讼法》第191条、2012年《刑事诉讼法》第227条、2018年《刑事诉讼法》第238条的规定实际上就是一种程序性制裁制度，它对于确保第一审法院遵守相应的诉讼程序具有一定的重要意义。

2. 全面审查原则是我国刑事诉讼二审程序中的一项基本原则，它要求第二审人民法院应当就第一审判决、裁定认定的事实和适用的法律进行全面审查，不受上诉或者抗诉范围的限制。（1）共同犯罪案件，只有部分被告人提出上诉的，或者人民检察院只就第一审人民法院对部分被告人的判决提出抗诉的，第二审人民法院应当对全案进行审查，一并处理。共同犯罪案件，如果提出上诉的被告人死亡，其他被告人没有提出上诉，第二审人民法院仍应当对全案进行审查。死亡的被告人不构成犯罪的，应当宣告其无罪；审查后认为其构成犯罪的，应当宣布终止审理。对其他同案被告人仍应当作出判决或者裁定。（2）审理附带民事诉讼的上诉、抗诉案件，应当对全案进行审查。如果第一审判决的刑事部分并无不当，第二审人民法院只需就附带民事诉讼部分作出处理。如果第一审判决附带民事部分事实清楚、适用法律正确的，应当以刑事附带民事裁定维持原判，驳回上诉、抗诉。（3）附带民事诉讼案件，只有附带民事诉讼的当事人和他们的法定代理人提出上诉的，第一审刑事部分的判决在上诉期满后即发生法律效力。但在第二审附带民事诉讼案件审结前，可以将刑事被告人暂缓送监执行。（4）审理对刑事部分提出上诉、抗诉，附带民事部分已经发生法律效力的案件，第二审人民法院如果发现第一审判决或者裁定中的民事部分确有错误，应当对民事部分按照审判监督程序予以纠正。第二审人民法院审理对附带民事诉讼部分提出上诉、抗诉，刑事部分已经发生法律效力的案件，如果发现第一审判决或者裁定中的刑事部分确有错误，应当对刑事部分按照审判监督程序进行再审，并将附带民事诉讼部分与刑事部分一并审理。

很明显，这一原则是建立在我国长期以来所奉行的“实事求是、有错必纠”等诉讼理念的基础之上的。然而，国家设立审判程序的目的并不是在于发现案件真相，而是对发生在控辩双方之间的争端作出一个权威的结论。二审程序存在的合理根据在于为控辩双方再次提供法律救济的机会。如果第二审人民法院可以无视诉争的范围，而机械地进行貌似公允的全面审查，不仅有悖司法审判权运作的基本规律和诉讼程序的安定性，最终也必将造成诉讼拖延和诉讼效率的下降。另外，由于二审程序的相关制度设计存在着诸多缺陷，因而二审的全面审查事实上流于形式。

总之，全面审查原则充分体现了我国刑事诉讼法的实事求是以及以事实为根据、以法律为准绳的基本原则和对人民高度负责的精神。

第二十章　死刑复核程序

知识逻辑图

死刑复核程序
- 判处死刑立即执行案件的核准权：最高人民法院
- 判处死刑立即执行案件的报请复核
  - （1）中级人民法院判处死刑的一审案件，无上诉或不抗诉的，上诉、抗诉期满后10日内报高级人民法院复核：同意的，报最高人民法院核准；不同意的，应当提审或发回重审
  - （2）中级人民法院判处死刑的一审案件，有上诉或抗诉，高级人民法院维持判决的，报最高人民法院核准
  - （3）高级人民法院判处死刑的一审案件，无上诉或抗诉，上诉、抗诉期满后10日内报最高人民法院核准
- 判处死刑立即执行案件的复核
  - 复核庭的组成
    - 必须是合议庭
    - 由审判员组成
  - 提审被告人
    - 高级人民法院复核必须讯问被告人
    - 最高人民法院复核，没有此项要求
- 判处死刑缓期2年执行案件的复核程序
  - 判处死刑缓期2年执行案件的报请
  - 判处死刑缓期2年执行案件的复核

名词解释与概念比较

死刑复核程序

选择题

（一）单项选择题

1. 李某因犯故意杀人罪被某市中级人民法院一审判处死刑，缓期2年执行。判决后，李某没有上诉，检察机关也没有抗诉。省高级人民法院在复核该案时认为，一审判决认定事实清楚、适用法律正确，但量刑不当，因为李某杀人后先奸尸又碎尸，情节恶劣，应当判处死刑立即执行。省高级人民法院应当如何处理该案？（　　）（司考）

A. 裁定撤销原判，直接改判李某死刑立即执行

B. 裁定撤销原判，发回市中级人民法院重新审判

C. 裁定撤销原判，由省高级人民法院进行第一审，依法判处李某死刑立即执行

D. 裁定维持一审判决

2. 按照我国有关法律和司法解释的规定，高级人民法院在复核死刑缓期2年执行的案件时，（　　）。

A. 必须开庭审理

B. 必须公开审理

C. 必须书面审理

D. 必须讯问被告人

3. 对于最高人民法院裁定不予核准死刑的案件，下列说法中正确的是（　　）。

A. 只能发回第一审人民法院重新审判

B. 第一审人民法院重新审判的，应当开庭审理

C. 第二审人民法院重新审判的，不能直接改判

D. 第二审人民法院重新审判时，必须通过开庭查清事实、核实证据或者纠正原审程序违法的，可以开庭审理

4. 甲和乙共同实施拐卖妇女、儿童罪，均被判处死刑立即执行。最高法院复核后认为全案判决认定事实正确，甲系主犯应当判处死刑立即执行，但对乙可不立即执行。关于最高法院对此案的处理，下列哪一选项是正确的？（　　）（司考）

A. 将乙改判为死缓，并裁定核准甲死刑

B. 对乙作出改判，并判决核准甲死刑

C. 对全案裁定不予核准，撤销原判，发回重审

D. 裁定核准甲死刑，撤销对乙的判决，发回重审

5. 甲和乙因故意杀人被中级法院分别判处死刑立即执行和无期徒刑。甲、乙上诉后，高级法院裁定维持原判。关于本案，下列哪一选项是正确的？（　　）（司考）

A. 高级法院裁定维持原判后，对乙的判决即已生效

B. 高级法院应先复核再报请最高法院核准

C. 最高法院如认为原判决对乙的犯罪事实未查清，可查清后对乙改判并核准甲的死刑

D. 最高法院如认为甲的犯罪事实不清、证据不足，不予核准死刑的，只能使用裁定

6. 段某因贩卖毒品罪被市中级法院判处死刑立即执行，段某上诉后省高级法院维持了一审判决。最高法院复核后认为，原判认定事实清楚，但量刑过重，依法不应当判处死刑，不予核准，发回省高级法院重新审判。关于省高级法院重新审判，下列哪一选项是正确的？（　　）（司考）

A. 应另行组成合议庭

B. 应由审判员 5 人组成合议庭

C. 应开庭审理

D. 可直接改判死刑缓期 2 年执行，该判决为终审判决

（二）多项选择题

1. 被告人李阳，因故意杀人罪、间谍罪被中级人民法院一审判处死刑，缓期 2 年执行。在上诉期间内，人民检察院认为人民法院的量刑不当，依法提起抗诉。二审人民法院经不开庭审理后，认为一审人民法院认定事实没有错误、量刑过轻，依法撤销原判，改判为死刑立即执行，并核准执行死刑立即执行。该案中哪些做法是违法的？（　　）（司考）

A. 二审人民法院改判被告人死刑立即执行

B. 二审人民法院核准执行死刑

C. 二审人民法院没有发回重审

D. 二审人民法院不开庭审理本案

2. 高级人民法院对中级人民法院报请核准死刑缓期执行的第一审案件，如果被告人不上诉、人民检察院不抗诉，可以作出下列哪些处理？（　　）（司考）

A. 同意判处死刑缓期执行的，裁定予以核准

B. 认为原判量刑过重的，对被告人的量刑依法改判

C. 认为原判量刑过轻的，对被告人的量刑依法改判

D. 认为原判事实不清、证据不足的，裁定发回原一审人民法院重新审判

3. 复核死刑案件必须审查以下哪些事项？（　　）

A. 被告人的年龄、有无责任能力、是否为正在怀孕的妇女

B. 原审判决认定的犯罪事实是否清楚，证据是否确实、充分

C. 犯罪情节、后果和危害程度

D. 原判决适用法律是否正确、是否必须判处死刑、是否必须立即执行

4. 报请复核死刑需要符合下列哪些要求？（　　）

A. 一案一报

B. 诉讼文书齐备

C. 移送全部证据

D. 提出核准或不核准的建议

5. 最高人民法院复核死刑案件时，裁定不予核准，发回重审的案件，应当如何处理？（　　）（司考）

A. 既可以发回二审法院重新审判，也可以发回一审法院重新审判

B. 发回二审法院重新审判的案件，除法律另有规定外，二审法院可以不经开庭直接改判

C. 发回一审法院重新审判的案件，一审法院

应当开庭审理

D. 最高人民法院复核后认为原判认定事实正确，但依法不应当判处死刑的，裁定不予核准，并撤销原判，发回重新审判的案件，重新审判的法院应当另行组成合议庭进行审理

6. 关于死刑复核程序，下列哪些选项是正确的？（　　）（司考）

A. 赵某因故意杀人罪和贩毒罪分别被判处死刑，最高人民法院对案件进行复核时，认为赵某贩毒罪的死刑判决认定事实和适用法律正确、量刑适当、程序合法，但故意杀人罪的死刑判决事实不清、证据不足，遂对全案裁定不予核准，撤销原判，发回重审

B. 钱某因绑架罪和抢劫罪分别被判处死刑，最高人民法院在对案件进行复核时，发现钱某绑架罪的死刑判决认定事实和适用法律正确、量刑适当、诉讼程序合法，抢劫罪的死刑判决认定事实清楚，但依法不应当判处死刑，遂对绑架罪作出核准死刑的判决，对抢劫罪的死刑判决予以改判

C. 孙某伙同李某持枪抢劫银行被分别判处死刑，最高人民法院进行复核时发现孙某的死刑判决认定事实和适用法律正确、量刑适当、程序合法，李某的死刑判决认定事实不清、证据不足，遂对全案裁定不予核准

D. 周某伙同吴某劫持航空器致人重伤被分别判处死刑，最高人民法院在复核时发现周某的死刑判决认定事实和适用法律正确、量刑适当、程序合法，吴某的死刑判决认定事实清楚，但依法不应当判处死刑，遂对周某作出核准死刑的判决，对吴某的死刑判决予以改判

7. 关于死刑复核程序，下列说法中正确的是（　　）。

A. 最高人民法院复核死刑案件，对于不核准死刑的，最高人民法院只能发回重新审判

B. 最高人民法院对于不核准死刑的，可以发回重新审判或者予以改判

C. 在复核死刑案件过程中，最高人民检察院可以向最高人民法院提出意见

D. 如果最高人民检察院未向最高人民法院提意见，最高人民法院可以不将死刑复核结果通报最高人民检察院

8. 张某因犯故意杀人罪和爆炸罪，一审均被判处死刑立即执行，张某未上诉，检察机关也未抗诉。最高法院经复核后认为，爆炸罪的死刑判决事实不清、证据不足，但故意杀人罪的死刑判决认定事实和适用法律正确、量刑适当。关于此案的处理，下列哪些选项是错误的？（　　）（司考）

A. 对全案裁定核准死刑

B. 裁定核准故意杀人罪的死刑判决，并对爆炸罪的死刑判决予以改判

C. 裁定核准故意杀人罪的死刑判决，并撤销爆炸罪的死刑判决，发回重审

D. 对全案裁定不予核准，并撤销原判，发回重审

（三）不定项选择题

1. 刘某因贪污罪被某市中级人民法院一审判处死刑，缓期 2 年执行。判决后，刘某未上诉，人民检察院也未抗诉，市中级人民法院遂在抗诉、上诉期满后第二天报请省高级人民法院核准。省高级人民法院可以作出下列哪些处理？（　　）

A. 认为原判事实不清，证据不足，发回重审

B. 认为原判刑罚太重，不同意判处死缓，直接改判为有期徒刑 15 年

C. 认为原判刑罚太轻，应判处死刑立即执行，直接改判并报最高人民法院核准

D. 同意判处死缓，作出予以核准的裁定

2. 根据法律规定，死刑案件综合报告应当包括以下哪些内容？（　　）

A. 案件的由来和审理经过

B. 被告人和被害人的基本情况

C. 案件侦破情况

D. 合议庭评议意见、审判委员会讨论决定意见

3. 根据法律规定，对判处死刑的案件，复核后应当根据案件情形分别作出下列哪些裁判？（　　）

A. 原审判决认定事实和适用法律正确、量刑适当的，裁定予以核准

B. 原审判决认定事实错误或者证据不足的，裁定撤销原判，发回重新审判

C. 原审判决认定的事实正确，但适用法律有

错误，或者量刑不当，不同意判处死刑的，应当改判

D. 发现第一审人民法院或者第二审人民法院违反法律规定的诉讼程序，可能影响正确判决的，应当裁定撤销原判，发回第一审人民法院重新审判

4. 甲、乙、丙一同抢劫丁，在巨额财物抢劫得手之后，甲、乙主张杀掉丁灭口，而丙反对，后甲、乙不顾丙的反对，将丁偷偷杀害。后案发，经一审中级人民法院审判后，对甲、乙二人均以抢劫罪判处死刑立即执行、以故意杀人罪判处死刑立即执行，数罪并罚后，判决死刑立即执行；对丙以抢劫罪判处无期徒刑。一审判决后，甲、乙、丙均没有提起上诉，检察院也没有提起抗诉。关于本案中的死刑复核程序，下列说法中正确的是（　　）。

A. 本案应立即执行，不需报请复核

B. 本案应直接报请最高人民法院复核并执行

C. 本案应经由高级人民法院复核并执行

D. 本案应由高级人民法院复核后，报请最高人民法院核准

5. 王某、李某共同将肖某杀死，某市中级人民法院依法判处王某、李某死刑立即执行，某省高级人民法院复核后报最高人民法院核准。下列说法正确的是（　　）。

A. 最高人民法院经过审查，认为原判认定事实不清、证据不足的，应当裁定不予核准，撤销原判，发回重审

B. 最高人民法院经过审查，发现原判决认定的杀人事实正确，但李某属于从犯，不应适用死刑的，最高人民法院应当将全案发回重审

C. 最高人民法院经过审查，发现某市中级人民法院在审理时没有处理王某提出的关于书记员张某的回避申请，可能影响公正审判的，应当裁定不予核准，撤销原判，发回重审

D. 最高人民法院经过审查，发现李某杀害肖某的犯罪事实不清、证据不充分的，可以改判，并对王某作出核准死刑的判决

6. 鲁某与关某涉嫌贩卖冰毒500余克，B省A市中级法院开庭审理后，以鲁某犯贩卖毒品罪，判处死刑立即执行；以关某犯贩卖毒品罪，判处死刑缓期2年执行。一审宣判后，关某以量刑过重为由向B省高级法院提起上诉，鲁某未上诉，检察院也未提起抗诉。如B省高级法院审理后认为，一审判决认定事实和适用法律正确、量刑适当，裁定驳回关某的上诉，维持原判，则对本案进行死刑复核的正确程序是：（　　）。（司考）

A. 对关某的死刑缓期2年执行判决，B省高级法院不再另行复核

B. 最高法院复核鲁某的死刑立即执行判决，应由审判员三人组成合议庭进行

C. 如鲁某在死刑复核阶段委托律师担任辩护人的，死刑复核合议庭应在办公场所当面听取律师意见

D. 最高法院裁定不予核准鲁某死刑的，可发回A市中级法院或B省高级法院重新审理

简答题

1. 简述死刑复核程序的特点。

2. 如何理解“一案一核”和“层层复核”的制度？

3. 简述死刑立即执行案件复核后的处理。

案例分析题

1. 2018年2月1日晚7时许，刘某在C市郊区某路口，遇到下课后骑自行车回家的邓某（男，时年9岁）。刘某曾经与邓某的父亲邓某平发生口角，为图报复，刘某以骑车载他回家为名，将邓某骗到他在D乡某村所租的房间里，趁邓某不备，拿起羊角钉锤朝邓某的后脑部猛击数下，致邓某当场死亡。当晚11时许，刘某将邓某的尸体拖至屋后水塘边，绑上红砖，推入水塘沉尸灭迹。侦查终结后，市公安局将本案移送市人民检察院审查起诉。市人民检察院受理后，于2018年5月12日，向市中级人民法院提起公诉。市中级人民法院以故意杀人罪判处被告人死刑。被告人认为自己罪孽深重，当庭表示不上诉。于是市中级人民法院于判决书送达被告人的次日将该案报省高级人民法院复核。高级人民法院通过审阅报请复核

的报告、死刑案件综合报告和判决书以及全部诉讼案卷和证据，认为本案事实清楚、适用法律正确、量刑适当，遂同意判处死刑，并报请最高人民法院核准。市中级人民法院在接到执行死刑命令后，刘某突然提出，他有重大事情要交代。经讯问得知，3年前发生在C市的两起特大抢劫银行案是他认识的范某等人所为。同时刘某还交代了范某的落脚处。根据刘某的交代，公安人员抓获了范某等人并印证了其说的话。但市中级人民法院认为既然最高人民法院已经签发了执行死刑的命令，那么只能将刘某执行死刑。

问：本案在程序上有什么错误？为什么？

2. 李某、王某故意杀人一案被某市人民检察院提起公诉。市人民法院经审理后作出如下判决：以故意杀人罪判处李某死刑缓期2年执行，以故意伤害罪判处王某无期徒刑。在上诉、抗诉期内，王某以量刑过重为由提起上诉，人民检察院以量刑过轻为由对王某的判决部分提起抗诉。二审法院经过阅卷审查、听取当事人及律师的意见后，认为一审判决认定事实没有错误，但量刑不当，于是在阅卷后撤销一审判决，判处李某有期徒刑10年，判处王某死刑立即执行。二审法院将有关王某的案卷移送省高级人民法院复核，高级人民法院安排审判员小刘复核此案。尽管没有见过王某，但小刘在审查完案卷材料后认为，判决认定事实和适用法律正确、量刑适当，遂核准对王某的死刑判决。

问：在本案的诉讼过程中有哪些地方违反了刑事诉讼程序？

论述题与深度思考题

试论死刑复核程序的存与废。

参考答案

名词解释与概念比较

死刑复核程序，是指最高人民法院或高级人民法院（含军事法院）对判处死刑的案件进行审查核准的一种特别审判程序。该程序的设置旨在对原审裁判在认定事实和适用法律问题上进行全面、有效的审查，以防止死刑裁判出现错误或者随意化。这种程序并非由当事人、检察机关通过上诉或抗诉所发动，而是由人民法院自行就死刑判决实施的审查和核准程序。

选择题

（一）单项选择题

1. D

按照《高法刑诉解释》第349条规定，高级人民法院复核死刑缓期执行案件，应当按照下列情形分别处理：(1) 原判认定事实和适用法律正确、量刑适当、诉讼程序合法的，应当裁定核准；(2) 原判认定的某一具体事实或者引用的法律条款等存在瑕疵，但判处被告人死刑缓期执行并无不当的，可以在纠正后作出核准的判决、裁定；(3) 原判认定事实正确，但适用法律有错误，或者量刑过重的，应当改判；(4) 原判事实不清、证据不足的，可以裁定不予核准，并撤销原判，发回重新审判，或者依法改判；(5) 复核期间出现新的影响定罪量刑的事实、证据的，可以裁定不予核准，并撤销原判，发回重新审判，或者依照本解释第220条规定审理后依法改判；(6) 原审违反法定诉讼程序，可能影响公正审判的，应当裁定不予核准，并撤销原判，发回重新审判。高级人民法院复核死刑缓期执行案件，不得加重被告人的刑罚。故本题答案为D项。

2. D

本题直接考查法条。《高法刑诉解释》第344条规定：高级人民法院复核死刑案件，应当讯问被告人。该解释第345条规定：高级人民法院复核死刑缓期执行案件，应当讯问被告人。因此，应选D项。

3. B

根据《高法刑诉解释》第353条规定，最高人民法院裁定不予核准死刑的，根据案件情况，可以发回第二审人民法院或者第一审人民法院重新审判。第一审人民法院重新审判的，应当开庭审理。第二审人民法院重新审判的，可以直接改判；必须通过开庭查清事实、核实证据或者纠正原审程序违法的，应当开庭审理。因此，只有B项正确。

4. B

《高法刑诉解释》第352条规定，对有两名以上被告人被判处死刑的案件，最高人民法院复核后，认为其中部分被告人的死刑判决、裁定事实不清、证据不足的，应当对全案裁定不予核准，并撤销原判，发回重新审判；认为其中部分被告人的死刑判决、裁定认定事实正确，但依法不应当判处死刑的，可以改判，并对其他应当判处死刑的被告人作出核准死刑的判决。据此可知，本案判决认定事实正确，甲应当判处死刑立即执行，但乙可不立即执行，最高人民法院对乙可以改判，并对其他应当判处死刑的被告人作出核准死刑的判决。故本题应选B项。

5. D

本案中，高级法院维持对乙的原判，但该判决并非在高级法院裁定维持原判后即生效，而是在高级法院宣告判决后才生效，故A项错误。《高法刑诉解释》第344条规定：报请最高人民法院核准死刑案件，应当按照下列情形分别处理：……（2）中级人民法院判处死刑的第一审案件，被告人上诉或者人民检察院抗诉，高级人民法院裁定维持的，应当在作出裁定后10日内报请最高人民法院核准……由此可见，高级法院维持对甲的死刑判决的，应当在作出裁定后10日内直接报请最高法院核准，无须先进行复核。故B项错误。因乙的判决已经生效，若发现其中有错误的，也只能通过审判监督程序予以纠正。故C项错误。《高法刑诉解释》第350条规定：最高人民法院复核死刑案件，应当按照下列情形分别处理：（1）原判认定事实和适用法律正确、量刑适当、诉讼程序合法的，应当裁定核准；（2）原判认定的某一具体事实或者引用的法律条款等存在瑕疵，但判处被告人死刑并无不当的，可以在纠正后作出核准的判决、裁定；（3）原判事实不清、证据不足的，应当裁定不予核准，并撤销原判，发回重新审判；（4）复核期间出现新的影响定罪量刑的事实、证据的，应当裁定不予核准，并撤销原判，发回重新审判；（5）原判认定事实正确，但依法不应当判处死刑的，应当裁定不予核准，并撤销原判，发回重新审判；（6）原审违反法定诉讼程序，可能影响公正审判的，应当裁定不予核准，并撤销原判，发回重新审判。根据上述规定，最高法院如认为甲的犯罪事实不清、证据不足，只能使用“裁定”不予核准，并撤销原判，发回重新审判。故D项正确。

6. D

《高法刑诉解释》第353条第2款规定：第一审人民法院重新审判的，应当开庭审理。第二审人民法院重新审判的，可以直接改判；必须通过开庭查清事实、核实证据或者纠正原审程序违法的，应当开庭审理。该解释第355条规定：最高人民法院裁定不予核准死刑，发回重新审判的案件，原审人民法院应当另行组成合议庭审理，但本解释第350条第4项、第5项规定的案件除外。第350条第4项、第5项规定：最高人民法院复核死刑案件，应当按照下列情形分别处理：复核期间出现新的影响定罪量刑的事实、证据的，应当裁定不予核准，并撤销原判，发回重新审判；原判认定事实正确，但依法不应当判处死刑的，应当裁定不予核准，并撤销原判，发回重新审判。《高法刑诉解释》第354条规定：高级人民法院依照复核程序审理后报请最高人民法院核准死刑，最高人民法院裁定不予核准，发回高级人民法院重新审判的，高级人民法院可以依照第二审程序提审或者发回重新审判。《刑事诉讼法》第183条第4款规定：人民法院审判上诉和抗诉案件，由审判员3人至5人组成合议庭进行。A项错误，因为本案“原判认定事实清楚，但量刑过重，依法不应当判处死刑”恰恰是《高法刑诉解释》第350条第（4）项、第（5）项规定的不必另行组成合议庭的情形。B项错误，因为最高人民法院裁定不予核准，发回高级人民法院重新审判的，高级人民法院可以依照第二审程序提审，二审合议庭由审判员3人至5人组成，而不是应当由审判员5人组成合议庭。C项错误，因为根据《高法刑诉解释》的规定，第一审人民法院重新审判的，才应当开庭审理。D项正确，因为第二审人民法院重新审判的，可以不开庭审理，直接改判。

（二）多项选择题

1. BD

对于人民检察院抗诉的案件，经第二审人民法院审查后，认为应当判处被告人死刑的，按照

《刑事诉讼法》第 236 条的规定处理，即第二审人民法院认为原判决认定事实没有错误，但适用法律有错误，或者量刑不当的，应当改判；认为原判决事实不清或者证据不足的，可以在查清事实后改判或者裁定撤销原判、发回重审。其中，对于第二审人民法院直接改判死刑的案件，应当报请最高人民法院核准。在本题中，人民检察院对第一审人民法院的判决提起了抗诉，而且第二审人民法院经审理后，认为一审法院认定的事实没有错误，只是量刑过轻，因此，第二审人民法院不能将案件发回重新审判，而是应当改判，在改判为死刑立即执行后，应当报请最高人民法院核准。所以，尽管题目中没有指明被告人被判处死刑是因为间谍罪还是因为故意杀人罪，但是该死刑的执行必须由最高人民法院核准，故 A 项、C 项符合程序规定，而 B 项不符合程序规定。《刑事诉讼法》第 234 条规定，对人民检察院抗诉的案件，第二审人民法院应当开庭审理。故本案的第二审法院不开庭审理错误，即 D 项错误。

2. ABD

《高法刑诉解释》第 349 条规定，高级人民法院复核死刑缓期执行案件，应当按照下列情形分别处理：(1) 原判认定事实和适用法律正确、量刑适当、诉讼程序合法的，应当裁定核准；(2) 原判认定的某一具体事实或者引用的法律条款等存在瑕疵，但判处被告人死刑缓期执行并无不当的，可以在纠正后作出核准的判决、裁定；(3) 原判认定事实正确，但适用法律有错误，或者量刑过重的，应当改判；(4) 原判事实不清、证据不足的，可以裁定不予核准，并撤销原判，发回重新审判，或者依法改判；(5) 复核期间出现新的影响定罪量刑的事实、证据的，可以裁定不予核准，并撤销原判，发回重新审判，或者依照本解释第 220 条规定审理后依法改判；(6) 原审违反法定诉讼程序，可能影响公正审判的，应当裁定不予核准，并撤销原判，发回重新审判。高级人民法院复核死刑缓期执行案件，不得加重被告人的刑罚。因此，A、B、D 项符合法律规定。

3. ABCD

《高法刑诉解释》第 348 条规定，复核死刑、死刑缓期执行案件，应当全面审查以下内容：(1) 被告人的年龄，被告人有无刑事责任能力、是否系怀孕的妇女；(2) 原判认定的事实是否清楚，证据是否确实、充分；(3) 犯罪情节、后果及危害程度；(4) 原判适用法律是否正确，是否必须判处死刑，是否必须立即执行；(5) 有无法定、酌定从重、从轻或者减轻处罚情节；(6) 诉讼程序是否合法；(7) 应当审查的其他情况。因此，A、B、C、D 项应当全选。

4. ABC

《高法刑诉解释》第 346 条规定：报请复核的死刑、死刑缓期执行案件，应当一案一报。报送的材料包括报请复核的报告，第一、二审裁判文书，死刑案件综合报告各 5 份以及全部案卷、证据。死刑案件综合报告，第一、二审裁判文书和审理报告应当附送电子文本。同案审理的案件应当报送全案案卷、证据。曾经发回重新审判的案件，原第一、二审案卷应当一并报送。因此，A、B、C 项符合法律规定，D 项不符合法律规定。

5. ABC

《高法刑诉解释》第 350 条第 5 项规定：原判认定事实正确，但依法不应当判处死刑的，应当裁定不予核准，并撤销原判，发回重新审判。该解释第 353 条规定：最高人民法院裁定不予核准死刑的，根据案件情况，可以发回第二审人民法院或者第一审人民法院重新审判。第一审人民法院重新审判的，应当开庭审理。第二审人民法院重新审判的，可以直接改判；必须通过开庭查清事实、核实证据或者纠正原审程序违法的，应当开庭审理。该解释第 355 条规定：最高人民法院裁定不予核准死刑，发回重新审判的案件，原审人民法院应当另行组成合议庭审理，但本解释第 350 条第 4 项、第 5 项规定的案件除外。因此，A、B、C 项正确，D 项错误。

6. ABCD

《高法刑诉解释》第 351 条规定：对一人有两罪以上被判处死刑的数罪并罚案件，最高人民法院复核后，认为其中部分犯罪的死刑判决、裁定事实不清、证据不足的，应当对全案裁定不予核准，并撤销原判，发回重新审判；认为其中部分犯罪的死刑判决、裁定认定事实正确，但依法不应当判处死刑的，可以改判，并对其他应当判处死刑的犯罪作出核准死刑的判决。该解释第 352 条规定：对有两名以上被告人被判处死刑的案件，最高人民法院复核后，认为其中部分被告人的死刑判决、裁定事实不清、证据不足的，应当对全案裁定不予核准，并撤销原判，发回重新审判；认为其中部分被告人的死刑判决、裁定认定事实正确，但依法不应当判处死刑的，可以改判，并对其他应当判处死刑的被告人作出核准死刑的判决。因此，A、B、C、D项都正确。

7. BC

《刑事诉讼法》第250条规定，最高人民法院复核死刑案件，应当作出核准或者不核准死刑的裁定。对于不核准死刑的，最高人民法院可以发回重新审判或者予以改判。所以A项错误，B项说法正确。该法第251条规定，最高人民法院复核死刑案件，应当讯问被告人，辩护律师提出要求的，应当听取辩护律师的意见。在复核死刑案件过程中，最高人民检察院可以向最高人民法院提出意见。最高人民法院应当将死刑复核结果通报最高人民检察院。据此可确定C项正确，D项错误。

8. ABC

《高法刑诉解释》第351条规定："对一人有两罪以上被判处死刑的数罪并罚案件，最高人民法院复核后，认为其中部分犯罪的死刑判决、裁定事实不清、证据不足的，应当对全案裁定不予核准，并撤销原判，发回重新审判；认为其中部分犯罪的死刑判决、裁定认定事实正确，但依法不应当判处死刑的，可以改判，并对其他应当判处死刑的犯罪作出核准死刑的判决。"故本题中正确做法是D项，错误做法为A、B、C三项。

（三）不定项选择题

1. ABD

根据《高法刑诉解释》第349条的规定，A、B、D项正确，C项错误。

2. ABCD

《高法刑诉解释》第347条规定：报请复核的报告，应当写明案由、简要案情、审理过程和判决结果。死刑案件综合报告应当包括以下内容：（1）被告人、被害人的基本情况。被告人有前科或者曾受过行政处罚的，应当写明。（2）案件的由来和审理经过。案件曾经发回重新审判的，应当写明发回重新审判的原因、时间、案号等。（3）案件侦破情况。通过技术侦查措施抓获被告人、侦破案件，以及与自首、立功认定有关的情况，应当写明。（4）第一审审理情况。包括控辩双方意见，第一审认定的犯罪事实，合议庭和审判委员会意见。（5）第二审审理或者高级人民法院复核情况。包括上诉理由、检察机关意见，第二审审理或者高级人民法院复核认定的事实，证据采信情况及理由，控辩双方意见及采纳情况。（6）需要说明的问题。包括共同犯罪案件中另案处理的同案犯的定罪量刑情况，案件有无重大社会影响，以及当事人的反应等情况。（7）处理意见。写明合议庭和审判委员会的意见。因此，A、B、C、D项皆为应选答案。

3. ABC

参见最高人民法院《高法刑诉解释》第349条、第350条的规定。

4. D

《刑事诉讼法》第247条第1款规定：中级人民法院判处死刑的第一审案件，被告人不上诉的，应当由高级人民法院复核后，报请最高人民法院核准。高级人民法院不同意判处死刑的，可以提审或者发回重新审判。因此，选项D正确，当选。

5. ABC

《高法刑诉解释》第350条规定，最高人民法院复核死刑案件，应当按照下列情形分别处理：（1）原判认定事实和适用法律正确、量刑适当、诉讼程序合法的，应当裁定核准；（2）原判认定的某一具体事实或者引用的法律条款等存在瑕疵，但判处被告人死刑并无不当的，可以在纠正后作出核准的判决、裁定；（3）原判事实不清、证据不足的，应当裁定不予核准，并撤销原判，发回重新审判；（4）复核期间出现新的影响定罪量刑的事实、证据的，应当裁定不予核准，并撤销原判，发回重新审判；（5）原判认定事实正确，但依法不应当判处死刑的，应当裁定不予核准，并撤销原判，发回重新审判；（6）原审违反法定诉讼程序，可能影响公正审判的，应当裁定不予核准，并撤销原判，发回重新审判。故本题正确答案为A、B、C项。

6. ABD

因高级法院是二审法院，据《高法刑诉解释》第344条不再另行复核，因此选项A是正确的。高级人民法院复核"死缓"、最高人民法院复核死刑立即执行都应当由审判员3人组成合议庭进行，故选项B正确。《高法刑诉解释》第356条规定：死刑复核期间，辩护律师要求当面反映意见的，最高人民法院有关合议庭应当在办公场所听取其意见，并制作笔录；辩护律师提出书面意见的，应当附卷。故选项C错误。《高法刑诉解释》第353条规定：最高人民法院裁定不予核准死刑的，根据案件情况，可以发回第二审人民法院或者第一审人民法院重新审判。第一审人民法院重新审判的，应当开庭审理。第二审人民法院重新审判的，可以直接改判；必须通过开庭审理查清事实、核实证据或者纠正原审程序违法的，应当开庭审理。故选项D正确。

简答题

1. 死刑复核程序的特点是：（1）死刑复核程序审理的对象是被告人被判处死刑的案件；（2）死刑复核程序的特定任务是对报请复核的判决和裁定，在认定事实和适用法律上进行全面审查，依法作出是否核准死刑的决定；（3）死刑复核程序是由作出死刑判决、裁定的人民法院主动报请而引起的；（4）具有死刑复核权的审理机关只限于最高人民法院或高级人民法院；（5）死刑复核程序是死刑案件的终审程序。

2. 所谓"一案一核"，就是审结一起死刑案件，要单独将其报请复核，不能将两个或两个以上的死刑案件交叉在一起报请复核；更不能等凑齐一批死刑案件后，再报请复核。坚持"一案一核"原则，体现了死刑复核的严肃性和及时性，同时也有利于保证死刑复核的质量。

所谓"层层复核"，是指死刑的复核应当逐级上报。中级人民法院判处被告人死刑的第一审案件，在上诉、抗诉期满后，当事人没有上诉、人民检察院没有抗诉的，应将全部案卷立即报送高级人民法院复核。高级人民法院复核后，如果同意判处被告人死刑，应当提出审核意见，连同中级人民法院移送来的案卷，一并报请最高人民法院核准。高级人民法院如果不同意对被告人判处死刑，可以提审改判或者撤销原判，发回中级人民法院重新审判。高级人民法院审理的第一审死刑案件，上诉、抗诉期满后，当事人未提出上诉、人民检察院未提出抗诉的，应当将全部案卷材料报送最高人民法院核准死刑。

3.（1）原判认定事实和适用法律正确、量刑适当、诉讼程序合法的，裁定予以核准，并由院长签发执行死刑的命令。原判判处被告人死刑并无不当，但具体认定的某一事实或者引用的法律条款等不完全准确、规范的，可以在纠正后作出核准死刑的判决或者裁定。

（2）最高人民法院复核后认为原判认定事实不清、证据不足的，裁定不予核准，并撤销原判，发回重新审判。

（3）最高人民法院复核后认为原判认定事实正确，但依法不应当判处死刑的，裁定不予核准，并撤销原判，发回重新审判。

（4）最高人民法院复核后认为原审人民法院违反法定诉讼程序，可能影响公正审判的，裁定不予核准，并撤销原判，发回重新审判。

（5）数罪并罚案件，一人有两罪以上被判处死刑，最高人民法院复核后，认为其中部分犯罪的死刑裁判认定事实不清、证据不足的，对全案裁定不予核准，并撤销原判，发回重新审判；认为其中部分犯罪的死刑裁判认定事实正确，但依法不应当判处死刑的，可以改判并对其他应当判处死刑的犯罪作出核准死刑的判决。

（6）一案中两名以上被告人被判处死刑，最高人民法院复核后，认为其中部分被告人的死刑裁判认定事实不清、证据不足的，对全案裁定不予核准，并撤销原判，发回重新审判；认为其中部分被告人的死刑裁判认定事实正确，但依法不应当判处死刑的，可以改判并对其他应当判处死刑的被告人作出核准死刑的判决。

案例分析题

1.（1）市中级人民法院于死刑判决书送达被告人的次日将该案报省高级人民法院复核是错误的。《高法刑诉解释》第344条第1款第1项规定：中级人民法院判处死刑的第一审案件，被告人未上诉、人民检察院未抗诉的，在上诉、抗诉期满后10日内报请高级人民法院复核。高级人民法院同意判处死刑的，应当在作出裁定后10日内报请最高人民法院核准；不同意的，应当依照第二审程序提审或者发回重新审判。

(2) 高级人民法院复核死刑案件没有提审被告人是错误的。《高法刑诉解释》第 344 条第 2 款规定：高级人民法院复核死刑案件，应当讯问被告人。

(3) 市中级人民法院对刘某执行死刑是错误的。《刑事诉讼法》第 262 条规定：下级人民法院接到最高人民法院执行死刑的命令后，应当在 7 日以内交付执行。但是发现有下列情形之一的，应当停止执行，并且立即报告最高人民法院，由最高人民法院作出裁定：1) 在执行前发现判决可能有错误的；2) 在执行前罪犯揭发重大犯罪事实或者有其他重大立功表现，可能需要改判的；3) 罪犯正在怀孕。前款第 1 项、第 2 项停止执行的原因消失后，必须报请最高人民法院院长再签发执行死刑的命令才能执行；由于前款第 3 项原因停止执行的，应当报请最高人民法院依法改判。

2. (1) 二审法院对此案不开庭审理是错误的。对于人民检察院提出抗诉的案件，第二审法院必须开庭审理。

(2) 二审法院仅将有关王某的案卷移送省高级人民法院复核是错误的。对于共同犯罪的案件，应当报送全案的诉讼案卷和证据。

(3) 高级人民法院对此案予以核准是错误的。《刑事诉讼法》第 246 条规定：死刑由最高人民法院核准。第 247 条规定：中级人民法院判处死刑的第一审案件，被告人不上诉的，应当由高级人民法院复核后，报请最高人民法院核准。高级人民法院不同意判处死刑的，可以提审或者发回重新审判。高级人民法院判处死刑的第一审案件被告人不上诉的，和判处死刑的第二审案件，都应当报请最高人民法院核准。

(4) 高级人民法院安排审判员小刘复核此案是错误的。死刑案件必须由 3 名审判员组成合议庭予以复核。

(5) 高级人民法院在复核死刑案件时没有讯问被告人是错误的。高级人民法院复核或者核准死刑(死刑缓期 2 年执行）案件，必须讯问被告人。

论述题与深度思考题

从我国刑法典规定的适用死刑的罪名的数量来看，现阶段能适用死刑的罪名还为数不少。因此，加强对死刑案件的程序保障是非常必要和重要的。鉴于死刑复核程序的现状，从慎用死刑的目的出发，有学者提出死刑复核程序的存废问题。对此，我们认为，有两条思路可供选择。

(1) 保留并完善死刑复核程序。死刑复核程序在我国有着悠久的历史，是我国刑事诉讼制度的一大特色。尤其是，在我国现代刑事诉讼中，它体现了国家慎用死刑的思想，对于正确适用死刑，无疑具有积极的、现实的意义。从这种意义上讲，死刑复核程序是可以保留的。基于这一程序并不完备的现状，在最高人民法院收回死刑核准权的基础上，应进一步完善死刑的报请复核及复核的相关程序制度，以实现控制死刑的目标。

(2) 取消死刑复核程序，对死刑案件进行三审终审制改造。死刑复核程序是人民法院实行内部监督的一种程序，它强调了人民法院的审判程序是权力型程序。由于它没有权利主体的参与，其价值也就存在很大的局限。为此，可以考虑设立权利型程序，调动诉讼双方主要是辩护方的主动性，为其增加寻求救济的机会，从而加强对当事人权利的保护。具体设想是在取消死刑复核程序的同时，规定死刑案件（不含死刑缓期 2 年执行的案件）实行三审终审制，作为我国两审终审制的例外。由于中级人民法院管辖第一审死刑案件，因而实行三审终审制后，被告人就可以在最高人民法院这一最高审判机关得到救济的机会。这同样可以实现设立死刑复核程序以保证正确适用死刑的最终目的。我们试对死刑案件三审终审制作如下具体设计：1) 中级人民法院一审判处死刑的案件，强制要求上诉至高级人民法院，上诉权不得放弃。高级人民法院依照第二审程序进行审理，全面审查案件事实和适用法律问题，既增加一次检验把关的机会，从而有利于保证案件的质量，又为最高人民法院的审理奠定了基础。2) 高级人民法院二审判处死刑的案件，被告人及其法定代理人可以上诉至最高人民法院，检察机关也可以抗诉至最高人民法院。上诉、抗诉可仅就适用法律问题提出，最高人民法院采行“告什么，理什么”的原则，未对事实提出异议的，仅审查适用法律是否正确，不再审查事实；被告人不需出庭，但应听取辩护人、检察人员的意见。上诉、抗诉也可以就事实问题提出，最高人民法院此时应对案件事实进行审理，听取控辩双方的意见，必要时可以调查证据。最高人民法院审理上诉、抗诉案件，可以到原审人民法院所在地进行。死刑案件实行三审终审制，对被告人而言增加了一次获得救济的机会，并且将主动权赋予被告人，有利于其对判决发表意见，从而切实保障其诉讼权利。由于死刑案件数量有限，并已经高级人民法院二审，所以，由最高人民法院进行三审，相较于死刑复核程序不会增加其工作负担；相反，这有利于最高人民法院有针对性地进行审理，有利于审理有效率地进行，切实保证死刑判决的质量。

第二十一章　审判监督程序

知识逻辑图

- 审判监督程序
  - 特点
    - 审理对象为已生效的判决、裁定
    - 提起主体特定
    - 提起理由是生效判决、裁定确有错误
    - 提起程序无时间限制
    - 再审案件的法院不受限制
    - 再审的量刑不受限制
    - 再审判决、裁定的效力取决于再审的审级
  - 提起审判监督程序的材料来源
    - 申诉
      - 主体
      - 对象
      - 时间
      - 效力
      - 审查处理
      - 引发再审的情况
    - 其他途径
      - 人大代表议案
      - 群众来信来访
      - 公安、司法机关发现错案
      - 各机构对生效裁判的意见
  - 提起审判监督程序
    - 主体
      - 各级人民法院院长和审判委员会
      - 最高人民法院和上级人民法院
      - 最高人民检察院和上级人民检察院
    - 理由
      - 认定事实确有错误
      - 适用法律错误
      - 严重违反法律规定的刑事诉讼程序，影响判决、裁定的正确性
    - 方式
      - 决定再审
      - 指令再审
  - 依审判监督程序对案件的重新审判
    - 重新组成合议庭
    - 再审审理方式
      - 开庭审理
      - 调查讯问式审理
    - 再审期间不停止原判决、裁定的执行
    - 再审的审理期限
  - 重新审判后的处理
    - 裁定驳回申诉或者控诉
    - 改判
    - 撤销原判决、裁定，重新定罪量刑
    - 可以查清事实后直接改判，也可以发回重审
    - 宣告被告人无罪

名词解释与概念比较

1. 审判监督程序
2. 提审

选择题

（一）单项选择题

1. 在一起强奸案件中，王某是被告人杨某的辩护律师，孙某是被害人李某的诉讼代理人。在人民法院作出的判决已经生效后，关于本案，下列说法正确的是（　　）。

A. 孙某可以提出申诉
B. 王某可以提出申诉
C. 李某可以提出申诉
D. 有关人员提出申诉后，该案的判决暂停执行

2. 某县人民法院于 2018 年 1 月以盗窃罪判处章某有期徒刑 3 年。一审判决生效后，2018 年 5 月，地区人民检察分院在工作检查中发现，章某盗窃数额巨大，县人民法院判处其有期徒刑 3 年属于量刑畸轻，对此案件应当按审判监督程序进行再审。根据《刑事诉讼法》的有关规定，人民检察院应当按照下列哪种方式提起再审抗诉？（　　）

A. 由县人民检察院向县人民法院提起抗诉
B. 由县人民检察院向地区中级人民法院提起抗诉
C. 由地区人民检察分院向地区中级人民法院提起抗诉
D. 由地区人民检察分院向县人民法院提起抗诉

3. 某人民法院院长肖某对本院已经生效的刘某诈骗案的判决，认为在认定事实上确有错误。此时应如何处理？（　　）

A. 交由该院审理该案件的合议庭重新处理
B. 由肖某指派审判员另行组成合议庭重新审理
C. 提交本院审判委员会处理
D. 必须会同同级人民检察院共同处理

4. 某直辖市人民检察院分院发现本市中级人民法院以挪用公款罪判处被告人李某有期徒刑 15 年的第二审生效判决在适用法律上确有错误。该人民检察分院按下列哪一个程序处理是正确的？（　　）（司考）

A. 向本市中级人民法院提起抗诉
B. 向本市高级人民法院提起抗诉
C. 报请市人民检察院，由市人民检察院向市高级人民法院提起抗诉
D. 向本市中级人民法院提出纠正意见

5. 某市人民法院审理市人民检察院依照审判监督程序提出抗诉的案件时，原审被告人王某收到抗诉书后下落不明。该法院应当作出什么处理？（　　）（司考）

A. 驳回抗诉　　B. 中止审理
C. 终止审理　　D. 裁定维持原判

6. 根据法律规定，下列说法不正确的是（　　）。

A. 最高人民法院对专门人民法院的生效判决，如果发现确有错误，有权提审
B. 最高人民法院对地方各级人民法院和专门人民法院已生效的判决，应当指令其再审
C. 地方各级人民检察院无权按照审判监督程序直接对本级人民法院的生效判决提起抗诉
D. 最高人民检察院对最高人民法院确有错误的生效裁判，有权按照审判监督程序提出抗诉

7. 人民法院按照审判监督程序重新审判的案件，应当从何时起 3 个月以内审结？（　　）

A. 受理申诉时
B. 作出提审、再审决定时
C. 开庭审判时
D. 送达提审、再审决定时

8. 某市中级人民法院判处被告人“死缓”。被告人没有上诉，检察机关没有抗诉。该案经省高级人民法院核准后，被害人不服，提出申诉。如果提起审判监督程序，下列哪一选项是正确的？（　　）（司考）

A. 由市人民检察院提出抗诉
B. 由省人民检察院提起审判监督程序
C. 由市中级人民法院院长提交本院审判委员

会处理

D. 由省高级人民法院院长提交本院审判委员会处理

9. 关于审判监督程序中的申诉，下列哪一选项是正确的？（　　）（司考）

A. 二审法院裁定准许撤回上诉的案件，申诉人对一审判决提出的申诉，应由一审法院审理

B. 上一级法院对未经终审法院审理的申诉，应直接审理

C. 对经两级法院依照审判监督程序复查均驳回的申诉，法院不再受理

D. 对死刑案件的申诉，可由原核准的法院审查，也可交由原审法院审查

（二）多项选择题

1. 被告人刘某，17 岁，被判处有期徒刑 3 年。在判决生效后，刘某被送往当地监狱服刑。下列哪些人员有权对本案提出申诉？（　　）（司考）

A. 被害人温某

B. 刘某的父亲

C. 刘某的哥哥

D. 刘某的辩护人史某

2. 下列哪些情况可以导致审判监督程序的提起？（　　）（司考）

A. 证明案件事实的主要证据之间存在矛盾

B. 适用缓刑错误

C. 违反回避制度

D. 审判人员在审理该案件时有贪污受贿、徇私舞弊、枉法裁判的行为

3. 人民法院审理下列哪些再审案件应当依法开庭审理？（　　）

A. 依照第一审程序审理的

B. 依照第二审程序需要对事实或者证据进行审理的

C. 原判决、裁定认定事实清楚，证据确实、充分，但适用法律错误，量刑畸重的

D. 可能对原审被告人加重刑罚的

4. 当事人的申诉属于哪些情形时，人民法院应当重新审判？（　　）

A. 有新的证据证明原判决、裁定认定的事实确有错误，可能影响定罪量刑的

B. 据以定罪量刑的证据不确实、不充分或者证明案件事实的主要证据之间存在矛盾的

C. 原判决、裁定适用法律确有错误的

D. 审判人员在审理该案件的时候，有贪污受贿、徇私舞弊、枉法裁判行为的

5. 甲因犯贪污罪经一审程序被判处死刑缓期 2 年执行。判决生效后发现本案第一审的合议庭成员乙在审理该案时，曾收受甲的贿赂。对于本案，下列哪些机关有权提起审判监督程序？（　　）（司考）

A. 审判该案的第一审中级人民法院

B. 该省高级人民法院

C. 该省人民检察院

D. 最高人民检察院

6. 下列再审案件，哪些可以不开庭审理？（　　）（司考）

A. 李某抢劫案，原判事实清楚、证据确实、充分，但适用法律错误，量刑畸重

B. 葛某受贿案，葛某已死亡

C. 张某、卞某为同案原审被告人，张某在交通十分不便的边远地区监狱服刑，提审到庭确有困难，但未经抗诉的检察院同意

D. 陈某强奸案，原生效裁判于 1979 年之前作出

7. 关于审判监督程序，下列哪些选项是正确的？（　　）（司考）

A. 只有当事人及其法定代理人、近亲属才能对已经发生法律效力的裁判提出申诉

B. 原审法院依照审判监督程序重新审判的案件，应当另行组成合议庭

C. 对于依照审判监督程序重新审判后可能改判无罪的案件，可中止原判决、裁定的执行

D. 上级法院指令下级法院再审的，一般应当指令原审法院以外的下级法院审理

8. 王某因间谍罪被甲省乙市中级法院一审判处死刑，缓期 2 年执行。王某没有上诉，检察院没有抗诉。判决生效后，发现有新的证据证明原判决认定的事实确有错误。下列哪些机关有权对本案提起审判监督程序？（　　）（司考）

A. 乙市中级法院

B. 甲省高级法院

C. 甲省检察院

D. 最高检察院

9.《高法刑诉解释》第 386 条规定，除人民检察院抗诉的以外，再审一般不得加重原审被告人的刑罚。关于这一规定的理解，下列哪些选项是正确的？（　　）

A. 体现了刑事诉讼惩罚犯罪和保障人权基本理念的平衡

B. 体现了刑事诉讼具有追求实体真实与维护正当程序两方面的目的

C. 再审不加刑有例外，上诉不加刑也有例外

D. 审判监督程序的纠错功能决定了再审不加刑存在例外情形

（三）不定项选择题

1. 在一起贪污案件中，第一审人民法院判处被告人有期徒刑 3 年。人民检察院提起抗诉，第二审人民法院维持了原判。随后，人民检察院按照审判监督程序提出了抗诉。按照法律规定，接受抗诉的人民法院（　　）。

A. 应进行审查以决定是否重新审理

B. 应当组成合议庭重新审理

C. 可以由独任审判员重新审判

D. 可以指令下级人民法院再审

2. 在刑事再审案件中，下列哪些情形下依法可以不开庭审理？（　　）

A. 某盗窃案，可能对原审被告人吴某加重刑罚

B. 某杀人案，人民检察院依照审判监督程序提出了抗诉

C. 某强奸案，原审被告人范某已经死亡

D. 某故意伤害案，再审需要依照第一审程序审理

3. 依照审判监督程序对案件重新审判后，如果认为原判决认定的犯罪事实正确，但适用法律有错误或者量刑不当，应当如何处理？（　　）

A. 用裁定改判

B. 撤销原判，用判决予以改判

C. 撤销原判，发回原审人民法院再审

D. 按照第二审程序审理的案件，认为必须判处被告人死刑立即执行的，直接改判后，应当报请最高人民法院核准

简答题

1. 有权提起审判监督程序的主体有哪些？

2. 简述提起审判监督程序的条件。

3. 法院依照审判监督程序对案件进行重新审理后，如何作出裁决？

案例分析题

1. 佘祥林因涉嫌“杀妻”被荆门地区中级人民法院一审判处死刑。佘祥林不服，提出上诉。该案被省高级人民法院二审撤销原判、发回重审后，经市、县两级政法委多次协调，改由京山县人民法院一审判处有期徒刑 15 年，荆门市中级人民法院于 1998 年 9 月 22 日裁定驳回上诉、维持原判（此为终审裁定）。2005 年 3 月 4 日，佘祥林的“死妻”复活。荆门市中级人民法院于 2005 年 3 月 29 日召开院党组会，启动再审程序，重组合议庭对该案进行审查，紧急撤销原一审判决和终审裁定，发回京山县人民法院重新审判。京山县人民法院于 2005 年 4 月 13 日对佘祥林宣告无罪。

问：此案在诉讼程序上有何错误？为什么？

2. 2018 年 1 月 5 日，甲（18 岁）在打架斗殴过程中，用匕首将被害人乙（16 岁）刺成重伤，一审人民法院以故意杀人罪（未遂）判处甲有期徒刑 8 年。在判决生效后，同级人民检察院认为该案判决有误，甲应被定为故意伤害罪，遂于 2018 年 6 月 5 日按照审判监督程序向同级人民法院提起抗诉。人民法院对抗诉审查后，作出了再审决定书。为了更好地审理该案，人民法院指派原合议庭庭长和另外两名审判员组成合议庭审理该案。经再审审判后，人民法院于 2019 年 3 月作出判决：认定甲犯有故意伤害罪，判处甲有期徒刑 3 年。

问：此案在再审程序中有何违反刑事诉讼法规定的做法？为什么？

3. 被告人李某于 2018 年 7 月的一天晚上，和几个朋友聚会，饭后又一起去卡拉 OK，期间餐厅经理派服务员胡某陪侍。次日凌晨两点结束后，

李某在送胡某回家的路上，在一废弃的工棚内强行与胡某发生了性关系。案发后李某坚称是通奸而不是强奸。此案由S市Y区检察院起诉。Y区法院经不公开审理，以事实不清、证据不足为由作出无罪判决。检察机关提起抗诉，S市中级法院改判李某构成强奸罪并处有期徒刑3年。二审法院定期宣判，并向抗诉的检察机关送达了判决书，没有向李某送达判决书，但在中国裁判文书网上发布了判决书。

问：

(1) 本案二审判决是否生效？为什么？我国刑事裁判的一审生效与二审生效有无区别？为什么？

(2) 此案的裁判生效后当事人向检察院申诉，程序要求是什么？

(3) 省检察院按审判监督程序向省高级法院提起抗诉。对于原判决、裁定事实不清或者证据不足的再审案件，省高级法院应当如何处理？

(4) 如果省高级法院认为S市中级法院的生效判决确有错误，应当如何纠正？

(5) 此案在由省检察院向省高级法院抗诉中，请求改判被告人无罪，被告人及其辩护人也辩称无罪，省高级法院根据控辩双方一致意见，是否应当作出无罪判决？为什么？

论述题与深度思考题

1. 试比较审判监督程序和第二审程序。
2. 试述刑事申诉制度的改革。

参考答案

名词解释与概念比较

1. 审判监督程序，又称再审程序，是指人民法院、人民检察院对于已经发生法律效力的判决和裁定，发现在认定事实或者适用法律上确有错误，予以提出并由人民法院对该案重新审判所应遵循的步骤和方式、方法。作为一种特殊的救济程序，审判监督程序并不是每起案件的必经程序，只对已经发生法律效力而且确有错误的判决和裁定适用。

2. 所谓提审，是指最高人民法院对各级人民法院发生法律效力的判决、裁定，上级人民法院对下级人民法院发生法律效力的判决和裁定，如果发现确有错误，需要重新审理，则直接组成合议庭，调取原审案卷和材料，并进行审判，从而提起审判监督程序的一种方式。它是最高人民法院对地方各级人民法院、上级人民法院对下级人民法院已经发生法律效力的判决、裁定，向该院提起审判监督程序的方式。

选择题

(一) 单项选择题

1. C

《刑事诉讼法》第252条规定：当事人及其法定代理人、近亲属，对已经发生法律效力的判决、裁定，可以向人民法院或者人民检察院提出申诉，但是不能停止判决、裁定的执行。因此，A、B、D项错误，C项正确。

2. C

《刑事诉讼法》第254条第3款规定：最高人民检察院对各级人民法院已经发生法律效力的判决和裁定，上级人民检察院对下级人民法院已经发生法律效力的判决和裁定，如果发现确有错误，有权按照审判监督程序向同级人民法院提出抗诉。所以，县人民检察院是没有再审抗诉权的。据此可以排除A项、B项。而且，上级人民检察院对下级人民法院的判决和裁定提出再审抗诉，必须向同级人民法院提出。因此，答案是C项。

3. C

《刑事诉讼法》第254条第1款规定：各级人民法院院长对本院已经发生法律效力的判决和裁定，如果发现在认定事实上或者在适用法律上确有错误，必须提交审判委员会处理。因此，A、B、D项不符合法律规定，C项正确。

4. C

根据《刑事诉讼法》第254条第3款的规定(略)，人民检察院对于同级人民法院已经发生法律效力的案件，无权按照审判监督程序提起抗诉。

本案中，市人民检察院分院只能将此情况报请市人民检察院，由市人民检察院向市高级人民法院提起抗诉。因此，C项正确。

5. B

最高人民法院《关于刑事再审案件开庭审理程序的具体规定（试行）》第12条规定：原审被告人（原审上诉人）收到再审决定书或抗诉书后下落不明或者收到抗诉书后未到庭的，人民法院应当中止审理。原审被告人（原审上诉人）到案后，恢复审理；如果超过2年仍查无下落的，应当裁定终止审理。因此，B项为正确答案。

6. B

《刑事诉讼法》第254条第2款规定：最高人民法院对各级人民法院已经发生法律效力的判决和裁定，上级人民法院对下级人民法院已经发生法律效力的判决和裁定，如果发现确有错误，有权提审或者指令下级人民法院再审。另参见该条第3款的规定（略）。因此，A、C、D项正确，B项错误。

7. B

《刑事诉讼法》第258条第1款规定：人民法院按照审判监督程序重新审判的案件，应当在作出提审、再审决定之日起3个月以内审结，需要延长期限的，不得超过6个月。由此可知，A、C、D项不符合法律规定，B项符合法律规定，因此，应选B项。

本题易和《高法刑诉解释》第375条混淆。该条规定：对立案审查的申诉案件，应当在3个月内作出决定，至迟不得超过6个月。该条规定的是受理申诉时起3个月以内决定是否再审。

8. D

根据《刑事诉讼法》第254条第2款、第3款，在本案中，生效的裁判是“死缓”，是由省高级人民法院作出的，因此，如果要提起审判监督程序，只有最高人民检察院、最高人民法院和该省高级人民法院才有权启动。故只有D项正确。

9. D

《高法刑诉解释》第373条第1款规定：“申诉由终审人民法院审查处理。但是，第二审人民法院裁定准许撤回上诉的案件，申诉人对第一审判决提出申诉的，可以由第一审人民法院审查处理。”据此，是“可以”由第一审人民法院审查处理，而非“应当”由第一审人民法院审查处理。因此，选项A错误。《高法刑诉解释》第373条第2款规定：“上一级人民法院对未经终审人民法院审查处理的申诉，可以告知申诉人向终审人民法院提出申诉，或者直接交终审人民法院审查处理，并告知申诉人；案件疑难、复杂、重大的，也可以直接审查处理。”可见，只有案件属于疑难、复杂、重大的，才可以直接审查处理。因此，选项B错误。《高法刑诉解释》第377条规定：申诉人对驳回申诉不服的，可以向上一级人民法院申诉。上一级人民法院经审查认为申诉不符合《刑事诉讼法》第253条和本解释第375条第2款规定的，应当说服申诉人撤回申诉；对仍然坚持申诉的，应当驳回或者通知不予重新审判。如果申诉人有新的事实与理由重新进行申诉的，法院应当受理。因此，选项C错误。《高法刑诉解释》第374条规定：“对死刑案件的申诉，可以由原核准的人民法院直接审查处理，也可以交由原审人民法院审查……”因此，选项D正确。

（二）多项选择题

1. AB

《刑事诉讼法》第252条规定：当事人及其法定代理人、近亲属，对已经发生法律效力的判决、裁定，可以向人民法院或者人民检察院提出申诉，但是不能停止判决、裁定的执行。《刑事诉讼法》第108条第2项规定：“当事人”是指被害人、自诉人、犯罪嫌疑人、被告人、附带民事诉讼的原告人和被告人。该条第3项规定：“法定代理人”是指被代理人的父母、养父母、监护人和负有保护责任的机关、团体的代表。该条第6项规定：“近亲属”是指夫、妻、父、母、子、女、同胞兄弟姊妹。据此可以直接选出A、B项，其中被害人温某是当事人，而刘某的父亲是当事人的法定代理人。

2. ABCD

本题考查的是刑事审判监督程序提起的法定条件。《刑事诉讼法》第253条规定，当事人及其法定代理人、近亲属的申诉符合下列情形之一的，人民法院应当重新审判：（1）有新的证据证明原判决、裁定认定的事实确有错误，可能影响定罪量刑的；（2）据以定罪量刑的证据不确实、不充分、依法应当予以排除，或者证明案件事实的主要证据之间存在矛盾的；（3）原判决、裁定适用法律确有错误的；（4）违反法律规定的诉讼程序，可能影响公正审判的；（5）审判人员在审理该案件的时候有贪污受贿、徇私舞弊、枉法裁判行为的。因此，A、B、C、D项当选。

3. ABD

本题考查的是再审案件的审理方式。最高人民法院《关于刑事再审案件开庭审理程序的具体规定（试行）》第5条规定，下列再审案件，人民法院应当依法开庭审理：（1）依照第一审程序审理的；（2）依照第二审程序需要对事实或者证据进行审理的；（3）人民检察院按照审判监督程序提出抗诉的；（4）可能对原审被告人（原审上诉人）加重刑罚的；（5）有其他应当开庭审理的情形。所以，A、B、D项的情形下应当依法开庭审理。最高人民法院《关于刑事再审案件开庭审理程序的具体规定（试行）》第6条规定，下列再审案件可以不开庭审理：（1）原判决、裁定认定事实清楚，证据确实、充分，但适用法律错误，量刑畸重的；（2）1979年《刑事诉讼法》施行以前裁判的；（3）原审被告人（原审上诉人）、原审自诉人已经死亡或者丧失刑事责任能力的；（4）原审被告人（原审上诉人）在交通十分不便的边远地区监狱服刑，提押到庭确有困难的，但检察院提出抗诉的，人民法院应征得检察院的同意；（5）人民法院按照审判监督程序决定再审，按“将开庭的时间、地点在开庭7日以前通知检察院”的规定，经两次通知，检察院不派员出庭的。所以，C项的情形下可以不开庭审理。故本题应选A、B、D三项。

4. ABCD

根据《刑事诉讼法》第253条的规定，A、B、C、D项皆符合法律规定，应全选。

5. BD

根据《刑事诉讼法》第254条第2款，该省高级人民法院有权提起审判监督程序，故B项正确。根据该条第3款，最高人民检察院有权按照审判监督程序提起抗诉，故D项正确。关于A项和C项，由于原题中已经明确是“死缓”判决，该判决如果要生效，必须经过高级人民法院复核。本题看似是对中级人民法院的判决进行审判监督，其实是对高级人民法院的判决进行审判监督。故只有省高级人民法院和最高人民检察院有权提起审判监督程序。故本题不选A、C项，应选B、D项。

6. ABD

最高人民法院《关于刑事再审案件开庭审理程序的具体规定（试行）》第6条规定，下列再审案件可以不开庭审理：（1）原判决、裁定认定事实清楚，证据确实、充分，但适用法律错误，量刑畸重的；（2）1979年《刑事诉讼法》施行以前裁判的；（3）原审被告人（原审上诉人）、原审自诉人已经死亡或者丧失刑事责任能力的；（4）原审被告人（原审上诉人）在交通十分不便的边远地区监狱服刑，提押到庭确有困难的；但人民检察院提出抗诉的，人民法院应征得人民检察院的同意；（5）人民法院按照审判监督程序决定再审，按本规定第9条第5项规定，经两次通知，人民检察院不派员出庭的。因此，本题应选A、B、D项。

7. BCD

选项A错误：《高法刑诉解释》第371条规定，当事人及其法定代理人、近亲属对已经发生法律效力的判决、裁定提出申诉的，人民法院应当审查处理。案外人认为已经发生法律效力的判决、裁定侵害其合法权益，提出申诉的，人民法院应当审查处理。据此可知，除了当事人、其法定代理人及近亲属以外，案外人也能就已经发生法律效力的裁判提出申诉。选项B正确：《高法刑诉解释》第384条规定，原审人民法院审理依照审判监督程序重新审判的案件，应当另行组成合议庭。选项C正确：《高法刑诉解释》第382条规定，对决定依照审判监督程序重新审判的案件，除人民检察院抗诉的以外，人民法院应当制作再审决定书。再审期间不停止原判决、裁定的执行，但被告人可能经再审改判无罪，或者可能经再审减轻原判刑罚而致刑期届满的，可以决定中止原判决、裁定的执行，必要时，可以对被告人采取取保候审、监视居住措施。选项D正确：《高法刑诉解释》第379条第2款规定，上级人民法院指令下级人民法院再审的，一般应当指令原审人民法院以外的下级人民法院审理；由原审人民法院审理更有利于查明案件事实、纠正裁判错误的，可以指令原审人民法院审理。

8. BD

本案判决是死缓裁判，须由甲省高级法院复

核核准生效。《刑事诉讼法》第254条规定：各级人民法院院长对本院已经发生法律效力的判决和裁定，如果发现在认定事实上或者在适用法律上确有错误，必须提交审判委员会处理。最高人民法院对各级人民法院已经发生法律效力的判决和裁定，上级人民法院对下级人民法院已经发生法律效力的判决和裁定，如果发现确有错误，有权提审或者指令下级人民法院再审。最高人民检察院对各级人民法院已经发生法律效力的判决和裁定，上级人民检察院对下级人民法院已经发生法律效力的判决和裁定，如果发现确有错误，有权按照审判监督程序向同级人民法院提出抗诉。据此，“死缓”生效判决由省高级法院复核核准，再审抗诉依法只能由最高人民检察院向同级法院提起。本案有权启动再审的机关是甲省高级法院、最高人民检察院。故B项和D项皆当选。

9. ABD

惩罚犯罪和保障人权是刑事诉讼中一对基本理念。我国法律规定再审一般不得加重原审被告人的刑罚，体现了刑事再审既要成为查明案件真实情况以有效地惩罚犯罪的刑事救济途径，也要防止以再审方式重复追究而过度行使追诉权，防止重复追究而损害到被告人获得公正审判的权利。由此可见，规定“除检察院抗诉的以外，再审一般不得加重原审被告人的刑罚”体现了刑事诉讼惩罚犯罪和保障人权两个基本理念之间的平衡。故A项正确。启动再审，目的是纠正原裁判的错误，体现了对实体真实的保障。而为了保护原审被告人的人权，不轻易启动再审，目的则是保障原审裁判的既判力，肯定原审的程序正当，从而体现了司法对实体真实与正当程序的共同追求。故B项正确。《刑事诉讼法》第237条规定：第二审人民法院审理被告人或者他的法定代理人、辩护人、近亲属上诉的案件，不得加重被告人的刑罚。第二审人民法院发回原审人民法院重新审判的案件，除有新的犯罪事实，人民检察院补充起诉的以外，原审人民法院也不得加重被告人的刑罚。人民检察院提出抗诉或者自诉人提出上诉的，不受前款规定的限制。虽然根据该条第2款的规定可以认为，二审发回重审也适用上诉不加刑，是上诉不加刑原则的例外，但理论上，该第2款的规定是上诉不加刑原则的内容之一。这么来看，为了保护被告人的权利，上诉不加刑原则不能有例外。故C项所述错误。审判监督程序适用于认定案件事实或适用法律确有错误的情形，是一种救济程序。这种救济程序不仅检察机关有权启动，法院也可以自行启动，以纠正错误的裁判。既然是纠错程序，既然允许法院自我纠错，那么如果确实存在自行发现生效裁判将有罪的错判成无罪，将罪重的错判成罪轻的，也应有打破“再审一般不得加重原审被告人的刑罚”这一规定之例外，改判为有罪或纠正畸轻的量刑。故D项所述合理，当选。

（三）不定项选择题

1. BD

根据《刑事诉讼法》第254条第3款、第4款，A、C项不正确，B、D项正确。

2. C

根据最高人民法院《关于刑事再审案件开庭审理程序的具体规定（试行）》第5、6条，A、B、D项所述情形下应当开庭审理，C项所述情形下可以不开庭审理，故应选C项。

3. BD

《高法刑诉解释》第389条规定，再审案件经过重新审理后，应当按照下列情形分别处理：(1) 原判决、裁定认定事实和适用法律正确、量刑适当的，应当裁定驳回申诉或者抗诉，维持原判决、裁定；(2) 原判决、裁定定罪准确、量刑适当，但在认定事实、适用法律等方面有瑕疵的，应当裁定纠正并维持原判决、裁定；(3) 原判决、裁定认定事实没有错误，但适用法律错误，或者量刑不当的，应当撤销原判决、裁定，依法改判；(4) 依照第二审程序审理的案件，原判决、裁定事实不清或者证据不足的，可以在查清事实后改判，也可以裁定撤销原判，发回原审人民法院重新审判。原判决、裁定事实不清或者证据不足，经审理事实已经查清的，应当根据查清的事实依法裁判；事实仍无法查清，证据不足，不能认定被告人有罪的，应当撤销原判决、裁定，判决宣告被告人无罪。二审改判死刑的，还应经死刑复核程序，报请最高人民法院核准。因此，A、C项不正确，B、D项正确。

简答题

1. (1) 各级人民法院院长和审判委员会。此处的“各级人民法院”，是指作出生效判决、裁定的人民法院。该人民法院院长对已经发生法律效力的判决和裁定，如果发现在认定事实上或者适用法律上确有错误，必须提交审判委员会处理。审判委员会经过讨论作出本院再审与否的决定。

（2）最高人民法院和上级人民法院。最高人民法院对各级人民法院已经发生法律效力的判决和裁定，上级人民法院对下级人民法院已经发生法律效力的判决和裁定，如果发现确有错误，有权提审或者指令下级人民法院再审。

（3）最高人民检察院和上级人民检察院。最高人民检察院对各级人民法院已经发生法律效力的判决和裁定，上级人民检察院对下级人民法院已经发生法律效力的判决和裁定，如果发现确有错误，有权按照审判监督程序向同级人民法院提出抗诉。

2. 我国刑事诉讼法对提起审判监督程序的条件作了严格的限制性规定，即发现在认定事实上或者在适用法律上确有错误。“确有错误”主要指以下三种情况：（1）原判决、裁定在认定事实上确有错误；（2）原判决、裁定在适用法律上确有错误；（3）严重违反法定程序，影响对案件的正确裁判。

3. 参见“不定项选择题”第3题答案。

案例分析题

1.（1）荆门市中级人民法院以召开院党组会议的方式启动再审程序是错误的。根据1996年《刑事诉讼法》第205条（2018年《刑事诉讼法》第254条），院党组是党的机构，它无权启动再审程序。

（2）荆门市中级人民法院径行将案件发回京山县人民法院重新审判是错误的。荆门市中级人民法院启动再审程序后应当依照第二审程序进行审理，即“组成合议庭，开庭审理”。尽管法律也允许对事实清楚的案件不开庭审理，但必须在“经过阅卷，讯问被告人，听取其他当事人、辩护人、诉讼代理人的意见”后，才能决定不开庭审理。荆门市中级人民法院并没有履行上述程序，便径行决定发回一审法院重新审判，显然违反了刑事诉讼法的规定。

2.（1）人民检察院向同级人民法院提出再审抗诉是错误的。应该通过上级人民检察院提出抗诉。

（2）对于检察机关按照审判监督程序提出的抗诉，人民法院作出再审决定书是错误的。因为对于此类抗诉，人民法院必须受理，无须制作决定书。

（3）人民法院指派原合议庭庭长和另外两名审判员组成合议庭审理该案的做法不当。应当另行组建合议庭。

（4）人民法院直到2019年3月才作出判决是错误的。接受抗诉的人民法院按照审判监督程序审判抗诉的案件，应当在3个月以内审结，至迟不得超过6个月。

3.（1）1）未生效。二审判决在宣告以后才生效，本案二审判决始终未向李某宣告，也未向李某送达判决书，在中国裁判文书网上发布判决书并不能等同于向李某宣告判决，李某始终不知道判决的内容，因此本案二审程序未完成宣告，判决未生效。2）一审裁判送达后次日开始计算上诉、抗诉期限，经过上诉、抗诉期限未上诉、抗诉的一审裁判才生效。由于我国实行二审终审制，普通案件二审裁判为终审裁判，但需要送达后始生效，即二审当庭宣判或定期宣判并送达裁判文书后裁判才发生法律效力。

（2）1）当事人及其法定代理人、近亲属首先应当向S市检察院提出，案情重大、复杂、疑难的，省检察院也可以直接受理。2）当事人一方对S市检察院决定不予抗诉不服而继续向省检察院申诉的，省检察院应当受理，经省、市两级检察院办理后，没有新的事实和证据不再立案复查。3）S市检察院认为判决确有错误需要抗诉的，应当提请省检察院抗诉。4）省检察院认为判决确有错误的，可以直接向省高级法院抗诉。

（3）1）经审理能够查清事实的，应当在查清事实后依法裁判；2）经审理仍无法查清事实，证据不足的，不能认定原审被告人无罪的，应当判决宣告原审被告人无罪；3）经审理发现有新证据且超过刑事诉讼法规定的指令再审期限的，可以裁定撤销原判，发回原审法院重新审判。

（4）省高级法院既可以提审，也可以指令下级法院再审。1）提审由省高级法院组成合议庭，所作出裁判为终审裁判。2）省高级法院指令再审一般应当指令S市中级法院以外的中级法院再审，依照第二审程序进行；如果更有利于查明案件事实、纠正裁判错误，也可以指令S市中级法院再审，S市中级法院应当另行组成合议庭，依照二审程序进行。

（5）法院根据具体情况，既可以作有罪判决也可以作无罪判决。因为：1）本案系审判监督程序的案件，法庭审理的对象是生效的法院判决裁定是否有错误，判决有罪无罪的依据是案件事实、证据及适用的法律是否确有错误。2）检察机关的抗诉是引起再审程序的缘由，其请求改判无罪已经不是控诉的含义，它也不是控方，不存在控辩双方意见一致的情形。

论述题与深度思考题

1. 审判监督程序是人民法院和人民检察院对于已经发生法律效力的判决和裁定，发现其在认定事实上或者在适用法律上确有错误时，决定或者要求再审，以及对该案件进行重新审判所应采取的方式、方法等的总称。它既是整个审判程序的一个重要组成部分，又是在特殊情况下才适用的一种程序，为审判的特殊程序之一。第二审程序又称上诉审程序，是指上一级人民法院根据上诉、抗诉，对下一级人民法院第一审未生效的判决、裁定进行重新审判的方式、方法等的总称。审判监督程序和第二审程序都是对案件进行重新审判的程序，审判案件的法院都必须对判决、裁定所认定的事实和适用的法律进行全面审查，使错误的判决、裁定得到纠正，以保证准确地惩罚犯罪分子，保障无罪的人不受刑事惩罚。但是，这两种程序又有重大的区别。根据刑事诉讼法的规定，两者有以下区别。

（1）审理的对象不同。第二审程序审理的是已由第一审法院作出判决、裁定但判决、裁定还未发生法律效力的案件。审判监督程序审理的则是判决、裁定已经发生法律效力的案件，包括原来的第一审案件和第二审案件，以及判决、裁定正在执行中的案件和已经执行完毕的案件。

（2）有权提起的主体不同。第二审程序可以因行使上诉权的当事人等提出上诉而开始，也可以因原审人民法院的同级人民检察院提出抗诉而开始。除了对本法院已经发生法律效力的错误判决、裁定，可以由本院院长提交审判委员会决定的情况外，有权提起审判监督程序的主体只能是最高人民法院和其他上级人民法院、最高人民检察院和其他上级人民检察院。

（3）提起上诉和提起审判监督程序的理由不同。当事人等提起上诉，无论基于何种理由，原审人民法院的上一级法院都应当受理，并按照第二审程序对上诉案件进行审判。对于提起审判监督程序，法律明确规定，必须发现判决、裁定在认定事实上或者在适用法律上“确有错误”。根据这一严格要求，只有经过认真审查，认为有充分的根据和理由认定判决、裁定确有错误时，有权提起审判监督程序的主体才能提起审判监督程序。

（4）有无法定期限限制不同。对于提起上诉和人民检察院依照上诉程序提起抗诉，有期限的限制，如果无正当理由逾期提起上诉、抗诉，则法院不予受理。对于提起审判监督程序，刑事诉讼法并未规定期限。只要发现已经发生法律效力的判决、裁定确有错误，不管它是何时作出的，都可以提起审判监督程序。当然，如果纠正错误时要追究犯罪分子的刑事责任，就应受刑法上追诉时效的限制。

（5）审判案件的法院不同。按照第二审程序审判案件的法院，是第一审法院的上一级人民法院。按照审判监督程序审判案件的法院，则依不同情况而定：既有作出该判决、裁定的原审人民法院，又有提审的上级人民法院和经它指令再审的下级人民法院。

（6）审理改判时能否对被告人加刑不同。按照第二审程序审理上诉、抗诉案件，对于被告人一方提起上诉的，改判时依法不得加重被告人的刑罚。按照审判监督程序重新审判案件，改判时可以对被告人判处较原判更重的刑罚，即使是按照第二审程序重新审判案件，也可以对被告人加重处罚。这是因为重新审判所遵循的第二审程序，是审判监督程序的组成部分。

2. 我国1979年《刑事诉讼法》仅以一个条文规定申诉制度，1996年《刑事诉讼法》在此基础上增加了一个条文，2012年和2018年《刑事诉讼法》均维持不变。尽管如此，我国申诉制度还是很不完善。由于没有形成一套完整、有效的程序机制来规范申诉的提出与处理，因而，在实践中存在诸多问题，使一些正当的申诉投诉无门，一些不正当的申诉又无法被遏止。如此，既无法充分保障公民申诉权的行使，又影响了司法机关的正常工作秩序。

申诉制度在以下方面存在问题。

(1) 申诉主体方面。现行刑事诉讼法将申诉主体的范围限制在与原裁判相关的人，即当事人及其法定代理人、近亲属。应当说，法律规定的申诉主体的范围是恰当的，有利于司法机关及时处理申诉，保护申诉权人的利益。但是，申诉主体之间没有主次与先后之分，这却是明显的不足，其结果可能是当事人及其法定代理人、近亲属数人同时申诉。

(2) 申诉管辖方面。现行《刑事诉讼法》第252条规定，当事人及其法定代理人、近亲属，对已经发生法律效力的判决、裁定，可以向人民法院或者人民检察院提出申诉。根据这一规定，申诉人对生效裁判不服的，既可以向法院提出申诉，也可以向检察院提出申诉，但是向哪一级法院或检察院提出申诉没有明确规定。最高人民法院、最高人民检察院虽然有规定，但规定得过于笼统，不够明确、具体。

(3) 申诉期限方面。我国现行法律对申诉的期限没有作出规定，申诉人可以对任何时日的判决、裁定提出申诉。这是造成申诉案件积压多、重复申诉率高的重要原因之一。有关统计资料表明，我国基层人民法院的信访重复率达30%左右，有的甚至达到60%～70%，中、高级人民法院平均每年接待来访人数约37 000人次，收到来信17万件左右。不少人多次申诉，申诉多年。重复申诉使司法机关陷入大量的审查申诉的工作之中，也给申诉人带来了精神上的痛苦和物质上的损失。

(4) 申诉理由方面。我国刑事诉讼法规定，当事人及其法定代理人、近亲属对已经发生法律效力的判决、裁定可以提出申诉。虽然《高法刑诉解释》第375条规定了几种能够启动法院重新审判的情形，但并未规定申诉的理由，即提出申诉可以不附理由。因此，不管有无正当理由，或者理由是否充分，只要不服法院的判决、裁定，申诉权人都可以提出申诉，要求重新审判。这就给无理申诉的人开了方便之门。申诉作为一种诉，必须有理由，即必须符合条件才能被提出。申诉没有理由方面的限制，也是导致滥申诉、申诉质量不高的重要原因之一。

(5) 审查申诉的期限方面。现行刑事诉讼法对人民法院、人民检察院接受申诉后审查处理的期限没有作出规定。在实践中，部分申诉迟迟得不到处理和答复，影响了当事人及时、有效地得到救济。法律没有对审查申诉的期限予以明确规定，是司法机关接受申诉后出现办事拖拉现象的一个重要原因。当然，最高人民法院的有关司法解释已对人民法院受理申诉后的审查期限作了规定，即人民法院受理申诉后，应当在3个月内作出决定，至迟不得超过6个月。但是它并没有被吸收进《刑事诉讼法》、成为立法规定，并未被包括人民检察院在内的司法机关在审查申诉时一体遵守。

以上五个方面的问题，突出地反映了刑事申诉制度不健全带来的种种弊端。因此，要解决这些问题，从根本上改变申诉难、滥申诉的状况，就必须改革现行刑事申诉制度，完善立法，把申诉纳入诉讼轨道。目前，申诉在我国刑事诉讼法中还不是一个法定程序，当事人及其法定代理人、近亲属不服人民法院生效判决、裁定的申诉，仅仅是作为人民检察院、人民法院提起审判监督程序的材料来源之一。当事人等的申诉既无法定程序可以遵循，又无诉讼上的约束力。这种状况对于及时纠正人民法院错误的判决、裁定，保障公民的民主权利十分不利，造成了申诉工作中存在种种问题。针对现状，将申诉纳入诉讼程序，建立申诉再审程序和申请抗诉程序，是改革申诉制度、解决申诉工作中的问题的一个有益的思路。在把申诉纳入诉讼程序建立申诉程序时，可以将申诉程序予以分解，即包括向人民法院申请再审的程序和向人民检察院申请抗诉的程序。这一思路的意义在于，它对人民法院和人民检察院在申诉程序中的不同地位作了区分，符合我国刑事诉讼法有关规定的精神。这两种程序无疑都突出了当事人等申请权人的作用，使他们具有了不同于以往申诉制度中的地位。但就两者而言，仍存在一些差异。再审申请权是一种诉权，具有直接引起人民法院对案件进行再审的法律效力。换言之，人民法院对申请的审查，是再审的组成部分，经审查，对不符合法定条件的申请，不予立案或裁定驳回；对符合法定条件的申请，应决定再审。抗诉申请权，严格地讲，不是一种诉权。但是，只要申请权人的申请符合法定条件，人民检察院就应提起抗诉，这同样必将引起再审程序。从这种意义上讲，抗诉申请权也就具有了诉权的某些特征。

申请再审程序和申请抗诉程序共同构成了我国申诉程序的全部内容。建立完善的申请再审程序和申请抗诉程序，是改革申诉制度的必由之路，也体现了我国刑事申诉程序的特色。

第二十二章　执　行

知识逻辑图

- 执行
  - 执行的特征
    - 合法性
    - 及时性
    - 强制性
    - 遵守特定原则
  - 执行的依据
    - (1) 已过法定上诉、抗诉期限的判决、裁定
    - (2) 终审的判决和裁定
    - (3) 最高人民法院核准的死刑判决
    - (4) 高级人民法院核准的死刑缓期 2 年执行的判决
    - (5) 最高人民法院核准的在法定刑以下判处刑罚的判决以及因特殊情况不受执行刑期限制的假释的裁定
  - 执行机关及其权限
    - 人民法院
      - 死刑立即执行
      - 罚金
      - 没收财产
    - 公安机关
      - 剥夺政治权利
      - 拘役
      - 剩余刑期在 3 个月以下的有期徒刑
    - 监狱
      - 死刑缓期 2 年执行
      - 无期徒刑
      - 有期徒刑
    - 社区矫正机构
      - 管制
      - 有期徒刑、拘役缓刑
      - 假释
      - 监外执行
  - 各种判决、裁定的执行程序
    - 死刑立即执行的执行程序
    - 死刑缓期 2 年执行、无期徒刑、有期徒刑的执行
    - 拘役、拘役缓刑和有期徒刑缓刑的执行
    - 管制的执行
    - 罚金、没收财产的执行
    - 剥夺政治权利的执行
  - 执行程序的变更
    - 死刑执行的监督
    - 死刑缓期 2 年执行的变更
    - 暂予监外执行的变更
    - 减刑、假释的变更
  - 人民检察院对执行的监督
    - 对执行死刑的监督
    - 对暂予监外执行的监督
    - 对减刑、假释的监督
    - 对执行机关执行刑罚活动的监督

名词解释与概念比较

1. 执行
2. 暂予监外执行

选择题

（一）单项选择题

1. 执行机关是指将人民法院已经发生法律效力的判决、裁定付诸实施的机关。下列有关执行机关执行范围的表述，哪一项是正确的？（　　）（司考）

A. 人民法院负责无罪、免除处罚、罚金、没收财产及死刑立即执行判决的执行

B. 公安机关负责送交执行时余刑不足 2 年的有期徒刑和拘役、管制、缓刑、剥夺政治权利、监外执行等的执行

C. 监狱负责被判处死刑缓期 2 年执行、无期徒刑和送交执行时余刑 2 年以上的有期徒刑的执行

D. 未成年犯监狱负责未成年犯被判处刑罚的执行

2. 根据我国刑事诉讼法的规定，一审人民法院作出的无罪判决应在何种情况下执行？（　　）

A. 判决生效后执行

B. 判决宣告后立即释放在押的被告人

C. 上诉、抗诉期限届满以后

D. 二审审理结束，判决作出以后

3. 蒋某因故意杀人罪被人民法院判处死刑，下级人民法院在接到高级人民法院院长签发的执行死刑的命令后，准备将蒋某交付执行，但是在交付执行前突然发现蒋某正在怀孕。此时，交付执行的人民法院（　　）。

A. 应当撤销判处死刑的判决

B. 应当停止执行死刑并且报告给有关人民法院

C. 应待蒋某分娩后再执行死刑

D. 应当立即改判

4. 人民检察院如果发现执行机关执行刑罚的活动有违法情况，应当（　　）。

A. 对其提出抗诉

B. 命令其纠正

C. 通知其纠正

D. 通知更换执行机关

5. 张某被判处无期徒刑，王某被判处拘役，李某被判处有期徒刑 10 年，赵某被判处死刑缓期 2 年执行。在符合法律规定的其他条件下，对谁可以依法暂予监外执行？（　　）（司考）

A. 张某和王某　　B. 王某和李某

C. 李某和赵某　　D. 张某和李某

6. 胡某因故意杀人罪被判有期徒刑 5 年，服刑期间患有肝炎，须保外就医。应当由下列何部门开具证明文件？（　　）

A. 省级人民政府指定的医院

B. 省级人民法院指定的医院

C. 县级以上人民政府指定的医院

D. 县级以上人民法院指定的医院

7. 张某因抢劫罪被判处无期徒刑，在执行期间被依法减为有期徒刑。后来因表现良好，执行机关认为其可以再次被减刑。那么，该罪犯第二次减刑应当由（　　）裁定。

A. 执行机关

B. 服刑地的高级人民法院

C. 服刑地的中级人民法院

D. 服刑地的省级监狱管理机关

8. 人民检察院认为人民法院减刑的裁定不当，应当（　　）。

A. 向人民法院提出书面纠正意见

B. 向人民法院提出抗诉

C. 要求人民法院再审

D. 撤销该减刑裁定

9. 罪犯张某在监狱服刑期间，趁看守人员不备逃出服刑场所，后被抓获。根据我国法律的规定，对罪犯张某涉嫌构成脱逃罪的处理应由执行机关移送（　　）处理。

A. 人民检察院

B. 公安机关

C. 当地人民法院

D. 原判人民法院

10. 伍某因犯抢劫罪被某中级人民法院一审判处死刑，缓期 2 年执行，并经高级人民法院核准。在死刑缓期 2 年执行期间，伍某未犯新罪。2 年期满后的第二天，高级人民法院尚未裁定减刑，伍

某将同监另一犯人打成重伤。该高级人民法院对伍某应当作出什么处理？（　　）（司考）

A. 裁定核准死刑立即执行

B. 将死刑缓期 2 年执行改判为死刑立即执行，报最高人民法院核准

C. 先依法裁定减刑，然后对所犯新罪另行审判

D. 维持原死刑缓期 2 年执行的裁判，以观后效

11. 孙某在甲市服刑期间，遵守监规，接受教育改造，确有悔改表现，于是监狱向甲市中级人民法院提出假释建议书，并由甲市中级人民法院作出假释裁定。在假释期间内，乙县公安机关发现孙某曾参与当地一起诈骗案，于是将其抓获归案，并由乙县人民检察院起诉到乙县人民法院审判。在该案中，应当由哪个机关撤销原来的假释裁定？（　　）

A. 甲市中级人民法院

B. 乙县人民法院

C. 甲市监狱

D. 乙县公安机关

12. 许某因在一起抢劫案中犯罪情节严重，被人民法院判处死刑缓期 2 年执行。在死刑缓期执行期间，罪犯许某具有下列哪种情形时，应当在死刑缓期执行期满后，对其予以减刑？（　　）

A. 确有悔改表现　　B. 确有立功表现

C. 没有故意犯罪　　D. 没有发现漏罪

13. 下列有关执行死刑不正确的说法是（　　）。

A. 执行死刑应当公布

B. 执行死刑不应示众

C. 执行死刑后，作出死刑判决的人民法院应当通知罪犯家属

D. 死刑可以用注射的方法执行

14. 根据法律规定，下列说法不正确的是（　　）。

A. 发生法律效力的刑事判决、裁定和调解书中涉及财产内容需要执行的，由原审人民法院执行

B. 人民法院在交付执行死刑前，应当通知同级人民检察院派员临场监督

C. 对于被判处有期徒刑的罪犯，在被交付执行刑罚前，剩余刑期在 1 年以下的，由看守所代为执行

D. 判处有期徒刑、拘役、管制的罪犯，执行期满，应当由执行机关发给释放证明书

15. 张某因盗窃罪被判处有期徒刑 5 年，在交付执行前，突患严重疾病，需保外就医。有权决定张某暂予监外执行的是哪一个机关？（　　）（司考）

A. 省监狱管理机关

B. 负责交付执行的公安机关

C. 负责监所监督的检察院

D. 作出生效判决的法院

16. 赵某因绑架罪被甲省 A 市中级法院判处死刑缓期 2 年执行，后交付甲省 B 市监狱执行。死刑缓期执行期间，赵某脱逃至乙省 C 市实施抢劫被抓获，C 市中级法院一审以抢劫罪判处其无期徒刑。赵某不服判决，向乙省高级法院上诉。乙省高级法院二审维持一审判决。此案最终经最高法院核准死刑立即执行。关于执行赵某死刑的法院，下列哪一选项是正确的？（　　）（司考）

A. A 市中级法院

B. B 市中级法院

C. C 市中级法院

D. 乙省高级法院

17. 钱某涉嫌纵火罪被提起公诉，在法庭审理过程中被诊断患严重疾病，法院判处其有期徒刑 8 年，同时决定予以监外执行。下列哪一选项是错误的？（　　）（司考）

A. 决定监外执行时应当将暂予监外执行决定抄送检察院

B. 钱某监外执行期间，应当对其实行社区矫正

C. 如钱某拒不报告行踪、脱离监管，应当予以收监

D. 如法院作出收监决定，钱某不服，可向上一级法院申请复议

18. 关于刑事裁判涉财产部分执行，下列哪一说法是正确的？（　　）（司考）

A. 对侦查机关查封、冻结、扣押的财产，法院执行时可直接裁定处置，无须侦查机关出具解除手续

B. 法院续行查封、冻结、扣押的顺位无须与

侦查机关的顺位相同

C. 刑事裁判涉财产部分的裁判内容应明确、具体，涉案财产和被害人均应在判决书主文中详细列明

D. 刑事裁判涉财产部分，应由与一审法院同级的财产所在地的法院执行

19. 关于减刑、假释案件审理程序，下列哪一选项是正确的？（　　）（司考）

A. 甲因抢劫罪和绑架罪被法院决定执行有期徒刑20年，对甲的减刑，应由其服刑地高级法院作出裁定

B. 乙因检举他人重大犯罪活动被报请减刑的，法院应通知乙参加减刑庭审

C. 丙因受贿罪被判处有期徒刑5年，对丙的假释，可书面审理，但必须提讯丙

D. 丁因强奸罪被判处无期徒刑，对丁的减刑，可聘请律师到庭发表意见

20. 关于生效裁判执行，下列哪一做法是正确的？（　　）（司考）

A. 甲被判处管制1年，由公安机关执行

B. 乙被判处有期徒刑1年宣告缓刑2年，由社区矫正机构执行

C. 丙被判处有期徒刑1年6个月，在被交付执行前，剩余刑期5个月，由看守所代为执行

D. 丁被判处10年有期徒刑并处没收财产，没收财产部分由公安机关执行

21. 甲纠集他人多次在市中心寻衅滋事，造成路人乙轻伤、丙的临街商铺严重受损。甲被起诉到法院后，乙和丙提起附带民事诉讼。法院判处甲有期徒刑6年，罚金1万元，赔偿乙医疗费1万元，赔偿丙财产损失4万元。判决生效交付执行后，查明甲除1辆汽车外无其他财产，且甲曾以该汽车抵押获取小额贷款，尚欠银行贷款2.5万元，银行主张优先受偿。法院以8万元的价格拍卖了甲的汽车。关于此8万元的执行顺序，下列哪一选项是正确的？（　　）（司考）

A. 医疗费→银行贷款→财产损失→罚金

B. 医疗费→财产损失→银行贷款→罚金

C. 银行贷款→医疗费→财产损失→罚金

D. 医疗费→财产损失→罚金→银行贷款

22. 张某居住于甲市A区，曾任甲市B区某局局长，因受贿罪被B区法院判处有期徒刑5年，执行期间突发严重疾病而被决定暂予监外执行。张某在监外执行期间违反规定，被决定收监执行。关于本案，下列哪一选项是正确的？（　　）（司考）

A. 暂予监外执行由A区法院决定

B. 暂予监外执行由B区法院决定

C. 暂予监外执行期间由A区司法行政机关实行社区矫正

D. 收监执行由B区法院决定

（二）多项选择题

1. 根据我国刑事诉讼法的有关规定，下列哪些判决应当由公安机关执行？（　　）（司考）

A. 管制　　B. 有期徒刑的缓刑

C. 拘役　　D. 剥夺政治权利

2. 下列刑罚的执行机关符合刑事诉讼法的规定的有（　　）。

A. 对于被假释的罪犯，在假释考验期限内，由公安机关和监狱予以监督

B. 对于被判处剥夺政治权利的罪犯，由公安机关执行

C. 被判处罚金的罪犯，期满不缴纳的，由人民法院执行

D. 没收财产的判决，附加适用的，由人民法院执行；独立适用的，必须由人民法院会同公安机关执行

3. 下列说法中正确的是（　　）。

A. 缓刑由社区矫正机构予以考察

B. 假释由社区矫正机构予以监督

C. 假释由公安机关予以监督

D. 缓刑由公安机关予以考察

4. 在刑事诉讼执行程序中，下列哪些情况可以暂予监外执行？（　　）（司考）

A. 被判处无期徒刑的女罪犯张某，服刑时被发现怀有身孕

B. 被判处有期徒刑10年的罪犯王某，在狱中自杀未遂，致使生活不能自理

C. 被判处拘役的罪犯李某患有严重疾病需要保外就医

D. 被判处5年有期徒刑的妇女赵某，服刑时其子正值哺乳期

5. 依据我国《刑事诉讼法》第 262 条第 1 款的规定，下级人民法院在接到执行死刑命令后，在执行前如果发现有下列哪些情况之一的，应当停止执行，并且立即报告核准死刑的人民法院？（　　）

A. 患有严重疾病的

B. 罪犯揭发重大犯罪事实或者有其他重大立功表现，可能需要改判的

C. 罪犯正在怀孕的

D. 罪犯正在哺乳自己婴儿的

6. 指挥执行的审判人员，在交付执行人员执行死刑前，应当（　　）。

A. 询问罪犯是否服刑

B. 对罪犯验明正身

C. 讯问罪犯有无遗言、信札

D. 请示临场监督的检察人员批准执行

7. 被告人张某被人民法院判处拘役 5 个月，罚金 1 000 元。对其判决的执行有下列哪些机关？（　　）

A. 公安机关　　B. 人民法院

C. 监狱　　D. 张某所在的单位

8. 根据法律规定，下列说法正确的是（　　）。

A. 人民法院审理减刑、假释案件，应当依法组成合议庭

B. 罚金在判决规定的期限内一次或者分期缴纳，期满无故不缴纳的，人民法院应当强制缴纳

C. 人民法院撤销缓刑、假释的裁定，一经作出，立即生效

D. 监狱和其他执行机关在刑罚执行中，如果认为判决有错误或者罪犯提出申诉，应当转请人民检察院或者原判人民法院处理

9. 关于有期徒刑缓刑、拘役缓刑的执行，下列哪些选项是正确的？（　　）（司考）

A. 对宣告缓刑的罪犯，法院应当核实其居住地

B. 法院应当向罪犯及原所在单位或居住地群众宣布犯罪事实、期限及应遵守的规定

C. 罪犯在缓刑考验期内犯新罪应当撤销缓刑的，由原审法院作出裁定

D. 法院撤销缓刑的裁定，一经作出立即生效

（三）不定项选择题

1. 罪犯在监狱服刑期间，向有关部门提出申诉，则监狱应当（　　）。

A. 转请公安机关处理

B. 转请人民检察院处理

C. 转请当地人民法院处理

D. 转请原判人民法院处理

2. 对执行的说法中错误的是（　　）。

A. 对被判处徒刑缓刑的罪犯，由公安机关予以考察

B. 被假释的罪犯在假释考验期限内，由公安机关予以监督

C. 对被判处管制、剥夺政治权利的罪犯，由公安机关执行

D. 没收财产的判决，在必要时，人民法院可以会同公安机关执行

3. 某罪犯被判处无期徒刑，后经高级人民法院裁定减为有期徒刑 15 年，在服刑至 10 年时，又经某中级人民法院裁定减为有期徒刑 14 年。但检察机关认为减刑不当，向该中级人民法院提出书面纠正意见。人民法院就此给予了书面答复，没有更改裁定。在上述案例中，何处程序违法？（　　）

A. 第二次减刑后没有由高级人民法院受理

B. 人民检察院认为人民法院减刑不当，没有以抗诉的形式提出

C. 人民法院对人民检察院的书面纠正意见没有重新组织合议庭进行审理

D. 人民法院对人民检察院的纠正意见没有先予执行

4. 下列关于暂予监外执行的说法中不正确的是（　　）。

A. 暂予监外执行由居住地公安机关执行

B. 暂予监外执行的情形消失后，如果罪犯没有再犯新罪，可以顺延监外执行

C. 批准暂予监外执行的机关应当将批准的决定抄送人民法院

D. 对于暂予监外执行的罪犯，基层组织或者罪犯的原所在单位协助进行监督

简答题

1. 哪些判决和裁定属于发生法律效力的判决和裁定？

2. 简述哪些活动属于刑事诉讼中的执行。

3. 在我国，刑事判决、裁定内容的执行机关有哪些?（考研）

4. 简述死刑缓期 2 年执行的变更条件及程序。

5. 简述减刑的适用程序。

6. 简述假释的适用条件。

案例分析题

1. 某市人民法院在审理雷某、朱某、卫某共同抢劫和章某窝藏一案时，依法作出如下判决：雷某系抢劫主犯，判处有期徒刑 15 年，剥夺政治权利 3 年，并处没收个人全部财产；朱某亦为抢劫主犯，判处有期徒刑 10 年，剥夺政治权利 2 年，并处罚金 2 万元；卫某系抢劫从犯，罪行较轻，且能够主动投案自首，故减轻处罚，判处有期徒刑 1 年，剥夺政治权利 1 年；章某明知雷某犯有抢劫罪，却为其提供隐匿处所，判处管制 1 年，剥夺政治权利 1 年。

问：雷某、朱某、卫某和章某所判各种刑罚应当如何执行？执行机关分别是谁?

2. 被告王某，女，现年 38 岁，因伤害罪，被判处无期徒刑。交付执行后，王某所在单位以王某家庭困难、丈夫在外工作、老母病重、女儿年幼等为由，申请将王某暂予监外执行。

问：应否同意这一申请？为什么？

论述题与深度思考题

对罪犯适用暂予监外执行，应当注意哪些问题?

参考答案

名词解释与概念比较

1. 刑事诉讼中的执行，是指司法机关及其他国家机关将已经发生法律效力的判决、裁定所确定的内容付诸实施，以及解决实施过程中出现的特定问题应遵循的步骤和采取的方法。

2. 暂予监外执行，是指对于被判处有期徒刑或者拘役的罪犯，因其具有法律规定的某种特殊情况，不适宜在监狱或者看守所等场所执行刑罚，暂时不予关押的一种变通执行方法。如果暂予监外执行的条件消失，罪犯仍会被收监执行。暂予监外执行只是对执行监禁刑的暂时变更。

选择题

（一）单项选择题

1. A

《刑事诉讼法》第 260 条规定：第一审人民法院判决被告人无罪、免除刑事处罚的，如果被告人在押，在宣判后应当立即释放。该法第 264 条规定：罪犯被交付执行刑罚的时候，应当由交付执行的人民法院在判决生效后 10 日以内将有关的法律文书送达公安机关、监狱或者其他执行机关。对被判处死刑缓期 2 年执行、无期徒刑、有期徒刑的罪犯，由公安机关依法将该罪犯送交监狱执行刑罚。对被判处有期徒刑的罪犯，在被交付执行刑罚前，剩余刑期在 3 个月以下的，由看守所代为执行。对被判处拘役的罪犯，由公安机关执行。对未成年犯应当在未成年犯管教所执行刑罚。执行机关应当将罪犯及时收押，并且通知罪犯家属。判处有期徒刑、拘役的罪犯，执行期满，应当由执行机关发给释放证明书。该法第 269 条规定：对被判处管制、宣告缓刑、假释或者暂予监外执行的罪犯，依法实行社区矫正，由社区矫正机构负责执行。该法第 270 条规定：对被判处剥夺政治权利的罪犯，由公安机关执行。执行期满，应当由执行机关书面通知本人及其所在单位、居住地基层组织。该法第 271 条规定：被判处罚金的罪犯，期满不缴纳的，人民法院应当强制缴纳；如果由于遭遇不能抗拒的灾祸等原因缴纳确实有困难的，经人民法院裁定，可以延期缴纳、酌情减少或者免除。该法第 272 条规定：没收财产的判决，无论附加适用或者独立适用，都由人民法院执行；在必要的时候，可以会同公安机关执行。因此，只有 A 项正确，B、C、D 项均错误。

2. B

《刑事诉讼法》第 259 条规定：判决和裁定在

发生法律效力后执行。下列判决和裁定是发生法律效力的判决和裁定：(1) 已过法定期限没有上诉、抗诉的判决和裁定；(2) 终审的判决和裁定；(3) 最高人民法院核准的死刑的判决和高级人民法院核准的死刑缓期 2 年执行的判决。同时根据《刑事诉讼法》第 260 条的规定，只有 B 项正确。

3. B

《刑事诉讼法》第 262 条规定：下级人民法院接到最高人民法院执行死刑的命令后，应当在 7 日以内交付执行。但是发现有下列情形之一的，应当停止执行，并且立即报告最高人民法院，由最高人民法院作出裁定：(1) 在执行前发现判决可能有错误的；(2) 在执行前罪犯揭发重大犯罪事实或者有其他重大立功表现，可能需要改判的；(3) 罪犯正在怀孕。前款第 1 项、第 2 项停止执行的原因消失后，必须报请最高人民法院院长再签发执行死刑的命令才能执行；由于前款第 3 项原因停止执行的，应当报请最高人民法院依法改判。所以，A、C、D 项不符合法律规定，B 项正确。

4. C

《刑事诉讼法》第 276 条规定：人民检察院对执行机关执行刑罚的活动是否合法实行监督。如果发现有违法的情况，应当通知执行机关纠正。因此，C 项正确。

5. B

本题考查的是暂予监外执行的适用对象。《刑事诉讼法》第 265 条规定，对被判处有期徒刑或者拘役的罪犯，有下列情形之一的，可以暂予监外执行：(1) 有严重疾病需要保外就医的；(2) 怀孕或者正在哺乳自己婴儿的妇女；(3) 生活不能自理，适用暂予监外执行不致危害社会的。对被判处无期徒刑的罪犯，有前款第 2 项规定情形的，可以暂予监外执行。对适用保外就医可能有社会危险性的罪犯，或者自伤自残的罪犯，不得保外就医。对罪犯确有严重疾病，必须保外就医的，由省级人民政府指定的医院诊断并开具证明文件。因此，在满足其他条件的情况下，对被判处有期徒刑、拘役、无期徒刑的罪犯都有可能适用暂予监外执行。故 B 项正确。

6. A

《刑事诉讼法》第 265 条第 4 款规定：对于罪犯确有严重疾病，必须保外就医的，由省级人民政府指定的医院开具证明文件。因此，只有 A 项正确。

7. C

《高法刑诉解释》第 449 条规定，对减刑、假释案件，应当按照下列情形分别处理：对被判处死刑缓期执行的罪犯的减刑，由罪犯服刑地的高级人民法院根据同级监狱管理机关审核同意的减刑建议书裁定；对被判处无期徒刑的罪犯的减刑、假释，由罪犯服刑地的高级人民法院，在收到同级监狱管理机关审核同意的减刑、假释建议书后 1 个月内作出裁定，案情复杂或者情况特殊的，可以延长 1 个月；对被判处有期徒刑和被减为有期徒刑的罪犯的减刑、假释，由罪犯服刑地的中级人民法院，在收到执行机关提出的减刑、假释建议书后 1 个月内作出裁定，案情复杂或者情况特殊的，可以延长 1 个月；对被判处拘役、管制的罪犯的减刑，由罪犯服刑地中级人民法院，在收到同级执行机关审核同意的减刑、假释建议书后 1 个月内作出裁定。因此，本题 A、B、D 项不正确，C 项正确。

8. A

《刑事诉讼法》第 274 条规定：人民检察院认为人民法院减刑、假释的裁定不当，应当在收到裁定书副本后 20 日以内，向人民法院提出书面纠正意见。人民法院应当在收到纠正意见后 1 个月以内重新组成合议庭进行审理，作出最终裁定。因此，A 项正确。

9. A

《刑事诉讼法》第 273 条规定：罪犯在服刑期间又犯罪的，或者发现了判决的时候所没有发现的罪行，由执行机关移送人民检察院处理。张某在监狱服刑期间趁看守人员不备逃出服刑场所涉嫌构成脱逃罪，这是在服刑期间又犯新罪，因此，应选 A 项。

10. C

《高法刑诉解释》第 448 条规定：被判处死刑缓期执行的罪犯，在死刑缓期执行期间，没有故意犯罪的，死刑缓期执行期满后，应当裁定减刑。死刑缓期执行期满后，尚未裁定减刑前又犯新罪的，应当依法减刑后对其所犯新罪另行审判。本题中，伍某在 2 年期满后的第二天，将同监另一犯人打成重伤，构成了新罪。所以，高级人民法院对伍某应当先依法裁定减刑，然后对所犯新罪另行审判。因此，C项正确，A、B、D项错误。

11. B

《高法刑诉解释》第457条规定，罪犯在缓刑、假释考验期限内犯新罪或者被发现在判决宣告前还有其他罪没有判决，应当撤销缓刑、假释的，由审判新罪的人民法院撤销原判决、裁定宣告的缓刑、假释，并书面通知原审人民法院和执行机关。因此，本题B项为正确答案。

12. C

根据《高法刑诉解释》第448条，应选C项。

13. C

《刑事诉讼法》第263条规定：人民法院在交付执行死刑前，应当通知同级人民检察院派员临场监督。死刑采用枪决或者注射等方法执行。死刑可以在刑场或者指定的羁押场所内执行。指挥执行的审判人员，对罪犯应当验明正身，讯问有无遗言、信札，然后交付执行人员执行死刑。在执行前，如果发现可能有错误，应当暂停执行，报请最高人民法院裁定。执行死刑应当公布，不应示众。执行死刑后，在场书记员应当写成笔录。交付执行的人民法院应当将执行死刑情况报告最高人民法院。执行死刑后，交付执行的人民法院应当通知罪犯家属。故A、B、D项正确，C项不正确，应选C项。

14. C

《高法刑诉解释》第438条规定：财产刑和附带民事裁判由第一审人民法院负责裁判执行的机构执行。《刑事诉讼法》第263条第1款规定：人民法院在交付执行死刑前，应当通知同级人民检察院派员临场监督。所以，A项、B项正确。《刑事诉讼法》第264条第2款和第5款规定：对被判处死刑缓期2年执行、无期徒刑、有期徒刑的罪犯，由公安机关依法将该罪犯送交监狱执行刑罚。对被判处有期徒刑的罪犯，在被交付执行刑罚前，剩余刑期在3个月以下的，由看守所代为执行。对被判处拘役的罪犯，由公安机关执行。判处有期徒刑、拘役的罪犯，执行期满，应当由执行机关发给释放证明书。所以，C项不正确，D项正确。本题应选C项。

15. D

《高法刑诉解释》第432条规定：被判处无期徒刑、有期徒刑或者拘役的罪犯，符合《刑事诉讼法》第265条第1款、第2款的规定，人民法院决定暂予监外执行的，应当制作暂予监外执行决定书，写明罪犯基本情况、判决确定的罪名和刑罚、决定暂予监外执行的原因、依据等，通知罪犯居住地的县级司法行政机关派员办理交接手续，并将暂予监外执行决定书抄送罪犯居住地的县级人民检察院和公安机关。因此，在判决交付执行前，由作出生效判决的法院决定暂予监外执行，D项当选。

16. B

一般而言，死刑由“第一审人民法院执行”，但是《高法刑诉解释》第417条第2款规定：“在死刑缓期执行期间故意犯罪，最高人民法院核准执行死刑的，由罪犯服刑地的中级人民法院执行。”故本题选B项。

17. D

选项A说法正确：《刑事诉讼法》第267条规定，决定或者批准暂予监外执行的机关应当将暂予监外执行决定抄送人民检察院。人民检察院认为暂予监外执行不当的，应当自接到通知之日起1个月以内将书面意见送交决定或者批准暂予监外执行的机关，决定或者批准暂予监外执行的机关接到人民检察院的书面意见后，应当立即对该决定进行重新核查。选项B说法正确：《刑事诉讼法》第269条规定，对被判处管制、宣告缓刑、假释或者暂予监外执行的罪犯，依法实行社区矫正，由社区矫正机构负责执行。选项C说法正确：根据《高法刑诉解释》第433条第1款第2项的规定，暂予监外执行的罪犯未经批准离开所居住的市、县，经警告拒不改正，或者拒不报告行踪，脱离监管的，原作出暂予监外执行决定的人民法院，应当在收到执行机关的收监执行建议书后15日内，作出收监执行的决定。选项D说法错误：《刑事诉讼法》及其司法解释对于作出收监决定后被执行人不服时所能采取的救济方式未作出规定。

18. A

本题考查财产执行。最高人民法院《关于刑事裁判涉财产部分执行的若干规定》第5条第2款规定：“对侦查机关查封、扣押、冻结的财产，人民法院执行中可以直接裁定处置，无需侦查机关出具解除手续，但裁定中应当指明侦查机关查封、扣押、冻结的事实。”故A项正确。该规定第5条第1款中规定：“人民法院续行查封、扣押、冻结的顺位与侦查机关查封、扣押、冻结的顺位相同。”故B项错误。该规定第6条规定：“刑事裁判涉财产部分的裁判内容，应当明确、具体。涉案财物或者被害人人数较多，不宜在判决主文中详细列明的，可以概括叙明并另附清单。”故C项错误。该规定第2条规定：“刑事裁判涉财产部分，由第一审人民法院执行。第一审人民法院可以委托财产所在地的同级人民法院执行。”故D项错误。本题选A项。

19. B

最高人民法院《关于减刑、假释案件审理程序的规定》第1条第1款第3项规定，“对被判处有期徒刑和被减为有期徒刑的罪犯的减刑、假释，由罪犯服刑地的中级人民法院在收到执行机关提出的减刑、假释建议书后一个月内作出裁定，案情复杂或者情况特殊的，可以延长一个月”。因此选项A错误。该规定第7条第1款规定：“人民法院开庭审理减刑、假释案件，应当通知人民检察院、执行机关及被报请减刑、假释罪犯参加庭审。”因此选项B正确。该规定第6条规定：“人民法院审理减刑、假释案件，可以采取开庭审理或者书面审理的方式。但下列减刑、假释案件，应当开庭审理：……（五）被报请减刑、假释罪犯系职务犯罪罪犯，组织（领导、参加、包庇、纵容）黑社会性质组织犯罪罪犯，破坏金融管理秩序和金融诈骗犯罪罪犯及其他在社会上有重大影响或社会关注度高的……”因此选项C错误。该规定第7条第2款规定：“人民法院根据需要，可以通知证明罪犯确有悔改表现或者立功、重大立功表现的证人，公示期间提出不同意见的人，以及鉴定人、翻译人员等其他人员参加庭审。”此条并没有规定律师可以到庭发表意见，因此选项D错误。

20. B

根据《刑事诉讼法》第269条规定：“对被判处管制、宣告缓刑、假释或者暂予监外执行的罪犯，依法实行社区矫正，由社区矫正机构负责执行。”A项中，甲被判处管制1年，依法由社区矫正机构负责执行，所以，A项错误。B项中乙被宣告缓刑2年，依法由社区矫正机构负责执行。所以，B项正确。《刑事诉讼法》第264条第2款规定：“对被判处死刑缓期二年执行、无期徒刑、有期徒刑的罪犯，由公安机关依法将该罪犯送交监狱执行刑罚。对被判处有期徒刑的罪犯，在被交付执行刑罚前，剩余刑期在三个月以下的，由看守所代为执行。对被判处拘役的罪犯，由公安机关执行。”C项中丙在被交付执行前，剩余刑期为5个月，超过了3个月，应由公安机关依法将丙送交监狱执行刑罚，而不能由看守所代为执行。所以，C项错误。《刑事诉讼法》第272条规定：“没收财产的判决，无论附加适用或者独立适用，都由人民法院执行；在必要的时候，可以会同公安机关执行。”因此，没收财产部分应该由人民法院执行，在必要的时候，可以会同公安机关执行。所以，D项错误。

21. A

根据《关于刑事裁判涉财产部分执行的若干规定》第13条的规定，被执行人在执行中同时承担刑事责任、民事责任，其财产不足以支付的，按照下列顺序执行：（1）人身损害赔偿中的医疗费用；（2）退赔被害人的损失；（3）其他民事债务；（4）罚金；（5）没收财产。债权人对执行标的依法享有优先受偿权，其主张优先受偿的，人民法院应当在第一项的医疗费用受偿后，予以支持。故A项正确，当选。

22. C

《刑事诉讼法》第265条第5款规定：在交付执行前，暂予监外执行由交付执行的人民法院决定；在交付执行后，暂予监外执行由监狱或者看守所提出书面意见，报省级以上监狱管理机关或者设区的市一级以上公安机关批准。该法第268条第2款规定：对于人民法院决定暂予监外执行的罪犯应当予以收监的，由人民法院作出决定，将有关的法律文书送达公安机关、监狱或者其他执行机关。该法第269条规定，对被判处管制、宣告缓刑、假释或者暂予监外执行的罪犯，依法实行社区矫正，由社区矫正机构负责执行。根据以上法律规定，C项正确。A项错在：本案已经交付执行了，不能再由法院决定暂予监外执行。B项同样错在：本案已经交付执行了，不能再由法院决定暂予监外执行。D项错在：既然不能由法院决定暂予监外执行，那么也就不能由法院决定收监。

（二）多项选择题

1. CD

本题考查的是各种判决的执行机关。《刑事诉讼法》第 264 条第 2 款规定：对被判处拘役的罪犯，由公安机关执行。该法第 269 条规定：对被判处管制、宣告缓刑、假释或者暂予监外执行的罪犯，依法实行社区矫正，由社区矫正机构负责执行。该法第 270 条规定：对被判处剥夺政治权利的罪犯，由公安机关执行。执行期满，应当由执行机关书面通知本人及其所在单位、居住地基层组织。因此，管制、缓刑、假释、暂予监外执行由社区矫正机构执行，剥夺政治权利和拘役由公安机关执行。

2. BC

根据《刑事诉讼法》第 269 条、第 270 条，A 项错误，B 项正确。《刑事诉讼法》第 271 条规定：被判处罚金的罪犯，期满不缴纳的，人民法院应当强制缴纳；如果由于遭遇不能抗拒的灾祸等原因缴纳确实有困难的，经人民法院裁定，可以延期缴纳、酌情减少或者免除。该法第 272 条规定：没收财产的判决，无论附加适用或者独立适用，都由人民法院执行；在必要的时候，可以会同公安机关执行。据此，C 项正确，D 项错误。

3. AB

根据《刑事诉讼法》第 269 条，A、B 项正确，C、D 项错误。

4. ACD

本题考查的是暂予监外执行的具体适用。《刑事诉讼法》第 265 条规定，对被判处有期徒刑或者拘役的罪犯，有下列情形之一的，可以暂予监外执行：(1) 有严重疾病需要保外就医的；(2) 怀孕或者正在哺乳自己婴儿的妇女；(3) 生活不能自理，适用暂予监外执行不致危害社会的。对被判处无期徒刑的罪犯，有前款第 2 项规定情形的，可以暂予监外执行。对适用保外就医可能有社会危险性的罪犯，或者自伤自残的罪犯，不得保外就医。对罪犯确有严重疾病，必须保外就医的，由省级人民政府指定的医院诊断并开具证明文件。在交付执行前，暂予监外执行由交付执行的人民法院决定；在交付执行后，暂予监外执行由监狱或者看守所提出书面意见，报省级以上监狱管理机关或者设区的市一级以上公安机关批准。据此，本题应选 A、C、D 项。

5. BC

根据《刑事诉讼法》第 262 条第 1 款，本题应选 B、C 项。

6. BC

根据《刑事诉讼法》第 263 条第 4 款，B 项、C 项正确，当选。

7. AB

根据《刑事诉讼法》第 264 条、第 271 条，对张某执行判决的机关是公安机关和人民法院，故应选 A 项、B 项。

8. ABCD

《高法刑诉解释》第 453 条规定：人民法院审理减刑、假释案件，应当依法组成合议庭。故 A 项正确。该解释第 439 条第 1 款规定：罚金在判决规定的期限内一次或者分期缴纳。期满无故不缴纳的，人民法院应当强制缴纳。经强制缴纳仍不能全部缴纳的，人民法院在任何时候，包括在判处的主刑执行完毕后，发现被执行人有可以执行的财产的，应当追缴。故 B 项正确。该解释第 458 条第 2 款规定：人民法院撤销缓刑、假释的裁定，一经作出，立即生效。故 C 项正确。《刑事诉讼法》第 275 条规定：监狱和其他执行机关在刑罚执行中，如果认为判决有错误或者罪犯提出申诉，应当转请人民检察院或者原判人民法院处理。故 D 项正确。本题四个选项都选。

9. AD

选项 A 正确：《高法刑诉解释》第 436 条规定，对被判处管制、宣告缓刑的罪犯，人民法院应当核实其居住地。宣判时，应当书面告知罪犯到居住地县级司法行政机关报到的期限和不按期报到的后果。判决、裁定生效后 10 日内，应当将判决书、裁定书、执行通知书等法律文书送达罪犯居住地的县级司法行政机关，同时抄送罪犯居住地的县级人民检察院。选项 B 错误：《社区矫正实施办法》的规定，社区矫正由社区矫正机构执行，由司法所接收后向社区矫正人员宣告法律文书主要内容、期限及应遵守的规定。选项 C 错误：《高法刑诉解释》第 457 条规定，罪犯在缓刑、假释考验期限内犯新罪或者被发现在判决宣告前还有其他罪没有判决，应当撤销缓刑、假释的，由审判新罪的人民法院撤销原判决、裁定宣告的缓刑、假释，并书面通知原审人民法院和执行机关。据此可知，罪犯在缓刑考验期内犯新罪应当撤销缓刑的，应当由审判新罪的人民法院作出裁定，而不是由原审法院作出裁定。选项D正确：《高法刑诉解释》第458条第2款规定，人民法院撤销缓刑、假释的裁定，一经作出，立即生效。

（三）不定项选择题

1. BD

根据《刑事诉讼法》第275条，B项、D项为正确答案，当选。

2. ABC

根据《刑事诉讼法》第269、270、272条，只有D项的说法正确，A、B、C项的说法都是错误的，本题当选A、B、C项。

3. C

根据《刑事诉讼法》第274条，人民法院对人民检察院的书面纠正意见没有重新组织合议庭进行审理是违反法律规定的，故应选C项。

4. ABC

根据《刑事诉讼法》第269条，A项说法错误，D项说法正确。《刑事诉讼法》第267条规定：决定或者批准暂予监外执行的机关应当将暂予监外执行决定抄送人民检察院。人民检察院认为暂予监外执行不当的，应当自接到通知之日起1个月以内将书面意见送交决定或者批准暂予监外执行的机关，决定或者批准暂予监外执行的机关接到人民检察院的书面意见后，应当立即对该决定进行重新核查。因此，C项说法错误。《刑事诉讼法》第268条第1款规定，对暂予监外执行的罪犯，有下列情形之一的，应当及时收监：（1）发现不符合暂予监外执行条件的；（2）严重违反有关暂予监外执行监督管理规定的；（3）暂予监外执行的情形消失后，罪犯刑期未满的。因此，B项说法错误。

简答题

1. 下列判决和裁定是发生法律效力的判决和裁定：（1）已过法定期限没有上诉、抗诉的判决和裁定；（2）终审的判决和裁定；（3）最高人民法院核准的死刑的判决；（4）高级人民法院核准的死刑缓期2年执行的判决；（5）最高人民法院核准的法定刑以下处刑的判决以及因特殊情况不受执行刑期限制的假释的裁定。

2. 刑事诉讼中的执行，是指司法机关和法律授权的其他组织，将已经发生法律效力的判决、裁定所确定的刑罚等内容付诸实施，以及解决实施过程中出现的特定问题而进行的活动。作为刑事诉讼中的一个阶段的执行，是有一定范围的。具体地讲，它包括两部分活动：一是人民法院自己实现判决、裁定内容的活动，或者人民法院将判决、裁定交付执行机关执行，执行机关对某些判决、裁定（如判处管制、剥夺政治权利的判决）的执行活动。二是解决判决、裁定在执行过程中出现的特定问题（如应予减刑、假释、监外执行、服刑期间又犯罪等）的活动。除此以外的实现判决、裁定内容的活动，就不属于刑事诉讼的范围。例如，对于判处死刑缓期2年执行、无期徒刑、有期徒刑或者拘役的判决，由人民法院交付监狱或者其他执行机关执行后，这些执行机关对罪犯进行的监管、改造、组织生产劳动、给予奖惩等活动，就不属于刑事诉讼的范围。

3.（1）人民法院：1）死刑立即执行判决的执行；2）罚金刑的执行；3）没收财产的执行（没收财产，无论附加适用还是独立适用，都由人民法院执行；在必要的时候，可以会同公安机关执行）；4）无罪判决的执行；5）免除刑罚判决的执行。

（2）监狱：1）死刑缓期2年的执行；2）无期徒刑的执行；3）有期徒刑的执行。

（3）公安机关：1）剥夺政治权利的执行；2）在交付执行刑罚前，剩余刑期在3个月以下的有期徒刑的执行（看守所隶属于公安机关）；3）拘役的执行。

（4）未成年犯管教所：对未成年犯，应当在未成年犯管教所执行刑罚（参见《刑事诉讼法》第264条的规定）。

（5）社区矫正机构：1）管制；2）缓刑；3）假释；4）暂予监外执行。

4.（1）变更为死刑：被判处死刑缓期2年执行的罪犯，在死刑缓期执行期间，如果故意犯罪的，应当由人民检察院提起公诉，由罪犯服刑地的中级人民法院依法审判。对于所作的判决、裁定可以提起上诉、抗诉。

认定构成故意犯罪的判决、裁定发生法律效力后，由作出生效判决、裁定的人民法院，依照死刑复核程序的规定报请上级人民法院或者由本院核准犯罪分子死刑立即执行。上级人民法院或者本院核准后，交罪犯服刑地的中级人民法院执行死刑。

（2）变更为非死刑：被判处死刑缓期2年执行的罪犯，在死刑缓期执行期间，如果没有故意犯罪，死刑缓期执行期满，应当予以减刑。如果死刑缓期2年执行期满后、裁定减刑前又犯新罪的，应当在依法减刑后对其所犯新罪另行审判。对于被判处死刑缓期2年执行的罪犯的减刑，由罪犯服刑地的高级人民法院根据省、自治区、直辖市监狱管理机关审核同意的监狱减刑建议书裁定。

5.（1）减刑案件的管辖。1）对于被判处无期徒刑的罪犯的减刑案件，由服刑地高级人民法院管辖。2）对于被判处有期徒刑、拘役、管制的罪犯的减刑案件，由服刑地中级人民法院管辖。

（2）提出减刑建议。1）对于被判处无期徒刑的罪犯的减刑，执行机关应当提出经省、自治区、直辖市监狱管理机关审核同意的减刑建议书。2）对于被判处有期徒刑（包括减为有期徒刑）、拘役、管制的罪犯的减刑，执行机关应当提出减刑建议书。3）被宣告缓刑的罪犯，在缓刑考验期限内确有重大立功表现，需要予以减刑，并相应缩短缓刑考验期限的，应当由负责考察的公安派出所会同罪犯的所在单位或者基层组织提出书面意见，由中级人民法院依法裁定。4）对于公安机关看守所监管的罪犯的减刑，由罪犯所在的看守所提出意见，并由中级人民法院依法裁定。

（3）对减刑案件的审理。1）人民法院审理减刑案件，应当依法组成合议庭。2）人民法院应当自收到减刑建议书起1个月内审理完毕作出裁定。3）对于无期徒刑、有期徒刑（包括减为有期徒刑）的案件，案件复杂或者情况特殊的，可以延长1个月。

6.（1）已执行一定的刑期的，即被判处有期徒刑的犯罪分子实际执行原判刑期1/2以上，被判处无期徒刑的犯罪分子实际执行10年以上。（2）认真遵守监规，接受教育改造，确有悔改表现，释放后不致再危害社会的。

如果有特殊情况，经最高人民法院核准，可以不受上述执行刑期的限制。

注意：对于累犯以及因故意杀人、爆炸、抢劫、强奸、绑架、放火、投放危险物质或者有组织的暴力性犯罪被判处10年以上有期徒刑、无期徒刑的犯罪分子，不得假释。

案例分析题

1.（1）根据《刑事诉讼法》第264条的规定，在本案中，对雷某所判15年有期徒刑，对朱某所判10年有期徒刑，对卫某所判1年有期徒刑，应由监狱执行。以上三人凡有劳动能力的，都应参加劳动，接受教育和改造。

（2）对章某所判管制，根据《刑事诉讼法》第269条的规定，应由社区矫正机构执行。

（3）对雷某、朱某、卫某所判附加剥夺政治权利，从徒刑执行完毕或者从假释之日起执行。根据《刑法》第55条第2款的规定，对章某所判附加剥夺政治权利应该和管制同时执行，执行机关也是公安机关。

（4）对雷某所判没收个人全部财产，根据《刑事诉讼法》第272条的规定，由人民法院执行，必要时，人民法院可以会同公安机关一起执行。对朱某所处罚金，应该由人民法院执行。

2. 不应同意该申请。可以暂予监外执行的罪犯只限于有严重疾病需要保外就医的；怀孕或者正在哺乳自己婴儿的妇女；生活不能自理，适用暂予监外执行不致危害社会的。王某并不具备其中任何一个条件，因此不应同意该申请。

论述题与深度思考题

暂予监外执行，是指对于被判处有期徒刑或者拘役的罪犯，由于其出现了法定的某种特殊情形，不适宜在监狱或者其他刑罚执行机关执行刑罚时，暂时采取的一种变通执行的方法。对罪犯适用暂予监外执行，应当注意以下四个问题。

（1）暂予监外执行的适用对象包括被判处：1）有期徒刑的罪犯；2）拘役的罪犯。

（2）暂予监外执行的适用条件包括：1）有严重疾病需要保外就医的；2）怀孕或者正在哺乳自

己婴儿的妇女；3）生活不能自理，适用暂予监外执行不致危害社会的。

（3）暂予监外执行的程序包括：1）作出暂予监外执行的决定。对具备暂予监外执行条件的罪犯，人民法院在判决时可以直接决定。人民法院决定暂予监外执行的，应当制作“暂予监外执行决定书”，载明罪犯基本情况、判决确定的罪名和刑罚，以及决定暂予监外执行的原因、依据等内容，并抄送人民检察院和罪犯居住地的公安机关。在判决、裁定执行过程中，对具备暂予监外执行条件的罪犯，由监狱提出书面意见，报省、自治区、直辖市监狱管理机关批准；服刑的罪犯需要暂予监外执行的，应由看守所提出书面意见，报设区的市一级以上公安机关批准，同时将书面意见抄送同级人民检察院。2）对暂予监外执行罪犯的执行。对于暂予监外执行的罪犯，由社区矫正机构负责执行。

（4）暂予监外执行情形消失后的处理。暂予监外执行的情形消失后，罪犯服刑未满的，应当及时收监。对于人民法院在作出判决、裁定的同时决定对罪犯暂予监外执行的，对该罪犯的收监，应当由负责执行的社区矫正机构通知人民法院将该罪犯依法交付执行。如果罪犯是在执行过程中被决定暂予监外执行的，负责执行的社区矫正机构应当通知监狱等执行机关收监。暂予监外执行过程中罪犯刑期届满的，应当由原关押监狱等执行机关办理释放手续。罪犯在暂予监外执行期间死亡的，负责执行的机关应当及时通知监狱或者看守所。

第二十三章　未成年人刑事案件诉讼程序

知识逻辑图

- 未成年人刑事案件诉讼程序
  - 法律依据
    - 刑事诉讼法
    - 未成年人保护法
    - 最高人民法院司法解释
    - 最高人民检察院司法解释
    - 公安机关办理未成年人违法犯罪案件的规定
  - 意义
    - 更符合未成年人的特点，有助于对未成年犯的矫正
    - 有助于解决未成年人刑事案件增多的社会问题
    - 符合世界各国未成年人刑事案件增多的趋势
    - 符合世界各国未成年人立法发展的趋势
    - 有利于我国刑事诉讼程序的完善
  - 特有原则
    - 教育、感化、挽救的原则
    - 分案处理原则
    - 不公开审理原则
    - 保障未成年犯罪嫌疑人、被告人的诉讼权利原则
    - 及时、迅速原则
    - 全面调查原则
  - 特点
    - 立案程序的特点
    - 侦查程序的特点
    - 起诉程序的特点
    - 审判程序的特点
    - 执行程序的特点

名词解释与概念比较

1. 未成年人刑事案件诉讼程序
2. 分案处理原则

选择题

(一) 单项选择题

1. 张某未满 16 岁，涉嫌故意杀人被提起公诉。法院在审理过程中，下列做法中不符合法律规定的是哪一项？(　　)

A. 法院宣布对张某涉嫌故意杀人的审理过程不公开

B. 法院不准新闻记者对此案审理过程采访报道

C. 法院允许张某的父母到场

D. 法院审理结束后，为了张某的健康成长，决定不公开宣告判决

2. 未成年人刑事案件诉讼程序需要贯彻分案处理原则，关于分案处理原则，下列说法中错误的是哪一项？(　　)

A. 分案处理是指成年人与未成年人的刑事案件要实行诉讼程序分离

B. 分案处理包括分别审理、分别关押、分别

执行等

C. 分案处理主要是为了防止犯罪嫌疑人、被告人之间串供，影响刑事诉讼的顺利进行

D. 分案处理应当以不影响案件的处理为原则，并尽可能地采取分案处理

3. 关于附条件不起诉，下列哪一说法是错误的？（　　）（司考）

A. 只适用于未成年人案件

B. 应当征得公安机关、被害人的同意

C. 未成年犯罪嫌疑人及其法定代理人对附条件不起诉有异议的应当起诉

D. 有悔罪表现时，才可以附条件不起诉

4.《刑事诉讼法》规定，未成年人犯罪的案件一律或一般不公开审理。关于该规定中未成年人"年龄"的理解，下列哪一选项是正确的？（　　）（司考）

A. 张某被采取强制措施时十七岁，不应当公开审理

B. 李某在审理时十五岁，不应当公开审理

C. 钱某犯罪时十六岁，不应当公开审理

D. 赵某被立案时十八岁，不应当公开审理

5. 未成年人小周涉嫌故意伤害被取保候审，A县检察院审查起诉后决定对其适用附条件不起诉，监督考察期限为6个月。关于本案处理，下列哪一选项是正确的？（　　）（司考）

A. 作出附条件不起诉决定后，应释放小周

B. 本案审查起诉期限自作出附条件不起诉决定之日起中止

C. 监督考察期间，如小周经批准迁居B县继续上学，改由B县检察院负责监督考察

D. 监督考察期间，如小周严格遵守各项规定，表现优异，可将考察期限缩短为5个月

（二）多项选择题

1. 下列属于办理未成年人刑事案件的法律依据的是（　　）。

A. 刑事诉讼法的规定

B. 未成年人保护法和预防未成年人犯罪法的规定

C. 最高人民法院的司法解释、最高人民检察院的司法解释

D. 公安部的有关规定

2. 李某，15岁，自辍学后经常与社会青年张某（19岁）在一起。两人于某日对一下班女工进行抢劫，被过路群众抓获并扭送至公安机关。公安机关在进行侦查时，应遵循下列哪些程序？（　　）

A. 讯问时可以通知李某的法定代理人到场

B. 应当分别关押

C. 应当分别讯问

D. 应当为李某指定辩护人

3. 2019年1月20日凌晨零时许，在Y市某中学上高三的甲、乙、丙、丁四人在某网吧碰面，其中，甲提出"弄点钱"上网，其余三人表示同意。四人来到X区丽景街交警二大队附近，将路过此处的郭某从自行车上拉下，对其一顿拳打脚踢，抢得现金50元后逃离现场。案发后，四人相继落网。据查，四人中，甲、乙均为17岁，丙于2019年1月19日度过了其18岁生日，丁则于2019年1月22日度过了其18岁生日。以下说法或者做法中正确的是（　　）。

A. 公安局于2019年1月24日分别逮捕了甲、乙、丙、丁后将四人共同关押在某看守所的某室

B. 在人民检察院提起公诉后，该法院组成了未成年人刑事案件合议庭对案件进行审理，合议庭成员均为男法官

C. 甲、乙、丙均委托了律师作为辩护人，唯独丁未委托辩护人，法院也未为其指定辩护人

D. 在法院开庭审理过程中，甲、乙、丙、丁均戴着手铐，其中，甲、乙、丁还被法庭允许坐着回答问题

E. 法院认为四被告的行为构成抢劫罪，分别判处甲有期徒刑3年，缓刑3年，并处罚金4 000元；判处乙、丙、丁有期徒刑2年，缓刑3年，并处罚金4 000元。后来该法院在该市的体育馆宣告了判决。据新闻报道，当时在场观看的群众约有2 000人

4. 检察院在审查起诉未成年人刑事案件时，应当进行下列哪些活动？（　　）（司考）

A. 应当听取辩护人的意见

B. 应当听取被害人的意见

C. 应当听取被害人的法定代理人的意见

D. 在押的未成年犯罪嫌疑人有认罪、悔罪表现的，检察人员可以安排其与法定代理人、近亲属等会见、通话

5. 犯罪嫌疑人甲系不满 18 周岁的未成年人，在侦查阶段，依法享有下列哪些诉讼权利？（　　）（司考）

A. 在讯问时，侦查机关应当通知其法定代理人到场

B. 在讯问时，侦查机关可以通知其法定代理人到场

C. 被第一次讯问后，甲可以聘请辩护律师提供法律帮助

D. 被第一次讯问后，甲的亲属可以为其聘请律师

6. 关于检察院审查批捕未成年犯罪嫌疑人，下列哪些做法是正确的？（　　）（司考）

A. 讯问未成年犯罪嫌疑人，应当通知法定代理人到场

B. 讯问女性未成年犯罪嫌疑人，应当有女检察人员参加

C. 讯问未成年犯罪嫌疑人一般不得使用械具

D. 对难以判断犯罪嫌疑人实际年龄，影响案件认定的，应当作出不批准逮捕的决定

7. 关于审理未成年人刑事案件，下列哪些选项是正确的？（　　）（司考）

A. 不能适用简易程序

B. 在法庭上，必要时才对未成年被告人使用戒具

C. 休庭时，可以允许法定代理人或者其他成年近亲属、教师会见未成年被告人

D. 对未成年人案件，宣告判决应当公开进行

8.《刑事诉讼法》规定，审判的时候被告人不满 18 周岁的案件，不公开审理。但是，经未成年被告人及其法定代理人同意，未成年被告人所在学校和未成年人保护组织可以派代表到场。关于该规定的理解，下列哪些说法是错误的？（　　）（司考）

A. 该规定意味着经未成年被告人及其法定代理人同意，可以公开审理

B. 未成年被告人所在学校和未成年人保护组织派代表到场是公开审理的特殊形式

C. 未成年被告人所在学校和未成年人保护组织经同意派代表到场是为了维护未成年被告人合法权益和对其进行教育

D. 未成年被告人所在学校和未成年人保护组织经同意派代表到场与审判的时候被告人不满 18 周岁的案件不公开审理并不矛盾

9. 关于犯罪记录封存的适用条件，下列哪些选项是正确的？（　　）（司考）

A. 犯罪的时候不满 18 周岁

B. 被判处 5 年有期徒刑以下刑罚

C. 初次犯罪

D. 没有受过其他处罚

10. 全国人大常委会关于《刑事诉讼法》第 282 条第 2 款的解释规定，检察院办理未成年人刑事案件，在作出附条件不起诉决定以及考验期满作出不起诉决定前，应听取被害人的意见。被害人对检察院作出的附条件不起诉的决定和不起诉的决定，可向上一级检察院申诉，但不能向法院提起自诉。关于这一解释的理解，下列哪些选项是正确的？（　　）（司考）

A. 增加了听取被害人陈述意见的机会

B. 有利于对未成年犯罪嫌疑人的转向处置

C. 体现了对未成年犯罪嫌疑人的特殊保护

D. 是刑事公诉独占主义的一种体现

11. 甲、乙系初三学生，因涉嫌抢劫同学丙（三人均不满 16 周岁）被立案侦查。关于该案诉讼程序，下列哪些选项是正确的？（　　）（司考）

A. 审查批捕讯问时，甲拒绝为其提供的合适成年人到场，应另行通知其他合适的成年人到场

B. 讯问乙时，因乙的法定代理人无法到场而通知其伯父到场，其伯父可代行乙的控告权

C. 法庭审理询问丙时，应通知丙的法定代理人到场

D. 如该案适用简易程序审理，甲的法定代理人不能到场时可不再通知其他合适的成年人到场

12. 未成年人小天因涉嫌盗窃被检察院适用附条件不起诉。关于附条件不起诉可以附带的条件，下列哪些选项是正确的？（　　）（司考）

A. 完成一个疗程四次的心理辅导

B. 每周参加一次公益劳动
C. 每个月向检察官报告日常花销和交友情况
D. 不得离开所居住的县

（三）不定项选择题

黄某（17 周岁，某汽车修理店职工）与吴某（16 周岁，高中学生）在餐馆就餐时因琐事与赵某（16 周岁，高中学生）发生争吵，并殴打赵某致其轻伤。检察院审查后，综合案件情况，拟对黄某作出附条件不起诉决定，对吴某作出不起诉决定。请回答（1）（2）（3）题。（司考）

（1）关于本案审查起诉的程序，下列选项正确的是（　　）。

A. 应当对黄某、吴某的成长经历、犯罪原因和监护教育等情况进行社会调查
B. 在讯问黄某、吴某和询问赵某时，应当分别通知他们的法定代理人到场
C. 应当分别听取黄某、吴某的辩护人的意见
D. 拟对黄某作出附条件不起诉决定，应当听取赵某及其法定代理人与诉讼代理人的意见

（2）关于对黄某的考验期，下列选项正确的是（　　）。

A. 从宣告附条件不起诉决定之日起计算
B. 不计入检察院审查起诉的期限
C. 可根据黄某在考验期间的表现，在法定范围内适当缩短或延长
D. 如黄某违反规定被撤销附条件不起诉决定而提起公诉，已经过的考验期可折抵刑期

（3）关于本案的办理，下列选项正确的是(　　)。

A. 在对黄某作出附条件不起诉决定、对吴某作出不起诉决定时，必须达成刑事和解
B. 检察院对黄某作出附条件不起诉决定、对吴某作出不起诉决定时，可要求他们向赵某赔礼道歉、赔偿损失
C. 在附条件不起诉考验期内，检察院可将黄某移交有关机构监督考察
D. 检察院对黄某作出附条件不起诉决定，对吴某作出不起诉决定后，均应将相关材料装订成册，予以封存

简答题

1. 简述未成年人刑事案件诉讼程序的特有原则。
2. 未成年人刑事案件的侦查程序有什么特点？

论述题与深度思考题

1. 试述未成年人刑事案件审理程序的特点。
2. 论述附条件不起诉制度确立的必要性。

参考答案

名词解释与概念比较

1. 未成年人刑事案件诉讼程序，是指针对未成年人的特点，采取不同于对成年人刑事案件的侦查、起诉、审判、执行等刑事普通程序的一种刑事特别程序。

2. 分案处理原则，是指刑事诉讼中处理未成年人刑事案件，在时间和地点上都应当与成年人刑事案件分开处理。分案处理，意味着进行未成年人刑事案件诉讼时，未成年人应当与成年人分开羁押、分开审理，执行时分别关押、管理。

选择题

（一）单项选择题

1. D

《刑事诉讼法》第 285 条规定：审判的时候被告人不满 18 周岁的案件，不公开审理。但是，经未成年被告人及其法定代理人同意，未成年被告人所在学校和未成年人组织可以派代表到场。而审理过程虽然不公开，但宣告判决一律应当公开进行。因而，D 项错误。

2. C

分案处理原则是指刑事诉讼中处理未成年人刑事案件，在时间和地点上都应当与成年人刑事

案件分开处理，即分开羁押、分开审理、分别执行。分案审理是指未成年人和成年人共同犯罪时或犯罪有牵连时，只要不妨碍审理，就要进行分案审理，包括对未成年犯罪嫌疑人、被告人分案讯问、分案起诉、分案审理和分案宣判。但分案处理原则的贯彻并不是为了防止犯罪嫌疑人、被告人之间串供，影响刑事诉讼的顺利进行，而是为了防止未成年犯罪嫌疑人、被告人受到成年犯罪嫌疑人、被告人的不良影响，防止其受到污染，以利于对未成年犯罪嫌疑人、被告人的教育改造。因此，本题中错误的是C项。

3. B

根据《刑事诉讼法》第282条，A、C、D三项均正确，B项中人民检察院在作出附条件不起诉的决定前，应当听取公安机关、被害人的意见，而并非一定要征得其同意。

4. B

《刑事诉讼法》第285条规定：审判的时候被告人不满18周岁的案件，不公开审理。因而，判断是否为未成年人被告，应以审判时是否年满18周岁为准。

5. B

《人民检察院办理未成年人刑事案件的规定》第34条规定：未成年犯罪嫌疑人在押的，作出附条件不起诉决定后，人民检察院应当作出释放或者变更强制措施的决定。显然，A项说法错误。《人民检察院办理未成年人刑事案件的规定》第45条第3款规定：作出附条件不起诉决定的案件，审查起诉期限自人民检察院作出附条件不起诉决定之日起中止计算，自考验期限届满之日起或者人民检察院作出撤销附条件不起诉决定之日起恢复计算。故B项正确。《人民检察院办理未成年人刑事案件的规定》第44条规定：未成年犯罪嫌疑人经批准离开所居住的市、县或者迁居，作出附条件不起诉决定的人民检察院可以要求迁入地的人民检察院协助进行考察，并将考察结果函告作出附条件不起诉决定的人民检察院。可知未成年犯罪嫌疑人经批准迁居，还是由作出附条件不起诉决定的人民检察院考察，可以要求迁入地的人民检察院协助进行考察，而不是负责考察。故C项错误。《人民检察院办理未成年人刑事案件的规定》第40条规定：人民检察院决定附条件不起诉的，应当确定考验期。考验期为6个月以上1年以下，从人民检察院作出附条件不起诉的决定之日起计算。考验期不计入案件审查起诉期限。考验期的长短应当与未成年犯罪嫌疑人所犯罪行的轻重、主观恶性的大小和人身危险性的大小、一贯表现及帮教条件等相适应，根据未成年犯罪嫌疑人在考验期的表现，可以在法定期限范围内适当缩短或者延长。根据未成年犯罪嫌疑人在考验期的表现，可以在法定期限范围内适当缩短或者延长，但只可以在法定期限范围内，即6个月以上1年以下适当缩短或者延长，而不能超出法定期限。故D项所述缩短到5个月错误。

（二）多项选择题

1. ABCD

未成年人刑事案件诉讼程序的法律依据包括：刑事诉讼法、未成年人保护法、最高人民法院的司法解释、最高人民检察院的司法解释、公安机关办理未成年人违法犯罪案件的规定等。这些规定对办理未成年人刑事案件的各个诉讼流程都作出了具体规定。故本题选A、B、C、D项。

2. BCD

我国《刑事诉讼法》第281条规定：对于未成年人刑事案件，在讯问和审判时，应当通知未成年犯罪嫌疑人、被告人的法定代理人到场。故A项中的“可以”表述错误。

3. BC

A项错在共同关押，D项错在甲、乙、丙、丁均戴着手铐，E项错在召开群众大会宣判。B项正确，是因为修改后的未成年人刑事案件审理程序已经废除了对合议庭成员性别的规定；C项之所以正确，是因为法院通知法律援助机构指定辩护人的情形是开庭审理时不满18周岁，丁在开庭审理时已经达到了18周岁，所以可以不为其指定辩护人。

4. ABCD

《人民检察院办理未成年人刑事案件的规定》第22条第4款规定，人民检察院审查起诉未成年犯罪嫌疑人，应当听取其父母或者其他法定代理人、辩护人、被害人及其法定代理人的意见。该规定第24条规定，移送审查起诉的案件具备以下条件之一，且其法定代理人、近亲属等与本案无牵连的，经公安机关同意，检察人员可以安排在押的未成年犯罪嫌疑人与其法定代理人、近亲属等进行会见、通话：（1）案件事实已基本查清，主要证据确实、充分，安排会见、通话不会影响诉讼活动正常进行；（2）未成年犯罪嫌疑人有认罪、悔罪表现，或者虽尚未认罪、悔罪，但通过会见、通话有可能促使其转化，或者通过会见、通话有利于社会、家庭稳定；（3）未成年犯罪嫌疑人的法定代理人、近亲属对其犯罪原因、社会危害性以及后果有一定的认识，并能配合司法机关进行教育。因此，本案应选A、B、C、D四项。

5. ACD

《刑事诉讼法》第281条规定，对于未成年人刑事案件，在讯问和审判时，应当通知未成年犯罪嫌疑人、被告人的法定代理人到场。因此选A项。同时，未成年犯罪嫌疑人在第一次讯问后即可聘请律师担任辩护人，且既可以自己聘请，也可由其亲属代为聘请，因此C项、D项正确，当选。

6. ABCD

《人民检察院办理未成年人刑事案件的规定》第17条第4款规定，讯问未成年犯罪嫌疑人，应当通知其法定代理人到场，告知法定代理人依法享有的诉讼权利和应当履行的义务。该条第7款规定，讯问女性未成年犯罪嫌疑人，应当有女性检察人员参加。该规定第18条规定：讯问未成年犯罪嫌疑人一般不得使用械具。对于确有人身危险性，必须使用械具的，在现实危险消除后，应当立即停止使用。该规定第14条规定：审查逮捕未成年犯罪嫌疑人，应当重点审查其是否已满14、16、18周岁。对犯罪嫌疑人实际年龄难以判断，影响对该犯罪嫌疑人是否应当负刑事责任认定的，应当不批准逮捕。需要补充侦查的，同时通知公安机关。因此，本题应选A、B、C、D四项。

7. BCD

根据《高法刑诉解释》第474条的规定，对未成年人刑事案件，人民法院决定适用简易程序审理的，应当征求未成年被告人及其法定代理人、辩护人的意见。可见，对未成年人可以适用简易程序，因而A项错误。该解释第480条规定，在法庭上不得对未成年被告人使用戒具，但被告人人身危险性大、可能妨碍庭审活动的除外。可见，B项正确。该解释第478条规定，开庭前和休庭时，法庭根据情况，可以安排未成年被告人与其法定代理人或者《刑事诉讼法》第281条第1款规定的其他成年亲属、代表会见。可见，C项正确。该解释第487条规定，对未成年人刑事案件宣告判决应当公开进行。可见，D项正确。

8. AB

该规定确定了未成年人犯罪案件的不公开审理原则。经未成年被告人及其法定代理人同意，未成年被告人所在学校和未成年人保护组织派代表到场，仅仅是不公开审理原则的特殊规定，并不意味着公开审理。因此，A、B两项错误。

9. AB

《刑事诉讼法》第286条规定，犯罪的时候不满18周岁，被判处5年有期徒刑以下刑罚的，应当对相关犯罪记录予以封存。因而，本题选A、B两项。

10. ABC

全国人大常委会关于《刑事诉讼法》第282条第2款的解释规定，检察院办理未成年人刑事案件，在作出附条件不起诉决定以及考验期满作出不起诉决定前，应听取被害人的意见。该规定直接明确了被害人陈述意见的权利，因此，选项A正确。最高人民法院《关于审理未成年人刑事案件具体应用法律若干问题的解释》第11条规定，对未成年罪犯适用刑罚，应当充分考虑是否有利于未成年罪犯的教育和矫正。对未成年罪犯量刑应当依照《刑法》第61条的规定，并充分考虑未成年人实施犯罪行为的动机、目的及犯罪时的年龄、是否初次犯罪、犯罪后的悔罪表现、个人成长经历和一贯表现等因素。这体现了刑法和刑事诉讼法中对未成年人的转向处置和特殊保护。因此，B、C两项正确。刑事公诉独占主义，即刑事案件的起诉权被国家垄断，排除被害人自诉，与题干内容不符。因此，选项D错误。

11. AC

《人民检察院办理未成年人刑事案件的规定》第17条第5款规定：未成年犯罪嫌疑人明确拒绝法定代理人以外的合适成年人到场，人民检察院可以准许，但应当另行通知其他合适成年人到场。因此，选项A正确。《刑事诉讼法》第281条规定：对于未成年人刑事案件，在讯问和审判的时候，应当通知未成年犯罪嫌疑人、被告人的法定代理人到场。无法通知、法定代理人不能到场或者法定代理人是共犯的，也可以通知未成年犯罪嫌疑人、被告人的其他成年亲属，所在学校、单位、居住地基层组织或者未成年人保护组织的代表到场，并将有关情况记录在案。到场的法定代理人可以代为行使未成年犯罪嫌疑人、被告人的诉讼权利。其伯父并非法定代理人，不能代行控告权，因此，选项B错误，选项C正确。根据上述规定可以看出，对未成年被告人的审判一定要有合适的成年人在，就算法定代理人不在，也要通知其他合适的成年人在。因此，选项D错误。

12. ABC

《人民检察院刑事诉讼规则（试行）》第497条规定，被附条件不起诉的未成年犯罪嫌疑人，应当遵守下列规定：（1）遵守法律法规，服从监督；（2）按照考察机关的规定报告自己的活动情况；（3）离开所居住的市、县或者迁居，应当报经考察机关批准；（4）按照考察机关的要求接受矫治和教育。《人民检察院刑事诉讼规则（试行）》第498条规定，人民检察院可以要求被附条件不起诉的未成年犯罪嫌疑人接受下列矫治和教育：（1）完成戒瘾治疗、心理辅导或者其他适当的处遇措施；（2）向社区或者公益团体提供公益劳动；（3）不得进入特定场所，与特定的人员会见或者通信，从事特定的活动；（4）向被害人赔偿损失、赔礼道歉等；（5）接受相关教育；（6）遵守其他保护被害人安全以及预防再犯的禁止性规定。根据上述规定，A项所述属于《人民检察院刑事诉讼规则（试行）》第498条规定的第1项的内容，故A项正确。B项所述属于《人民检察院刑事诉讼规则（试行）》第498条规定的第2项的内容，故B项正确。C项所述属于《人民检察院刑事诉讼规则》第497条规定的第2项的内容，故C项正确。依据《人民检察院刑事诉讼规则》第497条规定的第3项可知，“离开所居住的市、县或者迁居，应当报经考察机关批准”，而不是D项所述的“不得离开所居住的县”，故D项错误。

（三）不定项选择题

（1）BCD

选项A错误：《人民检察院刑事诉讼规则（试行）》第486条第1款规定，人民检察院根据情况可以对未成年犯罪嫌疑人的成长经历、犯罪原因、监护教育等情况进行调查，并制作社会调查报告，作为办案和教育的参考。据此可知，是“可以”而不是“应当”调查。选项B正确：《人民检察院刑事诉讼规则（试行）》第490条第2款规定，讯问未成年犯罪嫌疑人，应当通知其法定代理人到场，告知法定代理人依法享有的诉讼权利和应当履行的义务。无法通知、法定代理人不能到场或者法定代理人是共犯的，也可以通知未成年犯罪嫌疑人的其他成年亲属，所在学校、单位或者居住地的村民委员会、居民委员会、未成年人保护组织的代表到场，并将有关情况记录在案。到场的法定代理人可以代为行使未成年犯罪嫌疑人的诉讼权利，行使时不得侵犯未成年犯罪嫌疑人的合法权益。选项C正确：《人民检察院刑事诉讼规则（试行）》第490条第1款规定，在审查逮捕、审查起诉中，人民检察院应当讯问未成年犯罪嫌疑人，听取辩护人的意见，并制作笔录附卷。据此可知，在对黄某、吴某的案件进行审查起诉时，应当分别听取其辩护人的意见。选项D正确：《人民检察院办理未成年人刑事案件的规定》第30条规定，人民检察院在作出附条件不起诉的决定以前，应当听取公安机关、被害人、未成年犯罪嫌疑人的法定代理人、辩护人的意见，并制作笔录附卷。被害人是未成年人的，还应当听取被害人的法定代理人、诉讼代理人的意见。

（2）BC

选项A错误，选项B、C正确：《人民检察院办理未成年人刑事案件的规定》第40条规定，人民检察院决定附条件不起诉的，应当确定考验期。考验期为6个月以上1年以下，从人民检察院作出附条件不起诉的决定之日起计算。考验期不计入案件审查起诉期限。考验期的长短应当与未成年犯罪嫌疑人所犯罪行的轻重、主观恶性的大小和人身危险性的大小、一贯表现及帮教条件等相适应，根据未成年犯罪嫌疑人在考验期的表现，可以在法定期限范围内适当缩短或者延长。选项D错误：在附条件不起诉的考验期内，黄某并未被剥夺人身自由，若对黄某提起公诉，已经过的考验期不应折抵刑期。

（3）B

选项A错误：《人民检察院办理未成年人刑事案件的规定》第29条规定，对于犯罪时已满14周岁不满18周岁的未成年人，同时符合下列条件的，人民检察院可以作出附条件不起诉决定：1）涉嫌《刑法》分则第四章、第五章、第六章规定的犯罪；2）根据具体犯罪事实、情节，可能被判处1年有期徒刑以下刑罚；3）犯罪事实清楚，证据确实、充分，符合起诉条件；4）具有悔罪表现。《刑事诉讼法》第177条第1、2款规定：犯罪嫌疑人没有犯罪事实，或者有本法第16条规定的情形之一的，人民检察院应当作出不起诉决定。对于犯罪情节轻微，依照刑法规定不需要判处刑罚或者免除刑罚的，人民检察院可以作出不起诉决定。据此可知，作出附条件不起诉决定、不起诉决定时，不是必须达成和解。选项B正确：《人民检察院办理未成年人刑事案件的规定》第42条规定，人民检察院可以要求被附条件不起诉的未成年犯罪嫌疑人接受下列矫治和教育：1）完成戒瘾治疗、心理辅导或者其他适当的处遇措施；2）向社区或者公益团体提供公益劳动；3）不得进入特定场所，与特定的人员会见或者通信，从事特定的活动；4）向被害人赔偿损失、赔礼道歉等；5）接受相关教育；6）遵守其他保护被害人安全以及预防再犯的禁止性规定。选项C错误：《刑事诉讼法》第283条第1款规定，在附条件不起诉的考验期内，由人民检察院对被附条件不起诉的未成年犯罪嫌疑人进行监督考察。未成年犯罪嫌疑人的监护人，应当对未成年犯罪嫌疑人加强管教，配合人民检察院做好监督考察工作。本案中，应由人民检察院对未成年犯罪嫌疑人进行监督考察，而不是移交有关机构监督考察。选项D错误：《人民检察院办理未成年人刑事案件的规定》第66条规定，人民检察院对未成年犯罪嫌疑人作出不起诉决定后，应当对相关记录予以封存。具体程序参照本规定第62条至第65条规定办理。该法条仅对不起诉的情况作出了规定，而没有对附条件不起诉进行规定，不起诉与附条件不起诉是不同概念，不应混同。

简答题

1. 由于未成年人刑事案件自身的特点，其诉讼程序应当贯彻如下原则：（1）教育、感化、挽救的原则。（2）分案处理的原则。（3）不公开审理的原则。（4）保障未成年被告人的诉讼权利的原则。（5）及时、迅速的原则。（6）全面调查的原则。

2. 未成年人刑事案件的侦查程序有以下特点。

（1）公安机关对未成年人刑事案件进行侦查时，应由设置的专门机构或者配备的专职人员来办理未成年人刑事案件，办案人员应具有心理学、犯罪学、教育学等专业的基本知识和有关法律知识，并具有一定的办案经验，以便更好地教育、感化、挽救未成年人。

（2）对未成年人是否采取强制措施应慎重，要严格限制和尽量减少使用强制措施，严格限制适用逮捕措施。人民检察院审查批准逮捕未成年犯罪嫌疑人，应当根据未成年犯罪嫌疑人涉嫌犯罪的事实、主观恶性、有无监护与社会帮教条件等，综合衡量其社会危险性，确定是否有逮捕的必要，慎用逮捕措施，可捕可不捕的不捕。对于被羁押的未成年人，应当与成年犯罪嫌疑人、被告人分别关押、管理，并根据其生理、心理特点在生活和学习等方面给予照顾。

（3）对犯罪的未成年人的讯问应采取不同于对成年人罪犯的讯问方式。讯问未成年犯罪嫌疑人应当采取适合未成年人的方式，耐心细致地听取其供述或者辩解，认真审核、查证与案件有关的证据和线索，并针对其思想顾虑、恐惧心理、抵触情绪进行疏导和教育。讯问未成年犯罪嫌疑人，应当通知未成年犯罪嫌疑人的法定代理人到场。无法通知、法定代理人不能到场或者法定代理人是共犯的，也可以通知未成年犯罪嫌疑人的其他成年亲属，所在学校、单位、居住地基层组织或者未成年人保护组织的代表到场，并将有关情况记录在案。到场的法定代理人可以代为行使未成年犯罪嫌疑人的诉讼权利。到场的法定代理人或者其他人员提出办案人员在讯问中侵犯未成年人合法权益的，公安机关应当认真核查，依法处理。

论述题与深度思考题

1. 未成年人刑事案件的审理程序主要有以下不同于普通程序的特点。

（1）审判组织的特点。未成年人刑事案件由法院内设立的少年法庭进行审理。审判未成年人刑事案件的合议庭的审判长，应由熟悉未成年人特点、善于做失足青少年思想教育工作的审判员担任，并且要保持其工作的相对稳定性。审判未成年人刑事案件的人民陪审员，一般由熟悉未成年人的特点，热心于从事教育、挽救失足青少年工作，并经过必要培训的共青团、妇联、工会、学校的干部、教师或离退休人员，未成年人保护组织的工作人员担任。中级和基层人民法院可以设立独立建制的未成年人刑事审判庭。条件尚不具备的地方，应在刑事审判庭内设立未成年人刑事案件合议庭或者由专人负责办理未成年人刑事案件。高级人民法院应当在刑事审判庭内设立未成年人刑事案件合议庭，具备条件的，可以设立独立建制的未成年人案件审判庭。

(2) 开庭前准备工作的特点。第一，人民法院向未成年被告人送达起诉书副本时，应当向其讲明被指控的罪行和有关的法律条款；并告知其诉讼的程序及有关的诉讼权利、义务；消除未成年被告人的紧张情绪。第二，如果未成年被告人没有委托辩护人的，应该通知法律援助机构指派律师为其提供辩护。未成年被害人及其法定代理人因为经济困难或者其他原因没有委托诉讼代理人的，应当帮助其申请法律援助。第三，开庭审理前，应当通知未成年被告人的法定代理人出庭；无法通知、法定代理人不能到场或法定代理人是共犯的，也可以通知未成年被告人的亲属，所在学校、单位、居住地基层组织或未成年人保护组织的代表出庭。对于被指控犯罪时未满 18 周岁，审判时已满 18 周岁、不满 20 周岁的被告人，一般应当通知其近亲属到庭。第四，开庭审理前，审判未成年人刑事案件的审判长认为有必要的，可以安排法定代理人或者其他成年近亲属、教师等人员与未成年被告人会见。第五，开庭审理前，控辩双方可以分别就未成年被告人的性格特点、家庭情况、犯罪原因、成长经历以及监护教育等情况进行调查，并制作书面材料提交合议庭。人民法院应当接受。必要时，人民法院也可以委托未成年被告人居住地的县级司法行政机关或社会团体组织进行调查或自行调查。第六，根据情况，可以对未成年被告人进行心理疏导，经未成年被告人及其法定代理人同意，也可以对未成年被告人进行心理测评。

(3) 开庭审理的特点。第一，人民法院应当在辩护台靠近旁听区一侧，为未成年被告人的法定代理人设置座位。第二，未成年被告人在法庭上原则上不得被使用戒具。人身危险性大、可能妨碍庭审活动而必须使用戒具的，在现实危险消除后，应当立即停止使用。第三，法庭审理时，审判人员应当注意未成年被告人的智力发育程度和心理状态，要态度严肃、和蔼，用语准确、通俗易懂。发现有对未成年被告人诱供、训斥、讽刺或者威胁的情形时，应当及时制止。第四，法庭审理时，控辩双方向法庭提出从轻判处未成年被告人管制、拘役缓刑或者有期徒刑缓刑、免予刑事处罚等适用刑罚建议的，应当提供有关未成年被告人能够获得监护、帮教以及对所居住社区无重大不良影响的书面材料。第五，未成年被告人的法定代理人在诉讼中享有申请回避、辩护、发问、提出新的证据、要求重新鉴定或者勘验、提出上诉等诉讼权利。在未成年被告人最后陈述后，法庭应当询问其法定代理人是否进行补充陈述。第六，对未成年人刑事案件宣告判决应当公开进行，但不得采取召开大会等形式。第七，人民法院判决未成年被告人有罪的，宣判后，由合议庭组织到庭的人对未成年被告人进行教育。如果未成年被告人的法定代理人以外的其他成年亲属或者教师、公诉人等参加有利于教育、感化未成年被告人的，合议庭可以邀请其参加宣判后的教育。对未成年被告人的教育可以围绕下列内容进行：1）犯罪行为对社会的危害和受刑罚处罚的必要性；2）导致犯罪行为发生的主观、客观原因及应当吸取的教训；3）正确对待人民法院的裁判。

2. 附条件不起诉，是指检察机关对于行为已经构成犯罪但情节较轻的犯罪嫌疑人，附条件和期限地暂时不予起诉，后根据被不起诉人的表现来决定是否终止诉讼程序。如果犯罪嫌疑人在规定期限内履行了规定的义务，检察机关就不再对其起诉，诉讼程序随之终止；如果犯罪嫌疑人在规定期限内不履行规定的义务，检察机关就要对其进行起诉，请求法院追究其刑事责任。这种制度是不起诉制度中的一种特殊类型。此制度源于日本和德国，产生的直接动因是刑事犯罪增多。

我国《刑事诉讼法》中明确规定了检察机关对未成年犯罪嫌疑人可以附条件不起诉。其必要性表现在如下几个方面。

第一，对未成年犯罪嫌疑人实行非刑罚化处理是国际社会行刑的趋势。附条件不起诉介于“起诉”与“不起诉”之间，把起诉与否的“决定权”交给未成年犯罪嫌疑人本人，可以调动未成年犯罪嫌疑人自我改造的积极性。

第二，对未成年犯罪嫌疑人实行附条件不起诉制度也符合刑罚个别化的刑事理论，有助于刑罚教育功能的实现。对于违法犯罪的未成年人来说，其在身心上与成年人具有明显的差异，而司法机关对未成年人又肩负着特殊的保护使命，即：既要维护社会稳定，又要保护未成年人健康成长。未成年人犯罪，特别是犯罪行为不严重、主观恶性不大的初犯、偶犯，悔罪较好的，很多被起诉到法院后，都被判处较轻刑罚。对未成年犯予以定罪和科以刑罚后，办案部门往往是案件办结后就了事，普遍没有跟踪监督，使未成年犯没有及时得到良好的教育，其虽然受到惩罚了，但是预防效果不好。相反，很多未成年犯在看守所或监狱里，容易被交叉感染，刑满释放后又没有得到一定的约束，会产生自卑和受到歧视的消极心理，难以抹去自己人生中的这个刑事污点。这在一定程度上会加重其逆反心理，使其仇视社会，容易重新犯罪，从而加大了对其教育改造的难度，难以达到对其教育、感化、挽救的目的。如果运用附条件不起诉制度，给予他们一定时间，通过帮教，使他们反省过去，认识到自己的行为对社会的危害性，并在良好的社会环境中继续生活学习，给他们一次改过自新的机会，往往收到的法律效果和社会效果会更好。因此，对未成年人刑事案件积极推行附条件不起诉制度，同时落实各项帮教配套措施，防止未成年犯重新犯罪，营造良好的社会法治环境，对建设现代法治文明具有深远的意义。

第三，附条件不起诉制度能够节约司法资源，降低司法成本。如果不区分犯罪嫌疑人的个人情况，要求对每一案件都投入等量的司法资源，使其经历每个诉讼阶段，只会造成司法资源的紧张，给整个司法系统造成重负。因此，在起诉阶段，通过附条件不起诉分流一部分未成年人刑事案件，可以在一定程度上缓解司法机关的压力，提高诉讼效率。

第二十四章　当事人和解的公诉案件诉讼程序

知识逻辑图

- 当事人和解的公诉案件诉讼程序
  - 刑事公诉案件和解概述
    - 概念：在公诉案件的诉讼中，犯罪嫌疑人、被告人真诚悔罪，并通过向被害人赔偿损失、赔礼道歉的方式获得被害人的谅解，双方自愿达成协议解决争端的活动
    - 特征
      - 是刑事纠纷解决方式
      - 是一种诉讼行为
      - 能导致不追究或减免刑罚的法律效果
      - 现实意义
  - 具体内容
    - 适用条件
      - 犯罪嫌疑人、被告人真诚悔罪
      - 获得被害人谅解
      - 被害人自愿和解
      - 犯罪嫌疑人、被告人5年内未曾故意犯罪
    - 案件范围
      - 因民间纠纷引起的，涉嫌侵犯公民人身权利、民主权利罪或侵犯财产罪，可能判处3年有期徒刑以下刑罚的案件
      - 除渎职罪以外的可能判处7年有期徒刑以下刑罚的过失犯罪案件
    - 程序规则
      - 启动阶段
      - 权利告知
      - 犯罪嫌疑人、被告人与被害人会商
      - 自愿性、合法性审查
      - 和解协议的制作
      - 和解协议的效力
      - 和解协议的履行

名词解释与概念比较

刑事公诉案件和解

选择题

（一）单项选择题

1. 对于适用当事人和解的公诉案件诉讼程序而达成和解协议的案件，下列哪一做法是错误的？（　　）（司考）

A. 公安机关可以撤销案件

B. 检察院可以向法院提出从宽处罚的建议

C. 对于犯罪情节轻微，不需要判处刑罚的，检察院可以不起诉

D. 法院可以依法对被告人从宽处罚

2. 下列哪一类案件可以适用公诉案件和解程序？（　　）

A. 王某涉嫌故意伤害罪被提起公诉，但其三年前曾因盗窃被判拘役

B. 张某涉嫌破坏交通工具罪

C. 李某涉嫌贪污罪

D. 刘某涉嫌危险物品肇事罪

3. 下列关于公诉案件和解程序说法正确的是（　　）。

A. 和解必须由被告人亲自进行
B. 被害人系限制行为能力人的，其近亲属可以代为和解
C. 当事人达成和解协议后，应当加盖检察院或法院公章
D. 庭审期间，当事人不能在庭外达成和解

4. 和解协议书应当不包括以下哪一项内容？（　　）

A. 被告人悔罪的内容
B. 被告人赔偿损失的内容
C. 被害人同意对被告从宽处罚的内容
D. 人民法院同意和解协议的意见

5. 甲因邻里纠纷失手致乙死亡，甲被批准逮捕。案件起诉后，双方拟通过协商达成和解。对于此案的和解，下列哪一选项是正确的？（　　）（司考）

A. 由于甲在押，其近亲属可自行与被害方进行和解
B. 由于乙已经死亡，可由其近亲属代为和解
C. 甲的辩护人和乙近亲属的诉讼代理人可参与和解协商
D. 由于甲在押，和解协议中约定的赔礼道歉可由其近亲属代为履行

6. 下列哪一案件可以适用当事人和解的公诉案件诉讼程序？（　　）（司考）

A. 甲因侵占罪被免除处罚2年后，又涉嫌故意伤害致人轻伤
B. 乙涉嫌寻衅滋事，在押期间由其父亲代为和解，被害人表示同意
C. 丙涉嫌过失致人重伤，被害人系限制行为能力人，被害人父亲愿意代为和解
D. 丁涉嫌破坏计算机信息系统，被害人表示愿意和解

7. 董某（17岁）在某景点旅游时，点燃荒草不慎引起大火烧毁属集体所有的大风公司林地，致大风公司损失5万元，被检察院提起公诉。关于本案处理，下列哪一选项是正确的？（　　）（司考）

A. 如大风公司未提起附带民事诉讼，检察院可代为提起，并将大风公司列为附带民事诉讼原告人
B. 董某与大风公司既可就是否对董某免除刑事处分达成和解，也可就民事赔偿达成和解
C. 双方刑事和解时可约定由董某在1年内补栽树苗200棵
D. 如双方达成刑事和解，检察院经法院同意可撤回起诉并对董某适用附条件不起诉

（二）多项选择题

1. 关于可以适用当事人和解的公诉案件诉讼程序的案件范围，下列哪些选项是正确的？（　　）（司考）

A. 交通肇事罪
B. 暴力干涉婚姻自由罪
C. 过失致人死亡罪
D. 刑讯逼供罪

2. 下列关于公诉案件当事人和解与附带民事诉讼的关系表述正确的是（　　）。

A. 当事人达成和解协议后，原已提起的附带民事诉讼仍可继续进行
B. 双方当事人在审查起诉期间已达到和解并全部履行，人民法院一概不得再受理附带民事诉讼
C. 被害人提起附带民事诉讼后，与被告人又愿意和解，但被告人不能即时履行全部赔偿义务的，人民法院应当制作附带民事调解书
D. 和解协议书不能加盖法院印章，但附带民事调解书可加盖

3. 下列关于和解协议与裁判之间的关系，说法错误的是（　　）。

A. 达成和解协议的案件，人民法院并不一定对被告人从轻处罚
B. 符合非监禁刑适用条件的，应当适用非监禁刑
C. 犯罪情节轻微不需要判处刑罚的，可以免除刑事处罚
D. 共同犯罪案件，只有部分被告人与被害人达成和解协议的，不得对被告人从轻处罚

4. 关于公诉案件和解程序，下列说法错误的是（　　）。

A. 曾某因故意伤害被抓获，经调查其三年前曾抢劫，但并未被抓获，仍可适用和解

程序

B. 李某过失致人死亡，但其并不愿意赔偿损失，仅愿意赔礼道歉，则无法适用刑事和解

C. 刑事和解协议中的赔偿损失可以分期履行

D. 和解协议履行完毕后，犯罪嫌疑人报复被害人的，原和解协议由于已经履行完毕，仍应有效

5. 李某因琐事将邻居王某打成轻伤。案发后，李家积极赔偿，赔礼道歉，得到王家谅解。如检察院根据双方和解对李某作出不起诉决定，需要同时具备下列哪些条件？（　　）（司考）

A. 双方和解具有自愿性、合法性

B. 李某实施伤害的犯罪情节轻微，不需要判处刑罚

C. 李某 5 年以内未曾故意犯罪

D. 公安机关向检察院提出从宽处理的建议

简答题

1. 简述刑事公诉案件和解的特征。

2. 简述刑事公诉案件和解的意义。

3. 简要分析自诉案件的和解与公诉案件的和解的区别。

参考答案

名词解释与概念比较

刑事公诉案件和解，是指在公诉案件的诉讼过程之中，由于犯罪嫌疑人、被告人真诚悔罪，并通过向被害人赔偿损失、赔礼道歉等方式获得被害人的谅解，双方自愿达成协议解决争端的活动。

选择题

（一）单项选择题

1. A

《刑事诉讼法》第 290 条规定：对于达成和解协议的案件，公安机关可以向人民检察院提出从宽处理的建议。人民检察院可以向人民法院提出从宽处罚的建议；对于犯罪情节轻微，不需要判处刑罚的，可以作出不起诉的决定。人民法院可以依法对被告人从宽处罚。根据这一规定，公安机关仅能提出从宽处理的建议，不能直接撤诉，因而 A 项所述做法错误。

2. D

《刑事诉讼法》第 288 条规定，下列公诉案件，犯罪嫌疑人、被告人真诚悔罪，通过向被害人赔偿损失、赔礼道歉等方式获得被害人谅解，被害人自愿和解的，双方当事人可以和解：(1) 因民间纠纷引起，涉嫌《刑法》分则第四章、第五章规定的犯罪案件，可能判处 3 年有期徒刑以下刑罚的；(2) 除渎职犯罪以外的可能判处 7 年有期徒刑以下刑罚的过失犯罪案件。犯罪嫌疑人、被告人在 5 年以内曾经故意犯罪的，不适用本章规定的程序。据这一规定，A 项中王某犯的故意伤害罪虽然可以和解，但其在 3 年前曾故意犯罪，因而本案不可和解。B 项中破坏交通工具罪为故意犯罪；C 项中贪污罪一则并非由民间纠纷引起，二则为故意犯罪，因而 B 项、C 项均不能入选。D 项中危险物品肇事罪为渎职犯罪以外的最高刑在 7 年有期徒刑以下的过失犯罪，因而可以和解，D 项当选。

3. B

《高法刑诉解释》第 497 条规定：符合《刑事诉讼法》第 288 条规定的公诉案件，被害人死亡的，其近亲属可以与被告人和解……被害人系无行为能力或者限制行为能力人的，其法定代理人、近亲属可以代为和解。因此，A 项错误，B 项正确。该解释第 501 条规定：和解协议书应当由双方当事人和审判人员签名，但不加盖人民法院印章。故 C 项错误。该解释第 500 条规定：双方当事人在庭外达成和解的，人民法院应当通知人民检察院，并听取其意见。可见，当事人可在庭外达成和解。故 D 项错误。

4. D

《高法刑诉解释》第 501 条规定，和解协议书应当包括以下内容：(1) 被告人承认自己所犯罪行，对犯罪事实没有异议，并真诚悔罪；(2) 被告人通过向被害人赔礼道歉、赔偿损失等方式获得被害人谅解；涉及赔偿损失的，应当写明赔偿

的数额、方式等；提起附带民事诉讼的，由附带民事诉讼原告人撤回附带民事诉讼；（3）被害人自愿和解，请求或者同意对被告人依法从宽处罚。由此，D项说法错误，当选。

5. C

选项A错误：若被告人甲在押，其近亲属需经甲同意才可与被害方进行和解，而不能自行与被害方进行和解。选项B错误：被害人乙已死亡，其近亲属是以自己名义参与和解，而不是代为和解。选项C正确：甲的辩护人可参与和解协商。乙已死亡，其近亲属可以与被告人和解，则近亲属的诉讼代理人可以参与和解协商。选项D错误：被告人甲的近亲属需要经甲同意，才能代为和解，并且赔礼道歉等事项只能由甲本人履行。

6. C

《刑事诉讼法》第288条规定，下列公诉案件，犯罪嫌疑人、被告人真诚悔罪，通过向被害人赔偿损失、赔礼道歉等方式获得被害人谅解，被害人自愿和解的，双方当事人可以和解：（1）因民间纠纷引起，涉嫌《刑法》分则第四章、第五章规定的犯罪案件，可能判处3年有期徒刑以下刑罚的；（2）除渎职犯罪以外的可能判处7年有期徒刑以下刑罚的过失犯罪案件。犯罪嫌疑人、被告人在5年以内曾经故意犯罪的，不适用本章规定的程序。法律规定犯罪嫌疑人、被告人在5年以内曾经故意犯罪的，不适用刑事和解程序，A项中甲在犯侵占罪2年后又故意犯罪，不适用刑事和解程序，故A项不可选。法律规定，因民间纠纷引起，涉嫌《刑法》分则第四章、第五章规定的侵犯公民人身权、民主权、财产权的犯罪，可能判处3年有期徒刑以下刑罚的，才能适用刑事和解。B项中乙所涉犯罪为寻衅滋事罪，属于《刑法》分则第六章“妨害社会管理秩序罪”中的一类罪，不适用刑事和解程序，故B项不当选。过失犯罪案件只有是渎职犯罪以外的、可能判处7年有期徒刑以下刑罚的，才能适用刑事和解，C项中丙涉嫌过失致人重伤属于过失犯罪案件，不属于渎职犯罪，且有可能判处7年有期徒刑以下刑罚，故可以适用刑事和解程序。同时，《高法刑诉解释》第497条第2款的规定：被害人系无行为能力或者限制行为能力人的，其法定代理人、近亲属可以代为和解。因此，丙与被害人的父亲达成刑事和解符合法律规定，故C项当选。丁触犯的破坏计算机信息系统罪属于《刑法》分则第六章“妨害社会管理秩序罪”中的犯罪，不适用刑事和解程序，故D项不当选。

7. C

《高法刑诉解释》第142条规定：国家财产、集体财产遭受损失，受损失的单位未提起附带民事诉讼，人民检察院在提起公诉时提起附带民事诉讼的，人民法院应当受理。人民检察院提起附带民事诉讼的，应当列为附带民事诉讼原告人。A项中将大风公司列为附带民事诉讼原告人错误，故A项错误。《高法刑诉解释》第501条规定，和解协议书应当包括以下内容：（1）被告人承认自己所犯罪行，对犯罪事实没有异议，并真诚悔罪；（2）被告人通过向被害人赔礼道歉、赔偿损失等方式获得被害人谅解；涉及赔偿损失的，应当写明赔偿的数额、方式等；提起附带民事诉讼的，由附带民事诉讼原告人撤回附带民事诉讼；（3）被害人自愿和解，请求或者同意对被告人依法从宽处罚。即使达成和解协议，也只有法院可以依法对被告人从宽处罚，而不由当事人大风公司与董某就是否免除刑事处分达成和解，故B项错误。根据《高法刑诉解释》第501条的规定，被告人可与被害人就赔偿损失的方式、赔偿的数额、方式达成协议并制作协议书，故C项正确。《刑事诉讼法》第290条规定：对于达成和解协议的案件，公安机关可以向人民检察院提出从宽处理的建议。人民检察院可以向人民法院提出从宽处罚的建议；对于犯罪情节轻微，不需要判处刑罚的，可以作出不起诉的决定。人民法院可以依法对被告人从宽处罚，故D项错误。

（二）多项选择题

1. AC

根据《刑事诉讼法》第288条，暴力干涉婚姻自由犯罪为不告不理的自诉案件，不能适用公诉案件的和解程序；刑讯逼供是故意犯罪，也不能适用；交通肇事和过失致人死亡犯罪均符合该条规定的范围。因而本题选A、C两项。

2. CD

《高法刑诉解释》第501条规定：提起附带民事诉讼的，由附带民事诉讼原告人撤回附带民事诉讼……和解协议书应当由双方当事人和审判人员签名，但不加盖人民法院印章。故 A 项错误，D 项正确。该解释第 503 条规定：双方当事人在侦查、审查起诉期间已经达成和解协议并全部履行，被害人或者其法定代理人、近亲属又提起附带民事诉讼的，人民法院不予受理，但有证据证明和解违反自愿、合法原则的除外。也即人民法院并非一概不再受理附带民事诉讼，在有证据证明和解违反自愿、合法原则的情况下可以受理，故 B 项错误。该解释第 504 条规定：被害人或者其法定代理人、近亲属提起附带民事诉讼后，双方愿意和解，但被告人不能即时履行全部赔偿义务的，人民法院应当制作附带民事调解书，故 C 项正确。

3. AD

《高法刑诉解释》第 505 条规定：对达成和解协议的案件，人民法院应当对被告人从轻处罚；符合非监禁刑适用条件的，应当适用非监禁刑；判处法定最低刑仍然过重的，可以减轻处罚；综合全案认为犯罪情节轻微不需要判处刑罚的，可以免除刑事处罚。共同犯罪案件，部分被告人与被害人达成和解协议的，可以依法对该部分被告人从宽处罚，但应当注意全案的量刑平衡。据此规定，A、D 两项说法错误，当选。

4. ABD

《人民检察院刑事诉讼规则（试行）》第 510 条规定：犯罪嫌疑人在犯《刑事诉讼法》第 288 条第 1 款规定的犯罪前 5 年内曾故意犯罪，无论该故意犯罪是否已经追究，均应当认定为前款规定的 5 年以内曾经故意犯罪。故 A 项错误。《刑事诉讼法》第 288 条规定：下列公诉案件，犯罪嫌疑人、被告人真诚悔罪，通过向被害人赔偿损失、赔礼道歉等方式获得被害人谅解，被害人自愿和解的，双方当事人可以和解。因而，刑事和解的形式可以是赔偿损失，也可以是赔礼道歉，只要双方当事人达成和解协议即可。故 B 项错误。《人民检察院刑事诉讼规则（试行）》第 517 条规定：和解协议书约定的赔偿损失内容，应当在双方签署协议后立即履行，至迟在人民检察院作出从宽处理决定前履行。确实难以一次性履行的，在被害人同意并提供有效担保的情况下，也可以分期履行。故 C 项正确。《人民检察院刑事诉讼规则（试行）》第 522 条规定：犯罪嫌疑人或者其亲友等以暴力、威胁、欺骗或者其他非法方法强迫、引诱被害人和解，或者在协议履行完毕之后威胁、报复被害人的，应当认定和解协议无效。故 D 项错误。

5. ABC

《人民检察院刑事诉讼规则（试行）》第 510 条规定："下列公诉案件，双方当事人可以和解：（一）因民间纠纷引起，涉嫌刑法分则第四章、第五章规定的犯罪案件，可能判处三年有期徒刑以下刑罚的；（二）除渎职犯罪以外的可能判处七年有期徒刑以下刑罚的过失犯罪案件。上述公诉案件应当同时符合下列条件：（一）犯罪嫌疑人真诚悔罪，向被害人赔偿损失、赔礼道歉等；（二）被害人明确表示对犯罪嫌疑人予以谅解；（三）双方当事人自愿和解，符合有关法律规定；（四）属于侵害特定被害人的故意犯罪或者有直接被害人的过失犯罪；（五）案件事实清楚，证据确实、充分。犯罪嫌疑人在五年以内曾经故意犯罪的，不适用本节规定的程序。"故 A、C 两项正确。《人民检察院刑事诉讼规则（试行）》第 520 条规定："人民检察院对于公安机关移送审查起诉的案件，双方当事人达成和解协议的，可以作为是否需要判处刑罚或者免除刑罚的因素予以考虑，符合法律规定的不起诉条件的，可以决定不起诉。"可见，如需要对李某作出不起诉决定，还必须符合不起诉的法定条件。故 B 项正确。《人民检察院刑事诉讼规则（试行）》第 521 条规定："人民检察院拟对当事人达成和解的公诉案件作出不起诉决定的，应当听取双方当事人对和解的意见，并且查明犯罪嫌疑人是否已经切实履行和解协议、不能即时履行的是否已经提供有效担保，将其作为是否决定不起诉的因素予以考虑。"检察院作出不起诉决定，并不需要考虑公安机关是否向检察院提出从宽处理的建议。故 D 项错误。本题选 A、B、C 三项。

简答题

1. 刑事公诉案件和解指在公诉案件的诉讼过程之中，由于犯罪嫌疑人、被告人真诚悔罪，并通过向被害人赔偿损失、赔礼道歉等方式获得被害人的谅解，双方自愿达成协议解决争端的活动。

一般而言，公诉案件的和解具有以下几方面的特征：(1) 刑事公诉案件和解是一种刑事纠纷解决方式；(2) 刑事公诉案件和解是一种诉讼行为；(3) 刑事公诉案件和解能导致不追究或减免刑罚的法律效果。

2. 刑事公诉案件和解的现实意义主要有以下几点：(1) 刑事公诉案件和解有利于对被害人利益的保护及其诉讼地位的提高；(2) 刑事公诉案件和解给犯罪嫌疑人、被告人提供了悔过自新的机会；(3) 刑事公诉案件和解有利于提高服判率，节省诉讼资源；(4) 刑事公诉案件和解是和谐社会的内在要求。

3. 自诉案件的和解与公诉案件的和解区别表现在以下几个方面。

(1) 和解主体在诉讼中的地位不同。自诉案件的和解是在起诉方与被诉方之间进行的，是诉讼的双方主体之间的协商；公诉案件的和解是在被诉方与作为诉讼参与人的被害人之间进行的，不是追诉主体与犯罪嫌疑人、被告人之间的协商。

(2) 和解协议的内容不同。自诉案件的和解协议不仅包括赔偿损失、赔礼道歉等内容，还可以涉及诉讼的进程，起诉方可以处置诉讼权利；公诉案件的和解协议仅针对赔偿损失、赔礼道歉等内容，不能涉及公权力处置，当事人无权决定诉讼进程。

(3) 和解协议的法律效果不同。在自诉案件中，起诉方与被诉方达成和解后，起诉方可以据此决定撤回起诉，从而终止诉讼；在公诉案件中，和解协议只能作为在诉讼各个阶段从宽处理的依据，人民检察院也可以作出不起诉的决定，但前提是符合《刑事诉讼法》有关不起诉的规定，而不能单独据此决定诉讼进程。

第二十五章　犯罪嫌疑人、被告人逃匿、死亡案件违法所得的没收程序

知识逻辑图

- 犯罪嫌疑人、被告人逃匿、死亡案件违法所得的没收程序
  - 概述
    - 概念：某些案件中，犯罪嫌疑人、被告人逃匿或死亡时，追缴其违法所得及其他涉案财产的方式、方法与步骤
    - 特点
      - 国际普遍性
      - 效率性
      - 基本公平性
    - 法律依据
      - 刑法
      - 刑事诉讼法
      - 司法解释
  - 案件范围
    - 案件类型
      - 贪污贿赂案件
      - 恐怖活动犯罪案件
      - 其他重大犯罪案件
    - 适用条件
      - 犯罪嫌疑人、被告人潜逃，经通缉 1 年后不能到案
      - 犯罪嫌疑人、被告人死亡
    - 客体范围：违法所得及其他涉案财产
  - 程序
    - 管辖：犯罪地或犯罪嫌疑人、被告人居住地的中级人民法院
    - 启动
    - 公告
    - 审理
    - 裁定
    - 上诉、抗诉
    - 回转

名词解释与概念比较

违法所得的没收程序

选择题

（一）单项选择题

1. 关于犯罪嫌疑人、被告人逃匿、死亡案件违法所得的没收程序，下列哪一说法是正确的？（　　）（司考）

A. 贪污贿赂犯罪案件的犯罪嫌疑人潜逃，通缉 1 年后不能到案的，依照《刑法》规定应当追缴其违法所得及其他涉案财产的，公安机关可以向法院提出没收违法所得的申请

B. 在 A 选项所列情形下，检察院可以向法院提出没收违法所得的申请

C. 没收违法所得及其他涉案财产的申请，由犯罪地的基层法院组成合议庭进行审理

D. 没收违法所得案件审理中，在逃犯罪嫌疑

人被抓获的，法院应当中止审理

2. 犯罪嫌疑人、被告人逃匿、死亡案件违法所得的没收程序适用于以下哪一情况？（　　）

A. 张某涉嫌盗窃罪，在抓捕过程中潜逃，时间已达2年

B. 李某涉嫌贪污罪，在被抓捕前跳楼自杀身亡

C. 王某涉嫌挪用公款罪，潜逃达2年

D. 申某涉嫌受贿罪潜逃3年，但未被通缉

3. 刘某涉嫌受贿5 000万元人民币的公款，被人民检察院移送到法院审判。在人民法院审理刘某贪污案过程中，刘某在看守所内自杀身亡。下列做法正确的是（　　）。

A. 人民法院对刘某裁定终止审理

B. 人民检察院决定撤回起诉

C. 人民法院对刘某缺席判决

D. 人民法院直接作出没收其违法所得的裁定

4. A市原副市长马某涉嫌收受贿赂两千余万元。为保证公正审判，上级法院指令与本案无关的B市中级人民法院一审。B市中级人民法院受理此案后，马某突发心脏病不治身亡。关于此案的处理，下列哪一选项是错误的？（　　）（司考）

A. 应当由法院作出终止审理的裁定，再由检察院提出没收违法所得的申请

B. 应当由B市中级人民法院的同一审判组织对是否没收违法所得继续进行审理

C. 如裁定没收违法所得，而马某妻子不服的，可在5日内提出上诉

D. 如裁定没收违法所得，而其他利害关系人不服的，有权上诉

5. 下列哪一选项不属于犯罪嫌疑人、被告人逃匿、死亡案件违法所得的没收程序中的“违法所得及其他涉案财产”？（　　）（司考）

A. 刘某恐怖活动犯罪案件中从其住处搜出的管制刀具

B. 赵某贪污案赃款存入银行所得的利息

C. 王某恐怖活动犯罪案件中制造爆炸装置使用的所在单位的仪器和设备

D. 周某贿赂案受贿所得的古玩

（二）多项选择题

1. 下列关于犯罪嫌疑人、被告人逃匿、死亡案件违法所得的没收程序的审理，说法错误的是（　　）。

A. 审理时根据案件具体情况，可以采用独任庭和合议庭两种方式

B. 人民法院受理申请后，公告期间为3个月

C. 所有此类案件审理时均应开庭审理

D. 犯罪嫌疑人、被告人逃匿、死亡案件违法所得的没收由于涉及犯罪嫌疑人、被告人的实体性利益，因而在审判结束后应当作出判决

2. 下列哪些财物属于犯罪嫌疑人、被告人逃匿、死亡案件违法所得的没收程序中的应当没收的违法所得？（　　）

A. 被告人受贿的1 000万元

B. 被告人受贿1 000万元投资股市的100万元盈利

C. 组织恐怖活动犯罪的被告人用于培训恐怖分子的房屋

D. 盗窃犯罪被告人用于盗窃的工具

3. 下列关于违法所得的没收程序中“利害关系人”的说法正确的是（　　）。

A. 李某接受王某贿赂即房屋所有权人为王某的房产一套，王某为利害关系人

B. 王某租用李某的房屋培训恐怖组织人员，王某潜逃后，李某为利害关系人

C. 李某接受王某贿赂即房屋所有权人为王某的房产一套，该房被李某出租给张某，张某为利害关系人

D. 张某贪污单位公款20万元后自杀身亡，该单位为利害关系人

简答题

1. 简述违法所得的没收程序的特点。

2. 简述违法所得的没收程序适用的案件范围。

参考答案

名词解释与概念比较

违法所得的没收程序是指某些刑事案件中犯

罪嫌疑人、被告人逃匿或死亡时，追缴其违法所得及其他涉案财产特有的方式、方法与步骤。

选择题

（一）单项选择题

1. B

《刑事诉讼法》第 298 条规定：对于贪污贿赂犯罪、恐怖活动犯罪等重大犯罪案件，犯罪嫌疑人、被告人逃匿，在通缉 1 年后不能到案，或者犯罪嫌疑人、被告人死亡，依照刑法规定应当追缴其违法所得及其他涉案财产的，人民检察院可以向人民法院提出没收违法所得的申请。公安机关认为有前款规定情形的，应当写出没收违法所得意见书，移送人民检察院。据此规定，应当由人民检察院向法院提起申请，故 A 项说法错误，B 项正确。该法第 299 条规定：没收违法所得的申请，由犯罪地或者犯罪嫌疑人、被告人居住地的中级人民法院组成合议庭进行审理。据此 C 项错误。该法第 301 条规定：在审理过程中，在逃的犯罪嫌疑人、被告人自动投案或者被抓获的，人民法院应当终止审理。D 项中表述为“中止审理”，错误。

2. B

根据《刑事诉讼法》第 298 条，本题中张某涉嫌的盗窃罪与王某涉嫌的挪用公款罪均不属于贪污贿赂犯罪、恐怖活动犯罪，故 A、C 项不应选。D 项中虽申某涉嫌的受贿罪为贪污贿赂犯罪，但犯罪嫌疑人未被通缉，故也不能适用违法所得没收程序。故本题选 B 项。

3. A

根据《刑事诉讼法》第 16 条的规定，本案应当裁定终止审理。同时，依据刑事诉讼法相关规定，检察机关提起公诉后撤回起诉适用于起诉实际并不符合起诉条件、不应当起诉的案件，而本案并不属此情形，故 B 项错误。C 项中的缺席审判制度应根据《刑事诉讼法》第 297 条规定处理，即只有经缺席审理确认无罪的才依法缺席判决。本案中对此未明确，故只能裁定终止审理。D 项中违法所得的没收程序必须另行由检察机关提出申请才可启动，人民法院不得径行作出裁定。故本题选 A 项。

4. B

选项 A 说法正确，选项 B 说法错误：《高法刑诉解释》第 181 条第 1 款第 6 项规定，人民法院对提起公诉的案件审查后，符合《刑事诉讼法》第 16 条第 2 项至第 6 项规定情形的，应当裁定终止审理或者退回人民检察院。《高法刑诉解释》第 520 条规定：在审理案件过程中，被告人死亡或者脱逃，符合《刑事诉讼法》第 298 条第 1 款规定的，人民检察院可以向人民法院提出没收违法所得的申请。人民检察院向原受理案件的人民法院提出申请的，可以由同一审判组织依照本章规定的程序审理。据此可知，应首先由人民检察院提出没收违法所得的申请后，才可以由同一审判组织进行审理。选项 C、D 说法正确：《高法刑诉解释》第 517 条规定，对没收违法所得或者驳回申请的裁定，犯罪嫌疑人、被告人的近亲属和其他利害关系人或者人民检察院可以在 5 日内提出上诉、抗诉。故本题应选 B 项。

5. C

《高法刑诉解释》第 509 条规定，实施犯罪行为所取得的财物及其孳息，以及被告人非法持有的违禁品、供犯罪所用的本人财物，应当认定为《刑事诉讼法》第 298 条第 1 款规定的“违法所得及其他涉案财产”。选项 A 属于供犯罪所用的本人财物，不选。选项 B 属于实施犯罪行为所取得的财物的孳息，不选。选项 C 当选：王某恐怖活动犯罪案件中制造爆炸装置使用的所在单位的仪器和设备，并非本人所有而是归其所在单位所有，不是“违法所得及其他涉案财产”。选项 D 属于实施犯罪行为所取得的财物，不选。

（二）多项选择题

1. ABCD

《刑事诉讼法》第 299 条规定：没收违法所得的申请，由犯罪地或者犯罪嫌疑人、被告人居住地的中级人民法院组成合议庭进行审理。人民法院受理没收违法所得的申请后，应当发出公告。公告期间为 6 个月。犯罪嫌疑人、被告人的近亲属和其他利害关系人有权申请参加诉讼，也可以委托诉讼代理人参加诉讼。人民法院在公告期满后对没收违法所得的申请进行审理。利害关系人参加诉讼的，人民法院应当开庭审理。因而，对于违法所得的没收程序只能采用合议庭方式审理，故A项错误。公告期应为6个月，故B项错误。有利害关系人参加诉讼的才开庭审理，如果无利害关系人参加诉讼的，可以书面审理，故C项错误。《刑事诉讼法》第300条规定：人民法院经审理，对经查证属于违法所得及其他涉案财产，除依法返还被害人的以外，应当裁定予以没收。可见，尽管没收违法所得涉及实体性权益，但是仍应作出裁定，此裁定为实体性裁定，故D项错误。

2. ABC

《高法刑诉解释》第509条规定：实施犯罪行为所取得的财物及其孳息，以及被告人非法持有的违禁品、供犯罪所用的本人财物，应当认定为《刑事诉讼法》第298条第1款规定的“违法所得及其他涉案财产”。据此规定，本题应选A、B、C项。D项中的盗窃罪并不适用违法所得没收程序。

3. ABD

《高法刑诉解释》第513条规定：对申请没收的财产主张所有权的人，应当认定为《刑事诉讼法》第299条第2款规定的“其他利害关系人”。据此规定，本题应选A、B、D项。C项中张某仅为承租人，不属于该程序中的利害关系人。

简答题

1. 违法所得的没收程序是指某些案件中犯罪嫌疑人、被告人逃匿或死亡时，追缴其违法所得及其他涉案财产特有的方式、方法与步骤。违法所得的没收程序具有以下特点。

（1）国际普遍性。对特定案件中的犯罪嫌疑人、被告人逃匿、死亡情形下的违法所得予以没收是国际公约的普遍要求。

（2）效率性。违法所得的没收程序的设计更偏重于诉讼效率而非诉讼公正，以防止大量国有资产流失。

（3）基本公正性。违法所得的没收程序仍应遵循司法被动性、合议制、公开审理、参与性、有效救济性等基本要素与规律。

（4）可回转性。当没收裁判出现错误时，仍可通过审判监督程序和执行回转程序赔偿犯罪嫌疑人、被告人和利害关系人的物质损失。

2. 违法所得的没收程序适用的案件范围是：贪污贿赂犯罪、恐怖活动犯罪等重大犯罪案件，犯罪嫌疑人、被告人逃匿，在通缉1年后不能到案，或者犯罪嫌疑人、被告人死亡，依照刑法规定应当追缴其违法所得及其他涉案财产的。

第二十六章　缺席审判程序

知识逻辑图

- 缺席审判程序
  - 概述
    - 特征
      - 基于特定政策考量
      - 适用范围严格限定
      - 庭审程序有一定克减
      - 权利保障有补偿方案
    - 意义
      - 有利于准确、及时查明案件事实
      - 有利于发挥一般预防功能
      - 有利于尊重被告人主体地位
    - 类型
      - 立法分类
      - 学理分类
  - 被追诉人在境外的缺席审判
    - 制度目的
    - 适用类型及条件
      - 类型
        - 贪污贿赂犯罪案件
        - 需要及时进行审判，经最高人民检察院核准的严重危害国家安全犯罪、恐怖活动犯罪案件
      - 条件
        - 证据条件
        - 地域条件
    - 诉讼程序
      - 管辖
      - 起诉法定与裁量
      - 开庭前审查
      - 传票、起诉书副本的送达
      - 委托辩护与指定辩护
      - 上诉和抗诉
      - 重新审理
  - 被告人患有严重疾病时的缺席审判
    - 制度目的
    - 适用条件
      - 被告人患有重病而无法出庭
      - 中止审理超过六个月仍无法出庭
      - 被告人及其法定代理人、近亲属申请或同意恢复审理
  - 被告人死亡情形下的缺席审判
    - 制度目的
    - 适用情形
      - 审判过程中被告人死亡
      - 审判监督程序中被告人死亡

选择题

(一) 单项选择题

1. 张某因涉嫌贪污罪被甲县检察院向法院提起公诉。后因张某患脑梗无法出席庭审、也不能正确表达意思，甲县法院对案件中止审理超过六个月，诉讼程序陷于停滞。关于此案适用缺席审理程序，下列说法中，表述正确的是( )。

A. 本案应由甲县上一级的中级法院缺席审理

B. 本案应由甲县法院继续采用缺席审理

C. 本案应由最高人民法院指定的中级法院缺席审理

D. 本案退回检察机关再决定受理的法院

2. 关于刑事缺席审判程序的管辖，下列选项中，说法错误的是( )。

A. 可以由犯罪地法院管辖

B. 被告人离境前居住地

C. 最高人民法院指定的中级人民法院

D. 可以由被告人户籍所在地法院管辖

(二) 多项选择题

1. 孙某因涉嫌受贿罪被检察机关起诉到甲市法院，审理过程中，甲因患癌症去世。对此，下列说法中，正确的有( )。

A. 法院应当裁定终止审理

B. 本案如有证据证明被告人孙某无罪，法院应当缺席作出无罪判决

C. 本案应由检察机关撤回起诉

D. 本案应由孙某原委托的辩护律师继续参与案件审理

2. 下列哪些案件可能适用缺席审判程序？( )

A. 张某实施贪污犯罪后逃至我国湖南省某山中

B. 王某实施恐怖活动犯罪后被击伤住院

C. 张某实施抢劫罪后逃至泰国

D. 李某实施间谍罪后逃至美国

3. 下列关于刑事缺席审判程序的说法，表述正确的是( )。

A. 缺席判决后还可以重新审理

B. 缺席判决生效后，对罪犯的财产进行的处理确有错误的，应当予以返还、赔偿

C. 缺席判决，因被告人不在案而不允许上诉

D. 缺席审判的案件，如被告人及其近亲属没有委托辩护人的，法院可以通知法律援助机构指派律师为其提供辩护

简答题

1. 被告人患有严重疾病时的缺席审判的适用条件有哪些？

2. 我国刑事缺席审判程序适用于哪几种情形？

3. 我国刑事缺席审判程序中对被告人权利的保障举措有哪些？

案例分析题

地处A市的国有企业的老总张某（居住在B市）和会计总监李某在挪用单位公款1亿元后，张某从C市口岸潜逃出境并被发现，最终逗留在南美洲某国（该国与我国没有签署过双边或多边刑事司法协助条约），李某则潜逃到国内H省亲戚家躲避刑事追究。案件被移送到A市人民检察院审查起诉以后，检察院经过审查后认为，张某和李某的犯罪事实清楚，证据确实、充分，依法应当追究两人的刑事责任。

请问：

(1) 人民检察院对于张某和李某可否一并起诉？

(2) 如果人民法院认为可以缺席审判，应该如何送达传票和起诉状副本？

(3) 本案可以由哪些人民法院审理？

参考答案

选择题

(一) 单项选择题

1. B

根据《刑事诉讼法》第296条之规定可知，此情形应由原审法院继续采用缺席方式审判。

2. D

根据《刑事诉讼法》第 291 条第 2 款的规定，符合缺席审判条件的案件由犯罪地、被告人离境前居住地或者最高人民法院指定的中级人民法院组成合议庭进行审理。故 A、B、C 项正确，本题应选 D 项。

（二）多项选择题

1. AB

根据《刑事诉讼法》第 297 条的规定可知，本案应选 A、B 两项。

2. CD

根据《刑事诉讼法》第 291 条的规定，对于贪污贿赂犯罪案件，以及需要及时进行审判，经最高人民检察院核准的严重危害国家安全犯罪、恐怖活动犯罪案件，犯罪嫌疑人、被告人在境外，监察机关、公安机关移送起诉，人民检察院认为犯罪事实已经查清，证据确实、充分，依法应当追究刑事责任的，可以向人民法院提起公诉。人民法院进行审查后，对于起诉书中有明确的指控犯罪事实，符合缺席审判程序适用条件的，应当决定开庭审判。故本题应选 C、D 项。

3. AB

根据《刑事诉讼法》第 293 条至第 296 条的规定，缺席审判后符合法定情形的，可以重新审理，也可以上诉，并且缺席审理属于强制辩护的程序，属于应当通知法律援助机构指派律师的情形。故 A、B 项正确，当选。

简答题

1. 根据《刑事诉讼法》第 296 条的规定，因被告人患有严重疾病无法出庭时如要适用缺席审判必须满足以下条件：被告人因严重疾病无法出庭，中止审理超过 6 个月，被告人仍无法出庭，被告人及其法定代理人、近亲属申请或者同意恢复审理。

2. 根据我国《刑事诉讼法》第 291 条的规定，对于贪污贿赂犯罪案件，以及需要及时进行审判，经最高人民检察院核准的严重危害国家安全犯罪、恐怖活动犯罪案件，犯罪嫌疑人、被告人在境外，监察机关、公安机关移送起诉，人民检察院认为犯罪事实已经查清，证据确实、充分，依法应当追究刑事责任的，可以向人民法院提起公诉。

3. （1）知悉权。人民法院应当通过有关国际条约规定的或者外交途径提出的司法协助方式，或者被告人所在地法律允许的其他方式，将传票和人民检察院的起诉书副本送达被告人。传票和起诉书副本送达后，被告人未按要求到案的，人民法院才可进行缺席审判。

（2）辩护权。人民法院缺席审判案件，被告人有权委托辩护人，被告人的近亲属可以代为委托辩护人。被告人及其近亲属没有委托辩护人的，人民法院应当通知法律援助机构指派律师为其提供辩护。

（3）上诉权。人民法院应当将判决书送达被告人及其近亲属、辩护人。被告人或者其近亲属不服判决的，有权向上一级人民法院上诉。辩护人经被告人或者其近亲属同意，可以提出上诉。

（4）财产权利的救济权。依照生效判决、裁定，对罪犯的财产进行的处理确有错误的，应当予以返还、赔偿。

案例分析题

（1）可以一并起诉。根据刑事诉讼法的规定，对于贪污贿赂犯罪案件，人民检察院认为犯罪事实已经查清，证据确实、充分，依法应当追究刑事责任的，可以向人民法院提起公诉。本案中虽然张某潜逃，但是犯罪事实清楚，可以适用缺席审判程序，一并起诉。

（2）根据刑事诉讼法的规定，人民法院应当通过有关国际条约规定的或者外交途径提出的司法协助方式，或者被告人所在地法律允许的其他方式，将传票和人民检察院的起诉书副本送达被告人。

（3）本案可由犯罪地、被告人离境前居住地或者最高人民法院指定的中级人民法院审理。因本案中 A 市是犯罪地，且该案已在 A 市被移送起诉，故可在 A 市中级人民法院审理。

第二十七章　依法不负刑事责任的精神病人的强制医疗程序

知识逻辑图

- 强制医疗程序
  - 概述
    - 强制医疗的概念：对患有精神疾病并经过法定程序鉴定依法不负刑事责任的人的人身自由予以一定限制并对其所患精神疾病进行治疗，以保障精神疾病患者的健康利益并消除其人身危险性、保障社会安全而采取的一项特殊保安处分措施
    - 强制医疗的特点
      - 适用对象特殊
      - 保安处分措施
      - 具有直接或间接拘束精神病患者的人身自由的法律效果
      - 具有保障精神病患者健康利益和防卫社会安全的双重目的
    - 强制医疗程序的特点
      - 特殊诉讼程序
      - 只有法院可适用
      - 必须借助于鉴定
  - 适用条件
    - 主体是经法定程序鉴定依法不负刑事责任的精神病人
    - 实施了危害公共安全或者严重危害公民人身安全的暴力行为
    - 具有继续危害社会的人身危险性
  - 主要内容
    - 管辖
    - 程序的启动
      - 主体
      - 时点
      - 方式
      - 保护性约束措施
    - 审理
      - 审理组织
      - 不公开审理
      - 通知法定代理人到场
      - 指派法律援助
      - 事实调查
      - 审理时限
      - 申请复议程序
      - 强制医疗的解除程序
      - 检察监督

名词解释与概念比较

强制医疗程序

选择题

（一）单项选择题

1. 下列关于精神病人强制医疗程序的说法中正确的是（　　）。
A. 公安机关有权作出强制医疗的决定
B. 检察院有权提出强制医疗的申请
C. 法院无权直接作出强制医疗的决定，必须有检察院的申请才可审理
D. 强制医疗机构有权对已不具有人身危险性，不需继续强制医疗的人直接决定解除强制医疗

2. 下列关于强制医疗的审理程序的说法中错误的是（　　）。
A. 强制医疗案件只能采用合议制
B. 强制医疗案件只能以开庭方式审理
C. 强制医疗程序可以进行质证和辩论
D. 强制医疗程序中必须有诉讼代理人在场

3. 下列关于强制医疗案件，人民法院审理后的处理方式的说法中错误的是（　　）。
A. 符合强制医疗条件的，应当作出对被申请人强制医疗的决定
B. 被申请人属于依法不负刑事责任的精神病人，但不符合强制医疗条件的，应当作出驳回强制医疗申请的决定；被申请人已经造成危害结果的，应当同时责令其家属或者监护人严加看管和医疗
C. 被申请人具有完全或者部分刑事责任能力，依法应当追究刑事责任的，应当作出驳回强制医疗申请的决定，并退回人民检察院依法处理
D. 对实施暴力行为的精神病人，人民法院可以决定采取临时的保护性约束措施

4. 公安机关在案件侦查过程中，发现打砸多辆机动车的犯罪嫌疑人何某神情呆滞、精神恍惚。经鉴定，何某属于依法不负刑事责任的精神病人。关于公安机关对此案的处理，下列哪一选项是正确的？（　　）（司考）
A. 写出强制医疗意见书，移送检察院向法院提出强制医疗申请
B. 撤销案件，将何某交付其亲属并要求其积极治疗
C. 移送强制医疗机构对何某进行诊断评估
D. 何某的亲属没有能力承担监护责任的，可以采取临时的保护性约束措施

5. 法院受理叶某涉嫌故意杀害郭某案后，发现其可能符合强制医疗条件。经鉴定，叶某属于依法不负刑事责任的精神病人，法院审理后判决宣告叶某不负刑事责任，同时作出对叶某强制医疗的决定。关于此案的救济程序，下列哪一选项是错误的？（　　）（司考）
A. 对叶某强制医疗的决定，检察院可以提出纠正意见
B. 叶某的法定代理人可以向上一级法院申请复议
C. 叶某对强制医疗决定可以向上一级法院提出上诉
D. 郭某的近亲属可以向上一级法院申请复议

6. 依法不负刑事责任的精神病人的强制医疗程序是一种特别程序。关于其特别之处，下列哪一说法是正确的？（　　）（司考）
A. 不同于普通案件奉行的不告不理原则，法院可未经检察院对案件的起诉或申请而启动这一程序
B. 不同于普通案件审理时被告人必须到庭，可在被申请人不到庭的情况下审理并作出强制医疗的决定
C. 不同于普通案件中的抗诉或上诉，被决定强制医疗的人可通过向上一级法院申请复议启动二审程序
D. 开庭审理时无须区分法庭调查与法庭辩论阶段

7. 甲将乙杀害，经鉴定甲系精神病人。检察院申请法院适用强制医疗程序。关于本案，下列哪一选项是正确的？（　　）（司考）
A. 法院审理该案，应当会见甲
B. 甲没有委托诉讼代理人的，法院可通知法律援助机构指派律师担任其诉讼代理人

C. 甲出庭的，应由其法定代理人或诉讼代理人代为发表意见

D. 经审理发现甲具有部分刑事责任能力，依法应当追究刑事责任的，转为普通程序继续审理

8. 甲在公共场所实施暴力行为，经鉴定为不负刑事责任的精神病人，被县法院决定强制医疗。甲父对决定不服向市中级法院申请复议，市中级法院审理后驳回申请，维持原决定。关于本案处理，下列哪一选项是正确的？（　　）（司考）

A. 复议期间可暂缓执行强制医疗决定，但应采取临时的保护性约束措施

B. 应由公安机关将甲送交强制医疗

C. 强制医疗 6 个月后，甲父才能申请解除强制医疗

D. 申请解除强制医疗应向市中级法院提出

（二）多项选择题

1. 下列哪些人员有权参与到强制医疗程序中？（　　）

A. 被申请人的法定代理人

B. 被申请人

C. 被申请人的诉讼代理人

D. 被害人

2. 下列哪些人员不适用强制医疗程序？（　　）

A. 张某曾患有严重精神疾病，治愈后因生活所迫进行抢劫

B. 李某患有精神疾病，在某小学门口砍伤小学生数名

C. 间歇性精神病人王某，在精神正常时实施放火罪

D. 孙某曾在患精神病期间绑架小学生一名，但在被抓捕时被子弹击中大腿，半身不遂

3. 下列关于强制医疗程序的复议，说法正确的是（　　）。

A. 对不服强制医疗决定的复议应由上一级人民法院审理

B. 复议期间应当停止执行强制医疗，因为在复议期间可能发生重新鉴定

C. 对强制医疗决定不服，可以向作出决定的人民法院及其上一级人民法院申请复议

D. 复议应当由合议庭审理

（三）不定项选择题

犯罪嫌疑人刘某涉嫌故意杀人被公安机关立案侦查。在侦查过程中，侦查人员发现刘某行为异常。经鉴定，刘某属于依法不负刑事责任的精神病人，需要对其实施强制医疗。请回答第 1、2 题。（司考）

1. 关于有权启动强制医疗程序的主体，下列选项正确的是（　　）。

A. 公安机关

B. 检察院

C. 法院

D. 刘某的监护人、法定代理人以及受害人

2. 法院审理刘某强制医疗一案，下列做法不符合法律规定的是（　　）。

A. 由审判员和人民陪审员共 3 人组成合议庭

B. 鉴于刘某自愿放弃委托诉讼代理人，法院只通知了刘某的法定代理人到场

C. 法院认为刘某符合强制医疗的条件，依法对刘某作出强制医疗的裁定

D. 本案受害人不服法院对刘某强制医疗裁定，可申请检察院依法提起抗诉

简答题

简述强制医疗程序的适用条件。

案例分析题

段某，1980 年出生，甲市丁区人，自幼患有间歇性精神分裂症而辍学在社会上流浪，由于生活无着落便经常偷拿东西。2018 年 3 月，段某窜至丁区一小区内行窃时被事主发现，遂用随身携带的刀子将事主刺成重伤夺路逃走。此案丁区检察院以抢劫罪起诉到丁区法院，被害人的家属提起附带民事诉讼。丁区法院以抢劫罪判处段某有期徒刑 10 年，赔偿被害人家属 3 万元人民币。段某以定性不准、量刑过重为由提起上诉。甲市中级法院二审中发现段某符合强制医疗条件，决定发回丁区法院重新审理。

丁区法院对段某依法进行了精神病鉴定，结果清晰地表明段某患有精神分裂症，便由审判员

张某一人不公开审理，检察员马某和被告人段某出庭分别发表意见。庭审后，法庭作出对段某予以强制医疗的决定。

问：

(1) 结合本案，简答强制医疗程序的适用条件。

(2) 如中级法院直接对段某作出强制医疗决定，如何保障当事人的救济权？

(3) 发回重审后，丁区法院的做法是否合法？为什么？

(4) 发回重审后，丁区法院在作出强制医疗决定时应当如何处理被害人家属提出的附带民事诉讼？

参考答案

名词解释与概念比较

强制医疗程序是指对因患有精神疾病并经过法定程序鉴定依法不负刑事责任的人的人身自由予以一定限制并对其所患精神疾病进行治疗，以保障精神疾病患者的健康利益并消除其人身危险性、防卫社会安全而采取的一项特殊保安处分措施。

选择题

(一) 单项选择题

1. B

《刑事诉讼法》第 303 条规定：根据本章规定对精神病人强制医疗的，由人民法院决定。公安机关发现精神病人符合强制医疗条件的，应当写出强制医疗意见书，移送人民检察院。对于公安机关移送的或者在审查起诉过程中发现的精神病人符合强制医疗条件的，人民检察院应当向人民法院提出强制医疗的申请。人民法院在审理案件过程中发现被告人符合强制医疗条件的，可以作出强制医疗的决定。因此，强制医疗的决定应由人民法院作出，公安机关无权作出，检察院有权提出申请，同时法院也可在审理过程中直接作出强制医疗的决定，而无须检察院提出申请。因此，A、C 项错误，B 项正确。《刑事诉讼法》第 306 条规定：强制医疗机构应当定期对被强制医疗的人进行诊断评估。对于已不具有人身危险性，不需要继续强制医疗的，应当及时提出解除意见，报决定强制医疗的人民法院批准。据此规定，强制医疗的解除应由人民法院决定，D 项错误。

2. B

《刑事诉讼法》第 304 条规定：人民法院受理强制医疗的申请后，应当组成合议庭进行审理。人民法院审理强制医疗案件，应当通知被申请人或者被告人的法定代理人到场。被申请人或者被告人没有委托诉讼代理人的，人民法院应当通知法律援助机构指派律师为其提供法律帮助。由此可知，A、D 项说法正确。《高法刑诉解释》第 529 条规定：审理强制医疗案件，应当组成合议庭，开庭审理。但是，被申请人、被告人的法定代理人请求不开庭审理，并经人民法院审查同意的除外。据此可知，B 项说法错误。《高法刑诉解释》第 532 条第 2 款规定：开庭审理前款规定的案件，应当先由合议庭组成人员宣读对被告人的法医精神病鉴定意见，说明被告人可能符合强制医疗的条件，后依次由公诉人和被告人的法定代理人、诉讼代理人发表意见。经审判长许可，公诉人和被告人的法定代理人、诉讼代理人可以进行辩论。据此可知，C 项说法正确。

3. D

《高法刑诉解释》第 531 条规定，对申请强制医疗的案件，人民法院审理后，应当按照下列情形分别处理：(1) 符合《刑事诉讼法》第 302 条规定的强制医疗条件的，应当作出对被申请人强制医疗的决定；(2) 被申请人属于依法不负刑事责任的精神病人，但不符合强制医疗条件的，应当作出驳回强制医疗申请的决定；被申请人已经造成危害结果的，应当同时责令其家属或者监护人严加看管和医疗；(3) 被申请人具有完全或者部分刑事责任能力，依法应当追究刑事责任的，应当作出驳回强制医疗申请的决定，并退回人民检察院依法处理。据此规定，A、B、C 项正确，D 项中的临时的保护性约束措施应由公安机关采取。

4. A

《刑事诉讼法》第 303 条规定：“公安机关发

现精神病人符合强制医疗条件的，应当写出强制医疗意见书，移送人民检察院。”故 A 项正确，B 项错误。该法第 306 条规定：“强制医疗机构应当定期对被强制医疗的人进行诊断评估。”可见，诊断评估是在强制医疗期间进行，故 C 项错误。该法第 303 条第 3 款规定：“对实施暴力行为的精神病人，在人民法院决定强制医疗前，公安机关可以采取临时的保护性约束措施。”可见，D 项错误。故本题选 A 项。

5. C

《刑事诉讼法》第 305 条规定：“人民法院经审理，对于被申请人或者被告人符合强制医疗条件的，应当在一个月以内作出强制医疗的决定。被决定强制医疗的人、被害人及其法定代理人、近亲属对强制医疗决定不服的，可以向上一级人民法院申请复议。”由于强制医疗是以决定形式作出，故不可上诉、抗诉，只能复议。故 C 项错误。《高法刑诉解释》第 543 条规定：“人民检察院认为强制医疗决定或者解除强制医疗决定不当，在收到决定书后二十日内提出书面纠正意见的，人民法院应当另行组成合议庭审理，并在一个月内作出决定。”故 A 项正确。《刑事诉讼法》第 306 条规定：“强制医疗机构应当定期对被强制医疗的人进行诊断评估。对于已不具有人身危险性，不需要继续强制医疗的，应当及时提出解除意见，报决定强制医疗的人民法院批准。被强制医疗的人及其近亲属有权申请解除强制医疗。”故 B、D 两项正确。本题选 C 项。

6. B

《刑事诉讼法》第 303 条第 2 款规定：“公安机关发现精神病人符合强制医疗条件的，应当写出强制医疗意见书，移送人民检察院。对于公安机关移送的或者在审查起诉过程中发现的精神病人符合强制医疗条件的，人民检察院应当向人民法院提出强制医疗的申请。人民法院在审理案件过程中发现被告人符合强制医疗条件的，可以作出强制医疗的决定。”因此选项 A 错误。《刑事诉讼法》第 304 条第 2 款规定：人民法院审理强制医疗案件，应当通知被申请人或者被告人的法定代理人到场。被申请人或者被告人没有委托诉讼代理人的，人民法院应当通知法律援助机构指派律师为其提供法律帮助。可以在被申请人不到庭的情况下作出强制医疗的决定，因此选项 B 正确。《高法刑诉解释》第 537 条规定：“对不服强制医疗决定的复议申请，上一级人民法院应当组成合议庭审理，并在一个月内，按照下列情形分别作出复议决定……”当事人申请复议并不能启动二审程序，因此选项 C 错误。《高法刑诉解释》第 530 条明确规定了申请强制医疗案件应当依次进行法庭调查和法庭辩论阶段，因此选项 D 错误。

7. A

《高法刑诉解释》第 529 条第 2 款规定：审理人民检察院申请强制医疗的案件，应当会见被申请人。根据题干可知，本案是由检察院申请适用强制医疗程序的案件，法院审理时应当会见被申请人甲。故 A 项所述正确。《高法刑诉解释》第 528 条规定：审理强制医疗案件，应当通知被申请人或者被告人的法定代理人到场，被申请人或者被告人没有委托诉讼代理人的，应当通知法律援助机构指派律师担任其诉讼代理人，为其提供法律帮助。据此，若甲没有委托诉讼代理人的，法院“应当”而非“可以”通知法律援助机构指派律师担任其诉讼代理人。故 B 项错误。《高法刑诉解释》第 530 条第 2 款规定：被申请人要求出庭，人民法院经审查其身体和精神状态，认为可以出庭的，应当准许。出庭的被申请人，在法庭调查、辩论阶段，可以发表意见。据此，甲若出庭可以自己发表意见，而非只能由其法定代理人或诉讼代理人代为发表意见。故 C 项错误。《高法刑诉解释》第 531 条第 3 项规定：对申请强制医疗的案件，人民法院审理后，被申请人具有完全或者部分刑事责任能力，依法应当追究刑事责任的，应当作出驳回强制医疗申请的决定，并退回人民检察院依法处理。据此，若法院经过审理发现甲具有部分刑事责任能力，依法应当追究刑事责任的，应当作出驳回强制医疗申请的决定并将案件退回检察院依法处理，而不能“转为普通程序继续审理”，故 D 项所述错误。

8. B

《高法刑诉解释》第 536 条规定：被决定强制医疗的人、被害人及其法定代理人、近亲属对强制医疗决定不服的，可以自收到决定书之日起 5 日内向上一级人民法院申请复议。复议期间不停止执行强制医疗的决定。故 A 项错误。《高法刑诉解释》第535条规定：人民法院决定强制医疗的，应当在作出决定后5日内，向公安机关送达强制医疗决定书和强制医疗执行通知书，由公安机关将被决定强制医疗的人送交强制医疗。故B项正确。《高法刑诉解释》第540条规定：被强制医疗的人及其近亲属申请解除强制医疗的，应当向决定强制医疗的人民法院提出。被强制医疗的人及其近亲属提出的解除强制医疗申请被人民法院驳回，6个月后再次提出申请的，人民法院应当受理。故C项错误。《高法刑诉解释》第540条规定“被强制医疗的人及其近亲属申请解除强制医疗的，应当向决定强制医疗的人民法院提出。”故D项错误。

（二）多项选择题

1. ABC

根据《刑事诉讼法》第304条，A、C项正确。《高法刑诉解释》第530条规定：被申请人要求出庭，人民法院经审查其身体和精神状态，认为可以出庭的，应当准许。出庭的被申请人，在法庭调查、辩论阶段，可以发表意见。由此可知，被申请人在特殊情况下也可以出庭。故B项正确。但对于被害人出庭无相关规定，所以D项错误。

2. ACD

《刑事诉讼法》第302条规定：实施暴力行为，危害公共安全或者严重危害公民人身安全，经法定程序鉴定依法不负刑事责任的精神病人，有继续危害社会可能的，可以予以强制医疗。据此规定，B项中李某符合条件，对其应当适用强制医疗程序。A项中，张某在实施犯罪时已不是精神病人；C项中，王某作为间歇性精神病人是在精神正常时犯罪，应负刑事责任，不属于依法不负刑事责任的精神病人；D项中，孙某虽然属于精神病人，但已严重残疾，丧失了继续危害社会的能力。因此A、C、D项所述情形不能适用强制医疗程序。

3. AD

《高法刑诉解释》第536条规定：被决定强制医疗的人、被害人及其法定代理人、近亲属对强制医疗决定不服的，可以自收到决定书之日起5日内向上一级人民法院申请复议。复议期间不停止执行强制医疗的决定。可见，B、C项错误。该解释第537条规定：对不服强制医疗决定的复议申请，上一级人民法院应当组成合议庭审理，并在1个月内，按照下列情形分别作出复议决定：(1) 被决定强制医疗的人符合强制医疗条件的，应当驳回复议申请，维持原决定；(2) 被决定强制医疗的人不符合强制医疗条件的，应当撤销原决定；(3) 原审违反法定诉讼程序，可能影响公正审判的，应当撤销原决定，发回原审人民法院重新审判。据此可知，A、D项正确。

（三）不定项选择题

1. BC

根据《刑事诉讼法》第303条的规定，强制医疗程序的启动主体应当是检察机关和人民法院。检察机关可以通过提出强制医疗申请的形式启动，人民法院可以直接启动强制医疗程序。

2. BCD

根据《刑事诉讼法》第304条，强制医疗程序应用合议制，故A项正确。强制医疗程序中的法律援助是必须的，故B项错误，当选。根据《刑事诉讼法》第305条，人民法院在强制医疗程序中仅能作出决定，并且对此只能申请复议，不能上诉或抗诉。因此，C、D项错误，当选。

简答题

关于强制医疗程序的适用条件，主要有以下三项：一是行为人必须实施了暴力行为，危害公共安全或者严重危害公民人身安全；二是行为人必须属于经法定程序鉴定依法不负刑事责任的精神病人；三是行为人必须有继续危害社会的可能。

行为人必须同时符合上述三个条件，才可被强制医疗。

案例分析题

(1) 强制医疗程序的适用条件是：1) 行为人实施了危害公共安全或者严重危害公民人身安全的暴力行为。2) 行为人经法定程序鉴定属依法不负刑事责任的精神病人。3) 行为人有继续危害社会的可能。

(2)《刑事诉讼法》规定了一审程序被强制医疗的人、被害人及其法定代理人、近亲属对强制医疗决定不服的，可以向上一级法院申请复议，没有明确二审程序是否可以申请复议。从理论上讲，二审是终审程序，当事人不能再上诉，只能通过审判监督程序对裁判予以纠正。但按照我国刑事诉讼法关于审判监督程序的规定，只有法院的判决、裁定才可以申诉，不包括决定。因此，如果对中级法院的强制医疗决定不允许复议，必将剥夺当事人的救济权。故对于《刑事诉讼法》第305条规定的“被决定强制医疗的人、被害人及其法定代理人、近亲属对强制医疗不服的，可以向上一级法院申请复议”应作广义理解，即既包括一审也包括二审，以使当事人的救济权利得到保障。

(3) 不合法。按照刑事诉讼法和有关司法解释的规定，丁区法院有下列违法行为：1) 审理强制医疗应当组成合议庭进行；2) 本案被告人系成年人，所犯抢劫罪不属于不公开审理的案件；3) 审理强制医疗案件，应当通知段某的法定代理人到庭；4) 段某没有委托诉讼代理人，法院应当通知法律援助机构指派律师担任其法定代理人，为其提供法律援助。

(4) 按照《高法刑诉解释》160条关于“人民法院认定公诉案件被告人的行为不构成犯罪，对已经提起的附带民事诉讼，经调解不能达成协议的，应当一并作出刑事附带民事判决”的精神，丁区法院应当就民事赔偿进行调解，调解不成的，判决宣告被告人段某不负刑事责任，并在判决中就附带的民事赔偿一并处理，同时作出对被告人段某强制医疗的决定。

第二十八章　涉外刑事诉讼程序与刑事司法协助制度

知识逻辑图

- 涉外刑事诉讼程序
  - 概念：诉讼活动涉及外国人（包括无国籍人）或需要国外司法机关进行协助的刑事诉讼的特有程序
  - 案件范围
    - 中国公民在中国对外国公民、无国籍人及外国企业和组织犯罪
    - 外国公民、无国籍人或外国法人在中国对中国国家、组织或公民犯罪
    - 外国公民、无国籍人或外国法人在中国侵犯中国公民或组织、无国籍人或外国公民、企业和组织的合法权益，触犯中国刑法，构成犯罪
    - 中国负有国际义务的国际犯罪
    - 外国公民、无国籍人、外国企业和组织在中国以外对中国公民或组织实施依中国刑法规定最低刑为 3 年以上有期徒刑的犯罪案件，但依犯罪地法律不受处罚的除外
    - 某些刑事诉讼活动需要在外国进行的非涉外刑事案件
    - 外国司法机关请求中国提供刑事司法协助的案件
  - 特有原则
    - 适用中国刑事法律和信守国际条约相结合的原则
    - 外国籍犯罪嫌疑人、被告人享有中国法律规定的诉讼权利并承担诉讼义务的原则
    - 使用中国通用的语言文字进行诉讼的原则
    - 外国籍当事人委托中国律师辩护或代理的原则

- 刑事司法协助制度
  - 分类
    - 区际刑事司法协助
    - 国际刑事司法协助
      - 广义：包括引渡等内容
      - 狭义：与审判有关的刑事司法协助，不包括引渡等内容
  - 法律依据
    - 国家共同参加的国际公约
    - 国家间签订的刑事司法协助条约
    - 临时达成的互惠协议
    - 国内法律规定
  - 原则
    - 维护国家主权原则
    - 对等互惠原则
    - 依法和依条约进行原则
  - 具体内容
    - 代为调查取证
    - 送达文书
    - 赃款、赃物的追缴和被害人财物的归还
    - 准许或协助包括在押人员在内的有关人员赴请求国作证，或协助调查取证
    - 刑事诉讼结果的通报
    - 犯罪情报和其他情报的交换

名词解释与概念比较

1. 刑事司法协助
2. 涉外案件

选择题

（一）单项选择题

1. 下列哪一项不属于狭义的刑事司法协助？（　　）（司考）

A. 询问证人　　B. 引渡

C. 搜查　　D. 扣押

2. 外国人或者无国籍人在中国进行刑事诉讼，需要委托辩护人或代理人时（　　）。

A. 应当委托中国律师担任

B. 可以委托中国律师担任

C. 可以委托外国律师担任

D. 既可以委托中国律师担任，也可以委托外国律师担任

3. 犯罪嫌疑人为享有外交特权与豁免权的外国人的，由哪个单位移送外交部通过外交途径解决其刑事责任问题？（　　）

A. 市级以上公安机关

B. 公安部

C. 省、自治区、直辖市公安机关

D. 负责案件侦查的机关

4. 请求与我国签订司法协助协定的国家的法院代为一定诉讼行为的，必须由下列哪一机关报经最高人民法院审查同意？（　　）

A. 省、自治区、直辖市高级人民法院

B. 最高人民法院指定的机关

C. 刑事司法协助指定的机关

D. 省、自治区、直辖市司法厅（局）

5. 根据我国涉外刑事案件审理程序规定，下列哪一选项是正确的？（　　）（司考）

A. 国籍不明又无法查清的，以中国国籍对待，不适用涉外刑事案件审理程序

B. 法院审判涉外刑事案件，不公开审理

C. 对居住在国外的中国籍当事人，可以委托我国使、领馆代为送达

D. 外国法院通过外交途径请求我国法院向外国驻华使、领馆商务参赞送达法律文书的，应由我国有关高级法院送达

6. W国人约翰涉嫌在我国某市A区从事间谍活动被立案侦查并提起公诉。关于本案诉讼程序，下列哪一选项是正确的？（　　）（司考）

A. 约翰可通过W国驻华使馆委托W国律师为其辩护

B. 本案由A区法院一审

C. 约翰精通汉语，开庭时法院可不为其配备翻译人员

D. 给约翰送达的法院判决书应为中文本

（二）多项选择题

1. 在涉外刑事诉讼中，关于国籍的确认，下列哪些做法是正确的？（　　）（司考）

A. 犯罪嫌疑人甲，入境时持有有效证件，以该有效证件确认甲的国籍

B. 犯罪嫌疑人乙，国籍不明，以公安机关会同外事部门查明的情况确认乙的国籍

C. 犯罪嫌疑人丙，国籍不明，经公安机关会同外事部门调查确实无法查明，以丙自报的国籍确认其国籍

D. 犯罪嫌疑人丁，国籍不明，经公安机关会同外事部门调查确实无法查明，按照无国籍人对待

2. 汤姆为美国人，因在中国犯故意伤害罪被检察院起诉到某中级人民法院。在该法院以下的做法中，正确的是（　　）。

A. 法院准许汤姆委托其美国好友著名大律师查里斯作为其辩护人，但规定查里斯不许以律师身份辩护，法院只将其作为普通的辩护人看待

B. 在法院开庭审理时，汤姆以合议庭中的某一审判员为受害人的大学好友为由向法庭申请其回避，该法庭以汤姆不享有此诉讼权利为由驳回了其回避申请

C. 该法庭驳回其回避申请的决定书使用中文书写，并附有加盖人民法院印章的英文文本

D. 该法庭为汤姆提供翻译

3. 下列属于涉外刑事诉讼程序适用的法律及其他法律文件的有（　　）。

A.《中华人民共和国外交特权与豁免条例》的有关规定
B.《人民检察院刑事诉讼规则（试行）》
C.《公安机关办理刑事案件程序规定》
D. 全国人大常委会通过的《关于对中华人民共和国缔结或者参加的国际条约所规定的罪行行使刑事管辖权的决定》

4. 下列案件属于涉外刑事案件的有（　　）。
A. 在我国境内发生的中国人侵犯外国人的刑事案件
B. 在我国驻某国大使馆内中国使馆工作人员甲与乙之间发生的故意伤害案
C. 在大西洋上航行的中国货轮被某国海盗抢劫的案件
D. 在我国境内发生的外国人犯罪的案件

5. 下列属于涉外刑事诉讼处理原则的有（　　）。
A. 适用中国刑事法律和信守国际条约相结合的原则
B. 外国籍犯罪嫌疑人、被告人享有中国法律规定的诉讼权利并承担诉讼义务的原则
C. 分案处理原则
D. 外国籍当事人委托中国律师辩护或代理的原则

6. 向在中华人民共和国领域外居住的当事人送达诉讼文书，可以采取下列哪些方式？（　　）
A. 通过外交途径送达
B. 当事人所在国的法律允许邮寄送达的，可以邮寄送达
C. 当事人所在国与我国有刑事司法协助协定的，按照协定规定的方式送达
D. 对在国外的中国籍当事人，可以委托我国使、领馆代为送达

7. 下列哪些案件适用涉外刑事诉讼程序？（　　）（司考）
A. 在公海航行的我国货轮被索马里海盗抢劫的案件
B. 我国国内一起贩毒案件的关键目击证人在诉讼时身在国外
C. 陈某经营的煤矿发生重大安全事故后携款潜逃国外的案件
D. 我驻某国大使馆内中方工作人员甲、乙因看世界杯而发生斗殴的故意伤害案件

（三）不定项选择题

杰克逊为一外国人，目前在中国工作，其在酒吧与他人发生纠纷，将他人打成轻伤，侦查人员将此案作为刑事案件处理。请回答下列问题：

1. 在侦查过程中，发现杰克逊的国籍不明，请问本案应适用下列哪一程序？（　　）
A. 涉外刑事案件诉讼程序
B. 普通刑事案件诉讼程序
C. 应按无国籍人刑事诉讼程序处理
D. 比照外交人员处理

2. 在侦查过程中，杰克逊声称自己是外交人员，享有豁免权，并出示相关证明。那么本案应如何处理？（　　）
A. 依照普通程序处理
B. 依照涉外刑事案件处理
C. 与杰克逊协商解决
D. 通过外交途径解决

3. 在侦查过程中，杰克逊声称自己不懂汉语，希望能有翻译帮助。对于这一要求，下列哪些方式符合法律规定？（　　）
A. 公安机关应为其提供翻译，但应由其支付翻译费用
B. 公安机关应为其提供免费翻译
C. 杰克逊可以自己请翻译，但需要经公安机关批准
D. 杰克逊无权自己请翻译

简答题

1. 我国涉外刑事诉讼的特有原则有哪些？
2. 简述适用涉外刑事诉讼程序的案件范围。

参考答案

名词解释与概念比较

1. 刑事司法协助，是指一国法院或其他司法机关，根据另一国法院或者其他司法机关的请求，代为或者协助实行与刑事诉讼有关的司法行为的

协助程序。狭义的司法协助，是指与审判有关的刑事司法协助，它包括送达刑事司法文书、询问证人和鉴定人、搜查、扣押、有关物品的移交以及提供有关法律资料等。广义的刑事司法协助除了狭义的刑事司法协助外，还包括引渡等内容。

2. 涉外案件主要指在中华人民共和国领域内，外国人犯罪的或者我国公民侵犯外国人合法权利的刑事案件；在中华人民共和国领域外，符合《刑法》第8条、第10条规定情形的外国人对中华人民共和国国家及公民犯罪和中国公民犯罪的案件；符合《刑法》第9条规定的情形，中华人民共和国在所承担的国际条约义务的范围内行使管辖权的案件。

选择题

（一）单项选择题

1. B

因为引渡具有不同于其他司法协助形式的特殊性，所以，引渡问题一般都是通过专门立法予以规定，并通过签订引渡条约解决的。引渡一般被认为是广义的司法协助形式。故本题应选B项。

2. A

《高法刑诉解释》第402条规定：外国籍被告人委托律师辩护，或者外国籍附带民事诉讼原告人、自诉人委托律师代理诉讼的，应当委托具有中华人民共和国律师资格并依法取得执业证书的律师。故本题应选A项。

3. B

《公安机关办理刑事案件程序规定》第349条规定，犯罪嫌疑人为享有外交或者领事特权和豁免权的外国人的，应当层报公安部，同时通报同级人民政府外事办公室，由公安部商请外交部通过外交途径办理。故本题应选B项。

4. A

《高法刑诉解释》第410条规定：人民法院请求外国提供司法协助的，应当经高级人民法院审查后报最高人民法院审核同意。外国法院请求我国提供司法协助，属于人民法院职权范围的，经最高人民法院审核同意后转有关人民法院办理。据此，本题应选A项。

5. C

《高法刑诉解释》第394条规定：外国人的国籍，根据其入境时的有效证件确认；国籍不明的，根据公安机关或者有关国家驻华使、领馆出具的证明确认。国籍无法查明的，以无国籍人对待，适用本章有关规定，在裁判文书中写明“国籍不明”。因此，A项错误。该解释第400条规定：人民法院审理涉外刑事案件，应当公开进行，但依法不应公开审理的除外。所以，B项错误。该解释第412条规定，人民法院向在中华人民共和国领域外居住的当事人送达刑事诉讼文书，可以采用下列方式：（1）根据受送达人所在国与中华人民共和国缔结或者共同参加的国际条约规定的方式送达；（2）通过外交途径送达；（3）对中国籍当事人，可以委托我国驻受送达人所在国的使、领馆代为送达……可见，C项正确。该解释第413条规定：外国法院通过外交途径请求人民法院送达刑事诉讼文书的，由该国驻华使馆将法律文书交我国外交部主管部门转最高人民法院。最高人民法院审核后认为属于人民法院职权范围，且可以代为送达的，应当转有关人民法院办理。据此，D项说法错误。

6. D

《高法刑诉解释》第402条规定，“外国籍被告人在押的，其监护人、近亲属或者其国籍国驻华使、领馆可以代为委托辩护人”。在被告人在押的情况下，才可由国籍国驻华使、领馆代为委托辩护人，题干中并未给出被告人在押的提示，也就不见得“可以”，故A项错误。《高法刑诉解释》第393条规定：第一审涉外刑事案件，除《刑事诉讼法》第21条至第23条规定的以外，由基层人民法院管辖。本案属于危害国家安全的犯罪，依照《刑事诉讼法》第21条的规定，应当由中级人民法院管辖。故B项错误。《高法刑诉解释》第401条规定：人民法院审判涉外刑事案件，使用中华人民共和国通用的语言、文字，应当为外国籍当事人提供翻译。人民法院的诉讼文书为中文本。外国籍当事人不通晓中文的，应当附有外文译本，译本不加盖人民法院印章，以中文本为准。外国籍当事人通晓中国语言、文字，拒绝他人翻译，或者不需要诉讼文书外文译本的，应当由其本人出具书面声明。可知，人民法院审判涉外刑事案件，使用中华人民共和国通用的语言、文字，应当为外国籍当事人提供翻译。故C项错误。人民法院的诉讼文书为中文本。故D项正确。

（二）多项选择题

1. ABD

根据《高法刑诉解释》第394条，C项错误。

2. AD

A项正确，因为虽然外国人委托律师必须委托中国的律师，但是查里斯不是以律师的身份而是作为被告人的好友以一般的辩护人的身份为汤姆辩护的，这是允许的。B项不正确，因为根据诉讼权利和义务平等的原则，汤姆和我国的诉讼参与人一样，享有申请回避的权利，法院却剥夺了其权利。C项错误，因为英文文本加盖了法院的印章，而最高人民法院的司法解释明确规定外文译本不得加盖法院印章，应以中文文本为主。D项正确，因为《高法刑诉解释》第401条规定，人民法院审判涉外刑事案件，使用中华人民共和国通用的语言、文字，应当为外国籍当事人提供翻译。

3. ABCD

本题四个法律文件中都有涉外刑事诉讼程序的内容，属于我国处理涉外案件的法律依据。除此以外，刑法、刑事诉讼法、最高人民法院的司法解释等也是处理涉外案件的法律依据。故本题全选。

4. ACD

根据《高法刑诉解释》第392条的规定，本题应选A、C、D三项。B项中，案件当事人双方均是中国人，且案件发生在我国使馆内，所以不属于涉外刑事案件，应由我国法院管辖，不适用涉外诉讼程序。

5. ABD

分案处理原则是未成年人刑事案件的特色原则，故不选C项。除此以外的三个选项都是涉外刑事诉讼的处理原则。

6. ABCD

《高法刑诉解释》第412条规定，人民法院向在中华人民共和国领域外居住的当事人送达刑事诉讼文书，可以采用下列方式：（1）根据受送达人所在国与中华人民共和国缔结或者共同参加的国际条约规定的方式送达；（2）通过外交途径送达；（3）对中国籍当事人，可以委托我国驻受送达人所在国的使、领馆代为送达；（4）当事人是自诉案件的自诉人或者附带民事诉讼原告人的，可以向有权代其接受送达的诉讼代理人送达；（5）当事人是外国单位的，可以向其在中华人民共和国领域内设立的代表机构或者有权接受送达的分支机构、业务代办人送达；（6）受送达人所在国法律允许的，可以邮寄送达，自邮寄之日起满3个月，送达回证未退回，但根据各种情况足以认定已经送达的，视为送达；（7）受送达人所在国法律允许的，可以采用传真、电子邮件等能够确认受送达人收悉的方式送达。据此，本题全选。

7. ABC

《高法刑诉解释》第392条规定，本解释所称的涉外刑事案件是指：（1）在中华人民共和国领域内，外国人犯罪的或者我国公民侵犯外国人合法权利的刑事案件；（2）符合《刑法》第7条、第10条规定情形的我国公民在中华人民共和国领域外犯罪的案件；（3）符合《刑法》第8条、第10条规定情形的外国人对中华人民共和国国家或者公民犯罪的案件；（4）符合《刑法》第9条规定情形的中华人民共和国在所承担国际条约义务范围内行使管辖权的案件。因此，本题应选A、B、C三项。根据公约和中国国内法的有关规定，凡中国有义务管辖的国际犯罪案件，均适用涉外刑事诉讼程序，故A项正确。我国的证人在诉讼时身在国外，不属于涉外案件，但是该案的诉讼活动需要在外国进行，所以，适用涉外刑事诉讼程序。故B项正确。陈某携款逃到国外，虽然该案不属于涉外案件，但有诉讼活动需要在外国进行或由外国协助，所以，适用涉外刑事诉讼程序，C项正确。D项错误：当事人双方均是中国人，且案件发生在我国使馆内，所以不属于涉外刑事案件，应由我国法院管辖，不适用涉外刑事诉讼程序。

（三）不定项选择题

1. A

根据《高法刑诉解释》第394条，本题选A项。

2. D

《刑事诉讼法》第17条规定：对于享有外交特权和豁免权的外国人犯罪应当追究刑事责任的，通过外交途径解决。据此，本题选D项。

3. BD

《公安机关办理刑事案件程序规定》第350条

规定：公安机关办理外国人犯罪案件使用中华人民共和国通用的语言文字。犯罪嫌疑人不通晓中国语言文字的，公安机关应当为他翻译。翻译仅能由公安机关提供，不能自己聘请。据此，本题选B项、D项。

简答题

1. 我国涉外刑事诉讼的特有原则，是指司法机关及诉讼参与人进行涉外刑事诉讼时所应遵守的行为准则。根据我国法律和司法解释的规定，主要有以下特有原则：(1) 适用中国刑事法律和信守国际条约相结合的原则。(2) 外国籍犯罪嫌疑人、被告人享有中国法律规定的诉讼权利并承担诉讼义务的原则。(3) 使用中国通用的语言文字进行诉讼的原则。(4) 外国籍当事人委托中国律师辩护或代理的原则。

2. 由于涉外刑事诉讼是诉讼活动涉及外国人或者某些诉讼活动需要国外司法机关进行协助的刑事诉讼，所以，适用涉外刑事诉讼程序的一般有以下7种案件：(1) 中国公民在中华人民共和国领域内对外国公民、无国籍人及外国企业和组织犯罪的案件。(2) 外国公民、无国籍人及外国企业和组织在中华人民共和国领域内对中国国家、组织或公民实施犯罪的案件。(3) 外国公民、无国籍人及外国企业和组织在中华人民共和国领域内侵犯外国公民、无国籍人及外国企业和组织的合法权益，触犯中国刑法，构成犯罪的案件。(4) 中华人民共和国缔结或者参加的国际条约所规定的，中国有义务管辖的国际犯罪案件。(5) 外国公民、无国籍人及外国企业和组织在中华人民共和国领域外对中国国家或公民实施按照中国刑法规定最低刑为3年以上有期徒刑的犯罪案件，但按犯罪地法律不受处罚的除外。(6) 某些刑事诉讼活动需要在国外进行的非涉外刑事案件。(7) 外国司法机关管辖的，根据国际条约或者互惠原则，外国司法机关请求中国司法机关为其提供刑事司法协助的案件。

综合测试题（一）

一、名词解释与概念比较

1. 自由心证
2. 适度原则
3. 审判监督程序

二、选择题

（一）单项选择题

1. 我国刑事诉讼法制定的法律依据是(　　)。

A. 宪法

B. 刑法

C. 人民法院组织法和人民检察院组织法及人民警察法

D. 我国参加和缔结的国际条约

2. 下列哪一时期实行的诉讼制度主要是纠问制？(　　)

A. 原始社会　　B. 奴隶社会　　C. 封建社会　　D. 资本主义社会

3. 我国刑事诉讼法的功能具有多元性，但下列说法中有一项不是其正当功能，即(　　)。

A. 保障功能　　B. 惩罚功能　　C. 教育功能　　D. 报复功能

4. 下列对法定代理人的说法中，正确的是(　　)。

A. 法定代理人在刑事诉讼中具有辅助的诉讼地位

B. 法定代理人在刑事诉讼中具有独立的诉讼地位

C. 法定代理人在刑事诉讼中可以代行被代理人所有的诉讼权利和义务

D. 法定代理人的产生是基于被代理人的意思表示

5. 某基层人民检察院将一起杀人案起诉到人民法院后，法院认为需要判处无期徒刑以上刑罚。关于本案的处理，下列表述中正确的是(　　)。

A. 如果是在庭前审查发现的，则人民法院可以要求人民检察院撤诉，不撤诉直接请求移送上级人民法院审理

B. 人民法院直接请求移送上级人民法院审理

C. 人民法院在建议人民检察院撤诉未获同意后，应开庭审理，经开庭仍认为需要判处无期徒刑以上刑罚的，可以请求移送上级人民法院，上级人民法院可以接受也可以不接受

D. 人民法院在建议人民检察院撤诉未获同意后，应开庭审理，经开庭仍认为需要判处无期徒刑以上刑罚的，可以请求移送上级人民法院，上级人民法院必须接受

6. 王某为一起抢劫案的被害人，在该案的侦查阶段，王某就申请侦查员张某回避，但被驳回，对此，王某可以(　　)。

A. 向作出决定的机关申请复议一次

B. 向作出决定的机关的上一级机关申请复议一次

C. 向人民检察院申请复议一次

D. 向人民法院申诉

7. 我国刑事诉讼中规定了刑事代理制度，下列人员中，不能委托诉讼代理人的是(　　)。

A. 自诉人的近亲属　　B. 附带民事诉讼的被告人

C. 被害人的近亲属　　D. 申诉案件的申诉人

8. 某地发生一起杀人案，公安机关在搜寻现场附近时，发现几张纸的碎片，在拼接好后，发现内容并不完整，但能确定这是一张欠条，而且上面提到甲的名字。经鉴定，笔迹为甲的。公安机关通过笔迹找到了犯罪嫌疑人甲。关于本案的证据，下列哪一种说法是正确的？(　　)

A. 欠条是物证　　B. 欠条是书证

C. 欠条是鉴定意见　　D. 欠条记载文字的笔迹是物证

9. 某女涉嫌故意杀人罪被公安机关抓获，公安机关经审查发现其已有3个月身孕。对其应如何采取强制措施？(　　)

A. 应当逮捕　　B. 应当取保候审或监视居住

C. 可以采取取保候审或监视居住　　D. 不应采取强制措施

10. 在下列各项人员中，在附带民事诉讼中依法不负有赔偿责任的是(　　)。

A. 没有被追究刑事责任的共同致害人

B. 应当对被告人的行为承担民事赔偿责任的单位

C. 应当对被告人的行为承担民事赔偿责任的个人

D. 成年被告人的近亲属

11. 在一起抢劫案发生后，被害人到公安机关报案，侦查员立即着手进行调查，但对于是否需要立案仍举棋不定。如果需要立案，则需要达到什么要求？(　　)

A. 有犯罪事实需要追究刑事责任

B. 有明确的犯罪嫌疑人

C. 犯罪嫌疑人应当被判处有期徒刑以上的刑罚

D. 犯罪事实清楚，证据确实、充分

12. 根据我国法律的规定，被告人在庭审中的陈述与在侦查、审查起诉中的供述不一致时，公诉人应该(　　)。

A. 不影响定罪量刑时，应当不予考虑

B. 在影响定罪量刑时，可以宣读被告人的陈述，并针对笔录中被告人的供述内容对被告人进行讯问，或提出其他证据进行证明

C. 不论是否影响定罪量刑，以庭审过程中的陈述为审查对象，因为反对一切传闻证据，即在侦查、审查起诉中作的笔录

D. 不论是否影响定罪量刑，以在侦查、审查起诉中作的笔录为审查对象，因为相对庭审过程中的陈述，其具有很高的真实性

13. 人民检察院在抗诉期内，对某区人民法院的一起强奸案的刑事判决提起抗诉。市人民法院在审理该案件时，通知人民检察院派员出庭，但是人民检察院在接到通知后没有派员出庭。对此，在下列说法中，正确的是(　　)。

A. 人民法院应当再次通知人民检察院　　B. 继续审理该案

C. 应当裁定驳回抗诉，维持原判　　D. 应当裁定按人民检察院撤回抗诉处理

14. 下列决定中，对哪一决定不可以申请复议？(　　)

A. 驳回申请回避的决定　　B. 强制医疗决定

C. 对证人不出庭的拘留处罚决定　　D. 延期审理的决定

（二）多项选择题

1. 根据我国刑事诉讼法的规定，刑事诉讼法制度的目的是(　　)。

A. 保证刑法的正确实施

B. 惩罚犯罪

C. 保护人民

D. 保障国家安全和社会公共安全，维护社会主义社会秩序

2. 下列哪些权利是被告人所享有的防御性诉讼权利？(　　)

A. 知悉权　　B. 辩护权　　C. 沉默权　　D. 上诉权

3. 清末中国刑事司法主权受到侵犯的主要标志是(　　)。

A. 会审公廨　　B. 特别法院　　C. 领事裁判权　　D. 租界法庭

4. 在下列人员中，既可以为自然人，又可以为单位的是(　　)。

A. 证人　　B. 被告人　　C. 鉴定人　　D. 被害人

5. 下列哪些案件由人民检察院直接受理？(　　)

A. 非法拘禁案　　B. 刑讯逼供案　　C. 非法搜查案　　D. 杀人案

6. 某罪犯越狱逃跑，路上遇一无国籍人，该逃犯乘机抢劫了该无国籍人的 1 万元美金。该无国籍人向我国某公安机关报案。在报案过程中，该无国籍人无意中透露了自己实施的一起故意伤害中国人致重伤的犯罪的犯罪事实。关于上述材料所涉及的犯罪事实的侦查和审理，下面的说法中正确的是(　　)。

A. 逃犯的案件应由狱侦部门侦查

B. 逃犯的案件应由公安机关侦查

C. 无国籍人案件可以由相应的基层人民法院审理

D. 无国籍人案件可以由相应的中级人民法院审理

7. 在人民法院中，有权对回避的申请作出决定的有(　　)。

A. 审判员　　B. 合议庭审判长　　C. 人民法院院长　　D. 审判委员会

8. 关于不得被委托担任辩护人的问题，最高人民法院对此有专门规定，其中一项是“与本案审理结果有利害关系的人”。从司法实践看，这类人员一般有(　　)。

A. 本案的证人

B. 本案被告人的父母

C. 本案附带民事诉讼的其他被告人

D. 本案中未被追究刑事责任的共同加害人

9. 下列对鉴定人的描述，正确的是(　　)。

A. 鉴定人必须有专门的知识

B. 鉴定人必须和案件没有利害关系

C. 鉴定人只有经公安、司法机关指派或聘请，才能对案件的专门问题进行鉴定

D. 鉴定人可以是自然人，也可以是单位，鉴定报告上必须有鉴定人所在的鉴定部门或接受委托的鉴定部门的公章

10. 公安机关将盗窃现行犯张某先行拘留后，经审查认为需要逮捕，于是向检察机关提请逮捕。检察机关对案件审查后，可以作出哪几种决定？(　　)

A. 退回补充侦查的决定　　B. 批准逮捕的决定

C. 不批准逮捕的决定　　D. 采取取保候审、监视居住的决定

11. 公安机关接到群众举报称非国家机关工作人员李某有受贿的嫌疑，公安机关决定进行初查以确定是否应当立案。在初查阶段，公安机关可以采取下列哪些措施？(　　)

A. 询问李某家庭收入状况　　B. 对李某所写的一张欠条进行鉴定

C. 冻结李某的银行账户　　D. 搜查李某的住所及其父母的住所

12. 在侦查活动中，侦查机关可以扣押的物品和文件有(　　)。

A. 与案件有关的物品和文件

B. 用以证明犯罪嫌疑人有罪的物品和文件

C. 用以证明犯罪嫌疑人无罪的物品和文件

D. 在侦查中发现的各种物品和文件

13. 李某因涉嫌盗窃罪被公安机关立案侦查并被逮捕，在侦查过程中又发现李某涉嫌抢劫罪。市公安局的侦查员到李某犯罪现场进行侦查。在现场，侦查人员应如何开展工作？（　　）

A. 应进行勘验

B. 应进行检查

C. 应制作笔录

D. 可以指派非公安机关的专业人员进行勘验

14. 人民陪审员有下列哪些情形之一的，可以被免除人民陪审员职务？（　　）

A. 本人申请辞去人民陪审员职务的

B. 无正当理由，拒绝参加审判活动，影响审判工作正常进行的

C. 违反与审判工作有关的法律及相关规定，徇私舞弊，造成错误裁判或其他严重后果的

D. 被开除公职的

15. 对中级人民法院判处死刑的一审案件，被告人不上诉的，高级人民法院复核后不同意判处死刑的，可以(　　)。

A. 指令再审　　B. 提审　　C. 发回重审　　D. 直接改判

（三）不定项选择题

1. 上、下级人民法院之间的监督与被监督的关系主要表现在(　　)。

A. 通过二审程序，审查下级人民法院的这一裁判是否正确

B. 最高人民法院通过司法解释、法令等方法，指导、监督下级人民法院的审判工作

C. 通过审判监督程序，纠正下级人民法院已经发生法律效力的确有错误的判决

D. 通过个案的请示汇报，进行指导和监督

2. 立案管辖所要解决的问题是，对一起案件，具体应由公安机关、人民检察院及法律规定的其他机关的哪个机关(　　)。

A. 直接受理的问题　　B. 首先进行侦查的问题

C. 提起公诉的问题　　D. 进行审判的问题

3. 某政府官员因被检察机关指控涉嫌受贿罪而提起公诉，欲聘请律师为自己辩护。其家人在与朋友协商时产生多种意见，其中，法律上可行的是(　　)。

A. 一朋友建议其请一庞大的律师团，团里包括律师和法学院著名教授

B. 一朋友建议其请一名美国大律师和一名中国律师共同为其辩护

C. 一朋友建议其请 2 名中国名律师为其辩护

D. 一朋友建议其请 5 名中国律师，且这些律师与法院和政法委都有过硬的关系

4. 在一起共同抢劫案件中，某省甲市人马某、宋某、周某在该省的乙市内抢劫被抓获，人民检察院决定对本案提起公诉。在本案中，如果马某、宋某聘请了辩护律师，则人民法院对于没有委托辩护人的周某可以采取的做法有哪些？(　　)

A. 要求周某委托辩护人

B. 必须通知法律援助机构为周某指派辩护人

C. 可以通知法律援助机构为周某指派辩护人

D. 只有当周某确因经济困难而无力聘请辩护人时，才应通知法律援助机构为周某指派辩护人

5. 银行为防盗抢在银行大厅中装了摄像机，这些摄像机所拍摄的犯罪场景的录像带属于(　　)。

A. 原始证据　　B. 直接证据　　C. 传闻证据　　D. 视听资料

6. 按摩女甲向公安机关报案称顾客乙将其强奸，公安机关经审查后决定立案侦查。在侦查过程中，公安机关如需讯问乙，可以采取下列哪些措施？（　　）

A. 传唤乙到所在市、县内的指定地点或到他的住处讯问

B. 上述传唤持续时间不得超过 12 小时

C. 如乙已被拘留或逮捕，可以在看守所或公安机关的场所进行讯问

D. 拘传乙到其所在的市、县内的指定地点进行讯问

7. 上题中，如果公安机关认为乙符合逮捕的条件而提请检察机关批捕时，检察机关的下列哪些做法是错误的？（　　）

A. 检察机关认为本案已过追诉期限，作出不批捕的决定

B. 对乙应予以逮捕，但乙被拘留后突发心脏病，检察机关作出批捕的决定，同时决定对乙保外就医

C. 检察机关认为本案不符合逮捕条件，但认为乙符合取保候审的条件，作出不批捕的决定，同时要求公安机关对其取保候审

D. 由于公安机关一直没有查清乙的身份与地址，检察机关作出不批捕的决定

8. 在审查一起案件的过程中，检察机关认为案件事实不清，需要公安机关补充侦查。对于该案的补充侦查，下列说法中正确的是（　　）。

A. 人民检察院可以退回公安机关补充侦查

B. 人民检察院也可以自行侦查

C. 应当在 1 个月以内补充侦查完毕

D. 补充侦查以一次为限

9. 法院在审理一起故意伤害案的民事赔偿部分时，如果被告人对被害人提出的殴打被害人的事实没有异议，但合议庭认为被告人是否参与了殴打行为有待查实的，此时合议庭应当如何处理？（　　）

A. 宣布休庭，就有疑问的证据进行调查核实

B. 要求被害人提供证据证明被告人参与殴打的事实

C. 免除被害人的举证责任，直接认定案件事实

D. 建议检察机关补充侦查

10. 下列关于再审程序的说法正确的是（　　）。

A. 再审案件应对原判决、裁定认定的事实、证据和适用法律进行全面审查

B. 再审案件应对再审立案时发现的事实与法律错误进行审查

C. 人民法院按审判监督程序重新审判的案件，如果原来是一审案件，应依第一审程序进行审判

D. 人民法院按审判监督程序重新审判的案件，如果原来是一审案件，上级人民法院提审的，应依照一审程序进行审判

三、简答题

1. 必须由法律援助机构指派律师辩护的范围是什么？

2. 刑事诉讼中证明责任是如何承担的？

3. 被取保候审的犯罪嫌疑人、被告人应当遵守哪些规定？

四、案例分析题

1. 某市人民检察院接到群众举报，某私营企业主纪江有严重的偷税行为。经过初查后，该市人民检察院决定对纪江立案侦查。2018 年 4 月 13 日，经该市人民检察院检察长批准，对纪江进行拘传，拘传后对纪江进行了讯问。由于纪江一直对有关事实予以否认，检察人员连夜突审，直至次日晚，纪江才对有关事实初步承认。于是，在 2018 年 4 月 16 日，该人民检察院作出拘留纪江的决定，将纪江羁押在人

民检察院的羁押室中。纪江提出聘请律师，检察人员以案件涉及国家秘密为由拒绝其聘请律师。2018 年 5 月 4 日，该人民检察院侦查部门将纪江一案移送到公诉部门审查起诉。2018 年 5 月 10 日，经过该人民检察院公诉部门批准，决定对其逮捕，并经公诉部门批准，要求纪江的开户行冻结其存款。2018 年 8 月 1 日，该人民检察院向某市中级人民法院提起公诉。该人民法院在案件审查中发现起诉书中指控的罪名所依据的事实有不清之处，遂要求将侦查、起诉中的所有卷宗材料和物证移送到该人民法院。法院开庭审理后，公诉人发现案件有关证据确实不够充分，于是提出请求，法庭作出中止审理的决定。该人民检察院在补充侦查阶段，认为纪江的犯罪事实确实轻微，遂作出不起诉的决定。

问：本案在诉讼过程中有哪些不当之处？并说明理由。

2. 刘林，某工厂职工，曾荣获市劳动模范称号，为市人大代表。其妹刘红，为同一厂另一车间职工。刘红在劳动中和同车间职工赵军产生了深厚的感情，遂恋爱定亲，私下订立山盟海誓，愿意永为伴侣。但刘林因工作关系和赵军曾结有私怨。得知其妹刘红和赵军私订终身后，刘林十分气愤，便严令其妹不准与赵军交往。同时刘林告诉刘红，说自己有一友人之弟王某在某银行工作，人品好、工作优越，经济状况更非一般人能比，欲将其妹介绍给王某。刘红一听，一口拒绝，且继续同赵军商议，二人想选定日期登记结婚，且欲瞒住其兄。不巧被正路过二人身边的另一个人金某听到。金某和刘林系师兄弟。金某一听此情况，便去告诉刘林。刘林一听，怒气上涌，手执一粗木棍赶到刘红和赵军二人交谈处，将赵军赶走，将其妹刘红强行带至家中，关在房里不准她出门。刘红深感其兄蛮横无理，又觉无法实现自己的爱情，十分绝望。刘红本就是一个较偏执的女孩，一时想不开，便在房间里悬梁自尽了。刘林发现其妹自尽身亡，惊怒交加，顾不上安排丧事，手持一把大型水果刀，到处寻找赵军，欲杀赵军给其妹偿命。居委会干部李大妈为防止再闹出人命来，赶忙打电话向派出所报案，公安机关、检察机关立即派人赶到现场处理此案。

请问：(1) 本案应由哪一机关受理？说明理由。

(2) 本案经受理后应否对刘林采取强制措施？如果能采取强制措施，该如何去做？如果不能采取强制措施，为什么？

(3) 本案应由哪一级法院进行第一审审理？为什么？

五、论述题

试论上诉不加刑原则。

参考答案

一、名词解释与概念比较

1. 自由心证，是指对于证据的取舍和证明力大小，以及对案件事实的认定，均由法官根据自己的良心、理性自由作出判断，形成确信的一种证据制度。它是近代许多资本主义国家实行的一种证据制度。

2. 适度原则，又称“相应性原则”或“比例性原则”，是指在刑事诉讼中采取的诉讼手段，特别是限制或剥夺公民基本权利的强制措施，在种类、轻重、力度上，必须与所追究的行为相适应，不能过度。

3. 审判监督程序，又称再审程序，是指人民法院、人民检察院发现已发生法律效力的刑事判决、裁定在认定事实或适用法律上确有错误时，依法提起并对案件进行重新审判的一项特别审判程序。

二、选择题

(一) 单项选择题

1. A

宪法是我国的根本大法，是其他法律制定的依据。故本题选 A 项。

2. C

封建社会主要实行的是纠问制诉讼，由官员主动纠举犯罪。故本题选 C 项。

3. D

刑事诉讼法既要保障当事人的权益，又要对犯罪分子进行法定的惩罚，还要通过这一系列活动发挥教育功能。故本题选 D 项。

4. B

法定代理人的诉讼行为可以被视为被代理人的诉讼行为，但不得代被代理人承担与其特定人身相关的诉讼义务。故本题选 B 项。

5. C

本题根据《高法刑诉解释》第 15 条的规定选出答案 C 项。

6. A

《刑事诉讼法》第 31 条规定：对驳回申请回避的决定，当事人及其法定代理人可以申请复议一次。对回避决定的复议一般只能由本机关进行。本题应选 A 项。

7. D

参见《刑事诉讼法》第 46 条。本题应选 D 项。

8. D

笔迹是以外部特征证明案件事实的，故为物证。本题应选 D 项。

9. C

根据《刑事诉讼法》第 67 条及第 74 条的规定，如果犯罪嫌疑人正在怀孕的，可以采取取保候审或监视居住的办法。故本题应选 C 项。

10. D

根据《高法刑诉解释》第 143 条选出答案 D 项。

11. A

《刑事诉讼法》第 112 条规定，公安、司法机关认为有犯罪事实需要追究刑事责任的时候，应当立案。故本题选 A 项。

12. B

根据《人民检察院刑事诉讼规则（试行）》第 439 条的规定选出答案 B 项。

13. D

根据《高法刑诉解释》第 321 条的规定选出答案 D 项。

14. D

根据《刑事诉讼法》第 31 条、第 193 条、第 305 条的规定，可以选出本题答案 D 项。

（二）多项选择题

1. ABCD

根据《刑事诉讼法》第 1 条的规定，本题全选。

2. ABC

上诉权是被告人所享有的一项救济性权利，本题应选 A、B、C 项。

3. AC

特别法院和租界法庭的提法不当，会审公廨和领事裁判权才是标准的说法。本题选 A、C 项。

4. BD

证人最基本的要求是了解案情，必须为自然人，而鉴定人对案件进行专门性评析，必须是具有主观能力的自然人。而犯罪嫌疑人、被告人及被害人都可以是单位组织。故本题选 B、D 项。

5. BC

根据《刑事诉讼法》第 19 条选出答案 B、C 项，非法拘禁罪的犯罪主体不一定是国家机关工作人员，所以不选 A 项。

6. BCD

罪犯是在越狱后实施抢劫犯罪，应由公安机关侦查。根据《刑事诉讼法》第 21 条的规定，外国人犯罪的案件不限定由中级人民法院管辖，故基层人民法院与中级人民法院均有可能管辖。本题应选 B、C、D 项。

7. CD

在我国刑事诉讼中，只有法院院长或审判委员会、检察长或检察委员会、侦查机关负责人才有权决定回避。本题应选 C、D 项。

8. CD

C 项、D 项都是与案件审理结果有直接利害关系的，证人身份优先，不能作辩护人，而父母作为近亲属是可以作辩护人的。本题应选 C、D 项。

9. ABC

鉴定人必须是自然人，鉴定机构只起到了组织作用。另外，鉴定人属于回避的对象范围，不能与案件有利害关系。本题应选 A、B、C 项。

10. BC

根据《刑事诉讼法》第 90 条的规定，对公安机关提请批捕的案件，检察机关只能作出批捕与不批捕的规定，不能另行侦查。本题应选 B、C 项。

11. AB

在初查过程中，可以采取询问、查询、勘验、检查、鉴定、调取证据材料等不限制初查对象人身、财产权利的措施。不得对初查对象采取强制措施，不得查封、扣押、冻结初查对象的财产，不得采取技术侦查措施。据此，本题应选 A、B 项。

12. ABC

扣押的目的是取得和保全证据，但扣押的范围必须是与案件有关的物品和文件。本题应选 A、B、C 项。

13. ABCD

公安机关在进行现场勘验时，在必要时可以聘请或指派具有专业知识的人员在侦查人员的主持下进行勘验。本题全选。

14. ABCD

根据《人民陪审员法》第 27 条规定可选出正确答案。本题全选。

15. BC

本题根据《刑事诉讼法》第 247 条的规定可选出正确答案。本题应选 B、C 项。

（三）不定项选择题

1. ABC

人民法院上、下级之间监督与被监督的关系只能体现为事后监督，而 D 项内容违反了该原则。A、B、C 项当选。

2. A

立案管辖是指公安、司法机关在直接受理刑事案件上的划分，解决的是刑事案件首先由谁立案、开始诉讼的问题。本题应选 A 项。

3. C

根据《刑事诉讼法》第 33 条和《高法刑诉解释》第 35 条、第 38 条的规定，被告人最多只能委托 2

名辩护律师，不得委托外国人为其辩护。C项当选。

4. AC

在共同犯罪案件中，被告人没有委托辩护人，而其他被告人已经委托辩护人的，人民法院可以通知法律援助机构为其指定辩护人。本题选A、C项。

5. ABD

录像带是以图像、声音等证明案件事实的，同时又能单独证明案件的主要事实，还直接来源于案件事实，故它既属于原始证据、直接证据，又属于视听资料。本题选A、B、D项。

6. ABD

根据《刑事诉讼法》第118、119条以及《公安机关办理刑事案件程序规定》第74条可选出答案。C项中，犯罪嫌疑人被送交看守所羁押后，仅能在看守所内进行讯问。故本题选A、B、D项。

7. BCD

根据《人民检察院刑事诉讼规则（试行）》第143条、第145条的规定选出答案。故本题选B、C、D项。

8. ABC

根据《刑事诉讼法》第175条的规定直接选出答案。本题选A、B、C项。

9. C

最高人民法院《关于民事诉讼证据的若干规定》第8条规定：诉讼过程中，一方当事人对另一方当事人陈述的案件事实明确表示承认的，另一方当事人无须举证。但涉及身份关系的案件除外。据此，选出C项。

10. AC

本题根据《高法刑诉解释》第383条和第384条的规定可以直接选出答案，A、C项当选。

三、简答题

1. 我国《刑事诉讼法》第35条规定：犯罪嫌疑人、被告人因经济困难或者其他原因没有委托辩护人的，本人及其近亲属可以向法律援助机构提出申请。对符合法律援助条件的，法律援助机构应当指派律师为其提供辩护。犯罪嫌疑人、被告人是盲、聋、哑人，或者是尚未完全丧失辨认或者控制自己行为能力的精神病人，没有委托辩护人的，人民法院、人民检察院和公安机关应当通知法律援助机构指派律师为其提供辩护。犯罪嫌疑人、被告人可能被判处无期徒刑、死刑，没有委托辩护人的，人民法院、人民检察院和公安机关应当通知法律援助机构指派律师为其提供辩护。此外，该法第278条还规定，未成年犯罪嫌疑人、被告人没有委托辩护人的，人民法院、人民检察院、公安机关应当通知法律援助机构指派律师为其提供辩护。

2. 基于刑事诉讼的特殊性，在遵守"谁主张，谁举证"这一古老的举证责任分担原则的基础上，刑事诉讼也有其特殊性。具体而言，我国刑事诉讼中举证责任的分担情况如下：(1) 在刑事公诉案件中，公诉机关承担举证责任，是举证责任的主体。(2) 在自诉案件中，被害人及其法定代理人、近亲属承担举证责任，是举证责任的主体。(3) 在刑事附带民事诉讼中，附带民事诉讼原告人是举证责任的主体。(4) 人民法院没有举证责任，也不是举证责任的主体。(5) 除法律另有规定外，被告人不承担证明自己无罪的责任，不能成为举证责任的主体。除此以外，需要注意的是，对于巨额财产来源不明案件的举证责任，首先由控方承担证明犯罪嫌疑人、被告人的财产超过其具有合法来源的收入，并且数额巨大的责任，然后举证责任转移到犯罪嫌疑人、被告人身上，其应承担证明其差额部分的收入具有合法来源。同时，对于刑事诉讼中的非法证据排除问题，举证责任由控方承担，即检察机关应当对证据收集的合法性加以证明。

3. 取保候审是对未被羁押的犯罪嫌疑人、被告人实施的一种附条件释放的强制措施，这种强制措施有许多义务和条件需要被取保的犯罪嫌疑人、被告人遵守，如《刑事诉讼法》第71条规定，（1）未经执行机关批准不得离开所居住的市、县；（2）住址、工作单位和联系方式发生变动的，在24小时以内向执行机关报告；（3）在传讯的时候及时到案；（4）不得以任何形式干扰证人作证；（5）不得毁灭、伪造证据或者串供。

除此之外，人民法院、人民检察院和公安机关可以根据案件情况，责令被取保候审的犯罪嫌疑人、被告人遵守以下一项或者多项规定：（1）不得进入特定的场所；（2）不得与特定的人员会见或者通信；（3）不得从事特定的活动；（4）将护照等出入境证件、驾驶证件交执行机关保存。

四、案例分析题

1. 在本案中，有以下不当之处：（1）偷税案件不属于人民检察院的立案管辖范围。（2）拘传时间超限。（3）拘留的执行应由公安机关进行。（4）检察人员拒绝其聘请律师的理由不当。（5）对纪江的账户进行冻结的批准，应由检察长作出。（6）审查起诉期间超过法律规定的期限。（7）法庭作出中止审理的决定是不对的，应作出延期审理的决定。（8）应由检察机关的侦查监督部门决定逮捕。（9）人民检察院在补充侦查阶段作出不起诉的决定是不当的，应当作出撤回公诉的决定。

2. （1）本案应由市公安局直接受理。本案涉及以暴力干涉他人婚姻自由而引起被害人死亡的犯罪，不属于人民法院直接受理的自诉案件的范围，也不属于人民检察院立案侦查和监察委员会立案调查的案件范围，属于一般刑事案件，故应由市公安局直接受理。

（2）本案经受理后应对刘林采取拘留的强制措施，但须报请市人大常委会批准。刘林以暴力干涉他人婚姻自由，致其妹死亡，是该逮捕的现行犯，其犯罪时即被发现；而且刘林欲持刀行凶，具有危险性，公安局应予先行拘留。但因其是市人大代表，依法律规定，在市人大闭会期间，对其拘留要报市人大常委会批准。

（3）该案应由市基层人民法院进行一审。因为以暴力干涉他人婚姻自由而引起被害人死亡的，处2年以上7年以下有期徒刑，故该案由市基层人民法院管辖。

五、论述题

上诉不加刑原则，是指第二审人民法院审判被告人一方上诉的案件时，不得以任何理由加重被告人刑罚的一项审判原则。法律规定的上诉不加刑原则的具体含义是：

（1）上诉是被告人的合法权利，不论上诉理由是否得当，都不能以被告人不服判决或态度不好而在二审判决中加重原判刑罚。

（2）仅有被告人一方上诉的案件，二审法院经审理后确认应按刑事诉讼法的规定改判时，即使原判量刑畸轻，也不得加重被告人的刑罚。

（3）二审法院发回原审人民法院重审的案件，原审人民法院也不得加重被告人的刑罚。但有新的犯罪事实，人民检察院补充起诉的情况除外。

在刑事诉讼中坚持上诉不加刑原则的意义有：（1）有利于保障被告人依法行使上诉权。（2）有利于维护上诉制度，保证人民法院正确行使审判权。（3）有利于促使人民检察院履行审判监督职责。

综合测试题（二）

一、名词解释与概念比较

1. 无罪推定
2. 证人与见证人
3. 刑事拘留与行政拘留
4. 禁止双重危险原则

二、选择题

（一）单项选择题

1.《刑事诉讼法》第5条规定："人民法院依照法律规定独立行使审判权，人民检察院依照法律规定独立行使检察权，不受行政机关、社会团体和个人的干涉。"关于人民法院依法独立行使职权，下面理解正确的是（　　）。

A. 指人民法院独立审判案件，不受行政机关、社会团体和个人的干涉

B. 指合议庭独立审判案件，不受任何组织和个人的干涉

C. 指法官个人独立审判案件，不受任何人的影响

D. 其一指法院独立审判案件，不受行政机关、社会团体和个人的干涉；其二指一定程度的合议庭的独立，不受其他组织和个人的干涉

2. 在下列案件中，不属于中级人民法院一审管辖的是（　　）。

A. 王某涉嫌贪污受贿达100万元

B. 李某加入某国间谍组织涉嫌泄露国家机密

C. 张某实施组织恐怖活动罪

D. 孙某涉嫌故意毁坏财物，数额巨大

3. 胡某是一名检察官，在人民检察院工作期间刚刚办理完毕一件故意杀人案的审查起诉工作就被调入同级人民法院工作。恰好其曾经办理过的那件故意杀人案被移送至该法院审判。胡某所在庭的庭长认为胡某熟悉此案，于是让其参与了此案的审判。关于此案，下列说法中正确的是（　　）。

A. 胡某参与该案审判没有违背我国有关回避的决定

B. 胡某可以回避，也可以不回避

C. 胡某应当是回避的对象

D. 当事人没有申请胡某回避的，法院可以不让其回避

4. 根据我国刑事诉讼法的规定和基本理论，我国刑事诉讼中的诉讼参与人是指下列哪些人员？（　　）

A. 参加刑事诉讼的公安人员、检察人员和审判人员

B. 参加刑事诉讼的，除公安、检察、审判人员以外的人员

C. 参加刑事诉讼的所有人员

D. 参加刑事诉讼的被害人、自诉人、犯罪嫌疑人和被告人

5. 在下列证据中，既属于间接证据又属于原始证据的是（　　）。

A. 被告人认罪的供述　　　　B. 证人听到被害人哭泣的证言

C. 赃物的复制品　　　　　　　　　　D. 鉴定意见的抄件

6. 在我国，根据刑事诉讼法的有关规定和司法实践经验以及诉讼理论，在一起绑架案中，公安机关决定对犯罪嫌疑人童某实施逮捕，于是向人民检察院提交了提请批准逮捕书。人民检察院最终批准了逮捕。在本案中，对逮捕童某的决定负有证明责任的有(　　)。

A. 童某　　B. 公安机关　　C. 人民检察院　　D. 本案的被害人

7. 李某刚满15周岁，与一社会青年发生矛盾被同学打成重伤。请问：下列人员中，谁无权提起附带民事诉讼？(　　)

A. 李某的母亲　　　　　　　　　　B. 李某的哥哥

C. 为李某住院交纳部分医疗费的张某　　D. 李某的老师

8. 郭某因盗窃罪被人民法院提起公诉，但因为经济困难无力聘请律师，于是其向法律援助机构申请法律援助。下列关于刑事诉讼中法律援助的陈述，不正确的是(　　)。

A. 公民在刑事诉讼方面需要获得律师帮助，但是无力支付律师费用的，可以按照国家规定获得法律援助

B. 被告人可能被判处死刑而没有委托辩护人的，人民法院应当通知法律援助机构指派承担法律援助义务的律师为其提供辩护

C. 被告人是盲、聋、哑或者未成年人而没有委托辩护人的，人民法院应当通知法律援助机构指派承担法律援助义务的律师为其提供辩护

D. 公诉人出庭公诉的案件，被告人因经济困难或者其他原因没有委托辩护人的，人民法院应当通知法律援助机构指派承担法律援助义务的律师为其提供辩护

9. 某山区野林里发现一具女尸，经初步确认，死因是他杀而非自杀。但是苦于无其他线索，公安机关对此迟迟不予立案。人民检察院对于公安机关的做法可以(　　)。

A. 要求公安机关立即立案

B. 要求公安机关立即立案，如果公安机关还是不立案就自己立案侦查

C. 要求公安机关说明不立案的理由，认为理由不成立的，通知其立即立案

D. 要求公安机关说明不立案的理由，认为理由不成立的，建议其立即立案

10. 刘某涉嫌受贿5 000万元人民币的公款被人民检察院移送到法院审判。在人民法院审理刘某贪污案过程中，刘某在看守所内自杀身亡。下列做法正确的是(　　)。

A. 人民法院对刘某裁定终止审理

B. 人民检察院决定撤回起诉

C. 人民法院对刘某缺席判决

D. 人民法院直接作出没收其违法所得的裁定

11. 某县人民法院对人民检察院提起公诉的一起受贿案件进行审查后，发现虽然起诉书有明确的指控犯罪事实并附有证据目录、证人名单和主要证据复印件，但人民检察院尚未移送赃款、赃物等实物证据。此时，法院应如何作出决定？(　　)

A. 决定开庭审判

B. 因移送的证据材料不充足，决定不开庭审判

C. 通知人民检察院补充移送相应的实物证据，待其移送后，再决定开庭审判

D. 通知人民检察院补充移送相应的实物证据，如果人民检察院仍然不移送，再决定不开庭审判

12. 许多初学法律的人看到“两审终审制”这一法律术语时，总会有各自的理解。在下列各种理解中，哪一种符合我国法律规定的两审终审制？(　　)

A. 两审终审制即人民法院审判刑事案件时，都必须经过两级人民法院的审判才能终结

B. 两审终审制即是指地方各级人民法院审判的第一审案件，如果经过了两级人民法院的审判即告终

结。对二审人民法院作出的判决、裁定不得提出上诉和二审的抗诉

C. 两审终审制即是指对任何一级人民法院审判的第一审案件都可以提起上诉或抗诉而引起二审程序

D. 两审终审制即是指每一起刑事案件可以被两次起诉至法院审判，第二次起诉和审判后，该案即告终结

13. 李某在4月10日接到一审判决书，在13日即向二审法院提出上诉。后李某经人劝说又于21日撤回上诉。下列说法正确的是(　　)。

A. 二审法院应按提出上诉处理

B. 二审法院可以准许撤回上诉

C. 二审法院应准许撤回上诉

D. 应由二审法院进行审查后决定是否准许撤回上诉

14. 根据我国刑事诉讼法的规定，一审人民法院作出的无罪判决应在何种情况下执行？(　　)

A. 判决生效后执行　　　　B. 判决宣告后立即释放在押的被告人

C. 上诉、抗诉期限届满以后　　　　D. 二审审理结束，判决作出以后

15. 一起故意伤害案，被害人提起了附带民事诉讼。在一审判决后，检察机关对刑事部分提出抗诉，附带民事部分在上诉期过后发生法律效力。在二审中，法院发现民事部分有错，应如何处理？(　　)

A. 应当一并改判

B. 应当发回重审

C. 应对民事部分按审判监督程序处理

D. 应对刑事部分进行判决后，再对全案提起再审

(二) 多项选择题

1. 我国刑事诉讼法所调整的对象有(　　)。

A. 公安、司法机关进行刑事诉讼的活动

B. 当事人参加刑事诉讼的活动

C. 律师协会的工作和活动

D. 辩护人、诉讼代理人及其他诉讼参与人进行刑事诉讼的活动

2. 王某因犯走私罪被甲县人民法院判处有期徒刑5年，判决生效后被送至乙县监狱服刑。在此期间，王某越狱脱逃，并在丙县抢劫李某1 000元，后被捕获。下列关于本案的管辖问题，哪些说法是正确的？(　　)

A. 如果是在丙县捕获并发现其抢劫犯罪的，由丙县人民法院管辖

B. 如果是在被押解回监狱后才发现其抢劫犯罪的，由乙县人民法院管辖

C. 如果是在逃至丁县后被捕获并发现其抢劫犯罪的，由丁县人民法院管辖

D. 以上选项所列情况均应由甲县人民法院管辖

3. 法庭审理一起盗窃案。辩护律师出示、宣读了一份其本人在审查起诉阶段向证人王某调查的谈话笔录，证明盗窃案件发生时，被告人与证人王某在一起看电视，没有作案时间。公诉人对谈话笔录提出了质证意见。下列缺乏法律依据的质证意见是(　　)。

A. 此谈话笔录仅由辩护人与证人二人谈话形成，不合法

B. 此谈话笔录只有证人王某签字而没有按手印，无效

C. 此谈话笔录在王某家中形成，不合法

D. 辩护人找王某调查未经办案机关批准，不合法

4. 韩某，北京某律师事务所律师，在一起故意杀人案中，接受被告人范某的委托担任范某的辩护人。韩某在本案的审理过程中，其下列哪些行为是被法律允许的？(　　)

A. 为范某作无罪辩护　　　　B. 提出有利于范某的证据和主张

C. 拒绝为范某继续辩护　　D. 帮助范某隐匿一些证据

5. 王某被取保候审，则他不应当(　　)。

A. 要求证人丁某为他说好话　　B. 申请解除取保候审

C. 未经批准到外省出差请假　　D. 接到传讯通知，向其所在单位请假

6. 关于刑事诉讼中的反诉，下列说法中，正确的是哪些？(　　)

A. 反诉只在自诉案件中适用　　B. 原自诉人撤诉，反诉案件终止审理

C. 反诉的内容必须是与本案有关的行为　　D. 反诉应当与自诉案件一并审理

7. 关于期间和期日，下列说法中正确的是(　　)。

A. 期日是公安、司法机关和诉讼参与人共同进行某项刑事诉讼活动的时间

B. 期间是指一定期限内的时间

C. 期日一般由法律规定，不得任意变更

D. 期日是一个特定的时间

8. 在下列案件中，哪些不应由检察机关立案侦查？(　　)

A. 某公司的逃避追缴欠税案　　B. 某监狱干警虐待被监管人员案

C. 某税务局干部报复举报人案　　D. 某村村民暴力破坏选举案

9. 按照我国刑事诉讼法的有关规定，合议庭对案件开庭审理后应当评议。下列关于评议的说法中不正确的是(　　)。

A. 评议的过程应公开　　B. 评议的意见应公开

C. 评议的笔录应公开　　D. 评议后作出的裁判决定应公开

10. 在审理一起侮辱自诉案件的过程中，被害人的弟弟无法忍受辩护律师的辩护，冲向该律师，辱骂并殴打该律师。人民法院可以(　　)。

A. 由审判长予以制止

B. 强行带出法庭

C. 处以 1 500 元以下的罚款或者 15 日以下的拘留

D. 依法追究刑事责任

11. 人民法院在适用简易程序审理刑事公诉案件时，下列哪些选项是人民检察院应当要求人民法院将简易程序转为普通第一审程序审理案件的情形？(　　)

A. 被告人是盲人的　　B. 辩护人作无罪辩护的

C. 对被告人是否犯罪存在疑问的　　D. 对案件事实、证据存在较大争议的

12. 二审法院在审查一审案件时，发现一审案件具有下列哪些情形时，应当裁定撤销原判决、发回原审法院重新审判？(　　)

A. 未给予被告人最后陈述的机会　　B. 陪审员是本案的直接目击证人

C. 对强奸幼女案进行了公开审理　　D. 对被告人申请回避的请求未予理睬

13. 张某因盗窃被一审法院判处有期徒刑 3 年，人民检察院认为刑事判决确有错误，依法按审判监督程序提起抗诉之后，接受抗诉的人民法院的下列做法中错误的是(　　)。

A. 应进行审查以决定是否进行再审

B. 应组成审判员合议庭重新审理

C. 应组成合议庭审理，并且合议庭的人数应为 3 人至 7 人

D. 可以指令下级人民法院审理

14. 下列哪些刑事判决的内容，社区矫正机构有权予以执行？(　　)

A. 判处有期徒刑缓刑的判决　　B. 判处没收财产的判决

C. 判处管制的判决　　D. 判处罚金的判决

15. 李某，15岁，自辍学后经常与社会青年张某（19岁）在一起。两人于某日对一下班女工进行抢劫，被过路群众抓获，并被扭送至公安机关。公安机关在进行侦查时，应遵循下列哪些程序？（　　）

A. 讯问时可以通知李某的法定代理人到场

B. 应当分别关押

C. 应当分别讯问

D. 应当为李某指定辩护人

（三）不定项选择题

1. 下列规定体现“未经人民法院依法判决，对任何人都不得确定有罪”原则的有(　　)。

A. 法院对事实不清、证据不足的，不能认定被告人有罪的案件应当宣告无罪

B. 以起诉为界，将受刑事追诉的人分别称为犯罪嫌疑人和被告人

C. 检察机关有权作出证据不足不起诉的决定

D. 废除了检察机关以免诉的名义的定罪权

2. 关于人民检察院直接受理的案件的立案侦查，下列说法中正确的是(　　)。

A. 上级人民检察院不能侦查下级人民检察院管辖的案件

B. 上级人民检察院不能将本院侦查的案件交由下级人民检察院侦查

C. 下级人民检察院可以请求将案件移送上级人民检察院侦查

D. 下级人民检察院不能请求将案件移送上级人民检察院侦查

3. 张某以盗窃的手段获取了某公司的商业秘密，被控侵犯商业秘密罪。在本案诉讼中，被盗公司行使下列哪些诉讼权利于法有据？(　　)

A. 委托诉讼代理人参加诉讼

B. 以涉及商业秘密为由申请不公开审理

C. 不服检察机关的不起诉决定而向上一级检察机关提出申诉

D. 以审判人员违反规定会见当事人为由申请其回避

4. 在一起侮辱案中，被害人向法院提起刑事自诉，要求法院追究被告人的刑事责任。对于本案，负有证明责任的人员应当是(　　)。

A. 被害人

B. 被害人和被告人

C. 被告人仅有证明自己没有构成犯罪的责任

D. 被告人

5. 在一起故意伤害自诉案件中，被告人提起上诉并在二审中提出反诉。下列关于二审法院的处理，你认为错误的是(　　)。

A. 对反诉进行调解

B. 对反诉进行调解，调解不成告知另行起诉

C. 直接告知其另行起诉

D. 对反诉进行调解，调解成功，制作调解书结案

6. 被告人李某因抢劫被一审法院判处死刑，因虚开增值税专用发票罪被判处死缓。那么，下列哪些说法是错误的？(　　)

A. 本案抢劫罪由高级人民法院核准　　　　B. 全案由高级人民法院核准

C. 全案由最高人民法院核准　　　　D. 在核准此案时，必须提审被告人

7. 在上题中，如果李某在死刑缓期执行期间没有故意犯罪，但在缓期执行2年期满后、裁定减刑前又犯新罪的，下列说法中正确的是(　　)。

A. 即使人民法院认为新罪不成立，也应对其核准执行死刑

B. 在人民法院认为新罪成立的情况下，对其核准执行死刑

C. 应由法院对其依法减刑

D. 应在减刑后对李某所犯的新罪另行审判

8. 在第7题中，如果李某在“死缓”期间没有故意犯罪而被依法减为无期徒刑，又被再次减为有期徒刑，则下列说法中正确的是(　　)。

A. 对李某从无期徒刑转为有期徒刑的，应由高级人民法院裁定

B. 对李某从无期徒刑转为有期徒刑的，应由中级人民法院裁定

C. 在李某从有期徒刑需要再次减刑的，应由高级人民法院裁定

D. 在李某从有期徒刑需要再次减刑的，应由中级人民法院裁定

三、简答题

1. 简述证人证言的特点。

2. 简述逮捕应具备哪些条件。

四、案例分析题

王某（男，16岁）强奸妇女李某致死一案，经县公安局侦查终结后，于2018年6月2日移送到新华区人民检察院审查起诉。2018年6月8日，检察人员张某开始对此案进行审查，并告知犯罪嫌疑人王某有权委托辩护人辩护。王某委托其在公安局工作的哥哥和同学郑某为其辩护。案件移送到区人民法院以后，法院公开审理了此案。在法庭审理期间，郑某无理取闹，向公诉人提出一些无关紧要的问题，而且要求公诉人必须回答，当公诉人不予回答时，郑某便跑到公诉人面前指手画脚、大喊大叫，并且对审判长的警告及制止置若罔闻，造成法庭秩序严重混乱。审判长在无可奈何的情况下才决定拘留郑某。2018年8月3日，法院宣布：王某强奸妇女一案，犯罪事实清楚，证据确实、充分，依法判处王某有期徒刑3年。在法定期限内，被告人王某不服判决，提出上诉。同时，人民检察院以“王某强奸妇女情节严重，影响极坏，判处王某有期徒刑属量刑过轻，适用法律不当”为由提起抗诉。二审人民法院组成合议庭，经过审理认为原判事实清楚，证据确实、充分，但量刑过轻，遂改判王某有期徒刑7年。

问：

(1) 检察人员张某2018年6月8日告知王某有权委托辩护人的做法有无不当之处，为什么？

(2) 王某在公安局工作的哥哥能否担任王某的辩护人？为什么？

(3) 新华区人民法院对该案是否有管辖权？为什么？

(4) 在本案的处理中，人民法院的做法有哪些不当之处？请说明理由。

(5) 在本案中，人民检察院抗诉的理由是否合理？为什么？

(6) 在本案审理中，二审人民法院改判王某有期徒刑7年是否违反上诉不加刑原则？为什么？

五、论述题

试析我国《刑事诉讼法》第3条第2款的规定：“人民法院、人民检察院和公安机关进行刑事诉讼，必须严格遵守本法和其他法律的有关规定。”

参考答案

一、名词解释与概念比较

1. 无罪推定，是指在刑事诉讼中任何被怀疑犯罪或受到刑事指控的人在经司法程序最终确认有罪之

前，在法律上应被推定或假定无罪，或者说不得被认定为有罪的人。

2. 证人，是指了解案件有关情况，向公安、司法机关作出陈述的诉讼参与人。见证人，是指与案件无关，而仅在勘验、检查、搜查、扣押和侦查实验等诉讼活动中，被公安、司法人员邀请在现场观察并为此作证的人。证人身份具有特殊性，不可代替，而见证人可以选择和代替，但一旦被邀请到现场进行见证后，即具有不可代替性。证人必须了解案件情况，而见证人没有此要求。

3. 刑事拘留与行政拘留都是暂时剥夺被适用对象的人身自由并且都由公安机关执行，但二者之间是有重大区别的。

（1）法律性质不同。刑事拘留是一种预防性措施，不具有惩罚功能，不是一种制裁手段；行政拘留则是对违反行政法律、法规者的一种制裁手段，具有惩罚性质。

（2）适用对象不同。刑事拘留的适用对象是具有触犯刑律、需要追究刑事责任情形的现行犯或重大嫌疑分子；行政拘留的适用对象则是违反治安管理处罚法、依法应当受到行政处罚的人。

（3）适用的目的不同。刑事拘留的适用目的在于保证刑事诉讼活动的顺利进行，防止犯罪嫌疑人、被告人实施妨碍侦查、起诉和审判进行的行为；而行政拘留的适用目的则是教育和惩罚行政违法人员。

（4）羁押的期限不同。一般刑事案件的拘留期限为 10 天，最长不得超过 14 天，对流窜作案、结伙作案和多次作案的重大嫌疑分子的拘留期限不超过 37 天；而行政拘留的期限一般为 15 天，加重处罚的不超过 20 天。

4. 禁止双重危险原则的基本含义是指被追究者的同一行为，一旦作出具有法律效力的确定判决，不论是有罪判决还是无罪判决，不得再次启动新的刑事诉讼程序。禁止双重危险原则要求禁止基于同一事实将同一人置于双重危险之中。

二、选择题

（一）单项选择题

1. D

合议庭在一定程度上是独立的，只将疑难、复杂、重大的案件提交审判委员会讨论，对其他案件审判委员会不能干涉。本题应选 D 项。

2. D

根据《刑事诉讼法》第 21 条的规定，A 项中王某可能被判处无期徒刑以上刑罚，B 项中李某是危害国家安全的罪犯，C 项中是恐怖活动犯罪案件，D 项中孙某所犯故意毁坏财物罪最高可判处有期徒刑，所以，D 项不符合《刑事诉讼法》第 21 条的规定，不属于中级人民法院管辖，当选。

3. C

《高法刑诉解释》第 25 条规定，参加过本案侦查、审查起诉工作的侦查、检察人员，如果调至人民法院工作，不得担任本案的审判人员。本题应选 C 项。

4. B

本题根据《刑事诉讼法》第 108 条的规定直接选出答案。B 项当选。

5. B

B 项直接来源于案件事实，但是不能单独证明案件的主要事实，因此，既是间接证据又是原始证据，B 项当选。

6. B

对逮捕的申请是由公安机关进行的，因此，对逮捕的证明责任应由公安机关承担。B 项当选。

7. D

有权提起附带民事诉讼的人，除了被害人本人外，还包括被害人之外的因犯罪行为遭受物质损失的人；另外，在被害人为限制行为能力人或无行为能力人时，其法定代理人和近亲属也有权提起。D 项当选。

8. D

根据《刑事诉讼法》第 35 条的规定，A、B、C 项的陈述与法律规定都是相符合的。D 项当选。

9. C

根据我国《刑事诉讼法》第 113 条的规定可以直接选出本题的答案，C 项当选。

10. A

根据《刑事诉讼法》第 16 条的规定，本案应当裁定终止审理。同时，依据刑事诉讼法相关规定，检察机关提起公诉后撤回起诉适用于起诉实际并不符合起诉条件、不应当起诉的案件，而本案并不属于此情形，故 B 项错误。C 项中的缺席审判应在能确认其无罪的前提才可作出缺席判决。D 项中违法所得的没收程序必须另行由检察机关提出申请才可启动，人民法院不得径行作出裁定。本题应选 A 项。

11. A

依据《刑事诉讼法》第 186 条的规定，人民法院对提起公诉的案件进行审查后，对于起诉书中有明确的指控犯罪事实的，应当决定开庭审判。根据该条规定，只要检察机关起诉时有明确指控的犯罪事实，就应决定开庭审判。本题应选 A 项。

12. B

两审终审制只代表审级制度中有引起二审程序的可能性，并不一定经过二审，如最高人民法院的判决为一审终审。本题应选 B 项。

13. D

根据《高法刑诉解释》第 305 条的规定，在上诉期满后要求撤回上诉的，应由二审法院审查。本题应选 D 项。

14. B

《刑事诉讼法》第 260 条规定，第一审人民法院判决被告人无罪、免除刑事处罚的，如果被告人在押，在宣判后应当立即释放。本题直接适用上述规定。本题应选 B 项。

15. C

本题根据《高法刑诉解释》第 313 条的规定可以直接选出答案。本题应选 C 项。

（二）多项选择题

1. ABD

我国《刑事诉讼法》不仅调整公安、司法机关的活动，还调整诉讼参与人参加刑事诉讼的活动。本题选 A、B、D 项。

2. AB

根据《高法刑诉解释》第 11 条第 2 款、第 3 款的规定可以直接选出答案。本题选 A、B 项。

3. ABCD

根据《刑事诉讼法》第 43 条的规定，该谈话笔录仅由辩护人与证人二人谈话形成，只有证人王某签字而没有按手印，在王某家中形成等都是可以的，而且由于这是辩护律师向一般的证人调查取证，因而不需要办案机关批准。本题全选。

4. ABC

律师法规定，委托事项违法，委托人利用律师提供的服务从事违法活动或者委托人隐瞒事实的，律师有权拒绝辩护或者代理。本题选 A、B、C 项。

5. AC

本题根据《刑事诉讼法》第 71 条第 1 款选出答案。A 项属于干扰证人作证，C 项属于未经批准离开所居住的市、县，B 项、D 项不为法律所禁止。

6. ACD

告诉才处理以及被害人有证据证明的轻微刑事案件的被告人或者其法定代理人在诉讼过程中，可以对自诉人提起反诉，反诉只在自诉案件中适用。反诉案件适用自诉案件的规定，并应当与自诉案件一并审理。原自诉人撤诉的，不影响反诉案件的继续审理。本题选A、C、D项。

7. ABD

期间一般由法律规定，不得任意变更；期日一般由公安、司法机关指定，在遇有重大事由时可变更。本题选A、B、D项。

8. ACD

根据《刑事诉讼法》第19条、《人民检察院刑事诉讼规则（试行）》第8条的规定选出A项、C项、D项。

9. ABC

合议庭评议的活动是秘密的，但评议的结果应当公开。本题选A、B、C项。

10. ABD

本题根据《刑事诉讼法》第199条的规定直接选出答案。本题应选A、B、D项。

11. ABCD

本题根据《人民检察院刑事诉讼规则（试行）》第466条的规定直接选出答案，应全选。

12. ABCD

根据《刑事诉讼法》第238条的规定可以直接选出答案，应全选。

13. AC

对人民检察院的抗诉，人民法院必须再审，无须审查决定，故本题应选A、C项。

14. AC

《刑事诉讼法》第269条规定，对于被判处管制、宣告缓刑、假释或者暂予监外执行的罪犯，应当由社区矫正机构执行。本题应选A、C项。

15. BCD

我国《刑事诉讼法》第281条规定：对于未成年人刑事案件，在讯问和审判时，应当通知未成年犯罪嫌疑人、被告人的法定代理人到场。故A项的“可以”表述错误，本题应选B、C、D项。

（三）不定项选择题

1. ABCD

本题中的四个选项均为法院统一定罪权的具体体现。

2. C

根据《人民检察院刑事诉讼规则（试行）》第10条的规定，本题应选C项。

3. ABCD

某公司作为被窃取商业秘密的单位，属于被害的单位，其根据《刑事诉讼法》第46条、《高法刑诉解释》第186条及《刑事诉讼法》第30条、第180条的规定，分别享有委托诉讼代理人、申请不公开审理、申请回避和申诉的权利。本题应全选。

4. ABD

自诉案件中的被告人也不具有实体法上的证明责任，但被告人对其主张的程序法事实具有证明责任。本题应选A、B、D项。

5. ABD

本题根据《高法刑诉解释》第334条的规定可以直接选出答案。本题应选A、B、D项。

6. ABD

本题根据《高法刑诉解释》第344条的规定可以直接选出答案。本题应选A、B、D项。

7. CD

本题根据《高法刑诉解释》第448条的规定直接选出答案。本题应选C、D项。

8. AD

本题根据《高法刑诉解释》第 449 条的规定直接选出答案。本题应选 A、D 项。

三、简答题

1. 刑事诉讼中的证人证言，是指证人将自己所知道的有关案件的事实情况向公安、司法机关所作的陈述。作为刑事诉讼中一类重要的证据，证人证言具有其他种类的证据所不具有的一些特点：(1) 它只是证人对案件有关情况的感知，而非推测或分析判断意见。(2) 证人是当事人以外的第三人，与案件和案件处理结果没有切身利害关系，所以，一般来说，证人证言较犯罪嫌疑人、被告人供述和辩解或被害人陈述更为客观，真实性与可靠性也较大。(3) 它是证人对感知或传闻情况的反映，所以，不可避免地会受到证人的主观和客观条件的影响，即使善意的证人也可能提供失真的证言。(4) 证人证言的来源和证明的问题范围十分广泛，证人证言是刑事诉讼中常见的证据种类之一。

2. 我国刑事诉讼法中规定的逮捕条件分为三种情况。

一是对有证据证明有犯罪事实，可能判处徒刑以上刑罚的犯罪嫌疑人、被告人，采取取保候审尚不足以防止发生下列社会危险性的，应当予以逮捕：(1) 可能实施新的犯罪的。(2) 有危害国家安全、公共安全或者社会秩序的现实危险的。(3) 可能毁灭、伪造证据，干扰证人作证或者串供的。(4) 可能对被害人、举报人、控告人实施打击报复的。(5) 企图自杀或者逃跑的。

二是对有证据证明有犯罪事实，可能判处 10 年有期徒刑以上刑罚的，或者有证据证明有犯罪事实，可能判处徒刑以上刑罚，曾经故意犯罪或者身份不明的，应当予以逮捕。

三是被取保候审、监视居住的犯罪嫌疑人、被告人违反取保候审、监视居住规定，情节严重的，可以予以逮捕。

四、案例分析题

(1) 检察人员张某于 2018 年 6 月 8 日告知犯罪嫌疑人王某有权委托辩护人，已经超过了法定期限。因为 2018 年 6 月 8 日已经是人民检察院收到移送审查起诉案件材料的第 7 天，而法律规定的是人民检察院应当在收到移送审查起诉案件材料时起 3 日内告知犯罪嫌疑人有此权利。

(2) 王某的哥哥可以担任其辩护人。虽然王某的哥哥属于公安机关的现职人员，但他是王某的近亲属，其作为王某的辩护人符合法律规定。

(3) 新华区人民法院对该案没有管辖权。因为根据刑法的规定，强奸致死的法定最高刑为死刑，而可能判处无期徒刑或死刑的普通刑事案件应由中级人民法院管辖。

(4) 法院的做法有两处违反了法律的规定：

第一，不应该公开审理，因为本案被告人王某是未成年人。

第二，审判长决定拘留郑某的做法是错误的。对于严重违反法庭秩序的，必须经院长批准才能拘留。

(5) 人民检察院的抗诉理由合理，因为对重罪轻判的，人民检察院可以抗诉。

(6) 在本案中，二审人民法院改判王某有期徒刑 7 年不违反上诉不加刑原则，因为在本案中，人民检察院在被告人上诉的同时提起了抗诉。

五、论述题

我国刑事诉讼法的该款规定实际上确立了程序法定原则。程序法定原则是现代法治国家对刑事诉讼的基本要求。

严格规范国家专门机关及其工作人员权力的行使，将刑事诉讼活动纳入法治轨道，一方面有利于防止办案人员有法不依，滥用职权，恣意妄为；另一方面有助于加强刑事诉讼中的人权保障，维护当事人和其他诉讼参与人的合法权益。确立并强调程序法定原则，实现依法办案、文明办案，对于贯彻依法治国的方略，实现刑事诉讼科学化、民主化具有十分重要的意义。

程序法定原则主要包括以下内容。

首先，以立法的形式建立结构完整、设置科学的刑事诉讼程序。

其次，在司法实践中，公安、司法机关进行刑事诉讼必须严格遵守法律程序，以保证及时、正确处理刑事案件，不仅应遵守刑事诉讼中的基本原则和制度，而且应严格遵守立案、侦查、起诉、审判和执行等各个诉讼阶段的具体程序规定。

最后，建立必要的诉讼行为监督制约机制，确立违反程序法的制裁性措施，明确违反法定程序所要承担的法律后果，这些后果不仅要有实体上的制裁，还应当确立程序法所特有的程序性法律后果。

综合测试题（三）

一、名词解释与概念比较

1. 陪审制
2. 辩护与辩论
3. 传来证据与传闻证据
4. 两审终审制

二、选择题

（一）单项选择题

1. 根据我国刑事诉讼的基本理论，我国刑事诉讼活动的中心内容是(　　)。

A. 明确当事人双方的权利与义务

B. 对被告人判处刑罚

C. 解决犯罪嫌疑人、被告人的刑事责任问题

D. 对人民群众进行法制教育

2. 某大学物证技术鉴定中心的何老师，受该市公安局的聘请，对一起刑事案件做了技术鉴定。那么在本案的整个诉讼过程中，有责任保障何老师诉讼权利的部门是(　　)。

A. 委托他进行鉴定的市公安局

B. 负责对侦查活动进行监督的人民检察院

C. 对案件进行审判的人民检察院

D. 人民法院、人民检察院和市公安局

3. 从刑事诉讼法和刑事诉讼基本理论上看，刑事诉讼程序意义上的被害人(　　)。

A. 是所有遭受犯罪行为直接侵害的人　　B. 可以是自诉人

C. 仅仅指公诉案件的被害人　　D. 可以指附带民事诉讼的原告人

4. 根据我国刑事诉讼法和有关司法解释的规定，在下列所列举的案件中，不可以由人民法院直接受理的案件是(　　)。

A. 侵占案　　B. 拒不执行判决、裁定案

C. 重婚案　　D. 侵犯通信自由案

5. 在公诉案件中，律师从何时起可以接受被害人及其法定代理人或者其近亲属的委托，以代理人的身份介入刑事诉讼？(　　)

A. 自犯罪嫌疑人被第一次讯问后或者采取强制措施之日起

B. 自侦查机关对案件侦查起

C. 自案件被移送审查起诉之日起

D. 自案件被提起公诉起

6. 张某为未成年人，涉嫌故意伤害罪。在诉讼过程中，张某的父亲提出本案鉴定的法医是被害人的叔父，应当回避。关于本案中的回避，下列说法正确的是(　　)。

A. 张某的父亲提出的申请，应征得张某同意

B. 张某的父亲提出的申请，不需征得张某同意

C. 法医不在回避的适用人员之内

D. 是否批准应由该案的审判长决定

7. 依照我国刑事诉讼法的规定，公安机关对于已经超过追诉时效期限的案件(　　)。

A. 应当不起诉　　B. 应当撤销案件

C. 应当终止审理　　D. 应当宣告无罪

8. 依据刑事诉讼法的规定，取保候审、监视居住的执行机关是(　　)。

A. 人民法院　　B. 司法行政机关

C. 人民检察院　　D. 公安机关

9. 涉嫌杀人的刁某被公安机关抓获后，住同一小区的黄女士在向公安机关提供证言时说，她本人与刁某有不正当性关系，她在某次与刁某一起过夜时，听刁某讲了他如何杀害被害人的事情。黄女士向公安机关提供的这段证言，属于(　　)。

A. 案件线索，而不是证据　　B. 原始证据

C. 书证　　D. 直接证据

10. 我国刑事诉讼法规定了补充侦查的制度。在人民检察院审查起诉阶段，下列关于补充侦查的期限、次数的说法，正确的是(　　)。

A. 应当在 1 个月以内补充侦查完毕，以一次为限

B. 应当在 1 个月以内补充侦查完毕，以两次为限

C. 应当在 2 个月以内补充侦查完毕，以一次为限

D. 应当在 2 个月以内补充侦查完毕，以两次为限

11. 我国刑事诉讼法中规定了延期审理制度，在下列四个选项中，对延期审理的理解正确的是(　　)。

A. 延期审理是依法将审理时间推迟

B. 延期审理是依法暂时停止整个诉讼的活动

C. 延期审理是依法终止诉讼程序

D. 延期审理是合议庭在法庭审理过程中，宣布暂时休庭，退庭评议

12. 人民法院在审理下列哪种案件时可以由人民陪审员和法官组成合议庭？(　　)

A. 有重大社会影响的刑事案件　　B. 适用简易程序审理的案件

C. 死刑复核案件　　D. 二审案件

13. 人民检察院以抢夺罪将一起案件起诉到法院，法官在审理中发现新的事实，认为被告人构成抢劫罪，应如何处理？(　　)

A. 应建议人民检察院变更起诉；人民检察院不同意的，人民法院审理认定成立抢劫罪的，应作出抢劫罪的有罪判决

B. 应建议人民检察院变更起诉；人民检察院不同意的，人民法院应作出无罪判决

C. 应退回人民检察院补充侦查

D. 应以证据不足、指控的犯罪不能成立为由，判决宣告被告人无罪

14. 小刚为未成年人，因犯故意杀人罪被人民法院判处有期徒刑 10 年。在上诉期限内，小刚的父亲提出上诉后，又要求撤回上诉。对此，下列哪种说法是正确的？(　　)

A. 法院应当准许

B. 法院不应准许

C. 法院可以准许，也可以不准许

D. 小刚的父亲没有提起上诉的权利，也就无权撤回上诉

15. 有四名罪犯杨某、谢某、张某、李某，他们分别被判处死刑、拘役、有期徒刑 5 年和死刑缓期 2

年执行。根据法律的规定，在这四人中，可以依法暂予监外执行的有(　　)。

A. 杨某和谢某　B. 谢某和张某　C. 张某和李某　D. 杨某和张某

（二）多项选择题

1. 下列对刑事司法观念的看法中哪些是正确的？(　　)

A. “司法独立”　B. 效率优先，公正次之

C. 重打击，轻保护　D. 公正优先，效率次之

2. 在下列选项中，属于奴隶社会弹劾式诉讼特点的有(　　)。

A. 实行私人告诉　B. 国家设立专门的起诉机关

C. 原、被告双方在形式上平等　D. 法官主动调查证据

3. 在下列各项诉讼权利中，所有的当事人都享有的权利是(　　)。

A. 提起上诉权　B. 申请再审权　C. 申请回避权　D. 撤诉权

4. 依据法律规定，当事人申请审判人员回避的，(　　)。

A. 可以在开庭审理前提出　B. 可以在辩论终结之前提出

C. 可以口头方式提出　D. 可以不提出理由

5. 某律师的弟弟被指控犯盗窃罪，这位律师(　　)。

A. 不可以接受委托

B. 可以以律师的身份接受委托，担任辩护人

C. 可以以近亲属的身份接受委托，担任辩护人

D. 可以经被告人同意后委托其他律师作辩护人

6. 下列关于共同犯罪中的证据，说法错误的是(　　)。

A. 王某、李某二人合谋抢劫，王某被抓获后供述了李某和自己的犯罪事实，王某的供述属于犯罪嫌疑人、被告人供述或辩解

B. 王某、李某二人合谋抢劫，王某被抓获后供述了李某和自己的犯罪事实并交代李某还有盗窃的事实，王某的供述属于犯罪嫌疑人、被告人供述或辩解

C. 王某、李某二人合谋抢劫，王某被抓获后供述了李某和自己的犯罪事实并交代李某还有盗窃的事实，王某没参与，王某的供述属于犯罪嫌疑人、被告人供述或辩解

D. 王某、李某二人合谋抢劫，王某被抓获后供述了李某和自己的犯罪事实并交代自己还有其他犯罪事实，王某的供述属于犯罪嫌疑人、被告人供述或辩解

7. 徐某为一起寻衅滋事案的犯罪嫌疑人，公安机关将案件移送到检察机关审查起诉，人民检察院将其拘传到人民检察院接受了2天的询问。徐某对此提出了申诉，认为人民检察院违法。对此，他提出的哪些理由是没有根据的？(　　)

A. 未经传唤，直接拘传　B. 应由公安机关执行

C. 应由公安机关决定　D. 时间延长到2天

8. 侦查人员在紧急情况下，不用搜查证也可以进行搜查。这些紧急情况包括(　　)。

A. 可能随身携带凶器的　B. 可能逃跑的

C. 可能隐匿证据的　D. 可能隐匿其他犯罪嫌疑人的

9. 甲市某区人民法院对一起刑事案件作出了一审判决，人民检察院提起了抗诉。对于这一问题，下列说法正确的是(　　)。

A. 必须以书状的形式提出抗诉　B. 可以以口头的形式提起抗诉

C. 必须通过该区人民法院提起抗诉　D. 可以直接向甲市人民法院提出抗诉

10. 根据我国刑事诉讼法的规定，下列哪些人员具有独立的上诉权？(　　)

A. 被告人　B. 被告人的法定代理人

C. 被告人的辩护人　　　　D. 被害人

11. 下列哪些选项属于实物证据？(　　)

A. 杀人案中现场勘验笔录

B. 贪污案中证明贪污数额的账册

C. 强奸案中证明被害人精神状态的鉴定意见

D. 伤害案中证明伤害发生过程的情况的监控录像

12. 关于人民法院受理审查申诉案件的程序，下列观点中，正确的是(　　)。

A. 受理、审查申诉一般由作出发生法律效力的判决、裁定的人民法院进行

B. 直接向上级人民法院申诉的，如果没有经作出发生法律效力的判决、裁定的人民法院审查处理，上级人民法院不能受理，但可以将材料转交下级人民法院

C. 下级人民法院也可以请求将较复杂的申诉案件移送上一级人民法院审查处理

D. 申诉必须是每一级人民法院处理之后，逐级上移

13. 下列关于违法所得没收程序中“利害关系人”的说法正确的是(　　)。

A. 李某接受王某贿赂，即房屋所有权人为王某的房产一套，王某为利害关系人

B. 王某租用李某房屋培训恐怖组织人员，王某潜逃后，李某为利害关系人

C. 李某接受王某贿赂，即房屋所有权人为王某的房产一套，该房被李某出租给张某，张某为利害关系人

D. 张某贪污单位公款 20 万元后自杀身亡，该单位为利害关系人

（三）不定项选择题

1. 在下列选项中，哪些属于人民法院审理刑事案件的审判组织？(　　)

A. 独任庭　　B. 审判委员会　　C. 合议庭　　D. 人民陪审员

2. 在一起共同抢劫案中，M 省 A 市人员马某、宋某、周某在该省的 B 市内因抢劫被抓获。人民检察院决定对本案提起公诉。本案由哪个法院管辖？(　　)

A. 由 B 市人民法院管辖

B. 应当由 A 市人民法院管辖

C. 可以由 A 市人民法院管辖

D. M 省高级人民法院可以指定本案的管辖法院

3. 如果上题案件由人民检察院起诉至 B 市的某区人民法院，而该区人民法院经审查认为马某可能被判处无期徒刑的，则(　　)。

A. 应当直接将案件退回人民检察院　　B. 应当直接将案件移送至中级人民法院

C. 应当报请移送市中级人民法院审判　　D. 可以开庭审判

4. 马某和谢某被人民检察院指控犯有抢劫罪。在人民法院受理案件后，马某的辩护律师黄某提出要向被害人收集一些材料。身为某公司职员的江某被谢某委托为辩护人，其以辩护人的身份提出要向被害人所提供的一名证人夏某收集一些材料。对于上述情况的处理，下列说法正确的是(　　)。

A. 黄某和江某都无权直接向被害人以及夏某收集与案件有关的材料

B. 江某向夏某收集有关材料需经过夏某的同意，而黄某向被害人收集有关材料则不需要被害人同意

C. 黄某可以申请法院向被害人收集有关材料，对于江某能否向法院提出这种申请，法律无明确规定

D. 江某向夏某收集有关材料要经过夏某的同意和人民法院的许可，而黄某向被害人收集有关材料也需要经过被害人的同意和人民法院的许可

5. 在侦查期间，李某聘请了律师王某为其辩护。在本案中，有权为李某申请取保候审的人员有哪些？(　　)

A. 李某的父亲　　B. 李某的好友

C. 李某自己　　D. 李某的律师王某

6. 在上题中，若李某把挪用的公款在案发前主动归还，人民检察院除作出不起诉的决定外，还可以对李某作出以下哪些处理？（　）

A. 对李某予以训诫　　B. 责令李某具结悔过

C. 责令李某赔偿损失　　D. 根据情况，提出检察建议

7. 在刑事附带民事诉讼案件中，如果只对一审的附带民事判决提出上诉，则下列关于对附带民事判决上诉期限的表述中，哪些是正确的？（　）

A. 附带民事部分与刑事部分一并宣判的，应该按照刑事部分的上诉期限进行确定

B. 附带民事部分与刑事部分一并宣判的，也应该按照民事部分的上诉期限进行确定

C. 附带民事部分是另行宣判的，也应按刑事诉讼法规定的期限执行

D. 附带民事部分是另行宣判的，应按民事诉讼法规定的期限执行

8. 关于刑事案件的二审程序，下列哪些说法是正确的？（　）

A. 原审法院对发回重审的案件，应另行组成合议庭

B. 二审法院驳回上诉、抗诉时，应用裁定

C. 二审法院驳回上诉、抗诉时，应用判决

D. 原审法院对发回重审的案件，自收到发回的案件之日起，重新计算审理期限

9. 若中级人民法院一审判处被告人死刑立即执行，被告人不上诉，人民检察院不抗诉，依法定程序，则（　）。

A. 中级人民法院在上诉期满 10 日内报高级人民法院复核

B. 高级人民法院同意判处死刑的，应当发布死刑执行命令

C. 高级人民法院不同意判处死刑的，应提审或发回重审

D. 高级人民法院同意判处死刑，依法作出裁定后，报请最高人民法院批准

10. 罪犯被交付执行机关时，送交的人民法院必须同时移送的法律文书有哪些？（　）

A. 人民检察院的起诉书　　B. 人民法院的判决书

C. 执行通知书　　D. 结案登记表

三、简答题

1. 简述证据能力与证明力。

2. 简述拘留与逮捕的关系。

3. 简述简易程序的适用范围。

四、案例分析题

1. 冯某（男，26 岁）与宋某（女，23 岁）因恋爱而长期同居在一起，后来出于某种原因，宋某提出分手，冯某不满这种情况。二人遂在单位的宿舍楼发生争吵继而厮打。在厮打过程中，冯某将宋某的衣服一件件扯下，并大喊“免费观看”，而且对宋某进行击打（后经鉴定宋某为轻伤）。事后宋某请求法院解除二人的同居关系。法院经审查后认为，冯某的行为已涉嫌构成侮辱罪和故意伤害罪（轻伤），于是将案件转到刑事审判庭审理。此后，宋某曾多次向法院表示自己不愿追究冯某的刑事责任，只是要求解除二人的同居关系，但法院依然将宋某作为自诉人并开庭审理了此案。在开庭审理时，宋某经两次依法传唤仍拒不到庭，人民法院遂将其拘传至法庭上，并判决冯某犯有侮辱罪和故意伤害罪（轻伤）。

问：

（1）人民法院将案件转到刑事审判庭审理的做法是否合法？为什么？

（2）宋某是否有权利要求法院不予追究被告人的侮辱行为和故意伤害（轻伤）行为的刑事责任？

（3）在本案中，如果宋某确实是自诉人，则人民法院是否有权力将其拘传至法庭？

（4）在本案中，法院判决冯某犯有侮辱罪和故意伤害罪（轻伤）是否正确？

2. 某县人民法院以故意伤害罪判处被告人叶某有期徒刑 7 年，同时对被害人毛某提起的附带民事诉讼也一并作出了判决。叶某不服刑事部分的判决，认为量刑过重，因而在法定期限内提起了上诉。该县人民检察院则认为量刑过轻，提出抗诉。上诉书和抗诉书都由上诉者和抗诉机关直接提交市中级人民法院。

市中级人民法院接受上诉、抗诉后，对案卷材料进行了审查，并讯问了叶某、听取了毛某的意见，认为本案事实清楚、证据确实且充分，但第一审人民法院对叶某量刑不当，应当判处叶某有期徒刑 10 年。但是根据上诉不加刑原则，第二审人民法院不能改变叶某的第一审判决。经过这种调查讯问式审理之后，市中级人民法院裁定将刑事部分的判决撤销，发回县人民法院重新审判。

县人民法院安排原合议庭的成员马上对此案进行重新审判。在审判过程中，合议庭发现原判决确实存在量刑不当的问题，于是改判叶某有期徒刑 10 年，并且将原判决的附带民事诉讼部分的赔偿额也作了改判，并在判决书中写道："本判决为终审判决，不得提起上诉、抗诉。"最后，县人民法院的判决生效。

问：在本案中，有哪些地方违反了刑事诉讼法的规定？

五、论述题

试论侦查程序中的律师辩护。

参考答案

一、名词解释与概念比较

1. 陪审制是由在公民中选举产生的人民陪审员参加合议庭审理第一审案件的一种审判制度。国际上主要有两种陪审制：一种是参审制，另一种是陪审团制。

2. 辩护，是指刑事诉讼中的犯罪嫌疑人、被告人及其辩护人针对控诉方的指控，提出有利于犯罪嫌疑人、被告人的事实和理由，以证明犯罪嫌疑人、被告人无罪、罪轻或者应当减轻、免除处罚，维护犯罪嫌疑人、被告人合法权益的诉讼活动。辩论，是指在法庭审判阶段，就一些有争议的案件事实和法律问题由控辩双方进行口头争议，目的是明确事实和正确适用法律。二者都可以是被告人为自己辩护的方式，都可以由自己和辩护人完成。但二者仍有以下不同：（1）时间不同。前者可以发生在刑事诉讼中的任何阶段，后者只能发生在审判阶段。（2）方式不同。前者可以是书面或口头的，后者只能是口头的。（3）主体不同。前者的主体只能是辩方，后者的主体可以是控辩双方。

3. 在西方国家，特别是英美法系国家，其证据法强调以庭审为中心，非证人亲自在法庭上以口头方式作证，或者陈述内容非本人亲自耳闻目睹的，均为传闻证据，其不包括实物证据，也不包括书面证言。而我国证据学上所说的传来证据，是以证据是否从第一来源直接获得为标准的，包括传述证据或经转抄、复制的证据。在我国，在法庭上宣读未出庭的证人的书面证言，仍为原始证据。

4. 两审终审制，是指一起案件经过两级人民法院审判即告终结的制度，对于第二审人民法院作出的终审判决、裁定，当事人不得再提出上诉，人民检察院不得按照上诉审程序提出抗诉。

二、选择题

（一）单项选择题

1. C

我国刑事诉讼是公安、司法机关行使国家刑罚权的活动，主要就是解决犯罪嫌疑人、被告人的刑事责任问题。本题应选C项。

2. D

根据《刑事诉讼法》第14条的规定，人民法院、人民检察院和公安机关应当保障诉讼参与人依法享有的诉讼权利，而何老师是鉴定人，属于诉讼参与人之一，故本题应选D项。

3. C

广义的被害人指实体上的被害人。A项即为实体意义上的被害人，这些人可以是公诉案件中的被害人，也可以是自诉人，还可以是附带民事诉讼的原告。但狭义的被害人，即程序意义上的被害人，仅指C项，不包括其他，故C项当选。

4. B

本题根据《刑事诉讼法》第19条和《高法刑诉解释》第1条的规定直接选出答案，B项当选。

5. C

本题根据《刑事诉讼法》第46条的规定直接选出答案。

6. B

本题根据《刑事诉讼法》第29条和第32条的规定，B项当选。

7. B

对《刑事诉讼法》第16条规定的法定不追诉的情形，在侦查阶段应作出撤案的处理。故B项当选。

8. D

在刑事诉讼的5种强制措施中，只有拘传是由决定机关自行执行，其余4种的执行机关都是公安机关。本题应选D项。

9. D

首先，这段话肯定是证据，且是证人证言而不是书证，是传来证据而不是原始证据。其次，这段话既指出发生了犯罪、杀人，又指出了谁是实施者，因此，是直接证据。本题应选D项。

10. B

本题根据《刑事诉讼法》第175条的规定直接选出答案。B项当选。

11. A

延期审理不是终止审理，故不选C项；在延期审理期间，诉讼活动并不停止，不同于中止审理，故不选B项；该审理不用于休庭，故不选D项。A项当选。

12. A

根据《人民陪审员法》第15条的规定，A项符合其中的第二种情形，当选。

13. A

本题的情形与《高法刑诉解释》第241条的规定相符合，据此选择A项。

14. A

根据《高法刑诉解释》第304条的规定可以直接选出A项。

15. B

根据《刑事诉讼法》第265条的规定可以选出答案，B项当选。

（二）多项选择题

1. AD

刑事司法不能像经济学那样以效率为最高追求目的，同时在惩罚犯罪与保障人权的关系上应当二者并重。本题应选A、D项。

2. AC

奴隶社会弹劾式诉讼的特点是私人告诉，国家不设立专门起诉机关，法官地位消极，庭审中当事人在形式上平等的基础上争辩。本题应选A、C项。

3. BC

根据我国《刑事诉讼法》第 227 条的规定，可知被害人没有上诉权。同时公诉案件被告人也是当然地没有撤诉权，而申请回避权与申请再审权则为所有的当事人均享有的权利。本题应选 B、C 项。

4. ABC

《高法刑诉解释》第 27 条规定：审判人员自行申请回避，或者当事人及其法定代理人申请审判人员回避的，可以口头或者书面提出，并说明理由，由院长决定。但法律并未规定具体在哪个阶段提出回避。本题应选 A、B、C 项。

5. BCD

本题根据《刑事诉讼法》第 33 条的规定可以直接选出答案。本题应选 B、C、D 项。

6. BC

B 项、C 项中王某对于未参与实施的犯罪而言，并不是犯罪嫌疑人，而是证人，其陈述不属于犯罪嫌疑人、被告人供述，此应为证人证言，故 B、C 项当选。

7. ABC

拘传时间最长不能超过 12 小时，从被拘传者到案时开始计算。本题应选 A、B、C 项。

8. ACD

本题应根据《公安机关办理刑事案件程序规定》第 219 条的规定选出答案。本题应选 A、C、D 项。

9. AC

本题根据《刑事诉讼法》第 232 条的规定选出答案。本题应选 A、C 项。

10. AB

根据我国《刑事诉讼法》第 227 条的规定，被告人、自诉人和他们的法定代理人、附带民事诉讼的当事人和他们的法定代理人具有独立的上诉权。本题应选 A、B 项。

11. ABD

本题中，A 项的勘验笔录是对犯罪现场外在形态的具体描述与记载，属于实物证据。B 项的账册为书证，也是实物证据中的一类。C 项中的鉴定意见是具有专门知识的人员对专门性问题作出的结论性的意见，是通过书面形式来表达人的陈述，因此为言词证据。D 项的监控录像是视听资料，具有实物形态，故也是实物证据。本题应选 A、B、D 项。

12. AC

本题根据《高法刑诉解释》第 373 条的规定选出答案。本题应选 A、C 项。

13. ABD

《高法刑诉解释》第 513 条规定：对申请没收的财产主张所有权的人，应当认定为《刑事诉讼法》第 299 条第 2 款规定的“其他利害关系人”。据此规定，应选 A、B、D 三项。C 项中张某仅为租用权人，不属于该程序中的利害关系人。

（三）不定项选择题

1. ABC

人民陪审员只是作为陪审员参与合议庭，审判组织形式仍为合议庭。本题应选 A、B、C 项。

2. ACD

本题根据《刑事诉讼法》第 25 条、第 27 条的规定选出答案。A、C、D 项当选。

3. A

本题根据《高法刑诉解释》第 181 条直接选出答案。

4. AC

辩护律师经人民检察院或人民法院许可，并经被害人或其近亲属、被害人提供的证人同意，可以向他们收集与案件有关的材料。江某属于其他辩护人，不是辩护律师，不享有上述调查取证权。所以，D

项不正确。本题应选 A、C 项。

5. ACD

犯罪嫌疑人及其法定代理人、近亲属以及犯罪嫌疑人聘请的律师可以为犯罪嫌疑人申请取保候审。本题应选 A、C、D 项。

6. ABCD

《人民检察院刑事诉讼规则（试行）》第 409 条规定：人民检察院决定不起诉的案件，可以根据案件的不同情况，对被不起诉人予以训诫或者责令具结悔过、赔礼道歉、赔偿损失。对被不起诉人需要给予行政处罚、行政处分的，人民检察院应当提出检察意见，连同不起诉决定书一并移送有关主管机关处理，并要求有关主管机关及时通报处理情况。本题应全选。

7. AC

根据《高法刑诉解释》第 301 条的规定可以直接选出答案。本题应选 A、C 项。

8. ABD

本题根据《刑事诉讼法》第 239 条、第 240 条、第 241 条的规定可选出答案，A、B、D 项当选。

9. ACD

本题根据《高法刑诉解释》第 344 条的规定可以直接选出答案。

10. BCD

根据《高法刑诉解释》第 429 条的规定，只需移交人民检察院起诉书的副本即可，不用移送起诉书。本题应选 B、C、D 项。

三、简答题

1. 证据能力又称证明能力、证据资格，是指在法律上允许证据资料作为证据的资格。证据能力主要与证据的合法性有关，涉及的是证据的可采性问题。证明力，是指证据所具有的对案件事实的证明作用，也就是证据对证明案件事实的价值。证明力与证据的关联性关系比较紧密，如果证据与案件事实之间的联系紧密，那么该证据的证明力较强。刑事证据的证明力不同于证据能力，二者是既不相同又相互联系的刑事证据的两个基本特性。凡是可以被采纳的证据，即具有证据能力的证据，都必须具有关联性。但具有关联性的证据，不一定都可以被采纳，仍有可能出于某种原因或由于某种特殊规则而被排除。同时，证据能力是从形式方面考察证据的资格，证明力则是从实质方面考察证据的价值有无及价值大小的问题。

2. 拘留与逮捕同为刑事诉讼强制措施，都具有强制性、保障性的特点，而且二者还具有衔接性，公安机关采用拘留后必须在法定期限之内向人民检察院报请批捕。但二者也有一定的区别。

（1）严厉程度不同。逮捕是强制措施中最严厉的一种，而拘留的强制性则要相对弱一些。

（2）适用的机关不同。逮捕只能由人民检察院批准或决定以及由人民法院决定采用，公安机关执行，而拘留只能由公安机关、检察机关决定采用，公安机关执行。

（3）适用的对象不同。拘留只能对现行犯或重大嫌疑分子在紧急情况下采用，而逮捕是在对于有证据证明有犯罪事实、可能被判处有期徒刑以上刑罚的犯罪嫌疑人、被告人，采取取保候审尚不足以防止发生社会危险性，而有逮捕必要时采用。

（4）适用的程序不同。拘留的采用不需要经过其他机关的批准，而由公安机关、人民检察院自行决定采用，公安机关实施逮捕则必须经过人民检察院批准。

（5）羁押期限不同。拘留的羁押期限在一般情况下为 10 天，最长不超过 37 天，而逮捕的羁押期限则要长得多。

3. 根据我国刑事诉讼法的规定，简易程序的适用范围可以从两方面来概括。

（1）基层人民法院管辖的案件，符合下列条件的，可以适用简易程序审判：1）案件事实清楚、证据充分的；2）被告人承认自己所犯罪行，对指控的犯罪事实没有异议的；3）被告人对适用简易程序没有异议的。

（2）有下列情形之一的，不适用简易程序：1）被告人是盲、聋、哑人，或者是尚未完全丧失辨认或者控制自己行为能力的精神病人的；2）有重大社会影响的；3）共同犯罪案件中部分被告人不认罪或者对适用简易程序有异议的；4）其他不宜适用简易程序审理的。

四、案例分析题

1.（1）不合法。自诉案件只有当符合条件的人向人民法院提起诉讼时才能立案受理。在本案中，宋某只是要求人民法院解除其和冯某的同居关系，不管其要求能否成立，她并未要求人民法院追究冯某的刑事责任。法院的做法违反了不告不理的原则。

（2）有权利。侮辱罪和故意伤害（轻伤）罪都属于自诉案件。在此类案件中，被害人有权不起诉，也有权在起诉之后、判决宣告之前撤诉。

（3）没有权力。按照法律规定，对自诉人可以适用传唤。当自诉人经两次依法传唤，无正当理由拒不到庭时，应当按撤诉处理，而不应对其适用拘传措施。

（4）不正确。其中，宋某根本没有要求法院追究冯某的刑事责任，而且宋某多次向法院表示，不愿追究冯某的刑事责任，在法庭审理时也不愿出庭。因此，法院对冯某作出这两项有罪判决是严重违反诉讼程序的。

2. 本案以下做法违反了法律规定。

（1）在本案中，抗诉书由县人民检察院直接提交市中级人民法院的做法是错误的。其应当通过原审人民法院提交抗诉书，向上一级人民法院提出抗诉。

（2）在本案中，第二审人民法院未开庭，而是进行了调查讯问式审理的做法是错误的，因为，对于人民检察院提出抗诉的案件，第二审人民法院应当开庭审理。

（3）在本案中，第二审人民法院认为应当判处叶某有期徒刑10年，却又认为应适用上诉不加刑原则的做法是错误的，因为本案中人民检察院提起了抗诉，在有抗诉的情况下，二审判决不受上诉不加刑原则的限制。

（4）在本案中，第二审人民法院认为第一审判决认定的事实清楚，证据确实、充分，但量刑不当，因此裁定撤销判决的刑事部分，发回重新审判。这种做法是缺乏法律依据的，因为按照法律规定，只有当原判决事实不清楚或者证据不足，或者原审有违反法律规定的诉讼程序的情形时，才可以撤销原判，发回重审。

（5）在本案中，县人民法院对发回重审的案件仍安排原合议庭成员进行审判，这是不正确的，应另行组成合议庭进行审判。

（6）在本案中，县人民法院在重新审判时对原判决中附带民事诉讼部分的赔偿额也作了改判，这是错误的。被告人并未对附带民事诉讼部分的判决提出上诉，因此，在上诉期满后，附带民事诉讼部分的判决已经生效了。

（7）在本案中，县人民法院在重新审判后所作的判决书中写道：本判决为终审判决，不得提起上诉、抗诉。这是错误的。对重新审判后作出的判决是可以提起上诉、抗诉的。

五、论述题

在侦查阶段，犯罪嫌疑人的处境、地位非常不利，犯罪嫌疑人处于由侦查机关监控、讯问甚至羁押的状态，其正常的生活被打乱，时刻处在侦查机关的压力之下。故这是犯罪嫌疑人的权利受到最大威胁的阶段，也是犯罪嫌疑人最需要律师帮助的阶段。《刑事诉讼法》规定，犯罪嫌疑人自被侦查机关第一次讯问或采取强制强制措施之日起，有权委托律师担任辩护人。这是刑事诉讼制度的重大进步。律师在侦查程序中为犯罪嫌疑人提供辩护具有非同一般的意义。

首先，这有助于消除犯罪嫌疑人心理上的恐惧感和紧张感，能使犯罪嫌疑人的心理保持相对平静和镇定。

其次，律师在侦查阶段参与诉讼，为犯罪嫌疑人提供专业的法律知识，包括实体法和程序法方面的帮助，可以使犯罪嫌疑人及时了解和懂得诉讼的进行过程以及本案可能发生的法律后果，消除被国家权力机关追诉时自然产生的无助感。

再次，在侦查阶段保证律师参与诉讼，可以监督侦查机关严格依照法定程序收集证据，依法对待犯罪嫌疑人，最大限度地防止侦查机关由于缺乏外来监督而侵害犯罪嫌疑人的现象的发生，同时还可以促使侦查机关全面调查必要的证据，并就犯罪嫌疑人无罪、罪轻，应当减轻或者免除处罚的情况，及时提请公安机关注意。

最后，允许犯罪嫌疑人在侦查阶段就委托律师为其辩护，可以为被追诉方在日后庭审中做出辩护提供更充足的准备时间和条件，使之在侦查机关收集证据的同时，便可以开始收集有利于己的证据材料。

我国刑事诉讼法规定，犯罪嫌疑人在被侦查机关第一次讯问后或者采取强制措施之日起，可以委托律师为其辩护。犯罪嫌疑人被逮捕的，委托的律师可以为其申请取保候审。律师由此开始介入刑事诉讼的审判前程序中，行使法律赋予的职权。

根据我国刑事诉讼法的规定，在侦查程序中律师担任辩护人时，其权利和责任有：为犯罪嫌疑人提供法律帮助；代理申诉、控告；申请变更强制措施；向侦查机关了解犯罪嫌疑人涉嫌的罪名和案件有关情况，提出意见。

图书在版编目（CIP）数据

刑事诉讼法练习题集/程荣斌，陶杨主编．—5版．—北京：中国人民大学出版社，2019.8
21世纪法学系列教材配套辅导用书
ISBN 978-7-300-27291-7

Ⅰ.①刑… Ⅱ.①程… ②陶… Ⅲ.①刑事诉讼法-中国-高等学校-习题集 Ⅳ.①D925.2-44

中国版本图书馆CIP数据核字（2019）第165568号

21世纪法学系列教材配套辅导用书
刑事诉讼法练习题集（第五版）
主　编　程荣斌　陶　杨
Xingshisusongfa Lianxitiji

出版发行	中国人民大学出版社		
社　　址	北京中关村大街31号	**邮政编码**	100080
电　　话	010－62511242（总编室）		010－62511770（质管部）
	010－82501766（邮购部）		010－62514148（门市部）
	010－62515195（发行公司）		010－62515275（盗版举报）
网　　址	http://www.crup.com.cn		
经　　销	新华书店		
印　　刷	天津中印联印务有限公司	**版　　次**	2008年3月第1版
规　　格	185 mm×260 mm　16开本		2019年8月第5版
印　　张	24.25	**印　　次**	2021年12月第7次印刷
字　　数	672 000	**定　　价**	45.00元

《　　　　　　》※任课教师调查问卷

为了能更好地为您提供优秀的教材及良好的服务，也为了进一步提高我社法学教材出版的质量，希望您能协助我们完成本次小问卷，完成后您可以在我社网站中选择与您教学相关的 1 本教材作为今后的备选教材，我们会及时为您邮寄送达！如果您不方便邮寄，也可以申请加入我社的**法学教师 QQ 群：83961183（申请时请注明法学教师）**，然后下载本问卷填写，并发往我们指定的邮箱（cruplaw@163.com）。

邮寄地址：北京市海淀区中关村大街 31 号中国人民大学出版社 806 室收

邮　　编：100080

再次感谢您在百忙中抽出时间为我们填写这份调查问卷，您的举手之劳，将使我们获益匪浅！

基本信息及联系方式：※

姓名：＿＿＿＿＿＿　性别：＿＿＿＿＿＿　课程：＿＿＿＿＿＿＿＿＿＿＿＿

任教学校：＿＿＿＿＿＿＿＿＿＿＿＿＿＿　院系（所）：＿＿＿＿＿＿＿＿＿＿

邮寄地址：＿＿＿＿＿＿＿＿＿＿＿＿＿＿　邮编：＿＿＿＿＿＿＿＿＿＿＿＿

电话（办公）：＿＿＿＿＿＿　手机：＿＿＿＿＿＿　电子邮件：＿＿＿＿＿＿＿

调查问卷：※

1. 您认为图书的哪类特性对您使用教材最有影响力？（　　）（可多选，按重要性排序）

   A. 各级规划教材、获奖教材　　B. 知名作者教材

   C. 完善的配套资源　　D. 自编教材

   E. 行政命令

2. 在教材配套资源中，您最需要哪些？（　　）（可多选，按重要性排序）

   A. 电子教案　　B. 教学案例

   C. 教学视频　　D. 配套习题、模拟试卷

3. 您对于本书的评价如何？（　　）

   A. 该书目前仍符合教学要求，表现不错将继续采用。

   B. 该书的配套资源需要改进，才会继续使用。

   C. 该书需要在内容或实例更新再版后才能满足我的教学，才会继续使用。

   D. 该书与同类教材差距很大，不准备继续采用了。

4. 从您的教学出发，谈谈对本书的改进建议：＿＿＿＿＿＿＿＿＿＿＿＿＿＿＿＿

＿＿＿＿＿＿＿＿＿＿＿＿＿＿＿＿＿＿＿＿＿＿＿＿＿＿＿＿＿＿＿＿＿＿＿＿＿＿

＿＿＿＿＿＿＿＿＿＿＿＿＿＿＿＿＿＿＿＿＿＿＿＿＿＿＿＿＿＿＿＿＿＿＿＿＿＿

选题征集：如果您有好的选题或出版需求，欢迎您联系我们：

联系人：黄　强　联系电话：010-62515955

索取样书：书名：＿＿＿＿＿＿＿＿＿＿＿＿＿＿＿＿＿＿＿＿＿＿＿＿＿＿＿＿

书号：＿＿＿＿＿＿＿＿＿＿＿＿＿＿＿＿＿＿＿＿＿＿＿＿＿＿＿＿＿＿＿＿

备注：※ 为必填项。